독자의 1초를
아껴주는 정성을
만나보세요!

세상이 아무리 바쁘게 돌아가더라도 책까지 아무렇게나 빨리 만들 수는 없습니다.

인스턴트 식품 같은 책보다 오래 익힌 술이나 장맛이 밴 책을 만들고 싶습니다.

땀 흘리며 일하는 당신을 위해 한 권 한 권 마음을 다해 만들겠습니다.

마지막 페이지에서 만날 새로운 당신을 위해 더 나은 길을 준비하겠습니다.

길벗 IT 도서 열람 서비스

도서 일부 또는 전체 콘텐츠를 확인하고 읽어볼 수 있습니다.
길벗만의 차별화된 독자 서비스를 만나보세요.

더북(TheBook) ▶ https://thebook.io

더북은 (주)도서출판 길벗에서 제공하는 IT 도서 열람 서비스입니다.

Software Engineer at ODK Media, https://brightparagon.wordpress.com 운영 중 **노경모**

평소에 좋은 소프트웨어 엔지니어는 무엇이고, 그런 엔지니어가 되려면 무엇이 필요할지 고민을 많이 했습니다. 결국에는 기술적인 것뿐 아니라 사회가 가진 문제를 이해하는 것, 팀원과 원활히 소통하는 것, 비즈니스의 생리를 이해하는 것 등 다양한 영역에서도 습득해야 하는 것이 많다는 걸 몇 년간 몸으로 부딪치며 알게 되었습니다. 그런 것을 마치 당연하다는 듯이 일목요연하게 정리해놓은 이 책을 보고 '이런 가이드를 미리 접했다면 더 적절한 성장 전략을 만들지 않았을까'라고 생각했습니다. 그 정도로 이 책은 소프트웨어 엔지니어로서 무엇을 할 수 있고 어떻게 성장할 수 있는지에 대한 방법을 총망라하였기 때문에 특히 이제 막 커리어를 시작하신 분이나 주니어에서 시니어를 향한 성장으로 고민하시는 분께 권하고 싶습니다.

우아한형제들, 6년차 백엔드 개발자 **이동욱**

개발자의 커리어를 다루는 책은 많지 않습니다. 『소프트 스킬』을 재미있게 보았다면 이 책 역시 믿고 선택해도 됩니다. 저는 읽으면서 부트캠프에 대한 항목이 참 와 닿았습니다. 국비학원이 아닌 부트캠프는 국내에 코드스쿼드, Next-Step, 패스트캠퍼스 등이 있습니다. 저는 이들이 대학에서는 채우지 못하는 부분을 채워준다고 생각하고 주변에 알리고 있는데요. 이 주장을 도와줄 내용이 책에 있어 참 반가웠습니다. 그 외에도 연봉 협상이나 이직에 관한 팁들이 모여 있어 개인적으로도 많은 도움이 되었습니다. 취업 준비생부터 연차가 있는 경력 개발자까지 모든 대상에게 도움이 되는 책입니다. 꼭 보기를 추천합니다.

커리어 스킬

Career Skills

존 손메즈 지음

이미령 옮김

길벗

커리어 스킬: 완벽한 개발자 인생 로드맵

The Complete Software Developer's Career Guide

초판 발행 • 2019년 4월 10일
초판 6쇄 발행 • 2024년 2월 20일

지은이 • 존 손메즈
옮긴이 • 이미령
발행인 • 이종원
발행처 • (주)도서출판 길벗
출판사 등록일 • 1990년 12월 24일
주소 • 서울시 마포구 월드컵로 10길 56(서교동)
대표 전화 • 02)332-0931 | **팩스** • 02)323-0586
홈페이지 • www.gilbut.co.kr | **이메일** • gilbut@gilbut.co.kr

기획 및 책임편집 • 이원휘(wh@gilbut.co.kr) | **디자인** • 박상희 | **제작** • 이준호, 손일순, 이진혁, 김우식
마케팅 • 임태호, 전선하, 차명환, 박민영, 지운집, 박성용 | **영업관리** • 김명자 | **독자지원** • 윤정아

교정교열 • 박정수 | **전산편집** • 박진희 | **출력 · 인쇄 · 제본** • 예림인쇄

ISBN 979-11-6050-762-1 93000
(길벗 도서번호 006990)

정가 28,000원

독자의 1초를 아껴주는 정성 길벗출판사

(주)도서출판 길벗 | IT교육서, IT단행본, 경제경영서, 어학&실용서, 인문교양서, 자녀교육서 www.gilbut.co.kr
길벗스쿨 | 국어학습, 수학학습, 어린이교양, 주니어 어학학습, 학습단행본 www.gilbutschool.co.kr

페이스북 • https://www.facebook.com/gbitbook

앞서 출간한『소프트 스킬: 평범한 개발자의 비범한 인생 전략 71가지』를 쓴 이후 이토록 빠르게 새 책을 또 내게 될 줄은 몰랐다. 뭐, 그리 빠른 건 아닐 수도 있다. 2014년 12월에『소프트 스킬』이 출간되었고 2016년 여름에 이 책을 집필하기 시작했다. 하지만 책을 쓰고 나면 겨우 1년 반 정도로는 충분히 휴식을 취했다는 느낌이 들지 않는다.

책을 쓴다는 건 꽤 힘든 일이다. 물론 내가 쓴 책을 서가에 둘 때는 무척 보람된 기분이 들지만 그렇게 하기까지의 과정이 늘 즐겁기만 한 것은 아니다. 그래서 왜 내가 또 책을 쓴다고 했을까 자문하게 된다.

게다가 왜 이렇게 빨리 쓴다고 했을까? (적어도 내 기준으로는 그렇다.) 경제적인 이유는 분명 아니다. 금전적인 면만 생각하면 집필보다 수익성 높은 일이 많다. 내가 글쓰기를 좋아해서는 더욱 아니다. 가끔 즐길 때도 있긴 하지만 분명 즐겁기보다 괴로운 쪽에 가깝다. 그런데도 왜 다시 새로운 책을 쓰겠다고 했을까? 큰 수익이 나는 것도 아니고 시간은 엄청 들여야 하는 데다 괴롭기까지 한데 말이다.

가장 큰 이유는 '그래야 하기 때문'이다. 소프트웨어 개발자를 대상으로 하는 온갖 서적을 살펴보아도 업계에 입문하는 방법, 성장하고 출세하는 방법, 최대 성과를 거두기 위해 알아두어야 할 것을 포함해 개발자가 알아야 할 사항을 하나부터 열까지 알려주는 책은 단 한 권도 찾을 수 없다.

내가 운영하는 유튜브 채널을 통해 남녀노소 경력 여하를 막론하고 전 세계 소프트웨어 개발자에게서 개발 외적인 부분에 관해 무수히 많은 질문을 받는다. 그 내용은 대개 다음과 같다.

소프트웨어 개발자가 되려면 어떻게 해야 하나요?

기술은 어떻게 배우나요?

연봉 협상은 어떻게 하나요? 계약직과 정규직 중에 어떤 걸 선택해야 하나요?

상사나 동료를 어떻게 대해야 하나요? 편견에 어떻게 맞서야 하나요? 기술 분야의 여성 처우 문제는 어떻게 보아야 하나요? 여성이 기술 분야에서 일하려면 어떻게 해야 하나요?

제가 진짜 알아야 할 것은 무엇이고, 어떻게 배울 수 있나요?

대학교, 부트 캠프*, 독학 중 어떤 방법을 선택해야 할까요?

일자리는 어떻게 찾나요? 경력이 전혀 없으면 어떻게 하죠?

면접은 어떻게 통과하나요?

옷은 어떻게 입어야 할까요?

어떻게 해야 제 경력을 발전시키고 다음 단계로 나아갈 수 있을까요?

질문이 끝도 없이 이어진다. 소프트웨어 개발자에게 추천할 책을 찾아본 결과 안타깝게도 이런 중요한 질문에 대한 답을 담고 있는 책은 단 한 권도 만나지 못했다. 그래서 그런 책을 만들고자 당신이 손에 들고 있는 이 책을 썼다.

(적어도 내 기준으로는) 제대로 쉬지 못했다고 느껴 새 책 집필을 망설였음에도 이 책을 쓰기로 한 이유가 바로 거기에 있다. 물론 글을 쓰고 싶어서 몸이 근질거릴 때도 가끔 있었지만 그렇다고 새 책을 쓰고 싶다는 마음 때문에 이 책을 쓴 건 아니다. 그보다 꼭 필요하다고 생각한 게 세상에 없다면 스스로 만들어야 한다는 말이 옳다고 굳게 믿기에 쓴 책이다.

지금 나는 원하는 걸 찾을 수 없어서 만드는 중이다.

당신도 이 여정에 함께하길 바란다.

– 존 손메즈

---

* IT 관련 단체나 회사 등에서 제공하는 단기 컴퓨터 프로그래밍 교육 프로그램을 가리킨다. 흔히 8~12주 정도 기간으로 구성된다.

여기 계셨군. 할 일을 하다 말고 이 책의 멋진 표지에 시선을 빼앗겨 이제 막 책을 집어 든 당신. 당신은 책장을 휙휙 넘기며 이렇게 자문한다. "이 책이 나에게 필요할까?"

고민할 거 없다. 당신이 어떤 사람인지 전혀 몰라도 이 책이 당신에게 꼭 필요하다는 걸 장담할 수 있으니까. 어떻게 아느냐고? 그런 걸 묻다니. 사실 난 당신이 글을 읽을 줄 아는지조차 알 길이 없는데.

뭐, 적어도 글을 읽을 줄 안다는 건 알고 있다. 문맹이라면 지금 이 순간 내가 쓴 글이 머릿속에서 마법처럼 울려 퍼지고 있을 리 없을 테니. 아, 그리고 한 가지 더 안다. 아마 당신은 나와 비슷한 유머 감각을 지닌 사람일 것이다. 그게 아니라면 여기까지 읽어준 걸로 볼 때 적어도 내 유머를 너그럽게 받아줄 성품을 지닌 사람일 것이다.

음, 당신이 영영 흥미를 잃고 이 책을 서가에 다시 내려놓기 전에 진지하게 본론으로 들어가야 할 것 같다. 농담은 이쯤 해두고, 당신의 소프트웨어 개발 경력이 어느 수준이든 이 책이 유용할 것이라는 이야기를 해보겠다.

책 내용을 빠르게 훑어보고 싶은 분을 위해 독자 유형을 크게 셋으로 나누어 설명하겠다. 자신에게 가장 잘 맞는 내용을 확인하길 바란다.

초보자 혹은 소프트웨어 개발을 배우고 싶은 사람

이제 막 입문해서 소프트웨어 개발과 프로그래밍에 대해 배우려는 사람, 약간 배우긴 했지만 아직 소프트웨어 개발자로서 일해본 적 없는 사람이라면 소프트웨어 개발 분야에 입문하는 방법, 첫 직장을 얻는 방법에 관해 다룬 1, 2부가 가장 큰 도움이 될 것이다.

책의 나머지 부분은 소프트웨어 개발자로 일터에서 성공적으로 자리매김하고 경력을 발전시키는 과정에서 만나게 될 지식의 빈틈을 메우는 데 도움이 될 내용으로 채웠다.

이 책은 소프트웨어 개발에 대해 논하는 다른 어떤 책에서도 말하지 않는 정보를 다룬다(내가 아는 한 그렇다). 업계에 입문할 방법 혹은 첫 프로그래밍 언어를 배울 방법을 몰라 막막할 때, 대학교, 코딩 부트 캠프, 독학의 기로에서 미로를 헤매는 느낌이 들 때 도움이 될 것이다.

중견 개발자

중견 개발자에게 가장 크게 도움이 될 부분은 3부 '소프트웨어 개발에 대해 알아야 할 것'이다. 3부의 내용은 아직 남아 있는 지식의 빈틈을 매끈하게 메우고 경력을 적극적으로 관리하는 데 도움을 줄 것이다.

하지만 그렇다고 해서 책의 앞부분이 아무 쓸모가 없다는 말은 아니다. 프로그래밍을 할 줄 안다고 해도 자신의 기술을 더 발전시키는 법, 새로운 기술을 고르는 법, 새 프로그래밍 언어를 배우는 법, 구직하는 법, 이력서 쓰는 법, 연봉 협상하는 법을 배워두면 유용하게 쓸 날이 올 것이다.

경력을 발전시키는 데 관심이 있다면(사실 관심을 가져야 마땅하다) 마지막 5부 '경력 발전시키기'도 도움이 될 것이다.

경험이 풍부한 전문가

전문가라면 앞서 말한 내용은 다 잘 알고 있을 것이다.

이런 사람에게는 이른바 '유명인'이 소프트웨어 개발자로 입문할 방법을 알려주겠다고 쓴 기초 수준의 책이 필요 없다. 소스 제어가 무엇인지 배울 필요도 없고, 대학교와 부트 캠프 중 어느 쪽을 선택해야 할지 조언을 들을 필요도 없을 게 분명하다. 충분히 이해한다.

하지만 이 한마디는 믿어달라. 그런 사람에게도 이 책은 필요하다. 그 이유는 다음과 같다. 우선 나는 개발자로서 일하기, 경력 발전시키기라는 주제에 이 책의 절반을 할애했다. 업계에 입문한 지 꽤 시간이 지났고 경력을 훌륭하게 관리하는 사람이라도(아, 일단 축하부터 해주고 싶다) 동료나 상사와 더 잘 지낼 수 있는 방법, 자신의 아이디어로 다른 사람을 설득하는 방법, 리더십을 발휘하는 방법, 하다못해 연봉 인상이나 승진할 수 있는 방법이라도 배워두면 아마 득이 될 것이다.

아직 '유리 천장'을 경험하지 못한 사람도 언젠가는 자신의 소프트웨어 개발 경력이 유리 천장에 가로막혀 더는 위로 나아가지 못한다는 걸 느끼는 날이 온다. 이미 다 겪어본 일이라고? 나는 유리 천장을 박치기로 부숴본 적 있다. 이를 위해 개인 브랜드 구축하기, 콘퍼런스에서 강연하기, 사이드 프로젝트_{side project}* 시작하기 등 다채로운 방법을 어떻게 활용했는지 알려주겠다.

이 책의 초반부가 좀 기본적인 내용에 치중한다고 느낄지 모르지만 기술 익히기, 고액 연봉을 받는 일자리 구하기, 연봉 협상하기, 계약직과 정규직 중 선택하기 등에 관한 정보는 누구에게나 도움이 된다. 게다가 이미 전문가로 인정받는 사람이라면 아마 다른 개발자의 멘토 역할도 할 것이다. 그렇다면 업계 입문 과정에 있는 사람에게 도움이 될 괜찮은 조언 거리를 알아두는 게 좋지 않을까?

그렇다. 다시 말하지만 이 책은 당신에게 필요한 책이다. 당신이 누구든지 간에 말이다. 더 나아가 감히 대담하게 말해보자면, 소프트웨어 개발 분야에 아무런 관심이 없는 사람에게도 이 책은 큰 도움이 된다. 이 책은 소프트웨어 개발자를 위해 쓴 책이지만 사실 그 핵심은 경력을 관리하고 성공할 가능성을 최대로 키우는 데 있기 때문이다.

여기까지 읽은 사람이라면 이 책이 진짜 진짜 필요한 사람이다. 왜냐하면, 이미 나를 마음에 들어 하는 게 분명하고, 혹여 알지 모르겠지만 나도 당신이 마음에 들기 때문이다.

---

* 업무 외적으로 취미, 경력 개발, 오픈 소스 참여 등을 위해 진행하는 프로젝트를 통칭한다.

경력(經歷)이라는 말의 사전적인 의미는 "겪어 지내 온 여러 가지 일"이다. 단순히 과거에 겪은 일을 의미하는 말이지만 사회생활을 시작하면 이 말 뒤에 다른 단어가 한 몸처럼 따라다닌다. 개발. 경력 개발이 중요한 이유는 이제껏 걸어왔던 길이 앞으로의 진로에도 큰 영향을 끼치기 때문이다. 누구에게나 통용되는 이 원칙은 개발자라고 예외일 수 없다. 과거 어느 회사에서 일했는지, 어느 프로젝트에서 누구와 어떤 작업을 했는지, 이 모든 것이 개발자의 미래를 결정한다. 경력이라는 꼬리표는 심지어 창업을 해도 따라다닌다. 스타트업 홍보 문구에서 모 기업 출신이라는 말을 심심찮게 발견할 수 있다.

이 책의 저자인 존 손메즈는 사실 전작『소프트 스킬』에서도 경력 개발에 관해 일부 다룬 바 있다. 하지만 그것만으로는 부족했나 보다. 운영 중인 유튜브 채널에서 전 세계의 많은 사람들에게서 경력 개발에 관한 질문을 끊임없이 받은 게 이 책을 쓰게 된 이유라고 저자는 밝히고 있다. 주변 개발자들 역시 블로그나 메일을 통해 종종 경력 개발에 관한 질문을 받는다고 한다. "XX세인데 개발자가 되기엔 늦지 않았을까요?" "XX 분야의 개발자가 되고 싶은데 무엇을 공부하면 될까요?"부터 가끔은 "멘토가 되어줄 수 있을까요?" 같은 요청도 받는다고 한다. 조금씩 차이는 있지만 존 손메즈가 받은 질문의 내용이나 이 책이 다루는 내용과 크게 다르지 않다.

이번 신작에서는 소프트웨어 개발자로 입문하여 일자리를 구하는 방법, 지식을 쌓고 경력을 관리하여 더 나은 개발자로 성장하는 방법을 60개 소주제로 상세히 나누어 소개한다. 사실 정보를 세분화하여 소개한다는 점은 이 책의 큰 장점이다. 전체적인 내용을 훑어보며 각 주제가 존재한다는 사실을 인지하는 것만으로도 도움이 되기 때문이다.

여기서 저자의 안내를 따라 한 걸음씩 더 나아가다 보면 소프트웨어 개발 업계에 대한 지식이나 경험이 전혀 없는 독자는 업계 입문을 위한 걸음마를 뗄 방법을, 업계 종사자는 타성에서 벗어나 본인의 경력을 진일보할 방법을 깨우칠 수 있을 것이다.

그리고 이 책은 막다른 길이라 여겨질 만한 상황에서 기지를 발휘해 극복한 경험담도 들려준다. 저자가 책에서 이야기한 바와 같이 그가 한 행동을 그대로 답습할 필요는 없다. 하지만 고정관념을 벗어난 방법으로 난관을 극복한 이야기를 듣는 것만으로도 영감을 얻는 독자가 있으리라고 생각한다.

다만 본문에 미국과 한국 간의 실정 차이로 인해 그대로 실천하기 어려운 부분, 저돌적이라고 느껴질 만큼 가감 없이 던지는 저자의 의견에 고개가 갸웃하는 부분도 등장할 수 있다. 그 대신 저자는 본인을 포함한 그 누구도 100퍼센트 옳은 말을 하는 것은 아니니 누구의 말이든 맹목적으로 따르지 말라는 조언도 여러 차례에 걸쳐 반복한다.

자신이 깨달은 바를 독자에게 알려주기 위해 최선을 다하는 것이 저자의 본분이듯이 책의 내용을 본인의 상황에 따라 분별 있게 응용하고 실천하는 것은 독자의 몫이다. 이 책이 새로운 사고와 성찰로 이어지는 출발점이 되길 기대해본다.

– 이미령

4부 개발자로 일하기

1

이 책의 활용법

이 책이 꽤 두껍다는 건 당연히 알고 있을 것이다. 세어본 결과 이 책은 대략 202,000(원서 기준) 단어로 이루어졌다. 꽤 많은 분량이다. 그래서 우선 이 책이 **왜 이렇게 두꺼운지, 이 책을 최대한 활용할 방법**은 무엇인지부터 간략하게 소개하겠다.

소프트웨어 개발 업계에 막 입문하는 사람이든 경력을 몇 년 쌓은 사람이든 노련한 전문가든 각자의 경력 수준에 따라 자신에게 필요하다고 느끼는 부분이 다를 것이고 시간이 지남에 따라 다시 읽어보고 싶은 부분도 다를 것이다.

이 책의 목적

내가 이 책을 집필하기로 한 동기가 궁금한 이도 있을 것이다. (서문에서 이를 간략히 언급하긴 했지만 여기에서 다시 한번 짚고 넘어가고자 한다.)

내가 운영하는 블로그나 유튜브 채널을 통해 가장 자주 받는 질문은 소프트웨어 개발 업계에 입문하는 방법과 성공적인 경력을 만드는 방법에 관한 것이다. **신입(또는 경력) 개발자가 자신의 분야에서 두각을 나타낼 방법**이나 업계에서 필연적으로 겪게 될 문제에 대한 타개책을 알려줄 **완벽한 설명서를 나는 아직 찾지 못했다.**

『소프트 스킬』의 경력 부분에서도 일부 간략하게 다룬 주제이긴 하나 이 주제를 더 깊이 있게 논의할 필요가 있다고 느꼈다. 『소프트 스킬』에서는 경력을 비롯한 소프트웨어 개발자의 생활 전반에 초점을 맞추었다면 **이 책에서는 오로지 경력에 집중한다.**

나는 이 책을 굳이 다른 책을 참고하지 않고 이 책만 읽어도 충분히 이해할 수 있게 만들었다. 따라서 이 책을 최대한 잘 활용하기 위해『소프트 스킬』등의 다른 책을 참고할 필요는 없다. 심지어 소프트웨어 개발 경력이 전무해도 상관없다.

이 책의 목표

이 책의 가장 큰 목표는 신입 소프트웨어 개발자가 업계에 입문하기 위해 알아야 할 중요한 사항을 알려주어서 때로 까다롭고 복잡하다고 느껴지는 이 분야에 성공적으로 정착할 수 있게 돕는 것이다.

신입 소프트웨어 개발자를 위해 **이 업계의 모든 중요한 면면**과 업계 입문에 필요한 정보를 소개하고 첫 직장을 구할 가장 좋은 길을 보여주겠다. 보통 이런 부분이 신입 소프트웨어 개발자가 극복해야 할 **가장 어려운 장애물**이다.

그다음으로는 기존 소프트웨어 개발자들이 놓치고 있을지 모를 (경력 관련) 지식의 빈틈을 메울 수 있게 도와주겠다. 그리고 현업 소프트웨어 개발자로 살아남는 법에 대해서도 몇 가지 조언을 해주겠다. 일과 삶의 균형을 맞추는 법, 팀 내 협업 방법, 다른 사람을 설득하는 방법, 연봉을 인상하고 승진하는 법, 리더십을 발휘하는 법, 편견에 맞서는 법 등의 주제도 다룰 생각이다.

마지막으로 현재 어떤 기술 수준을 갖추었느냐와 상관없이 모든 소프트웨어 개발자의 경력 발전에 도움이 될 이야기도 빠뜨리지 않겠다. 소프트웨어 개발 업계에서 좋은 평판을 쌓을 수 있는 방법은 무엇인지, 어떤 진로를 선택할 수 있는지, 읽어야 할 책은 무엇인지 알려주겠다. 사이드 프로젝트 진행, 콘퍼런스 참여 등 **경력을 한 단계 진일보시키고 특출한 개발자가 되는 데** 도움이 되는 정보도 다룰 것이다.

구체적 실천 방안보다 이론적으로 알고 행해야 하는 부분에 더 집중할 예정이므로 이 책에 있는 내용 또한 전부 소프트 스킬로 분류되어야 한다. **나는 이런 종류의 지혜가 우리 사회와 업계에 여전히 크게 부족하다고 본다.** 그리고 특정 프로그래밍 언어나 프레임워크에 대한 지식보다 이러한 지식이 장기적으로 더 가치 있을 것이라고 확신한다.

이 책은 크게 5부로 나뉘고 각 부는 (『소프트 스킬』이 그랬던 것처럼) 그보다 작은 장으로 구성된다.

- 소프트웨어 개발자로 입문하기
- 일자리 구하기
- 소프트웨어 개발에 대해 알아야 할 것
- 개발자로 일하기
- 경력 발전시키기

이 책의 큰 목표는 지금 소프트웨어 개발 경력이 어느 단계에 있든지 이 책을 통해 개발자로서의 경력을 한 단계 더 끌어올릴 방법을 배울 수 있게 도와주는 것이다.

이 책의 활용법

책을 활용할 방법이라니, 답이 너무 빤하지 않은가? 책을 활용하는 가장 유용한 방법은 집어 들고 읽는 것이다. (만약 구매한 게 종이책이고 두께가 꽤 된다면 책상 위 모니터의 높이를 높이는 데 쓸 수도 있긴 하겠다.) **책을 처음부터 끝까지 독파해도 된다.** 장담컨대 가장 많은 독자가 선택하는 방법이 바로 이 방법일 것이다. 하지만 **특정 부나 특정 장만 읽어도 괜찮다.**

당신이 이제 막 소프트웨어 개발자로서 첫 발을 내딛는 단계이고 아직 프로그램도 제대로 배우지 못했다고 가정해보자. 그렇다면 '소프트웨어 개발자로 입문하기'부터 시작하는 게 좋다. 마침 책의 맨 앞부분에 있다. 하지만 이미 소프트웨어 개발자로 일하고 있고 지난 몇 년 동안 코딩을 해온 사람이라면 자신의 빈틈을 채우기 위해 바로 '소프트웨어 개발에 대해 알아야 할 것'이나 '개발자로 일하기'부터 보는 게 좋다. 경력을 발전시키는 데 관심이 많다면 바로 '경력 발전시키기'부터 보는 게 가장 합리적인 선택이다.

이 책에 등장하는 각 장 또한 **다른 장을 참고하지 않아도 충분히 이해할 수 있게 구성했다.** 그러므로 목차를 훑어보고 당장 자신에게 필요한 장 혹은 자신이 지금 품고 있거나 앞으로 품게 될 질문에 답해줄 수 있을 것 같은 장을 골라서 읽어도 된다. 경력이 늘면 소프트웨어 개발자가 처하는 상황과 걱정거리 또한 변한다는 걸 잘 알기에 애초에 그렇게 기획한 책이다.

초기에는 업계에 입문할 방법이 궁금하다. 하지만 입문한 후에는 새로운 프로그래밍 언어나 새로운 기술을 배울 수 있는 방법이 궁금해진다. 당장 구직이나 연봉 협상을 할 필요를 못 느껴도, 고약한 동료나 상사와 씨름하고 있지 않더라도 언젠가는 그런 정보가 필요한 날이 올 수도 있다. 나는 책을 읽다가 다시 읽어보고 싶은 부분이 생각났는데 정확히 어디에 있는지 기억나지 않아서 답답함을 느낀 적이 많았다. 그래서 **이 책은 필요할 때 원하**

는 부분을 쉽게 찾을 수 있게 기획했다. 물론 처음부터 끝까지 통독하기에도 전혀 무리가 없다.

반복과 실행

이제 본론이 시작될 텐데 그전에 마지막으로 이 책의 활용법과 관련해 딱 한 가지만 말하고자 한다.

이 책에 적힌 내용을 실행하지 않는 사람에게 이 책은 아무 도움이 되지 않는다.

책을 읽는 건 좋은 일이다. 저자의 의견에 전적으로 공감하는 것도 좋다. 하지만 배운 내용을 삶에 적용하지 않으면 별 의미가 없다. 각 장을 마칠 때마다 꼭 연습문제를 풀라거나(실제 연습문제가 있는 건 아니다) 엄청난 양의 메모를 남기라거나 아니면 매일 배운 한 가지를 꼭 실천하라고 부담을 주고 싶지는 않다. 훨씬 단순한 해법을 한 가지 제시하고자 한다. 나 자신도 실천하고 있는 방법이다.

반복

자신의 행동에 변화를 주고, 자신의 삶에 훌륭한 원칙과 모범 사례를 적용할 가장 좋은 방법은 **자신의 뇌를 자신의 삶에 접목하고 싶은 생각이나 개념에 완전히 잠기게 하는 것이다.** 이를 실천하는 가장 좋은 방법은 반복이다. 반복하면 스트레스를 많이 받지 않으면서 정보를 흡수하고 적용할 수 있다. 내가 늘 쓰는 방법이기도 하다.

나는 어떤 책들을 여러 차례 반복해서 읽곤 한다. 내 경력이나 인생에 큰 영향을 준 책들이기 때문에 책에 있는 개념과 철학을 진심으로 내 것으로 만들고 싶어서다. **당신도 가장 관심 있는 장을 읽고 또 읽기 바란다.** 1년 안에 혹은 자신에게 가장 도움이 될 만한 특정 기간 안에 이 책을 다시 읽어보도록 **캘린더 알람을 설정해두는 것**도 좋은 방법이다.

실행

내가 공유하려는 모든 생각과 전략은 실행하지 않는 사람에게 아무런 도움이 되지 않는다. 당신이 이런 목표를 최대한 쉽게 실현할 수 있도록 'The Complete Software Developer's Career Guide 디지털 툴킷'이라는 자료 모음집을 만들어두었다.

이 툴킷에는 빠른 취업을 도와주는 단계별 전략, 면접 준비 속성 과정, 상사와 동료에게 더 존중받을 옷차림에 대한 안내, 지긋지긋한 버그를 찾아내 없앨 수 있게 도와주는 '디버깅용 커닝 자료' 등이 들어 있다.

당신의 경력과 삶이 변화하고 성장하는 동안 이 책이 꾸준히 가치 있게 쓰이길 진심으로 바란다.

자, 그럼 이제 함께 출발해보자.

일러두기

본문에 blog 와 toolkit 표시가 있는 경우 다음 URL에서 참고 자료를 확인하거나 다운로드할 수 있습니다.

blog

- https://simpleprogrammer.com/products/careerguide/links

toolkit *

- https://simpleprogrammer.com/career-guide-toolkit

---

* 이 toolkit은 원서 초판이 발행된 2017년 7월부터 상당 기간(약 4년) 무료로 제공되었으나, 2022년 현재는 유료로 전환되었다.

Part 1

소프트웨어 개발자로
입문하기

꿈을 위해 공부하고 계획하고 준비하느라 평생을 보낼 수도 있다. 하지만 일단은 시작해야 한다.

– 드루 하우스턴[*]

소프트웨어 개발과 관련해 지금껏 가장 많이 받은 질문은 '어떻게 입문하느냐' 하는 것이다.

무언가를 해보려 할 때 혹은 꿈을 실현하고자 할 때 가장 큰 장애물처럼 보이는 게 바로 시작하는 부분이다. 처음 접하는 운동 요법이나 마라톤 훈련을 해보려고 할 때, 새로운 사업이나 책 집필에 돌입하려고 할 때, 그 어느 경우라도 이 시작 부분이 가장 어렵다. 프로그래밍을 할 때도 마찬가지다. 무엇을 해야 할지 고민하느라 한없이 시간만 흘려 보내기 일쑤다. 뭐든 실제로 하는 것보다 그것에 대해 읽고 공부하는 게 훨씬 쉽기 때문이다. 어떻게 첫걸음을 내디딜지 고민하고, 방향을 어디로 설정해야 할지 논쟁하는 게 실제로 그 일을 하는 것보다 훨씬 쉽다.

한 번에 한 걸음만 내딛는 게 비결이라면 비결이다. 자신이 발휘할 수 있는 용기와 결단력을 끌어 모아서 이렇게 말하라. "고민이나 아는 척은 그만하면 충분히 했어. 계획도 세웠어. 최고의 계획은 아닐지 모르지만 어쨌든 그냥 해보는 거야." 그러면 여정이 시작된다. 그리고 어느새 산등성이를 지나 정상에 도달하여 지금까지 걸어온 수천 걸음을 되돌아보는 순간도 온다.

---

[*] 파일 공유 서비스인 드롭박스를 설립한 MIT 출신의 기업가

하지만 그전에 일단 계획을 세워야 한다. 개발자 지망생 중에는 아무 정보도 계획도 없이 성급하게 행동이 앞서서 어느 방향으로 갈지, 어디를 목적지로 삼을지도 모르고 무작정 움직이기 시작하는 이들도 첫걸음 내딛기를 주저하는 이들만큼이나 많다.

1부에서는 소프트웨어 개발자로 입문하는 데 필요한 기본적인 사항을 살펴볼 생각이다. 소프트웨어 개발자가 되기 위한 계획을 제대로 세울 방법을 설명하고, 코드의 세계에 도달하기 위해 익혀야 할 기술은 무엇이고 기술을 발전시키는 방법은 무엇인지 알려주겠다. 또 어떤 프로그래밍 언어로 시작하는 게 좋을지, 그 프로그래밍 언어를 배우기 위해 독학을 하는 게 좋을지 코딩 부트 캠프나 대학교에 가는 게 좋을지도 살펴보겠다. 1부를 마칠 즈음에는 소프트웨어 개발자로 입문하기에 충분한 지식을 갖추고, 이를 실행할 시기와 방법을 담아 실질적인 계획을 세울 수 있게 하는 것이 내 목표다.

1부의 내용은 이미 소프트웨어 개발자로 일하고 있는 사람에게도 유용하다. 남아 있는 지식의 빈틈을 채우거나 경력 발전을 위한 청사진을 그리는 데, 소프트웨어 개발 관련 학습 계획을 세우는 데 도움이 될 것이다.

이 책의 독자에게 무료로 제공하는 소프트웨어 개발자 기술 평가서 toolkit 를 다운로드해서 보라. 이 툴킷을 활용해 지식의 빈틈을 빠르게 찾아낸다면 개발자로서 더욱 자신감을 얻게 될 것이다.

소프트웨어 개발과 관련해 앞으로 어떤 경로를 택해야 할지 세상의 온갖 조언과 정보를 늘어놓는다 한들 스스로를 믿고 첫걸음을 떼지 않는 한 아무 일도 일어나지 않는다. 평소에 내가 잘하는 말이 있다. '과정을 믿기' 바란다.

자, 이제 본격적인 이야기를 시작해보자.

입문하기

소프트웨어 개발 세계에 입문하던 당시 나는 내가 무슨 일을 하고 있는지 잘 몰랐다. 그리고 무척 답답했다. 이해되는 게 하나도 없었고 언젠가 내가 '이해'하는 날이 올 거라는 기대도 없었다. 이 책을 집어 든 사람이 나와 똑같은 감정을 느낄지도 몰라 하는 말이다.

걱정하지 마라. **그렇게 느끼는 게 정상이다. 사실 자연스러운 현상이다.** 한 가지는 분명히 하고 싶다. 소프트웨어 개발자가 되기 위해 **천재일 필요는 없다.** 심지어 **평균 이상의 지능도 필요하지 않다.**

소프트웨어 개발 분야에 입문하면서 마치 발목에 무거운 추를 달고 깊은 물로 뛰어드는 것 같은 압도적인 수준의 부담을 느끼지 않는 사람이 있다면 아마 뭔가 잘못하고 있거나 인간이 아닐 것이다. 어쩌면 그 양쪽 모두에 해당할 수도 있겠다. 어쨌든 초반에는 어렵고 혼란스러울 거라고 예상하는 게 좋다. 하지만 언젠가 그런 느낌이 사라지는 날도 분명히 온다.

내가 입문한 방법

독학으로 코딩을 처음 배우던 때가 생각난다. 요즘은 온갖 자료를 쉽게 접할 수 있지만 당시에는 자료 구하기가 쉽지 않았다. 사실 **나는 아무 자료 없이 배웠다.**

당시 인기 있던 MUD에서 소스 코드를 다운로드했다(MUD는 'Multi-User Dungeon'을 가리킨다. 그래픽이 없고 텍스트만 있는 WOW World of Warcraft라고 생각하면 된다. 맞다. 모뎀을 통해 전화선으로 BBS에 연결하던 시절 이야기를 하는 거다). 처음에는 내가 뭘 보고 있는지도 몰랐다. 그저 새로운 버전의 MUD를 내 손으로 직접 만들고 원하는 기능을 추가하고 싶다는 마음뿐이었다. 그 꿈을 이룰 열쇠가 낯설고 수수께끼 같은 이 문자열 더미 어딘가에 파묻혀 있었다.

코드를 이렇게 저렇게 건드려보기 시작했다. 변수에 다른 값을 넣었다. 상대에 치명상을 입힐 확률을 제어하는 것처럼 보이는 코드를 찾았다. 그 코드를 바꾸고 MUD를 다시 컴파일하고 어떻게 바뀌는지 확인했다. 어떤 때는 원하는 대로 되고, **어떤 때는 컴파일조차 되지 않았다.** 그렇게 어떻게 했을 때 되고, 어떻게 했을 때 되지 않는지를 보면서 배워갔다.

무엇을 하고 있는지는 여전히 오리무중이었지만 코드를 깨작거리며 일주일쯤 지나니 내가 만든 '기능'이 들어간 버전의 MUD가 어찌어찌 만들어졌다. 숙련된 프로그래머와는 거리가 멀지만 어쨌든 시작은 한 셈이다. 누구든 일단 시작은 해야 하지 않는가?

이 이야기를 하는 이유는 **참고 서적 보기, 대학이나 부트 캠프에 가기 등의 어떤 방법보다도 이 방법이 프로그래밍에 입문하기 좋다고 생각해서다.** 우선 코드를 깨작거리면서 어떻게 했을 때 되고 어떻게 했을 때 안 되는지 본다(나는 이게 최고의 학습 방법이라고 장담한다. 『소프트 스킬: 평범한 개발자의 비범한 인생 전략 71가지』 [blog] 에서 소개한 빠르게 학습하는 방법을 참고하라).

하지만 **코딩을 배우는 것과 소프트웨어 업계에 입문하는 것은 별개의 문제다.** 코딩하는 법을 배워야 하는 건 사실이다. 그러나 소프트웨어 개발에는 단순한 코딩 그 이상의 무언가가 있다. 이 장에서는 '그 이상의 무언가'에 대해 이야기해보겠다.

소프트웨어 개발자라는 직업

우선 소프트웨어 개발이 생각보다 쉽고, 생각보다 어렵다는 사실을 알았으면 한다. 이 책은 '소프트웨어 개발에 대해 알아야 할 것'이라는 주제에 3부 전체를 할애하고 있다. 여기에서 그 내용을 간략하게 소개해보겠다.

소프트웨어 개발은 단순한 프로그래밍이 아니다. 프로그래밍이 많은 몫을 차지하긴 하지만, 코딩을 할 줄 아는 것만으로는 부족하다. 특히 이 직종을 천직이라고 느끼고, 이 분야에서 경력을 쌓아가겠다는 포부가 있다면 그 외에도 알아야 할 게 많다.

대다수 소프트웨어 개발 프로젝트는 **수동 프로세스를 자동화하거나** 수동으로 하기 너무 어려운 무언가를 자동화할 새로운 방법을 만들어내는 것이 목표다.

내가 쓰는 워드 프로세싱 소프트웨어를 예로 들어보자. 나는 지금 이 장을 구글 문서에서 작성하고 있다. 하지만 워드 프로세싱 프로그램이 없다면 손이나 타자기로 써야 할 것이다. 그리고 책으로 인쇄하려면 수작업으로 활자를 조판해가며 편집해야 할 것이다. 오타 수정을 위해 수정액 한 통(아마 위스키 한 병과 함께)도 대기시켜 둘 것이다. 하지만 요즘은 손이나 타자기로 책을 쓸 때 하던 수작업을 자동화하는 하드웨어, 소프트웨어가 구글 문서 외에도 많다. 이 정도면 내가 무슨 얘기를 하는지 이해했으리라 생각한다. 코드 장인이 되려면 다음 핵심 개념을 이해해야 한다는 뜻이다.

무언가를 자동화하기 **전에** 그 작업을 수동으로 하는 방법부터 깨우쳐야 한다.

문제 이해하기

자신이 무엇을 만드는지 제대로 이해하지 못한 채 소프트웨어 코드부터 작성하는 개발자 지망생이 많다. 사실 경력 개발자도 마찬가지다. MUD 예처럼 코딩을 배울 때는 그렇게 해도 상관없다. 하지만 소프트웨어를 제작할 때는 얘기가 달라진다. 이 책을 읽고 있는 것으로 볼 때 **당신은 분명 이보다 현명할 거라고 본다.**

소프트웨어 개발은 언제나 해결할 문제를 이해하는 지점에서 시작한다. 자동화할 대상이 무엇인가? 이 부분을 처리하는 방법은 소프트웨어 개발 방법론마다 다르지만, 지금 그 부분은 중요하지 않다. 코딩을 시작하기 전에 어떤 방식으로든 해결할 문제를 이해하고 요구사항을 알아내야 한다는 게 논점이다. 경우에 따라 고객을 만나 무엇을 만들어야 하는지 어떻게 작동해야 하는지 의논하는 정도로 간단하게 진행할 때도 있고, 제품 명세 문서를 작성할 정도로 격식을 갖추어 진행할 때도 있다.

설계하기

일단 해결할 문제를 이해했으면 그 문제를 코드로 어떻게 해결할지 설계해야 한다. 설계도 코드를 작성하기 전에 해야 한다. 코드의 구조적 청사진이라고 생각하면 쉽다. 앞서 이야기했듯이 방법론이 바뀌면 설계 과정도 달라진다. 하지만 어떤 방법론이든 **바로 코딩에 뛰어들기 전에 일정 수준의 설계가 있어야 한다.**

규모가 크든 작든 마찬가지다. 애자일agile 소프트웨어 개발(이에 대해서는 뒤에서 다룰 것이다)을 선호하는 어떤 개발자는 아무런 설계 없이 바로 코딩을 시작해도 된다고 주장한다. 애자일 개발이 사전 설계를 덜 중요하게 생각하는 건 사실이지만, **그래도 설계는 필요하다.** 벽돌을 아무렇게나 쌓아 올린다고 해서 집이 지어지는 게 아니기 때문이다.

코드 작성하기

설계를 마쳤다면 해당 소프트웨어의 역할을 정의할 테스트를 몇 가지 작성거나(이 방식은 테스트 주도 개발Test Driven Development, TDD이라고 부르는데 뒤에서 자세히 설명하겠다) 코딩을 시작할 시점이다.

코드 작성은 그 자체만으로도 하나의 분과를 이룰 정도로 범위가 넓은 분야. 그러므로 여기에서는 자세히 다루지 않겠다. 대신 훌륭한 코드를 작성하는 데 도움이 될 필독서 두 권을 추천한다.

첫 번째 책은 스티브 맥코넬Steve McConnell이 쓴 『Code Complete』blog 다. 이 책은 모든 소프트웨어 개발자가 읽어야 할 고전이다. 두 번째 책은 로버트 마틴Robert Martin이 쓴 『Clean Code』blog다. 이 책 또한 더 나은 코드를 작성하는 데 도움이 될 고전이다.

두 책은 코드 체계를 세우는 방법과 이해하기 쉽고 유지 보수하기 쉽게 코딩하는 방법을 알려준다. 특히 명확성이나 설계 면에서 **내 코딩 기술에 지대한 영향을 미친 책이기도 하다.**

테스트하고 배포하기

코드 작성을 마쳤다면 이제 제품을 배포할 차례인가?

틀렸다. **이제 코드를 테스트할 차례다.** 다시 말하지만 방법론이 다르면 이 과정도 각기 다르다 blog. 하지만 최종 사용자에게 코드를 공개하기 전에 테스트를 진행하는 게 일반적이다. 전통적인 폭포수 방식 개발* 프로젝트라면 테스트가 프로젝트 가장 마지막 단계에 위치한다. 하지만 애자일 프로젝트에서는 약 2주에 걸쳐 진행되는 각 반복 주기를 마칠 때마다 테스트를 진행한다.

코드 테스트가 끝나면 배포할 준비가 다 된 셈이다. 이 부분만 해도 꽤 복잡한 과정을 거쳐야 한다 blog. 배포를 집중적으로 다루는 장이 따로 있으므로 여기서 자세히 이야기하지는 않겠다. 간단히 말하면, 배포란 완성된 소프트웨어를 서버에 설치하고 앱스토어에 올리는 등의 방법으로 사용자가 소프트웨어에 접근할 수 있게 해주는 과정을 가리킨다(그 과정만으로도 꽤 복잡할 수 있다). 그 과정에서 코드가 **소스 코드 저장소에 체크인**†될 수도 있다. (사실 꼭 그렇게 되어야 한다.) 소스 코드 저장소는 시간에 따라 변화한 코드의 여러 버전을 저장해두는 곳이다.

볼륨이나 데이터를 다루는 복잡한 애플리케이션은 대개 **특정 종류의 데이터베이스와 연관이 있다.** 데이터베이스는 애플리케이션이나 환경 설정 정보용으로 사용자 데이터를 저장하곤 한다. 그런 데이터를 소스 코드와 함께 업데이트해야 할 때도 있다. 개발자가 코드 일부를 체크인할 때 코드가 자동으로 빌드되도록 일정한 형태의 지속적 통합continuous integration을 사용하는 소프트웨어 개발팀도 많다.

---

* 폭포수(waterfall)가 아래로 흐르는 것처럼, 개발의 흐름이 꾸준히 아래로 흐르는 형태를 띤다고 하여 붙은 이름이다.

† 수정이 끝난 파일 사본을 저장소에 저장하여 버전을 갱신하는 작업을 가리킨다.

코드 작성 그 이후

마지막으로 디버깅도 잊지 마라. 개발자가 되면 자신이(혹은 다른 사람이) 작성한 코드가 왜 작동하지 않는지 알아내는 데 많은 시간을 쓴다.

보다시피 소프트웨어 개발에는 코드 작성 그 이상의 것이 많다. 소프트웨어 개발자로 입문하기 전에 모두 알아두어야 한다. 이런 외적인 부분 몇 가지에 대해 약간의 경험과 기술까지 쌓아두면 금상첨화다.

하지만 겁부터 낼 건 없다. **당신이 그 모든 것을 준비할 수 있게 돕는 것이 이 책의 목적이다.** 하다못해 방향이라도 적절히 설정할 수 있게 도와줄 것이다. 챙기는 일은 직접 해야 하겠지만 적어도 어떤 물품을 챙겨야 할지는 알려주겠다.

계획

"알겠어요. 소프트웨어 개발이 단순한 코드 작성 그 이상이라는 거, 디버깅하는 데 많은 시간을 들인다는 건 알겠다고요. 그런데 어떻게 시작하는지는 아직도 말해주지 않았어요. 어떻게 된 거죠?"

무슨 말인지 안다. 그런데 아는지 모르겠지만 좋은 소식이 있다.

당신은 이미 시작했다. 축하한다.

당신은 이 책을 집어 들고 소프트웨어 개발이 단순한 코드 작성 그 이상의 것이라는 걸 이해해보려고 했다. 그것만으로도 **이미 대부분의 소프트웨어 개발자보다 희망차게 출발한** 셈이다. 기분 좋으라고 한 말이지만 사실이기도 하다. 언젠가 당신도 나처럼 늙고 투덜거리는 개발자가 되면 나와 똑같은 레퍼토리를 읊고 있을 것이다.

이제 좀 더 현실적인 이야기로 돌아오자. 당신에게는 계획이 필요하다.

계획. 소프트웨어 개발에 대한 무지를 떨치고 필요한 자격을 완벽히 갖춘 개발자로 변신할 구체적이고 현실적인 진짜 계획.

목적지에 도달할 길은 여러 가지다. 이 책의 뒷부분에서 그중 일부를 소개하겠다. 하지만 어떤 길을 선택하느냐는 그렇게 중요하지 않다. 그보다 **어떤 길이든 선택하고 꾸준히 나아가는 게 중요하다.**

계획 준비하기

계획에 포함되어야 할 사항을 이야기해보자. 우선 자신이 현재 어디에 있는지 앞으로 배워야 할 게 무엇인지 정직하게 평가해야 한다.

- 프로그래밍 경험이 있는가?
- 쓸 줄 아는 프로그래밍 언어가 있는가?
- 애플리케이션을 만들어본 경력이 있는가? 아니면 아주 기초 단계부터 시작해야 하는가?
- 앞에서 언급한 다른 기술에 대해서는 어떤 경험이 있는가?
- 그러한 기술 중 익혀둔 기술이 있는가?
- 데이터베이스, 소스 제어, TDD, 테스트하기, 디버깅, 소프트웨어 개발 방법론에 대해 아는 게 있는가?

어떤 분야의 소프트웨어 개발자가 되고 싶은지도 생각해보자. 모두 게임 개발자가 되고 싶어 한다 blog. 하지만 이 생각이 현실적일까? 게임 분야를 통해 입문하고 싶은 게 확실한가? 오랜 시간 길고 외로운 길을 가면서 그토록 많은 경쟁자와 진정으로 싸우고 싶은 것인가?

인생의 방향을 설정할 때 처음부터 충분한 시간을 들여 철저하게 자신의 생각을 점검해보는 사람은 많지 않다. 시간을 갖고 위 질문에 대한 답을 찾아보라. 좋은 계획을 세우는 데 큰 도움이 될 것이다. 오해하지 말길 바란다. 나는 이 책을 통해 당신을 최대한 도울 것이다. 하지만 **남이 도와주는 데는 한계가 있다.** 좋은 개발자, 심지어 훌륭한 개발자가 되는 데 필요한 모든 정보를 주는 역할까지는 할 수 있다. 하지만 그러한 정보를 **실행 계획으로 정리하는** 부분은 당신 몫이다. 그리고 그 계획을 실천하는 것도 **당신** 몫이다.

계획 세우기

잠시 시간을 들여서 질문에 대한 답을 생각해보았다면 이제 실천 계획을 세울 차례다. **성취하고자 하는 목표에서 시작해 거꾸로 되짚어오면** 손쉽게 계획을 세울 수 있다. '프로그램 배우기', '소프트웨어 개발자 되기'처럼 광범위한 목표 말고 **어떤 유형의 소프트웨어 개발자가 되고 싶은지 구체적인 목표**를 세워라. 3부 '소프트웨어 개발에 대해 알아야 할 것'에서 소프트웨어 개발과 관련된 다양한 역할과 직업에 대해 다룰 텐데 자신에게 가장 잘 맞는 것을 직접 찾아보는 것도 좋다.

목표는 **구체적일수록** 좋다. 그래야 무엇을 배울지, 이력서나 포트폴리오는 어떻게 만들지, 어떤 학교 혹은 어떤 프로그램에 등록할지, 어떤 직장에 지원해야 할지를 정확히 알 수 있다. 목표를 정하고 그 목표를 위해 헌신한다는 게 어려운 일이라는 건 나도 안다. 하지만 그게 얼마나 중요한지는 아무리 강조해도 지나치지 않다! 어떤 소프트웨어 개발자가 되고 싶은지 가능한 한 구체적인 목표를 세울수록 **모든 것이 더 쉬워진다.** 그래야 무엇을 배워야 할지, 계획의 단계별로 어떤 일을 해야 할지 명확히 알 수 있다.

'운동선수'가 되는 게 목표라면

'운동선수'라는 목표를 세웠다고 상상해보자. 사실 너무 광범위한 목표다. 운동선수가 되는 게 목표라면 도대체 어떤 훈련을 해야 할까? 역기를 들거나 달리기를 해야 할 수도 있고 수영 연습을 해야 할 수도 있다. 아니면 테니스 라켓으로 볼을 치는 연습을 해야 할 수도 있다. 그 외에도 온갖 훈련을 해야 한다. 그래야 어떤 종목의 팀에서든 뛸 준비를 할 수 있기 때문이다.

얼마나 터무니없게 들리는지 알겠는가? 누군가 '소프트웨어 개발자'가 될 거라고 말할 때 바로 이만큼 (사실은 그보다 더) 터무니없게 들린다.

종목을 골라라. 어떤 종목인지 알면 그 종목을 위해 어떻게 훈련해야 할지 알 수 있고 가는 길도 훨씬 더 수월해진다. 목표에 도달하기 위해 무엇을 해야 할지 정하려면 **그 목표에서 시작해 거꾸로 되짚어보라.** 그러면 계획이 세워진다. 계획 수립 초반에는 무엇을 배울지에 집중하라. 무엇을 어떻게 배워야 할지 순서를 알아내는 게 중요하다. 그다음에는 직장에 지원서를 내고 첫 직장을 구하기 위해 무엇을 준비해야 하는지 알아내라. 마지막으로 직장을 구하기 위한 실천 계획이 필요하다. 어떤 지역을 알아볼 것인가? 어떤 일을 할 것인가? **어떤 직장에 지원할 것인가?**

나라면 첫 직장을 구한 후에 개인적인 발전과 교육을 이어갈 수 있는 방법에 대한 계획도 세울 것이다. 좀 부담스러울 수도 있겠지만 걱정하지 마라. **이 모든 과정을 조금 더 수월하게 진행할 수 있게 돕는 것이** 이 책의 존재 이유다. 다음 몇 개 장을 통해 무엇을 어떻게 배워야 하는지 알려주고, 2부에서는 어떻게 일자리를 구해야 할지 자세히 알려주겠다. 지금은 **어떤 계획을 세워야 할지, 어떤 개발자가 되고 싶은지**부터 생각해보라.

〈잠깐만요, 돈!〉 그런데 어떤 개발자가 되고 싶다고 생각해야 하는 거죠?

좋은 질문이다. 이제 막 시작한 사람이라면 게임 개발자 외에 어떤 개발자가 있는지조차 모를 수 있다. 공부가 좀 필요하긴 하지만 다행히 쉽게 알아낼 수 있다.

뒤에서 어떤 소프트웨어 개발자가 있는지 이야기할 것이다. 대부분 3부 '소프트웨어 개발에 대해 알아야 할 것'에 등장한다. 하지만 스스로도 찾아보라. 아는 소프트웨어 개발자들에게 어떤 분야에서 일하는지 물어보라. 만들고 싶은 것을 떠올려보고 관련 기술이나 프로그래밍 언어를 찾아보라.

세상에는 소프트웨어 개발자가 관심을 기울일 만한 다양한 기술과 직종이 존재한다. 웹 애플리케이션을 만들고 싶은가? 아니면 모바일 애플리케이션? 냉장고 온도 제어와 관련된 코드를 작성하고 싶은가? 그것도 아니면 우주비행사를 우주로 내보내는 코드를 작성하고 싶은가?

신중히 고민하고 조사에 착수하라. 제대로 묻기만 한다면 답은 쉽게 찾을 수 있다.

사례 연구

나는 구체적인 사례가 늘 도움이 된다고 생각하기 때문에 이쯤에서 Node.js가 전문인 웹 개발자가 되고 싶은 주인공을 두고 현실적인 시나리오를 보여주겠다.

목표: Node.js 개발자 되기

계획:

> **학습**
>
> - 자바스크립트 기초 배우기
> - 웹 페이지와 HTML, CSS 같은 웹 개발 기술 배우기
> - Node.js 기초 배우기
> - 간단한 Node.js 웹 애플리케이션 작성해보기
> - Node.js 애플리케이션 개발할 때 사용할 다양한 프레임워크와 기술 배우기
>   - 위 연구에서 Node.js와 함께 쓸 수 있는 프레임워크와 기술에 대해 더 배우기
> - Node.js와 함께 사용할 수 있는 데이터베이스 기술 배우기
> - 컴퓨터 공학 기초 배우기
>   - 알고리즘
>   - 자료 구조

- 좋은 코드를 작성할 수 있도록 모범 사례 배우기
- Node.js 앱 아키텍처 설계 방법 배우기

취업 준비하기

- Node.js 개발자 구인 명세를 살펴보고 기업에서 요구하는 기술 확인하기
- 현실적으로 취업할 수 있는 기업 목록 만들기
- 지역 사용자 그룹 모임 나가기
- 해당 지역의 다른 Node.js 개발자들과 교류하기
- 이력서를 훌륭하게 작성해줄 이력서 작가 고용하기
- 코딩 면접 질문 연습하기
- 모의 면접 연습하기
- 데모용 앱으로 포트폴리오 작성하기

취업하기

- 어떤 일을 할 수 있고 어떤 직장을 구하고 있는지 자신이 아는 모든 이들에게 알리기
- 신입이나 인턴 프로그램에 지원하기
- 매일 최소 두 군데 이상 지원할 계획 세우기
- 면접을 마친 후 면접 내용을 정리해보고 어떤 기술을 더 배워야 할지 정하기

처음에는 간략한 얼개로 시작하겠지만 무엇을 배우고 무엇을 해야 할지 알게 될수록 세부 사항이 늘어난다.

계획을 세워둔다는 점이 중요하다. 언제든 상황에 맞게 계획을 조정해도 된다. 하지만 애초에 계획 없이 시작하면 아무 방향으로나 목적 없이 떠다니느라 답답한 상황만 이어지다가 결국 포기할 가능성이 크다.

다음 장에서는 소프트웨어 개발자가 되기 위해 필요한 기술을 이야기하면서 당신이 세운 계획을 더 섬세하게 다듬을 방법을 함께 고민해보겠다.

3

당신이 배워야 하는 기술

나는 소프트웨어 개발자라면 기술뿐 아니라 소프트 스킬도 길러야 한다는 의견을 전폭적으로 지지한다. 사실 이 주제로 책을 쓰기도 했다 blog. 그래도 **기술이 중요하다**는 사실은 누구도 부인할 수 없다.

코드를 작성하고 소프트웨어를 개발할 능력이 없다면 온갖 소프트 스킬도 큰 쓸모가 없을 것이다. 좋은 관리자나 코치가 될 수 있을지는 모르지만 소프트웨어 개발자가 되긴 어렵다. 이 책에서도 1부는 소프트웨어 개발자가 되고 싶은 사람이(아니면 앞으로 더 발전하길 바라는 개발자가) 읽을 것이므로 그런 사람이 알아야 할 기술에 대해 함께 살펴볼 생각이다.

꼭 배워야 하는 핵심 기술

이러한 주제는 신입 소프트웨어 개발자들이 부담스러워한다. **배워야 할 것이 너무 많다**고 느낄 뿐 아니라 **어디서부터 시작해야 할지도** 알기 어렵기 때문일 것이다.

소프트웨어 개발자가 되기 위한 퀘스트에 가장 큰 도움이 될 핵심 기술이 무엇인지 여기에서 상세히 설명해주겠다. 이 장에 소프트웨어 개발자가 되기 위해 필요할 수도 있는 기술을 모조리 늘어놓는 데 주력할 생각은 결코 없다. 핵심적인 기술만 선별한 후 그에 대해 개괄적으로 설명하려고 한다.

두려워하지 마라. '소프트웨어 개발에 대해 알아야 할 것'이라고 이름 붙인 3부에서 **각 기술에 대해 한 장씩 할애하여** 깊이 있게 알아볼 예정이다. 이 목록은 소프트웨어 개발자 기술 평가서에도 요약해놓았다 `toolkit`.

자, 그럼 지체 없이 내가 가장 중요하다고 생각하는 기술을 간략히 소개해보겠다.

프로그래밍 언어 한 가지 익히기

우선 프로그래밍 언어 이야기부터 하는 게 좋을 것 같다. 프로그래밍 언어를 하나도 모르면 프로그래머라고 할 수 없지 않을까? 바니Varney, 무슨 말인지 알겠지? (이 비유를 이해하지 못하겠다면 어니스트 워렐Ernest P. Worrell `blog` 을 재밌게 봐주길 바란다.)*

어떤 프로그래밍 언어를 배울지는 '프로그래밍 언어 고르기'라는 제목을 붙인 장에서 다룰 예정이므로 **벌써부터 스트레스를 받지 않길 바란다.** 곧 다시 이야기하겠지만 어떤 프로그래밍 언어를 배울지 `blog` 는 **생각만큼 중요하지 않다.** 이제 세상에 있는 온갖 언어를 배우려 하지 말고 딱 하나의 프로그래밍 언어로 시작하라고 제안한 이유에 대해 이야기해보겠다.

첫 직장에 취직하기 전에 일종의 안정 장치로 여러 프로그래밍 언어를 한꺼번에 배우려는 초보 프로그래머가 많다. 물론 개발자로 일하다 보면 결국

---

* 어니스트 시리즈의 주인공 어니스트의 유행어 "Knowhutlmean?"(우리말로 "무슨 말인지 알겠지?"라는 뜻)에 빗댄 농담

에는 하나 이상의 프로그래밍 언어를 배우게 된다. 그렇다 해도 **그런 선행 투자를 자제하라고 권하고 싶다.** 오히려 혼란만 가중되고 정작 배워야 할 기술에 에너지를 쏟지 못할 우려가 있어서다.

차라리 **한 가지 프로그래밍 언어를 꼼꼼히 배우는 데 집중하라.** 진짜 자신감을 느끼는 언어가 적어도 하나는 있어야 한다. 어떤 소프트웨어 개발자가 되고 싶은지 결정할 때 최대한 구체적인 목표를 세우라고 했던 것을 기억하는가? 그 원칙은 여기서도 똑같이 적용된다.

코드를 구조화하는 법

나는 한 가지 프로그래밍 언어를 익힌 후에 코드를 구조화하는 법을 배우는 게 좋다고 확신한다. (사실 프로그래밍 언어를 배우는 중간에 함께 배우는 게 더 좋다.) 이토록 중요한 기술을 배우는 데 도움이 되는 **훌륭한 참고 도서를** 이미 알려준 바 있다. 스티븐 맥코넬이 쓴 『Code Complete』 말이다.

코드를 구조화한다는 게 무슨 뜻일까? 코드 구조화란 **주석을 줄줄이 달지 않고도 이해하기 쉽도록 코드를 잘 작성하는 것을 가리킨다. 원래는 코드만으로도 의사 전달이 가능해야 한다.** 은퇴할 때까지도 그런 기술을 모르는 소프트웨어 개발자가 많다. 하지만 그런 기술을 모르면 손해는 본인이 본다. 나를 비롯해 많은 사람이 이러한 기술을 소프트웨어 개발자의 기술과 능력을 판단하는 주요 기준으로 보기 때문이다.

코드의 구조가 좋으면 그 코드를 쓴 개발자가 단순히 업무를 마치는 데 의의를 두지 않고 더 훌륭한 결과를 내기 위해 노력했다는 걸 알 수 있다. **코드 구조화는 소프트웨어 개발의 예술성에 해당하는 영역이긴 하지만** 그래도 반드시 신경 써야 하는 부분이다. 대부분의 개발자가 새 코드를 작성하는 일보다 기존 코드를 유지 보수하는 일에 훨씬 더 많은 시간을 쓰기 때문이다.

앞서 언급했듯이, 코드를 구조화하는 방법에 대해 배울 수 있는 훌륭한 참고 도서를 이미 알려주었기 때문에 이 책에서는 코드 구조화 방법에 대해 구체적으로 언급하지는 않을 것이다. 하지만 나중으로 미루지 말고 **코딩을 처음 배울 때부터 깔끔하게 잘 작성하는 법을 배워두길 바란다.**

초보라 하더라도 코드의 의미가 잘 드러나도록 깔끔하고 간결하고 이해하기 쉽게 코드를 작성한다면 면접관은 **그 코드의 작성자가 경력이 풍부하다고 추측할 것이다.** 그런 사람은 실제로 그만 한 수준에 이른 것일 수 있다. (아니면 적어도 그렇게 되어가는 과정에 있을 것이다.) 왜냐하면 자신의 경력을 단순히 생계유지용 직업의 차원이 아닌 전문직이라는 칭호를 듣기에 걸맞게 관리하고 있는 것이기 때문이다. 그런 자세는 진정한 장인의 표식이다.

객체지향 설계

객체지향object oriented 언어를 배운 사람이 아니라면 이견을 제시할 수 있는 항목이다. 하지만 **소프트웨어 개발자 중 상당수가 객체지향 설계의 관점을 취하므로 이 개념을 이해해둘 필요가 있다.**

객체지향 설계는 복잡한 프로그램을 개별 클래스나 객체(클래스의 인스턴스)로 나누어 디자인하는 방법으로 이때 클래스나 객체는 기능을 캡슐화encapsulate하고 특정한 역할과 책임을 수행한다. 소프트웨어 개발 세계에서는 **복잡성을 어떻게 다룰지 늘 고민해야 한다.** 객체 관점에서 생각하면 복잡성을 다루는 데 도움이 된다. 그러면 복잡한 시스템 전체를 한꺼번에 다루지 않고 상호 작용하는 컴포넌트로 정의한 다음 설계할 수 있기 때문이다.

요즘 실용적인 프로그래밍 언어가 많아졌다. 그렇다 해도 **소프트웨어 개발 업계에서 가장 인기 있는 언어와 설계 패턴은 객체지향 설계와 분석의 영향을 여전히 강하게 받고 있다.** 다형성polymorphism이나 캡슐화encapsulation 같은 용어를 이해하고, 클래스가 무엇인지, 상속은 어떤 형태로 다양하게 이루어지는지, 이러한 개념이 언제 쓰이는지 잘 알아두는 게 좋다.

알고리즘과 데이터 구조

컴퓨터 공학 학위를 수여하는 대학의 전통적인 교과과정에서 중점적으로 가르치는 영역이다. 알고리즘은 컴퓨터 공학/프로그래밍과 관련된 다양한 문제를 푸는 가장 일반적인 방법이다. 프로그래밍에서 정렬을 수행할 때 흔히 쓰이는 알고리즘이 몇 가지 있다. 각 정렬 알고리즘은 속도, 필요한 메모리 크기, 적합한 데이터 종류가 무엇이냐에 따라 서로 다른 속성을 갖는다.

컴퓨터 공학 분야에서는 다양한 알고리즘을 사용하므로 진짜 프로그래밍 문제를 해결하는 도중에 마주치는 까다로운 문제를 풀려면 **알고리즘을 다양하게 변형하는 방법을 익혀두는 게 좋다**`blog`. 알고리즘을 잘 알면 다른 개발자가 며칠씩 품을 들여야 풀 수 있는 문제를 한 시간 만에 풀어내는 일도 종종 경험할 수 있다. 반대로 알고리즘을 잘 다루지 못하면 **기존의 훌륭한 해결책도 제대로 활용할 수 없다**. 이 부분만 두고 보더라도 알고리즘을 잘 배워둘 이유는 충분하다.

데이터 구조도 알고리즘과 비슷한 카테고리에 포함되며 알고리즘과 함께 쓰인다. 소프트웨어 개발자가 알아야 할 데이터 구조 중 몇 가지를 소개하면 다음과 같다.

- 배열, 벡터
- 연결 리스트
- 스택
- 큐

- 트리
- 해시
- 세트

데이터 구조, 알고리즘을 제대로 이해하면 어려운 프로그래밍 문제를 쉽고 명쾌하게 풀 수 있다.

나는 프로그래밍을 거의 독학으로 배웠기 때문에 입문한 초기에는 데이터 구조와 알고리즘에 대해 잘 몰랐다. 탑코더TopCoder blog 사이트에서 다른 이들과 경쟁해보기 전까지는 이런 부분이 중요하다는 사실도 몰랐다. 탑코더에서는 알고리즘과 데이터 구조를 잘 알면 상당한 경쟁 우위를 점할 수 있다. 알고리즘과 데이터 구조에 관한 지식을 익혀서 문제 해결에 활용하기 시작하자 전에는 어떻게 풀어야 할지 감도 오지 않았던 문제를 아주 쉽고 재미있게 풀 수 있었다. 그런 경험을 통해 진짜 프로그래밍 세계에서 이러한 기술이 얼마나 유용한지 금세 깨달았다.

사실 **나는 이 분야가 소프트웨어 개발에서 가장 재미있는 영역이라고 생각한다.** 아주 어려운 문제를 풀어가는 과정에서 데이터 구조와 알고리즘을 활용해 깔끔하고 명쾌한 해결책을 제시할 때 큰 보람을 느낀다.

게일 라크만 맥다월Gayle Laakmann McDowell이 쓴 탁월한 책인 『코딩 인터뷰 완전 분석Cracking the Coding Interview』 blog 은 이에 관한 최고의 참고 도서다. 적어도 이 글을 쓰고 있는 현 시점에서는 그렇다. 이 책은 알고리즘과 데이터 구조에 대해 알아야 할 거의 모든 것을 다룬다. 배우기 어려운 부분이긴 하지만 고생할 만한 가치가 있다. **이 분야에 대한 소프트웨어 개발자 대다수의 이해 수준은 한심할 정도로 낮다.** 마이크로소프트나 구글 같은 회사의 면접을 통과하고 싶다면 **이 영역을 반드시 잘 알아야 한다.**

개발 플랫폼과 관련 기술

적어도 개발 플랫폼 하나와 그와 함께 사용하는 관련 기술이나 프레임워크를 익숙하게 쓸 수 있어야 한다.

여기서 말한 플랫폼이란 무엇일까? 일반적으로 **운영 체제**operating system, **os를 가리킨다.** 하지만 이는 운영 체제와 비슷하게 작동하는 다른 개념에도 적용할 수 있다. 맥 운영 체제에 집중하는 맥 개발자, 윈도우 운영 체제에 집중하는 윈도우 개발자가 있듯이 특정 웹 플랫폼에 집중하는 웹 개발자도 있다.

플랫폼의 정의에 대해서는 사람마다 의견이 다르기 때문에 여기서 플랫폼이 정확히 무엇인지 다투느라 시간을 낭비하고 싶지는 않다. 하지만 이야기를 진행하기 위해 **플랫폼을 개발 환경이라고 정의하고자 한다. 각 환경은 나름의 생태계와 특수성을 지닐 것이다.** 다시 한번 말하지만 여기에서도 어떤 플랫폼을 선택할지는 그리 중요하지 않다. 그보다 **무엇이든 선택한다는 사실**이 중요하다.

회사가 개발자를 고용하는 기준은 보통 플랫폼이나 기술이다. iOS 개발자로 입사하려면 그 플랫폼과 관련된 전문 지식을 갖추고 있는 게 훨씬 유리하다. 이 말은 단순히 해당 플랫폼에 익숙한 것을 넘어서 프로그래머들이 그 플랫폼에서 개발할 때 쓰는 개발 도구, 관용 표현, 프레임워크에도 익숙해야 한다는 뜻이다.

어떤 프로그래밍 언어를 선택하느냐에 따라 플랫폼도 결정될 거라고 생각할지 모르지만 사실 그런 일은 거의 없다. C#을 예로 든다면 C# 개발자는 윈도우, 맥, iOS, 안드로이드, 리눅스뿐 아니라 임베디드 시스템용 코드도 쓸 수 있다. 그러니 언어만 고르지 말고 플랫폼도 정하라.

프레임워크와 스택

프로그래밍 언어와 플랫폼을 정하는 데 그치지 말고 프레임워크, 아니, 그에 따른 전체 개발 스택까지 배울 것을 강력히 권한다.

프레임워크란 무엇이고 스택이란 무엇인가? **프레임워크는 특정 플랫폼이나 복수의 플랫폼에서 코드를 개발할 때 사용하는 라이브러리 세트를 가리킨다.** 해당 플랫폼에서 일반적인 프로그래밍 작업을 더 쉽게 할 수 있게 해준다.

다시 C# 예를 들어보겠다. C# 개발자 대부분은 C# 애플리케이션을 만들 때 .NET 프레임워크를 쓴다. .NET 프레임워크는 C# 개발자들이 뭔가 하려고 할 때마다 기초적인 것을 다시 만드느라 쓸데없이 시간 낭비하는 일이 없도록 높은 수준의 추상적 개념을 바탕으로 작업하는 데 도움이 되는 다양한 라이브러리와 클래스를 갖추고 있다. 예를 들어 .NET 프레임워크에는 이미지 작업용 코드가 포함된다. 이 코드를 아주 기초 단계부터 새롭게 작성하려면 무척 어렵다. 그래서 .NET 프레임워크는 이미지를 다뤄야 하는 C# 개발자에게 큰 도움이 된다.

스택은 약간 다르다. **스택은 애플리케이션 하나를 제대로 완성하는 데 함께 쓰이는 기술 세트를 가리킨다. 여기에는 일반적으로 프레임워크도 포함된다.** 자주 쓰이는 MEAN 스택을 예로 들어보자. MEAN 스택이라는 이름은 MongoDB, Express.js, AngularJS, Node.js를 조합한 것이다.

- MongoDB는 데이터베이스 기술이다.
- Express.js는 웹 애플리케이션 개발용 Node.js 프레임워크다.
- AngularJS는 웹 애플리케이션 UI 개발용 프론트엔드 자바스크립트 프레임워크다.
- Node.js는 자바스크립트에서 웹 기반 애플리케이션을 개발할 때 쓰이는 런타임 환경이다.

MEAN 개발자가 되겠다는 목표를 세운 게 아닌 이상 이 모든 개념을 이해할 필요는 없다. 하지만 이 모든 기술과 프레임워크를 알아야 웹 애플리케이션을 제대로 개발할 능력을 갖추게 된다는 사실은 알아야 한다.

스택을 알면 애플리케이션 개발이 더 쉬워진다. 스택을 통해 많은 개발자가 애플리케이션을 개발할 때 사용하는 공통의 패러다임을 배우면, 지식 공유가 쉬워지고 기술끼리 서로 잘 연동되는지 검증하는 수고도 덜 수 있다. 스택을 배워두는 건 아주 큰 가치가 있다. 스택을 안다는 건 하나의 애플리케이션을 처음부터 끝까지 개발하는 데 필요한 모든 기술을 갖추었다는 뜻이기 때문이다. 상당수 회사들이 특정 스택을 사용해 애플리케이션을 개발해왔다. 이런 회사들은 해당 스택을 잘 알고 빠르게 적응할 수 있는 소프트웨어 개발자를 찾을 것이다.

데이터베이스 관련 기본 지식

데이터베이스 영역이 최근 몇 년간 꽤 큰 변화를 겪기는 했지만 그래도 데이터베이스가 곧 사라질 거라고 보진 않는다. 그렇다면 데이터베이스에 관해서도 한두 가지 정도는 알아두어야 하지 않겠는가?

이 책을 쓰는 현재 시점에는 주요 데이터베이스 기술 두 가지가 존재한다. 관계형 데이터베이스relational database와 문서 데이터베이스document database가 그 주인공이다. 이 시대의 개발자라면 관계형 데이터베이스를 익숙하게 다룰 능력과 문서 데이터베이스에 대한 기초적인 이해 정도는 갖추어야 한다고 본다.

소프트웨어 개발 시 데이터베이스는 애플리케이션용 데이터를 저장하는 용도로 쓰는 경우가 많다. 전문 데이터베이스 개발자나 데이터베이스 관리자database administrator, DBA를 두는 팀도 물론 있다. 하지만 그러한 사실이 데이터베이스 관련 기본 상식을 익히지 않아도 된다는 핑계가 될 순 없다.

개발자가 꼭 알아두어야 최소한의 항목을 정리하면 다음과 같다.

- 데이터베이스 작동 방식
- 데이터를 얻기 위해 단순한 쿼리(query)를 수행하는 방법
- 데이터 삽입, 업데이트, 삭제하는 방법
- 데이터 세트 결합(join)*하는 방법

그 밖에도 자신이 선택한 플랫폼이나 프레임워크에서 **코드를 사용해 데이터를 가져오거나 저장하는** 방법도 알아야 할 수 있다. 개발자라면 데이터베이스와 연동되는 코드를 작성할 수 있어야 한다.

소스 제어

소스 제어는 모든 소프트웨어 개발 프로젝트에 반드시 필요하다. 소스 제어를 쓰기 전에는 프로젝트에 포함된 모든 파일을 네트워크상에서 공유하거나 소프트웨어의 버전이 바뀔 때마다 USB 메모리에 담아 주고받곤 했다. 부끄럽지만 나도 이런 우스꽝스러운 방법을 한 번 이상 써본 경험이 있다. 당시 나는 어리고 어리석었다. 당신은 그럴 필요가 없다. 오늘날에는 거의 모든 개발자가 소스 제어를 사용해 코드를 체크인 또는 체크아웃한다. 심지어 여러 곳에서 받은 변경 사항을 병합하기도 한다.

가장 기본적인 수준의 소스 제어로도 소프트웨어 프로젝트에 포함된 여러 파일에 생긴 변경 이력을 보존할 수 있다. 또한 소스 제어를 활용하면 여러 개발자가 동시에 똑같은 코드로 작업할 수 있고 작업 중에 발생한 변경 사항을 다시 하나로 합치는 것도 가능하다.

---

* 영어 단어 그대로 '조인'이라는 단어가 더 널리 사용된다.

여기에서 자세한 사항까지 다루지는 않겠지만 **적어도 한 가지 이상의 소스 제어 시스템을 능숙하게 사용할 수 있어야 하고** 소스 제어와 관련된 기본적인 개념에 대해서는 익숙하게 알고 있어야 한다. 오늘날 대부분의 소프트웨어 개발팀은 소스 제어 시스템을 사용하고 있다.

빌드와 배포

요즘 소프트웨어 개발 프로젝트에는 자동 빌드_{build}, 배포_{deployment} 시스템이 쓰인다. 아직 수동으로 작업하는 팀도 있긴 하지만 이를 자동으로 수행하는 다양한 소프트웨어 애플리케이션이 존재한다.

빌드와 배포가 무슨 뜻이냐고? 좋은 질문이다. 앞서, 코드를 작성한 후 작성한 코드를 소스 제어 시스템에 체크인한다는 걸 배웠다. **체크인한 후에 코드가 실제로 잘 작동하는지 확인할 방법이 있다면 좋지 않겠는가?** 바로 이때 쓰이는 것이 빌드 시스템이다. 어떤 빌드 시스템이든 코드를 컴파일한 후에 컴파일 에러 발생 유무 정도는 확인한다. 정교한 빌드 시스템은 **단위 테스트**_{unit test}나 **사용자 테스트**_{user test}**를 하고 코드 품질 체크**_{code quality check}**를 수행**한 후 코드 베이스_{code base}의 현재 상태에 대한 보고서를 제공하기도 한다. 배포 시스템은 프로덕션 환경[*]이나 테스트 환경에 코드를 배포하는 역할을 한다.

이 기술들을 전문가 수준으로 알 필요는 없지만 **이들 시스템의 기본적인 작동 방법**과 코드를 빌드하고 배포하는 과정은 **이해해야 한다.**

빌드 · 배포 시스템 제작 및 유지 보수에 관한 책임은 빠르게 성장하고 있는 데브옵스_{developer operations, DevOps} 분야에 속하는 것으로 보곤 한다. 그렇다 해도 해당 과정의 기본적인 작동 방법 정도는 알아두길 바란다.

---

* 실제로 서비스를 운용하는 환경 또는 기기

테스트

예전에는 개발자가 테스트에 대해 잘 몰라도 괜찮았다. **개발자는 코드가 완성되면 이를 테스트 부서에 넘겼다.** 그러면 테스트 담당자들이 코드에서 온갖 버그를 찾아내고, 개발자는 그 버그를 고치면 그만이었다.

요즘은 그렇지 않다. 소프트웨어 프로젝트들이 소위 애자일 프로세스(이에 대해서는 나중에 방법론을 다룰 때 자세히 이야기하겠다)라 불리는 방식을 채택하면서 소프트웨어 개발자와 테스터가 이전보다 훨씬 긴밀하게 일하게 되었다 `blog`. **코드의 품질이 이제 팀 전체의 책임이 되었다.** 나는 사실 과거에도 마찬가지였을 거라고 생각한다.

자, 말이 나온 김에 이제 테스트에 대해 더 알아보자. 꼭 알아야 할 기본적인 용어는 다음과 같다.

- 화이트박스(whitebox) 테스트
- 블랙박스(blackbox) 테스트
- 단위 테스트(실제 테스트는 아니다)
- 경계 조건
- 테스트 자동화 `blog`
- 인수(acceptance) 테스트

좋은 개발자는 자신이 쓴 코드를 다른 사람에게 넘기기 전에 테스트해본다. (당신이 좋은 개발자 정도는 되고 싶어 하는 것으로 간주하겠다.) 단순히 돈벌이를 하는 게 목적이 아니라 전문가가 되길 원한다면 **이는 타협의 여지 없이 꼭 필요한 부분이다.**

디버깅

아, 수많은 초보 소프트웨어 개발자의 꿈이 디버거라는 단단한 바위 앞에서 박살 나곤 한다. 누구나 코딩은 하고 싶어 한다. 그렇지 않은가? 하지만 자기가 쓴 코드를 디버깅하고 싶어 하는 사람도 있을까? 무슨 말인지 알 거다.

자, 한번 툭 터놓고 말해보자. **소프트웨어 개발자가 되면 일하는 시간의 90%가 아마 왜 코드가 작동하지 않는지** `blog` **고민하다가 지나갈 것이다.** 디버깅이 그렇게 화려한 일이 아니라는 건 나도 안다. 누구나 매일 새 코드 작성하는 일을 하고 싶어 한다. 하지만 세상 이치가 그렇지 않다.

테스트 주도 개발 같은 방법론을 쓰면 디버거에 쓰는 시간이 훨씬 줄어들기는 한다. 하지만 무엇을 하든 문제 해결을 위해 얼마나 노력하느냐와 상관없이 **자신이나 다른 사람이 작성한 코드를 디버깅할 방법을 배워야만 한다.** 어차피 배워야 할 것이라면 마구잡이식으로 접근하기보다 **효과적으로 해낼 방법을 인내심으로 가지고 제대로 배우는 게** 낫다.

디버깅에 관한 장에서 이에 대해 더 자세히 이야기할 테니 지금은 디버깅할 방법을 반드시 배워야 한다는 사실만 깨우치길 바란다.

방법론

배워야 할 것을 이렇게 길게 늘어놓았는데 아직도 부담스럽다는 생각이 들지 않는다고? 그렇다면 한 가지 더해주겠다. 대신 이게 마지막이라고 약속한다. 해야 할 일이 생겼을 때 바로 코드 작성에 돌입하는 소프트웨어 개발팀도 있긴 하지만 **대부분의 팀은 방법론이라는 걸 설정하고 여기에 따르는 척이라도 한다.**

(참고 삼아 이야기하자면, 어떤 팀이든 팀에서 사용한다는 소프트웨어 개발 방법론을 실제로 따를 거라 기대하지 마라 blog. 비난을 위한 비난이 아니다. 그저 현실이 그렇다는 거다. 나는 매일 모두 일어서서 회의를 한다는 이유로 스크럼scrum 방법론을 쓴다고 말하는 사람을 많이 보았다.)

그러므로 가장 많이 쓰이는 소프트웨어 개발 방법론에 대한 기본 지식 정도는 갖춰야 한다. 요즘 가장 많이 쓰이는 두 가지 방법론을 꼽자면 폭포수 개발waterfall development과 애자일 개발이 될 것이다. 개발팀 대다수는 애자일 방법을 쓴다고 주장한다. 애자일 자체는 꽤 유연한 개념이다. 하지만 유려하게 지식을 뽐내거나 애자일 팀에 잘 적응하고 싶은 사람이 알아두어야 할 몇 가지 관행이나 의례가 존재한다. 더 자세한 이야기는 소프트웨어 개발 방법론에 관한 장에서 하겠다.

부담 내려놓기

지금 내가 꽤 많은 주제를 논했다는 것, 그리고 대부분 수박 겉핥기식으로 언급하는 데에 그쳤다는 것을 안다. **지금쯤이면 부담스럽다고 느끼거나** 대부분의 기술에 대해 이해하지 못하겠다고 느끼는 사람도 있을 것이다.

괜찮다. 아직은 잘 이해하지 못하는 게 정상이다. 하지만 이미 소프트웨어 개발자로 활동하고 있는 사람이라면 예외다. 그런 사람이라면 부끄러운 줄 알아야 한다! 농담이다. 나는 당신을 사랑한다. 그래도 공부는 제대로 하는 게 좋다. 진심이다. 어쨌거나 이 책의 5장 '프로그래밍 언어 고르기'에서 지금까지 언급한 주제들을 자세히 다룰 것이다. 그러니 마음을 편히 가져라.

다음 장에서는 기술을 익히는 방법에 대해 알려줄 계획이다. 따라서 실제 기술에 대해 다루는 장을 읽을 즈음에는 그 내용을 잘 흡수할 준비가 되어 있을 것이다.

〈잠깐만요, 존〉 이 책에 링크가 꽤 많이 등장하고, 거기에 존 당신이 만든 제품 같은 걸 많이 홍보하는 거 같은데 어찌 된 영문이죠?

아, 물어봐 줘서 기쁘다. 우선 링크에 대한 이야기부터 하겠다. 맞다. 이 책에는 꽤 많은 링크가 등장한다. 하지만 전부 열어볼 필요는 없다. 관심이 가는 링크만 열어봐도 좋다. 대부분 내가 과거에 만든 연관 콘텐츠를 최대한 많이 연결해둔 것이다. 그 주제에 대해 더 자세히 알고 싶은 사람을 위해 넣었다.

링크 대부분은 내 블로그 포스트나 유튜브 동영상으로 연결된다. 해당 주제에 대해 더 자세히 다룬 것일 수도 있고 그냥 재미있는 내용인 경우도 있다. (링크는 이 책에 나온 전체 링크를 장별로 분류해둔 페이지로 연결된다.)

그리고 내가 만든 다른 제품을 홍보하고 있는 것도 확실히 맞다. 나는 그게 똑똑한 전략이라고 생각한다. 책은 저렴하다. 책을 써서는 큰돈을 벌 수 없다. 사실 책은 돈 버는 것 말고 다른 목적이 있을 때 써야 한다. 독자에게 가치가 있다고 생각되는 내 제품을 홍보하는 것도 이 책을 쓴 이유 중 하나다.

'스팸'처럼 느끼지 않았으면 한다. 다른 제품을 꼭 살 필요는 없다. 이 책은 800쪽(원서 기준)에 달하는 내용 그 자체만으로도 큰 가치가 있다. 하지만 당신에게 필요할 수도 있는 정보라고 생각하므로 홍보는 계속할 생각이다.

4

기술을 발전시키는 방법

지금까지는 배워야 할 기술을 길게 나열했다. 이제 그 모든 기술을 어떻게 발전시킬 것인지, 모두 배우기까지 시간이 얼마나 필요할지 살펴볼 차례다. 뭐, 시간이 얼마나 들지 걱정할 필요는 없다. 소프트웨어 개발자로 일하는 한 기술은 계속 발전시켜야 될 테니까. **마침표를 찍는 것 말고 꾸준히 해 나가는 데에 의의를 두라.** 발전하겠다는 의지만 있다면 항상 더 나아질 여지가 있다.

나도 잘못된 방법으로 기술을 발전시키느라 꽤 긴 시간을 낭비했다 blog. 하지만 플루럴사이트Pluralsight에 올릴 고급 기술 개발자 훈련 코스 50가지를 개발한 3년 동안, 다른 사람을 가르치는 동시에 빛의 속도로 내 기술을 발전시킬 방법을 익혔다. **두꺼운 기술 서적을 독파하는 게 기술을 배우는 최고의 방법이라고 생각하던 때도 있었다.** 당시 나는 800쪽이 넘는 책을 셀 수 없이 많이 읽었지만 그 방법은 별 도움이 되지 않았다. 두꺼운 책을 들고 다니느라 팔뚝은 좀 튼튼해졌을지 모른다. 당신이 나와 똑같은 실수를 저지르지 않길 바란다. 하지만 **이미 저지르고 있다면 더 좋은 방법을 알려주고 싶다.**

빠르게 배우는 방법 배우기

기술을 배우는 방법을 말하기 전에 무엇이든 빠르게 배우는 법, 독학하는 법에 대해 잠시 이야기해보는 게 좋겠다. 독학이라는 주제는 뒤에서 조금 더 자세히 다룰 생각이므로 여기에서는 기본적인 내용을 먼저 살펴보고 **무언가를 빠르게 배우기 위해 내가 사용하는 방법**을 소개하도록 하겠다.

앞서 이야기했듯이 나는 다양한 기술을 배우고 가르치느라 긴 시간을 보냈다. **나는 몇 주 안에 익힌 프로그래밍 언어가 꽤 많다**`blog`. 그리고 배운 언어는 다른 이들에게 가르쳤다. 그 과정에서 **믿을 만한 학습 시스템**이 탄생했다. 이러한 시스템이 꼭 필요한 상황이어서 무의식 중에 만든 것이다. 빠른 속도로 배우기 위해 노력하다 보니 효율적인 학습법이 무엇일지 계속 고민할 수밖에 없었고 그 결과 빠르게 학습하는 데 도움이 된 학습 패턴이 자연히 만들어졌다.

내가 쓴 『소프트 스킬』`blog`의 '10단계 학습법'`blog` 부분에 전 과정을 정리해둔 바 있으므로 여기에서는 기본적인 사항만 언급하겠다.

기본 절차

기본 아이디어는 꽤 간단하다. **무엇을 배울 것인지, 그 범위는 어떻게 되는지 잘 아는 게** 우선이다. 학습 주제의 큰 그림을 살펴보고 이를 실제 익히기 좋을 정도의 분량으로 잘게 나눈 후 시간을 얼마나 들여야 제대로 배울 수 있을지 계산해보라.

그다음으로는 **목표가 필요하다.** 무엇을 왜 배우려고 하는지부터 확실히 알아야 한다. 무엇보다 본인이 얼마나 잘 배웠는지를 측정할 기준도 정해야 한다. **무언가 새로 배우기 시작하는 사람은 많지만 목표 달성 여부를 확인할 방법까지 생각해두는 사람은 극소수다.**

기준을 정했다면 이제 **학습 자료 수집에 돌입해도 좋다.** 참고 도서 한 권을 독파하는 방법보다 책, 블로그, 팟캐스트, 잡지, 동영상 강좌, 전문가의 의견 등 다양한 자료를 수집하는 방법을 추천한다. 그리고 이렇게 수집한 자료 중 일부는 **학습 계획을 세우는 데** 써라. 수집한 자료를 활용해서 체계적이고 순차적인 학습 절차를 만들면 된다. 예컨대 자료의 목차는 어떤 부분이 중요한지 확인하고 어떤 순서로 학습할지 계획을 세우는 데 참고할 수 있다.

본격적인 학습은 그 뒤에 시작하라. 학습 계획을 모듈 단위로 세우고 각 모듈마다 **실습에 돌입할 수 있을 정도의 내용을 공부하라. 그리고 직접 이것저것 해보면서 떠오르는 질문에 대한 답을 찾아라. 경험을 통해 배우는 데** 집중하라는 뜻이다. 이에 대해서는 잠시 뒤 더 이야기하겠다. 시작부터 공부에 너무 치중하지 않는 게 핵심이다. 실습을 통해 일어난 호기심이 자연스럽게 학습으로 이어지게 하라. 호기심이 있는 상태에서 다시 자료를 보면 **어떤 부분이 중요한지 자연스럽게 눈에 들어온다.** 방대한 양의 자료를 독파하는 학습 방식이 지닌 큰 문제는 실제 무엇이 중요한지 알기 어렵다는 것이다. 실습하며 생긴 호기심을 따라가는 방법을 쓰면 배운 내용이 제대로 뇌리에 각인되어 그런 문제가 해결된다.

마지막으로 **배운 내용을 남에게 가르쳐라.** 어떤 형식으로 누구를 가르치든 상관없다. 마당에서 개나 다람쥐를 붙잡고 가르쳐도 된다. 정말 아무 상관 없다. 자신의 생각을 다른 존재와 소통할 수 있는 형태로 정리하는 게 관건이다. 그렇게 해야만 머리에 담긴 지식을 제대로 이해할 수 있다 blog.

이게 전부다. 이것이 바로 **빠르게 학습하는** 기본 공식이다. 이 과정을 더 자세히 살펴보는 데 도움이 될 동영상과 자료는 '무엇이든 빠르게 배우는 10단계 학습법' blog에 있다. 이제 기술을 배우고 발전시키는 방법에 대해 살펴보자.

경험을 통한 학습

경험을 통해 배우는 방법이 원래 어디에든 잘 맞다. 특히 기술을 익힐 때는 이 방법이 두말할 것 없이 최고다. 책을 읽거나 튜토리얼 동영상을 보는 것만으로 기술을 배운다는 건 어불성설이다. 특정 기술이나 프로그래밍 언어, 도구로 무엇을 할 수 있는지 정도는 이해할 수 있지만 **실제 그 기술을 써서 문제를 해결해본 경험이 없다면 해당 기술에 대한 이해가 표면적인 수준에 그칠 수밖에 없다.**

3장에서 언급한 기술을 제대로 활용할 능력을 얻으려면 책에서 배운 지식만으로는 부족하다. 프로그래밍 언어까지는 어떻게 알 수 있을지도 모른다. 하지만 **문법을 읽어보는 것만으로 소스 제어 사용법을 정말 알 수 있을까?** 실수로 파일을 잘못된 브랜치branch에 병합merge하거나 잘못된 소스 코드 버전을 체크아웃하는 실수를 저지른 적이 없고, 버그가 출현한 시점을 파악하기 위해 버전 이력을 살펴본 적이 한 번도 없다면 소스 제어 사용법을 제대로 배울 수 없다. 그저 안다고 착각한 것뿐이다. (방금 한 말이 무슨 뜻인지 아직 이해하지 못해도 괜찮으니 걱정하지 마라.)

나 역시 이 책의 뒷부분에서 이 모든 기술에 대해 알려주겠다고 약속했다. 게다가 당신은 지금 그걸 배우기 위해 이 책을 읽고 있다. 맞다. 하지만 **책을 읽는 데서 멈추지 않는 것이** 핵심이다. 이 책을 읽는 단계는 여기서 언급한 내용을 피상적으로 배우는 단계다. 하지만 어느 시점이 되면 읽은 내용을 경험을 통해 제대로 숙지할 수 있도록 **책을 내려놓고 실습blog하는 시간을 가져야 한다.** (적어도 기술은 그렇게 배워야 한다.)

경험을 통해 학습하는 법

뻔한 이야기를 반복할 위험을 감수하더라도 경험을 통해 학습하는 방법을 이야기해보려 한다. **다 아는 내용을 다시 한번 환기한다고 생각하라.**

어떤 기술을 배우려 하든 그 기술이 본인에게 실제 도움이 될지부터 고민하라. **그 기술을 당장 써먹어야 할 상황이 아니라면 정말 배울 필요가 있는지부터 생각해보라.** 한 번도 쓸 일이 없는 기술을 배우는 데 긴 시간을 낭비하는 경우가 많다. 진짜다. 나도 하도 그런 적이 많아서 이제는 이런 일이 우습지도 않다.

당장 써야 할 기술이라면 훨씬 쉽게 배울 수 있다. 꼭 배워야 할 이유가 있기 때문이다. 장담컨대 비행기를 타고 하늘 높이 올라가 공중에서 뛰어내리기 직전에 스카이다이빙하는 법을 배운다면 그 내용은 머리에 쏙쏙 박힐 것이다. 하지만 당장 필요하지 않다면? 어떤 직장에 취직한 후에 거기에서 그 기술을 사용해야 할 거라고 생각해서 배우는 거라면? 그럴 때는 그 기술을 사용할 이유를 만들어라. **목표를 만들어라.**

경험을 통한 학습 사례

그럼 실례를 떠올려보자. 관계형 데이터베이스와 그 사용법을 배우려고 한다. 데이터베이스에 대한 자료를 읽어보고 쿼리 몇 개를 실행해보면서 실습해본다면 어느 정도 효과가 있을 것이다.

그런데 만약 자신이 소장하고 있는 영화 목록을 저장할 데이터베이스를 만든다면 어떨까? 이 데이터베이스를 조회하고, 목록에 새 영화를 넣거나 기존 영화를 삭제하고, 영화 제목을 수정할 수 있게 하는 것이 목표라면? 혹은 그 데이터베이스에 접근해서 이 모든 동작을 수행하는 간단한 애플리케이션을 만드는 게 목표라면?

목표가 생겼고 경험을 통해 배우는 방법도 안다. **그리고 이제 해야 할 일도 생겼다.** 그럼 관계형 데이터베이스를 어떻게 배우겠는가? 실제로 맞닥뜨린 문제를 해결하는 데 필요한 정보를 알아내고자 책을 펼쳐보고 동영상 튜토리얼도 찾아볼 것이다. 그러면 실습만 해본 것이 아니라 **데이터베이스를 실제로 만들고 사용해본** 셈이다. 진짜 목표가 있었기에 가능한 일이다. 이런 방식으로 일하고 학습할 때 자신의 뇌에 얼마나 많은 양의 정보가 남을지 생각해보라. 게다가 이 방식이 훨씬 더 재미있지 않을까?

내가 기술을 가르치는 방법

앞서 언급했듯이 나는 꽤 다양한 기술을 가르쳐봤다. 수강생이 수월하게 따라온 강의 방식을 당신에게 알려주면 독학할 때도 활용할 수 있을 것이다. 일리가 있지 않은가?

나는 **수강생들이 비용 대비 최대의 효과를 거두어 가길 바란다.** 그리고 꼭 배우지 **않아도 되는 내용이나 독학으로도 익힐 수 있는 내용을 지루하게 가르치고 싶지도 않다.** 그보다는 그들에게 **당장 가치를 지니는** 정보만 알려주고, 그중 특정 세부 주제를 더 자세히 공부할 필요를 느낄 때 활용할 참고 자료를 제공하는 데 집중한다. 이러한 학습 방식을 나는 '적시 학습'이라고 부른다. 내가 기술을 가르칠 때 알려주는 세 가지 핵심 사항은 다음과 같다.

- 큰 그림: 이 기술로 무엇을 할 수 있는가?
- 시작하는 법
- 최고의 효과를 거두기 위해 알아야 할 20퍼센트

자, 그러면 이제 각 항목을 자세히 살펴보자.

큰 그림: 이 기술로 무엇을 할 수 있는가?

나는 언제나 큰 그림을 보는 것으로 시작한다. 요즘은 구글의 도움을 받으면 웬만한 문제는 해결할 수 있다. 하지만 **문제의 대상이 무엇인지 파악하지 못하면 구글 검색조차 할 수 없다.** 그래서 나는 기술을 가르칠 때 그 기술의 범위는 어느 정도인지 **그 기술로 무엇을 할 수 있는지**에 대한 개요부터 가르친다. 이 단계에서는 아주 표면적인 수준까지만 이야기한다. 그 기술로 할 수 있는 모든 것을 알려주는 게 아니라 전체 지도상에서 관심이 갈 만한 지점만 짚어서 간단히 훑어본다.

프로그래밍 언어를 가르친다면 **그 언어의 역사**와 그 언어가 주로 어떻게 쓰이는지를 간략히 이야기한다. 그리고 바로 **그 언어를 구성하는 모든 요소와 특징**을 보여준다. 특히 그 언어 고유의 독특한 부분을 보여주는 데 집중한다. 마지막으로 해당 언어에서 일반적으로 사용되는 **다양한 라이브러리**를 소개하고 그 라이브러리를 어떤 작업에 어느 정도 범위로 쓸 수 있는지 알려준다.

세부적인 부분을 들여다보지 않고 지형 전체를 완벽하게 알려주는 게 핵심이다. 무엇을 모르는지 깨닫는 것이 이번 단계의 목표다. 지식이 부족한 부분을 확인해두어서 나중에 그 기술을 배워야 할 때 어디를 봐야 할지 알게 한다는 뜻이다. 당신이 "아, X로 그걸 할 수 있는지 몰랐어요!"라는 말 대신 "X로 그걸 할 수 있는 건 알고 있어요. 방법은 잘 모르지만, 방법은 나중에 배우면 되죠."라는 말을 할 수 있게 만드는 게 내 목표다. 목공을 배우려는 사람이 전동 공구나 라우터가 있다는 걸 모른다고 상상해보라. 이러한 도구의 사용법까지는 몰라도 된다. 하지만 도구의 존재조차 모른다면 매우 불리하게 시작하는 거라고 볼 수 있다.

시작하는 법

수강생에게 그다음으로 가르치는 내용은 시작하는 방법이다. 때로는 어떻게 시작해야 할지를 모른다는 게 기술 학습의 가장 큰 장애물이 되기도 한다. 하지만 이 단계를 거쳐야만 '실행'으로 이어질 수 있으므로 이 단계에서 느끼는 고통을 최대한 덜어주기 위해 노력한다. 나는 수강생에게 필요한 파일을 다운로드해서 설치하고, 첫 번째 프로젝트를 만들고, 코드를 컴파일하는 방법을 보여준다. 일단 이러한 장애물을 넘어서면 그 기술을 가지고 놀면서 무언가 실제 만들어볼 수 있다.

진입 장벽이 너무 높으면 책이나 튜토리얼을 보았다고 해도 그렇게 복잡한 일을 직접 해볼 엄두가 안 난다. 기술을 독학으로 배울 때도 이처럼 시작하는 법에 먼저 집중하는 방식을 활용하라. 어떻게 시작하는지 알려주는 튜토리얼이나 가이드부터 찾아본 후 이를 바탕으로 시작하는 것이다.

최고의 효과를 거두기 위해 알아야 할 20퍼센트

마지막으로 나는 그 기술을 사용하는 동안 80퍼센트 이상 쓰게 될 20퍼센트의 정보를 알려주기 위해 노력한다. **나는 세상의 거의 모든 일을 20퍼센트의 원인이 80퍼센트의 결과를 생산한다고 하는 파레토 법칙으로 설명할 수 있다고 본다.** 기술을 배우는 열쇠도 무엇이 그 20퍼센트인지 알아내는 데 있다. 어떤 20퍼센트를 배워야 그 기술로 하는 일의 80퍼센트를 할 수 있을까?

이를 파악하는 단계가 자료 읽기보다 실습이 진짜 더 중요해지는 시점이기도 하다. 책이나 튜토리얼은 대부분 참조 설명서처럼 쓰여 있기 때문에 핵심적인 20퍼센트를 강조해서 알려주지 않는다. 하지만 어떤 기술이든 직접 써보면 무엇을 가장 많이 쓰는지 금세 깨닫는다. 그걸 알아내지 못하면 너무 고생스럽기 때문이다.

관계형 데이스베이스의 예를 다시 살펴보자. 관계형 데이터베이스에 대해 배우면 SELECT 문 작성이 그 20퍼센트에 해당한다는 걸 곧바로 깨닫는다. SQL에 대한 참고 도서들은 선택select, 삽입insert, 업데이트update, 삭제delete, 색인indexing 등의 다양한 데이터베이스 기능을 SELECT 문 작성과 같은 비중으로 다룰 것이다. 하지만 실제로 데이터베이스를 만들고 사용해 보면 SELECT 문을 훨씬 많이 쓴다. 또한 테이블table을 조인join하는 방법을 배워야 한다는 것도 곧 깨닫게 된다. 관계형 데이터베이스의 모든 기능을 배우려고 시간을 낭비하기보다 SELECT 문을 쓰는 법, 테이블을 조인하는 법 등 핵심적인 20퍼센트를 배우는 데 집중하라.

그래서 직접 해보는 게 중요하다. 전문가와 함께 지내며 일하는 모습을 지켜보거나 수습생처럼 그들을 도와주는 방법도 추천한다. 배우고 싶은 기술을 능숙하게 쓰는 사람들이 많이 사용하는 20퍼센트가 무엇인지 보는 것만으로도 무엇을 배워야 할지 빠르게 알아낼 수 있다. 특히 현장 실습이 매우 큰 도움이 된다.

전문가가 쓴 글 읽기

기술 발전에 도움이 될 마지막 방법은 **그 기술을 이미 잘 알고 있는 전문가가 쓴 글을 열심히 읽는 것이다.** 나는 새로운 기술을 배울 때 **매일 30분씩** 그 기술과 관련된 다양한 블로그 포스트를 읽는다. C++를 진심으로 심도 있게 배우고 싶을 때는 스콧 마이어스Scott Meyers의 『Effective C++』 blog 를 집어삼킬 듯이 읽었다.

때로는 전문가의 의견을 듣는 것만으로 **혼자서는 얻기 어려운 깊은 통찰**을 얻는다. 프로그래밍 언어의 문법이나 프레임워크의 작동 방식을 이해하는 것과 그 기술의 관용적인 쓰임새를 이해하는 건 다른 문제다. 배우려는 기술을 전문가가 실제로 어떻게 사용하는지 연구하라. 그 기술의 복잡한 부분에 대해 전문가가 어떤 문제나 주장을 제기하는지 알아내라. 그러면 당신의 이해도 깊어질 것이다.

연습, 연습, 연습

지금까지 한 이야기가 기술을 배우는 데 도움이 되었으면 한다. 지금쯤 기술을 배울 때는 **경험을 통해 학습하는 것이 특히 중요하다**는 사실을 분명히 이해했을 것이다. **학습 실천 계획과 명확한 학습 목표**가 있어야 한다는 점 또한 깨달았기를 바란다.

이제 마지막 한 가지를 알려주겠다. **연습하라.** 어떤 기술이든 발전시키려면 시간이 든다. 무엇이든 잘하려면 연습을 많이 해야 한다. 시간이 너무 오래 걸리는 것 같아도 답답해하지 마라. 특히 발전이 정체되고 있다고 느낄 때 조심해야 한다. 확실한 계획과 명확한 목표를 따라가는 한 **기술은 분명 발전할 것이다.** 꾸준히 해나가는 데 의의가 있으니 blog 그저 끈기 있게 정진하라.

5

프로그래밍 언어 고르기

소프트웨어 개발 분야에 이제 막 입문한 초보 프로그래머는 어떤 프로그래밍 언어를 선택해야 하는지를 많이 물어본다. 개발자 지망생 중 일부는 **이 질문에 끝내 발목이 잡히기도 한다.** 나는 자신의 판단이 잘못되었을까 계속 걱정하며 이 언어 저 언어를 기웃거리는 개발자를 많이 코칭해봤다. 이 장은 어떤 프로그래밍 언어를 배울지 고민하느라 스트레스 받는 사람을 위해 썼다. 우선 몇 가지 흔한 의혹부터 풀어준 뒤 첫 번째 프로그래밍 언어를 선택할 때 실질적으로 고려해야 할 사항 몇 가지를 알려주겠다.

어떤 언어인지는 생각보다 중요하지 않다

제대로 읽은 게 맞다. 어떤 언어를 배우느냐는 진짜 생각만큼 중요하지 않다 blog. 이 주장에는 몇 가지 근거가 있는데, 그중에서도 핵심적인 근거는 많은 프로그래밍 언어가 알고 보면 근본적으로 매우 비슷하다는 점이다. 물론, 문법은 다르다. 외양도 기능 구성도 완전히 다르다. 하지만 바탕을 보면 프로그래밍 언어들은 예상보다 공통점이 많다. 거의 모든 프로그래밍 언어는 분기, 반복, 메서드나 프로시저 호출 같은 기본 문법은 물론 코드를 고수준으로 정리하는 방법을 갖추고 있다. 심지어 유사한 언어들이 많아서 한 가지 언어를 배운 사람은 그와 비슷한 다른 프로그래밍 언어도 거의 아는 거나 다름없다. C#이나 자바가 좋은 예다. 자바스크립트도 이 두 언어와 매우 비슷하다.

첫 번째 언어를 배울 때가 가장 어렵다. 프로그래밍 언어 하나를 배운 후에 두 번째 언어를 배울 때는 조금 쉬워진다. 프로그래밍 언어 두세 가지를 배웠다면 그 뒤에 배우는 언어들은 하나씩 늘어날수록 기하급수적으로 쉬워진다. 잘 아는 프로그래밍 언어나 다룰 줄 아는 프로그래밍 언어가 하나도 없는 사람은 이 주장을 믿기 어려울 수 있다. 하지만 **지금까지 최소 열 가지 이상의 프로그래밍 언어를 배운 사람으로 말하건대** 첫 번째, 두 번째 언어를 배울 때가 가장 어렵다.

프로그래밍 언어는 생각보다 비슷할 뿐 아니라 나중에 다른 프로그래밍 언어를 배우는 것도 쉽다. 이 말인즉, 프로그래밍 언어를 하나 배운 후에 그게 자신과 맞지 않는다고 느끼거나 다른 프로그래밍 언어를 사용하는 직장에 들어가고 싶다면 큰 문제없이 그렇게 할 수 있다는 뜻이다. 첫 번째 언어 배우기라는 큰 산을 이미 넘었기 때문이다. 그리고 개발 직군 구인 광고에도 특정 프로그래밍 언어를 알아야 한다는 조건은 잘 등장하지 않는다. 특히 마이크로소프트나 구글처럼 큰 회사일수록 그런 경향이 강하다. 내가 들어간 면접 대부분은 프로그래밍 문제를 풀 때 **내가 편하게 생각하는 언어로** 풀 수 있게 해줬고, 반드시 어떤 언어를 알아야 한다는 제약은 없었다.

프로그래밍 언어 선택 시 고려할 점

그러므로 어떤 프로그래밍 언어부터 배울 것인지는 그리 중요하지 않다. 하지만 그럼에도 여전히 결정을 망설일 사람들을 위해 몇 가지 고려할 사항을 알려주겠다.

일자리 전망과 장래

그 언어를 통해 자신이 어떤 일자리를 얻을 수 있을지, 그 언어의 장래는 어떻게 될 것인지를 최우선으로 보는 게 현명하다. 인기 있는 프로그래밍 언어를 선택하면 일자리를 찾기 수월해진다. 인기는 올라갈 수도, 떨어질 수도 있다. 하지만 일자리를 꼭 구해야 할 상황이라면 인기 있는 주요 프로그래밍 언어 중 하나를 선택하는 게 좋다. 현재 가장 인기 있는 언어는 다음과 같다.

- C#
- 자바(Java)
- 파이썬(Python)
- 루비(Ruby)
- 자바스크립트(JavaScript)
- C++
- PHP

이중 한 가지 언어를 다루는 개발자라면 일자리가 부족하지는 않을 것이다. 단, 다른 지역으로 이사할 생각이 없다면 어떤 지역에 거주하고 있느냐에 따라서 조금 더 신중하게 고르는 게 좋다. 만약 IT 기업이 딱 한 곳밖에 없는 아칸소의 작은 마을에 살고 있다고 가정해보자. 그 기업이 모든 걸 자바로 작업

한다면 자바를 배우는 게 좋다 blog . 각자가 처한 상황은 이와 다를 것이다. 어쨌든 이런 상황이라면 고민할 여지가 별로 없다. **다른 지역으로 기꺼이 이사할 생각이 있다거나 프리랜서 프로그래머로 살아갈 계획이라면 조금 덜 쓰이는 약간 특이한 언어를 선택해도 괜찮다.** 그런 언어일수록 전문가 수가 적으므로 희소가치가 높아진다는 장점이 있기 때문이다. 하지만 막 입문하는 시점에는 주류에 가깝게 머물기를 권한다.

해당 프로그래밍 언어의 장래도 고려하라. 현재 오브젝티브-C$_{Objective-C}$로 입문하라고 추천하기는 어렵다. 애플에서 스위프트 프로그래밍 언어 blog 에 상당히 투자하고 있어서 많은 iOS 개발자가 스위프트$_{Swift}$로 전향하고 있기 때문이다. 그렇다고 오브젝티브-C로 프로그래밍을 해온 사람이 걱정해야 한다는 이야기는 아니다. 아직 오브젝티브-C 개발자를 구하는 회사와 유지 보수해야 하는 레거시 오브젝티브-C 애플리케이션이 많기 때문이다. 다만 장래를 고려할 때 입문자에게는 최선의 선택이 아닐 수 있다.

물론 나에게 수정 구슬로 미래를 점칠 능력이 있는 건 아니므로 **앞으로 인기를 끌 언어와 그렇지 않은 언어를 가려낼 도리는 없다.** 과거에 나는 자바스크립트의 몰락을 예견하기도 했다 blog . 하지만 그런 일은 일어나지 않았다. 오브젝티브-C가 막 등장한 1980년대에 오브젝티브-C의 공동 발명자가 강연자로 참석한 콘퍼런스에 참석한 적이 있다. 강연에 나선 톰 러브$_{Tom Love}$는 자바스크립트가 죽었다고 주장하는 책을 썼다. 자바스크립트는 현재 가장 많이 사용되는 프로그래밍 언어로 다섯 손가락 안에 든다. (3위라는 주장도 있다.)

핵심은 앞으로 어떻게 될지 아무도 모른다는 것이다. 루비도 인기를 끌기까지 여러 해가 걸렸다. 자바스크립트의 설계가 최악에 가까울 정도로 형편없다고 보는 사람도 있다. 원래는 웹 페이지에 작은 팝업창이나 경고창을 띄우는 용도로 사용되던 언어다. 하지만 지금은 그 인기가 엄청나다. 그러니 수정 구슬로 미래를 볼 능력이 없다면 미래를 점치지 마라. (만약 그런 능력이 있다면 프로그래밍은 그만둬라. 그런 사람에게는 월스트리트행을 추천한다.)

<잠깐만요, 팁> **자바스크립트를 왜 그렇게 싫어하죠? 형편없는 건 자바스크립트가 아니라 당신인 거 같은데요.**

내가 자바스크립트 이야기를 할 때 모함하는 것 같고, 다른 꿍꿍이가 있는 것처럼 들리게 말한다는 건 나도 안다. 어릴 적 자바스크립트와 관련된 깊은 감정적 트라우마를 입은 건 아닌지 의심이 간다 해도 이해한다.

자, 우선 자바스크립트가 어떻게 태어났는지부터 이야기하겠다. 아주 짧으니 끝까지 읽어주길 바란다. 1995년 5월 넷스케이프(Netscape)에 근무하던 브랜던 아이크(Brendan Eich)는 10일 만에 자바스크립트라는 언어를 만들었다. 짧은 시간을 들여서 웹 디자이너와 파트타임 프로그래머가 쉽게 쓸 수 있는 간단한 '접착제 언어(glue language)'를 만드는 게 목적이었다. (위키피디아 blog 에서 바로 가져온 정보다.)

내가 지적하고 싶은 건 자바스크립트가 원래 잘 기획해서 만든 언어가 아니라 10일 만에 대충 만든 언어라는 부분이다. 실제 일어난 일을 전하는 것뿐이므로 전달자를 원망하지 마라. 그리고 나는 자바스크립트를 **싫어하지** 않는다. 나는 그저 자바스크립트가 최고로 세련되게 설계된 언어는 아니라고 보고 선호하지 않는 것뿐이다.

최신 버전 자바스크립트(ECMA 스크립트(ECMAScript)라고도 부른다)는 기존 자바스크립트의 단점을 많이 보완해서 훨씬 나아졌다. 그래서 인정하고 싶지 않지만 이제는 약간 마음에 든다. 약간. 어쨌든 내 의견은 중요하지 않다. 나는 현실주의자다. 자바스크립트가 큰 인기를 끌고 있고, 어디서나 쓰인다는 건 명백한 사실이다. 그래서 좋든 싫든 나는 욕할 권리를 유보하고 자바스크립트를 받아들였다. 아직도 내 말이 납득되지 않는다면 자바스크립트 관련 베스트셀러 고전 중 하나인 『더글라스 크락포드의 자바스크립트 핵심 가이드 blog 』를 읽어보면 좋겠다.

가슴 뛰게 하는 기술

흥미가 가는 기술을 고려해서 언어를 고르는 것도 좋은 방법이다. 마음에 드는 기술이 있으면 어떤 언어를 배울지 쉽게 선택할 수 있다. 내 주변에는 안드로이드를 좋아해서 안드로이드 앱 개발에 흥미를 느끼는 개발자가 많다. 안드로이드 애플리케이션 개발에 사용되는 네이티브 언어는 자바이므로 그런 사람은 자바를 배우는 게 이치에 맞다. (물론 C#, 루비, 자바스크립트로도 안드로이드 애플리케이션을 개발할 수 있다.)

첫 번째 언어는 보통 배우기 어렵기 때문에 **자신의 흥미를 기준으로 선택하는 것도 좋은 생각이다.** 흥미를 느껴야 난관에 부딪혀도 포기하지 않고 끝까지 갈 가능성이 높다. 이제 막 아이폰을 사서 그 기술에 열광하는 사람이라면 iOS 애플리케이션 개발에 큰 흥미를 느낄 것이다. 이때 오브젝티브-C를 배워서 첫 iOS 앱을 만든다면 그 과정이 훨씬 쉽게 느껴질 것이다. **기술에 별 흥미를 느끼지 못한다면 진도를 많이 나가기가 어렵다.** 그러므로 가슴을 뛰게 하는 기술이나 흥미가 가는 기술을 기반으로 하는 프로그래밍 언어를 선택하는 방법도 추천한다. 열정이 난관을 헤쳐나가는 데 도움이 될 것이다.

┃ 난이도 ┃

다른 프로그래밍 언어보다 훨씬 배우기 어려운 프로그래밍 언어도 분명 있기 때문에 난이도도 고려하는 게 좋다.

C++는 첫 번째 배울 언어로 추천하지 않는다 blog. 다른 프로그래밍 언어에 비해 C++는 상대적으로 배우기가 훨씬 어렵다 blog. C++를 배우려면 메모리 관리와 포인터를 비롯해 초보자를 당황하게 하는 몇 가지 고약한 문법을 극복해야 한다. 아직도 내가 좋아하는 언어로 꼽는 훌륭한 언어이긴 하지만 배우기 쉬운 언어는 아니다.

C#, 루아 Lua**, 파이썬, 루비, PHP는 초보자도 쉽게 배울 수 있다.** 아니면 아예 스크래치Scratch나 베이식Basic처럼 초보자용 언어를 선택해도 좋다. 배우고 싶은데 어렵다는 이유로 포기하라는 뜻이 아니다. 하지만 적어도 자신이 어떤

선택을 하는지 알고, 조금 더 쉬운 언어로 입문하고 싶은 마음은 없는지 생각해본 후 결정하는 게 좋다는 걸 알려주고 싶다.

자료와 자원

참고 자료의 양이 어느 정도인지도 미리 확인하는 게 좋다. **사람들이 잘 모르는 프로그래밍 언어는 참고 도서나 온라인 동영상 등의 자료가 부족해서 배우기 더 어렵다.** 인기 있는 프로그래밍 언어는 온라인 강의나 부트 캠프, 참고 서적 등 자료가 많다. 그래서 언어를 선택하기 전에 참고 자료의 양이 얼마나 되는지도 꼭 확인해보길 바란다. 초보용 참고 자료가 예전보다는 훨씬 많아졌기 때문에 이제 이런 고민을 할 필요가 많이 줄었다. 하지만 여전히 고려할 가치가 있다.

특히 자신이 활용할 수 있는 자원이 무엇인지도 생각해보아야 한다. 자신이 어떤 컴퓨터나 소프트웨어를 쓸 수 있는지 확인해야 한다는 뜻이다. 다소 배우기 어려운 언어라 할지라도 인터랙티브 온라인 강의가 많으면 한결 수월하게 배울 수 있다. 자바스크립트는 컴퓨터에 웹 브라우저만 있다면 다른 무언가를 새로 설치하지 않아도 배울 수 있다. **C++ 같은 언어는 새로운 도구와 소프트웨어를 다운로드해야만 배울 수 있다.** 그런 자원은 구하기 쉽지 않고 구한다 해도 쓰기가 어렵다.

마지막으로 인맥 또한 확인해야 할 자원에 속한다. 어려울 때 도움을 청할 수 있는 사람이 얼마나 있는가? **도무지 답을 모르는 문제를 맞닥뜨렸을 때 도와줄 사람, 혹은 학습 속도를 높일 수 있게 도와줄 사람이 주변에 있는가?** 첫 번째로 배울 프로그래밍 언어를 고를 때 자료나 자원을 우선으로 고려해야 한다는 건 아니지만 그래도 한 번쯤 생각해보는 게 현명하다.

적응성

마지막으로 적응성에 대해 이야기해보자.

각기 다른 상황과 기술에 더 잘 적응하는 프로그래밍 언어도 있다. 일례로 C#은 현재 마이크로소프트와 마이크로소프트가 인수한 자마린Xamarin 같은 회사 덕에 매우 적응성이 좋은 언어가 되었다. C# 전문가의 활동 영역은 윈도우나 웹 프로그래밍에만 국한되지 않는다. **C#은 오늘날 거의 모든 플랫폼에서 쓸 수 있다.** 그러므로 C#은 적응성이 매우 뛰어나다. C#만 가지고도 리눅스나 macOS용뿐 아니라 안드로이드나 iOS용 애플리케이션도 만들 수 있다.

이렇게 적응성이 뛰어난 언어는 C# 외에도 많다. 일례로 루비도 많은 플랫폼에 이식port*되어 상당히 다양한 기술에서 사용된다. 자바스크립트도 적응성이 좋다. 자바스크립트는 아두이노Arduino 보드를 제어하거나, 로봇 공학에서 활용하기도 한다. (내 친구 데릭 베일리Derick Bailey가 이를 주제로 쓴 기사 blog도 참고하라.)

적응성이 이 정도로 뛰어나지 않은 언어도 존재한다. R이나 Go 같은 언어는 사용할 수 있는 기술이나 플랫폼이 제한적인 편이다. 인기 있는 프로그래밍 언어들이 더 많은 플랫폼에 이식되고 더 다양한 기술에서 사용될수록 그만큼 다재다능하지 못한 언어도 생기기 마련이다. 그러므로 당장은 웹 개발을 하겠지만 나중에 안드로이드 개발도 하고 싶은 사람, 혹은 다양한 플랫폼이나 기술을 무대로 활약하고 싶은 사람이라면 **자신이 배우려는 언어의 적응성이 어느 정도인지 고민해보는 게 좋다.**

---

* '포팅(porting)'이라는 영어 용어도 자주 쓰인다.

프로그래밍 언어 선택에 관한 마지막 조언

지금까지 첫 번째로 배울 언어를 고를 때 고려하면 좋을 사항이 무엇인지 이야기했지만 **어떤 언어를 고르느냐가 생각만큼 중요하지 않다는 사실을 다시 한번 강조하고 싶다.** 그보다는 어떤 언어든 선택한 뒤 그 언어를 능숙하게 쓸 수 있을 때까지 끝까지 배우는 게 중요하다.

자신의 **이해력이 떨어지는 건 아닌가** 생각하며 좌절하는 초보 프로그래머가 많다. 다음 장 '첫 번째 프로그래밍 언어 배우기'에서 이에 대해 더 자세히 이야기할 것이다. 어떻게든 끝까지 참고 버텨라. 그러면 능숙해질 것이다. 장담한다. 지루하다고 느끼거나 언어를 잘못 골랐나 후회되는 마음에 계속 언어를 바꾸고 싶을 수도 있다. 하지만 내 말을 믿어라. 안 그러면 손해는 본인이 본다.

마지막으로 이 말을 숙고해보라. 내가 프로그래밍에 입문하던 당시에는 한 언어를 깊이 있게 아는 것이 프로그래머가 갖춰야 할 최고의 덕목이었다. 그래서 나는 C++ 관련 도서를 잔뜩 갖다 놓고 C++의 복잡성을 완벽히 통달하기 위해 노력했다. 하지만 요즘은 그런 덕목이 그다지 중요하지 않다. 오늘날 프로그래밍은 조금 더 높은 수준으로 이루어진다. **지금은 언어 자체의 기능보다 라이브러리와 프레임워크를 어떻게 활용하느냐가 중요하다.** 물론 프로그래밍 언어를 능숙하게 쓸 줄 아는 건 중요하다. 하지만 완벽한 숙지만이 능사가 아니다. 그래서 처음에 어떤 언어를 배울지 크게 고민하지 않아도 된다는 것이다. **일단 한 가지 언어를 꾸준히 배워라.** 적어도 처음에는 그걸로 충분하다.

6

첫 번째 프로그래밍 언어 배우기

이제 어떤 프로그래밍 언어를 배울지 정했고, 학습을 시작할 만반의 준비도 갖췄다. 이제 책을 펼치고 배우기 시작하면 된다. 과연 그럴까? 글쎄. 물론 그렇게 할 수도 있다. 아무리 답답해도 잘 참을 자신이 있다면 말이다. 앞서 **경험을 통해 배우는 게 가장 좋다**고 한 걸 기억하는가? 그 말을 이 장에서 실천해볼 생각이다.

첫 번째 프로그래밍 언어를 배울 이상적인 방법을 알려주겠다. 단순히 배웠다고 말할 수 있는 수준이 아니라 완벽히 통달하진 못하더라도 아주 능숙하고 편하게 사용하게 될 방법이다. 첫 번째 언어 배우기가 가장 어렵다고 했지만, 꼭 어려워야 한다는 말은 아니다. 프로그래머 대부분은 책을 읽고 몇 가지 실습을 해보고 머리를 긁적이다가 책을 다시 보고 또 몇 가지 실습을 더 해본다. 이해할 때까지 이 과정을 반복한다. 나도 과거에 그렇게 했다.

지금부터 공유할 방법은 다른 많은 소프트웨어 개발자를 코칭하고 가르친 내 경험에서 우러난 것이다. 이 방법은 첫 번째 프로그래밍 언어를 배울 때뿐 아니라 자신의 실력을 더 발전시키고 싶을 때도 활용할 수 있다.

그리고 C++, C#, 자바 같은 언어를 통달한 경험도 들려주겠다. 이 장에서는 **오늘 첫 번째 프로그래밍 언어를 배우기 시작한다고 가정하고, 지금 내가 알고 있는 것을 알게 되기까지 배우려면 어떤 과정을 거쳐야 할지** 보여주도록 하겠다.

잘 작동하는 애플리케이션 살펴보기

대부분의 초보 프로그래머는 프로그래밍을 배우기 위해 책부터 찾는다. 직접 실습해보는 방식으로 가르치는 훌륭한 책도 있다. 하지만 나는 **잘 작동하는 애플리케이션의 소스 코드를 살펴보고** 그 안에서 어떤 일이 벌어지는지 최대한 많이 알아내는 방식이 가장 좋다고 본다. 이 방법은 어려워서 불편한 느낌이 들 수도 있지만 그래도 괜찮다. 차라리 그 불편한 느낌에 익숙해지는 게 좋다 blog.

오픈 소스 애플리케이션을 하나 골라서(이왕이면 인기 있는 것으로 골라라. 설계가 잘 되어 있을 가능성이 높기 때문이다) 소스 코드를 살펴보기 시작하라. 수많은 프로젝트가 기다리고 있는 깃허브Github부터 blog 둘러보길 추천한다. 이 책의 범위를 넘어서긴 하지만 코드를 다운로드해서 애플리케이션을 직접 빌드하고 실행해보는 것도 좋은 방법이다. 도와줄 친구가 있다면 더욱 좋다. 물론 없어도 상관은 없다. **프로그래밍 언어의 문법이 어떻게 생겼는지 느껴보고 그중 이해가 되는 부분이 조금이라도 있는지 확인하라.**

가능하다면 애플리케이션을 직접 사용하면서 코드가 어떤 역할을 하는지 느껴보라. 앞서 말했듯이 불편할 수 있다. **아무것도 이해 되지 않을 수도 있다.** 다시 말하지만 그래도 괜찮다. 그냥 최선을 다해서 하나 둘 정도의 코드가 어떻게 작동하는지, 아니면 코드를 수정했을 때 기능이 어떻게 변하는지 확인해보라. 이름은 어떻게 붙였는지, 정리는 어떻게 되어 있는지도 살펴보

라. 고대 문명이 남긴 글을 이해하려는 고고학자가 되었다고 생각하라. 이렇게 시작하면 **자신이 배울 프로그래밍 언어가 어떻게 생겼는지조차 모르는 대부분의 프로그래머들보다 훨씬 유리한 출발점을 선점하는 것이다.** 길을 떠나기에 앞서 지형부터 파악하는 건 언제나 도움이 된다. 프로그래밍을 배울 때도 마찬가지다.

몇 가지 참고 자료 훑어보기

출항 전에 지형부터 확인하자는 기조에 따라 프로그래밍 관련 도서도 처음부터 끝까지 꼼꼼히 읽지 말라는 이야기를 해주고 싶다. 그 대신 **책이나 동영상, 기사, 튜토리얼 같은 자료를 몇 개 골라서 훑어보라.** 훑어보아도 무슨 말인지 이해되지 않아 불편할 수 있다.

하지만 **이 단계에서는 지형을 파악하는 게 핵심이다.** 자신이 배우려는 언어의 범위가 어느 정도인지, 기본 개념은 무엇인지만 이해하면 된다. 이렇게 미리 살펴본 내용은 나중에 자신이 배우는 언어가 어떤 유형인지, 각 개념이 어떻게 조화를 이루며 작동하는지 이해하는 데 도움이 될 것이다. '무엇이든 빠르게 배우는 10단계 학습법' blog 강의를 들은 사람이라면 지금 알려준 것이 큰 그림을 파악하고 범위를 알아내는 단계라는 걸 눈치챘을 것이다.

'Hello World' 프로그램 만들기

'책'이나 강의를 참고하는 단계에는 아직 이르지 않았다. 원한다면 이 학습 방법을 사용해도 되는 시점이 곧 온다. (만약 내가 알려주는 대로 따라온다면 그 과정을 거치지 않고도 프로그래밍 언어를 배울 수 있다. 나는 2주간 온라인 자료를 참고하고 지금 알려주는 것과 비슷한 방법을 활용하여 Go와 다트Dart를 익혔다.)

이제 모든 언어에서 가장 기본이 되는 프로그램을 만들 차례다. 4장 '기술을 발전시키는 방법'에서 언급한, 딱 시작할 수 있을 정도만 배우는 방법을 기억하는가? 지금이 바로 그 단계다. **빨리 시작할수록 좋다.** 그래야 실전에 뛰어들 정도의 자신감과 지식을 쌓아서 즉시 연습에 돌입할 수 있다.

가장 먼저 할 일은 'Hello World'라는 가장 기본적인 프로그램을 만드는 것이다. 프로그래밍 책 대부분은 화면에 'Hello World'라는 글귀를 출력하는 'Hello World' 프로그램을 만드는 것으로 시작한다. 해당 언어를 제대로 배운다기보다 그 언어로 **프로그램을 만들고 실행하는 데 필요한 기본 툴 체인** tool chain**을 익히고 테스트해보는** 게 이 단계의 핵심이다. 어떤 프로그래밍 언어에 관한 책이든 보통 'Hello World' 프로그램을 만드는 예를 포함하고 있다. 혹시 포함되어 있지 않을 때는 구글에서 'Hello Wolrd + 선택한 언어'로 검색해도 쉽게 찾을 수 있다. 'Hello Wolrd' 프로그램을 만들어보면 선택한 프로그래밍 언어의 기본 구조도 익힐 수 있다.

기본 문법을 배우고 실제 문제로 테스트해보기

이제 해당 언어에 관한 책이나 튜토리얼을 활용할 시점이 되었다. 이쯤 되면 프로그래밍을 아예 처음 접한 사람처럼 참고 자료의 내용이 이해가 안 되는 건 아닐 것이다.

자신이 배울 프로그래밍 언어의 기본 문법에 익숙해지고 그 문법을 써서 코딩해보는 단계다. 최대한 현실적인 문제를 골라라. 실제 문제에 적용해야 기술을 더 잘 이해하고 기억할 수 있다. 대부분 프로그래밍 언어에 포함되는 기본 문법 일부를 소개하면 다음과 같다.

- 화면에 출력하는 방법
- 기본 수학 계산 기능
- 변수에 정보를 저장하는 법
- 함수(function), 메서드(method), 모듈(module)로 코드를 정리하는 법
- 함수, 메서드 호출
- 불 논리(boolean logic) 평가 수행
- 조건문(if / else)
- 반복문

한 가지 좋은 소식이 있다. **기본 문법과 사용법을 알면 모든 언어의 프로그래밍 기본을 깨우치게 된다.** 그렇다. 문법 표현은 다를 수 있지만 기본 문법이 프로그래밍의 핵심이다. 이 단계에서 시간이 꽤 많이 든다. 일단 끝까지 배워보라. 배우기로 한 프로그래밍 언어의 문법을 한 번에 하나씩 배우고 직접 코드를 써보면서 각 문법을 적용해보라. 혼자 할 때는 각 문법이 어떤 역할을 하는지, 전체를 어떤 순서로 배워야 좋을지 정해두는 게 좋다. 책이나 튜토리얼을 본다면(이왕이면 여러 권의 책과 여러 가지 튜토리얼을 참고하라) 정해진 순서대로 예제나 과제를 풀어야 한다.

자신이 무엇을 공부하는지, 배운 내용이 어떻게 적용되는지 항상 이해하도록 노력하라. 그리고 맨 처음에 살펴보았던 소스 코드 원본으로 돌아가서 지금은 그 내용을 얼마나 더 이해할 수 있는지 확인해보면 좋다.

기능과 라이브러리 구분하기

초보 프로그래머는 어디까지가 프로그래밍 언어이고, 어디부터가 그 언어의 표준 라이브러리인지 헷갈리곤 한다. 최근에 등장한 프로그래밍 언어는 그런 경향이 더 강하다. 언어와 라이브러리의 구분이 명확하지 않을 때

도 종종 있다. 코딩할 때 자연스럽게 표준 라이브러리를 사용하는 일이 매우 빈번하기 때문이다. 그래도 괜찮다. 해당 언어에 어떤 규칙이 존재하는지 알아둬야 한다. 하지만 **해당 언어의 범위가 어디까지이고 그 언어에서 자주 사용하는 라이브러리의 범위는 어디까지인지 세심하게 확인하는 게 좋다.**

군이 몰라도 되는 것까지 알아두라고 잔소리하는 걸로 느낄지 모르지만 나는 이 부분이 중요하다고 생각한다. 머릿속에 엉망진창으로 흩어져 있을 문법을 조금 더 이치에 맞게 분류하고 정리하는 데 도움이 되기 때문이다. 그렇게 구분하다 보면 **프로그래밍 언어 대부분이 언어 자체의 분량은 그리 많지 않고** 상대적으로 배우기도 쉬운 반면, 표준 라이브러리는 그 범위가 커서 익숙해질 만큼 배우기가 더 어렵다는 사실도 깨닫게 될 것이다.

오늘날 프로그래밍에서는 그 언어를 완벽하게 통달하느냐보다 라이브러리와 프레임워크 사용법을 아느냐가 더 중요하다. 그래서 둘을 구분하는 게 중요하다. 특정 언어에서 언어와 라이브러리의 영역이 어떻게 나뉘는지 정확히 이해하고, 그 언어로 문제를 해결하기 위해 라이브러리 찾는 법을 익힌다면 훨씬 더 훌륭한 프로그래머가 될 수 있다.

기존 코드 리뷰하고 한 줄씩 이해하기

지금쯤이면 공부 중인 프로그래밍 언어의 주요 개념을 알고, 그 언어의 기능 대부분을 실제 사례에서 사용해봤어야 한다. 언어와 라이브러리도 구분할 줄 알아야 한다. **그 언어가 편하다거나** 그 언어를 안다고 느끼기에는 아직 이르다. 그 언어의 전체적인 작동 방식은 알지만 그 지식을 실제 애플리케이션을 만드는 데 어떻게 써야 할지는 아직 모르겠다고 느낄 수 있다. (외국어를 배우는 과정과 비슷하다.)

많은 초보 프로그래머가 좀처럼 진도를 나가지 못해서 자신은 절대 진짜 프로그래머가 될 수 없을 거라는 좌절감을 느끼는 게 이 단계다. 지식의 빈틈을 메우고 이 상황을 벗어나고 싶다면 **기존 코드를 한 줄씩 살펴보면서 각 줄과 문장이 그 코드에서 어떤 역할을 하는지 정확히 파악하라.** (이유까지는 모르더라도 어떤 작업이 진행되고 있는지는 알아내라.)

〈잠깐만요, 된〉 이유를 몰라도 된다고요? 코드가 어떤 작업을 하는지 알지만 왜 그렇게 하는지를 이해하지 못한다면 그게 무슨 도움이 되죠?

쉽게 말해 무엇을 하는지도 모르는데 이유를 아는 건 절대 불가능하다. 이 책에 등장하는 단어의 의미를 모르면 문장의 의미를 알 수 없고, 문장의 의미를 모르면 책 전체의 의미도 알 수 없다. 즉, 낮은 수준부터 이해해야 한다.

각 줄과 문장이 코드 내에서 어떤 역할을 하는지 확실히 이해하길 바란다. 그걸 이해하지 못하면 왜 그렇게 작동하는지, 어떻게 그렇게 조화롭게 작동하는지 이해할 방도가 없다. 각 줄과 문장의 역할을 이해해야 비로소 그렇게 작동하는 이유도 이해할 수 있다.

그렇다. 줄과 문장이 어떻게 프로그램을 이루고, 그 프로그램이 제 역할을 할 수 있게 각 요소가 어떻게 작동하는지, 그 이유는 무엇인지 이해하는 건 중요하다. 하지만 그러기 위해서는 언어부터 이해해야 한다. 그러므로 지금은 언어를 배우는 데 집중하라. 나머지는 뒤에 등장할 것이다.

첫 번째 단계에서 살펴보았던 소스 코드에서 무작위로 파일을 열어보라. 파일에 있는 코드를 한 줄씩 살펴보면서 각기 어떤 역할을 하는지 정확히 이해하라. 이해가 되지 않을 때는(그런 부분이 많을 것이다) 시간을 들여 생각해보고 이해되지 않는 부분에 대해 찾아보라. 따분한 과정이다. 지루하겠지만 그렇게 시간을 들일 가치는 충분하다. **코드의 각 줄이 어떤 역할을 하는지 모두 안다면**(다시 한번 말하지만 이 단계에서 이유까지 알 필요는 없다) 다음 단계로 넘어갈 준비가 된 것이다.

무엇이든 만들어보기

이제 그 프로그래밍 언어를 실제 사용하는 단계다. 이쯤 되면 그 언어로 자잘한 프로그램을 몇 개 만들고, 대부분의 기능을 써봤을 것이다. 하지만 진짜 애플리케이션을 만들어야 그 언어를 제대로 느낄 수 있다.

소소한 프로젝트 아이디어를 몇 개 골라서 애플리케이션 제작에 돌입하라. 지나치게 거대한 아이디어나 특정 플랫폼에서만 작동하는 아이디어, 복잡한 UI를 요구하는 아이디어는 이 단계에 적합하지 않다. 화면에 텍스트를 출력하고 키보드 입력을 받아들이는 정도면 된다.

자신이 배운 프로그래밍 언어와 표준 라이브러리를 활용하는 데 중점을 둔 단순한 애플리케이션을 만드는 데 집중하라. 이때 플랫폼에 종속적인 기능을 제공하는 다른 프레임워크는 사용하지 않는다. 이 주제는 나중에 다루겠다.

이렇게 하면 그 프로그래밍 언어를 잘 쓸 수 있다는 자신감을 얻는 동시에 어떤 문법을 써야 자신이 세운 목표를 달성할 수 있는지 배울 수 있다. 처음에 해보기 좋은 간단한 프로젝트 아이디어는 다음과 같다.

- 사용자가 입력한 내용에 따라 **수학 문제를 푸는** 프로그램 만들기
- 사용자 입력에 따라 특정 결과로 이어지는 **게임북 형식**의 프로그램 만들기
- 텍스트 기반의 아주 **간단한 어드벤처 게임** 만들기. 사용자의 명령에 따라 물건을 줍고 방 안을 돌아다니는 정도의 동작을 하는 수준이면 된다.
- **텍스트 파일에서 입력을 읽고** 다른 텍스트 파일에 출력할 수 있는 프로그램 만들기
- 인간인 척하면서 사용자의 말에 재미있는 답변을 하는 **챗봇(chatbot)** 만들기

프로그래밍 언어를 특정 기술이나 플랫폼에 적용해보기

지금까지는 특정 프로그래밍 언어만으로 작업하는 방법 위주로 알려주었다. 의도한 바다. 제대로 된 애플리케이션을 만드는 데 필요한 복잡한 환경

이나 프레임워크에 노출되기 전에 먼저 프로그래밍 언어와 표준 라이브러리를 편하게 다룰 능력부터 갖춰야 하기 때문이다. **유용한 프로그램을 만들려면 앞서 배운 능력을 특정 기술이나 플랫폼에 응용할 줄 알아야 한다.** 이 시점에서는 자신이 배운 프로그래밍 언어를 써서 특정 플랫폼에서 완성할 수 있는 작은 프로젝트를 몇 가지 선택하라.

자바를 배우는 중이라고 가정해보자. 지금까지 표준 라이브러리를 써서 화면이나 파일에 입력이나 출력을 나타내는 작업에 집중했다면 자바를 실행할 수 있는 모든 플랫폼에서 작동하는 코드를 작성해왔을 가능성이 높다. 이쯤에서 '안드로이드Android 앱을 만들고 싶은 생각이 들 것이다. 그렇다면 안드로이드 프레임워크와 앱 작성법을 배워야 한다. 하지만 이미 자바를 어느 정도 익혀두었으므로 언어와 프레임워크를 동시에 배우느라 엄청난 양의 개념을 한꺼번에 머리에 집어넣지 않아도 된다. 물론 안드로이드와 자바를 동시에 배울 수도 있다. 사실 나는 플루럴사이트에 그에 대한 강의를 올린 적도 있다 blog. 하지만 혼란을 피하고 한 언어를 제대로 익히려면, 플랫폼이나 기술은 따로 떼어놓고 언어를 배운 후에 나중에 결합해서 쓰는 쪽이 낫다.

이제 그 프로그래밍 언어를 바탕으로 취업하는 데 유용한 전문 기술을 발전시켜 나갈 단계다. 앞으로 작업하고 싶은 플랫폼이나 기술을 고른 뒤 그 플랫폼이나 기술을 바탕으로 작은 애플리케이션 몇 가지를 만들어보라. 이 시점에서는 딱한 가지 기술이나 플랫폼 blog 에 집중할 것을 추천한다. 나중에 얼마든지 더 배울 수 있다. 특정 기술이나 플랫폼을 전문으로 하면 공부할 범위가 제한되어서 좋을 뿐 아니라 선택한 기술에 대한 이해와 능력이 한층 더 높아진다. 그러면 자신감과 기술의 상품성을 키우는 데에도 도움이 된다.

어려운 알고리즘 문제 해결해보기

이쯤이면 공부한 프로그래밍 언어를 꽤 편하게 쓸 수 있다. 단순히 아는 수준을 넘어서 여러 애플리케이션에 활용해본 경험도 많이 쌓였다. 특정 기술이나 플랫폼에 해당 기술을 적용해보기도 했다. 그 기술로 기초적인 애플리케이션을 만드는 정도의 작업은 편하게 할 수 있다.

그래도 **그 프로그래밍 언어를 통달했다는 느낌은 받지 못할 것이다.** 걱정 마라. 그 또한 정상이다. 나도 C++를 배운 초창기에는 C++의 모든 것을 배우고 애플리케이션도 몇 개나 완성하고 C++ 전문 개발자로 일하면서도 그 언어를 완벽히 통달했다고 생각하지 않았다. C++ 개발자로서의 능력이 괜찮은 정도지 훌륭하다고는 느끼지 못했다. C++ 개발 능력을 발전시키고 싶은 마음이 굴뚝같았지만 방법을 몰랐다.

그러던 중 톱코더라는 코딩 경쟁 사이트를 알게 되었다 blog. 이 사이트는 매주 새로운 프로그래밍 도전 과제를 제시한다. 누구나 이곳에 와서 다른 프로그래머와 경쟁하며 알고리즘 문제를 풀 수 있다. 문제는 꽤 어려웠다. **처음에는 내 실력이 형편없었다.** 가장 쉬운 문제도 풀지 못했다. 다른 이들이 제시한 답을 아무리 살펴보아도 어떻게 그런 해결책을 냈는지는커녕 그 코드가 어떻게 작동하는지조차 이해하지 못했다. 다른 이들은 내가 상상하지도 못한 방법으로 C++를 사용했다.

하지만 꾸준히 문제를 해결하려고 도전했고, 다른 이들이 문제를 해결한 방식도 끈기 있게 살펴보았다. 그러는 동안 실력이 점점 나아졌다. 특정 문제를 푸는 **패턴이 보이기 시작했고,** 이전에는 몰랐던 방식으로 C++의 기능을 활용하는 방법을 이해하기 시작했다. 데이터 구조를 수반한 복잡한 문제를 풀기 위해 표준 라이브러리와 기능을 효과적으로 사용하는 방법을 배웠다. C++를 능숙하게 쓰는 수준을 넘어서 그 기량이 탁월한 수준에 이르렀을 때 그제야 C++를 통달했다고 느꼈다.

당신에게도 추천하는 방법이다. 꼭 톱코더일 필요는 없다. **알고리즘 유형의 프로그래밍 문제 해결을 연습할 곳**은 거기 말고도 많다. 지금 소개한 좋은 자료(톱코더) 외에도 많은 자료가 있다.

- 게일 라크만 맥도월(Gayle Laakmann McDowell), 『코딩 인터뷰 완전 분석(Cracking the Coding Interview)』 `blog`
- 존 벤틀리(jon Bentley), 『생각하는 프로그래밍(Programming Pearls)』 `blog`
- 프로젝트 오일러(Project Euler) `blog`
- 코딜리티(Codility) `blog`
- 인터뷰 케이크(Interview Cake) `blog`
- 톱코더 `blog` (알고리즘 대결은 'practice room'에서 이루어진다.)

처음에는 상당히 어렵겠지만 그래도 괜찮다. 어려운 게 정상이다. 시간이 지나면 출시되는 문제의 유형에 익숙해지고 해결책도 즉시 떠올릴 수 있다. 처음에는 어떻게 해야 할지 전혀 감이 오지 않겠지만 이미 말했다시피 괜찮다. 그저 꾸준히 도전하라. 그리고 **자신이 풀지 못하고 끙끙대는 문제를 다른 이들이 어떻게 푸는지도 반드시 살펴보길 바란다.** 그 문제를 왜 그런 방식으로 풀었는지도 알아내라. 이 방법으로 이런 유형의 문제를 어떻게 해결할지 배울 수 있었다. 나는 일류 개발자들이 톱코더에 올린 해결책을 살펴보며 많은 깨달음을 얻었다. 공부하고 있는 프로그래밍 언어로 이런 프로그래밍 문제를 해결할 수 있다면 그 언어를 통달하게 될 뿐만 아니라 다른 경쟁자들이 식은땀을 흘리는 **코딩 면접을 식은 죽 먹기**로 통과하는 데도 도움이 될 것이다.

대학 진학하기

앞으로 세 장에 걸쳐 **소프트웨어 개발자가 되는 세 가지 전략 혹은 경로를 대학 진학하기, 코딩 부트 캠프 등록하기, 독학하기**의 순서로 설명하려고 한다. 세 가지 다 괜찮은 전략이지만, 각 경로의 장점과 단점을 들어 비교하고 어떤 경로를 선택하더라도 도움이 될 견실한 전략도 알려주겠다.

전통적인 방법인 대학 진학하기부터 살펴보자. 어떤 대학을 선택할지에 대한 이야기는 이미 많이 들었을 테니 그에 대해서는 길게 논하지 않겠다. 그보다 대학에 진학하면 구체적으로 어떤 경험을 하게 될지 이야기하겠다. **이 경로를 선택하면 컴퓨터 공학, 컴퓨터 프로그래밍 등의 학위를 받기 위해 정규 학교에 등록해서 2~6년간 수업을 들어야 한다.** 많은 소프트웨어 개발자가 선택하는 경로다. 그런데 이 방법이 진짜 최선일까? 지금부터 함께 확인해보자.

장점

우선 대학 진학 시 누리는 장점을 이야기해보자. 부모님들은 장점이 아주 많다고 생각한다. 사실 이게 유일한 방법이라고 생각하는 부모님도 있을 것이다. 하지만 나는 전통적인 교육을 특별히 선호하는 사람은 아니므로 최대한 객관적인 관점을 유지하겠다. 그래도 학위 취득에 실질적인 이득이 따른다는 사실은 인정하지 않을 수 없다. 학위라는 게 설사 종이 한 장에 불과할지라도 말이다.

학위가 있는 개발자만 고용하는 회사가 여전히 많다

201X년에도 직원을 고용할 때(특히 개발자를 고용할 때) 근시안적인 태도를 취하는 회사가 여전히 많다. 인사부가 있는 큰 회사일수록 **정규 대학에서 학위를 받은 소프트웨어 개발자만 고용하는 경향이 강하다** blog. 학위가 없다고 입사가 아예 불가능하진 않겠지만, 어려울 확률이 매우 높다.

내 경험만 봐도 그렇다. 컴퓨터 공학 학위 과정를 마치기 전 휴렛 팩커드 Hewlett-Packard 사에서 나를 고용했다. 당시 나는 몇 년간 프로그래머로 일한 경력이 있었기에 HP에 계약직으로 고용되었다. **HP가 학위 없는 사람을 고용하는 일은 드물었지만** 추천을 받기도 했고 계약직 직원으로서 업무 능력을 증명할 경력을 이미 갖추고 있었기에 예외적으로 고용한 것이다. 당시 나는 일자리를 제안 받기까지 시키는 대로 많은 걸 했지만, 결과적으로 **제안 받은 내용은 몹시 실망스러웠다.** HP는 경력이나 능력은 논외로 하고 나를 그저 학위 미소지자로 분류했다. 이 말은 급여 체계의 최하위 계급이니 일자리 제안을 받은 것만으로도 운 좋은 줄 알라는 뜻이다.

이 이야기를 들려주는 이유는 필요 이상으로 학위를 높이 평가하는 회사에 어떤 사고방식이 만연해 있는지 알려주기 위해서다. 학위를 받으면 독학이나 코딩 부트 캠프를 통해 공부한 사람보다 잠재적으로 더 많은 기회를 얻는다. 학위 미소지자를 차별 없이 고용하는 회사도 많지만, 학위가 없으면 전체적인 선택의 폭이 좁아지는 건 어쩔 수 없는 현실이다.

결론: 학위가 있으면 학위가 없는 사람보다 직장 선택의 폭이 넓어진다.

컴퓨터 공학 지식의 기본을 튼튼히 다질 수 있다

독학으로도 프로그래밍 기술을 훌륭하게 익힐 수는 있지만, 이렇게 공부한 사람에게는 대학에서 배울 수 있는 컴퓨터 공학 관련 개념에 대한 지식이 부족한 경우가 많다. 최근에는 소프트웨어 개발의 실용적 측면에 비해 이런 지식의 중요도가 낮아지긴 했지만, 소프트웨어 개발자라면 컴퓨터 공학 학위 과정에서 가르치는 **운영 체제, 데이터 구조, 알고리즘, 술어 논리, 컴퓨터 아키텍처 등을 알아둘 필요가 있다.** 이런 개념은 독학으로 깨우치기 어렵다. 무엇보다 그런 개념이 존재하는지조차 모를 가능성이 높다.

2부 '일자리 구하기'에서 이야기하겠지만 **일류 기업에서는 보통 코딩 면접**blog **을 진행하는데,** 이 면접은 보통 원론적인 컴퓨터 공학 관련 질문 위주로 진행한다. 나는 실용주의자로, 대개 전통적인 교육체계를 반대하는 편에 서는 일이 많다. 하지만 **프로그래머라면 자신이 작성하는 코드 뒤에 있는 기본과 이론을 이해하고 이에 대한 지식을 갖춰야 한다**고 생각한다.

대학 교육은 개발자로 일하는 데 필요한 실용적인 지식보다는 컴퓨터 공학 관련 개념에 대해 깊이 있는 지식을 전달하는 데 집중한다. 이러한 지식은 실시간 시스템 작업이나 새 알고리즘 개발, 혹은 알고리즘 효율 높이기처럼 복잡한 프로그래밍 시나리오와 연관된 문제를 풀어나갈 때 엄청나게 큰 도움이 된다. 머신 러닝 같은 새로운 분야에서도 컴퓨터 공학 개념을 깊이 있게 이해하고 있는 사람을 찾는다.

체계

체계를 갖추고 있다는 건 전통 교육의 큰 장점이다. 세상에는 언제 무엇을 할지 정확히 알려주는 체계가 없으면 일을 못하는 사람도 있다. 소프트웨어 개발자가 되려는 사람은 많지만 그 꿈을 이루기 위해 실제로 노력하는 사람은 적다. 자신이 배워야 할 온갖 정보의 양에 압도될 뿐 아니라 정보를 정리해서 독학하는 방법도 모르기 때문이다. **의지나 자기 관리 능력이 부족해서 독학이 불가능한 사람도 있다.**

자신이 무엇이든 자발적으로 하는 성격이 아니라고 생각하거나 체계가 명확히 갖추어지지 않은 상황에서 무언가 시작하기 어렵다고 느끼는 사람에게는 대학 프로그램이 제공하는 체계가 도움이 된다. 독학을 하려면 무엇을 언제 배울지 매일 몇 시간씩 학습할지 스스로 정해야 한다. 대학에 진학하면 어떤 수업을 들을지 시간표를 어떻게 채울지 선택해야 하지만, 그 외의 부분은 전부 계획이 세워져 있으므로 그 계획을 따르기만 하면 된다.

인턴십 등의 기회

대학에서는 개인적으로 얻기 어려운 인턴십 기회나 인맥, 자원을 제공한다. **대학에서 바로 직원을 채용하는 회사도 많으며** 이런 회사는 좋은 관계를 맺어 둔 대학의 학생에게 취업상 혜택을 제공하기도 한다. 학생에게 다양한 재단이 주관하는 행사나 컨퍼런스에 참여할 기회를 제공해서 좋은 인맥을 쌓게 해주는 대학도 많다. **이런 기회는 구글이나 마이크로소프트 같은 거대 IT 기업에서 사회생활을 시작하고 싶어 하는 학생에게 엄청나게 큰 도움이 된다.** 훌륭한 경력을 지닌 개발자는 실력과 경력을 내세워 이런 큰 회사에 입사할 수 있겠지만, 신입 개발자는 인턴십 프로그램이 이런 회사에 입사할 좋은 기회이기 때문이다. 인턴십 프로그램은 대학을 통해 운영되므로 재학 중이거나 졸업한 후에 이용할 수 있을 것이다.

단점

자, 이제 대학 진학의 단점을 이야기할 차례다. **지금부터 할 이야기는 부모님이 싫어할 만한 내용이다.** 그래도 대학 진학에는 몇 가지 단점이 분명히 존재한다. 명백한 단점도 있고 좀 애매한 단점도 있다.

시간

가장 명백한 첫 번째 단점은 시간이다. **대학에 진학하면 최소 4년이라는 시간을 투자해야 한다.** 재학 중에는 풀타임 소프트웨어 개발자 경력을 만들 수 없다. 일을 한다면 꽤 많은 경력을 쌓을 수 있는 시간이므로 그 정도면 꽤 큰 헌신이라고 볼 수 있다. 그러므로 학위 취득 시 얻는 혜택이 4년이라는 시간을 포기할 가치가 있는지 생각해볼 필요가 있다.

그리고 대학 생활 중에는 큰 의미 없이 낭비하는 시간이 많다. **대학에서는 자신에게 직접적으로 도움이 되지 않는 활동에도 참여해야 하기 때문이다.** 소프트웨어 개발자가 되는 데 아무 상관없는 필수과목을 듣는 것은 시간 낭비다. 시험을 치르는 것도 틀림없는 시간 낭비. 직접적으로 도움이 되는 건 없기 때문이다. 강의를 듣는 것도 마찬가지다. 같은 양의 정보를 훨씬 빠르게 습득할 방법은 얼마든지 있다.

전통적인 교육은 누구나 이해할 수 있는 수준으로 가르쳐야 하므로 **시간을 그다지 효율적으로 활용하지 않는다.** (물론 모든 학교가 그런 건 아니고 일반적으로 그렇다는 이야기다.) 실상 그다지 효율적이지 않다는 것이 내가 전통적 의무교육에 반대하는 중요한 이유다. 덮어놓고 대학에 가겠다고 하기 전에 이런 문제도 생각해보길 바란다.

비용

다음은 돈이다. 모두가 더 갖길 원하지만, 누구도 내주려 하지 않는 것. 대학에 다니려면 꽤 목돈이 든다. **원래도 비싼 학비가 시간이 갈수록 오른다는** 건 이미 누구나 잘 알고 있을 것이다. 장학금을 타거나 전문대학에 다니는 게 아닌 한 대학에 다니려면 많은 돈을 내야 한다. (전문대학에 대해서는 뒤에서 조금 더 자세히 이야기하겠다.) 학교 근처에 살고 싶거나 살아야 하는 경우, 아니면 자신의 학비를 스스로 마련해야 하는 경우 비용은 더욱 늘어난다. **소프트웨어 개발자든 아니든 대학교 학비를 여러 해에 걸쳐 갚아야 하는 사람은 주변에서 쉽게 볼 수 있다. 심지어 학위를 받은 후 수십 년에 걸쳐 갚기도 한다.**

정말 짜증 나는 상황이다. 학위 덕에 늘어날 연봉 금액을 그 기간 동안 일했다면 받았을 급여, 학자금 이자에 드는 비용과 대조해보라. 정말 그토록 비싼 금액을 낼 가치가 있을까? 지겹도록 들은 이야기일지도 모르지만, 소프트웨어 개발자를 코칭하고 상담하는 동안 학위 취득에 엄청난 학비를 들인 까닭에 심각한 재정 문제에 휘말려 결국 헤어 나오지 못하는 이들을 너무 많이 보았기에 하는 말이다.

그렇지만 걱정하지 마라. 대학에 진학하길 원하는 사람이 이런 부담을 벗어날 수 있는 몇 가지 방법을 '전략' 부분에서 소개하겠다. 마지막으로 한 가지 조언을 한다면 **대학 진학에 드는 비용, 즉 학비, 학자금 이자, 월세, 대학에 진학하는 대신 일했다면 벌었을 수익 등의 수치를 전부 합산하여 자신이 어떤 선택을 한 건지 정확히 파악하라.** 아무것도 몰랐다면서 정부에 자신의 학자금 대출을 변제해달라고 요청하는 건 무책임할 뿐 아니라 아주 어리석은 행동이다.

현실을 반영하지 못하는 구식 교육

교과서를 출판하기까지는 오랜 시간이 걸린다. 학위 과정을 만들어서 승인을 받거나 기존 과정에 신규 강좌를 추가하는 데에도 긴 시간이 필요하다. 대학교수는 현실 세계에서 이루어지는 소프트웨어 개발과 아주 동떨어진 생활을 하는 경우가 많다. 그 결과 실제 소프트웨어 개발 업계에서 성공하기 위해 알아야 할 핵심적인 기술이 무엇인지 제대로 반영하지 못하는 교육 프로그램이 탄생한다.

컴퓨터 공학을 전공하는 건 도움이 된다. 하지만 소스 제어 사용법이나 애자일 방법론, 아니면 가장 널리 쓰이는 인기 자바스크립트 프레임워크를 배우는 것만큼 실용적이지는 않다. 이런 약점을 자각하고 최근 소프트웨어 업계의 동향에 발맞추는 프로그램을 개발하는 대학이 있긴 하지만, 그리 많지는 않다. 이 책을 쓰게 된 이유 중 하나도 여기에 있다. **대학 교육이 소프트웨어 개발과 관련한 외적인 지식을 충분히 제공하지 못하므로 이런 정보를 정리해서 보여주고 싶었다.** 물론 소프트웨어 개발의 다양한 측면을 독학으로 공부하면 이러한 한계를 극복할 수 있다. 하지만 그렇다면 애초에 학위를 위해 진짜 그만한 비용을 들일 이유가 있는지 자문해보아야 한다.

주의 분산

국내 대학 중 가장 잘 노는 대학이 어디인지 순위를 매기는 데는 이유가 있다. 어떤 사람들이 일생을 통틀어 가장 즐거운 시기가 대학 시절이었다고 말하는 데도 이유가 있다. **대학은 학생들의 주의를 분산시킬 온갖 것들로 가득 차 있다.** 술, 파티, 시위, 스포츠, 공연, 코 고는 룸메이트… 주의를 흐트러뜨릴 것 천지다. 대학 환경에 산재한 온갖 방해 요소에 주의를 빼앗긴 탓에 마음 잡고 공부하는 데 실패해서 학위를 받기까지 6년 이상 걸렸다는 소프트웨어 개발자를 많이 보았다.

이를 장점으로 보는 사람도 있을 것이다. 하지만 **소프트웨어 개발자가 되기 위해 진지하게 노력할 마음이 있다면 이러한 환경은 집중에 방해가 될 뿐이다.** 고등학교를 갓 졸업한 학생 중에 대학 환경이 이렇다는 것까지 생각하는 사람은 많지 않을 것이다. 대부분 주중에는 공부와 해야 할 일을 하고 주말에 파티를 즐기면 될 거라고 생각한다. 하지만 실상은 그렇지 않다. **내 학부 시절을 생각해보면 매일 밤 파티가 열렸다. 공부를 등한시하고 수업에 빠지고 잠이나 자고 학교 공부 외에 다른 걸 하기 너무 쉬운 환경이었다.** 물론 그러한 환경에서도 중심을 지키고 중요한 일에 집중할 수 있는 사람도 있다. 하지만 그런 사람이라도 최소한 자신의 선택이 어떤 결과로 이어질지는 정확히 알고 결정하기를 바란다.

〈*잠깐만요, 존*〉 하지만 부모님이 대학에 가라고 해요. 꼭 가야 하는 거래요. 대학에 안 가면 의절하겠다고 하세요.

얼마 전에 이런 일이 있었다. 샌디에이고 퍼시픽 비치에 있는 초밥집에서 가족들과 저녁을 먹으면서, 한 노숙자가 나에게 해변 옆에 붙어 있는 인도에서 뛰지 말고 모래가 있는 해변에서 뛰라고 참견한 일에 대해 이야기했다. 그 노숙자의 말에 일리가 있어서 그 말을 들었어야 했다고 말하던 중 6살짜리 딸아이가 말하길 "자기 일은 자기가 정해야죠. 아빠는 심플 프로그래머* 잖아요." 그때까지 내가 해온 말이 아이에게도 전염되었던 게 분명했다. 나는 꽤 충격을 받았다. 하지만 딸아이의 말이 옳았다.

부모님이 당신을 키워주신 건 잘 안다. 온혈 포유동물이라면 생물학적으로 설계된 대로 수행하는 행위를 부모님이 해주셨다는 이유만으로 부모님께 뭔가 빚진 느낌이 든다는 것도 안다. 하지만 그렇다고 실제 빚이 있는 건 아니다. **인생은 한 번뿐이고 그걸 살아내는 건 자신의 몫이다.** 당신은 누구에게 무엇도 빚지지 않았고 반대로 당신에게 빚진 사람도 없다. 결국 자신이 내린 선택의 결과를 책임지는 건 자기 자신이다. 부모님도 친구도 카운슬러도 아니다. 그러므로 선택의 여지가 전혀 없다고 느껴지는 순간에도 언제나 자신에게 선택의 여지가 있다는 걸 기억하라.

'대학에 가지 말라'는 뜻이 아니다. 어떤 인생을 살지, 자신에게 어떤 길이 맞는지 다른 누군가가 아니라 스스로 결정해야 한다는 말이다. 그렇게 살기가 말처럼 쉽지는 않다. 나도 안다. 나도 다 겪어봤다. 임대 부동산에 투자한다고 했을 때 아버지는 나와 의절하겠다고 선언하셨다. 하지만 살다 보면 어려운 결정을 해야 할 때, 인간관계를 포기하고 어떤 결과가 도출되더라도 수용해야 할 때가 있다. 그래도 장기적으로 보면 다른 사람에게 인생의 주도권을 내주는 삶보다 blog 자신의 인생을 주도적으로 살아가는 삶이 훨씬 행복할 것이다.

---

* 저자가 운영하는 웹 사이트의 이름

┆ 전략 ┆

대학에 진학하기로 결정했다면 그에 맞는 계획을 세워야 한다. 요즘 많은 대학 졸업생이 그렇듯이, 고작 몇 가지 혜택을 얻기 위해 엄청난 빚을 지고 싶은 사람은 없을 것이다. 여기서는 투자금 대비 가장 큰 이익을 볼 수 있는 **몇 가지 전략**을 소개하겠다.

전문대학으로 시작하라

학위 과정 초반 2~3년간 비용을 크게 절약할 수 있도록 전문대학에 진학할 것을 무엇보다 강력히 추천한다 blog . 장학금을 받을 수 있다면 이 조언을 무시해도 좋지만, 자비나 학자금 대출을 받아서 학비를 내야 한다면 **전문대학 과정을 통해 비용을 많이 절약한 후에** 일류 대학의 학위를 받아 졸업하는 것도 괜찮은 생각이다. 이 방법을 선택하려면 전문대학에서 이수하는 학점이나 프로그램이 나중에 학위를 받을 학교에서 인정받을 수 있을지부터 확인하라.

빚을 피하라

최대한 빚을 내지 않기를 진심으로 바란다. 빚은 끔찍하다. **빚 때문에 인생이 망가질 수도 있다.** 교육 때문에 지는 빚은 주택이나 부동산 투자를 담보로 내는 대출처럼 좋은 빚이라고 보는 사람도 있으나 나는 동의하지 않는다. 사실 학자금 대출이 그만 한 가치를 내는 일은 거의 보지 못했다. 심지어 빚 때문에 본인이 가고 싶지 않은 길로 끌려가는 사람도 여럿 보았다. 빚을 낸다는 건 앞으로 5년, 10년, 혹은 그 이상의 기간 동안 끌고 다녀야 하는 **무거운 족쇄를 스스로 채우는 것**이나 다름없다. 빚을 내지 마라. 빚을 내지 않고 학교를 다닐 수 있는 몇 가지 방법이 있다.

1. **1년 정도 직장에서 일하면서 돈을 모아라.** 고등학교를 졸업하자마자 대학에 진학할 필요는 없다. 어느 정도 현금을 모아두면 빚을 지지 않을 수 있다.

2. **장학금을 받아라.** 누구나 받을 수 있는 건 아니지만 장학금을 몇 번 받으면 비용이 크게 절약된다.

3. **학교에 다니는 동안 파트타임으로 일하라.** 그러면 학비에 보탬이 된다. 힘들어도 장기적으로 볼 때 그럴 가치가 있다.

4. **부모님 집에서 지내라.** 독립하고 싶은 마음도 이해한다. 하지만 다른 일을 할 수 있는 시간이 많이 늘어나고 비용도 크게 절약된다.

5. **알래스카처럼 무상교육을 받을 수 있는 지역으로 이사하라.** 아니면 잠시 독일 같은 곳으로 가도 좋다.

전술을 몇 가지 결합하면 빚을 더 줄일 수도 있다. 내 말을 믿어라. 학자금 대출이니까 4만 달러(약 4,500만 원) 정도는 낼 만한 가치가 있다고 생각할지 모르지만, 그 빚을 전부 갚기까지 정말 시간이 오래 걸린다. 특히 이자 상환도 잊으면 안 된다. 게다가 이렇게 엄청난 투자를 했는데 그 후에 일자리를 구할 수조차 없다면 어떻게 될까?

자신의 학습은 자신이 책임져라

대학에 진학하고 학위를 취득하는 건 좋은 일이지만, 모든 걸 배울 수 있다는 뜻은 아니다. **대학에 그렇게 많은 돈과 시간을 투자할 거라면 학위증 이상의 혜택을 얻는 게 좋지 않겠는가?** 뭔가를 배웠다고 해서 꼭 그걸 습득했다고 장담할 수 없다. 어디서 누구에게 배우는지와 상관없이 학습은 어차피 스스로 해야 한다. **자신의 학습은 늘 자신의 책임**이라는 걸 잊지 마라.

단순히 시험에 통과하고 학점을 받기 위해 책을 읽거나 숙제를 하는 건 의미가 없다. 그보다 **배운 내용을 최대한 현실에서 잘 활용할 수 있도록 제대로 배우는 데 집중하라.** 현실 세계에서는 누구도 당신을 '가르치지' 않는다. 배우는 건 스스로의 몫이므로 이제 그런 현실에 익숙해지는 게 현명하다. 교육에 들인 수만 달러의 돈과 수년의 시간이 결국 아무 쓸모가 없어져버린 대학 졸업생들을 수도 없이 보았다. 남들이 하는 대로 학위를 받고 공부하는 시늉만 하면 교육도 받고 직장도 보장될 거라고 생각한 것이다. 현실은 그렇지 않다. 그러므로 대학에 진학할 생각이라면 학위 과정이나 교수에게 책임을 떠넘기지 말고 **자신의 학습은 자신이 책임지겠다는 자세로 제대로 공부하라.**

사이드 프로젝트를 진행하라

대학에 다니면 업무 경험을 쌓을 시간이 크게 줄어든다. 일생 중 4~6년 이라는 시간을 들여 무엇인가에 전념한다는 건 어마어마한 일이다. **대학을 막 졸업한 사람은 경험이 없기 때문에 경험을 얻을 기회를 얻지 못하고, 직장을 찾는 데도 어려움을 겪는다.**

이 문제를 피하는 아주 좋은 방법은 학교에 다니는 동안 사이드 프로젝트를 진행하는 것 blog 이다. **대학 시절은 포트폴리오를 만들거나 사이드 프로젝트를 시작할 완벽한 시기다.** 거기서 얻은 경험과 부수입은 제대로 된 경력을 만들 때까지 도움이 될 것이다. 사이드 프로젝트는 좋은 실습 기회가 되므로 공부한 내용을 뇌리에 새기고 자신의 지식을 현실 세계에 적용할 때 필요한 깊이 있는 이해력을 얻는 데 도움이 된다.

그뿐 아니라 **대학 재학 중에 시작한 사이드 프로젝트 덕에 백만장자가 된 유명인이 이미 많지 않은가?** 마이크로소프트, 페이스북, 야후, 델, 구글 모두 기숙사 방, 지하실, 차고에서 진행한 사이드 프로젝트에서 출발했다. 기숙사 방에서 사이드 프로젝트를 시작한다고 모두 부자가 될 수 있는 건 아니겠지만, 또 모를 일이다. 최악의 경우에도 그 경험에서 무언가 배울 기회, 졸업 후 자신의 일자리를 스스로 만들 기회는 될 수 있다.

인턴십에 참여하라

앞서 이야기했듯이 인턴십에 참여할 것을 강력히 추천한다. **인턴십은 경력 없는 신입 소프트웨어 개발자가 구글이나 마이크로소프트 같은 큰 기업에 취직할 좋은 기회가 된다.** 사실 일반 직장에 들어가서 일해보는 것만으로도 큰 수확이다. 인턴십은 학위 과정에서 얻기 어려운 업무 경력도 만들어준다. 학위는 받았지만 아무 경력이 없어서 다른 대학 졸업생들과 마찬가지로 구직난에 시달리고 싶은 사람은 없을 것이다. 그러므로 가능하다면 인턴십 기회를 꼭 활용하라. 보수를 후하게 주지 않더라도 말이다. 돈은 나중에 벌면 된다. 대학 시절에는 경험이 우선이다.

일하는 동안 학위를 취득하라

학위를 취득하는 동시에 경력에 빈틈을 만들지도 않고, 빚도 지지 않기 위해 내가 쓴 전략이다. 1년 동안 학교에 다닌 후 여름방학 동안 일자리를 구해서 일했는데 나중에 이 회사에서 괜찮은 조건의 풀타임 자리를 얻었다. 그래서 학교를 중퇴하고 몇 년간 일하다가 나중에 시간 여유가 생겼을 때 직장에 그대로 다니면서 온라인 학교에 재입학했다. 덕분에 **한 번도 경제적 어려움을 겪지 않고** 다른 대학 졸업생들에 비해 몇 년의 경력을 더 얻은 동시에 학위도 받았다. 그리고 이미 풀타임 소프트웨어 개발자로 일하는 나에게는 **학위 취득에 드는 수고나 비용이 아주 가볍게 느껴졌다.** 게다가 공부한 내용을 바로 업무에 적용해볼 수 있다는 장점도 있었다.

누구나 할 수 있는 방법은 아니지만, 독학을 선택했거나 이미 직장에 다니고 있는 사람에게 **강력히 추천한다.** 심지어 소프트웨어 개발과 별로 관련이 없는 다른 분야에서 일하고 있더라도 실천해볼 수 있는 방법이다. 직장과

학교 공부를 병행하기가 상당히 부담스럽다는 게 유일한 단점이다. 자기 절제력 없이는 불가능하다. 하지만 과거로 돌아가 다시 시작한다고 해도 나는 반드시 이 경로를 택할 것이다.

다음 장에서는 비교적 최근에 등장해서 많은 논란을 불러일으키고 있는 방법, 코딩 부트 캠프에 대해 이야기해보겠다.

8

코딩 부트 캠프

얼마 전까지만 해도 프로그래머가 되려면 대학 진학과 독학, 두 가지 선택지밖에 없었다. 그런데 (내가 이 책을 쓰는) 지난 몇 년 사이 **한 가지 새로운 선택지가 등장했다.** 이 흥미진진한 새 선택지는 누구나 석 달 정도의 짧은 시간 안에 코딩을 배울 수 있는 참신한 기회의 문을 열었다. 스스로 코더 (coder, 코드 쓰는 사람)라고 하려면 몇 년에 걸쳐 학위를 취득하거나 밤 12시까지 코드를 붙잡고 있어야 한다고 말하는 프로그래밍 엘리트주의자에게 코딩 부트 캠프란 존재는 무서운 위협이다. 좋든 싫든 코딩 부트 캠프는 이미 등장했고, 쉽게 없어질 것 같지도 않다.

코딩 부트 캠프란 무엇인가?

장단점을 논하기 전에 코딩 부트 캠프가 정확히 무엇인지부터 알아보자. 코딩 부트 캠프의 분위기는 이름이 잘 알려준다[*]. 코딩 부트 캠프마다 가르

---

[*] 부트 캠프(boot camp)는 신병 훈련소라는 뜻이다.

치는 내용이나 방법, 기간은 다르지만 **단기간에 프로그래머가 될 수 있게 교육한**다는 한 가지 기본 아이디어에 집중하는 점은 같다. 부트 캠프는 보통 소프트웨어 개발자로 취직하는 데 필요한 지식을 단기간에 전달하는 것을 목표로 삼기 때문에 **현업에서 사용되는 프로그래밍 지식 위주로 진짜 중요한 부분에 집중**한다.

프로그래밍 부트 캠프도 괜찮은 선택지일까`blog`? 나에게도 맞는 방법일까? 지금부터 함께 확인해보자.

장점

대학 진학이나 독학 같은 전통적인 방법 대신 코딩 부트 캠프를 선택할 때 얻는 장점부터 살펴보자. 사람들이 오해하는 바와 달리 코딩 부트 캠프에는 장점이 꽤 많다. **만약 지금 다시 출발선에 선다면 나도 코딩 부트 캠프를 선택**할 거라고 생각할 정도다. 사실 부트 캠프에서 새로운 기술을 배우는 과정을 경험해보고 싶어서 경력이 많은데도 **등록하고 싶은 마음이 든다.** 어쩌면 조만간 몰래 등록할 수도 있다.

짧은 학습 시간

학습 시간을 매우 짧게 압축해준다는 게 코딩 부트 캠프의 가장 큰 장점이다. 대학 진학이나 독학은 수년간 시간을 투자해야 한다. **어떤 부트 캠프는 3개월이라는 짧은 시간 내에 소프트웨어 개발자 일자리를 구할 수 있게 해준다고 약속하기도**한다.

믿기 어려운 주장이지만 일면 납득되기도 하는데, 그 이유는 이렇다. 어떤 부트 캠프는 **하루에 10~12시간씩 일주일에 6일 동안** 진행한다. 이 기간 동안 다른 건 아무것도 하지 않고 오로지 코딩을 배우고 프로그래밍을 실습하는 데만 집중한다. 그 정도 시간이면 많은 개발자가 수년간 쌓은 경험치와 동등한 수준의 경험을 쌓을 수 있다. **평범한 프로그래머의 경우 직장에서 코딩에 쓰는 시간이 근무 시간의 20퍼센트 정도면 다행이다.** 진짜 제대로 집중해서 공부하면 3개월보다 짧은 기간 내에도 배울 수 있을 거라고 생각한다. 단점에 대해서도 곧 이야기하겠지만 그래도 이런 부분은 궁극적으로 아주 큰 장점이다.

시간은 돈이다. (그리고 돈은 시간이다`blog`.) 돈을 버는 데 시간을 투자하라. 번 돈은 더 많은 돈을 버는 데 써라. 그리고 벌어들인 순수익은 시간을 되사는 데 써라. 나는 무언가를 배울 때 천천히 수년의 시간을 들이기보다 3~6개월간 온전히 집중해서 쏟아붓는 쪽을 선호한다. 최대한 빨리 뛰어들어 바로 현실 세계에서 일자리를 구하고 싶다. 진짜 소중한 경험은 실무를 통해서만 얻을 수 있기 때문이다. 짧은 기간 동안 프로그래밍을 배우고 싶다는 의지가 있다면 짧은 학습 시간은 큰 장점이다. 그리고 이런 방법이 분명히 현실성이 있다고 본다. 어렵겠지만 가능은 하다.

높은 취업률

많은 부트 캠프가 매우 높은 취업률을 자랑한다. 진짜로 회사에 취직한다. 특히 실리콘밸리에서 그런 경향이 두드러진다. 모든 부트 캠프가 똑같은 건 아니지만 **괜찮은 부트 캠프의 취업률은 90퍼센트 이상이라고 들었다.** 엄청난 장점이다. 3만 달러를 벌던 사람이 단 몇 개월을 희생하여 8~10만 달러를 버는 소프트웨어 개발자가 될 수 있다고 생각해보라. 매우 훌륭한 일이다.

취업을 알선해주는 학위 과정도 일부 있지만 인턴십 프로그램에 등록하지 않는 한 이런 기회는 스스로 찾아야 한다. **내 유튜브 채널`blog`에 와서 일자**

리를 구할 수 없다고 불평을 늘어놓는 대학 졸업생이 많다. 부트 캠프 수료 후 취업을 못 한 사람은 아직 보지 못했다. 물론 모든 부트 캠프 수료생이 쉽게 취직했다고 확신하는 건 아니지만, 부트 캠프의 목표는 수강생의 취업이고 이 목표를 달성하기 위해 많은 부트 캠프는 여러 회사와 좋은 관계를 유지하고 있다.

부트 캠프는 프로그램을 수료한 수강생의 취업 여부에 큰 관심을 기울인다. 수강생의 수강료를 전액 환불해주고 그 수강생이 직장을 구했을 때 첫해 급여의 일부를 수업료로 받는 부트 캠프도 있다. 경험이 없으면 직장을 구하기 어려우므로 이는 매우 중요한 장점이다.

저렴한 비용

부트 캠프가 비싸다고 불평하는 사람도 있는데, 얻는 혜택에 비하면 매우 저렴하다고 본다 blog. 부트 캠프의 가격은 무료부터 최고 2만 달러(약 2,200만 원)까지다. 대학에 진학하면 학비가 1년에 최소 1~2만 달러 정도 들고, 시간도 4년 이상 걸린다. 이런 걸 생각하면 **가장 비싼 부트 캠프도 꽤 저렴하다고 볼 수 있다.** 대출을 받지 않고 저축으로 모을 수 있는 수준의 비용만 내면 된다는 점도 정말 마음에 든다. (시간을 꽤 들여야 모을 수 있는 금액인 건 맞다. 하지만 4~8만 달러가량의 대학교 학비는 저축으로 모은다는 게 거의 불가능하다.)

가격을 보고 부트 캠프를 고르라는 말은 아니다. 나라면 다양한 기준을 놓고 고민한 뒤에 가격은 최종 결정에 참고하는 정도로만 생각할 것이다. 경력을 위한 투자를 가늠하는 상황에서 푼돈을 아끼느라 큰 손해를 보는 건 현명하지 않다. 최선의 노력을 기울일 준비가 된 사람이라면 부트 캠프에 들인 가격에 비해 훨씬 큰 이득을 볼 수 있을 것이다.

집중 교육

또 다른 큰 장점은 **프로그래밍 기술을 매우 집중해서 공부할 기회**를 준다는 것이다. 대학생들도 집중해서 공부하는 때가 있긴 하지만(특히 기말고사가 가까워질 때쯤) 다양한 주제를 몇 년에 걸쳐서 배우는 대학 교육의 특성상 평소 대부분의 에너지는 다른 곳으로 흩어져 있다. 부트 캠프는 이와 다르다.

앞서 말했지만 **어떤 부트 캠프에서는 하루에 10~12시간, 일주일에 6일**을 오로지 코딩 공부에만 집중하게 한다. 이를 단점으로 보는 이도 있지만 **나는 몰입하는 시간을 늘리는 것이 무언가를 배우고 발전시키는 최고의 방법이라고 본다.** 외국어를 배울 때도 그 언어만 사용하는 환경에 놓이는 게 가장 좋다는 이야기를 들어봤을 것이다. 프로그래밍 언어를 배울 때도 마찬가지다. 부트 캠프가 짧은 시간에 많은 정보를 다룰 수 있다고 보는 이유도 바로 집중에 있다.

실무 현장 같은 환경

7장에서 말했듯이 **대학 교육 과정은 실제 프로그래밍 세계에 적응할 수 있게 준비시켜 주는 역할은 훌륭하게 해내지 못하는 편이다.** 오늘도 최근에 대학을 졸업한 초보 프로그래머와 대화를 나누었는데, 그는 **실제 소프트웨어 개발 업계가 어떻게 돌아가는지 학교에서 그다지 잘 알려준 것 같지 않다**는 불만을 토로하며 이 중요한 부분을 독학으로 배우기 위해 어떻게 노력했는지 이야기했다.

부트 캠프는 코드를 한 번도 써본 적 없는 사람이 바로 프로그래머 업무를 할 수 있도록 단기간 내에 준비시키는 데 집중하기 위해 **실무 환경을 모방한 환경을 갖춰둔다.** 그리고 이렇게 실용적인 측면에 초점을 맞춘다는 특성은 최대한 빨리 일자리를 구하고 싶은 수강생에게 큰 도움이 된다.

열의에 찬 수강생과 함께 공부하기

초고에는 없던 부분이다. 솔직히 여기까지는 생각 못 했다. 이 내용을 알려준 분을 이 자리에서 언급하며 감사의 인사를 전하고자 한다. **주인공은 데이비드 트롬홀트**David Tromholt로 코딩 부트 캠프에 관해 다룬 내 유튜브 동영상 `blog`에 이런 댓글을 남겼다.

"부트 캠프에 많은 돈을 지불해야 할 이유가 무엇인지 궁금해하는 사람에게 이렇게 말하고 싶군요. 훨씬 저렴하거나 심지어 무료인 자료가 웹에 넘쳐나는데 독학으로 배울 수 없어서 그 돈을 내는 건 아닙니다. 부트 캠프에 가면 잠재적으로 더 크게 성장할 수 있기 때문입니다. 여기에는 사회적인 이유가 있습니다. 그리고 특정 체계가 있을 때 더 잘 배우는 이들도 있기 마련이니까요. **자신과 비슷한 생각을 하는 다른 학생들에게 둘러싸여 있을 때 받는 동기부여가 엄청납니다.** 그리고 그때 흡수하는 영감은 책이나 동영상을 통해 받는 영감보다 훨씬 강력합니다."

좋은 의견이며, 내가 떠올리지 못한 훌륭한 장점이다. 코딩 부트 캠프는 교실과 직장이 적절히 합쳐진 환경을 마련하므로 수강생은 다른 수강생들과 함께 일하고 함께 배울 수 있다. 동기부여에 도움이 될 뿐 아니라 팀에서 일하는 게 어떤지 경험해볼 수 있는 좋은 기회다.

단점

지금까지 코딩 부트 캠프의 장점을 나열했다. 하지만 각 장점은 어떤 관점에서 보느냐에 따라서 단점이 되기도 한다.

코딩 부트 캠프는 소심하거나 게으른 사람에게 맞지 않는다. 그런 성향인 사람에게는 앞서 언급한 장점이 이미 단점으로 보였을지 모른다. 그럼 단점도 하나씩 함께 확인해보자.

오로지 부트 캠프에 전념해야 한다

프로그래밍을 무척 빠른 속도로 배운다고는 하지만 그래도 수료하기까지 꽤 긴 시간을 들여야 한다. **저녁 시간에 취미 활동처럼 할 수 있는 게 아니다.** 달리기나 운동을 하러 가는 것과는 다르다. 코딩 부트 캠프를 수료하려면 교육받는 동안 오로지 거기에 전념해야 한다.

캠프가 진행되는 동안에는 **개인 생활이 완전히 없다고 봐야 한다.** 직장을 비롯해 자신이 하던 거의 모든 일을 그만두고 3~6개월간 코딩을 배우는 데 집중해야 한다. 이보다 조금 느린 속도로 진행되는 장기 프로그램도 있겠지만 그조차도 대학 교육이나 독학에 비하면 훨씬 집중해야 하는 과정이다. 앞서 말했듯이 하루에 10~12시간씩 일주일에 6일을 수업하거나 프로젝트에 참여시키는 곳도 있다.

매우 어려울 수 있다

앞서 말한 단점은 바로 다음 단점으로 이어진다. (제대로 된) 코딩 부트 캠프는 힘들기로 악명이 높다. 단지 출석만 한다고 좋은 성과가 보장되지 않는다. **아마 지쳐 나가떨어질 정도로 노력해야 할 것이다.**

대다수 코딩 부트 캠프에서는 엄청나게 빠른 속도로 수업이 진행된다. 프로그래밍에 대해 아무것도 모르는 상태로 시작한 사람이 일주일 안에 코딩을 할 수 있을 정도다. 극히 짧은 시간 내에 막대한 양의 정보를 흡수해야 하므로 **게으름 피울 시간이 전혀 없다.** 특히 프로그래밍 관련 경험이 전무하다면 말할 것도 없다. 도전적인 상황을 즐기는 사람에게는 장점이겠으나, 보통은 단점이라고 느낄 만한 부분이므로 간과해서는 안 된다.

여전히 수업료가 비싼 편이다

대학교에 비하면 저렴한 편이지만 그래도 **여전히 비싸다.** 학자금 지원을 받을 수 없다면 더욱 비싸게 느껴질 것이다. 코딩 부트 캠프 수업료를 낼 수 있게 도와주거나 졸업할 때까지 학자금 대출을 미룰 수 있게 해주는 정부 프로그램은 없다고 알고 있다(있다 한들 쉽게 받을 수는 없을 것이다).

그래도 이 단점은 상대적이다. 프로그래밍을 배워서 직군을 바꿔보고 싶은 법률 전문가에게 1만 달러는 저렴한 비용이다. 하지만 아르바이트 시급 10달러 이상 받아본 적이 없는 18세 고등학교 졸업생에게 코딩 부트 캠프 수업료는 엄청나게 큰돈이다. 코딩 부트 캠프에 다니고 싶다면 처한 상황에 따라 현명하게 예산을 세우길 바란다.

형편없는 코드 캠프가 많다

이 문제가 코딩 부트 캠프 최악의 단점이다. **형편없는 곳이 너무 많다.** 코딩 부트 캠프는 누구나 열 수 있고 열기만 하면 많은 현금을 빠르게 벌 수 있다. 이 장을 쓰면서 나도 하나 열어볼까 생각했을 정도다.

그러므로 코딩 부트 캠프를 고를 때 **신중에 신중을 기하라. 잘 다니던 직장을 그만두고 3개월이나 되는 시간과 수천만 달러를 들여서 무언가 해보려고 했다가 시간과 돈만 낭비하고 끝나서야 되겠는가?** 수강생이 만족하는 좋은 실적을 내는 괜찮은 코딩 부트 캠프도 많은 반면 코딩 부트 캠프 인기에 편승해서 빨리 한 몫 잡겠다는 생각뿐인 회사도 많다. 경험이 있는 프로그래머라면 이런 사기꾼을 금세 알아보겠지만 이제 막 입문한 사람은 둘을 구분하기가 무척 어렵다. 전략에 대해 이야기할 때 괜찮은 코딩 부트 캠프를 알아내는 방법도 알려주겠다.

의지할 학위가 없다

코딩 부트 캠프는 프로그래밍을 배우고 소프트웨어 개발자로서 일할 직장을 구하는 데 도움이 된다. 하지만 **그렇다고 일생을 책임져주는 건 아니다.** 대학 대신 코딩 부트 캠프를 택해서 직업을 바꿔보려고 했는데 지원할 회사에서 학위 소지자만 모집한다면 낭패. 모험을 얼마나 싫어하느냐, 학위 소지에 얼마만큼의 가치를 두느냐에 따라 달라질 문제다.

일단 업계에 입문한 후에는 학위가 그다지 중요하지 않다. 하지만 이 의견에 동의하지 않는 사람도 있는 데다 상황은 언제 어떻게 바뀔지 모른다.

컴퓨터 공학 관련 지식에 빈틈이 있을 수 있다

부트 캠프가 실용적이라고 말했던 것을 기억하는가? 이는 장점이기도 하고 단점이기도 하다. 부트 캠프에서 소프트웨어 개발자 일자리를 구하고 코드를 작성하는 데 꼭 필요한 내용을 가르쳐준다는 건 장점이다. 그러나 장기적으로 볼 때 **자신의 경력에 진짜 도움이 될 다른 지식을 놓치는 것일 수 있다.** 사실 경력이 있는 프로그래머들이 코딩 부트 캠프에 반감을 갖는 이유도 아마 이러한 부분을 염려해서일 것이다.

코딩 부트 캠프는 소프트웨어 개발 방법에만 집중하고 그 바탕이 되는 이유나 과학까지 들여다보지 않는다. 그러다가는 자신이 하고 있는 일을 제대로 이해하지 못하는데도 **본인의 업무 능력을 과신**하는 결과로 이어질 수 있다. 의과대학을 다니지 않고 다른 의사 몇몇과 함께 일하면서 의학에 대해 배운 사람이 의사를 한다고 상상해보라. 코딩 부트 캠프에서 프로그래밍 배우는 것을 비유하기에 적절한 예가 아닐 수도 있지만, 경력이 어느 정도 있는 (그리고 때로 자신의 기술을 과하게 높이 평가하는) 프로그래머들은 두 상황이 비슷하다고 생각한다. **자신의 직업을 과보호**하려는 의도로 그런 의견을 제시할 때도 있지만 부분적으로는 옳다.

물론 컴퓨터 공학 관련 개념을 본인이 따로 공부하면 쉽게 해결될 문제지만 취업 후에는 공부할 시간을 내기 힘든 경우가 많다. 그러므로 코딩 부트 캠프는 코딩을 배우고 프로그래머 일자리를 구하는 데 도움을 주는 곳이니 후일 자신의 잠재력을 최대로 발휘하려면 **스스로 채워야 할 지식의 빈틈이 있을 수 있다**는 사실만 잊지 마라.

전략

자, 내가 가장 좋아하는 주제, 전략이다.

초보 개발자에게 코딩 부트 캠프에 가기 전에 무엇을 준비하면 좋을지 조언해주면서 꽤 오래 고민해보았다. 지금까지 개발자 지망생들에게 알려준 몇 가지 팁과 내가 부트 캠프를 가려고 결심한 개발자 지망생이라고 가정했을 때 필요할 법한 몇 가지 조언을 이야기해보겠다.

사기당하지 않으려면 조사하라

앞서 언급했듯이 **사전 조사를 철저히 해서 평판이 좋지 않은 코딩 부트 캠프를 피하라.** 굳이 언급하지 않아도 알 만한 내용이지만, 믿기 어려울 정도로 좋은 조건에 속아 넘어가는 사람이 꽤 있기에 말해둬야겠다고 생각했다. 혹시 모를 일이니 말이다.

가격이 저렴한 코딩 부트 캠프를 찾아다니지 마라. 몇 천 달러를 더 주더라도 실제 가치 있는 내용을 배워서 소프트웨어 개발자로 일할 수 있는 쪽에 등록하는 게 돈 몇 푼 아끼는 것보다 훨씬 유익하다. **앞서 수강한 학생들과 대화를 나눠보면** 해당 코딩 부트 캠프의 내실을 아주 쉽게 확인할 수 있다. 나라면 정보를 줄 만한 수강생을 아직 제대로 배출하지 못한 부트 캠프에 등록할 때는 매우 조심할 것이다. 그 부트 캠프를 수료한 여러 수강생에게 당시 어떤 경험을 했고 무엇을 배웠고 취업은 쉽게 할 수 있었는지 꼭 물어보라.

수천 달러 사기를 당하고 몇 날 며칠을 심적 고통과 후회로 보내고 싶지 않다면 꼭 실행해야 할 기본 단계다. 꼼꼼히 조사한 후에 수업료를 조금 더 낸다 해도 더 훌륭한 결과를 낼 수 있는 곳을 선택하라.

전액을 지불할 수 있을 만큼 저축하라

대학 등록금과 마찬가지로 코딩 부트 캠프 등록비 역시 빚을 내서 지불하는 건 좋지 않다(빚을 내는 건 대체로 좋지 않다). **코딩 부트 캠프를 수료한 후 일자리를 얻으리라는 보장은 없다.** 그러므로 한도액을 초과하여 신용카드를 긁거나 돼지 저금통을 부수거나 집이나 연금을 담보로 잡아서 코딩 부트 캠프에 등록하지 마라.

이를 대체할 **똑똑한 방법이 있다.** 부트 캠프에 대해 조사하는 동안 돈을 모아라. 돈을 모으는 동안 업계 입문이 조금 늦춰질 수도 있다. 그 대신 오로지 장밋빛 미래를 그리며 자신이 감당할 수 없을 정도의 재정적 부담을 떠안을 일이 없어진다. 어느 분야에서든 근시안적인 생각은 재난을 초래하기 마련이다.

일정을 완전히 비워라

자신이 하루에 할 수 있는 일의 양을 과대평가하는 사람이 많다. **해야 할 일 목록에 있는 일을 제때 마치는 게 쉽지 않은 이유도 거기에 있다.** 우리는 일정표를 능력 이상으로 가득 채워둔다. 시간, 돈, 노력을 투자해서 코딩 부트 캠프에 등록하기로 결심했다면 **다른 모든 일정을 깨끗이 비워두고** 자신의 시간과 집중력을 오로지 거기에 쏟아부어라. 직장에 다니면서 저녁에 코딩 부트 캠프를 가고 사이드 프로젝트 blog 도 하고 학교도 다니는 게 가능할 수도 있지만, 코딩 부트 캠프는 진도가 엄청 빠르기 때문에 그런 위험 요소를 떠안는 건 현명하지 않다. 나라면 아마 **운동 외 일정은 전부 깨끗이 정리하고 캠프에 전력을 다할 것이다.**

남아서 인맥을 만들어라

부트 캠프에서 최대한 많은 시간을 보내라. **수업이 끝난 후에도 남아서 자신의 프로젝트를 작성하라.** 부트 캠프 **사람들과 대화하라.** 강사들과 좋은 관계를 맺고 필요한 경우 강사들을 도와주어라. 그러면 뭐든 조금 더 배울 기회가 생길 것이다. 자신이 헌신적인 사람이라는 것, 다른 이를 도울 의지가 있다는 것을 보여주어라. 장기적으로 큰 도움이 될 거라고 약속한다. 성실하게 배우고 있다는 것을 사람들도 알아보고 기억할 것이다. 이런 자세는 나중에 직장을 구할 때도 도움이 된다.

반에서 1등을 놓치지 마라

부트 캠프가 끝난 뒤 상위 90퍼센트 학생에게만 취업 기회가 주어진다면 **대개 반에서 하위 10퍼센트가 되지 않기 위해 노력할 것이다.** 하지만 나라면 반에서 상위 10퍼센트에 드는 걸 목표로 삼는다. **사실 아예 1등을 차지하기 위해 최선을 다할 것이다.** 1등을 하면 좋은 일자리가 보장되는 것이나 다름없을 테니 말이다.

그러므로 전력을 다하라. 경력이나 학위 없이 업계에 진입하는 건 엄청나게 어렵다. 돈과 시간을 투자해야만 가능하다. 나라면 절대 운에 맡기지 않고 만반의 준비를 하겠다.

기본은 예습하라

마지막 전략은, 마지막이라 해도 앞의 모든 전략과 똑같이 중요하다. **코딩 부트 캠프가 시작되기 전에 자신이 배울 언어로 프로그래밍하는 방법을 최대한 많이 공부하라.** 뒤처지는 사람은 두각을 나타내지 못한다. 최고의 학생이 되고 싶다면 **유리한 고지를 점령하기 위해 할 수 있는 모든 걸 하라.**

이를 위해 캠프에서 배울 프로그래밍 언어와 기술을 어느 정도 예습해 가는 게 좋을 것이다. 성공하려면 준비가 필요하다. **그렇다고 코딩 부트 캠프에서 배울 걸 모두 미리 알아두라는 말은 아니다. 학습 속도를 높이고** 학습한 내용을 실무에 적용할 방법을 확실히 배우겠다고 마음의 준비를 단단히 하라.

코딩 부트 캠프가 잘 맞지 않는 사람도 있다. 어쩌면 혼자가 더 편한 사람도 있을 것이다. 괜찮다. 그런 사람에게도 방법이 있다. 다음 장에서는 독학을 주제로 철저히 혼자 공부하는 방법에 대해 살펴보도록 하자.

9

독학

세상에는 독학으로 공부한 프로그래머도 많다. 소프트웨어 개발 업계에서는 혼자 힘으로 프로그래밍을 배운 프로그래머를 쉽게 만날 수 있다. 다른 일을 하다가 평소 자신이 하던 작업 중 일부를 자동화하려고 **프로그래밍을 배웠다가 훌륭한** 프로그래머가 된 이들도 있다.

그렇다고 프로그래밍 독학이 쉽다는 말은 아니다. **의욕적으로 독학을 시작했다가 좌절하는 사람도 많다.** 독학한 프로그래머는 소프트웨어 개발 업계에서 독특한 부류다. 나는 함께 일하는 프로그래머가 독학을 했는지, 학교나 코딩 부트 캠프를 다녔는지 거의 바로 알아챈다. **독학으로 배운 프로그래머는 자신이 거의 모든 문제를 해결할 수 있다고 자신하는 경향이 있다.** 그러나 때로는 버거운 일을 맡아서 벅차하거나 너무 급하게 일을 진행하는 바람에 종종 카우보이 코더cowboy coder blog*로 낙인 찍히곤 한다.

독학으로 배운 프로그래머가 모두 똑같다는 뜻은 아니지만 독학의 장점과 단점이 명확한 건 사실이다. 독학으로 공부하다보면 때로는 신이 나기도

---

* 체계 없이 독선적으로 일하는 코더를 일컫는 부정적 함의가 담긴 표현이다.

하고 때로는 답답하기도 할 것이다. 그 여정에 오르기 전에 어떤 장단점이 있는지부터 알아보기로 하자.

프로그래밍 독학의 장점

우선 장점부터 이야기해보자. 장점이 꽤 많다. **장점은 대체로 유연성에서 온다.** 독학을 할 때가 유연성이 가장 큰데 이는 장점일 수도, 단점일 수도 있다. 나는 은총인 동시에 저주라고 본다. **더 많은 공부를 하는 데 잘 활용해서** 자신의 목표에 가까워진다면 좋은 것이다. 체계를 세우지 못해서 **뭘 해야 할지 모르는데 그걸 알아낼 의지조차 없다면** 나쁜 것이다.

유연성이 유일한 장점은 아니다. 비용이 적게 들고 스스로 배우는 기술, 즉 독학하는 기술을 배울 수 있다는 것도 독학의 장점이다. 이제부터 하나씩 좀더 자세히 살펴보도록 하자.

비용은 적게 들거나 아예 들지 않는다

독학을 하면 비용이 많이 절약된다. 요즘은 **누구나 인터넷에서 구할 수 있는 무료 자료만으로도 프로그래밍을 배울 수 있다.** 우리는 정보 접근성이 놀라울 정도로 발전한 시대에 살고 있다. 프로그래밍에 관한 정보는 특히 많은 편이다. 웹에는 무료로 볼 수 있는 강의, 블로그 포스트, 참고용 설명서가 많다. 심지어 소프트웨어 개발자가 되는 방법을 알려주는 책의 전문도 무료로 볼 수 있다. 사실 이 장도 블로그 http://simpleprogrammer.com blog 에서 **완전히 무료로 볼 수 있다.** 프로그래밍 도구나 개발 환경도 그 기술을 배우는 프로그래머에게 무료로 제공되는 경우가 많다.

무료가 무조건 좋은 건 아니다. 비용을 약간 지불하더라도[blog] 더 잘 정리된 학습 자료를 보는 게 나을 때도 있다. 그렇다 해도 대학이나 코딩 부트 캠 프에 다니는 것보다는 독학이 훨씬 적은 비용이 든다. 수천 달러면 다 읽지 도 못할 정도로 많은 책[blog], 플루럴사이트[blog]나 린다Lynda, 유데미Udemy 같은 사이트의 강좌 수천 개를 볼 수 있는 금액이다. 금전적으로 어려움을 겪고 있다면 이러한 사실 하나만으로도 독학을 선택할 충분한 이유가 된다.

독학하는 기술은 배워둘 만한 가치가 있다

소프트웨어 개발자가 익혀야 할 다섯 가지 소프트 스킬을 꼽아달라고 하 면 나는 항상 독학하는 기술[blog]을 1순위로 꼽는다. 독학하는 기술은 컴퓨 터 프로그래밍이나 소프트웨어 개발 분야뿐만 아니라 일상에서도 정말 중 요한 역할을 한다.

독학하는 기술을 통달하면 새로운 가능성과 기회의 세계로 향하는 문이 활짝 열린다. 무언가를 배우기 위해 타인에게 의존해야 하는 사람에게는 허락되지 않는 세계. 독 학하는 기술[blog]이 있으면 하지 못할 일이 거의 없다. 그러므로 **이 기술의 가 치는 매우 높다.**

꼭 프로그래밍을 배워야만 독학하는 기술을 익힐 수 있는 건 아니지만 프 로그래밍을 배우려면 어차피 오랜 시간과 큰 수고를 들여야 하기 때문에 그 과정은 독학하는 기술을 발전시키기에 좋은 기회가 된다. **직접 해보니 프로그 래밍 독학만큼 어려운 일이 그리 많지 않다.** 이 주장에 동의하지 않는 사람도 있 을 것이다. 하지만 나도 많은 기술을 독학으로 익히고 다른 사람에게 여러 기술을 가르쳐봤지만, 코딩보다 배우기 더 어려운 건 딱 한 가지, 사업뿐이 었다.

진도를 원하는 대로 조절할 수 있다

대학이나 부트 캠프에서는 진도가 너무 빠르거나 너무 느려서 고생하는 경우가 있다. 사람마다 성장 환경, 지능, 집중력 수준이 다르므로 학습 속도도 다를 수밖에 없다. **자신의 학습 속도보다 느리게 가르치는 수업은 시간 낭비를 하는 것 같고 답답하다.** 그러면 금세 지루해지고 집중력이 떨어진다. **진도가 너무 빨리 나가는 수업도 마찬가지로 답답하다.** 무슨 내용인지 이해하기 어렵기 때문이다.

프로그래밍을 독학으로 배우면 이런 느낌을 일절 받지 않고 자신에게 딱 맞는 속도로 학습할 수 있다. 공부하는 개념을 제대로 파악하고 넘어가기 때문에 학습 내용에 대한 이해도도 높아진다. 자신의 학습 속도가 남들보다 유난히 빠르거나 느리다고 느끼는 사람에게는 큰 장점이다. 나도 바로 이러한 이유 때문에 거의 뭐든지 스스로 배우려고 한다.

자신의 일정에 맞게 학습할 수 있다

대학이나 코딩 부트 캠프에 다닐 때는 일과의 대부분을 거기에 쏟아야 한다. 다른 할 일이 없거나 프로그래밍 학습 혹은 학위 취득에 온전히 집중할 수 있을 정도의 여유가 있는 사람에게는 크게 문제되지 않는 부분이다. 하지만 **평소 일정이 빡빡하거나 풀타임 직장을 그만두고 싶지 않은 사람에게는 독학이 훨씬 낫다.**

사실 선택의 여지가 없을 수도 있다. 나는 프로그래밍을 독학한 다음 방송통신학교에서 학위를 취득했다. 그만두고 싶은 생각이 전혀 들지 않는 좋은 직장에 다니고 있었기 때문에 유연한 환경이 꼭 필요했다. 만약 프로그래밍 학습을 위해 삶의 다른 부분을 희생하고 싶지 않다면 이 부분이 독학을 선택할 중요한 이유가 된다.

관심 가는 주제를 깊게 파고들 수 있다

독학의 아주 큰 장점 중 하나는 관심 가는 주제를 깊이 파고들 수 있다는 것이다. 대학에 다닐 때는 어떤 주제에 대해 원하는 만큼 충분히 파고들지 못했는데도 다음 주제로 넘어가는 게 늘 불만스러웠다. 어떤 때는 제대로 배운다기보다 교과서를 끝까지 보기 위해 그냥 빠르게 훑고 지나간다고 느끼기도 했다. 대학교나 코딩 부트 캠프에서는 때로 내용을 제대로 이해하기보다 필수 자료를 빠르게 끝까지 훑어보는 데 집중한다. 학습 주제를 깊게 들여다보기 원하는 호기심 많은 사람이라면 이런 환경이 불만스러울 것이다.

프로그래밍 독학의 단점

독학에는 여러 장점만큼이나 명확한 단점이 존재한다. 학습 일정과 내용을 자신에게 맞게 조절할 수 있다는 장점은 상황에 따라 무엇을 해야 할지 모르는데 아무 도움도 받을 수 없다는 단점으로 둔갑한다. 자율적으로 학습하겠다고 결심하기 전에 알아둬야 할 단점은 다음과 같다.

무엇을 배울지 스스로 깨우쳐야 한다

유연성이 은총인 동시에 저주라고 말했던 것을 기억하는가? 그 이유를 알려주겠다. 자율성이 완벽히 보장된 유연한 환경에서는 무엇을 해야 할지 결정하기가 무척 어렵다. 무엇을 먼저 배울까? 제대로 하고 있는지 어떻게 확인할까? 학습을 마쳤다는 건 어떻게 알까? 프로그래밍을 독학하려면 이런 문제를 전부 스스로 정해야 한다.

6장 '첫 번째 프로그래밍 언어 배우기'에서 첫 번째 프로그래밍 언어 배우는 방법을 단계별로 소개한 이유도 이것 때문이다. 나는 "누구나 원하는 자유지만 그렇다고 누구나 감당할 수 있는 건 아니다."라는 말을 자주 한다. 무엇이든 자발적으로 못하는 사람, 다른 사람이 만들어놓은 길을 그대로 따라갈 뿐 스스로 동기부여를 잘하지 못하는 사람이라면 외부의 도움을 받는 학습 프로그램을 활용하는 게 좋다.

일자리를 철저히 혼자 찾아야 한다

대학이 졸업생 취업을 위해 적극적으로 노력하는 건 아니지만, 그래도 인맥을 만들 자리나 인턴십 프로그램을 제공함으로써 학위 취득 후 구직 가능성을 크게 높여준다. 코딩 부트 캠프는 수료생 취업에 더 집중하는 편이다. 하지만 독학할 때는 혼자 힘으로 해결해야 한다.

독학 프로그래머는 첫 번째 직장 구하기가 매우 어렵다. 경력도 자격증도 학위도 없는데 프로그래밍을 할 수 있다는 사실을 증명하고 소프트웨어 개발 분야에 첫발을 내딛기란 꽤 어려운 일이다. 하지만 불가능한 것은 아니다. 2부 '일자리 구하기'에서 그 과정을 더욱 자세히 이야기하겠다. 하지만 독학을 선택하기 전에 분명히 알아두어야 할 사항이다.

동기가 사라지기 쉽다

동기가 시들해져도 꾸준히 정진하여 목표를 달성하는 사람은 많지 않다 `blog`. 동기를 꾸준히 유지하는 기술을 익히면 인생에 큰 도움이 된다. 하지만 이런 기술은 타고나는 게 아닐 뿐더러 발전시키기도 어렵다.

보통 사람은 동기가 부여되었을 때만 움직이는데 이는 뭔가 시작한 초반을 넘기기 어렵다. 대학교나 코딩 부트 캠프처럼 체계가 잘 잡힌 프로그램에 등록하면 이런 부분이 보완된다. 이미 **두툼한 현금 뭉치를 낸 데다가** 오랜 시간을 투자했기 때문에 의무감을 느껴서 동기가 시들해지더라도 끝까지 밀고 나가기 쉽다. **주변에 동기와 열의로 가득 찬 이들이 있으면 그 기운이 전염되어서 본인의 동기가 부족할 때 도움이 된다.** 그래서 동기가 떨어질 때 스스로 동기부여할 능력[blog]이 없는 사람에게는 독학을 추천하지 않는다.

무엇이든 시간이 지나면 지루해진다는 걸 명심하라. 신선한 느낌은 시들기 마련이다. 힘든 하루 일과를 마친 후 저녁 7시 30분에 프로그래밍 공부를 시작한다는 게 어느 순간 그다지 재미있지 않은 날이 온다. 그래도 어떻게든 목표를 달성할 때까지 정진할 수 있을까? 아니면 조금 더 확고하게 자신을 인도해줄 체계의 도움을 받는 게 나을까?

사회적 고립

독학을 할 때는 사회적 연결고리가 없다는 점을 잊지 말자. 대부분의 사람들이 이런 일을 겪게 될 거라고는 상상조차 하지 못하며, 이런 상황이 닥치면 견디지 못한다. 대학과 코딩 부트 캠프에서는 비슷한 목표를 지닌 다른 사람들과 함께 어울릴 기회가 충분하다. 처음에는 혼자 공부하는 게 그렇게 어려워 보이지 않겠지만 **방이나 사무실에서 컴퓨터만 마주하고 앉아 몇 주간 꼼짝 않고 있다보면 답답해서 미칠 지경에 이를 수 있다.** 나도 사무실에 혼자 있는 시간이 꽤 많기 때문에 잘 안다. 다른 일로 사람들을 만날 일이 종종 있는데도 여러 사람이 함께 어울려 일하는 평범한 사무실로 출근하고 싶다는 상상을 하곤 한다. 그러므로 독학할 생각이 있는 사람이라면 이런 부분이 문제가 되지 않을지 미리 고민해봐야 한다.

지식의 빈틈이 생기기 쉽다

지금까지 독학의 단점을 꽤 많이 읊었다. 암울한 풍경을 과장하여 그리고 싶은 마음은 없다. 사실 나는 독학을 적극 지지한다. **그저 본인의 선택에 어떤**

결과가 따를지 정확히 알려주고 싶을 뿐이다. 독학을 선택한 이들의 실패 확률이 가장 높기 때문이다.

아직 한 가지 단점이 남아 있다. 마지막이니 참고 들어주길 바란다. 8장에서 언급했듯이 독학을 해도 지식에 빈틈이 생긴다. 그러나 어떤 방법을 선택했느냐에 따라 빈틈이 생기는 영역은 달라진다. 독학을 하면 대학이나 부트 캠프에서 흔히 접하는 **좋은 사례나 업계의 통설을 잘 모르는 경향이 있다.** 고립된 상태로 일하며 혼자 문제를 해결해 버릇하면 작업하는 고유의 방식이 생긴다. 그게 꼭 나쁜 건 아니지만 자신이 쓰는 방식이 일반적으로 용인되는 방식과 크게 다른데 직장을 구한 후에도 새로운 방식을 배우거나 자신의 방식을 고칠 생각이 없다면 문제의 소지가 된다. 물론 컴퓨터 공학 관련 지식을 따로 공부한다거나 오픈 소스 활동처럼 다른 이들과 함께 하는 프로젝트에 참여하면 막을 수 있는 문제다. 그렇다 해도 **자신의 지식에 자신이 미처 깨닫지 못한 빈틈이 있을 수 있다는 점을 염두에 두라.**

전략

4장 '기술을 발전시키는 방법', 6장 '첫 번째 프로그래밍 언어 배우기' 부분에서 독학 전략을 이미 소개한 바 있으므로, 여기에서는 독학에 도움이 될 몇 가지 팁을 자세히 들여다보도록 하겠다.

앞서 언급한 '무엇이든 빠르게 배우는 10단계 학습법' blog 을 이루는 체계도 참고하면 도움이 될 것이다.

계획을 세워라

"계획을 세우는 데 실패하면 실패할 계획을 세운 것이나 마찬가지다."*라는 옛말이 있다. 좀 상투적으로 들리겠지만 정말 맞는 말이다. **장담컨대 소프트웨어 개발자가 되기 위해 어떻게 공부할지 계획을 세우지 않은 사람은 반드시 실패할 것이다.** 무슨 일이든 혼자 힘으로 하려면 반드시 계획이 있어야 한다. 내 말을 믿어라. 사업을 해본 사람으로서 하는 말이다 `blog`.

무엇을 공부할지 계획을 세워라. 얼마의 기간을 들일지, 목표로 하는 수준에 이르기까지 구체적으로 어떤 단계를 거칠지도 계획하라. 처음부터 계획이 완벽할 필요는 없다. 실행하는 도중에 수정해도 괜찮다. 시간을 들여서 고민해보고 현실적인 학습 계획을 세우는 게 핵심이다. 단지 책만 펼치면 코드 작성법을 배울 수 있을 거라고 순진하게 생각하지 마라. 무료로 제공하는 소프트웨어 개발자 기술 평가서 `toolkit`부터 다운로드해서 보라. 평가서를 보면서 자신에게 필요한 지식과 기술의 범위가 어떻게 되는지, 자신의 약점이 무엇인지 파악한 후 거기서부터 시작하면 된다.

일정표를 만들어라

만약 이 장에서 소개한 전략 중 딱 한 가지만 지킬 수 있다면 **일정표 만들기**를 골라라. 언제 공부할지 미리 일정을 정해두지 않으면 분명 실패와 좌절을 맛볼 것이다. 얼마의 기간 동안 어떤 주기로 할지는 정하기 나름이다. 하지만 **일정을 미리 정해두고 마치 거기에 목숨이 걸린 것처럼 지켜라.**

나는 소프트웨어 개발자를 코칭하는 일을 한다. 개발자들이 생산성을 높이고 체력을 단련하고 목표를 달성할 수 있게 도와주는 일을 한다는 뜻이다. 경험상 **일정을 지키지 않는 사람은 거의 실패한다.** 일정표를 만들지 않으면

---

* 벤자민 프랭클린(Benjamin Franklin)이 남긴 명언

나도 실패한다. 매일 얼마의 시간을 쓸지 일정을 정하고 지키지 않았다면 이 책도 이만큼 쓰지 못했을 거다. 지금 내 타이머는 오늘 내가 글쓰기에 할애할 시간이 21분 남았다는 걸 알려주고 있다. 어떤 분야에서건 발전에 필요한 가장 강력한 원동력은 누적 효과 blog 다. 일정표를 만들고 매일 매주 천천히 조금씩 전진하길 바란다.

공부하는 동안 인맥도 쌓아라

구직을 도와주는 사람이 없다는 게 독학의 큰 단점 중 하나라고 이야기했다. 즉, 인맥이 아주 중요하다는 뜻이다. 프로그래밍 공부를 마친 후에 구직 활동을 시작하겠다는 생각은 별로 좋은 아이디어가 아니다. 막상 해보면 도와줄 사람은 없고 어디서부터 시작해야 할지조차 몰라서 막막하기만 할 것이다.

인맥은 지금부터 만들어라. 자신이 사는 지역에서 열리는 개발자 모임, 사용자 그룹에 참여해보자. 코드 캠프에도 가보고 지역 활동에도 참여하라. 블로그도 시작하라. 이런 활동을 해두면 일자리를 구할 정도의 실력이 생겼을 때 취직하기가 훨씬 쉬울 것이다. 나중으로 미루지 말고 지금 당장 시작하라.

멘토를 찾아라

요다*까지는 필요 없다. 학습 과정 전 단계를 꼼꼼히 살펴봐줄 사람도 필요 없다. 하지만 **소프트웨어 개발자 한 명 정도는 알고 지내는 게 좋다. 질문이 생길 때 물어보거나 꼭 필요할 때 도움을 청할 수 있는 사람 말이다.** 요즘은 공식적으로 멘토-멘티 관계를 맺는 일이 거의 없어서 그런 부탁을 하면 조금 이상해 보일 수도 있으니 그렇게까지 할 필요는 없다. 그저 막다른 길에 다다랐을

---

* '스타워즈' 시리즈에서 많은 제다이를 가르친 위대한 스승

때 의지할 수 있는 사람 한두 명이면 좋다. 이해가 되지 않거나 무엇을 해야 할지 모르는 순간에 좌절의 구렁텅이에서 구해줄 믿을 만한 사람 blog 을 구해두라. 도움이 절실하게 필요할 때 돈을 내고라도 질문할 수 있는 사람을 공부를 시작하기 전에 알아두라.

아, 말이 나온 김에 나중에 자신이 다른 사람의 멘토가 될 수 있을지도 고민해보라. 특정 주제를 깊이 있게 이해하는 데 다른 사람을 가르치는 것보다 더 좋은 방법은 없다. 게다가 자신이 받은 도움을 다른 사람에게 베풀면 기분도 좋다.

사이드 프로젝트를 진행하라

배운 내용을 실제 문제에 적용해서 해결해보는 건 아주 훌륭한 학습 방법이다. 하지만 앞서 이야기했듯이 학습 외에도 사이드 프로젝트가 제공하는 혜택은 엄청나게 많다 blog .

나는 내 소중한 시간을 들인 이상 일거양득의 효과를 거두길 좋아한다. 지금 쓰고 있는 글을 먼저 블로그에 올릴 것이다. 글을 책상 앞에 서서 작성하면서 추가로 칼로리도 소모한다. 하루에 1,000자 이상 쓰면서 글 솜씨도 함께 발전시킨다. 이 장을 쓰는 동안 적어도 세 가지 소득을 올린 것이다. 당신도 사이드 프로젝트를 통해 그런 효과를 볼 수 있다. 좋은 사이드 프로젝트는 다음과 같은 혜택을 제공한다.

- 배운 내용을 연습하고 적용해볼 **문제**를 제공한다.
- 면접에 제출할 **프로젝트 포트폴리오** 제작에 보탬이 된다.
- **추가 소득**이나 새로운 사업을 만들 가능성이 열린다.
- 코딩을 배우는 동시에 **유용한 도구**도 만들 수 있다.
- 자신의 능력에 대한 **자신감**을 키워준다.
- (이런 일을 좋아하는 사람에게는) 그 자체로 재미있다.

어차피 코딩을 할 거라면 **자신에게 여러 면에서 보탬이 될 유용한 일을 하는 게 좋다.** 자신이 지금 무엇을 하는지 잘 몰라도 괜찮다. 하다보면 알게 된다. 결과물이 '엉망'이어도 괜찮다. 일단 무언가를 만들었고 학습을 마친 후에 다른 사람에게 보여줄 만한 것이 하나 혹은 그 이상 생길 것이다.

플루럴사이트 같은 곳에 가입하라

먼저 솔직히 밝히자면 나는 플루럴사이트에 총 55개의 강의를 올려두었다 blog. 하지만 내 강의가 없었다고 해도 가입을 권했을 것이다. **매우 저렴한 비용으로 엄청나게 큰 가치를 얻을 수 있는 곳이기 때문이다.**

내가 프로그래밍을 배울 때도 이런 사이트가 있었다면 좋았겠다고 생각한다. 프로그래밍과 관련된 거의 모든 주제에 대해 엄청나게 많은 콘텐츠가 있고, 강의를 하는 사람은 모두 전문가이며 수강료는 매우 저렴하다. 플루럴사이트가 아니어도 좋다. 이와 비슷한 사이트는 린다, 유데미, 트리하우스Treehouse 등 수도 없이 많다. **나라면 이렇게 저렴한 강의를 분명 열심히 활용할 것이다.** 혼자서도 체계적으로 공부할 수 있는 아주 좋은 방법이기 때문이다. 독학하기로 결심한 사람에게 동영상 강의 사이트는 정말 큰 도움이 된다.

자, 이제 여러분은 소프트웨어 개발자로 입문하기에 충분한 지식을 갖추었다. 적어도 잘 알아가고 있는 건 사실이다. (아직 모험의 방식에 관해 결정해야 할 중요한 사항이 몇 가지 남아 있을 수 있지만 말이다.) 2부에서는 소프트웨어 개발자가 어떻게 일자리를 구할 것인지를 주제로 새로운 탐험을 시작할 것이다.

가장 먼저 인턴십 프로그램에 대해 꼼꼼히 살펴보자.

Part 2

일자리 구하기

좋아하는 일을 업으로 삼으면 평생 동안 단 하루도 일하지 않아도 된다.

—공자

완전히 맞는 말은 아니지만 들으면 기분이 좋아지는 말이다. 좋아하는 일을 업으로 삼는 게 싫어하는 일을 하며 사는 것보다는 훨씬 행복할 것이 분명하다. 그러나 아무리 좋아하는 일이라도 결국에는 싫어할 일이 생긴다. 심한 경우 혐오하기도 한다. 원래 세상 이치가 그렇다.

좋든 싫든 무엇이든 하려면 일단 직업이 있어야 한다. 2부에서는 바로 그 주제, 일자리 찾기에 대해 이야기하겠다. 대학, 부트 캠프, 독학을 통해 이제 막 소프트웨어 개발자로 입문한 초심자든, 다음 전장을 찾아 헤매는 노련한 베테랑 개발자든 몇 가지 알아두어야 할 게 있다.

어느 정도 괜찮은 이력서는 만들 수 있어야 한다. 면접을 볼 기회를 얻을 능력, 바라건대 면접을 통과할 능력도 있어야 한다. 일자리를 제안 받았을 때 너무 필사적으로 매달리거나 바보처럼 불안해하지 않고 잘 협상하는 방법도 배워야 한다. 헤드헌터는 또 어떨까? 아군일까 적군일까? 이들을 진짜 믿어도 될까? 계약직과 정규직 중 어떤 게 더 나을까?

취업 관련 기술을 직장 생활 중에 자주 쓰는 건 아니다. 그렇지만 소프트웨어 개발자가 되려면 꼭 익혀야 하는 필수 항목이다. 어떤 일자리를 택할지, 어느 지역에서 어떤 사람들과 어떤 일을 할지, 보수는 얼마나 받을지 이 모든 부분이 인생에 매우 큰 영향을 끼치기 때문이다.

일자리를 구할 때 알아야 할 모든 것을 2부에 모아보았다. 프로그래머로 취직하는 데 꼭 필요한 내용을 최대한 간결하게 정리해놓은 보충 자료 '개발자 구직 계획안'을 만들어 툴킷 toolkit 에 올려놓았다. 계획안에는 이제부터 여러 장에 걸쳐서 이야기할 구직 프로세스를 단계별로 따라갈 수 있게 요약해 넣었다. 그 외에도 구직 프로세스 확인표, 완벽한 이력서 작성을 위한 팁 등의 자료와 도구도 몇 가지 추가했다.

시작할 준비가 되었는가? 인턴십 관련 정보, 경험 없이 구직하기 등 기본적인 내용부터 일자리를 구하는 도중에 마주할 의문점이나 상황까지 골고루 이야기하겠다. 프로그래밍을 좋아하는 사람이 프로그래밍으로 돈까지 번다면 더욱 행복하지 않겠는가?

자, 그럼 바로 본론으로 들어가자.

CHAPTER

10

인턴십

이제 막 프로그래밍에 입문한 사람이 일자리를 구할 수 있는 가장 쉽고 좋은 방법은 인턴십이다. 특히 마이크로소프트, 구글, 페이스북, 애플 같은 '빅 4Big 4 blog 회사 중 한 곳에 입사하고 싶다면 말이다. **거대 IT 회사는 보통 인턴이나 경력직 개발자만 고용한다.** 회사 입장에서는 인턴십을 통해 고용 전 직원을 평가할 기회를 얻는다. 막 입문한 소프트웨어 개발자에게는 실제 그 회사에서 일하면 어떨지 경험해볼 기회다. 물론 맡을 직무는 조금 다르겠지만 말이다.

인턴십 기회가 누구에게나 주어지는 건 아니다. 해볼 기회가 생겼다면, 특히 막 입문할 즈음에 그런 기회를 얻었다면 보수가 별로 좋지 않거나 거의 무보수에 가깝더라도 그 기회를 꼭 잡기를 강력히 권한다. **잠시 쥐꼬리만 한 월급을 받으며 일하는 희생이 필요하겠지만 그 덕에 장기적으로는 큰 득을 볼 것이다.** 이 장에서는 **인턴십이 무엇인지** 먼저 알아본 후 인턴이 되는 방법과 **보수와 관련된 몇 가지 사안을 살펴보겠다. 좋은 인턴이 되는 방법, 인턴을 마친 후에 일자리를 보장받는 방법에 대한 팁도 알려주겠다.**

인턴십이란 무엇인가?

인턴십이라는 말을 많이 들어봤겠지만, 일단 인턴십이 정확히 무엇인지 잠시 이야기하는 게 좋을 것 같다. 특히 소프트웨어 개발 분야에서 어떤 의미를 지니는지 말이다.

인턴십은 조직에서 학생이나 신입으로 입사하는 사람에게 임시로 제공하는 일자리를 가리킨다. 무급일 수도, 유급일 수도 있다. 다른 일자리와 달리 인턴 자리에 지원한 사람에게는 업무 경험을 요구하지 않는다. 그래서 입문자에게는 정말 좋은 기회다. 경험이 없으면 일자리를 구하기 어렵고 일자리가 없으면 경험을 쌓기 어렵다. 이 유명한 딜레마를 아는가?

회사는 다양한 이유로 인턴을 고용한다. '선행 실천'이나 '사회 환원' 차원에서 **인턴을 채용하는 회사도 있다.** 이런 인턴십은 긍정적인 홍보 효과를 얻기 위해 교환권처럼 만든 자리다. 나라면 이런 유형의 인턴 자리는 피할 것이다. **새로운 인재를 대학에서 바로 낚아채는 게 목적인 회사도 있다.** 회사에 신선한 피를 공급하고 젊은 친구들이 그 회사에 와서 오래 일할 수 있도록 준비시킬 기회로 삼는 것이다. 아니면 여전히 **그저 저렴한 비용으로 직원을 쓸 생각에** 인턴을 고용하는 회사도 있다. 이런 회사는 인턴십을 통해 인턴과 회사 양측 모두 이득을 본다고 주장한다. 인턴으로서는 일할 기회를 얻은 것이고, 회사로서는 인턴이 아니었다면 비용이 너무 많이 들어서 할 수 없는 일을 할 수 있게 된다는 걸 이유로 내세운다. 그 외에도 인턴을 고용하는 이유가 많을 것이다.

그렇다면 인턴이 되면 보통 어떤 방식으로 일하는가? **각 회사가 인턴을 고용하는 이유가 다양한 만큼 인턴이 하는 일도 다양하기 때문에 단정 지어 말하긴 어렵다.** 하지만 보통 고용 이유와 하는 일은 연관이 있다. **어떤 회사는 인턴을 실제 직원처럼 일하게 한다.** 이 경우에는 소프트웨어 개발팀의 일원이 되어서 다른 팀 구성원들과 똑같이 일한다. 이럴 때는 보통 경험이 많은 개발자를 멘토로 배정해서 인턴이 업무를 파악할 수 있도록 가르친다.

인턴끼리 경쟁시키는 회사도 있다. 인턴 여러 명이 몇 개의 일자리를 두고 이를 차지하기 위해 서로 경쟁하게 한다. 이럴 때는 인턴들이 한 팀에 모여서 함께 한 가지 프로젝트를 진행한다. 보통 이런 프로젝트는 각 인턴이 그러한 환경에 어떻게 적응하는지 파악하는 이중 테스트 역할도 겸한다. 아니면 그와 비슷하게 자신들이 완성할 여력이 없는 **특정 프로젝트를 골라 인턴에게 맡기는** 회사도 있다. 자신의 능력을 증명할 기회가 되긴 하겠지만 다른 이들의 도움을 기대하긴 어렵다. 아마 기대하는 결과가 어느 수준인지 미리 말해주고 마음대로 해보게 할 가능성이 높다.

마지막으로 **인턴을 '심부름꾼' 취급하는 회사도 있다.** 이런 회사에서는 신예 소프트웨어 개발자로서의 기술을 활용할 수 있는 프로젝트에 투입시키기보다 커피 심부름처럼 하찮은 일을 시킬 가능성이 높아 실망할 수도 있다. 인턴 계약서에 서명하기 전에 어떤 일을 하게 될지 정도는 알아두는 게 좋다. 회사에 직접 문의하고, 그 회사에서 인턴으로 있었던 사람을 찾아 실제 어떤 일을 했는지 물어보라. 다음 내용으로 넘어가기 전에 '심부름꾼' 인턴으로 일하는 것에 대해 한 가지만 더 이야기하고 싶다. 그렇게 일하는 게 꼭 나쁜 건 아닐 수도 있다. **하찮은 일은 없다는 생각으로 맡겨진 일을 어떻게든 기꺼이 하는 성격은 칭찬받아 마땅하다.** 이런 부분을 확인하기 위해 인턴에게 그런 일을 시키는 회사도 있다. 늘 그런 건 아니지만 그런 경우도 있다.

보수를 받아야 할까요?

하… 미안하다. 나도 모르게 나온 소리다. 정말 좋은 질문이지만 답은 복잡하다. 어떤 기회냐에 따라 답이 크게 달라진다.

공식적으로 말하건대 억만장자가 내게 인턴 기회를 준다면 나는 그 집 마당에서 야영을 하며 기쁜 마음으로 무보수 인턴을 하겠다. 배우기 위해서 말이다. 다른 사람에게도 똑같이 하길 추천한다. 하지만 그렇다고 해서 노력에 대한 대가를 받을 수 있는데도 받아서는 안 된다는 말이 아니다. 대부분의 인턴십은 보수를 준다. 심지어 인턴 임금 지불에 관한 법규도 존재한다. 난 변호사가 아니므로 이와 관련해 구체적으로 해줄 조언이 없지만 특별히 유급 인턴십을 찾고 있는 사람이라면 관련 법을 꼭 살펴보길 권한다.

나는 **인턴십에 대해 고민할 때 보수 여부를 논하는 건 적절치 않다**고 본다. 인턴십의 핵심 가치는 보수가 아니다. 그러한 관점은 너무 근시안적이다. 내 말을 믿어라. 곧 냉정하게 협상하여 연봉을 최대한 끌어올리는 방법 blog 도 알려줄 것이다. 하지만 인턴십은 그와 전혀 다르게 접근해야 한다. 그 이유는 이렇다. **인턴십을 통해 이루려는 목표가 무엇인지** 명심하라. 인턴십이 아니라면 얻을 수 없는 **경험과 기회를 얻는 데** 집중해야 한다. 그래야 **후일 보수가 좋은 일자리를 얻을 수 있다. 인턴십의 목적은 돈을 버는 게 아니다.** 인턴은 일을 배우는 수습생 같은 것이다.

당장 돈을 벌어야 할 때 인턴이 되는 건 좋은 생각이 아니다. 그보다 **이 경험이 경력에 어떤 도움이 될지, 그 덕에 어떤 기회의 문이 열릴지를** 보아야 한다. 그렇게 생각해도 시간당 받는 금액이 10달러인지 30달러인지가 진짜 그렇게 중요하다고 보는가? 무보수가 대수인가? 어차피 단기로 하는 일이므로 총보수는 별로 차이 나지 않을 것이다. 소탐대실하지 않도록 주의해야 할 대목이다. 물론 보수를 받을 수 있다면 받아라. 하지만 **보수가 인턴십 자리를 고**

르는 **결정적인 조건**이 되어서는 안 된다. 인턴십을 할지 말지 결정할 때도 마찬가지다. 나라면 멍청한 상사에게 내 시간을 허비하며 많은 돈을 받기보다는 억만장자를 위해 무료로 일하겠다.

인턴이 되는 방법

이제 어떻게 하면 실제 인턴이 될 수 있는지 이야기해보자. 사실 그렇게 쉽지 않을 수도 있다. 몇 개 없는 자리를 두고 경쟁이 치열하다. 모두가 간절한 포부를 품고 가장 좋은 옷을 입고 나타난다. 어떻게 눈에 띌 것인가? 지원할 인턴십은 또 어떻게 찾아낼 것인가? 대학생이라면 학교에서 알아보는 게 가장 빠르다. **많은 대학이 학생들이 신청할 수 있는 인턴십 프로그램을 운영하면서** 기회를 얻을 수 있게 도와준다. 별로 어려울 게 없다. 하지만 좋은 인턴 기회를 얻을 가장 좋은 방법은 아니다. 더 좋은 방법은 잠시 후에 소개하겠다.

대학을 가지 않고 독학했거나 부트 캠프를 나와서 취직을 못한 사람이라면 **조금 더 머리를 써야 한다.** 머리 써서 나쁠 거 없으니까. 구글에서 '소프트웨어 개발 인턴십'이라고 검색하면 인턴십이 수천 개가 뜬다. 심지어 인턴십 소식만 전문으로 다루는 웹 사이트도 있다. 다시 말하지만 이 방법도 나쁘지 않다. 검색 결과 중 마음에 드는 회사에 직접 지원해보라. 하지만 이 방법도 최고는 아니다. **이렇게 인턴에 지원하는 사람이 얼마나 많을지 생각해보라. 극도로 저렴한 가격에 노동력을 착취하려는** 회사는 또 얼마나 많겠는가? 그런 회사에서도 인턴십 공고를 낼 것이다.

더 좋은 방법을 알고 싶은가? 이건 어떨까? **스스로 인턴십을 만드는 것이다.** 나라면 이미 있는 인턴십에 지원하지 않고 다음과 같이 하겠다. 우선 내가 살고 있는 지역에서 **인턴십이나 고용과 관련된 법규**가 어떤지부터 알아본다. 그리고 인턴을 고용하려면 법적으로 어떤 서류를 준비해야 하는지 정확히 확인한다. 모든 조사를 마친 후에 인턴십 프로그램이 없는 회사에 가서 인턴십이 그들에게 얼마나 큰 가치를 줄 것인지, 그런데도 얼마나 쉽게 만들 수 있는지 보여준다(심지어 그 절차도 인턴의 첫 번째 직무로 내가 처리하겠다고 한다).

다음으로 내게 가장 가치 있는 경험을 제공하고 내가 가장 공헌할 수 있을 것 같은 **회사 목록을 만든다.** 내가 사는 지역에 있는 회사 중에 내가 일하고 싶은 회사, 아니면 나에게 가장 좋은 경험과 많은 가르침을 줄 회사를 알아낸다. 그다음에 그 목록을 보고 **내가 아는 사람이 있는 곳을 알아낸다.** 내 지인이 아는 사람이 있는 곳이라도 좋다. 그리고 **가능성이 높은 회사들을 골라서 그 회사에 대해 연구한다.** 나라면 회사 연혁, 생산 제품, 고용 직원, 회사에 존재하는 직종, 직원들이 하는 일에 대해 공부할 것이다. 그 회사에서 일하는 사람의 SNS 프로필을 찾아보고 그중 몇몇에게 연락해서 이렇게 묻는다. "안녕하세요. 저는 이 분야에 이제 막 입문했고 여쭤보고 싶은 게 많습니다. 제가 커피 한 잔 사드려도 될까요?"

마지막으로 **회사에 연락한다.** 이왕이면 내가 알고 있는 사람이나 내가 커피를 사준 사람을 통해서 접촉한 후 그들을 설득한다. 회사에 대해 공부한 내용, 그 회사에서 일하는 사람을 통해 들은 내용을 바탕으로 구체적인 사항을 들어가며 **그들이 진행하는 프로젝트에 내가 바로 도움이 될 수 있다는 점을 강조한다.** 내가 얼마나 이 **기회를 절실히 갈구하는지** 어필하며 어떻게 해서든 최선을 다해 일할 것임을 이야기한다. **회사를 위해 내가 무엇을 할 수 있는지,** 나라는 인턴이 그 회사에 어떤 도움이 되는지 최대한 **구체적으로 이야기한다.** 나를 바로 **투입할 수 있는 프로젝트** 사례도 구체적으로 든다. 그쪽에서 거절하거나 인턴십 프로그램이 없다고 이야기한다면 이렇게 말한다. "걱정 마십시오. 어떻게 하면 인턴십을 만드는지는 제가 정확히 압니다." 그리고 인턴십 프로그램이 회사에 장기적으로 어떻게 이바지하는지 다시 한번 얘기한다.

나는 한 자리를 두고 다른 수많은 사람과 경쟁하는 걸 좋아하지 않는다. 내 기회 정도는 스스로 만드는 게 좋다고 생각한다. 그리고 고용주이자 사업가로서 말하건대, 만약 누군가 '심플 프로그래머Simple Programmer blog'에서 인턴으로 일하고 싶다며 내가 지금 알려준 대로 말한다면 인턴직을 손에 넣을 확률이 매우 높다. 아, 그리고 인턴십 면접을 볼 때 무엇보다 다음과 같은 점을 강조해야 한다.

- 나는 최선을 다해 배우고 회사에 기여할 기회를 **절실히 갈구한다.**
- 귀하가 만나본 **그 누구보다도 더 열심히 일할 것이다.**
- 내게 맡긴 프로젝트는 완료된 거나 다름없다고 생각해도 좋을 정도로 **나는 특별한 관리 없이도 주체적으로 일하는 사람이다.**

자신의 기술이나 경험을 과시하거나 자신의 지식으로 상대에게 깊은 인상을 남기겠다는 생각은 버려라. 그 자리에 필요한 기본적인 능력을 갖추었다는 걸 보여주고 방금 언급한 사항을 강조하는 데 집중하라. 아무 경력 없이 프로그래밍 경력 10년 차의 능력을 갖추었다고 설득하는 것보다는 합격 가능성이 훨씬 높아질 것이다.

어떻게 하면 좋은 인턴이 되는가?

자, 인턴이 되었다. 준비는 끝났다. 그다음은 뭘까? 이제 회사에 큰 감동을 주고 풀타임 일자리를 제안받고 싶을 것이다. 나도 안다. 하지만 어떻게 해야 그들이 감격할까? 회사가 인턴이나 인턴십 프로그램에 대해 가장 답답하게 생각하는 문제가 무엇인지, 왜 많은 회사가 노동력을 공짜로 쓸 수 있는데도 인턴십에 투자할 가치가 없다고 생각하는지부터 들여다보자.

지금부터 하는 얘기는 내 경험에서 나온 얘기다. 나는 현재 인턴을 쓰지 않는다. **인턴은 아주 골칫거리다.** 끊임없이 관리하고 질문에 답해주고 무엇을 해야 할지 말해줘야 하기 때문이다. 무급 인턴을 데리고 있는데 유급으로 일하는 직원보다 더 많은 비용이 든다. 인턴이 있으면 무슨 일을 할지 말해주고 실수를 고쳐주는 데 내 소중한 시간이 들어가기 때문이다. **시간과 돈이 낭비되는 셈이다.**

인턴의 입장에서 이 문제를 어떻게 해결할 수 있을까? 답은 간단하다. 상황을 역전시켜라. **단순하게 생각해서 상사의 시간을 최대한 아껴주어라.** 이 말은 **자신이 무슨 일을 해야 할지 스스로 알아내고 최소의 관리와 피드백만 받고도 일**을 제대로 해야 한다는 뜻이다. 무언가를 배우기 이상적인 환경이라고 보긴 어렵다. 하지만 그래야 상사를 귀찮게 하지 않고 자신의 가치를 올릴 수 있다. 그렇다고 아무 피드백 없이 아무것도 배우지 못하고 자신의 프로젝트를 온전히 혼자 생각해내야 한다는 말은 아니다. **다른 직원이 더 수월하게 일할 수 있게 노력해야 한다는 뜻이다.**

봉사하는 자세를 갖추는 건 **후일 좋은 리더가 될 밑거름이 된다.** 진정한 리더라면 매사에 그런 태도로 임한다 blog. 이들은 다른 이들이 더 수월하게 일할 수 있게 봉사한다. 자신이 처한 상황을 유리하게 이용하는 게 좋다. 그리고 장담하는데 이런 자세는 반드시 본인에게 도움이 된다. **누가 무엇을 필요로 하는지 관찰하고 예측하고 다른 이들의 업무 수행을 도울 때, 단순히 본인의 업무를 수행하면서 다른 이의 도움을 받을 때보다 훨씬 많은 것을 배운다.**

알고 보면 인턴십의 핵심은 경험을 얻고 배우는 게 아니다. 아, 이 두 가지도 분명 얻으므로 오해하지 마라. 그러나 진짜 핵심은 취업이다. 이제 그 부분에 대해 이야기해보자.

인턴에서 직원이 되는 방법

인턴이 되었다. 회사 사람들을 깜짝 놀라게 했다. 다른 사람의 업무 수행에 도움이 되는 사람, 끊임없는 지시나 관리 없이도 자발적으로 일하는 사람이라는 것도 증명했다. 이제 직원이 될 차례다. 이 목표를 이루려면 어떻게 해야 할까?

좋은 소식은 앞서 말한 과제를 그대로 잘 이행한 사람에게는 이 과정도 꽤 쉽다는 점이다. 사실 **아무것도 할 필요가 없을** 정도로 쉬워야 한다. 투입된 팀에 즉시 보탬이 되기 시작해 다른 이들의 업무 수행에 도움이 될 뿐 아니라 맡은 업무를 자발적으로 진행해서 괜찮은 성과까지 거둔다면 인턴이 끝날 때쯤 **회사 측에서 당신을 고용하고 싶다고 먼저 요란을 떨 것이다.** 농담이 아니다. 진짜 그럴 것이다.

고용주로서 말하건대 **내가 지급하는 비용보다 더 많은 돈을 벌어다 줄 능력을 증명하는 인턴은 바로 고용한다.** 그렇게 하지 않을 이유가 없다. 인턴으로 일하는 동안 고용주에게 최대의 가치를 창출해주었다면 인턴 기간이 끝나더라도 말 그대로 아무것도 할 필요가 없다. 그런 인재라면 그토록 소중한 자산을 잃고(그렇다. 잃는다는 표현이 맞다) 싶지 않아서 회사 측에서 쫓아다닐 것이다.

하지만 어떤 이유에서 회사가 집까지 쫓아오지 않는다면 정중한 이메일을 보내보라. 그 회사에서 준 기회 덕에 정말 즐겁게 일했고 그 관계를 이어가기 위해 무엇을 하면 될지 예의 바르게 물어라.

혹시 기회를 놓쳤거나 애초에 인턴 자리를 구하지 못했다 해도 걱정 마라. 아직 희망이 있다. 다음 장에서 소프트웨어 개발 일자리를 얻는 '어려운 길'에 대해 이야기하겠다. 인턴 경험이나 경력이 없더라도 투지만 있다면 가능하다.

11

경력 없이 일자리 구하기

경력이 없으면 취업하기가 무척 어렵다. 10장에서 우회하여 취업하는 방법으로 인턴십 과정에 대해 이야기했지만 인턴십 기회가 누구에게나 주어지지는 않는다. 그래도 아직 희망은 있다. **경력이나 인턴 경험이 없어도 취업할 수 있다.** 곧 그 방법을 알아보겠다.

이 장에서는 일자리를 구하는 구체적인 과정을 이야기하기보다 경력이 있든 없든 소프트웨어 지망생이 **어떻게 취업을 준비해야 할지** 들려줄 것이다. 다음 장에서는 경력이 있든 없든 일자리를 구하는 최고의 방법이 무엇인지 자세히 알아보겠다. 하지만 지원서를 보내기 전에 자신의 상품성을 최대한 높여야 blog 하는데 이 장에서는 이 부분을 함께 살펴보기로 하자.

소프트웨어 개발자 고용 시 최대 위험 요소

소프트웨어 개발자를 고용할 때 회사가 가장 큰 위험 요소로 느끼는 것은 무엇인지부터 얘기해보자. 혹시 무엇인지 아는가? 양쪽 입장을 모두 여러 차례 경험해본 내가 볼 때 가장 큰 부담은 **코딩할 줄 모르는 사람을 고용하는 것**

이다. 코딩할 줄 모르거나, 알더라도 실력이 아주 형편없는 사람은 회사에 손해를 끼친다. 그런 직원이 있으면 그에게 지급하는 월급 이상의 비용이 들기 때문에 아예 고용하지 않는 게 낫다.

휴렛 팩커드 재직 당시 나는 공인된 최고의 C++ 프로그래머로 구성된 팀에 속해 있었다. 아주 복잡한 문제를 디버깅하고 분류해서 제품 개발팀으로 보내는 게 팀의 주 업무였다. 그 외에 우리 팀에 들어오고자 하는 C++ 프로그래머를 대상으로 면접을 보기도 했다. 내 역할은 15년 이상 경력을 지닌 소위 'C++ 프로그래밍 전문가'라는 이들의 이력서를 확인하고 **C++에 대해 간단한 질문을 하나 던지는 것이었다. 하지만 그들은 대답하지 못했다.** 아주 간단한 질문 하나였다. 코딩을 해보라고 하면 그들은 지금 코딩을 할 수 없는 이유, 혹은 자신이 작성한 코드가 그 간단한 문제를 해결하지 못하는 이유에 대해 100가지 핑계를 댔다 blog. **이들은 자신이 개발 전문가라 했다.** 이력서는 인사부의 검증과 기술 전화 면접을 통과할 정도로 훌륭했다. 그런 그들이 **나와 마주 보고 앉아서** 코딩을 할 줄 안다고 속이려고 **필사적으로 노력했다.**

내가 왜 이 이야기를 꺼냈을까? **기술 면접관이라면 어지간한 핑계는 다 들어보았을 것**이라는 사실을 강조하고 싶어서다. 면접관들은 실력이 없는 프로그래머를 고용했다가 고생한 경험이 이미 많을 것이다. 그래서 이들은 피면접자가 실제로 코딩할 줄 아는지부터 밝혀내는 게 무엇보다 중요하다는 걸 잘 안다.

<잠깐만요, 팁> **면접관이 정말 면접 보러 온 사람을 괴롭히나요? 제가 떨어지길 바라기라도 하는 건가요?**

음… 나는 데이트 관련 코칭도 해본 적 있다. 대상은 주로 남자였다. 그들에게는 관심 가는 여성에게 접근하는 방법, 대화를 시작하는 방법도 가르쳤다. 만약 바에서 여성에게 접근한다고 해보자. 여성들은 보통 이런 남자에게 관심을 보이기는커녕 귀찮아하면서 얼른 자신의 눈앞에서 사라져 줬으면 하는 인상을 풍길 것이다.

하지만 짝이 없는 여성의 마음 한편에는 자신에게 '운명의 남자'가 찾아오길 바라는 마음도 숨어 있다. 그녀뿐 아니라 그 누가 반대한다고 해도 자신이 옳다고 생각하는 대로 행동하는 자신감 넘치는 (양성평등의 원칙에 위배되는 표현을 써서 미안하지만) 남자다운 남자가 운명의 남자이길 바란다. 나는 남성들에게 여성이 귀찮아하는 듯 행동하는 건 사실 상대를 테스트하는 것이라고 알려준다. 여자는 진짜 자신감 넘치는 운명의 남자인지, 어떻게든 용기를 끌어 모아서 말을 붙여보는 가짜인지 확인하고 싶어 하는 건데, 남자는 상대가 탐탁지 않아 하는 기미만 보여도 자신의 공간으로 숨어 들어서 울며 잠이 드는 것이다.

면접도 마찬가지다. 좋은 면접관이라면 면접을 보러 온 사람이 면접을 통과하길 진심으로 바란다. 상대가 '운명의 직원'이길 기대한다. 장담컨대 면접관에게도 더 많은 피면접자를 만나 계속 거절하는 상황을 지속하고 싶은 마음은 없다. 바에 있던 여자가 그랬던 것처럼 상대가 형편없는 사람이 아니라는 걸 확인하고 싶은 것뿐이다. 똑똑한 면접관이라면 당신이 코딩할 줄 모르는지 확인해보려 할 것이다. 그래서 마음으로는 당신이 면접을 통과하길 바라더라도 겉으로는 당신이 떨어지길 바라는 것처럼 보이는 것이다. 면접관이 깐깐하게 굴더라도 당황하지 않도록 이러한 테스트에 단단히 대비하라. 냉정하고 침착하게 그녀가 당신에게 술을 한 잔 사줄지 지켜보라.

입사하고 싶을 정도로 괜찮은 회사라면 코딩할 줄 모르는 개발자가 최대한 발을 들이지 못하도록 열심히 막아야 정상이다. 그토록 많은 회사가 소프트웨어 개발자의 원성에도 불구하고 화이트보드 코딩 면접 blog 을 고집하는 이유도 여기에 있다(화이트보드 코딩 면접에서는 실력을 속이기 정말 어렵다).

위험 요소 극복하기

무슨 이야기를 하려는 건지 궁금한가? 간단하다. **경력 없이 소프트웨어 개발자로 취직할 핵심 전략은 자신이 실제 코딩 능력을 갖추었다는 사실을 증명하는 것이다.** 이 장에서 이야기할 나머지 내용도 모두 회사가 위험하다고 판단할 요소를 최소화한다는 기본 아이디어를 바탕으로 한다.

모든 면접관이 면접을 엄격하게 진행하는 건 아니다 blog. 하지만 아무리 만만한 면접관이라도 이력서에 프로그래밍 경력이 전혀 없는 피면접자를 만나면 코딩을 진짜 할 줄 아는지 확인하고 싶을 것이다. 자신에게 코딩할 능력, 경력이 없다는 심각한 약점을 극복할 능력이 있다는 사실을 증명하지 못하면 아예 면접 기회조차 얻지 못할 수 있다. 이럴 때는 **아직 업무 경력이 없어서 그렇지 프로그래밍 경험은 충분히 쌓았다는 사실을 확실히 보여주고** 코딩 능력을 입증할 증거를 제시하면 된다. 바로 이것이 경력 없이 프로그래밍 분야에 입문하는 방법이다.

온라인에 존재감 드러내기

무엇보다 온라인에 존재감부터 드러내라. 어떤 방법을 사용해도 좋다. **면접관은 입사 후보의 이름을 구글에서 검색해본다.** 사실 면접 여부가 결정되기 전 이력서를 받은 인사부도 똑같은 일을 한다. 봄 방학 때 놀러 간 퍼시픽 비치에서 노상방뇨 같은 무분별한 행동을 하다가 걸려서 찍힌 머그샷*이 맨 처음 나오고 그 뒤로 맥주 파티를 벌이며 손가락 욕을 하는 페이스북 사진이 뜬다면 문제가 아주 심각해진다. 반대로 자신 있는 특정 소프트웨어 개발 기술과 관련된 글을 최근까지 꾸준히 업데이트하고 있는 **전문 블로그가 등장한다면 상황이 극적으로 역전된다.**

그래서 소프트웨어 개발자라면 블로그가 있어야 한다. 개발자로서의 경력이 많든 적든 상관없다. 자신이 배운 내용을 공유하고 자신이 주력하기로 한 소프트웨어 개발 분야에 대한 글을 써라. **아직 블로그가 없는 사람은 블로그 개설 방법을 알려주는 내 무료 강의를 참고하라** blog.

---

* 미국에서는 범법 행위를 해서 체포한 용의자의 얼굴을 사진으로 찍은 후 정보자유법에 의거해 공개한다. 'mugshot'은 이때 찍은 사진을 가리키는 은어다.

블로그를 만들고 운영하는 과정을 여기에서 자세히 다루진 않겠지만 이 것만은 분명히 하고 싶다. 블로그를 하지 않을 핑계라면 이미 백만 가지는 들어본 것 같다. 그러니 경력이 있든 없든, 말할 내용이 있든 없든 그냥 만 들어라. 적어도 블로그는 운영자가 소프트웨어 개발 분야에 열정과 관심을 가지고 있다는 것, 배우기를 좋아하고 배운 내용으로 다른 사람을 돕기도 좋아한다는 걸 보여준다.

블로그가 아니어도 좋다. **구글 검색 결과에 자신의 이름이 뜨면 다른 면에서도 도움이 된다.** 트위터 계정이나 페이스북 페이지 등 소프트웨어 개발 커뮤니 티에서 활발히 활동하고 있다는 것을 보여줄 수 있다면 무엇이라도 좋다. 이런 증거는 그 사람의 신뢰도를 높이는 데 큰 도움이 된다. 경력이 부족한 경우라도 마찬가지다. **자신의 이름을 구글에서 검색해 무엇이 뜨는지 확인해보라.** 회사에 어떤 이력서를 냈는지 모르지만 요즘 같은 세상에서는 그게 진짜 이 력서다.

포트폴리오 만들기

경력이 없다면 온라인에 존재감을 드러내는 데 그치지 말고 그보다 조금 더 구체적인 증거를 함께 준비하는 게 좋다. **어떤 일을 했는지 보여주는 포트폴 리오가 대표적인 예다.** 코딩 능력이 있다는 걸 증명하고 코드 사례도 보여줄 수 있는 좋은 증거다. 고용주가 경력이 적은 사람을 고용하며 느낄 부담을 완화할 수 있는 훌륭한 방법이다. **작성한 코드와 참여한 프로젝트를 제출하면 소 프트웨어 개발에 대한 지식과 코딩 능력을 갖추었다는 사실이 확실히 증명된다.** 제출 한 코드를 지원자가 직접 썼는지 다른 사람이 대신 써줬는지까지는 확인하 기 어려워도 자신이 만든 프로젝트를 넣은 괜찮은 포트폴리오를 제출한 사 람이라면 신뢰도가 조금 더 높아진다.

코딩을 배우는 동안이나 아니면 코딩을 배운 후에 **소규모 프로젝트를 진행해보라.** 그러면 애플리케이션을 처음부터 끝까지 직접 만들 능력이 있다는 것을 증명할 수 있다. 깃허브Github blog 같은 서비스를 활용하면 프로젝트를 온라인에 올릴 수 있다. 깃허브 같은 서비스는 온라인 포트폴리오로 쓰일 뿐 아니라 경력이 많은 프로그래머의 능력을 평가하는 기준으로도 활용되므로 개발자에게 큰 가치가 있다.

깃허브는 소스 제어 시스템 깃Git을 기반으로 운영되는 온라인 공개 저장소다. 많은 코드 프로젝트가 깃허브에 저장되어 있는데 특히 오픈 소스 프로젝트가 많다. 하지만 요즘은 그보다 훨씬 다양한 용도로 쓰인다. 어떤 프로젝트에 코드를 커밋commit했는지, 어떤 프로젝트를 만들었는지, 얼마나 자주 코드를 커밋하는지, 그 코드의 인기가 어느 정도인지에 따라 **깃허브 프로필을 바탕으로 소프트웨어 개발자를 평가할 수 있다.** 깃허브는 직장 경력이 부족할 때 자신의 능력을 증명할 수 있는 방법 중 하나다. **나도 경력 없이 시작해야 하는 상황이라면 깃허브에 최대한 강한 인상을 남길 수 있는 프로필을 만들어둘 것이다.** 깃허브 프로필을 자신이 한 작업에 대한 온라인 포트폴리오로 쓸 수 있다.

깃허브를 쓰지 않고 포트폴리오를 만들 방법도 있다. 모바일 앱을 제작해서 앱스토어에 올리는 것이다. 요즘에는 누구나 정말 쉽게 모바일 앱을 만들 수 있는데 앱을 만들면 포트폴리오만 만들어지는 게 아니다. 돈을 벌 수도 있고 부업을 시작할 수도 있다. 부업에 대해서는 뒤에 더 자세히 이야기하겠다.

포트폴리오에 최소 서너 가지 이상의 애플리케이션이나 프로젝트를 넣어라. 대단할 필요는 없지만 그렇다고 너무 사소한 건 곤란하다. 지원할 일자리에 필요한 기술을 얼마나 잘 활용하는지, 웹 서비스를 호출하거나 데이터베이스를 활용하는 등 코딩과 관련된 능력은 얼마나 되는지 보여줄 수 있어야 한다. **단위 테스트나 자동 테스트도 포함해** 테스트 코드를 작성할 능력이 있다는 것도 증명해라.

포트폴리오에 넣을 프로젝트에는 최선을 다해야 한다. 이런 프로젝트 중 하나를 노트북에 미리 담아서 면접장에 들고 가는 것도 좋다. 그러면 면접관에게 자신이 작성한 코드를 보여주고 왜 그렇게 설계했는지, 포트폴리오에 담긴 애플리케이션을 어떻게 만들었는지 직접 설명할 수 있을 것이다. 솔직히 **요즘 같은 세상에 포트폴리오도 없이 소프트웨어 개발자가 되겠다고 하는 건 말도 안 된다.** 포트폴리오는 자신의 실력이 얼마나 뛰어난지 보여줄 최고의 도구이자 개발자로 일할 자격을 갖추었다는 것을 증명할, 반박의 여지가 없는 증거다.

창업하기

경력이 없을 때 경력을 쌓을 좋은 방법이 창업이라고 하면 비웃는 사람이 많다. 하지만 알고 보면 완벽한 방법이다. **생각보다 훨씬 많은 회사가 1인 기업으로 운영되거나** 파트타임 계약직으로 소수의 핵심 직원만 고용한다. **소프트웨어 개발 회사를 창업해서** 애플리케이션을 개발하고 판매 유통한다면 자신이 그 회사에서 소프트웨어 개발자로 일했다고 말하지 못할 이유가 없다. 포트폴리오를 만들거나 코딩을 배우는 동안에도 충분히 할 수 있다.

나라면 **유한 책임 회사를 설립하거나 DBA**Doing Business As [*] **형태로 시작하겠다.** (후자의 경우는 법인도 필요 없다.) 그리고 앱 한두 개를 만들어서 내 포트폴리오에 넣은 후 **앱을 앱스토어에 공개하거나** 다른 방법으로 온라인에서 판

---

[*] 기업이 실제 이름과 다른 상호로 비즈니스를 하는 것

매하겠다. 그리고 조금 더 합법적으로 보이도록 내가 만든 소프트웨어 개발 회사용 웹 사이트를 하나 개설하겠다. 그다음엔 **내 이력서에 그 회사에서 소프트웨어 개발자로 일한 경력을 추가하겠다.**

이 방법은 조금도 거짓이 없고 완전히 합법적이다. 시야가 너무 좁아서 이게 아무 문제가 없는 완벽하게 합리적인 선택이라는 걸 깨닫지 못하는 사람이 너무 많다. 거짓말이라면 어떤 형태라 해도 지지하지 않겠지만, 자신이 앱을 만들고 소프트웨어 개발사를 설립했다면 **그 회사에서 소프트웨어 개발자로 일했다고 말하지 못할 이유가 없다.** 이력서에 넣어도 마찬가지다. 다른 사람이 어떻게 생각하는지는 알 바 아니다. 면접에서 그 회사에 대해 물으면 자신이 창업했다고 솔직하게 이야기하고, 묻지 않는다면 자발적으로 이야기할 필요는 없다. 자신이 운영하는 소프트웨어 회사의 유일한 개발자라고 해서 문제가 될 것은 없다.

나라면 그냥 다른 사람이 만든 회사에 들어가서 다른 사람을 위해 일하는 사람보다 **스스로 소프트웨어 회사를 창업하고** 앱을 만들고 직접 판매하는 **자기 주도적인 사람을 고용할 것이다.** 모든 고용주가 이렇게 생각하지는 않더라도 많은 고용주가 공감할 것이다. 얼마나 많은지 알면 깜짝 놀랄지도 모른다. 사실 심플 프로그래머도 이렇게 만들어졌다.

┊ 면접 준비하기 ┊

취업 준비생이라면 누구나 면접을 준비해야 하지만 경력이 없다면 특별히 더욱 열심히 준비해야 한다. 경력이 없는 사람에게는 더욱 엄격한 잣대를 들이대고 훨씬 더 까다로운 질문을 던지기 때문이다. 그러므로 이에 대비하려면 **오랜 시간을 들여서 면접을 준비해야 한다.**

면접 예상 질문을 공부하고 가족, 친구, 동원할 수 있는 모든 이를 동원해서 모의 면접을 보라. 면접 연습을 동영상으로 찍어서 자신이 어떻게 말하고 어떻게 보이는지 확인하라. 『코딩 인터뷰 완전 분석』 같은 책을 읽고 어떤 코딩 면접에 임하든 합격할 수 있게 준비하라. 자신의 능력을 제대로 보여주기 위해서는 충분한 시간을 들여서 철저히 준비해야 한다. 경력이 없다면 분명 불리하게 출발하는 것이므로 면접을 통해 이를 극복할 수 있도록 특별한 노력을 기울여야 한다.

인맥 만들기

일자리를 구할 생각이 있다면 당연히 해두어야 할 일이지만 경력마저 없다면 특별히 신경을 쓰는 게 좋다. **믿을 만한 사람이라는 추천이나 보증을 받아서 기회를 얻는 게 경력 없이 기회를 얻을 수 있는 최고의 방법이다.** 개발자 모임이나 커뮤니티 행사에 꼭 참석하라 blog. 나중에 취직할 수도 있는 다양한 회사에서 일하는 사람들과 두루 알고 지내라. 이 또한 부족한 경력을 보충하는 방법이다. **내가 경력 없이 시작한다면 인맥 만들기에 특별히 더 노력을 기울일 것이다.**

무급으로 일하기

이제부터는 경력이 부족한 사람이 쓸 수 있는 전술이다. 다음 장에서 일자리 구하기에 관해 이야기할 때 다루기에는 적절하지 않다고 판단해서 뺀 내용인데, 어디에서든 언급해야 할 부분이라고 생각했다.

회사는 경력이 전혀 없는 사람을 고용할 때 부담을 느낀다. 이럴 때 무급으로 일하겠다고 제안하면 회사 입장에서 느끼는 부담이 확연히 줄어든다. 업무 능력이 기대에 미치지 못하는 경우 환불을 보장하겠다고 제안해보는 것도 좋다. 이상하게 들린다는 건 안다. 실행하기 어렵다는 것도 인정한다. 이력서/면접으로 이어지는 정상적인 입사 절차를 밟고 있는 사람에게는 권하지 않겠지만 인맥이나 비공식 면접을 통해서 입사할 자리를 알아보고 있다면 이런 전술을 쓰는 것도 진지하게 고민해보라.

물론 이렇게 제안하려면 큰 용기 blog 가 필요하다. 제안할 때는 자신은 분명 잘할 것이기 때문에 경력이 없다는 위험 부담을 감수하고라도 기회를 줄 가치가 있으며 이를 증명하기 위해 무급이나 환불 보장을 조건으로 흔쾌히 일할 마음이 있다고 자신감 있게 이야기해야 한다. 이 방법을 쓰려면 인내심을 발휘해야 할 뿐 아니라 진짜로 고정관념을 벗어나서 생각해야 한다. 앞서 말했듯이 이력서/면접으로 이어지는 일반적인 절차에서는 효과가 없는 방법이다. 하지만 **고정관념에 얽매이지 않는 사람, 영업에 재능이 있는 사람, 혹은 강력한 카리스마 blog 를 지닌 사람이라면 이 방법으로 성공할 수 있을 것이다.**

사실 진짜로 자신감 넘쳐 보인다면 굳이 무급이나 환불 보장 조건을 내세우지 않아도 일할 기회를 줄 것이다. 이 방법은 자신의 능력에 대해 자신이 있다는 사실을 드러낼 방편으로 활용하라. 말했듯이 성공 확률이 높은 건 아니다. 그래도 이 전술을 활용해서 성공적으로 취업한 이야기를 여러 차례 들었다. 게다가 다른 어떤 방법이 없어 절박한 상황이라면 **밑져야 본전 아니겠는가?**

적은 보수를 받고 계약직이나 프리랜서로 일하기

무급이나 환불 조건으로 일하겠다고 제안하는 게 너무 우쭐대는 것처럼 보일까 부담스러운 사람이 시도해볼 만한, 조금 덜 부담스러운 방법도 있다. 역시 입사 전에 자신의 능력을 증명해서 고용주의 위험 부담을 덜어주는 게 핵심이다. **소규모 프로젝트에 계약직이나 프리랜서로 참여하면서 능력을 증명**

해 보이겠다고 하는 것이다. 이 또한 고정관념을 벗어난 방법이지만, 이야기를 잘한다면 (특히 '현재 채용 계획이 없는 회사'라면) 성공할 수도 있다.

정식 고용 전 '시운전' 개념의 계약직으로 직원을 고용하는 회사가 많다. 앞에서 말한 전술을 변형해 이런 회사에서 **저렴한 비용을 받고 프리랜서 일을 해주며** 경험을 쌓는 방법도 있다. 업워크Upwork.com blog 같은 사이트에 가입해서 프리랜서로 입찰해보라. 아주 적은 돈을 받고 일할 생각이 있다면 경력이 없어도 일을 받을 수 있다. 시간당 25달러 정도 받을 만한 프로그래밍 업무를 경험을 쌓기 위해 시간당 5달러만 받으며 하겠다고 하는 것이다. 자신감을 내비쳐라. 시간당 25달러나 그 이상을 받는 사람보다 일을 더 잘할 수 있지만 지금은 경험을 얻기 위해서 훨씬 저렴한 돈을 받더라도 일할 용의가 있다고 말하라.

나도 업워크에서 경력이 많이 부족한 프리랜서를 고용해본 적이 있다. 그들은 경험을 얻겠다는 강한 의욕을 표출하며 매우 저렴한 가격을 제시했다. 그래서 나도 기회를 주었던 것이다. 비용이 매우 적게 들면 고용주 입장에서는 크게 잃는 게 없다. 게다가 실제 실력이 뛰어난 개발자를 만난다면 아주 훌륭한 계약을 한 셈이다. 꼭 업워크일 필요는 없다. 마커스 블랭큰십Marcus Blankenship blog도 인터뷰에서 자신이 프리랜서 웹 개발자로 언제 어떻게 일하기 시작했는지 이야기하면서 초반에는 경험을 얻기 위해 말도 안 되게 적은 돈을 받고 일했다고 했다. 자신의 제안을 효과적으로 잘 전달한다면 **낮은 보수를 경험과 맞바꿀 수 있을 것이다. 이렇게 얻은 경험은 장기적으로 볼 때 가치가 크다.**

다른 직군으로 입사하기

이 전술은 아무에게나 권하지 않는다. 소프트웨어 개발자로 전직하기 어려운 기업도 있기 때문에 자칫하면 원하지 않는 업무에 꼼짝없이 붙잡힐 수 있다. 하지만 때로 경력이 없는 사람이 개발자로 입문할 수 있는 최고의 방법이기도 하다.

내가 개발자로 입문한 지 얼마 지나지 않아 고용 열풍을 몰고 왔던 닷컴 버블이 딱 끝나버렸다. 당시 나도 경력은 부족하고 일자리는 점점 줄어서 직장을 구하는 데 어려움을 겪었다. 다양한 직장에 지원해서 여러 차례 면접을 보는데도 3개월이 지나도록 **뚜렷한 탈출구가 보이지 않았다.** 결국 HP에서 일하는 친구에게 전화해서 HP에 들어가게 해줄 수 있겠느냐고 물어보았다. 그 친구는 현재 소프트웨어 개발자 자리는 빈 곳이 없고 QA 쪽에서 사람을 구하고 있는데 그쪽이라면 분명 자리를 얻을 수 있을 거라고 했다. QA에서 일할 생각은 없었다. 하지만 일단 HP에 들어가면 결국 소프트웨어 개발 직군으로 옮겨갈 기회가 있을 거라고 판단하고 그 제안을 받아들였다. 입사 후 얼마 지나지 않아 나는 내 주변에 있는 프로그래머를 도와주기 시작했고 후일 소프트웨어 개발 직군으로 옮겨서 승진까지 할 수 있었다.

썩 이상적이라고 볼 수는 없지만 일단 다른 직군으로라도 회사에 들어가서 소프트웨어 개발자 자리로 진출하는 것도 한 가지 방법이다. 물론 그 과정이 쉽지만은 않다. 다른 직군으로 입사한 사람이라는 주변의 선입견 때문에 개발 직군으로 옮기기 어려울 수도 있다. 그래도 경력이 부족한 사람에게는 도움이 될 수 있다. 적어도 소프트웨어 회사에 발을 들여놓을 수 있을 것이다.

자격증 취득하기

자격증이 그렇게 중요하다고 생각하지 않지만 blog 경력이 부족할 때는 도움이 될 수 있다고 본다. **자격증만으로 그 분야에 대한 지식을 증명하거나 일자리를 보장받기는 어렵다. 하지만 경력이 부족한 사람을 고용하며 느끼는 고용주의 불안감을 경감시키는 데는 도움이 된다.**

나도 한때 .NET 경험이 부족했다. 하지만 C#을 좋아했고 그 언어가 앞으로 더 중요해질 거라고 생각했기 때문에 .NET 개발 일을 정말 하고 싶었다. 그러나 학위도 없고 프로그래밍 경험이라고는 C++를 조금 다룬 정도인 나를 .NET 개발자로 고용하겠다는 사람은 찾을 수 없었다. 그래서 어떻게 했을까? 내가 받을 수 있는 모든 .NET 관련 자격증을 취득했다. MSCD와 MCAD를 차례로 취득하고 추가로 MCDBA까지 받았다. 마이크로소프트로부터 받을 수 있는 모든 개발자 자격증을 거의 다 받은 것이다. .NET으로 개발한 경력이 없었음에도 1년이 채 지나지 않아 .NET 개발직으로 옮겨 갔다. 앞서 말했듯이 이 방법으로 꼭 성공하리라는 보장은 없지만 시도해서 손해 볼 건 없다고 생각한다. 특히 경력이 부족하다면 말이다.

끈기를 가져라

마지막으로 **"삐걱거리는 바퀴에 기름칠한다."**[*]는 말을 기억하라. 내 이메일 하단에는 "나는 삐걱거리는 바퀴입니다."라는 서명이 붙어 있다. 원하는 것을 얻을 때까지 절대 물러서지 않는 사람이라는 걸 모두에게 알려주고 싶어서다.

---

[*] 원문에 등장하는 속담은 "The squeaky wheel gets the grease."로 "우는 아이 젖 준다."는 우리 속담과 비슷한 의미를 지닌다.

내 성공에 다른 무엇보다 도움이 된 것은 바로 끈기 있는 태도였다 blog.
경력이 부족하다면 진취적인 태도로 이를 보충해야 한다. 상대에게 긍정적인 답을 얻을 때까지 끈질기게 매달리는 진취적인 사람이 돼라. 경력이 있든 없든 결국은 당신에게 기회를 줄 것이다. 다른 이들이 귀찮아할까봐, 그러다 기회를 날릴까봐 끈기 있게 따라붙는 걸 두려워하는 사람이 많다.

귀찮은 사람이 돼라. 잊히는 것보다 낫다. 게다가 최대한 상대를 귀찮게 하지 않도록 조심하면서 끈기 있게 도전한다면 절실히 갈구하는 사람이라는 인상을 남길 것이다. 나는 양쪽을 다 경험했다. 다른 누군가와 접촉하면서 긍정적인 답변을 듣기 위해 이메일을 10번 보내본 적도 있다. 노골적으로 못 본 척하는데도 시간을 내달라고 6~7번 이상 이메일을 보내서 결국 이 정도 끈기를 지닌 사람이라면 시간을 내줄 만도 하겠다는 생각이 들게 한 사람을 만나본 적도 있다. 경험이 부족하다면 어떻게든 채워야 한다. 포기하지 마라. 끈기 있게 따라붙어라. 계속해서 노력하다보면 결국은 기회를 얻을 것이다.

12

일자리를 구하는 방법

일자리를 구하기 어렵다는 이야기를 늘 듣는다. 이메일을 보내는 사람도 있고 유튜브 동영상에 댓글을 다는 사람도 있는데, 개중에는 꽤 경력이 있는 사람도 많다. 일자리를 구하지 못하는 핑계란 핑계는 다 들어봤다 blog. **나이 많은 개발자가 어린 개발자의 기회를 다 빼앗고 있다고 불평하는** 사람도 있다. 경력자가 좋은 자리를 다 차지하고 있다는 것이다. 나이 든 개발자를 뽑으려 하지 않는다고, 세상 모든 사람이 연령 차별주의자라고 하는 사람도 있다. **인종, 종교 혹은 정치적 성향으로 차별한다**는 사람도 있다. **자신이 쓸모없는 기술만 익혔다**거나, 아주 훌륭한 최신 기술을 다뤄보지 않아 아무도 고용하려고 하지 않는다는 말도 한다.

이 중에 맞는 말도 있다. 차별은 존재하니까. **하지만 알고 보면 일자리를 구하는 방법을 몰라서 이렇게 불평하는 사람이 대부분이다. 요즘 소프트웨어 개발에 대한 수요는 엄청나게 높다.** 많은 일자리가 비어 있다는 뜻이다. 그런데도 일자리를 차지하지 못해 불평하는 개발자가 많다. 왜 이런 현상이 발생하는 걸까? 업계에는 빈 자리가 많은데 회사에 지원하는 족족 거절만 당하는 개발자가 이렇게 많다니 어떻게 된 일일까? 일자리 구하는 방법을 모르는 것 blog 이 문제다. 그리고 이 문제는 쉽게 해결할 수 있다. 이 장에서는 소프트웨어 개발자의 구직에 관한 **최고의 팁과 요령**을 알아보겠다.

뻔한 접근법(전통적인 접근법)

솔직히 말해 나는 진부한 방법을 좋아하지 않는다. **일반적인 구직 방법을 정말 좋아하지 않는데, 쓸데없는 노력을 너무 많이 해야 하는 데다 그렇게 한다고 해서 최상의 결과를 낸다는 보장도 없기 때문이다.** 그래도 내가 좋아하는 구직 방법을 소개하기 전에 이력서를 만들고 온라인 지원서를 작성하고 이력서를 제출하는 기본적인 방법부터 살펴보겠다.

사실 **잘못된 방법으로 접근하는 개발자가 너무 많아서** 이야기하지 않고 그냥 넘어갈 수가 없다. 하루 날을 잡아서 구인구직 사이트인 몬스터닷컴(https://www.monster.com/)에 구인 공고를 올린 회사 수백 곳에 이력서를 돌리고는 왜 취직이 되지 않는지 고민하는 개발자가 너무 많다. 뻔한 방법을 쓸 거라면 적어도 제대로 써야 한다. 구체적인 내용은 지금부터 소개하겠다.

수가 많을수록 유리하다

우선 잘 모르는 회사에 마구잡이로 이력서를 넣는 구직 활동은 **수가 많을수록 유리하다는** 걸 이해해야 한다. 물건을 파는 것과 비슷하다. 그러므로 **물건을 팔 때처럼 접근해야 한다.** 판매 경로를 만들고 판매 조직이 고객 예상 후보를 추적할 때 활용하는 CRM* 같은 체계를 써도 좋다(소프트웨어 일자

---

* 'Customer Relationship Management'의 약자로 우리말로는 '고객 관계 관리'라 한다. 구매 이력이 있는 고객의 데이터를 분석하여 각 고객의 구매 성향에 맞게 효율적으로 마케팅을 진행하는 방법을 가리킨다.

리 지원 현황 toolkit 을 다운로드해보면 자신이 구축한 '판매 경로'가 얼마나 효율적으로 돌아가고 있는지 쉽게 측정할 수 있다). 그 과정은 보통 다음과 같이 진행된다.

지원한 일자리 〉 회신한 회사 〉 전화 면접 〉 면접 〉 일자리 제안

각 단계를 거칠 때마다 다음 단계에 남을 후보의 수는 점점 줄어든다. 100군데 회사에 지원했다고 가정해보자. 회신하는 회사는 30군데 정도 될 것이다. 30군데 중 전화 면접을 요청하는 회사는 7군데 정도다. 7군데 중 면접을 보자고 하는 회사는 2~3군데, 그중 일자리를 제안하는 회사는 아마 한 군데 정도일 것이다. 그러면 일자리 제안을 더 많이 받을 방법이 두 가지 있다.

1. **판매 경로 후보의 수를 늘려라.** (더 많은 회사에 지원하라.)
2. 다음 단계로 진출할 **후보의 비율을 높여라.**

다시 말해 1,000군데 회사에 지원해서 일자리 제안을 10번으로 늘리거나, 100군데 회사에 지원하되 더 훌륭한 성과를 내서 일자리를 제안하는 회사의 수를 10군데로 늘려야 한다. **판매 경로에 예상 후보의 수를 높이거나 각 단계에서 더 훌륭한 성과를 내라. 최상의 결과를 원한다면 두 가지를 동시에 하라.** 그렇게 했는데도, 수백 수천 군데 회사에 지원하고도 일자리 제안을 전혀 받지 못하는 개발자가 그토록 많은 걸까? 물론 운이 없었을 수도 있다. 하지만 그보다 둘 중 하나의 상황이었을 가능성이 더 높다.

- **거짓말이다.** 좀더 정확히 말하면 지원한 회사의 수를 부풀려서 말했다.
- **구직하는 재주가 정말 없다.** 다음 단계까지 진출하는 예상 후보의 비율이 매우 낮다.

사실 두 가지 상황이 동시에 일어났을 가능성이 높다. 하지만 걱정하지 마라. 두 문제를 효과적으로 개선할 방법을 소개하겠다.

이력서를 잘 만들어라

이 게임에서 살아남으려면 다음 단계까지 살아남을 후보의 수를 최대로 늘려야 한다. **그러려면 이력서를 잘 만들어야 한다**blog. 엉망진창인 이력서 때문에 첫 단계에서 걸러진다면 시간이 엄청나게 낭비될 뿐 아니라 효율도 극도로 떨어진다. **이력서가 정말 엉망이라도 직장을 구할 수는 있지만** 더 많은 회사에 지원해야 확률이 높아진다. 물론 사람마다 생각이 다를 수 있다. 그렇지만 나는 5,000군데까지 지원하지 않고도 50군데 정도 지원했을 때 합격할 수 있다면 더 좋겠다. 그러려면 이력서를 최대한 잘 다듬어야 한다.

나는 IT 분야 이력서를 전문으로 하는 이력서 작성 전문가를 고용하는 게 가장 좋다고 100퍼센트 확신한다blog. 이견이 있을 수 있다는 건 인정한다. 그러나 **이력서 작성 전문가에게 500달러 이상의 비용을 지불**한다 하더라도 이를 통해 얻을 이득에 비하면 적은 투자다. 다음 장에서 이력서에 대해 다룰 예정이므로 여기서는 더 깊이 들어가지 않겠다. 하지만 좋은 이력서를 작성하는 가장 좋은 방법은 소프트웨어 개발자 이력서를 어떻게 작성하면 되는지 잘 아는 이력서 작성 전문가에게 양식과 내용을 모두 맡기는 것이다.

지원 할당량을 정하라

자, 이제 수를 늘릴 방법을 생각해보자. **나는 보통 할당량을 정해두고 일이 잘 진행되고 있는지 확인한다.** 나는 이 책 집필을 제때 마칠 것이다. 매일 적어도 50분 이상 투자해 1,000자 이상을 집필하겠다는 할당량을 정해두었기 때문이다.

직장을 구할 때는 매일 몇 개의 일자리에 지원할지 할당량을 정해두는 게 좋다. 숫자는 지원하려는 분야의 상황에 맞게 정하면 되겠지만 현재 직장이 없어서 구하는 중이라면 적어도 하루에 다섯 군데 이상은 지원해야 한다. 10군데도 좋다. **한 시간에 한 군데씩 지원한다고 계산하라.** '지원하기' 버튼을 클릭하는 데 한 시간이나 걸린다고? 아니다. '지원하기'를 누른다고 끝나는 게 아니기 때문에 그렇게 이야기한 것이다.

지원할 각 회사와 자리에 맞게 자기소개서와 이력서를 수정해야 한다. 일이 너무 많아진다고? 당연히 그렇다. 효과가 있냐고? 물론이다! 판매 경로의 수만 늘릴 게 아니라 **다음 단계로 진출할 후보의 수를 늘려야 한다**는 걸 잊지 마라. 몬스터닷컴 같은 구인구직 사이트에서 '지원하기' 버튼을 많이 누르는 걸로 충분하다고 생각한다면 짧은 시간에 많은 회사에 지원할 수는 있다. 그 대신 성공 확률은 크게 낮아진다.

목표로 삼은 구인 시장의 규모가 어느 정도인지도 고려하라. 대개 어떤 지역에 사느냐에 가장 큰 영향을 받을 것이다. 매달 일자리가 50개 정도 나는 지역에 산다면 대충 지원할 경우 하루 만에 50군데 모두 지원할 수도 있다. 이렇게 지원한다면 그 뒤 1~2주 동안은 뭘 할 것인가? 면접 기회가 오길 바라며 가만히 앉아서 기다릴 것인가? 그보다는 하루에 5곳만 지원하더라도 각 지원서에 한 시간 이상 시간을 들여서 성공 확률을 크게 높이는 게 낫지 않을까?

맞춤 지원서를 제출하라

이력서와 자기소개서는 회사가 공지한 직무 소개나 자신이 찾아낸 해당 회사 관련 정보에 맞추어서 작성하라. 지원서를 검토하던 인사 담당자가 **회사에 딱 맞는 인재가 지원했다는 사실에 감탄할 수 있게 하는 게** 핵심이다.

이력서나 자기소개서에 가짜 경력을 넣으라거나 거짓말을 하라는 이야기가 아니다. **실제 경력 중 직무 소개에 가장 잘 맞는 부분을 강조하고** 관련이 없는 부분은 빼거나 축소하라. 직무 소개에 등장한 단어나 구절을 활용하되 직무 소개에 있는 말을 그대로 앵무새처럼 따라 해서는 안 된다. 그러면 회사가 원하는 내용에 딱 맞추기 위해 모든 걸 가짜로 만든 것처럼 보이기 때문이다. 오해를 사지 않는 선에서 **자신이 회사에서 원하는 인재상에 가깝다는 걸 최대한 잘 보여주어라.**

직무 소개를 꼼꼼히 보고 어떤 기술과 특성이 가장 중요한지 알아낸 후 **경력의 순서를 조정하고 더 중요한 부분을 강조하라. 직무 소개에 등장한 표현을 활용해서 자신이 이룬 성취나 업적을 기술하여** 입사 후 해당 업무에 잘 적응할 수 있다는 걸 보여줘라. **회사에 대해서도 조사하여** 자신이 왜 최적의 지원자인지 인사 담당자를 설득할 수 있는 자기소개서를 만들어라. 실제 그 회사에 대해 조사를 한 사람만 쓸 수 있는 문구를 넣어라. **자기소개서에서는 직무 소개에서 요구하는 기술과 자신의 경력이 관련이 깊고, 완벽히 잘 맞는다는 점을 강조해서 자신이 적임자라는 사실을 명확히 보여주어야 한다.**

이렇게 하려면 추가 작업이 많아질 것이다. 노력이 더 많이 들어간다. 이력서를 여러 버전으로 만들어두었다가 각 일자리에 맞게 조금 더 수정해서 제출하라. 수고스럽겠지만 정말로 일자리를 구하고 싶고, 많은 지원자 중에서 눈에 띄고 싶다면 이렇게 해야 한다. 클릭 한 번으로 500군데에 똑같은 이력서와 자기소개서를 넣는 건 쉽고 게으른 방법이다.

결과를 분석하라

이런 방식으로 일자리에 지원하면서 **지원한 회사가 몇 군데이고, 언제 지원했는지, 회신은 받았는지, 어떤 버전의 이력서를 제출했는지** 등 구직 활동 현황을 기록하고 결과를 분석하라. 명확한 데이터를 바탕으로 자신에게 도움이 되는 활동과 그렇지 않은 활동을 구분해두는 게 좋다. **구직 활동을 광고라고 생각하라.** 여러 광고를 내보낸 후에 가장 큰 호응을 얻은 광고가 무엇인지 확인하는 것이다. 나는 코칭하는 개발자들에게 자신이 쓴 이력서와 전문가가 써준 이력서의 결과가 어떻게 다른지 확인해보라고 권한다. 그러면 전문가가 써준 이력서를 제출했을 때 회신율이 **300퍼센트 이상 증가하곤 한다.** 당신도 이런 데이터를 만들어서 자신의 계획을 최적화하라.

계획을 수정하라

분석한 결과를 행동에 반영하지 않으면 의미가 없다. 이력서나 자기소개서가 어느 정도 성과를 내는지 구직 활동 관련 데이터를 모았다면 **계획을 최적화하는 데 활용하라.** 수정한 이력서가 어떤 성과를 내는지 확인하라. 이력서 양식을 바꾸면 어떤 결과가 나는지도 테스트하라. 시간순으로 작성한 이력서와 중요도순으로 수정한 이력서가 어떻게 다른 결과를 내는지 시험해볼 수도 있다.

수도 없이 많은 회사에 지원을 했는데도 취직하지 못했다고 불평하는 소프트웨어 개발자 대다수는 이미 50군데 이상 지원해서 아무 성과를 거두지 못한 **이력서와 자기소개서를 나머지 100군데 회사에 그대로 낸다.** 말이 되지 않는 행동이다. 똑같은 행동을 계속 반복하면서 다른 결과를 기대하는 게 말이 되는가? 이치에 맞지 않는 바람이다.

자신이 한 행동에 대한 피드백을 분석해서 원하는 결과가 나올 때까지 계획을 최적화하라. 한 번 세운 계획을 일주일 동안 사용해보고, 그 주가 끝날 때 한 주간 쌓인 데이터를 참고해서 다음 주에 무엇을 다르게 시도할 것인지 결정하라. 이 과정을 꾸준히 반복하다보면 취업할 수 있을 것이다. 이렇게 노력하는 소프트웨어 개발자가 적은 게 문제다. 대부분은 그저 아무도 자신을 뽑아주지 않는다고 불평만 할 뿐이다. 당신은 그러지 않기를 바란다.

헤드헌터의 도움 받기

이 방법도 전통적인 구직 전술이다. 헤드헌팅 업계의 작동 방식은 뒤에서 자세히 다룰 것이다. 일단 헤드헌터가 **구직 과정에 큰 도움이 될 수 있다는** 걸 알려주고 싶다. 시장성 있는 기술을 갖춘 개발자라면 특히 더 큰 혜택을 볼 것이다. 여러 회사에 인맥이 있는 좋은 헤드헌터라면 당신의 이력서를 지원할 자리에 맞게 수정해서 고객사에서 면접 볼 기회도 만들어줄 것이다.

하지만 헤드헌터에 대해 기억해야 할 게 있다. **헤드헌터는 고객사 앞에서 약점 잡힐 일을 절대 하지 않는다.** 헤드헌터의 도움을 받으려면 인터뷰를 완전히 망치거나 기술이 부족한 것으로 드러나거나 거짓말을 하는 등의 일로 그들을 곤란하게 만들지 않을 거라는 확신을 주어야 한다. 충분한 자신감을 보여주어야만 좋은 고객사를 소개받을 수 있다. 헤드헌터의 입장에서 생각하라. 구직자가 잘하느냐 못하느냐가 헤드헌터의 평가에 영향을 미친다. 자신감 있는 태도를 보여주지 못한다면 그들은 굳이 모험을 하려고 하지 않을 것이다.

고정관념 벗어나기

지금까지 전통적으로 사용하는 뻔한 구직 방법에 대해 이야기했는데, 이러한 방법도 제대로 하기만 하면 일자리를 구할 수 있다. 하지만 직장을 구하거나 좋은 직장을 얻는 최고의 방법은 아니다. **대부분의 일자리, 특히 고액 연봉을 받는 좋은 일자리는 공고가 나지 않는다.** 믿지 못하겠다면 일자리의 80퍼센트는 공개적으로 광고하지 않는다고 말한 월스트리스 저널의 기사 blog 부터 읽어보라. 그런 일자리는 어떻게 구할까?

고정관념에서 벗어나야 한다. 구인 공고를 보고 지원해야만 취업할 수 있을 거라는 생각을 버려야 한다. 이미 말했지만 그 방법으로도 일자리를 구할 수는 있다. 하지만 그 외의 방법이 수천 개다. 마음껏 창의력을 발휘해보라. 많은 사람이 일반적인 절차를 '훌륭하게 밟는 것'이 유일한 길이라고 생각하지만 사실이 아니다. **규칙은 없다. 지침이 있을 뿐이다.** 주어진 과제를 해결할 최선의 방법을 찾는 건 본인 몫이다. 일자리를 구할 때도 마찬가지다.

이제부터 구직에 관한 '고정관념에서 벗어날' 방법을 몇 가지 알려주려고 한다. 하지만 구구절절 모든 방법을 알려주는 건 불가능하다. 고정관념에서 벗어난다는 건 정통 방식을 따르지 않는다는 뜻이고, 다른 사람이 하라는 대로 하지 않는다는 뜻이다. 이어지는 내용은 용감하게, 기꺼이 자신에게 필요한 행동을 할 의향이 있는 사람만 읽어보길 바란다.

인맥 쌓기

이미 앞에서 이야기했고, 뒤에서 열두 번도 더 할 것이다. 인맥을 쌓아라. **인맥은 공고가 나지 않는 일자리에 아주 효과적으로 접근하는 통로다.** 평판이 좋은 사람이 일자리를 구한다는 소문이 나면 누구나 달려들어서 자기 팀으로 끌어가려고 한다. 시간과 자원을 투자해서 강력한 인맥을 구축해야 가능한 일이다. 내가 알고 있는, 강력한 인맥을 구축 blog 하는 핵심적인 두 가지 방법은 다음과 같다.

1. **많은 사람을 만나라 blog .**
2. **그들에게 보탬이 돼라.**

잘못된 방법으로 인맥을 구축하려는 사람이 많다. 별일 없을 때는 가만히 있다가 일자리가 필요할 때처럼 뭔가 일이 생겼을 때 '사람을 만나기' 시작한다. **사람들은 다른 사람에게 무엇이 필요한지 별 관심이 없다.** 다시 한번 말한다. 사람들은 다른 사람에게 무엇이 필요한지 별 관심이 없다.

사람들은 자신에게 필요한 것에만 관심이 있다. 인맥을 만들겠다고 자신에게 무엇이 필요한지 이야기하고 다니면 사람들은 그러한 의도와 정반대로 움직일 것이다. 즉, 당신을 피해 다니기 시작할 것이다. 그러지 말고 자신에게 필요한 게 생기기 전에 많은 사람을 만나라. 그리고 그들에게 도움이 될 방법을 알아내라. 그들을 위해 무엇을 해줄 수 있을까 고민해라. **어떻게 도와야 그들에게 보탬이 될까?** 그렇게만 한다면 강력한 인맥이 구축되어서 다시는 일자리를 '찾아다닐' 필요가 없을 것이다. 장담한다.

물론 그렇게 되기까지 시간이 든다. 그럼 어디서부터 시작하는 게 좋을까? **소프트웨어 개발자를 위한 모임이나 행사에 최대한 많이 참석하는 방법을 추천한다.** 어디든 개발자를 위한 주간 모임이나 월간 모임이 많이 있다. 그런 모임에 나가면 개발자, 헤드헌터, 개발사 간부 등 훌륭한 인맥을 폭넓게 구축할 수 있다. **발표자로 자원하면 더욱 좋다.** 그룹 전체에 도움을 주는 것이기 때문에 빠르게 큰 신뢰를 쌓을 수 있다. 오랜 시간을 들여서 다른 이를 돕는 데 집중해야 한다는 점을 명심하라. **이렇게 투자해야 인맥이 만들어진다.** 열매를 수확하려면 씨앗부터 뿌려야 한다. 지역에 존재하는 여러 모임에 꾸준히 참여하다보면 결국에는 강력한 인맥이 구축될 것이다.

특정 회사 겨냥하기

구인 공고를 낸 아무 회사에 지원하는 것이 아니라 일하고 싶은 특정 회사를 겨냥하는 방법도 있다. **일하고 싶은 회사를 찾아서** 입사할 방법을 찾기 위해 자신의 모든 자원과 에너지를 쏟아붓는 것이다.

나는 예전에 원격 근무로 일할 수 있는 회사에 입사하고 싶어 이 전략을 사용했고, 성공했다. 우선 모든 개발자가 완전히 원격으로 일하는 팀이 있**는 회사를 찾았다.** 그리고 회사와 그 회사에 근무하는 사람에 대한 정보를 찾았다. 그 회사에서 일하는 개발자들의 블로그를 구독하기 시작했다. 블로그에 댓글을 남기며 개발자들과 친분을 쌓았다. 그 뒤에 회사가 개발자를 뽑으려 할 때 **여러 개발자에게서 동시에 추천을 받은 사람이 누구이며** 그 자리를 차지한 사람은 누구였을까?

이 전술은 다양하게 활용할 수 있다. 내 사례는 그중 한 가지 전략일 뿐이다. 그 외의 활용 사례도 몇 가지 더 알아보자.

기본 전략은 일자리 말고 회사를 골라서 입사하는 것이다. 그 회사에 근무하는 지인을 찾아내거나 새로운 인맥을 만들 수도 있고, 그 회사에 보탬이 될 일을 할 수도 있다. 인사 담당자에게 **끈질기게** 어필할 수도 있다. 아내의 동료 중에 아이다호 주의 보이시 시티에 있는 헬스와이즈Healthwise 회사에 꼭 입사하고자 한 사람이 있었다. 그 사람은 2년 동안 구인 공고가 날 때마다 지원하면서 회사에서 일하는 다른 직원들과 친분을 쌓았다. 그렇게 끈질기게 노력한 끝에 마침내 입사해서 아직까지 잘 다니고 있다.

겨냥하는 회사에 보탬이 되어라

특정 회사를 겨냥할 때는 회사에 유용한 무언가를 만들어서 관심을 끄는 것도 좋은 전략이다. 내 주변에는 자신이 가고 싶은 회사에서 쓸 만한 도구나 그 회사의 소프트웨어를 사용해서 만든 **도구를 제공한 덕에 바로 채용된 엔지니어들도 있다.** 들어가고 싶은 회사의 웹 사이트를 새롭게 디자인하거나 새로운 디자인을 무료로 제공해서 채용된 디자이너 이야기도 들었다. 자신이 사용하는 유명 소프트웨어에 새 기능을 추가하거나 기존 기능을 개선한 후 그 소프트웨어를 만든 회사에 제출한다고 상상해보라.

진짜 보탬이 되는 일을 해야 한다. 단순히 으스대기 위한 행동은 의미가 없다. 진짜 무료로 도움을 준다면 그 회사에 고용될 가능성이 높아지지 않을까? 인기 있는 웹 사이트의 오류를 찾아내서 이를 개선할 방법을 그 웹 사이트를 만든 회사에 알려주는 사람은 많다. 하지만 **그 오류를 개선할 해결책이 담긴 목업**mock-up*까지 만드는 사람은 많지 않다.

정상에서 시작하라

영업할 때 쓰는 한 가지 묘책이 있는데, 바로 정상에서 시작하는 것이다. **대다수 개발자는 취업 문제로 연락할 때 낮은 직급부터 접촉하려고 한다.** 인사 담당자나 개발 부서 관리자, 심지어 일반 소프트웨어 개발자에게 연락하는 사람도 있다. 모두 고용 관련 업무를 담당해야 할 때를 제외하면 직원 고용에 관해 별 권한이 없는 사람들이다. 그러지 말고 **정상에서 시작하라.**

회사 CEO에게 연락할 방법이 있는지 알아보라. 아니면 CTO나 기술부 임원도 좋다. 회사의 공식 전화번호로 연락해서 만나고 싶은 사람을 바꿔달라고 요

---

* 제품을 실제로 만들거나 구현하기 전 검토를 위해 간단하게 만들어보는 모형 또는 모의 제품

청하는 방법도 있다. 구직 중인 사람이라고 하지 말고 제안할 사항이나 거래할 사항이나 있다고 이야기하라. 이런 고위급 인사와 이야기할 기회를 얻는다면 **자신감 있게 이야기하라.** 단순히 일자리를 달라고 이야기하지 말고 그 사람 혹은 그 회사에 도움이 될 무언가를 이야기하라. 그 일을 진행할 수 있도록 대화를 이어갈 누군가를 연결해줄 수 있는지 물어보라. 터무니없는 이야기로 들리는가? 제정신이 아닌 것 같다고? 그렇게 해서는 절대 일이 잘 풀릴 리가 없다고?

이 생각이 고정관념을 벗어나서 그렇다. 바닥에서부터 시작해야 한다거나 정문으로 들어가야 한다고 생각하는 사람이 그래서 많은 것이다. **누구나 CEO나 CTO를 만나지 못할 이유가 없다.** 마음에 든다면 그들이 인사 담당자에게 "이 사람을 데려오고 싶군. 이 사람이 일할 만한 자리가 있는지 알아봐주게."라고 말하지 않을 이유도 없다. 훌륭한 영업 전문가가 늘 쓰는 방법이다. 당신도 쓰지 못할 이유가 없다.

인바운드 마케팅을 활용하라

인바운드 마케팅inbound marketing은 내 전문 분야다. 나는 '소프트웨어 개발자 마케팅하기' blog 라는 제목으로 인바운드 마케팅을 활용해서 일자리를 찾으러 다니지 않고 취직할 방법을 알려주는 강의도 한다. 나도 잘 활용한 방법이다. 사실 **내가 이 방법으로 내 경력을 성공적으로 발전시키지 못했다면 이 책도 세상에 없었을 것이다.** 나는 그 덕에 셀 수 없이 많은 기회를 만났다. 제안받은 일자리만 수백 개가 넘는다. 전 세계 곳곳에서 강연도 했다. 한마디로 **내 삶이 극적으로 변했다.** 모두 인바운드 마케팅 덕분이다.

인바운드 마케팅이란 정확히 무엇인가? 간단하다. **다른 이들에게 보탬이 될 일을 해서 자신이 남들을 찾아다니지 않아도 사람들이 자신을 찾아오게 하는 것이다.** 소프트웨어 개발자라면 블로그 운영`blog`, 튜토리얼 동영상 제작, 책이나 기사 쓰기, 팟캐스트 참여하기 등 여러 활동을 통해 평판을 높이면 된다. 이를 '유명해지기' 전략이라고 부르는 사람도 있겠지만 인바운드 마케팅을 위해 꼭 유명해질 필요는 없다. **소프트웨어 개발과 관련된 특정 분야에서만`blog` 이름을 알리면 된다.** 특정 분야를 선택한 후 그 분야의 전문가가 되는 것이다. 선택한 분야의 범위가 작을수록 그 분야에서 최고가 되기 쉬우므로 범위를 좁게 설정하는 게 좋다. 전문 분야가 확실하면 일자리가 제 발로 찾아온다. 장담한다.

면접관을 인터뷰하라

이 또한 문지기를 그대로 통과해서 뒷문으로 들어가는 방법이다. **면접관 인터뷰는 일자리 공고가 나기 전에 기회를 얻을 좋은 방법이다.** 입사하고 싶은 회사의 개발 부서 관리자, CTO, 기술부 임원 등 고용 관련 권한이 있는 사람에게 연락해서 자신이 쓰고 있는 기사나 제작 중인 팟캐스트를 위해 정보를 조사하는 중이라고 이야기하라. 이제 막 개발 분야에 발을 내디뎌서 개발자라는 직업에 대해 잘 알고 있는 분에게 조언을 구하고 싶다고 말해도 된다. **그 사람의 사무실에 들어가서 그 사람과 대화를 나눌 방법을 찾아라.** 대부분의 사람들은 언론에 공짜로 노출될 기회, 개발자 지망생에게 개발 분야에 대해 알려줄 기회를 기쁜 마음으로 받아들인다. 인터뷰를 실제 게재할지는 그다지 중요하지 않다. 물론 무료로 수행한 귀중한 인터뷰를 발표하지 않을 이유도 없지만 말이다.

씨앗을 뿌리는 단계라고 생각하라. 입사하고 싶은 회사에 자신을 아는 사람이 생긴 것이다. 심지어 그 사람이 당신을 좋아할 수도 있다. 사람들은 보통 자신에게 관심을 보이는 사람을 좋아한다. **몇 주 혹은 몇 달 내에 그 회사에 자리가 난다면 후속 조치를 취해야 한다.** 블로그나 팟캐스트에 인터뷰를 게재하는 것도 그 방법 중 하나다. 이왕 이 방법을 쓸 거라면 자신이 선택한 분야에서 최고로 손꼽히는 회사들의 CTO를 모두 만나 인터뷰하는 건 어떤가? 모든 인터뷰를 취합하여 블로그 포스트로 올려라. 그 또한 인바운드 마케팅에 도움이 될 것이다.

끈기를 가져라

마지막으로 11장을 마무리할 때 했던 것과 똑같은 조언으로 이 장을 마무리하려고 한다. **세상에는 빨리 포기하는 사람이 너무 많다.** 끈기의 힘 blog 이 얼마나 큰지 모르거나 믿지 못하기 때문이다. 물론 너무 끈질기게 매달리거나 귀찮게 하여 인연이 끊어지는 일도 있을 수 있다. 하지만 위험해 보이는 지점보다도 훨씬 더 멀리까지 가야 한다. 그렇게 해서 그 직장에 들어가지 못한다 해도 크게 잃을 건 없다. 그렇다고 일자리를 달라고 협박하며 과하게 밀어붙이라는 말이 아니다. 최고의 기회를 거머쥐기 위해서는 최선을 다해 **전략을 바꿔가며 끊임없이 따라붙으면서 꾸준히 전진해야 한다**는 뜻이다. 기회의 문은 늘 열려 있는 게 아니다. 쇠 지렛대를 써서 열어야 하는 때도 있는 법이다. 이 모든 방법을 한 번 이상 다 써보기 전까지는 포기하지 마라.

13

이력서 만들기

아, 이력서. **나는 이력서와 애증이 깊다.** 이력서가 좋은 일자리를 구하는 데 매우 중요한 역할을 하는 건 사실이지만, 그만큼 내 시간을 낭비하게 하는 것도 없다.

이력서를 제대로 읽어보는 사람은 거의 없는 것 같지만, 오히려 대충 훑어만 보고도 즉각 그 주인공에 대해 확고한 인상을 만들어낸다. 그게 바로 **이력서가 그토록 중요한 동시에 쓸모 없는 이유다.** 그럼에도 불구하고 원하는 면접 기회를 잡으려면 내용이나 형식 면에서 훌륭한 이력서를 만들어야 한다. 하지만 소프트웨어 개발자들의 이력서는 보통… 형편없다. **이 책을 읽고 있는 걸로 볼 때 당신의 이력서도 형편없을 확률이 높다.** 기분을 상하게 할 마음은 없다. 그저 현실을 이야기하는 것뿐이다. 아마 코딩 실력은 뛰어나겠지만 이력서까지 잘 만들지는 못할 것이다.

이력서는 **광고다.** 이력서는 자신을 홍보하는 1페이지짜리 광고라고 생각하면 된다. 사실 괜찮은 (아니, 훌륭한) 이력서를 원한다면 반드시 이렇게 생각해야 한다. **어디에 지원하든 담당자가 이력서를 훑어보는 시간은 15초 정도에 불과한** 것이 현실이다. 당신의 인생이 말 그대로 15초 안에 결정되는 것이다. 면접이냐 탈락이냐, 스택 꼭대기로 올라가느냐 무한 루프에 갇히느냐. 좋든 싫든 이력서는 잘 작성해야 한다. 이 장에서는 훌륭한 이력서를 만들 방법을 알아보자.

1단계: 이력서를 만들지 마라

농담이 아니다. 진지하다. 만들지 마라.

이 말을 했다가 꽤나 많은 공격을 받았지만, **이력서 작성 전문가나 카피라이터가 아닌 이상 이력서를 직접 쓰지 마라** blog. 농담처럼 들릴 거라는 것, 사기꾼이라는 오해를 살까 걱정이 될 거라는 것도 잘 안다.

자신의 이력서 작성을 아예 남에게 떠넘기는 사람이라면 일자리를 얻을 자격도 없다. 나도 이력서 작성 서비스가 처음부터 끝까지 만들어준 이력서를 낸 사람은 한 번도 채용한 적이 없다. 그런 이력서는 척 보면 안다. **정말이다. 오랫동안 이런 경험을 해왔기 때문에 잘 안다.**

전작인 『소프트 스킬: 평범한 개발자의 비범한 인생 전략 71가지』에도 이력서를 다룬 짧은 장이 등장한다. 그 책에도 방금 말한 조언이 그대로 나오는데 많은 독자가 이렇게 말했다. "책 좋더라고요. 이력서 부분만 빼고요. 그건 동의 못 하겠어요." 반대하는 그 마음도 이해한다. 하지만 사실은 사실이다.

실력 있는 이력서 작성 전문가의 도움을 받아서 만든 이력서를 낸 소프트웨어 개발자는 더 많은 일자리, 더 높은 연봉을 받는다. 직접 확인한 사실이다. 내 조언을 따른 덕에 좋은 결과를 얻은 프로그래머가 수없이 많기 때문에 이게 진실이라고 이야기할 수밖에 없다. 그 이유는 이렇다. **이력서 작성에는 기술이 필요하다.** 글쓰기, 특히나 설득력 있는 글쓰기는 기술이다. 앞서 말한 것처럼 이력서는 1페이지짜리 광고다. 최신 제품을 홍보하는 잡지 광고와 크게 다를 게 없다.

훌륭한 프로그래머가 이력서까지 훌륭하게 작성할 거라고 보기는 어렵다. 집을 보수할 일이 생기면 사람을 불러서 고친다. 마루 까는 법, 타일 붙이는 법을 몰라서가 아니다. 나도 할 수 있는 일이지만 **그런 일을 천 번도 넘게 해본 사람이 하는 게** 내가 하는 것보다 훨씬 나을 거라고 생각하기 때문이다. (물론 내가 그런 일에 정말 재능이 없다는 것도 인정한다.) 욕실 타일을 붙인다고 해보자. 내가 직접 하면 20시간이 들 것이고 전문가를 고용하면 4시간이면 끝난다. 당연히 전문가를 쓰는 게 낫다. 나는 그런 일을 잘하지 못하고, 못해도 사는 데는 아무 지장이 없다.

당신이 하는 일도 마찬가지다. 당신이 다니는 회사의 CEO도 웹 페이지 만드는 법, 자바스크립트 코딩하는 법, 제품용 프로그램 만드는 법을 충분히 배울 수 있을 것이다. 하지만 CEO는 배우지 않는다. 왜냐하면 당신을 고용했기 때문이다. 그리고 그 일의 전문가는 바로 당신이다.

CEO는 본인이 직접 프로그래밍하기보다는 일하는 척하고 골프를 치러 다니는 것처럼 다른 중요한 일을 하는 데 시간을 쓰는 게 더 낫다는 걸 안다. 당신이 이력서를 직접 작성하는 것도 CEO더러 코딩을 하라고 하는 것만큼 어리석은 일이다. 할 수 있고, 열심히 노력하면 꽤 잘할 수도 있겠지만 전문가를 고용하지 않을 이유는 또 무엇인가?

내가 해주고 싶은 말은 이렇다(물론 결정은 당신 몫이다). 이력서 작성 전문가를 고용하되 제대로 된 사람을 골라라. 타성에 젖어서 일하는 사람은 전문가라고 해도 별로 좋은 결과를 내지 못한다.

이력서 작성 전문가 고르기

훌륭한 이력서 작성 전문가를 신중히 골라야 한다. **제대로 고르지 못해서 직접 작성하는 것보다 더 엉망인 이력서를 만들면 앞서 말한 모든 것이 아무 소용이 없다.**

이력서 작성 전문가를 쓰면 안 된다고 강하게 주장하는 사람 중에는 **전문가답지 못한 이력서 작성 전문가나 정작 자신은 취직을 못 하고 다른 사람의 이력서를 대신 써주고 있는 인문학 전공자 때문에 안 좋은 경험을 한 사람**도 있으리라고 추측해본다. 제대로 된 전문가를 고르는 건 정말 중요하다.

우선 소개받을 만한 사람이 있는지 알아보라. 주변에 이력서 작성 전문가를 써서 좋은 결과를 낸 사람이 있는지 찾아보라. **소프트웨어 개발자 이력서나 기술 관련 이력서를 전문으로 하는 사람을 찾는 게 좋다.** 기술에 대해 전혀 모르는 사람을 만나면 최악의 경우 이력서에 "SQL을 다형성 프로그래밍 코드에 적용하면서 프로젝트의 C++ 파트를 혼자 이끌어본 경험이 있습니다." 같은 문구가 들어간다. 이런 이력서는 휴지통 직행감이다.

계약하기 전에 작업 샘플을 보여달라고 해라. 전문가라면 다른 고객을 위해 작성했던 이력서를 가명으로 바꾸어서 보여줄 수 있을 것이다(기존 고객의 허락을 받는다면 실명이라도 상관없다). 샘플은 소프트웨어 개발자용 이력서로 요구하라. 그래야 프로그래머 이력서를 잘 쓸 수 있는지 확인할 수 있다. 기존 이력서를 검토하면 자신이 받을 결과물을 미리 예측할 수 있다. 샘플이 없는 사람과는 계약하지 마라.

저렴한 가격을 너무 찾아다니는 것도 권하고 싶지 않다. 무엇보다 중요한 건 결과물의 수준이다. **300~500달러 정도면 적당하다.** 결과물만 괜찮다면 그보다 더 비싸도 괜찮다. 이 정도는 투자로 생각해야 한다. 이력서가 훌륭하면 연봉 10퍼센트는 수월하게 올릴 수 있다. 혼자라면 6개월이 들 구직 기간을 몇 주 이내로 줄일 수 있다. 1년에 80,000달러를 받을 사람이 88,000달러를 받게 된다면 500달러가 그렇게 큰돈은 아니지 않은가? 평소 특정 이력서 작성 서비스를 추천하지는 않지만 최근에 사람들에게 알려주는 서비스가 궁금하다면 내 블로그 **blog**에서 확인할 수 있다.

이력서 작성 전문가와 작업하는 법

좋은 이력서 작성 전문가를 구했다고 해서 일이 끝나는 게 아니다. 좋은 정보를 주어야 좋은 결과물이 완성된다. 좋은 정보를 주는 건 당신 몫이다. 이력서 작성 전문가에게 주어야 할 정보는 다음과 같다.

- 모든 관련 업무 경력의 **정확한 날짜**
- 각 일자리의 **직함과 직무 내용**
- 각 업무에서 성취한 **주요 업적**
- 모든 **학력**
- 각종 **증명서**와 수상 경력
- **가장 중요하다고 생각하거나 가장 큰 관련이 있다고 생각하는 기술 목록**
- 자신이 하고 싶은 직무에 관한 몇 가지 **직무 설명 샘플**
- 그 외 관련이 있다고 생각하는 모든 것

이러한 정보를 정리하는 데는 생각보다 시간이 오래 걸린다. 또 "아니, 정보는 내가 다 정리해서 주는데 이력서 작성 전문가한테 돈을 뭐 하러 주지?"라고 생각할지 모른다.

이력서 작성 전문가이지 데이터 정리 전문가가 아니기 때문이다. 이력서 작성 전문가는 당신이 제공한 데이터를 당신의 매력이 최대한 강조되도록 짧고 간결하고 설득력 있는 형식으로 구성하는 일을 한다. 이력서 작성 전문가에게 돈을 주는 이유도 여기에 있다. 이력서 작성 전문가에게 더 좋은 정보, 더 자세한 정보를 제공할수록 더 훌륭한 이력서가 만들어진다.

다른 자리에 각기 다른 방식으로 지원할 수 있도록 **몇 가지 다른 버전의 이력서를 만들어달라고 부탁하라.** 자기소개서도 버전별로 **완전히 다른 모습을 보여줄 수 있게 작성해달라고** 요구하라. 지원하는 일자리마다 제대로 잘 작성된 **완벽한 맞춤형 자기소개서**를 내는 게 핵심이다.

마지막 팁은 완성된 이력서가 마음에 들지 않을 때는 점잖게 참지 말고 하고 싶은 말을 하라는 것이다. 자신의 경력과 미래가 달린 일이다. 좋은 결과를 원한다면 좋은 결과가 나올 수 있게 요구할 줄 알아야 한다. 작업이 마음에 들지 않을 때는 가차 없이 해고하고 다른 사람을 찾아라.

좋은 이력서의 조건

이력서 작성 전문가를 고용하든 자신이 직접 쓰든(음, 그런데 어지간하면 직접 쓰지 마라) **어떤 이력서가 좋은 이력서인지 알아두자**. 이제부터 내가 할 말이 좀 이상하게 들릴 수도 있지만, 수천 명의 개발자를 대상으로 인생의 여러 측면에 관해 코칭하는 동안 인간의 심리에 대해 꽤 잘 이해하게 되었다고 자부하므로 잘 들어주길 바란다.

좋은 이력서가 갖춰야 할 중요한 조건이라면 무엇보다 **보기 좋아야 한다**. 그렇다. 보기 좋아야 한다. 뭐? 그렇게 무의미한 게 중요하다니 말도 안 된다! **한 사람의 경력과 인간으로서의 가치, 영혼이나 다름없는 프로그래머로서의 가치를 판단할 때 오로지 외양을 본다고?** 맞다. 사람들은 그렇게 판단한다. 그러니 보기 좋은 이력서를 들고 깔끔한 정장에 타이를 매고 인터뷰에 가라.

농담이 아니다. 사람들은 진짜로 겉모습을 보고 내용을 판단한다. 이력서 작성 전문가라면 내용만 잘 다듬는 게 아니라 겉모습도 잘 갖추어준다. 그래서 전문가를 쓰라고 강력히 권하는 것이다. 솔직히 형편없어 보이는 이력서는 내용을 보기도 전에 쓰레기통행이다. 그래서 이 부분이 정말 중요하다.

자, 그다음으로는 조금 덜 피상적인 조건을 살펴보자. **이력서는 지원자가 어떤 사람인지 지원한 회사에 어떤 도움이 될지 빠르고 효과적으로 전달해야 한다.** 아직도 이력서 맨 앞에 자신의 목표를 적는 사람이 있다. 정말 의미 없는 행동이다. **사람들은 다른 사람이 무엇을 원하는지 관심이 없다.** 상대가 C#, ASP.NET MVC 아키텍처를 쓰는 의료 기술 분야의 일자리를 구하고 있든지 말든지 아무 관심이 없다. 사람들은 상대가 본인에게 얼마나 유용한 사람일지를 궁금해한다.

이력서는 자신을 홍보하는 1페이지짜리 광고다. 조금 더 정확히 말하자면 나라는 사람이 얼마나 수요가 높고 전설적인 소프트웨어 개발자인지 보여주어야 한다. 또한 **간단명료하고 전문적이어야 한다.** 지금껏 그 사람이 쌓아온 **위대한 주요 업적을 강조해서 보여주어야 한다.**

이를 실행할 방법은 많다. 시간순, 기능순으로 쓰는 전통적인 이력서 형식을 활용해도 된다. 아니면 조금 더 전위적인 방법을 쓸 수도 있다. 자신이 얼마나 '훌륭한' 사람인지 소개하는 동영상을 제작하라. **(요즘은 종이 이력서에 동영상 이력서를 추가로 내라고 조언한다. 자신의 개성을 보여줄 좋은 방법일 뿐 아니라 면접 단계까지 진출하는 데 도움이 되는 또 하나의 장치다.)**

한 페이지에 최대한 많은 정보를 욱여 넣으려 해서는 훌륭한 이력서를 만들 수 없다. 오히려 그 반대로 접근해야 한다. 적은 글로 더 많은 정보를 전달해야 더 깊은 인상이 남는다. 그런 이력서를 만들어야 누군가 읽을 가능성이 높아진다.

궁극적으로 자신이 어떤 기술을 갖추었고 어떤 분야가 전문인지, 그 기술로 과거에 어떤 훌륭한 결과를 냈는지, 그리고 지원하는 자리에서 그 기술을 어떻게 활용할지 아주 명확하게 보여주어야 한다. 그거면 된다.

이력서 직접 작성하기

이 방법을 정말 추천하지 않지만, 그래도 직접 쓰겠다는 사람이 있을 테니 몇 가지 팁을 알려주겠다. 다음에 소개하는 내용은 오늘날 소프트웨어 개발자가 이력서를 작성할 때 중요하게 신경 써야 할 사항이다.

링크드인 시작하기

좋든 싫든 링크드인_{LinkedIn}은 경력 관련 인맥 관리와 웹 이력서에 있어 사실상 표준이나 다름없는 서비스다. 적어도 이 책을 쓰는 시점에는 그렇다. **그러므로 링크드인 프로필을 만들어라.** 장래에 당신을 고용할 사람도 그 프로필을 반드시 확인할 것이다. 그러니 여기서부터 시작하라.

표준 이력서의 빈칸을 작성하듯이, '종이' 이력서를 채울 때와 똑같은 마음으로 링크드인 프로필도 신중하게 작성하라. 중요하지 않을 거라고 지레짐작하고 대충 쓰면 안 된다. 날짜나 정보를 날조해서도 안 된다. **이력서 내용과 링크드인 프로필이 다르면 그 부분을 반드시 확인하려 할 것이다.** 그러면 면접에 들어가자마자 링크드인 프로필의 오류가 거짓이 아니라 실수였다는 설명부터 해야 할 것이고, 변명하는 모습이라는 그다지 훌륭하지 못한 첫인상을 남길 것이다.

링크드인 프로필을 사실대로 잘 채운 뒤에는 함께 일했던 모든 동료에게 추천을 부탁하라. 추천을 받고 안 받고의 차이는 정말 크다.

어떤 가치를 제공할지 보여주기

이력서의 초점을 자신이 무엇을 원하느냐가 아니라 자신이 어떤 가치를 제공하느냐 `blog`에 맞춰라.

이력서에 그 일자리를 얻었을 때 자신이 무슨 일을 하고 싶은지는 적을 필요가 없다. 자신이 얼마나 훌륭한 사람인지 자랑을 늘어놓는 것도 부적절하다. 이력서는 현재 가지고 있는 기술과 과거에 쌓은 업적을 기반으로 자신이 장래의 고용주에게 어떠한 가치를 제공할 수 있는지 보여주어야 한다. 각 회사에 맞게 이력서를 수정하여, 그 회사에 맞는 특별한 가치를 제공할 능력이 있다는 걸 증명하라.

무슨 일을 어떻게 해서 어떤 결과를 내었는가

나는 이력서 작성 전문가가 아니므로 이력서 작성의 구체적 방법을 논하지는 않을 것이다. 이력서의 형식과 내용에 관한 정보는 인터넷에서 쉽게 찾을 수 있다. 나는 업무 경력이나 직무를 설명할 때 꼭 지켜야 한다고 생각하는 중요한 원칙에 대해 이야기하고 싶다.

자신이 한 일을 "자바와 스프링Spring 프레임워크를 써서 고양이 모양의 로고를 만드는 애플리케이션 개발을 도왔습니다."처럼 대충 줄줄이 늘어놓기보다 다음 세 가지 정보를 넣어서 구체적으로 써라.

- 자신이 한 업무
- 그 업무를 수행한 방법
- 자신이 얻은 결과

이 규칙을 적용하면 방금 전 이야기가 이렇게 바뀐다.

> 자바와 스프링 프레임워크를 사용해서 독특하고 혁신적인 고양이 모핑 morphing 알고리즘을 설계하고 프로그래밍했습니다. 이 애플리케이션 덕분에 고양이 형태의 로고를 만드는 애플리케이션의 성능이 500퍼센트 이상 향상되었습니다.

이때 카피라이터의 마음으로 문장을 조금 더 다듬고 싶다면 다음과 같이 더 구체적으로 기술할 수 있다.

> 여행하는 외판원 문제Traveling Salesman problem, TSP에 기반한 새로운 고양이 모핑 알고리즘을 만들었습니다. 새로운 알고리즘을 적용하기 위해 고양이 모핑 모듈을 리팩터링했습니다. 이때 유지 보수를 수월하게 할 수 있도록 자바 스프링 프레임워크를 썼습니다. 성능은 508퍼센트 개선되었고 버그 수정에 쓰는 시간은 34퍼센트 줄었습니다.

사실 마지막 건 카피라이터인 내 친구 조시 얼Josh Earl이 썼다. 조시는 이렇게 생각해야 한다고 말했다.

'인사 담당자가 받는 인사고과의 기준은 무엇일까? 인사 담당자가 좋은 점수를 받는 데 내가 도움된다는 걸 어떻게 보여줄 수 있을까?'

이래서 처음부터 이력서 작성 전문가를 고용하라고 제안한 것이다.

〈잠깐만요, 팁〉 묻기 좀 그런 질문이긴 한데… 이력서에 거짓말을 해도 되나요?

면접에서 곤란한 상황에 처하고 싶지 않다면 하지 마라. 면접관이 "자, 이력서를 보니 C++ 전문가라고 하셨는데 그러면 C++로 간단한 'Hello World' 프로그램을 만들어볼 수 있겠습니까?"라고 질문했을 때, 초조한 태도로 화이트보드에 몇 자 끄적거리다가 결국 마커를 내려놓고 "아니요, 할 줄 모릅니다."라고 말해야 하는 최악의 상황을 겪을 수도 있다. 얼마나 당황스럽겠는가!

아, 오해는 말길 바란다. 아직 학습 중인 프로그래밍 언어나 아주 능숙하게 쓰지 못하는 기술을 적으면 안 된다는 뜻은 아니다. 있는 그대로 쓰면 된다. 거짓말을 했다가 들통나는 곤란한 상황에 처하지 않도록 증명할 수 있는 내용만 이력서에 넣어라.

간결하게 쓰기

나도 초보 소프트웨어 개발자 시절에는 6페이지나 되는 흉물스러운 이력서를 만들기도 했다. 내가 한 모든 일, 사용한 모든 기술, 모든 자격증, 그리고 지난 2년간 먹은 아침 메뉴를 자세히 나열했다. 아침 메뉴 부분은 당연히 농담이다. 하지만 무슨 뜻인지는 이해했으리라 생각한다. **6페이지나 되는 이력서는 아무도 읽지 않는다.** 어머니께 드리면 어머니도 읽는 척만 하실 것이다.

좋은 광고가 최대한 짧은 시간에 구매로 이어지듯이 좋은 이력서도 최대한 짧은 시간 안에 면접으로 이어진다. 그러므로 이력서는 **1페이지로 작성하라.**

이 말은 이력서가 간결하게 핵심을 보여줘야 한다는 뜻이다. 언뜻 납득이 안 될 수도 있겠지만 내 말을 믿어라. 이력서를 집어 든 사람이 그 이력서의 주인공이 어떤 소프트웨어 개발자이고 어떤 관련 경력과 기술을 갖추고 있는지 핵심 정보를 빠르게 알아볼 수 있게 하라. 자신이 아는 모든 기술을 이력서에 일일이 나열하고 싶다는 충동을 느끼는 것도 이해한다. 특히 아는 게 많다면 그런 유혹을 더욱 크게 느낄 것이다. 하지만 그러한 충동을 참아야만 한다.

ASP.NET MVC 프레임워크를 쓰는 C# 웹 개발자 자리에 지원한다고 가정해보자. 프로그래밍 언어를 나열하는 기술 칸에

프로그래밍 언어: C, C++, 자바, C#, 루아, 파이썬, 펄Perl, 자바스크립트, 비주얼 베이식Visual Basic, 오브젝티브-C, 코볼, 스위프트

라고 쓰고 싶다. 다 써도 괜찮지 않을까?

아니다. 그 모든 언어를 안다고 해도 아마 그 언어를 모두 전문으로 하는 건 아닐 것이다. 게다가 지원하는 일자리와 관련 없는 언어가 대부분일 것이다. 그러다가는 중요한 신호가 소음에 묻혀버린다. 이력서를 대충 채워 넣은 거짓말쟁이 혹은 C#과 ASP.NET MVC 전문가와 거리가 먼, 뭐 하나 제대로 하지 못하는 어중이떠중이라는 인상을 남긴다.

기술 칸은 이렇게 채워라.

관련 기술: C#, 자바스크립트, ASP.NET MVC

큰 인상이 남진 않겠지만 초점이 훨씬 잘 맞춰져 있다. 다룰 줄 아는 언어가 그 외에도 50가지가 된다는 말은 면접에서 하면 된다. 과거에 다른 언어나 기술을 주로 써서 일했다는 사실을 이력서에 쓰면 안 된다는 건 아니다. 하지만 그럴 때도 최대한 핵심에 초점을 잘 맞추는 게 좋다.

이렇게 생각해보라. 당신이 탈세 혐의로 법원 소환장을 받았다. 이 심각한 세금 문제에서 자신을 구제해줄 변호사를 구하느라 두 변호사를 비교하는 중이다.

첫 번째 변호사의 전문 분야: 이혼법, 세법, 해양 포유동물 법, 형법, 부동산법, 그 외 자잘한 법률 관련 문제

두 번째 변호사의 전문 분야: **세법, 법인법**

전체적으로는 첫 번째 변호사가 더 큰 인상을 남길지 모른다. 하지만 당장 법정에서 자신을 대변할 변호사를 선택한다면 누구를 뽑겠는가? 나라면 두 번째 변호사다.

짧게 핵심 위주로 유의미한 내용을 담아라. 지금껏 거친 모든 직장, 자신이 아는 모든 기술을 나열할 필요는 없다. 심지어 이력서에 '관련 기술', '관련 경력'만 적어도 된다.

교정하기

언급하지 않아도 알아서 해야 하는 절차임에도 콕 집어 말하는 데는 이유가 있다. 지금껏 맞춤법이 틀리고 오타가 그대로 남아 있는 이력서를 너무 많이 봤기 때문이다.

이력서 교정은 최소 5번 이상 봐야 한다. 처음부터 끝까지 꼼꼼하게 보고, 다른 사람에게 봐달라고 부탁하라. 이력서에 남아 있는 **오타나 문법 오류, 맞춤법 오류는 이력서의 주인공이 멍청하고 부주의하고 세부적인 것까지 관심을 기울이지 않는다고 광고하는 최고의 방법이다. 특히 맞춤법 오류가 그렇다.**

'포르그래머'와 '프로그래머'는 똑같지 않다.

맞춤법 오류나 오타가 있는 이력서는 내용도 보지 않고 바로 휴지통에 던져 넣는 회사도 있다. 너무 가혹하다고 느낄지 모르나 당신이라면 세부 사항을 꼼꼼히 챙기지 못하는 부주의한 사람에게 중요한 임무를 맡기겠는가? 탈세 혐의를 논하는 법정에 맞춤법을 틀리는 변호사를 데리고 가겠는가?

여러 버전 만들기

앞에서 이력서 작성 전문가에게 여러 버전의 이력서를 만들어달라고 해야 한다고 이야기했는데, 여기서 다시 한번 이야기하겠다. **여러 종류의 일자리에 지원하려면 이력서의 기본 버전 또한 여러 종류로 만들어야 한다.**

기꺼이 다른 기술을 쓰는 다른 임무도 맡겠다는 소프트웨어 개발자도 많다. 신입은 그런 경향이 더욱 강하다. 이런 사람은 기술별로 기본 이력서를 따로 만들어두어야 한다. 실제로 지원할 때는 기술별 기본 이력서를 각 자리에 맞게 조금 더 수정하라. 그렇다 하더라도 기본 버전을 여러 종류로 만들어두면 시간을 절약하는 동시에 구직 방식을 어느 정도 일관성 있게 유지할 수 있다.

개성 드러내기

마지막으로 사람들이 자주 간과하는 사항을 하나 언급하며 이 장을 마무리할까 한다. 바로 개성이다.

이력서는 눈에 띄어야 한다. 100명의 지원자 중에서 어떻게든 눈에 띌 방법, 최대한 개성을 드러낼 방법을 찾아야 한다. 비정상적으로 보이라는 게 아니라 약간의 파격을 더해서 어떻게든 자신의 이력서가 눈에 띄게 하라는 뜻이다. 이력서를 본 사람이 독특하고 특별한 이력서라고 기억하게 만들어라.

창의적인 형식을 쓰는 것도 좋은 방법이다. 나는 옛날에 내 기술 수준을 별 하나에서 다섯으로 구분해서 점수를 매겼다. 나중에는 이 방법을 쓰는 개발자가 많아졌지만 내가 처음 쓸 때는 꽤 특이한 방법이었다. 그래서 내가 기술에 별점을 매겼다는 사실을 기억하고 언급하는 헤드헌터나 면접관이 꽤 있었다.

고용주나 면접관 중에는 특이한 걸 좋아하는 사람도 있지만 싫어하는 사람도 있으므로 언제나 통하는 전략은 아니다. 하지만 나라면 그 때문에 거절당하는 곳이 생길지언정 일단 다른 쪽에서라도 눈에 띄는 쪽을 택하겠다. 어느 곳에서도 눈에 띄지 않고 완전히 잊히는 것보다는 낫다고 생각하기 때문이다. 이는 양극화 전략이라고 불리는데 적절히 사용하면 나쁘지 않다.

나는 소프트웨어 개발자들에게 이력서에 짧은 동영상 이력서나 짧은 소개 동영상을 추가해보라고 코칭하곤 한다. 눈에 띌 좋은 방법이다. **두려워 말고 마음껏 창의성을 발휘하라.** 앞서 이야기했듯이 좋아하지 않는 사람도 있겠지만 좋아하는 사람도 많다. 좋아하는 사람들에게는 기억에 남는 지원자가 될 것이다.

하지만 한 가지 주의할 점이 있다. **창의성을 발휘하겠다고 이력서의 가독성이나 전달력을 떨어뜨려서는 안 된다.** 너도나도 웹 사이트에 플래시Falsh 인트로 페이지를 넣던 시절을 기억하는가? 어린 사람은 잘 모르는 이야기일 것이다. 어쨌든 탐색하기 끔찍하게 어려운 플래시 웹 사이트 blog 를 만드는 게 멋져 보인다고 생각하던 시대가 있었다. 창의성은 드러났을지 모르지만 콘텐츠에 집중하기 어려울 뿐 아니라 사용하기도 어려워진다는 면에서 그다지 좋은 방법은 아니었다. 창의적이고 독특하게 하되, 주의를 분산시켜 메시지를 약화하지 말고, 메시지를 강화하는 쪽으로 사용하라.

14

면접 절차

개발자들은 대개 면접을 두려워한다. **특히 화이트보드로 진행하는 코딩 면접** `blog` **말이다.** 하지만 제대로 준비해서 편안한 자세로 임할 수만 있다면 **면접이 기다려지는 날이 올 수도 있다.** 자신의 뛰어난 능력과 기술을 선보일 기회이기 때문이다.

방금 한 말을 믿기 어렵다는 걸 안다. 면접에서 그리 좋지 않은 경험을 한 사람이라면 더욱 믿기 어려울 것이다. 하지만 나도 과거에 면접에서 **끔찍한 경험을 해본 적이 있고** 그런 경험을 통해 많은 것을 배웠다. 그래서 준비만 잘하면 그런 마음이 완전히 바뀔 거라고 한 점의 의심도 없이 말할 수 있다.

개발자가 알아야 할 모든 걸 알고 있다고 착각하던 초보 개발자 시절, 마이크로소프트에서 치른 면접이 생각난다. 시작부터 끔찍했다. 호텔에 도착해서 짐을 풀면서 **깜빡하고 바지를 챙겨 오지 않았다는 걸 깨달았다.** 다음날 백화점에 들러서 바지를 사긴 했지만 이 정도는 시작에 불과했다. 당시 나는 마이크로소프트의 면접이 어떻게 진행되는지 전혀 몰랐기 때문에 **아무런 준비도 되어 있지 않았다.** 다음날 아침 차를 타고 마이크로소프트 캠퍼스로 향했다. 나와 연락하던 담당자를 만나서 면접 절차에 관해 설명을 듣기로 되어 있었다. 그날은 종일 6~7번의 면접을 볼 예정이었다. 한나절이 될 수도, 종일이 될 수도 있었다. 마이크로소프트의 선택을 받을 자격이 있는 훌륭한 지원자가 아닌 경우 점심시간까지 진행되는 초반 4번의 면접이 끝난 후 호텔에 일찍 도착해 짐을 쌀 것이고 가능성이 보인다면 3~4번의 면접을 더 보게 될 거였다.

이 정도만 이야기해도 꽤 부담스럽게 들린다. **가장 처음 만난 면접관은 화이트보드에 Win32 함수 한 가지를 코딩해보라고 시켰다.** 나는 아무 준비가 되어 있지 않았다. 진땀을 흘리고 말을 더듬으며 알아보기 어려운 글씨를 보드에 끄적였다. 답을 모른다는 걸 누가 봐도 알 수 있었다. 면접관은 나를 도와주려 했지만 의미가 없었다. 변명하며 시간을 끌어보았지만 면접관이 의도한 결과에 전혀 가까워지지 못했다. 내 부족함을 덮기 위해 거짓말을 했다. 다음 면접도 나을 게 없었다. 또 화이트보드 코딩을 시켰고 더 창피하게 완벽히 실패했다. 잘난 척을 하려면 최소한 자신이 뭘 하고 있는지는 알아야 한다. 내 자아는 빠르게 쪼그라들었다. **점심 면접은 안락사 절차나 다름없었다.** 나는 면접관과 마이크로소프트와 인생에 관해 이야기했다. 마치 들판에 끌려 나와서 죽기 전에 각설탕 몇 조각을 받아먹는 병든 말이 된 기분이었다.

탕! 미처 깨닫기도 전에 나는 호텔로 향하는 자그마한 버스에 올라타 있었다. 당연히 면접은 통과하지 못했다. 하지만 그 과정에서 꽤 많은 걸 배웠다. 나중에는 면접 실력도 훨씬 나아졌다. 이 장에서는 내가 저지른 실수를 똑같이 저지르지 않을 방법에 대해 알아보겠다. 자, 이제 본격적인 이야기를 시작해볼까?

면접 유형

내 창피한 경험을 듣는 동안 긴장이 좀 풀렸기를 바란다. 지금부터 면접에 관한 아주 중요한 정보를 전달할 생각이니까. 그 내용은 바로 소프트웨어 개발자가 경험하게 될 온갖 면접 유형이다. **가장 흔한 면접 유형**부터 정리해보자. 이를 잘 숙지해서 내가 빌 게이츠 고문실에서 연출한 창피한 일화를 당신은 경험하지 않길 바란다.

면접 일정이 구체적으로 잡히기 전에는 본인이 어떤 면접을 보게 될지 알 수 없으므로 각 유형을 소개하면서 준비 요령까지 자세히 다루지는 않겠다. 준비 요령은 면접 유형을 소개한 뒤에 따로 알아볼 테니 걱정하지 마라.

전화 면접

회사에 필요한 인재인지 진지한 고민에 들어가기 전에 보통은 전화 면접을 하게 된다. **개발자를 고용하는 대다수의 주요 기업**은 대면 면접을 치르기 전에 그런 비용을 들일 만한 가치가 있는 후보인지 **전화로 가려내는 단계를 둔다.**

전화 면접은 기술적인 질문이 주를 이루고 기술과 상관없는 질문도 일부 곁들인다. 기술적, 비기술적 전화 면접을 둘 다 보는 경우도 있다. 내가 치른 마이크로소프트의 면접으로 되돌아가보자. 당시 나는 두 종류의 전화 면접을 거쳤다. 앞서 이야기했듯이 **전화 면접은 일자리 제안을 결정하는 단계가 아니고 부적절한 후보를 걸러내는 단계다.** 본인이 기술 면에서 자격을 갖췄다는 사실, 정신병자가 아니라는 사실을 증명하면 통과할 수 있다.

전화 면접은 몇 가지 기술 질문과 몇 가지 사적 질문으로 구성되는 게 일반적이다. 지원한 자리에 적합한 자격을 갖추었다면 **전화 면접은 크게 어렵지 않다.** 기술적 지식이 없는 면접관이 몇 가지 표준 질문을 던지면서 지원자가 말하는 답을 녹음하는 방식으로 진행하는 경우가 많다. 그러므로 그냥 편하게 질문에 답하면 된다. 크게 고민할 것 없다. 하지만 최대한 자세히 답하라. 그래야 걸러지지 않을 확률이 높아진다.

온라인 기술 면접

온라인 기술 면접은 최근 몇 년 사이에 등장한 새로운 유형의 면접인데, **앞으로 점점 더 늘어날 것이다.** 전화 면접과 비슷하지만 전화 대신 **스카이프 등의 동영상 채팅 서비스를 활용하는 면접이다. 프로그래밍 문제를 풀게 하는 경우도 있고 면접관과 함께 페어 프로그래밍**pair programming*을 하는 경우도 있다. 지원자의 능력을 원격으로 빠르게 측정하는 것이 이 면접의 목적이다.

이 방식은 실제 원격 근무 환경과 매우 비슷한 방법이기 때문에 원격 근무하는 회사가 많이 활용한다. **이 면접 또한 대충 넘어가기 어렵다.** 프로그래밍 문제를 푸는 동안 면접관과 화면을 공유하기도 하는데 그러면 코딩을 진짜할 줄 아는지 여부가 확연히 드러난다. 이 면접은 **코딩 과제나 프로그래밍 평가 시험 링크를 주는** 방식으로 변형해서 진행한다. 환경과 시간에 제약을 두고 몇 가지 프로그래밍 문제를 풀게 한다. 이러한 유형의 면접은 **대면 코딩 면접과 매우 비슷하다.** 직접 만나서 진행하는 면접에 대해서는 뒤에서 더 자세히 이야기하겠다. 자신이 선택한 프로그래밍 언어로 알고리즘 문제를 해결할줄 알아야 하고 데이터 구조에 대해서도 잘 이해하고 있어야 한다.

---

* 두 사람이 하나의 작업 환경을 공유하며 함께 프로그래밍하는 것을 가리키는데 애자일 소프트웨어 개발 방법론에 속한다.

표준 기술 면접

이 면접 유형이 단연코 가장 흔하다. **프로그래밍 개발자로 일하며 접한 대부분의 면접이 면접관을 직접 만나서 진행하는 1시간짜리 기술 면접이었다.** 면접관은 지원자가 그 회사에 취직했을 때 가장 많이 쓸 기술에 대해 여러 질문을 던진다. 아주 심도 있는 질문을 하는 건 아니다. 면접을 어떻게 보아야 할지 잘 모르는 개발자가 면접을 맡는 일이 흔해서 그렇게 얕은 수준의 질문이 이어지는 게 아닐까 싶다. 면접관은 아마 지원자가 쓸 핵심 기술이나 프로그래밍 언어에 관한 면접용 질문을 구글에서 검색해보고 들어올 것이다. 그러니 지원자도 똑같은 방법으로 면접을 준비하면 된다. **면접에 들어가기 전에 자신이 선택한 기술에 관한 면접 질문과 답을 구글에서 검색해 알아두자.**

인성 면접

이 유형의 면접은 보통 관리자가 본다. 작은 회사라면 CEO나 회사 창업자가 보기도 한다. 지원자가 팀에 잘 어우러질지 확인 blog 하는 게 이 면접의 목표다. 함께 점심을 먹으며 지원자 자신과 그의 과거 경험에 관한 몇 가지 기본적인 질문을 던지는 방식으로 진행한다. **지원자에게 팀에 해로운 영향을 줄 성격적인 결함이 있는지 확인한다.** 만약 예전 직장에서 본인에 비해 다른 팀원들이 너무 무지하다고 생각해 항상 분쟁을 일으켜왔다면 새 회사에서도 문제가 될 소지가 충분하다. 너무 긴장해서 면접관과 공감대를 형성하지 못하고 불편해한다면 이 또한 팀에 잘 맞지 않을 거라는 신호다. 면접관이 구체적으로 어떤 점을 확인하고 싶어 하는지 알기 어려우므로 **최대한 자연스럽게 행동하고 반사회적인 행동은 삼가라.**

패널 면접

솔직히 이게 대부분의 사람들이 가장 꺼리는 유형이다. 특히 여기에 코딩 면접까지 접목된다면 최악이다. 패널 면접은 **일렬로 앉은 여러 패널을 상대로 보는 면접**이다. 패널은 번갈아가며 질문을 던지거나 이전 패널이 한 질문을 더 구체적으로 다시 묻는다. **기술 관련 질문과 사적인 질문을 던지고** 지원자의 답변을 자세히 받아 적는다. 패널 면접은 모든 면접의 마지막이자 최종 관문인 경우가 많으므로 잘 준비하는 게 좋다.

코딩 면접

코딩 면접도 최악의 유형이다. 아마 두렵기로 치면 가장 두려울 것이다. **코딩 면접에 가면** blog **코드를 작성해서 알고리즘 문제를 풀게 한다.** IDE를 사용하지 않고 화이트보드에 코드를 작성하라고 요구하는 경우도 많다. **제대로 대비하지 못한 사람은 대처하기 어려운 유형이다.** 다른 사람이 지켜보는 데서 화이트보드에 코드를 쓴다는 건 매우 부담스러운 일이다. 주어진 문제를 어떻게 풀어야 할지 확신이 없다면 그런 부담은 더욱 가중된다. 마이크로소프트, 구글, 애플 같은 큰 회사에서는 종종 이런 면접을 진행하므로 입사를 생각한다면 이 유형의 면접을 준비해두는 게 좋다.

맞춤형으로 공부해두지 않는 한 치르기 어려운 유형이다. 이러한 유형의 문제 해결을 위해 아예 새로운 사고방식이나 접근법을 익혀두길 바란다. 이 유형에 어떻게 대비할지 자세한 설명을 듣고 싶다면 이 책에 포함된 면접 완벽 준비 코스 toolkit 를 다운로드하라. 화이트보드에서 문제를 수도 코드 pseudo code로 나누고 이를 다시 IDE로 옮겨서 최종 해결책을 구현하는 과정이 담겨 있다.

그리고 잊지 마라. 연습하고 연습하고 또 연습하는 게 답이다.

전일 면접과 반일 면접

면접은 몇 가지 기술 면접, 인성 면접을 거쳐서 패널 면접으로 마무리한다. 큰 회사들이 주로 치르는 방식이지만 큰 투자를 받은 소규모 스타트업에서도 사용한다. 이러한 방식은 여러 직원이 여러 후보의 면접을 보도록 조직하느라 비용이 많이 든다.

이런 유형의 면접을 마칠 때쯤이면 무척 지친다. 마이크로소프트 말고 HP에서도 패널 면접으로 끝나는 전일 면접을 두 차례 본 적 있다. 두 번 다 마이크로소프트 면접보다는 수월하게 지나갔다. 나는 이런 면접을 정말 싫어한다. 자신을 싫어하는 면접관이 딱 한 명만 있어도 그날 하루를 제대로 망칠수 있다. 이런 유형은 **종일 여러 면접관을 거칠 거라고 보면 된다.** 점심 식사 중에도 **면접을 볼 것이고 마지막에는 경영진이나 패널 면접을 치를 것이다.** 비행기 비용, 호텔 비용을 지원해주는 종일 면접의 기회를 얻으면 면접은 형식상의 절차일뿐 그 회사에 입사한 거나 다름없는 것 아니냐고 생각하고 싶을 수 있다. 하지만 장담하는데 그렇지 않다. 경험에서 나온 말이다.

알아둘 것

지금까지 면접 유형에 대해 이야기했으니 이번에는 면접을 대비해 정확히 무엇을 알아두어야 할지 알아보겠다. 여기에서는 일반적인 수준까지만 이야기하겠다. **정확히 어떤 지식을 갖춰야 할지** 어떤 질문을 받을지는 **자신이 어떤 기술이나 어떤 일자리를 선택하느냐에 따라 크게 달라지기 때문이다.** 여기에서 소개하는 내용은 **자신이 무엇을 알아야 하는지 큰 그림을 파악하는 데 도움이 될 것이다.** 그러한 지식을 바탕으로 구체적인 내용은 스스로 익히도록 하라.

코딩 문제 푸는 법

모든 면접에 알고리즘 유형의 코딩 문제가 출제되는 건 아니다. 하지만 가장 어려운 (그리고 아마 가장 중요한) 면접에서는 코딩 문제를 풀어야 할 것이다. 코딩 면접을 통과할 수 있는 기술을 꼭 제대로 익혀두기를 바란다. 그러려면 코딩 문제를 수월하게 해결할 능력과 **데이터 구조에 대한 정확한 이해**가 필요하다. **꽤 어렵겠지만 그 대신 보상은 크다.**

코딩 면접을 수월하게 통과할 능력, 일반적인 코딩 문제를 잘 해결하는 능력을 갖춘 프로그래머는 많지 않다. 이쯤에서 다시 한번 게일 라크만 맥다월의 『코딩 인터뷰 완전 분석』blog 을 추천한다. 기술적인 문제를 다루는 장에서 좀 더 자세히 이야기하겠다. (혹시 내가 저자와 친해서 추천한다고 생각할지 모르지만 사실 만나본 적도 없는 사이다. 이메일을 보낸 적은 있지만 답장은 받지 못했다. 이 책이 코딩 면접에 자주 등장하는 온갖 코딩 문제에 대해 잘 알려주는 좋은 책이라서 소개하는 것뿐이다.) 코딩 면접을 잘 통과하는 방법에 대해 쓴 블로그 포스트 blog 도 참고하라. 동영상 수업을 선호하는 사람은 구직 면접 준비하기 blog 를 주제로 한 플루럴사이트 강의를 참고해도 좋다. 알고리즘 문제를 분해해서 해결하는 방법을 단계별로 보여주는 강의다.

나는 이런 면접이 꽤 재밌었다. 코딩 면접을 잘 볼 수 있게 능력을 갖추었다면 어떤 면접도 자신감 있게 볼 수 있다. 면접에서 마주할 가장 어려운 과제를 쉽게 해결할 수 있다는 확신이 생겼기 때문이다. (아, 피즈버즈 FizzBuzz* 에 대해서 찾아보고 기습 공격에 대비하면 좋다. 나중에 나에게 고마워하게 될지 모른다.)

---

* 369와 비슷한 게임. 이 게임을 코드로 구현하는 문제가 주어지기도 한다. 참고: http://bryan.wiki/260

기술에 대한 일반적인 질문

말하지 않아도 알아서 해야 할 부분이지만, 면접관 역할을 하면서 CLR 이 무엇인지 모르는 .NET 개발직 지원자, 다형성이 일종의 종교인 줄 아는 C++ 개발직 지원자를 만나고 보니 이 부분도 명확히 이야기해야겠다는 생각이 들었다.

자신의 전문 분야는 제대로 알아야 한다. 농담이 아니다. 자신이 선택한 프로그래밍 언어나 기술에 대해 공부하라. 적어도 구글에서 '자바 면접 질문'이라고 검색했을 때 나오는 내용 정도는 제대로 알아야 한다. **구글에서 '자신이 선택한 기술 + 면접 질문'을 검색해 나온 상위 세 가지 검색 결과에 해당하는 모든 질문에 대답할 수 있도록 준비하라.** 전혀 어려운 일이 아니므로 이 정도도 안 했다면 그건 자신의 과실이다.

때론 지원자를 괴롭히는 면접관도 있다. 하지만 **가장 일반적으로 묻는 질문의 답은 알고 있어야 한다.** 객체지향적인 프로그래밍 언어와 관련된 면접에 들어간다면 적어도 캡슐화, 상속, 다형성, 데이터 추상화, 인터페이스, 추상 기본 클래스에 대해서는 알아야 한다는 말이다. 내가 면접관으로 들어간 모든 면접에서 던진 질문이고, 내가 지원자로 들어간 면접 중 최소 절반 이상의 면접에서 접한 질문이다.

선택한 프로그래밍 언어나 기술이 무엇이든 그와 관련된 면접 질문을 소개하는 책 [blog] 이나 블로그 포스트 등 다양한 자료를 쉽게 찾을 수 있으므로 일일이 언급하지 않겠다. 플루럴사이트에도 일반적인 기술과 관련된 가장 일반적인 질문을 일부 소개하는 '구직 면접 준비하기' [blog] 강의가 있다.

성격에 관한 질문과 심리학적 질문

일반적인 성격 관련 질문이나 심리 관련 질문에 답할 수 있게 준비를 해두자. 어떤 면접관이든 기본으로 물어본다. 예를 들어 다음과 같은 질문이다.

- 자신의 최대 강점은 무엇인가?
- 최악의 약점은 무엇인가?
- 5년 후 자신은 어떤 모습일 거라고 생각하는가?
- 직장에서 직면한 도전 과제나 분쟁은 무엇이었고 각각을 어떻게 처리했는가?
- 왜 이 직장, 이 자리를 원하는가?
- 자신이 어떤 사람인지 간단히 말해보라.
- 현재 직장을 그만두는 이유는 무엇인가?

어떻게 답해야 할지는 자세히 이야기하지 않겠다. 답에 관한 조언은 인터넷에서 쉽게 찾을 수 있다. 그러한 조언의 핵심을 요약하면 **세부적인 약점을 너무 많이 노출하지 않는 선에서 최대한 진실되게 답하되 긍정적인 태도를 견지하라**는 것이다. 책임감 있는 모습, 성장하는 모습을 보여라. 어떤 상황에서도 **남 탓을 하지 마라.** 여기에 나온 질문 외에 자신이 받을 법한 다른 질문을 예측해보고 그에 대해 답하는 걸 연습해보자.

〈잠깐만요, 뭔〉 **최악의 약점에 대한 질문 말이에요. 그런 건 뭐라고 답해야 하나요?**

원래 답하기 좀 까다로운 질문이다. 어떤 특징이든 긍정적으로 보느냐 부정적으로 보느냐에 따라서 강점이 될 수도, 약점이 될 수도 있다는 게 핵심이다. 예를 들어 완벽주의자라면? 긍정적으로 보면 세부적인 사항까지 전부 꼼꼼히 챙기는 장점이 된다. 부정적으로 보면 모든 일을 완벽하게 해내기 위해 집착하느라 때로 큰 그림을 놓치는 단점이 된다. 이러한 속성을 잘 활용해서 자신에게 유리한 답을 내라. 이를테면 이렇게 말이다.

"저에게는 완벽주의 성향이 있어요. 때로는 큰 장점이기도 해요. 세세한 것까지 꼼꼼하게 챙기니까 부주의한 실수를 저지르는 일이 거의 없어서 결과물의 품질이 좋은 편이거든요. 하지만 모든 걸 너무 완벽하게 하겠다고 조금 과하게 집착하게 될 때도 가끔 있죠."

공식이 보이는가? 약점의 긍정적인 면을 찾아내서 강조한 후 가볍게 약점을 언급하며 마쳐라. 강점을 뒤집어서 나쁜 면을 살짝 보여준다는 뜻이다. 그러면 약점이 없다고 말한다고 보일 염려가 없는 동시에 큰 성격적 결함은 드러내지 않을 수 있다.

아주 솔직하게 진짜 나쁜 점까지 공개하는 게 최선이라고 생각하는 사람도 있다. 하지만 나는 그렇게 하라고 권하고 싶지 않다. 거짓말을 하라는 게 아니다. 절대 거짓말은 하지 마라. 하지만 고등학교 때 여자 친구를 스토킹한 전력이 있다거나 사실 좀 게으른 편이라는 사실까지 굳이 면접관에게 알릴 필요는 없다.

어떤 상황에서든 늘 최선을 다하라. 어떻게 약점을 강점으로 승화시킬 수 있는지 보여주어라.

┊ 면접 팁 ┊

자, 이제 면접에 관한 몇 가지 팁 blog 을 알아보자.

자세히 들어가기 전에 중요한 팁 한 가지를 언급하고 싶다. 전작인 『소프트 스킬: 평범한 개발자의 비범한 인생 전략 71가지』에서 한 개 장을 할애해서 다루었던 주제이기도 하다. **면접관에게 좋은 인상을 남길 기회가 면접 시간에 국한된다고 생각하지 말라는 것이다.** 면접관이 면접 전부터 호감을 느꼈다면 면접을 '통과'하는 데 아주 큰 도움이 될 것이다. 실력도 중요하다. 하지만 **대부분의 면접관은 자신이 좋아하는 사람을 뽑는다.** 면접을 보기도 전에 면접관이 자신을 좋아하게 할 방법은 무엇일까? 마법이라도 부려야 하는 거냐고? 간단하다. 고정관념에서 벗어나라.

12장 '일자리를 구하는 방법'에서도 고정관념에서 벗어난 몇 가지 구직 방법을 소개했다. **그중 하나라도 써본 경험이 있다면 전혀 모르는 회사에 지원서와 이력서를 낼 필요 없이 아는 사람에게 추천을 받아서 지원할 수 있는 좋은 기회가 찾아올 것이다.** 그러면 면접관은 좋은 인상을 품고 면접에 임한다. 블로그나 유튜브 채널을 운영하고 있다면 그 매체를 통해 이미 자신을 접한 면접관을 만날 수도 있다.

마지막으로, 이건 많은 소프트웨어 개발자에게 알려준 방법이다. 면접 일정이 잡힌 후에 **면접관에게 연락해서 사전 면접을 보고 싶다고 말하는 것이다.** 그렇게 미리 자신을 소개할 기회를 만들어라. 이 방법은 생각보다 훨씬 큰 도움이 된다.

면접을 보기 전에 면접관과 친분을 맺거나 면접관이 호감을 품고 면접에 임하게 할 방법을 알아낸다면 일자리를 구할 확률이 훨씬 높아진다는 게 핵심이다. 나도 이 방법 덕에 말만 면접이지 실제로는 면접관과 한 시간 동안 대화를 나누고 헤어진 후에 입사한 경험도 여러 번 있다. (분위기가 좋은 면접이라면 원래 대화를 나눈 느낌이 들긴 한다.)

어떤 이유에서든 이런 상황을 연출할 수 없는 사람도 있을 것이다. 지금부터는 그런 사람이 활용할 수 있는 몇 가지 팁을 알려주겠다.

의상 갖춰 입기

이런 팁이 마음에 들지 않는다는 의견도 조금 있었다. 하지만 나는 면접을 보러 갈 때는 늘 잘 차려입고 가야 한다고 생각한다. 직원들에게 샌들이나 반바지를 허용하는 소프트웨어 개발사가 많으므로 그런 차림으로 면접에 가도 된다고 이야기하는 사람도 있다. 하지만 그렇게 하지 않는 게 좋다.

면접을 보러 갈 때는 **그 회사의 표준 복식 규정보다 두 단계 높은 의상을 선택하라.** 남자든 여자든 깔끔한 정장을 입고 가기를 권한다. 여자는 치마 정장이든 바지 정장이든 상관없다. 파워레인저라면 전사 복장을 입고 가도 좋다 (입지 않고 배길 수 있겠는가?). 하지만 턱시도는 권하지 않는다. 비밀 요원 면접을 보는 게 아닌 한 턱시도는 좀 지나쳐 보인다. 꼭 정장을 입을 필요는 없었는데 '너무 차려입은' 것 아니냐고 묻는 면접관이 있을 수도 있다. 하지만 사람들이 하는 말을 너무 곧이곧대로 듣지 마라.

면접관에게 지나치게 차려입고 왔다는 말을 듣는 한이 있어도 똑똑한 전문가라는 첫 인상을 심어 두는 게 좋다. 똑똑하다는 인상을 남겨서 손해 볼 게 없다. 다른 지원자들이 티셔츠에 청바지 차림으로 오더라도 당신은 최대한 잘 차려입고 가서 자신이 다른 이들보다 전문성을 제대로 갖춘 더 나은 후보라는, 강력한 무의식적 편향을 만들어라.

내 조언을 철저히 지키지 않아도 좋다. 하지만 적어도 그 회사의 표준 복식 규정보다 한 단계 높은 의상을 선택하라. 자유분방한 것이 자신의 매력이라고 생각한다고 해도 제발 반바지는 입지 마라. 면접용 의상에 대한 구체적인 조언이 필요한 사람은 내 블로그 blog 에서 'what software developers should wear(소프트웨어 개발자 의상 선택)' 가이드를 다운로드해 추천 의상 목록을 확인하라.

┊ 정시 지키기 ┊

정시는 10분 전을 말한다. 15분 전이나 20분 전이 아니다. 정각도 아니다.

면접에 운전해서 갈 생각이라면 30분 일찍 도착할 수 있게 출발하라. 예상대로 30분 전에 도착한 후에는 20분 동안 차에서 기다려라. 일종의 완충 장치라고 생각하라.

정시에 도착하기가 어렵다면 정해진 시간보다 30분 일찍 도착해서 남는 20분은 이메일 답장 쓰기, 책 읽기 등 다른 활동에 써라. (단, 다른 이들이 볼 수 없는 건물 바깥 공간에서 하라. 굳이 이런 얘기까지 할 필요는 없겠지만 이왕 얘기했으니 기억하길 바란다.) 그러면 혹시 무슨 일이 생기더라도(무슨 일은 늘 생기기 마련이다) 시간을 지킬 수 있다.

거짓말하지 마라

거짓말이나 과장을 하고 싶다는 충동을 느낄 수 있다. 그럴 때는 참아라. 자신의 약점을 모조리 알려줄 필요는 없다. 하지만 어쩌다 드러났다면 감추지 말고 솔직히 말해라.

기술 관련 질문에 답할 때 특히 주의해야 한다. **답을 모른다면 모른다고 이야기하라.** 그 대신 집에 가서라도 답이 무엇인지 찾아보겠다고 말하라. **답을 모를 때 대충 둘러대려고 하지 마라.** 둘러대다 들킬 게 뻔하다. 혹시 면접관이 잘 아는 주제라면 자신감이 부족한 데다 오만하고 멍청한 인물로 낙인 찍힐 것이다. 나도 면접관 역할을 여러 번 해보았기에 하는 말인데 모르는 걸 대충 둘러대는 사람은 절대 좋은 인상을 남기지 못한다.

면접관이 던진 질문의 답을 반드시 전부 알아야 하는 건 아니다. 자신의 지식에 부족한 부분이 있다는 사실을 솔직하고 겸손하게 인정하고 그런 결점을 채우기 위해 노력하는 모습을 보이는 게 대충 둘러대고 거짓말하는 것보다 훨씬 더 좋은 인상을 남긴다. 답을 모른다고 인정할 질문이 하나 정도 있는 건 오히려 도움이 될 때도 있다.

방어적인 태도를 취하지 마라

면접처럼 평가를 받는 자리에 가면 스트레스를 많이 받을 수 있다. 면접관에게 그럴 의향이 없는 게 분명한데도 때로는 공격받는다고 느낄 때도 있다. 그래서 과거 업무 경험이나 기술에 대한 질문에 **방어적으로 답하기 쉽다.** 면접관이 한 질문의 답을 모를 때도 마찬가지다. 창피하다는 생각이 들거나 면접관이 자신을 바보 취급하려고 작정한 건 아닌가 하는 생각이 들 수도 있다. 무슨 수를 쓰든 그런 착각에 빠지지 마라. 질문에 대한 답을 모르

는 사람으로 비치는 것을 두려워하고 **자신의 작은 약점도 받아들이지 못해서 자
꾸 뒤로 숨고 방어적으로 구는 사람만큼 자신감이 부족해 보이는 사람도 없다.**

면접 중에 '공격'받는다고 느낀다 해도 그냥 그 상황을 견뎌라. 자신이 자
신감을 가질 만한 실력을 갖추었다고 믿어라. 자신은 바보 같아 보인다거나
무능해 보이는 것을 두려워할 필요 없이 약점을 인정할 배포가 있는 사람이
라고 마음을 굳게 다잡아라.

자세히 말하라

면접은 오디션과 비슷하다. **무대에 서 있는 시간이 길수록 유리하다.** 면접관이
하는 질문에 한 단어나 한 문장으로 답하지 마라. 항상 정성 들여 답하라.

정성을 들여 답하라니 무슨 뜻일까? 질문에 답을 내는 데 멈추지 말고 설
명을 추가하라는 뜻이다. 기술적인 질문이라면 특히 그렇다. 특정 기술이
나 개념을 어떻게 사용했는지 이야기하라. 논쟁거리가 될 만한 기술이 주제
로 등장하면 절대 놓치지 말고 자신의 의견을 개진하라. 그러면 제대로 이
해하지 못한 개념을 줄줄 외워온 게 아니라 깊이 있는 이해와 지식을 갖춘
사람으로 보일 것이다.

자신의 성격을 드러내고, 자신이 생각하는 바를 설명하고 공유하는 방식
도 보여줄 기회가 된다. **그렇다고 잔뜩 흥분해서 자신이 살아온 인생을 통째로 면접
관에게 들려주려고 하지는 마라.** 하지만 중요한 질문에는 늘 정성껏 답하라. 이
렇게 하면 혹여 기술적인 지식에 빈틈을 드러냈다 하더라도 자신이 접한 문
제나 질문을 분석적으로 사고한다는 걸 보여줄 수 있다.

자신감을 가져라(자신감 있는 척하지 마라)

자신감만큼은 절대 연기할 수 없다. 시도도 하지 마라. 그 대신 **실제 자신감을 가져라. 연출된 자신감은 불안이나 오만으로 비친다.** 진정한 자신감을 지닌 사람은 누구와 어디에 있든지 즐거운 시간을 보내는 것처럼 편안해 보인다.

진짜 자신감은 어떻게 얻는가? 물론 준비를 통해 얻을 수 있다. 면접을 철저히 준비할수록 자신감이 생긴다. 그러니 어려운 부분을 잘 대비하길 바란다. 그리스 시인 아르킬로코스는 이렇게 말했다. "기대를 높인다고 저절로 수준이 높아지는 일은 없다. 한 인간의 수준은 오로지 그가 훈련한 수준에 머무른다."

가장 중요한 메시지

저는 능동적인 사람입니다. 해야 할 일이 무엇인지 스스로 파악하고 실행합니다.

자신이 면접에서 하는 모든 말에 이 메시지를 담아라. 심플 프로그래머의 고용주로서 말하건대 이것이야말로 내 직원에게 바라는 바다. 나는 임무를 믿고 맡길 수 있는 직원, 내가 최소한의 지도만 해주어도 자기 일을 알아서 하는 직원을 원한다. 해야 할 일이 무엇인지 스스로 알아내고 완수하는 직원을 원한다. 그런 직원이 가장 큰 효율을 낸다. 그런 직원은 따로 관리할 필요가 없다. **스스로 관리하기 때문이다.** 이게 가장 중요한 특성이니 이를 가능한 한 많은 방법으로 증명할 방법을 찾아라. 기회가 된다면 말로도 꼭 하길 바란다.

연습하고 연습하고 연습하라

입사를 보장해줄 동아줄이라도 마련해둔 게 아닌 이상 뭔가 잘하고 싶은 게 있다면 연습을 해야 한다. 그러니 연습하라. 모의 면접을 연습하라. 거울을 보고 연습하라. 반려동물과 함께 연습하라. 친구나 가족에게 면접관 역할을 부탁하라. 기회가 되는 대로 진짜 면접을 보라. 연습하기 위해서라도 말이다. 자신의 모습을 동영상으로 찍어보라. 어색한 자신의 모습을 보며 민망한 감정을 느껴보라.

연습에 도움이 되는 일이라면 무엇이든 하라. 화이트보드에 코딩 문제 푸는 연습도 해보라. 연습하고 연습하고 연습하라. 아무리 강조해도 지나치지 않다. 연습하라.

15

연봉과 협상

이 장은 정말 중요하다. **이 장에 나온 조언을 잘 활용하면 소프트웨어 개발자로 일하는 동안 수십만 달러나 백만 달러가 넘는 금액도 벌 수 있을 것이다.** 이유는 두 가지다.

첫째, 협상을 제대로 하면 연봉 인상에서는 기대할 수 없을 만큼 높은 수준으로 **초봉을 올릴 수 있다.** 둘째, **연봉 인상은 대부분 기존 연봉을 기준으로 하여 일정한 비율로 올라간다.**

그래서 직장에 처음 들어갈 때 최대한 협상을 잘해두는 게 절대적으로 중요하다. 안타깝게도 심각한 저연봉을 받아도 협상할 생각이 전혀 없는 개발자, 회사 측에서 처음에 제안한 금액을 바로 받아들이는 개발자 blog 가 너무 많다. 이런 사고방식도 충분히 이해한다. 그저 일을 하고 싶은 것뿐이라면 말이다. 하지만 미래를 생각하면 연봉 문제는 중요하다.

이 장에서는 일자리 제안서를 받을 때부터 협상 단계에 이르기까지 고려해야 할 사안은 무엇이고 역제안은 어떻게 하는지 알아보자. 본론에 들어가기 전에 마지막으로 한마디만 하겠다. 이 부분은 당신의 미래 재정 상태에 지대한 영향을 미칠 중요한 정보이기 때문에 핵심만 담은 소프트웨어 개발

자 협상 체크리스트를 따로 만들었다. 내 블로그 toolkit 에서 무료로 다운로드
할 수 있다. 출력해서 연봉 협상할 때 잘 활용하라. 그러길 잘했다고 생각
하게 될 것이다.

연봉 범위를 알자

자신이 지원할 자리의 연봉 범위가 어느 정도인지, 기술 분야나 직함이
무엇인지, 어느 지역에 있는 회사 위주로 볼 것인지부터 알아야 한다. 하나
씩 자세히 살펴보자.

해당 회사에서 자신이 원하는 직군이 받는 연봉의 범위를 알아야 한다. 글래스도어
Glassdoor.com blog * 같은 사이트를 참고하거나 주변에 물어보면 된다. 그렇다
고 그 회사에서 일하는 사람에게 가서 연봉을 얼마 받느냐고 묻지는 마라.
"제가 X~Y달러 정도의 연봉을 기대하면 합리적인 수준일까요? 혹시 아는
내용과 다르다면 어느 정도가 합리적인 수준인지 알려주실 수 있나요?" 정
도가 적절하다. 그리고 상대가 얼마를 이야기하든 그 금액보다 10퍼센트가
높다고 생각하라. 자신보다 더 높은 연봉을 받을 수 있게 도와주려는 사람
은 거의 없기 때문이다.

정확히 얼마를 받는지는 알아내기 어렵다. 하지만 **연봉 협상에 들어가거나
제안서를 검토해보기 전에 그 회사에서 같은 직책이나 직급이 받는 연봉의 범위가 보통
어느 정도 되는지는 알아보는 게 좋다.** 큰 기업 중에는 공식 급여 체계를 공개하
는 곳도 있다. HP에서는 관리자가 여러 급여 등급이 적혀 있는 공식 급여
체계를 내게 보여주기도 했다. 이럴 때는 묻기만 하면 된다. 하지만 그 데
이터에만 의존하면 안 된다. **스스로 더 조사해보라. 경력이나 사용하는 기술에 따**

---

* 국내에는 이와 유사한 정보를 제공하는 서비스로 잡플래닛(http://www.jobplanet.com)이 있다.

라 소프트웨어 개발자의 연봉이 평균적으로 어느 정도인지, 경력에 따라 기술에 따라 금액이 평균적으로 얼마나 달라지는지 `blog` 알아내라. 주변에 물어보라.

알아내기 그렇게 어렵지 않다. 수고롭다는 건 나도 안다. 하지만 지극히 상식적인 절차다. **중요한 협상을 하기 전에는 일단 관련 사실부터 확인해야 한다.** 나는 차량을 구매할 계획이 생기면 켈리 블루 북Kelley Blue Book[*]에서 사려고 하는 차량이나 동급 차량이 다른 딜러나 판매자에게 어느 정도의 가격으로 평가되는지 반드시 확인한다. 가능하다면 딜러의 청구서도 확인할 것이다.

회사 측에서 희망 연봉을 물으면 얼마를 불러야 하느냐는 질문도 많이 받는다. (힌트: 먼저 얘기하지 마라.) 자신이 제안받은 연봉은 괜찮은 수준이냐고도 많이 물어본다. 하지만 그 정도는 사실 미리 조사하면 스스로 답을 찾을 수 있다. 조사하는 데 들인 수고는 반드시 후하게 보상받는다. 그러니 꼭 하길 바란다.

제안서 받기

협상은 제안서를 받기 전후로 진행된다. 우선 제안서는 언제 주는지, 제안을 받은 후에는 어떻게 해야 할지부터 살펴보자.

이메일이나 우편이 예고 없이 날아오는 때도 간혹 있긴 하지만 **대부분의 회사는 일자리를 제안할 거라는 사실을 사전에 알려준다.** 협상이 제안 전후 언제 이루어지는 게 더 유리한지는 논란의 여지가 있다. 제안도 받기 전에 협상하려고 하다가는 제안이 아예 철회될 위험이 있다. 하지만 제안을 받은 후에 협상을 시작하면 유리한 고지를 미리 점령하지 못할 위험, 너무 낮은 금액을 제안 받아서 협상이 난관에 처할 위험이 있다.

---

[*] 자동차에 관한 정보를 조사하고 평가하여 시세를 알려주는 서비스

나는 제안을 받은 후에 협상하는 쪽을 선호한다. 제안을 받았다는 건 인사 담당자가 나를 고용하겠다고 이미 결정했다는 뜻이다. 이러한 사실을 협상에 유리하게 이용할 수 있다. 그러나 제안을 받았을 때 그 제안은 하나의 제안일 뿐이라는 걸 잊지 마라. **아직 그 자리를 완전히 차지하지 못했다는 뜻이다.** 고용될 가능성이 매우 높아진 건 맞지만 아직은 어떤 것도 보장받지 못한다. 제안은 필요하면 쉽게 백지화할 수 있다. 그런 일이 흔히 일어나지는 않지만 말이다.

제안서를 받았다면 내용을 주의 깊게 살펴보고 답변 기한이 있는지 꼼꼼히 확인하라. (기한도 협상할 수 있다.) **업무 시작일, 연봉이나 월급, 직책, 휴가나 건강보험 같은 복지 혜택 등 중요한 세부 사항을 찾아보라.** 이 모든 것이 협상의 대상이 될 수 있으므로 반드시 모든 항목을 꼼꼼히 살펴봐야 한다. 제안을 바로 승낙하고 싶을 수도 있다. 특히 구직 활동을 한 지 오래되었다면 더 그럴 것이다. 하지만 그러지 마라. 협상은 늘 해볼 가치가 있다. 적정선을 잘 지킨다면 말이다.

마지막으로 중요한 사항 한 가지만 더 짚고 넘어가자. 바로 시간이다. 구직 면접을 본 후에 제안서 혹은 거절 연락을 받기 전에 몇 주 정도 기다려야 하는 때도 많다. **합격자라면 면접 후 며칠 내에 제안서를 받는 게 일반적이기는 하나 늘 그런 건 아니다. 그럴 때는 후속 조치를 취하는 게 좋다**`blog`. 그 기회를 통해 자신에게 다른 기회도 열려 있다는 어감을 미묘하게 내비칠 수 있다면 더욱 훌륭하다. 후속 조치를 두려워하는 사람이 많은데 그럴 필요 없다. 나를 고용하기로 마음을 정한 사람이 내가 이메일을 보내 언제쯤 결정될지 묻는다고 해서 갑자기 마음을 바꾸어 떨어뜨리기라도 할 것 같은가? 적극적으로 자신이 원하는 걸 해내는 모습을 보고 인사 담당자의 '글쎄'가 '그래'로 바뀔 수도 있다. 그러니 반드시 후속 조치를 취하자.

연봉이 전부는 아니다

일자리 제안에 어떤 내용이 포함되는지 샅샅이 살펴볼 차례다. 대부분의 소프트웨어 개발자는 일자리 제안서 내용 중 연봉에만 집중한다. 이렇게 접근하면 많은 협상 요소를 흘려보내서 스스로 자신의 입지를 약화하는 것이나 다름없다. 그리고 연봉 액수만 보고 쫓아가는 건 자신에게 손해다.

두 회사에서 제안을 받았다고 상상해보자. 한 회사는 90,000달러, 다른 회사는 80,000달러를 제안한다.

90,000달러 제안을 제안 A이라고 부르겠다. 제안 A를 한 회사는 규모가 작다. 이 제안에는 0.05퍼센트의 주식도 포함된다. 주식에 대한 권한은 3년 후에 발생한다. CEO는 스타트업이므로 일주일에 60시간 정도 근무해야 할 거라고 말한다. 휴가는 '관대하게' 줄 것이고 병가를 포함해서 '필요할 때 휴가를 쓰는' 정책을 생각한다고 한다. 건강보험은 제공되지만 보장률은 80퍼센트이고 이를 위해 월급에서 세전 200달러가 빠져나갈 것이라고 한다. 401K 퇴직연금이 있지만 회사의 매칭*은 제공되지 않는다. 직책은 시니어 소프트웨어 개발자다.

80,000달러 쪽을 제안 B라고 하겠다. 제안 B를 한 회사는 포천Fortune 지가 선정한 500대 기업에 속하는 꽤 큰 기업이다. 주식은 못 받지만 분기 실적이 좋으면 상여금 명목으로 스톡옵션을 받는다. 기업 문화는 좋은 편이다. 많은 개발자가 재택근무를 한다. 금요일에는 보통 한나절만 근무하고 친교 행사를 연다. 근무시간이 주당 40시간도 되지 않는 사람들도 꽤 있는 것으로 보인다. 일과 삶의 균형을 맞추자는 게 인사팀의 정책이다. 휴가는 '2주'를 주되 근무 햇수가 늘어나면 휴가 일수도 증가한다. 유급 병가도 5일

---

* 직원이 자신의 401K 계좌에 낸 금액에 따라 회사가 일정한 비율의 금액을 직원의 계좌로 불입해주는 것을 매칭 (matching)이라고 한다. 10퍼센트 매칭을 제공한다는 건 직원이 100달러를 납입했을 때 회사에서 10달러를 내준 다는 뜻이다.

준다. 건강보험은 추가 비용 없이 100퍼센트 보장된다. 401K 퇴직연금이 있고 2퍼센트의 매칭을 받는다. 그 외에도 구내식당 이용 비용 대폭 할인, 보육 비용 할인, 체육관 회원권 등 소소한 혜택을 제공한다. 직책은 소프트웨어 엔지니어 II다.

두 제안의 차이를 비교하자면 종일 할 수도 있다. 하지만 재정적 측면에서 둘을 비교하는 최고의 방법은 시급을 따져보는 것이다. 보다시피 연봉에는 시급이 드러나지 않는다. **자신이 받을 시급을 알려면 다음 사항을 알아야 한다.**

* 주당 예상 근무시간
* 상여금을 포함한 예상 보상금
* 휴가 일수
* 자신이 받을 복지 혜택(특히 건강보험 부분)

계산이 꽤 복잡해질 수 있지만 큰 차이점을 찾는 중이므로 간단하게 살펴보겠다. 시급 35달러와 36달러 사이에서 고민하는 건 의미가 없다. 각 제안의 시급이 얼마인지 확인해보자.

제안 A

평소 주당 근무시간: 55 (확인할 방법이 없으므로 일단 믿어보자.)

연봉: 90,000달러

상여금: 0달러 (주식은 보통 가치가 없다.)

휴가 일수: 5일 (주당 50~60시간 근무해야 하는 회사라면 무제한 휴가 정책이 있어도 오래 쉬기는 어렵다.)

건강보험: 월 700달러

90,000달러 + 0달러 + (700달러 × 12개월) = 98,400달러

98,400달러 / (주당 55시간 × (52주 − 1주 휴가))

98,400달러 / 2,805시간(연간 근무시간) = 시급 35달러

제안 B

평소 주당 근무시간: 40

연봉: 80,000달러

상여금: 2,400달러(평균 3퍼센트로 가정)

휴가 일수: 10일

건강보험: 월 1,500달러

401K 매칭: 월 400달러

그 외 복지 혜택: 월 200달러

80,000달러 + 2,400달러 + (1,500달러 + 400달러 + 200달러 × 12 개월) = 107,600달러

107,600달러 / (주당 40시간 × (52주 − 2주 휴가))

107,600달러 / 2,000시간(연간 근무시간) = 시급 54달러

자, 당신이 화를 내기 전에 우선 큰 회사가 스타트업보다 좋다는 이야기를 하려는 게 아니라는 점부터 분명히 하겠다. 현실에서는 이 가상 시나리오와 반대 상황이 벌어지는 것도 얼마든지 가능하다. 지금은 비교에 집중해보자.

연봉이 더 낮은 회사에서는 **한 시간 근무의 가치를 54달러로 책정했다. 반면 연봉이 10,000달러 높은 회사에서는 그 가치를 35달러로 보았다. 엄청 큰 차이다!** 물론 내가 무언가 빠뜨리고 계산했을 수도 있다. 그렇다 하더라도 연봉에 현혹되었다가 완전히 잘못된 길로 들어갈 수 있다는 사실은 분명히 보여주었다고 생각한다.

제안을 수락하기 전에 이런 계산을 꼭 해보아야 한다. 물론 돈으로 모든 걸 설명할 수 있는 건 아니다. 사람에게는 자신이 훨씬 좋아하는 일도 있기 마련이므로 그러한 외적인 부분도 반드시 고려하는 게 좋다. 하지만 협상 전에는

재정적인 관점에서도 공정하게 비교해보아야 한다. 협상에 대해서는 뒤에 더 자세히 이야기하겠지만 이런 정보를 알면 협상 내용이 크게 달라질 수 있다. 앞에서 말한 예에서 스타트업 쪽 제안을 큰 기업 쪽 제안과 비슷하거나 나은 수준에 맞추려면 120,000달러를 요구해야 한다. 이런 정보를 모르면 스타트업의 제안이 더 낫다고 착각할 수도 있다.

협상하기

기초를 다졌으니 이제 협상 이야기로 넘어가자. 앞에서 다룬 배경지식이 없으면 협상을 해봐야 별 효과가 없다는 걸 지금쯤이면 깨달았기를 바란다. **협상이 왜 그렇게 중요한지부터 이야기해보자.** 소프트웨어 개발자들은 군이 일자리를 놓칠 위험을 무릅써가며 협상에 진을 빼고 싶지 않다고, 그래서 제안을 그냥 받아들인다고 한다. 사람 좋은 개발자 중에는 어차피 협상해봐야 큰 차이도 없다고 오히려 나를 설득하는 이도 있었다. 나는 정중하게 그 말에 반대한다. 가장 큰 이유는 **연봉 조정은 입사 후보다 입사 전이 훨씬 쉽기 때문이다.**

전체 보상이 10퍼센트 인상되면(이 정도는 쉽게 받을 수 있다), 연봉 인상은 많아야 해마다 2~3퍼센트 정도이고 아예 동결일 때도 흔하므로 연봉 인상 측면에서 2~3년 정도 앞서가는 셈이다. 그것만으로도 큰 이득이다. 그런데 아인슈타인이 세계의 여덟 번째 불가사의라고 일컬은 복리의 힘을 빌리면 그 차이는 더욱 극명해진다. 무슨 말일까? 지금은 연봉 협상을 예로 들어 설명하겠지만 이 원칙을 앞에서 든 예에 나오는 모든 요소에 잘 적용하면 전체 보상을 한층 더 끌어올릴 수 있다.

다음 표는 협상 없이 그냥 80,000달러를 받는 경우와 협상을 통해 90,000달러를 받는 경우를 비교한 수치다. 매해 3퍼센트 인상을 받는다고 가정했다. 10년이 지났을 때 얼마나 차이가 나는지 보자.

1년 차	80,000.00달러	90,000.00달러
2년 차	84,872.00달러	92,700.00달러
3년 차	84,872.00달러	95,481.00달러
4년 차	87,418.16달러	98,345.33달러
5년 차	90,040.70달러	101,295.79달러
6년 차	92,741.93달러	104,334.67달러
7년 차	95,524.18달러	107,464.71달러
8년 차	98,389.91달러	110,688.65달러
9년 차	101,341.61달러	114,009.31달러
10년 차	104,381.85달러	117,429.59달러
합계	**917,110달러**	**1,031,749달러**

차액이 114,639달러다. 그 돈을 더 번다고 부자가 되는 건 아니지만 꽤 큰돈이다.* 이는 같은 직장에 10년간 머물면서 매해 연봉이 3퍼센트 인상된다고 가정했을 때의 결과다. 이직하면서 협상을 잘하는 사람, 한 회사에 머물더라도 협상을 해서 연봉을 잘 인상 받는 사람이라고 가정을 바꾸면 결과가 어떻게 달라질까? 추가로 번 돈을 다른 곳에 투자해서 수익을 본다면 또 어떻게 달라질까? 아, 그리고 평생 30년 동안 일한다고 보고 계산하면 그 차액은 475,754.16달러다!†

---

* 1억 2천만 원 정도의 금액
† 5억 2천만 원 정도의 금액

유리한 고지 점령하기

어떤 협상에 임하든 양측의 위치부터 확인해야 한다. 개인 브랜드를 만들고 자신을 마케팅하라고 강조하는 [blog] 이유도 이 때문이다. 유리한 위치를 점해야 원하는 협상 결과를 얻을 확률이 높아진다. **협상에서는 여유 있는 사람이 늘 유리하다는 걸 기억하라.**

함께 **가장 좋은 고지**를 점령한 사람을 상상해보자. 이미 고액 연봉을 주는 좋은 직장에 다닌다. 평소 다른 곳에서 일자리 제안도 자주 받는다. 그런데 그의 독특한 재능과 능력, 평판을 높이 사서 꼭 모셔가고 싶다고 하는 회사가 등장한다. 아, 그리고 앞으로 3개월 정도 생활비에 해당하는 넉넉한 자금도 은행에 있다. 너무 이상적인가? 아니다. 사실 내 경험을 이야기한 것이다. 독립하기 전 전업 개발자로 일하던 시절에 딱 이런 상황이었다. 아주 괜찮은 입장이었다.

그럼 이번에는 거꾸로 **최악의 위치**를 한번 떠올려보자. 추천 없이 한 회사에 지원했다. 학사 학위 소지자를 찾는 자리인데 학사 학위도 없다. 면접은 망쳤고 3순위 후보다. 1순위, 2순위의 두 후보가 제안을 거절한다. 받아둔 다른 일자리 제안도 없다. 곧 아파트에서 쫓겨날 신세고 아직 돈을 내지 못한 고지서가 쌓여 있다.

전자가 후자와 비교할 때 협상에 있어 얼마나 유리한 위치를 점했는지 보이는가? **협상에 들어가기 전에 첫 번째 사람과 같은 입장이 되도록 노력해야 한다.** '몰린다'라고 표현하는 상황에 처하는 일은 없길 바란다. 고를 수 있는 선택지는 극도로 제한적인데 재정적 문제나 기한 등의 재앙적 상황 때문에 차선의 안이라도 골라야만 하는 상황을 나는 '몰린다'라고 표현한다.

어떻게 해야 더 나은 위치를 차지할 수 있을까? 무엇보다 필사적인 입장에서 벗어나는 게 중요하다.

- **다른 일자리를 구하기 전에 다니던 직장을 그만두지 마라.** 상사가 아무리 답답해도 참아라.
- **몇 달 정도 버틸 수 있는 생활비를 늘 준비해두라.** 이건 누구나 할 수 있는 일이다. 이렇게 준비하면 몰리는 상황에 처하지 않는다. (이 부분은 내 말을 믿어라.)
- **일자리에 지원할 때는 가능한 한 추천을 받아라.** (더 자세한 내용은 12장을 참고하라.)
- **면접을 아주 철저하게 준비해서 최선의 성과를 내라.** 면접을 훌륭한 성적으로 통과하면 면접을 겨우 통과하는 사람보다 훨씬 더 유리한 고지를 점령할 수 있다.
- 동시에 **여러 제안을 받을 수 있는 상황을 만들 수 있다면** 더욱 좋다.
- 앞서 이야기했듯이 **자신이 지원할 구직 시장, 협상할 회사, 연봉 정보**를 잘 알아두라. 아는 게 힘이다. 협상에서는 아는 게 많은 쪽이 적게 아는 쪽보다 훨씬 더 유리하다.
- 좋은 평판을 구축하라. **평판이 좋을수록 더 유리해진다.** 블로그를 정기적으로 업데이트하고 마케팅 및 브랜딩 관련 기본 지식을 쌓는 이유다.

어떤 협상이든 들어가기 전에 자신의 위치를 상대의 위치와 비교 평가해 보라.

숫자를 먼저 말하는 사람이 진다

방금 유리한 위치를 점하는 게 정말 중요하다고 설명했다. **연봉 정보는 지원자와 회사 양측 모두에게 아주 중요한 정보다.** 어떤 협상에서든 숫자를 먼저 말하는 사람이 진다. 아니면 적어도 크게 불리한 위치에서 시작한다. **어떤 상황에서도 자신의 현재 연봉을 노출하지 마라. 그리고 제안을 받기 전에 자신이 원하는 연봉이 얼마인지도 절대 알려주지 마라.**

말보다 실천이 어렵다는 건 나도 안다. 회사가 지원자에게 현재 얼마의 연봉을 받는지 희망 연봉은 얼마인지 직접적으로 묻는다는 것도 안다. 그러나 이런 상황을 빠져나갈 방법이 몇 가지 있다. 우선 현재 연봉이 얼마인지 물어보면 **연봉 정보는 현재 회사의 기밀**이라서 발설하면 찝찝할 것 같다고 말하라. 그래서 그냥 말하고 싶지 않다고 하라. 그래도 말하라고 압력을 가한 다면 복지 제도나 무형의 혜택 등을 포함해 **회사에서 받은 전체 보상이 얼마인지를 고려하는 게 옳기 때문에** 연봉만 따로 떼어서 이야기하고 싶지 않다고 하라. 아니면 조금 더 직설적으로 **현재 연봉을 말하면 자신이 협상에서 불리해질 것 같다**고 말해도 된다. 현재 연봉이 크게 낮으면 자신의 가치보다 적은 돈을 받을 위험이 있고 현재 연봉이 크게 높으면 아예 그 자리를 놓칠 위험이 있다.

희망 연봉을 말하라고 할 때도 이 조언을 똑같이 활용할 수 있다. **합리적인 제안이라면 얼마든지 즐겁게 받아들일 마음이라고 하거나** 임의로 아무 숫자나 대기보다는 급여와 복리후생을 포함한 전체 보수에 대해 알고 싶다고 하라. (앞서 살펴본 두 제안의 예에서처럼 전체 보수는 시급에 큰 영향을 미치는 요소이므로 이 말을 하는 건 아주 똑똑한 전략이다.)

이 주제에 대해 쓴 내 블로그 포스트 blog 일부를 소개하고 싶다.

> 자신이 어떤 일자리에 지원했고 그 자리를 차지했을 때 희망하는 연봉이 70,000달러라고 가정해보자. 그 자리에 낙점된 후 회사에서 처음으로 하는 질문은 희망 연봉이다. 그래서 70,000달러 정도라고 말한다. 조금 머리를 쓴다면 70,000~80,000달러 정도라고 말할 수도 있다. 인사 담당자는 즉시 75,000달러를 제안한다. 악수를 하고 즐거운 마음으로 그 제안을 받아들인다. 하지만 여기에는 생각지 못한 점이 있다. 사실 인사 담당자가 그 자리에 생각한 예산은 80,000~100,000달러였다. 아차, 숫자를 먼저 말했기 때문에 연 25,000달러를 잃은 것이다.

역제안을 두려워하지 마라

일자리를 제안 받았다면 이제 여러분이 역제안을 할 차례다. 역제안은 **차익 거래***나 다름없다. 단점은 거의 없고 장점만 많기 때문이다.

---

* 지역에 따라 같은 상품의 가격이 달라질 경우 한 지역에서 낮은 가격에 구입한 후 다른 지역에 가서 높은 가격에 파는 것을 가리키는 말이다.

위험 부담은 매우 적은데 기대 이익은 무척 크다. 역제안을 한다고 해서 고용 제안을 취소하는 일은 거의 없다. 최악의 경우라 해도 안 된다는 말을 듣는 정도다. 그러므로 **어지간하면 역제안을 해보는 게 좋다.** 어떤 역제안을 할 것인지는 상황이나 맥락에 따라 크게 달라진다. 하지만 협상하기 전에 항상 자신이 어떤 결과를 원하는지, 수락할 수 있는 최저선은 얼마인지 명확한 목표를 세워라. 그래야 역제안의 내용도 수월하게 정할 수 있다.

내 경험상 **협상에서는 크게 움직이는 사람, 크게 양보하는 사람이 진다.** 과거에 나는 힘든 법정 다툼을 이어가던 중 합의 중재를 위한 협상을 한 적이 있다. 원래 내가 입은 손해는 10,000달러 정도였다. 변호사가 50,000달러에서 시작하자고 말했다. 1차 협상에서 우리는 50,000달러를 제안했고 상대는 0달러로 응했다. 나는 상대가 금액을 올리기 시작할 거라고 생각해서 2차 협상에서는 금액을 25,000달러로 내리자고 제안하려고 했다. 하지만 판사와 변호사가 45,000달러 정도가 최선이라고 입을 모아 말했다. 그 뒤로는 마치 마법 같은 상황이 이어졌다. 상대는 9,000달러를 역제안했다. 나는 '중간에서 만날 수 있게' blog 15,000달러 정도를 제안하려고 했다. 하지만 판사와 변호사는 이번에도 입을 모아 39,000달러가 최선이라고 했다. 이런 과정을 여러 차례 반복하면서 상대의 금액은 점점 올라오고 우리 금액은 내려갔다. 결국 최종 합의를 본 금액은 약 16,000달러였다(앞에 밝혔듯이 내 원래 목표는 10,000달러였다).

이 협상을 통해 **상대에게 올라오길 강요하기보다 내가 아주 천천히 내려가는 게 현명하다는** 걸 배웠다. 그리고 누군가 나를 대변하는 게 내가 스스로 나서서 변호하는 것보다 훨씬 더 유리하다는 것도 배웠다. 그러니 역으로 제안하는 걸 두려워하지 마라. 그리고 역제안할 때는 무엇을 원하는지 정확히 알고, 그보다 훨씬 높은 숫자를 대고 아주 천천히 내려와라. 물론 제한은 있다. 나라면 2~3차례 제안이 오고 가는 선에서 멈출 것이다. 그 이상이 되면 장래의 고용주는 상대가 실제 그 자리를 간절히 원하긴 하는 건지 의심하기 시작할 것이다. 그래도 최소 한 번은 시도하고 두 번 정도도 괜찮다는 걸 기억하라.

무엇이든 협상할 수 있다

협상의 대상을 연봉에만 국한하지 마라. 제안을 샅샅이 살펴보고 제안 A와 B의 시급이 어떻게 다른지 계산했던 것을 기억하는가? 제안 B의 연봉이 10,000달러나 낮은데도 알고 보니 A보다 훨씬 좋은 제안이었다. **연봉을 유일한 협상의 대상으로 보는 건 본인의 협상력을 스스로 크게 약화하는 행위다.** 거래의 여러 측면이 어떤 거래 당사자가 보느냐에 따라 각기 다른 가치를 지닌다는 걸 늘 기억하는 게 중요하다.

고용주 입장에서 보기에 연봉은 크게 바꾸기 어려운 항목이다. 정해둔 연봉 범위와 인사 정책을 벗어날 수 없기 때문이다. 반면 휴가 일수, 의료 혜택 등의 사항에 대해서는 훨씬 더 유연할 수 있다. 사실 그런 사항도 전체 계약에 연봉만큼 혹은 그 이상으로 중대한 영향을 미치는 요소임에도 말이다.

기회를 최대한 잘 활용하고 싶다면 자신이 받는 전체 보상의 모든 항목과 제안서를 잘 살펴보는 데서 그치지 말고 최대한 많은 사항을 협상 대상으로 삼아라. 심지어 근무시간도 사전에 협상할 수 있다. 다른 직원들이 대부분 주당 50~60시간 근무하는 스타트업에서 주당 40시간 근무하는 조건으로 계약하는 것도 가능하다. 전혀 불합리한 요구가 아니다. 그 시간을 잘 활용할 수 있는 사람에게 이런 협상은 큰 득이 된다.

무엇이든 협상할 수 있다는 게 핵심이다. 더 많은 항목을 협상 대상으로 볼수록 단순히 연봉만 놓고 협상할 때보다 전체 보상 수준이 크게 높아진다.

시간 압박에 굴하지 마라

협상 상대에게 시간 압박을 주는 건 좋은 협상 전술이다. 실제 시간이 부족하든 아니든 상관없다. **시간 압박을 느끼면 급하다는 생각이 들어서 현명하지 못한 결정을 할 확률이 높아진다.** 중고차 판매원이나 리조트 사용권 영업 직원들이 이 전략으로 상대를 강력하게 압박하곤 한다. 거기에 굴하지 말고 언제나 차분하게 고민하는 시간을 가져라.

시간이 더 필요하다고 요구하라. 기한을 3일로 정한 제안으로 받았다고 해서 반드시 그 기한 내에 결정을 내려야 하는 건 아니다. 시간이 더 필요하면 고민할 시간이 며칠 더 필요하다고 말하라. 회사가 협조해주지 않는다면 기한이 끝날 무렵에 꽤 높은 금액으로 역제안하는 것도 방법이다. 그렇게 하면 회사에서 다음 제안을 하기까지 시간이 들기 때문에 생각할 시간을 벌 수 있다.

시간 제한 때문에 급하게 결정하지 않는 게 핵심이다. 살다보면 급하게 결정하는 것보다 차라리 결정을 내리지 않는 게 나은 경우가 많다.

여러 제안

여러 제안을 동시에 받을 정도로 운이 좋다면 어떤 걸 선택해야 할까 스트레스를 받을 수도 있다. 선택의 여지가 있는 건 좋은 일이지만 그렇게 비교해도 괜찮은 걸까? 만약 해도 된다면 어떻게 해야 할까?

우선 구직 활동을 열심히 하고 있다면 선택의 여지가 있는 게 당연하다. **고민할 만한 제안이 하나 이상 들어와 있게 하라.** 그렇게 될 수 있도록 면접 일정을 잡고 꾸준히 지원서를 내서 잠재력을 극대화하라. 요령 있는 부동산 중개인은 매물이 시장에 나올 날짜를 광고해서 집을 '사전 마케팅'한다. 날짜를 미리 시장에 알리면 다양한 제안이 동시에 들어와서 입찰 경쟁이 벌어지곤 한다.

동시에 여러 군데에서 제안을 받는 건 좋은 일이다. 하지만 **주의할 게 있다**. 관련 당사자들에게 여러 군데에서 제안을 받아서 고민 중이라는 사실은 알려도 된다. 하지만 각 제안의 내용을 다른 당사자에게 직접적으로 노출해서 쓰는 일은 없도록 하라. 다른 제안도 받았고 자신의 미래를 위해 어떤 선택이 최선일지 그리고 자신이 가장 크게 이바지할 곳이 어디인지 고민하고 있다는 사실은 솔직히 알려도 좋다는 뜻이다. 이는 이치에 맞을 뿐 아니라 장래의 고용주가 당신에게 최선의 제안을 해야겠다고 생각하도록 압박하는 효과, 인기 있다는 사실을 알려서 자신의 가치를 더욱 높아 보이게 하는 효과가 있다.

하지만 **그중 한 곳에 찾아가** "뭐, 아무개 회사에서는 X달러 연봉과 Y일 휴가를 제시했어요. 저한테 적어도 Z만큼 주셔야겠는데요. 게다가 그 회사에는 구내식당도 있거든요. 이 회사에는 뭐가 있나요?"라고 말해서는 안 된다. 그랬다가는 회사 측에서 "됐습니다."라는 말과 함께 제안을 철회하기 십상이다. **누군가 자신을 압박하는 상황을 좋아하는 사람은 없다**. 한 건 이상의 제안을 받았다고 솔직히 말하는 것과 그 정보를 가지고 다른 사람을 압박하고 협박하는 건 전혀 다른 일이다. 혹시 다른 회사에서 얼마의 제안을 받았는지 어떤 요소를 중요하게 생각하는지 묻는 회사가 있다면 약간의 정보는 노출해도 괜찮다. 하지만 잘난 척한다는 느낌이 나지 않게 겸손한 어조를 유지하도록 주의를 기울여야 한다.

신중을 기해서 상황과 맥락을 두고 충분히 고민하라. **여러 제안을 받으면 회사끼리 경쟁을 붙일 수 있어서가 아니라 선택지가 생겨서 좋다고 한 것이다.** 선택의 여지가 있는 사람은 협상에서 아주 유리한 위치에 선다. 언제든 그 협상을 그만두어도 되기 때문이다. 2~3건의 제안을 받았다면 1~2건은 성사되지 않아도 좋다는 마음으로 각 회사와 자신감 있게 협상할 수 있다. 다만 바보 같은 실수를 저지르지 않도록 조심스럽게 행동하라.

16

퇴사하는 법

퇴사를 잘하는 방법이라면 뻔할 것 같지만 엉망으로 퇴사하는 소프트웨어 개발자가 너무 많아서 짧은 장을 넣기로 했다. **떠나는 뒷모습이 아름답지 못하면 경력과 평판이 크게 망가진다.** 소도시에 사는 사람이라면 특히 더 주의해야 한다. 퇴사할 즈음에는 강력한 감정의 소용돌이에 사로잡히기 쉽다. **분노, 답답함, 죄책감 등의 감정에 휘말려** 평소 합리적이던 사람이 퇴사를 앞두고 대단히 어리석고 불합리한 결정을 내린다. 나도 소프트웨어 개발자로 일하는 동안 새로운 기회를 찾아 퇴사해본 경험이 꽤 있다 blog. 이 장에서는 적절한 퇴사 시기와 방법은 무엇인지, 기존 회사를 떠나며 해도 되는 일과 하면 안 되는 일은 무엇인지 살펴보자.

퇴사 시기

언제 퇴사하는 게 좋을지부터 이야기해보자. **불행한데도 꾹꾹 참으며 발전할 가능성도 보이지 않는 막다른 자리에 그대로 머무르는 소프트웨어 개발자가 너무 많다.** 이런 일이 벌어지는 이유는 많다. 다른 일자리를 찾지 못할까봐 두려워서 그러는 사람도 있고, 새로운 근무지로 옮기면 기존 직장에서 누리던 편안한 느낌이 깨질 것을 두려워하는 사람도 있다. 떠나야 하는 자리에 있다는 걸 알면서도 **자신이 처한 끔찍한 환경**[blog]**이 언젠가는 변할 거라는 헛된 희망에 절박하게 매달리는 사람**도 있다. 하지만 아마 다른 기회가 있다는 걸 깨닫지 못해서 그냥 한 자리에 머무르는 사람이 가장 많을 것이다. 한 자리에 필요 이상으로 오래 머물렀다는 사실, 이제 떠날 때가 되었다는 사실은 어떻게 알 수 있을까?

가장 알아채기 좋은 지표는 **발전 여부**다. 그 자리에서 새로운 도전의 기회를 기대할 수 없고 소프트웨어 개발자로서 (그리고 한 인간으로서) 성장할 여지 또한 없다는 느낌이 든다면 이직하라는 신호로 생각하라. 누구나 단조로운 생활에 젖어 들기 쉽다. 가만히 있으면 변화나 미지의 세계를 두려워할 일 없이 편안하게 생활할 수 있다. 하지만 불편하다는 느낌이 없으면 성장은 불가능하다[blog]. 성장의 기회를 충분히 제공하는 일자리가 많은 만큼 어떤 도전이나 성장도 기대할 수 없는 일자리도 많다.

막다른 지점에 다다랐다는 걸 깨달았다면 즉시 이직을 준비하라. 똑같은 직급으로 한 자리에서 10년, 심지어 15년까지도 계속 머무는 소프트웨어 개발자를 많이 보았다. 성장하지 않으면 죽어가고 있는 것이다. 성장해야 한다.

자신이 처한 근무 환경이 자신에게 '유해하다'고 느껴질 때[blog] 또한 이직하라는 신호다. 나는 온갖 괴담이 담긴 이메일을 매일 받는다. 거기에는 상사가 늘 폭언을 퍼붓거나 수동적 공격성 인격을 지닌 동료가 끊임없이 모욕적으로 코드를 리뷰하며 자신을 폄하한다[blog]는 이야기가 담겨 있다. **그렇게 형편없는 인물을 상대하며 살기에 인생은 너무 짧다.** 그런 사람은 자신의 삶에 발붙이지 못하게 하라. 자신의 근무 환경이 유해하다고 느낀다면 언젠가 변할 거라는 헛된 기대를 버리고 **하루빨리 탈출하라.** 상황을 바꿀 수 있으면서 피해자인 척하지 마라. 끊임없이 정신적으로 학대하는 근무 환경은 절대 용납하지 마라.

하지만 이직의 이유가 늘 부정적이고 감정적일 필요는 없다. 응당 수락해야 마땅하다고 느낄 정도로 **더 좋은 기회가 찾아와서 이직하는 사람도 많다.** 나도 더 훌륭한 일자리, 더 좋은 기회를 잡기 위해 퇴사한 경험이 많다. 일은 일일 뿐이니 경력 면에서 볼 때 자신에게 최선인 선택을 하는 것이 옳다. 퇴사해도 괜찮은 건지 의심이 든다거나 현재의 직장에 충성해야 한다는 느낌이 든다면 자신의 인생은 스스로 지켜야 한다는 걸 기억하라. 그렇다고 현재 일자리보다 나은 조건의 기회를 만날 때마다 이직해야 한다는 뜻은 아니다. 하지만 **정말 좋은 기회를 만났을 때는 두려워 말고 그 기회를 잡아라.**

퇴사하는 법

적절한 퇴사 시기에 대해 살펴보았으니 이제 퇴사 방법에 대해 알아보자. 사실 답은 뻔하다. 그냥 그만두면 된다! 그러면 끝이다. 그런데 알고 보면 그렇게 간단한 문제가 아니다. 회사를 떠날 때는 꽤 복잡한 감정이 든다. 한 회사에 여러 해 동안 머물며 동료들과 정이 들었다면 특히 더 그렇다. 일반적으로 **사적인 감정을 최대한 섞지 말고 깔끔하게 끝내는 게 좋다.** 자신의 행동을 해명할 필요는 없다. 그저 확고한 결정이라는 걸 분명히 하라.

영국의 전 총리 벤자민 디즈레일리Benjamin Disraeli는 이런 명언을 남겼다. "불평하지도 설명하지도 마라." 나는 이 조언이 퇴사하는 사람에게 딱 맞는 말이라고 생각한다.

팀 걱정은 하지 마라

솔직히 이 부분이 퇴사할 때 가장 어렵다. 퇴사할 때는 팀을 버린다는 죄책감이 물밀듯 밀려온다. 양심의 가책을 정상적으로 느끼는 사람이라면 다른 팀원들과 함께 하나의 목표를 향해 정진하다가 말고 갑자기 이직하면 **다른 사람이 실망하는 게 아닐까 부담스러울 수 있다.** 이런 부담을 이겨내고 세상은 자신이 없어도 잘 돌아간다는 것, **자신이 생각만큼 그 팀에서 중요하고 필수적인 존재는 아니라는 것**을 인정해야 한다.

퇴사를 망설이는 개발자는 흔히 **자신이 나가면 팀도 끝나버릴 것 같다거나** 팀을 떠나면 팀을 저버리는 거나 다름없다는 핑계를 댄다. 무슨 말인지 안다. 나도 퇴사자와 남은 팀원 양쪽을 모두 경험해보았다. 하지만 **여기에는 자만심도 약간 섞여 있다는 걸** 깨달아야 한다. 누구나 자신이 팀에서 중요하고 필요한 존재라고 생각하고 싶겠지만 사실 **누구든 대체 가능하다.**

퇴사한다고 해서 팀을 버리는 게 아니다. 그저 자신의 경력을 관리하기 위해 합리적인 결정을 내린 것뿐이다. 나도 마지막 직장에서 떠나야 할 때를 넘기고 머물러 있었다. 동료들을 저버리는 것 같다는 생각이 자꾸 내 발목을 잡았다. 상사를 실망시킨다는 생각, 다른 팀원들을 남겨두고 떠나게 된다는 생각에 퇴사할 마음이 들지 않았다. 하지만 자신에게 최선인 선택을 해야 한다. 다른 사람도 그런 상황을 잘 이해하고 극복할 것이다.

2주 전에 알려라

죄책감 때문에 퇴사를 너무 일찍 알리는 건 실수다. 이런 실수는 아주 흔하게 일어난다. **퇴사는 2주 전에 알려라. 그 정도 기간이면 충분하다.**

나도 마지막 직장을 나오면서 2주 전에 알렸더니 추가로 2주 더 있어 달라는 요청을 받았다. 솔직하게 안 된다고 했어야 하지만 죄책감 때문에 승낙하고 말았다. 결국 2주라는 시간을 낭비했다. 거절했다면 그 시간을 새로운 모험에 생산적으로 쓸 수 있었을 것이다. 게다가 득이 된 것도 없다. 곧

란한 상황을 필요 이상으로 길게 끈 까닭에 어색함만 더 커졌고 장래 계획을 망칠 수도 있는 다른 일에 휘말릴 위험 또한 무릅써야 했다. 아쉬운 마음도 2주 이상 지나면 없어지기 십상인 데다 이직이 지연되어서 좋은 기회를 놓칠 위험도 있다. **최악의 경우 기존 직장에 추가로 2주 더 머무는 동안 들어가기로 한 새 직장에 뭔가 일이 생겨서 일자리 제안이 취소되는 일이 생길 수도 있다.** 좋은 일을 해보려고 하다가 손에 쥐고 있던 훌륭한 일자리 2개가 한순간에 사라지고 무직이 되는 것이다.

물론 퇴사할 생각이라면 사전에 고지하긴 해야 한다. 느닷없이 그만두고 나가는 건 바람직하지 않다. 단 일반적으로 통용되는 상식에 맞게 2주 전에 알리는 정도면 충분하다. **기존 직장에서 추가로 조금 더 머물러달라고 한다면 프리랜서로 주당 일정 시간을 정해두고 일하겠다고 하라.** 그러면 혹시라도 새 직장을 놓칠 위험 없이 안전하게 새 업무에 돌입할 수 있다. 만약 기존 회사에서 2주 후 프리랜서로 하는 일에 대해 보수 지급을 망설인다면 생각만큼 자신을 필요로 하지 않는 것이라고 판단하라.

죄책감 때문에 오래 머물지 마라. 다시 한번 말하지만 자신에게 최선이 될 선택을 해야 한다.

〈잠깐만요, 쏜〉 저는 미국이 아닌 다른 나라에 살고 있어요. 여기서는 퇴사하려면 X주 혹은 몇 달 전에 얘기하는 게 법적으로 정해져 있다고요!

나는 개인적으로 도제 계약이나 노예제도를 반대하지만 현실이 그렇다면 어쩌겠는가? 나는 한 사람이 다른 사람을 위해 일하도록 법적으로 강제하는 제도를 격렬하게 반대한다. 아주 우둔한 제도라고 본다.

퇴사를 3개월 전에 고지하는 게 의무라고 가정해보자. 그냥 3개월 동안 자리나 지키며 월급을 받아가는 것인가? 그 기간 동안 일이 손에 잡히겠는가? 말도 안 되는 생각이다.

하지만 내가 전 세계를 지배하는 황제는 아니므로 그런 걸 결정할 권한이 내게는 없다. 어쨌거나 자신이 사는 지역의 법이든 관습이든 2주보다 전에 퇴사를 고지해야 한다고 강제한다면 그 규칙을 따르라. 2주라는 기간이 중요한 게 아니다. 법적으로 정해졌거나 관례적으로 적절하다고 여겨지는 기간보다 미리 퇴사를 알릴 필요는 없다는 게 핵심이다.

퇴사하겠다고 협박하지 마라

퇴사할 생각이라면 그냥 떠나라. **절대로 퇴사한다고 협박하지 마라** blog. 퇴사를 빌미로 협박하는 건 아주 바람직하지 못한 행동이다. 연봉 인상을 비롯해 무언가 자신이 원하는 대로 해주지 않는다거나 원하는 걸 할 수 없을 때, 퇴사하겠다고 최후통첩하는 게 좋은 방법이라고 생각했다면 아주 큰 착각이다. **회사를 떠나겠다고 위협하는 즉시 상사는 후임을 찾아보기 시작할 것이다.** 세상에 협박을 좋아하는 사람은 없다. 자신이 원하는 것을 갖기 위해 협박까지 불사하는 사람으로 낙인 찍히면 통제 불능의 골칫거리 취급을 받게 될 것이다.

업무 환경에 문제가 있다고 느끼면 문제가 있다는 사실을 알리고 바꿔달라고 요구하라. 그런데도 변화가 없다면 그냥 견디든지 떠나든지 둘 중 하나를 선택하라. 자신이 너무 훌륭해서 놓치기 아까운 인재라고 착각해 상사의 사무실에 가서 그만두겠다고 협박하며 힘 자랑하는 소프트웨어 개발자가 많다. 하지만 그랬다가는 **즉시 짐을 싸게 된다.**

HP에서 일하던 때의 일이 떠오른다. 나는 .NET에 특화된 개발팀으로 정말 옮기고 싶었다. 이미 팀의 아키텍처 회의에서 컨설팅을 해주기도 했다. 하지만 정치적인 이유 때문에 그 팀에 들어갈 수 없었다. 답답했다. 나는 .NET 팀에 들어가고 싶다고 알렸다. 그 팀에서 일할 때 훨씬 더 큰 보탬이 될 거라고도 말했다. 아무 일도 일어나지 않았다. 그만두겠다고 협박하지는 않았다. 그저 인내심이 바닥날 때 즈음 새로운 자리를 찾기 시작했다. 2주 전에 퇴사를 통보했고 떠날 준비도 완벽히 마쳤다. 퇴사하기 직전, 말 그대로 회사 건물 밖으로 나서기 위해 문 손잡이에 손을 올리는 순간 고위급 관리자로부터 사무실로 오라는 호출을 받았다. 그는 원하는 걸 들어주지 않으면 나가겠다고 협박하는 쪽을 택하지 않고 깔끔하게 퇴사하기로 한 점을 좋게 본다고 했다. 그래서 HP에 머문다면 .NET 팀으로 옮기고 연봉을 훨씬 더 올려주겠다고 제안했다. 그리고 지금까지 협박한 개발자가 많았고 그 때문에 그런 상황에서 절대 협상에 응하지 말라는 엄격한 사규가 있다는 걸 알려주었다.

미리 알리지 마라

어리석은 짓이지만 자주 일어나는 일이다. 죄책감을 느껴서 그러는 때도 있고 솔직 담백한 사람이라서 올바른 행동을 하기 위해 그러는 때도 있다.

친구 중에 2개월 후 회사를 그만두고 프리랜서 일을 하려고 계획을 세운 친한 친구가 있었다. 그는 상사에게 솔직하게 자신의 계획을 알려주면 상사가 최대한 빨리 자신의 빈자리를 채울 준비를 할 수 있고 충격도 줄일 수 있을 거라고 생각했다. 하지만 나는 그에게 그렇게 하지 말고 일반적으로 통용되는 대로 2주 전에 알리라고 했다. 그러나 친구는 자신이 상사와 사이가 좋기 때문에 미리 귀띔해주고 싶다고 했다. 그렇게 해서 나쁠 게 없을 거라고 생각한 것이다.

실제로는 어떻게 되었을까? **2개월 후에 퇴사할 거라고 알리자마자 상사는 이렇게 말했다. "아니, 괜찮아. 그럼 그냥 지금 나가게."** 2주의 유예기간조차 주어지지 않아서 친구는 큰 충격을 받았다. 하지만 말이 된다. 상사 입장에서는 2개월 후에 퇴사할 직원이 사무실에서 어슬렁거리는 게 굉장히 거슬린다. 그런 직원에게는 중요한 프로젝트를 맡길 수 없는 데다 갑자기 예상보다 먼저 그만둔다고 할 수도 있다. 그리고 진짜 일을 하는 건지 아니면 그저 월급만 챙기고 있는 건지 알 수가 없다.

그러므로 **미리 말하고 싶더라도 참아라.** 두 달이든 1년이든 앞으로 얼마나 회사에 더 다닐 생각인지 상사에게 말하지 마라. 비밀로 하다가 2주가 남았을 때 알려라. 게다가 자신이 세운 계획이 바뀔 수도 있지 않은가? 2개월 정도면 무슨 일이든 충분히 일어날 수 있는 기간이다.

세상은 믿을 수 없을 정도로 좁다

정말 믿을 수 없을 정도다. 나는 고등학교 친구를 수천 마일 떨어진 호텔 복도에서 마주친 적도 있다. 외국에서 우연히 만난 사람이 내 고향 친구의 친구인 적도 있었다.

이제부터 세상이 얼마나 작은지, 그래서 당신의 평판이 얼마나 빨리 망가질 수 있는지에 대한 이야기를 두 가지 들려주겠다. **나는 퇴사할 때 한 행동 때문에 자신이 거주하는 지역에서 일자리를 구할 수 없게 된 소프트웨어 개발자를 여러 명 안다.** 퇴사할 때는 언제나 깔끔하게 마무리하고 떠나라. 자의로 하든 타의로 하든 아니면 당장 도망쳐야만 하는 상황이어서 하든 마찬가지다.

후임을 교육하라

후임을 잘 교육하는 건 아주 중요하다. 굳이 후임 교육까지 해야 하나 싶을 수 있다. 특히 잘린, 아니 해고된 경우라면 말이다. 자존심은 잠시 접어라. 자신이 하던 일을 자기만큼 잘할 사람은 없다는 생각, 후임을 교육해두면 아무도 자신을 그리워하지 않을 거라는 생각이 들 것이다. 그래도 장기적으로 볼 때 평판이 훨씬 더 중요하다는 걸 알아야 한다.

흔히 생각하는 바와 달리 **자신이 떠난 뒤에 업무가 엉망이 되지 않아야 본인에게 득이 된다.** 퇴사한 후에 자기가 하던 업무에 문제가 생겨야 자신의 가치를 증명할 수 있다는 못난 생각을 하는 소프트웨어 개발자가 많다. 사실은 그 반대가 옳다.

좋은 리더는 새로운 직장을 구한 그 순간부터 후임을 교육한다. 자신이 퇴사한 후에도 모든 일이 순조롭게 진행되도록 팀, 회사, 업무 절차, 기반 시설 등을 잘 만들어두어야 그 사람의 진가가 증명된다는 걸 아는 사람이 좋은 리더다. 자신감이 부족해서 자신의 불안감이 드러날까 두려워하며 도리어 강한 척 무장하는 이들이나 본인이 퇴사한 후에 결국 조직이 무너질 정도로 본인이 중요했다고 믿고 싶어 하는 것이다.

그러니 자의든 타의든 퇴사가 결정되었다면 그 후에는 **남은 2주간 최선을 다해 후임을 가르쳐라.** 퇴사 후에도 팀이 제대로 기능할 수 있도록 문서화 작업을 최대한 많이 해두고 자신이 알고 있는 지식도 가능한 한 많이 회사에 넘기고 가라. 그런 행동은 옳을 뿐 아니라 공항에서 우연히 마주친 사람이 자신의 이름을 거론하게 될 어느 날 결실을 거둔다.

퇴직자 면접에서 부정적인 발언을 삼가라

솔직히 퇴사하면서 부정적인 말을 남기고 싶은 마음을 잘 이해할 수가 없다. 이미 회사를 나갈 예정이다. 상사가 독재자 같든, 동료가 노숙하고 온 사람처럼 냄새가 나든 곧 자유의 몸이 될 본인과는 아무 상관 없는 문제다. 그런데 **도대체 왜 퇴직자 면접에서 자신에게 해가 될 수도 있는 부정적인 발언이나 비판적인 발언을 남기려고 하는가?**

하지 마라. **해서 좋을 게 하나도 없고 해가 될 가능성은 잔뜩이다.** 퇴직자 면접에서 자신이 몇 마디 한다고 해서 곧 떠나게 될 근무 환경에 산재한 온갖 문제가 고쳐질 거라 착각하지 마라. 상대가 아무리 잘 호응해준다고 해도 절대 넘어가지 마라. 해봐야 소 잃고 외양간 고치기 격으로 다 늦은 일인 데다 당신과 아무 상관이 없다. **어차피 곧 떠날 거니까.**

회사 측에서는 재직 중에 어떤 문제를 겪었는지, 개선할 점은 없었는지, 가장 불편한 건 무엇이었는지, 회사를 떠나는 이유는 무엇인지 이것저것 물어볼 것이다. 그냥 뭔가 듣기 좋은 말을 하라. 자신의 진짜 생각을 말하지 마라. 그렇게 하고 싶다는 충동이 들어도 참아라. 제발 부탁인데 그렇게 해서 득이 될 게 하나도 없다. 회사를 개선하는 데 도움을 주어 고맙다며 메달과 10,000달러 상금이라도 줄 것 같은가? 절대 그런 일은 일어나지 않는다.

퇴직자 면접이 회사와 근무 환경을 개선하기 위해 좋은 의도로 만든 절차라는 건 나도 안다. 하지만 이제 막 문을 나서려는 퇴직자의 불평을 귀담아 듣는다고 회사 문화가 개선된다는 건 오산이다. **자신에게 조금도 도움이 되지 않을 게임에 휘말리지 마라.** 그저 그 회사와 연이 완전히 끊어지고 평판은 땅에 떨어지며 마녀사냥의 대상이 되기 십상이다.

이 정도면 더 이야기하지 않아도 충분히 알아들었으리라 생각하므로 이 장은 이쯤에서 마치도록 하겠다.

17

소프트웨어 개발자로 전향하기

사회생활을 시작할 무렵에는 소프트웨어 개발에 아무 관심이 없다가 후일 최고의 소프트웨어 개발자로 성장한 이들이 내 주변에도 있다. 믿기 어렵겠지만 **소프트웨어 개발과 전혀 관련이 없는 배경을 가지고 있다는 사실이 소프트웨어 개발 분야에서 엄청나게 유리하게 작용할 때도 있다.** 왜 그런지 정확한 이유는 모르지만(물론 생각해둔 가설은 몇 가지 있다) 요즘은 과거 다른 분야에서 다양한 경험을 쌓은 후 소프트웨어 개발자로 전향한 사람이 개발 경력이 훨씬 긴 사람을 앞질러 나간다는 소식을 자주 접한다.

이 장의 목표는 개발과 무관한 분야에서 오랜 시간을 보냈지만 소프트웨어 개발자가 되겠다는 꿈을 지닌 사람에게 용기를 주고 소프트웨어 분야에 훌륭하게 안착하는 방법을 알려주는 데 있다.

다른 분야에서 온 이들의 강점

여기에서 말하는 내용 대부분은 내 어림짐작에 불과하다. 나는 소프트웨어 개발자로 사회생활을 시작했기 때문에 관련이 없는 분야에서 경력을 시작한 경험이 없다. 하지만 앞서 말했듯이 **완전히 다른 분야에서 시작해 소프트웨어 개발자로 성공적으로 전향한 사람들을 많이 만나보았기에** 어떻게 그들이 성공할 수 있었는지 대략의 개념은 파악하고 있다.

다른 분야에서 소프트웨어 개발 분야로 전향한 이들의 큰 강점은 소프트웨어 개발 분야에서 찾아보기 어려운 **대인 관계 기술과 소프트 스킬**`blog`을 갖추고 있다는 것이다. 소프트웨어 개발자들이 대인 관계 기술 등의 소프트 스킬을 어려워한다는 건 누구나 익히 아는 바다. 내가 그런 기술을 아주 중요하게 본다는 사실도 다들 잘 알 것이다. (나는 이를 주제로 책을 썼고 관련 사업`blog`을 하고 있다.) **다른 분야에서 발전시킨 소프트 스킬을 소프트웨어 개발 분야에서도 잘 활용할 수 있고** 그런 기술을 갖춘 사람이 평균보다 훨씬 빠르게 학습하는 경향이 있다는 걸 깨달았다. 사실 누구에게나 도움이 되는 기술이지만, 소프트 스킬이나 대인 관계 기술이 중요하게 여겨지는 분야에서 일한다면 더욱 큰 도움이 된다.

나는 **성공하는 사고방식**`blog`이 여러 분야에 폭넓게 적용될 수 있다는 주장, 한 분야에서 성공해본 사람은 다른 분야에서도 성공할 가능성이 있다는 주장에 공감한다. 다른 분야에서 일하다가 새로운 분야로 전향한 사람은 방향 전환이 시작된 순간부터 아마 이 말이 사실이라는 걸 체감할 가능성이 높다. 두 분야가 아예 상관이 없는 분야라 해도 마찬가지다.

마지막으로 기술 분야에 종사하는 사람들이 보편적으로 따르는 일반적인 제약에서 **벗어나 생각할 수 있다는 점** 또한 이들의 강점이다. **프로그래머들 사이에는 '카고 컬트 프로그래밍**cargo cult programming[*]'**이 존재한다. 카고 컬트 프로그래밍

---

* 카고 컬트란 2차 세계대전 이후 남태평양 지역 원주민들 사이에서 발생한 종교다. 당시 남태평양의 원주민들은 서구 열강이 가져온 신기한 물건이 가득 실린 '화물(cargo)'을 신이 보내주는 물건이라고 생각하여 숭배했다. 그래서 이런 화물이 또 나타나길 바라는 마음으로 부두, 활주로 등을 흉내 내어 만들어두는 행위를 했다고 한다.

이란 실제로는 아무 의미가 없는 행위인데 다른 개발자들이 그렇게 한다는 이유, '우수한' 사례로 꼽힌다는 이유만으로 맹목적으로 따라서 프로그래밍하는 것을 가리킨다.

외부자의 시선으로 보는 사람은 프로그래밍 세계에 떠다니는 선입견이 개입되지 않는, 맑은 시야를 확보할 수 있다. 다른 아무 직업도 가져본 적 없는 사회 초년생 신입 소프트웨어 개발자도 이 부분에서는 유사한 측면이 있다. 하지만 경험이 부족하다는 생각에 자신감도 떨어지기 때문에 선입견이라는 함정에 더욱 휘둘리기 쉽다. 다시 한번 말하지만 내가 다른 배경에서 시작한 소프트웨어 개발자를 성공으로 이끌 마법의 공식을 아는 건 아니다. 그저 내 주관적인 생각을 말하는 것뿐이다.

약점

다른 분야에서 소프트웨어 개발 분야로 전향하기만 하면 마치 장밋빛 미래가 펼쳐질 것처럼 과장할 생각은 없다. 전향한다는 건 쉬운 일이 아닐 뿐더러 아주 분명한 약점도 몇 가지 있다. 간호사였던 사람이 프로그래머가 된다고 해서 반드시 스타 프로그래머가 된다는 보장은 없다.

개발자로 전향하려면 엄청난 양의 복잡한 지식을 익혀야 한다는 아주 큰 난관을 극복해야 한다. 세상에는 대학 교육이나 현장 연수 몇 개월을 거치면 뛰어들 수 있는 분야도 많다. 소프트웨어 개발이 유일하게 어려운 분야라거나 다른 직업은 훈련 없이 바로 뛰어들 수 있다는 뜻이 아니다. 그러나 **소프트웨어 개발은 일반 직업에 비해 몇 배는 어렵다.** 누군가는 이 말에 기분이 상할 수도 있겠지만 사실이다. 이 말에 수긍하기 어려운 사람이라면 전향할 때도 어려움을 겪을 수 있다. 익혀야 할 모든 내용을 제대로 배울 준비가 아직 되지 않았기 때문이다. **이 분야도 다른 분야나 직업과 비슷할 거라고 생각하고 전향하는 사람에게 이런**

부분은 큰 약점이다. 이 분야에 가볍게나마 익숙해지려면 공부하고 연습해야 할 내용이 꽤 많다. 이 책의 분량이 이렇게 길어진 이유도 거기에 있다.

시간 또한 명백한 약점이다. 앞에서 언급한 강점으로 학습 시간을 단축하면 이 약점을 어느 정도 극복할 수 있다. 하지만 직접적인 경험이 부족해서 생기는 지식의 빈틈을 채우려면 이를 따라잡기 위해 노력해야 한다. 10년 경력의 소프트웨어 개발자에 준하는 실력을 갖춘 3년 차 개발자라 하더라도 10년 차 개발자만큼 다양한 상황이나 문제를 접해본 경험은 없기 때문이다. 경험이 부족하면 상대적으로 어려움을 자주 겪게 될 것이다.

극복하는 방법

자, 지금까지 소프트웨어 개발자로 전향할 때 어떤 상황이 벌어지는지 간략하게 살펴보았다. 내용을 잘 파악했다면 이제 문제를 극복하고 소프트웨어 개발 분야에 성공적으로 정착할 방법에 대해 이야기해보자.

많은 사람이 해낸 일이다. 나는 50대에 소프트웨어 개발자로 전향한 사람의 이메일도 받아본 적이 있다. 그러니 다음과 같이 한다면 분명 누구나 할 수 있다.

현재 직장에서 개발자로 전향하기

소프트웨어 개발 분야에 진입하는 건 어려운 일이다. 첫 번째 직장을 구하는 방법에 대해 앞에서 꽤 긴 분량을 할애했다. 쉽지 않은 일이라 그렇다. **프로그래밍 경력이 없는 사람을 소프트웨어 개발자로 고용하고 싶어 하는 사람은 없다.** 그렇다면 지난 20년간 회계사 일을 했다고 쓰인 이력서를 가지고 어떻게 소프트웨어 개발자 자리에 들어갈 수 있겠는가?

이럴 때는 현재 직장에서 소프트웨어 개발 직군으로 옮기는 것도 한 가지 방법이다. 전혀 다른 분야에서 일해왔다 하더라도 **본인의 업무 방식을 개선하고 싶다거나 같은 직장에 다니는 모든 사람에게 도움이 될 도구를 만들고 싶은 마음에 프로그래밍을 배운다면** 소프트웨어 개발자가 될 수 있다. 실제로 그렇게 해서 개발자가 된 사람을 여러 명 안다. 자신이 익힌 프로그래밍 기술을 현재 직장에서 활용할 여지가 있을지 생각해보라. 다른 일을 하던 사람이 소프트웨어 개발 분야에 진입하는 좋은 방법이다. 아무리 작은 프로젝트라 하더라도 현재 직장에서 프로그래밍 업무를 한다면 이력서에 프로그래밍 경력이 생기기 때문이다.

개발 직군이 아예 없는 회사에 다닌다고 해도 소프트웨어 개발자 자리를 만들 수 있다. **업무 자동화를 이루거나 쓸모 있는 도구를 개발**해서 고용주에게 가치를 인정받으면 된다. 그러면 고용주가 소프트웨어 개발을 계속할 수 있게 해줄 것이다. 처음에는 이런 사이드 프로젝트를 맡아서 근무시간이 아닐 때 작업해보라. 그리고 후일 가치를 인정받아서 이를 자신의 업무로 할 수 있도록 허락 받는 것이다. 이렇게 할 수 있다면 다른 회사에서 다른 프로그래밍 일자리를 찾아 헤맬 필요도 없다. 정식으로 프로그래밍 업무를 해본 경험이 생긴 것이기 때문에 그 뒤로는 어디에서든 다른 프로그래밍 자리를 찾을 수 있을 것이다.

타 분야 전문성을 활용할 방법 찾기

자신의 배경이 된 분야에 대한 전문성을 인정받아 그와 관련 있는 소프트웨어를 개발하는 소프트웨어 개발사에 취직하는 것도 좋은 방법이다.

20년 경력의 간호사가 소프트웨어 개발 분야로 진입하고 싶어 하는 상황이라고 가정해보자. 물론 프로그래밍을 배워서 아무 회사에나 지원해도 될 것이다. 하지만 의료 산업에 주력하는 소프트웨어 개발사나 소프트웨어 개발자를 구하는 의료 회사를 알아보는 게 훨씬 유리하다. 이런 자리에 지원하면 의료 분야 전문성이 부족한 다른 지원자에 비해 눈에 띄게 유리해진다.

소프트웨어 개발 분야에서는 전문성이 대단히 큰 가치를 지닌다. 특정 산업에서만 쓸 전용 소프트웨어를 만들 때는 그 소프트웨어의 목적이나 이유를 잘 이해하는 게 중요하다. 그러면 발생할 오류를 미연에 방지할 수 있기 때문이다. 10년 차 소프트웨어 개발자는 찾아보기 쉽다. 하지만 특정 분야의 10년 차 전문가라는 경력을 지닌 소프트웨어 개발자는 만나기 훨씬 어렵다.

얼마 전, 유전학 배경을 가지고 오라클 취업에 성공한 개발자와 대화할 기회가 있었다. 그는 유전학·생화학 분야 전문가였고 오라클은 암치료센터에 도움이 될 유전학 연구와 관련된 제품을 개발하기 위해 개발자를 찾고 있었다고 한다.

기존 경력이 소프트웨어 개발과 관련이 없더라도 연관성 있어 보이게 만들 방법을 찾아라. 누구나 시도해볼 수 있다. 소프트웨어는 온갖 산업에서 쓰이기 때문이다.

기꺼이 바닥부터 시작하라

경력 중간에 소프트웨어 개발자로 전향하는 사람에게 마지막으로 하고 싶은 이야기가 있다. 타 분야에서 쌓은 기존 경력이 소프트웨어 개발 분야에서는 큰 도움이 되지 않는다는 걸 인정하고 기꺼이 바닥부터 시작할 마음의 준비를 하라. **고액 연봉을 받는 자리에서 선배로서 좋은 평판을 누리다가 박봉을 받는 초짜 처지로 전락한다는 게 쉬운 일이 아니다.** 하지만 새로운 분야에 진입하기 위해서는 짧은 기간만이라도 그런 일을 기꺼이 감수할 마음이 있어야 한다.

소프트웨어 개발 업계는 다른 산업에 비해 실력주의를 추구하는 경향이 있으므로 경력이나 인맥보다 얼마나 능력이 있느냐가 훨씬 더 중요하다. 물론 평판도 중요한 역할을 한다. 그러므로 기존에 자신이 가지고 있던 기술이 새로운 분야에서는 큰 도움이 되지 않아도 괜찮다는 마음으로 바닥에서부터 시작할 결심을 해두는 게 좋다. 그래야 뒤늦게 개발 분야로 전향한 후에 느낄 답답함이 조금이라도 줄어들 것이다.

하지만 앞서 말했듯이 다른 분야에서 성공해본 경험이 있는 사람이라면 그 과정에서 습득한 소프트 스킬이 소프트웨어 개발 분야에서 성장 속도를 키우는 데 도움이 될 것이다. 입문할 즈음에만 인내심을 발휘하면 된다.

18

타 기술직에서 개발직으로 옮겨오기

이 주제에 대한 질문을 하도 많이 받아서 아예 한 장을 따로 쓰기로 했다. **QA 등 타 기술직에 있던 사람이 소프트웨어 개발자가 되는 건**[blog] 아주 어려운 일이다. 사실 나는 그런 전향을 두 번이나 해보았다.

첫 번째 경험은 사회생활을 막 시작할 무렵이었다. 독학으로 프로그래머가 되고 대학에서 컴퓨터 공학을 1년 공부한 후에도 **프로그래머로 취직하기 어려웠다.** 그래서 나는 HP에서 QA 계약직으로 일하기로 했다. 맨 처음 맡은 일은 극도로 단순했다. 산더미같이 많은 테스트용 출력물이 '원본' 출력물과 어떤 차이가 있는지 비교하고 최신 인쇄 펌웨어에 기존에 발생한 적 있는 문제나 새로운 버그가 나타났는지 확인하는 것이었다. 지루한 업무였다. 발견한 차이점이 대수로운 문제인지 아닌지 고민하는 게 전부였다. 그런 업무를 하는 게 그닥 즐겁지 않았다. 나는 그 문제가 왜 발생했는지 알아내고 싶었다. 그래서 문제를 조금 더 깊이 들여다보기 시작했다.

각 테스트에서 프린터에 입력된 인쇄 명령어를 볼 수 있게 해달라고 부탁했다. 인쇄 명령어는 PCL 아니면 포스트스크립트_{PostScript}로 작성되었다.

두 언어 다 프린터용으로 인기가 있는 언어였다. **나는 근무시간을 피해 틈이 날 때마다 PCL과 포스트스크립트를 공부해서 두 언어의 전문가가 되었다.**

그 후로는 오류가 발생하면 프린터 언어 관련 지식을 바탕으로 왜 그 프린터 언어 명령어가 문제를 일으켰는지 가설을 세우고 그 가설이 맞는지 확인하기 위해 프린터 테스트를 수정해보았다. 그리고 얼마 지나지 않아 프린터 코드가 포함된 상세한 버그 리포트를 제출하기 시작했다. 각 리포트에는 어떤 프린터 언어 명령어가 오작동해서 오류를 일으키는지에 대한 정확한 설명을 곁들였다. 얼마 지나지 않아 소프트웨어 개발팀 앞에서 내가 어떤 작업을 어떻게 했는지 보여줄 기회가 생겼다. 결국 이들은 내게 프린터 테스트 코드를 작성해달라고 부탁했고 그 덕에 나는 공식적으로 프로그래머 직책을 맡게 되었다.

그 뒤에도 소프트웨어 자리를 구하기 어려울 때 비슷한 과정을 통해 또 한 번 HP에서 일할 기회를 얻었다. 이때는 QA 테스트 팀을 이끄는 역할을 맡았다. 이때는 C++를 제대로 쓸 줄 모르는 신입 소프트웨어 개발자 옆자리에 앉았다. 그가 문제 해결을 어려워할 때 몇 가지 팁을 주어서 임무를 마칠 수 있게 도와주었다. 나는 내 공로를 인정받겠다고 나서지 않고 **그가 빛날 수 있게 도와주었을 뿐이다.**

그렇게 몇 주가 지나자 그는 C++를 잘 다루는 나 같은 사람을 테스트용 코드나 쓰게 하는 건 말도 안 되는 낭비라고 상사에게 이야기하기 시작했다. 중요한 프로젝트 마감이 다가오자 소프트웨어 개발팀에서 나에게 도움을 청했다. 개발팀에서는 프로젝트가 끝난 후에도 나를 QA 팀으로 되돌려보내고 싶어 하지 않았다 blog. 그 덕에 다시 소프트웨어 개발자로 일할 수 있었다.

가장 큰 장애물

QA 등의 타 기술직에서 소프트웨어 개발팀으로 옮기는 사람이 마주하는 가장 큰 장애물은 사람들의 선입견이다. **첫인상은 바꾸기 어렵다. 사람들의 선입견은 입사한 직군에서 잘 떠나지 못한다. 다른 사람이 어떤 기술을 익혔고 얼마나 성장했는지는 신경 쓰지 않는다.** 소프트웨어 개발 세계에서는 특히 소프트웨어 개발자와 테스터(혹은 QA)를 엄격하게 구별한다. 이러한 선입견 때문에 새 회사에 소프트웨어 개발자로 입사하는 것이 같은 회사의 타 직군에서 소프트웨어 개발팀으로 옮겨가는 것보다 쉬울 때도 있다.

때로 이런 상황이 불만스럽게 느껴질 수도 있다. 본인이 성장하면 할수록 더욱 답답할 것이다. **시간이 걸리더라도 인내해야 한다.** 결국은 인식이 바뀐다. 소프트웨어 개발 업무에 더 많이 관여할수록 관련 업무를 더 많이 맡을수록 다른 사람들의 인식도 더 빠르게 바뀔 것이다.

하지만 다른 회사로 이직해야만 그러한 선입견을 벗어나는 게 가능할 수도 있다. 이제 비개발 기술직에서 소프트웨어 개발자로 전향하기 위해 나를 비롯한 다른 소프트웨어 개발자들이 사용한 전략을 알아보자.

목표를 널리 알려라

목표를 최대한 널리 알려라 blog.

이게 첫 번째로 해주고 싶은 조언이다. **개발자가 되겠다는 꿈을 동료들에게 알려라.** 상사나 관리자에게 면담을 요청해서 소프트웨어 개발 직군으로 옮기고 싶다고, 그 목표를 위해 무엇이든 할 용의가 있다고 솔직히 말하라. 상사에게 이런 목표를 이야기할 때는 후일 프로그래머 역할을 맡게 될 때 기존 업무를 하며 쌓은 경험이 회사에 어떻게 도움이 될지 잘 설명하는 게 중요하다. **자신이 프로그래머로 일하면 회사에 어떤 도움이 될지 이야기하라.** 소프트웨어 개발자가 되고 싶어 한다는 사실을 널리 알릴수록 현재 직군에 묶여 있던 사람들의 선입견이 더 빠르게 사라질 것이다. 그러니 두려워 말고 공개적으로 이야기하라.

하지만 말로는 부족하다. 언젠가 소프트웨어 개발자가 되고 싶다고 계속 얘기하면서 프로그래밍을 공부하지 않는다면 가망 없는 몽상가라 생각할 것이다. **자신이 한 말을 행동으로 뒷받침하라** blog. 상사와 이야기할 때는 **소프트웨어 개발자로 일하는 데 필요한 요건이나 이수해야 할 교육과정이 있는지 확인하라.** 그런 요건을 미리 합의해두면 나중에 준비를 마쳤을 때 소프트웨어 개발자로 전향할 논거를 정당하게 갖추었다는 걸 명확하게 입증할 수 있다.

나는 승진할 때도 이 전략을 활용했다. 승진하고 싶을 때 어떤 목표를 달성해야 할지 어떤 기술을 익혀야 할지 미리 물어봤다. 그리고 그 모든 조건을 갖춘 후에 승진시켜 달라고 요청했다.

늘 통하는 건 아니다. 거절당할 때도 있다. 하지만 해야 할 일 목록을 만들어서 전부 성취하는 사람의 승진을 반대할 근거란 취약할 수밖에 없다.

기회가 있는지 물어라

소프트웨어 개발자가 꼭 되고 싶다면 다른 사람이 소프트웨어 직함, 개발 업무를 줄 때까지 기다리지 마라. 현재 직군에서 맡을 수 있는 프로그래밍 업무는 없는지 물어보라. **상사에게 한두 가지 간단한 업무를 달라고 부탁하라.** 고쳐야 할 버그가 있는지 물어보는 것도 좋다.

계속 물어보라. 처음 몇 번은 거절할 수 있다. 업무를 주기 위해 굳이 설명까지 해줘야 한다면 번거롭다고 느끼는 게 당연하다. 하지만 **삐걱거리는 바퀴가 돼라.** 계속 부탁하면 그만 좀 조르길 바라는 마음에서라도 결국 **어떤 업무든 줄 가능성이 높아진다.**

기회를 만들어라

하지만 아무리 부탁해도 소프트웨어 개발 업무를 주지 않을 수 있다. 사실 꽤 많다. 앞에서 말했듯이 아마 업무 설명에 시간을 들일 가치가 없다고 판단해서일 것이다. 그러다가 프로젝트가 지연되기도 십상이다. 솔직히 말해 상사나 동료의 눈에는 '단순한 테스터', '리눅스 관리자', '기술 지원 담당 직원'일 뿐 개발 업무를 맡을 능력이 있다고 보이지 않아서일 수도 있다.

그럴 때는 기회를 직접 만들어라. 끊임없는 질문으로 다른 사람의 일을 방해하지 않고도 보탬이 될 수 있는 영역을 스스로 찾아야 한다. 내가 '궂은 일' blog 이라고 부르는 유형의 업무에 이런 기회가 숨어 있을 때가 많다. 궂은 일이란 모두가 꺼리는 일을 가리킨다. **화장실 청소에 비견될 만한 코딩 업무라고 생각하면 쉽다.** 아무도 해결하지 못한 심각한 버그를 디버깅하는 업무, API 문서 작성, 다른 사람의 업무에 도움이 될 도구를 만드는 업무 등 다른 사람이 꺼리는 어렵고 지루한 일을 찾아보라. 이런 '궂은 일'은 싸우지 않고 차지할 수 있는 프로젝트다. **그러면 이제 소매를 걷어붙이고 개발 업무에 본격적으로 돌입할 수 있을 것이다.**

근무 외 시간을 활용하라

근무시간에 자잘한 프로그래밍 일을 맡겨주는 상사도 있다. 앞에서 '궂은 일'이라고 말한 업무를 근무시간에 할 수 있게 해주는 상사도 있다. 하지만 모든 상사가 그런 건 아니다. 사실 **근무시간에 맡은 업무를 등한시하고 소프트웨어 개발을 하다가는 경고를 받을 확률이 높다.**

개발 일을 정말 해보고 싶은데 회사의 허락을 받지 못했다면 **근무 외 시간을 조금 들여서(어쩌면 많이 들 수도 있다) 무급으로라도 해보아야 한다.** 근무시간에 개발 업무를 하게 해준다고 해도 근무 외 시간에 할 수 있다면 그렇게 하는 게 좋다. 그러면 더 빨리, 더 멀리 눈에 띄는 변화를 만들 수 있을 것이다.

추가 프로젝트를 얻을 수 있다면 이른 출근이나 늦은 퇴근도 불사하라. 소프트웨어 개발 업무를 맡기려 하지 않는다면 근무 외 시간에 해서 성과를 더 많이 내는 것도 방법이다. 그런 조건을 내거는데도 굳이 거절하는 회사는 별로 없다.

다리를 찾아라

QA 같은 직군에서 소프트웨어 개발 직군으로 전향하는 좋은 방법은 **두 역할 사이를 이어줄 다리를 찾는 것이다.** 테스터에게 좋은 다리란 자동화다 `blog`. 테스트 자동화 업무를 맡으면 수동 테스트를 자동화할 수 있는 코드 작성 기회가 생긴다. **테스트 자동화를 해보겠다** `blog` **고 하는 게 경험도 없이 주니어 개발자를 시켜달라고 하는 것보다 훨씬 더 설득력 있다.** 손해 보는 사람이 없기 때문이다. 본인은 소중한 실전 프로그래밍 경험을 얻고 회사는 테스트를 자동화해서 조직의 효율성을 높인다. 게다가 테스트 자동화 전문가는 많지 않으므로 틈새를 파고드는 좋은 아이디어이기도 하다.

테스트 자동화 엔지니어 혹은 테스트 전문 소프트웨어 개발자라는 호칭을 일단 얻고 나면 **실무에서 코딩으로 돈을 벌었다는 경력**을 활용해서 소프트웨어 개발자로 쉽게 취직할 수 있다. 테스트 자동화 업무는 테스트 업무나 일반 소프트웨어 개발 업무보다 재미있고 보람 있다. 그리고 일반 신입 프로그래머보다 보수가 나을 가능성도 높다(나는 자동 테스트 프레임워크 설계를 좋아한다 `blog`. 큰 보람과 성취감을 느낄 수 있어서 무척 좋아하는 분야다).

다른 많은 기술 분야에서 소프트웨어 개발로 오는 다리가 되는 방법도 많다. **리눅스 관리자는 도구 개발자나 데브옵스 자리로 올 수 있다.** 이런 자리에 오면 리눅스 관리 기술, 스크립트 작성 및 활용 능력, 프로그래밍 기술을 활용해서 작업을 자동화하거나 다른 이들에게 도움이 되는 도구를 만들 수 있다. 기술 지원 업무를 하는 사람은 개발자에게 기술 지원을 해주는 업무 담당자를 맡을 수 있다. 아니면 **고객의 문제를 해결하는 코드를 작성하거나 정보를 취합해서 개발자에게 보내주는** 상급 기술 지원 업무 담당자가 되는 것도 가능하다.

가지고 있는 기술이나 업무 경험을 활용해서 개발 능력을 보여줄 방법을 찾아라. 개발직으로 가는 다리가 되어줄 것이다.

새 회사로 옮기기

이 장에 소개한 내용은 대부분 QA 등의 기술직에서 같은 회사의 소프트웨어 개발 직군으로 옮겨가는 것으로 가정했다. 하지만 그렇게 하는 게 더 좋다거나 항상 가능하다는 뜻으로 하는 이야기는 아니다.

필요하다면 테스트로 일하던 회사를 나와 다른 회사에 개발자로 취직하는 방법을 써라. 이 때도 이 장의 내용이 거의 그대로 적용된다. 그저 직군과 함께 회사를 옮기는 것뿐이다. 즉, 소프트웨어 개발직으로 전향하는 게 불가능하더라도 현재 일하는 회사에서 개발 경험을 쌓아야 한다는 사실은 변하지 않는다. 그래야 다른 회사에 소프트웨어 개발직으로 지원할 때 이력서에 쓸 경력이 생기기 때문이다.

근무 외 시간에 자신의 업무에 도움이 될 도구를 개발한 것이라고 하더라도 개발 업무 경력으로 이력서에 넣어라. 개발자로 취업하는 데 크게 도움이 될 것이다. 다리가 되는 자리에 들어갈 수 있다면 더욱 좋고 직함에 개발자나 엔지니어라는 용어까지 있다면 금상첨화다.

마지막 조언

용기를 잃지 마라. 앞에서 말한 대로 '테스터'나 '서버 관리자'라는 선입견은 다른 기술직에서 소프트웨어 개발직으로 전향하는 이들에게 장애물이 된다. 하지만 특별한 노력을 통해 '무시할 수 없을 정도로 뛰어난 실력so good they can't ignore you'을 갖추면 칼 뉴포트Cal Newport가 동명의 저서 blog 에서 말한 것처럼 **결국에는 성공할 것이다.**

꾸준히 공부하고 기술을 발전시키는 동시에 기회를 찾고 만들어라. 결국에는 원하는 것을 얻게 될 것이다. 끈기와 인내가 열쇠다.

19

계약직 vs. 정규직

소프트웨어 개발 업계의 기본적인 고용 형태는 두 가지, 즉 계약직과 정규직이다. 나는 둘 다 경험해보았는데 각각 눈에 띄는 장단점이 있다.

사실 **문화적으로 계약직과 정규직을 명확히 구분해서 차별하는 기업도 있다.** 나는 HP에서 처음에 계약직으로 일했다가 나중에는 정규직으로도 일한 경험이 있는데 이 회사에는 '파란색 배지'와 '주황색 배지'라는 개념이 존재했다. 주황색 배지는 계약직을 가리킨다. 계약직은 보수나 복지 혜택이 적고 이류 대접을 받는 처지다. 때로는 사내 특정 구역을 사용하거나 행사에 참여하는 것에 제한을 받기도 했다. 파란색 배지는 엘리트 계층임을 나타내는 파란색 배지를 단 HP 직원을 가리킨다. 계약직 직원이 받지 못하는 모든 복지 혜택을 누리는 정규직 직원이다. 파란색 배지는 받기 어려웠다. 계약직 직원은 파란색 배지를 다는 날을 꿈꾸지만 꿈을 이루는 사람은 드물었다.

하지만 이건 한 회사의 문화일 뿐이다. 나는 HP와 완전히 반대되는 문화의 업무 환경에서도 일해보았다. 내가 참여했던 한 정부 프로젝트에서는 계약직이 정부 소속 직원보다 2~3배 높은 보수를 받는 '엘리트'였다. 거기에서는 누구도 직원이 되고 싶어 하지 않았다. 모두가 계약직으로 일하기를 원했다. 정부 측에서 계약직 직원 다수에게 정규직 전환을 제안했지만 대부분 거절했던 것으로 기억한다. 안정성을 조금 높이는 대신 임금을 큰 폭으로 삭감하겠다는데 누가 동의하겠는가?

보다시피 **정규직이냐 계약직이냐는 단순히 돈으로만 치환할 문제가 아니다.** 상황에 따라 고려할 요소가 다르다. 이 장에서는 당신이 선택하는 데 도움이 되도록 여러 유형의 계약직을 소개하고 각 유형에서 알아야 할 것을 알려주겠다.

계약직 유형

우선 계약직에 대한 이야기로 시작하자. 시급 기반으로 고객에게 청구서를 발행해서 월급을 받는 계약직도 있지만(이런 일은 대체로 사기에 가까운 경우가 많으니 하지 마라) 여기서는 월급을 받지 않는 모든 일자리를 계약직으로 다루겠다.

〈잠깐만요, 돈!〉 **왜 이런 자리가 '사기'에 가깝다는 건가요?**

간단히 말해 안정적인 직업이라는 환상만 심어줄 뿐 장점은 없고 단점만 있는 자리다.

컨설팅 기업 대부분은 엔터프라이즈 아키텍트(enterprise architect)나 솔루션 아키텍트(solution architect) 자리에 인력을 파견한다. 마치 정규직인 것처럼 말하지만 사실 컨설팅 기업은 직원이 일한 시간만큼 고객에게 시급을 청구하고 이중 일부를 급여로 지급하는 것이다. 이런 자리는 보통 50~100퍼센트 출장을 다니고, 고임금을 받는 것처럼 보인다.

그 정도면 괜찮지 않나? 뭐가 문제일까? 사실 정규직이 아니라는 게 문제다. 직업의 안정성이 없다. 이런 직원은 단순히 컨설팅 기업이 충원한 인력에 불과하다. 임금을 제대로 지불할 수 있을 때까지만 데리고 있다가 청구할 프로젝트가 없어지면 바로 해고하거나 무급으로 '대기'하게 한다. 프리랜서일 때 느끼는 단점과 위험 부담을 홀로 떠안아야 하는데 그리 높은 시급을 받지도 못한다. 게다가 늘 출장을 다니면서 1주에 최소 40시간(혹은 그 이상) 일했다는 걸 기록한 근무 시간 기록표를 제출해야 한다.

여기서 말하는 계약직은 시급을 받는 사람이다. 계약직에 대해 깊이 있는 이야기를 하기에 앞서 우선 계약직에 어떤 유형이 있는지부터 알아보자.

에이전시 계약직

첫 번째 유형은 에이전시 계약직이라고 부르는 형태다. 미국에서는 'W2 계약직'이라고 부르기도 한다. **에이전시를 통해 고객에게 청구서를 보내는 계약직을 가리키는데, 고객과 직접 계약하고 일하지 않는다.** 보통 계약한 에이전시를 위해 일하고 근무 시간 기록표를 제출한 후 시급을 받는다. 이런 계약직은 에이전시의 희생양이 되기 쉽다. **에이전시가 소프트웨어 개발자에게 지급한 금액의 200~400퍼센트를 고객에게 청구하는 일이 많기 때문이다.**

나도 고객에게 시간당 100달러를 청구하면서 소프트웨어 개발자에게 시급 25달러를 주는 회사에서 계약직으로 일해본 적이 있다. 화가 나겠지만 시위에 나서기 전에 일단 에이전시가 어느 정도 추가 금액을 청구하는 건 필요하기도 하고 이치에도 맞는다는 사실을 이해하기 바란다. 이렇게 계약한 사람은 에이전시의 직원이 되므로 에이전시는 직원을 위해 간접비를 써야 한다. 미국에서는 에이전시가 직원의 세금과 급여를 지급하고 휴가와 병가 등 그 외 몇 가지 비용을 제공할 책임이 있다. **그래서 에이전시가 고객에게 추가 금액을 청구할 수밖에 없다는 걸 알고 있어야 한다.**

이러한 계약직에 속하는 사람들은 에이전시가 올리는 수익이 얼마인지 알아내서 blog 협상할 때 활용하는 게 좋다.

독립 계약직

주로 한 고객을 위해 일하는 계약직을 나는 독립 계약직이라고 본다. 에이전시를 통해 그 고객 일을 받았더라도 이런 사람은 자기 사업을 하는 것처럼 일한다. 미국에서는 이를 'corp-to-corp' 혹은 '1099 계약직'이라고 부른다.

독립 계약직은 사업체나 법인을 세워서 이를 통해 사업을 하고 고객이나 에이전시와 계약을 맺는다. 에이전시 계약직과의 가장 큰 차이점은 **에이전시와 맺는 고용 관계가 없다**는 점이다. 대신 자신의 간접비를 스스로 감당해야 한다. 즉, **자영업자라는 말이다.** 그러므로 에이전시 계약직과 똑같은 업무를 **하더라도 더 높은 시급을 받아야 한다.** 자영업자가 내야 할 세금, 급여 등 전체 비용을 본인이 내야 하기 때문이다.

프리랜서

드디어 프리랜서 차례다. 한 고객의 일에 집중하지 않고 여러 고객의 일 혹은 여러 가지 다른 일을 하는 독립 계약직을 나는 프리랜서라고 정의한다. 이런 유형의 계약직은 사업 운영과 관련된 업무도 해야 한다. 고객 탐색, 계약서 작성, 비용 청구 등 사업 운영에 관련된 모든 간접 비용을 스스로 처리해야 하기 때문이다.

독립 계약직이나 에이전시 계약직은 보통 인력 충원의 차원에서 고용되고, 프리랜서는 특정 프로젝트나 특정 작업에 필요해서 고용되는 경우가 많다. 프리랜서로 일하며 보수를 최대한 높이려고 한다면 blog 무척 고생스럽겠지만 홍보만 잘하면 꽤 괜찮은 성과를 올릴 수 있다 blog.

하지만 여기에 나온 정의는 여러 계약 유형을 소개하기 위해 내가 편의상 임의로 구분한 것에 불과하다. 계약직 분류 방법, 계약직 유형은 이 외에도 많다. 그러므로 내가 하는 말이 진리라고 생각하지는 마라.

정규직

계약직이 아니라면 아마 정규직이나 무직에 속할 것이다. 나는 계약직이 아닌 모든 일자리를 정규직으로 본다. 자신에게 보수를 지급하는 회사를 위해 일하되 보수를 시급으로 지급받지 않는 자리가 정규직이다. 물론 소프트웨어 개발 세계에는 정규직 직원에게 시급을 지급하는 회사도 일부 있지만 그런 회사는 많지 않다.

직원이라면 보통 월급을 받는다. 일반적으로 정규직 급여는 근무 시간에 따라 달라지지 않는다. 이런 조건은 얼마나 일하느냐에 따라 좋을 수도 나쁠 수도 있다(시간과 급여 간의 자세한 역학 관계는 연봉과 협상에 대해 다룬 15장을 참고하라).

돈

정말 중요한 자원을 주제로 계약직과 정규직을 비교해보도록 하겠다. 그 주인공은 바로 돈이다. **같은 업무를 할 경우 대부분 계약직이 더 많은 돈을 받는다.**

믿기 어렵다면, 좋다. 보수를 지급할 때 계약직과 정규직을 선택하라는 회사가 있다고 가정해보자. 정규직이라면 연봉이 80,000달러쯤 되고 계약직이라면 시급이 60달러쯤 될 것이다. 시급을 연봉으로 환산하면 60달러 × 주당 40시간 × 52주 = 124,800달러다. **정규직 연봉 80,000달러보다 훨씬 많아 보인다.** 하지만 연봉과 협상을 다룬 15장에서 살펴보았듯이 전체 보수에 엄청난 영향을 미칠 다른 요소가 있다는 걸 고려해야 한다.

계약 금액 분석

간단한 예로 몇 가지 시나리오를 상상하며 왜 계약직이 정규직보다 더 받는지 살펴보자.

우선 52주에서 여름휴가 2주, 연말 휴가 1주, 총 3주를 제하자(계약직, 특히 독립 계약직에게는 유급 휴가가 없다). 그러면 124,800달러 - (3 × 40 × 60) = 117,600달러다. 건강보험도 빼자. 그냥 1개월에 1,000달러로 통일하겠다. 직원 한 명의 건강보험을 위해 회사가 지불하는 일반적인 금액이 그 정도다. 117,000달러 - 12,000달러 = 105,600달러다. 보통 회사에서 제공하는 401K 매칭, 상여금, 체육관 회원권 등 몇 가지 혜택도 더해야 한다. 보수적으로 잡아서 회사에서 내는 금액이 월 300달러 정도 된다고 해보자. 그러면 105,600달러 - 3,600달러 = 102,000달러다.

독립 계약직은 자영업자 세금을 내야 한다. 회사는 직원이 낼 세금의 절반을 내준다. 세율은 약 7.5퍼센트다. 우리의 선택지는 두 가지다. 우선 정규직의 80,000달러 연봉을 바탕으로 회사의 몫 7.5퍼센트를 계산하는 방법이다. 회사에서 계약직에게 지급할 금액 말이다. 아니면 계약직이 받을 보수에서 7.5퍼센트를 빼서 자신이 올릴 순익을 계산하는 방법도 있다.

나는 두 번째 방법을 택하겠다. 회사가 계약직에게 얼마나 더 많은 금액을 지불할 것인지를 알려주려는 게 아니라 정규직을 계약직과 비교하는 게 목적이기 때문이다. 타당한가? 117,600달러의 7.5퍼센트를 계산하면 8,820달러다. 휴가가 필요할 거라고 생각해서 117,600달러를 기준으로 삼았다. 하지만 주당 40시간씩 52주 내내 휴가 없이 일한다면 세금 부과 기준 소득을 124,800달러로 보아야 한다. 처음에 말한 대로 휴가 3주를 고려해서 계산한다면 102,000달러 - 8,820달러 = 93,180달러다.

생각만큼 큰 차이는 없는 것 같다. 45,000달러로 보이던 차액이 이제 15,000달러밖에 되지 않는다. 고용주 입장에서는 연봉 80,000달러로 고용한 직원에게 드는 연간 비용이 100,000~120,000달러 정도다.

계약직이 돈을 더 많이 받는 이유

정규직으로 받는 연봉을 시급에 52주 40시간을 곱해서 계산한 계약직 연봉과 비교해본 후 계약직이 더 많은 돈을 받기 때문에 절대 정규직으로 일하지 않겠다고 선언하는 소프트웨어 개발자를 많이 보았다. 계약직이 더 많은 보수를 받는다는 건 일반적으로 맞는 말이지만 **추가로 받는 돈의 대부분은 허상이라는 걸 알 수 있다.** 게다가 계약직 직원에게 돈을 더 주는 건 유연성 때문이다. 정규직 직원의 월급은 고정비에 가깝다. 하지만 계약직 직원은 그들이 제공하는 용역이 필요 없어지면 쉽게 해고할 수 있다.

프리랜서의 경우 추가적인 요인 때문에 똑같은 급여를 보장받으려면 **보통 더 높은 시급을 받아야 한다**는 점도 짚고 싶다. 프리랜서는 더 많은 고객을 대상으로 사업을 운영하느라 더 많은 비용을 쓰기 때문에 간접비가 더 많이 든다. 예약을 관리하고 새로운 일을 찾기 위해 쓰는 시간은 비용으로 청구할 대상이 없다. 그리고 매주 40시간을 채워서 일하기도 어렵다. **나는 프리랜서가 정규직과 동등한 대우를 받으려면 정규직 시급의 2배를 청구해야 한다고 본다.**

예를 들어 연봉이 80,000달러인 정규직이 할 만한 일을 할 때 프리랜서가 받아야 할 적정 보수는 다음과 같다.

80,000달러 / 52 / 40 = 시급 38달러

38달러 × 2 = 시급 76달러

프리랜서로 일하겠다고 결정하기 전에 이런 부분을 꼭 고민해보길 바란다(이에 대한 더 자세한 논의는 내 책『소프트 스킬 : 평범한 개발자의 비범한 인생 전략 71가지』 blog 에서 볼 수 있다).

복지의 효용 가치

"저한테 복지는 필요 없어요, 존. 그냥 현금이 좋다고요."라고 말할 사람도 있을 것이다. **하지만 복지의 액면 가치만 볼 게 아니라 효용 가치까지 고려하는 게 중요하다.** 사람에 따라 정규직 말고 계약직으로 일하는 게 훨씬 더 수익이 좋은 경우도 있다. 정규직에게 제공되는 복지를 신경 쓰지도, 쓸 생각도 없는 사람이라면 말이다.

앞에서 말한 예대로 최대 수입을 올리기 위해 휴가 없이 52주 내내 매주 40시간씩 일한다고 하면 휴가 명목으로 제했던 7,200달러가 다시 추가된다(자신에게 휴가 '계획'이 없더라도 인생은 모르는 일이다. 살다보면 갑자기 병이 난다거나 친척이 아프다거나 불치병에 걸리는 일도 있고 키우는 개가 신장 이식 수술을 받을 수도 있다).

초과 근무를 해도 괜찮고 고객이 허용도 해준다면 평균 근무 시간을 주당 45~50시간 정도로 늘릴 수도 있다. 그러면 또 수입이 늘어난다. 내가 계약직으로 일했던 한 회사는 주당 최대 50시간 근무를 허용해주었다. 매주 그 시간을 채워서 일했더니 수익을 훨씬 크게 올릴 수 있었다.

배우자가 건강보험이 지원되는 회사에 다니고 있어서 그 혜택이 자신에게까지 적용이 되는 사람, 건강보험이 별 필요 없다고 생각하는 사람도 있을 수도 있다. 그런 사람에게는 건강보험 혜택이 아무 쓸모가 없다.

나처럼 401K 대신 blog 부동산에 투자하는 사람에게도 blog 그런 복지가 필요 없다. 게다가 적어도 미국에서는 회사를 세워 제대로 운영하면서 충분한 수익을 올리고, **내가 내 회사의 직원이 되어서 벌어들인 수익보다 적은 임금을 받으면 자영업 관련 세금을 크게 절감할 수 있다.**

결국 핵심은 무엇인가? 적어도 금전적인 면만 고려한다면 **계약직과 정규직 중 어느 쪽이 더 나은지는 상황에 따라 달라진다는 것이다.** 어떤 혜택을 활용할지, 얼마나 일할 수 있을지, 심지어 배우자가 정규직인지에 따라서 결과는 달라진다. 지금쯤이면 정규직과 계약직을 단순히 52주 40시간으로 나누어 비교하는 데서 끝낼 게 아니라 현실적으로 평가할 방법을 깨달았기를 바란다.

근무 환경

이 장을 시작할 때 내 경험을 이야기하면서 근무 환경 차이에 대해 넌지시 암시한 바 있다. 그 이야기를 조금 더 자세히 해보겠다.

다른 모든 사회적·문화적 체계가 그렇듯 대부분의 근무 환경에서도 분열과 계층이 생겨난다. 계약직과 정규직을 크게 차별하는 회사도 있다. 하지만 대부분의 회사에서는 차별이 잘 드러나지 않는다. 그래도 속으면 안 된다. 차별은 언제나 존재한다. 사람을 대하는 방식에 대한 일부 차이는 계약직과 정규직을 정의하는 노동법과 관련이 있다. 어떤 회사에서는 계약직 복지 관련 소송을 피하기 위해 계약직과 정규직을 매우 교묘하게 차별한다. 이런 경우는 계약직에게 좋은 근무 환경이 보장된다고 보기 어렵다.

어떤 회사는 계약직보다 정규직을 뽑을 때 더 엄격하고 까다로운 채용 절차를 적용한다. 계약직의 숫자보다 정규직의 숫자가 적을수록 엘리트주의적 사고방식은 더욱 확고해진다. 내 경험에 의하면 보통 회사가 클수록 이런 경향이 더 강했다. 정부 일을 할 때만 유일한 예외였다. 그때는 특이하게 정반대의 경험을 했다.

큰 기업에 계약직으로 입사한 후에 그 회사의 진정한 직원이 되었다는 느낌을 받지 못한다 해도 놀라지 않기를 바라는 마음에 하는 말이다. 계약직으로 일한다고 해서 문제가 있다는 건 아니지만 회사 문화에서는 잘 받아들여지지 않을 수도 있다는 사실을 미리 알아두는 게 좋다.

물론 모든 회사가 그런 건 아니다. 내 경험상 작은 회사에서는 계약직이나 정규직에 대체로 큰 차이가 없었다. 그래도 위안이 되는 사실은 계약직이 보통 더 높은 보수를 받는다는 것이다. 그리고 정규직이 수당도 없이 초과 근무를 할 때 계약직은 근무 시간 기록표에 기분 좋게 50시간이라고 적고 그에 상응하는 보상을 받을 수 있다.

그 외 고려할 사항

계약직과 정규직을 비교할 때 보수나 근무 환경 외에 더 고려해야 할 사항 몇 가지를 알려주겠다.

혹시 그룹이나 조직 아니면 부족의 일원이 되어 느끼는 소속감을 좋아하는가? 그런 사람은 계약직으로 일할 때 '소외감'을 느낄 수 있다. **팀과 함께 성장하는 꿈, 세계로 나가 임무를 달성하는 회사의 일원이 되는 것을 오랫동안 꿈꿔온 사람이라면 계약직으로 일할 때 용병이 된 듯한 느낌을 받을 것이다.** 나도 경험한 적이 있다. 정부 프로그램에 계약직으로 들어가서 시급 100달러를 받으며 매우 높은 수익을 올리다가 상대적으로 수익성이 떨어지는 정규직으로 이직했던 때였다. 오로지 돈을 위해 일한다는 느낌이 지겹기도 했고 소속감을 느끼고 싶기도 했다.

그리고 **계약직 경력은 이력서에서 크게 좋은 인상을 남기기 어렵다.** 보통 계약직으로 입사하는 것이 더 쉽다. 마이크로소프트 직원이었던 경력과 마이크로소프트에서 계약직으로 일한 경력은 큰 차이가 있다. 적어도 인사 담당자는 정규직 경력에 훨씬 호의적이다. 그렇다고 계약직 경력이 해가 된다는 건 아니다. 그럴 때는 채용 방식보다 어디에서 어떤 일을 했는지 강조하는 방식으로 이력서를 구성하는 게 좋다.

마지막으로, 계약직은 1~2년에 한 번씩 새로 계약하지 않는 한 **근무 조건이 나아지리라 기대하기 어렵다.** 나는 HP에 있는 동안 입사할 때 받았던 금액과 큰 차이 없는 보수를 받으며 HP에서 15년 동안 계약직으로 일해온 이들을 몇몇 보았다. 이런 이들은 그냥 편한 업무 환경에 안주한 것이다. 한 직장에서 15년 동안 머무를 생각이라면 정규직으로 입사해서 승진을 하는 게 낫다.

계약직과 정규직이 어떤 차이가 있는지 잘 모르는 소프트웨어 개발자가 대부분이다. 그러니 축하한다. 당신은 앞서가고 있다. 다음 장에서는 또 다른 미지의 영역인 헤드헌팅에 대해 살펴볼 것이다. 그 세계가 실제 어떻게 작동하는지 알게 되면 아마 깜짝 놀랄 것이다.

20

헤드헌팅 업계의 작동 방식

헤드헌터의 도움을 처음 받던 때가 떠오른다. **당시에는 헤드헌팅 업계의 작동 방식을 전혀 몰랐다.** 나는 막 완성한 따끈따끈한 이력서를 들고 헤드헌터에게 가서 이렇게 말했다. "일자리를 찾아주세요."

하지만 시원시원한 진척이 없었다. 나는 헤드헌터에게 날마다 전화해서 진전이 있느냐고 물었다. 당시에는 **헤드헌터가 '나를 위해' 일한다고 착각했다.** 그리고 시간이 좀 지나 몇 번의 협상과 알선을 경험한 후에야 헤드헌터가 나를 위해 일하는 게 아니라는 걸 깨달았다. 적어도 대부분의 경우는 그러했다. 헤드헌터들은 인력 충원을 위해 본인을 고용한 회사를 위해 일한다 (한 가지 예외도 있다. 이에 대해서는 뒤에서 이야기하겠다). 어떤 사람에게는 너무 뻔하게 보이는 일일 테지만 당시 나는 그 사실을 인식하지 못했다. 나는 그저 일자리가 필요했다.

소프트웨어 개발자 경력을 쌓고 다른 소프트웨어 개발자들이 좋은 일자리를 구할 수 있게 코칭하는 동안 헤드헌팅 업계의 작동 방식에 대해서도 꽤 많은 걸 배울 수 있었다. 사실 좀 불합리한 측면도 있다. 하지만 불합리하다 하더라도 소프트웨어 개발자로 취업하기라는 험난한 여정을 잘 헤쳐

나가려면 헤드헌팅 업계의 작동 방식을 잘 알아두는 게 좋다. 이 업계의 복잡한 작동 방식을 잘 모르면 **이용당하거나 사기당하기가 무척 쉽다.**

이 장에서는 헤드헌팅 업계에 대해 내가 알고 있는 모든 지식을 알려주겠다. 그리고 이 지식을 활용해 부당한 대우를 받지 않고 좋은 직장을 구하는 방법에 대해 몇 가지 조언을 해주려고 한다. 하지만 그에 앞서 짚고 넘어갈 것이 있다.

첫째, **나는 헤드헌터가 아니다.** 그러므로 내가 말하는 모든 내용은 경험과 관찰을 근거로 한다. 둘째, **헤드헌팅 업계는 복잡하다.** 이 주제를 제대로 다루려면 책 한 권으로도 모자랄 게 분명하다. 이를 단순화, 일반화해서 요약한 내용을 알려줄 것이다.

헤드헌팅 업계 전체를 포괄적으로 알려준다고 포장할 생각은 전혀 없다. 그래도 유용하고 놀랄 만한 이야기일 것이다.

헤드헌터와 에이전시의 유형

헤드헌터는 리쿠르터, 취업 에이전시, 직원 채용 담당자 등 여러 이름으로 불린다. 구직 중이라고 표시해두지 않았는데도 링크드인 메시지로 자신의 경력과 전혀 상관없는 일자리를 자꾸 제안하는 귀찮은 사람들도 포함한다.

하지만 **헤드헌터나 헤드헌팅 에이전시마다** 보수를 받는 방식이 각기 다르다. 헤드헌터의 유형과 각 유형별로 어떻게 보수를 받는지 알아두면 이들과 어떻게 일하는 게 좋은지, 최악의 헤드헌터를 피할 방법은 무엇인지 파악하는 데 도움이 된다.

자, 이제 헤드헌터의 주요 유형을 살펴보자. 그들이 어떤 방식으로 돈을 벌고 그게 당신에게 어떤 의미를 지니는지 함께 알아보자.

독립 헤드헌터와 소형 에이전시

가장 흔하고 가장 귀찮은 유형이다. 혼자 일하는 사람도 있고, 높은 수수료율을 책정해두고는 큰 회사가 마구잡이로 뿌리는 일을 받아서 처리하는 사람도 있다. 이런 헤드헌터들은 존재감이 없고 평판이 좋지 않기 때문에 **공격적으로 지원자를 영입하려 든다. 공격적인 태도를 취하는 이유는 대부분 지원자가 받게 될 연봉의 일정 비율을 수수료로 받기 때문이다.** 비율이 어느 정도인지 알려주기 전에 한번 추측해보자. 답을 듣고 놀랄 수도 있다. **일반적으로 지원자가 받을 연봉의 20~35퍼센트 정도를 수수료로 받는다.** 그래서 소프트웨어 개발 업계에서 최고의 대우를 받는 자리에 취업을 시켜주고 나면 꽤 큰돈을 번다.

이제 저 공격적인 태도가 좀 이해될 것이다. 헤드헌터들이 링크드인에서 그토록 열심히 메시지를 보내는 이유, 독립 헤드헌터가 특히 더 공격적으로 나오는 이유는 에이전시에게 수수료를 낼 필요가 없어서 더 많은 돈을 벌기 때문이다. 실제 숫자를 가지고 이야기해보자. 실례를 보면 헤드헌터가 지원자에게 일자리를 찾아주겠다는 동기가 얼마나 강력한지 쉽게 이해할 수 있을 것이다.

한 헤드헌터가 연봉 100,000달러인 시니어 소프트웨어 엔지니어 자리를 채워주었다고 가정해보자. 독립 헤드헌터라면 수수료를 25퍼센트 정도 받을 확률이 높다. 100,000달러의 25퍼센트는 25,000달러다. 꽤 큰 금액이다. 하지만 앞서 말했듯이 완전히 독립적으로 일하는 헤드헌터는 드물다. 그러면 25,000달러를 그대로 챙기지 못한다. 물론 전부를 가져가는 헤드헌터도 일부 있지만, 초소형 에이전시에 속한 계약직 헤드헌터가 받은 수수료는 상당 부분 에이전시가 가져간다.

그 외에도 다양한 방식이 있다. **헤드헌터들은 계약직 자리에 구인을 해주기도 한다.** (계약직에 대한 자세한 정보는 계약직과 정규직을 다룬 19장을 참고

하라.) 이럴 때는 지원자를 취직시킨 후에 지원자가 받을 보수에서 이윤을 취한다. 한 회사가 시급 75달러를 지급할 계약직 직원을 찾는 중이라고 가정해보자. 회사에서 지급하는 시급이 75달러라면 헤드헌터는 지원자에게 시급 50달러를 제안한다. 그러면 이들의 중간 이윤은 시급 25달러다. 이 또한 꽤 수익성이 좋다는 걸 알 수 있다.

대형 에이전시

대형 에이전시의 작동 방식도 소형 에이전시나 독립 헤드헌터와 대체로 비슷해서 크게 눈에 띄는 차이는 없다. 가장 큰 차이라면 영향력의 범위와 수수료 산정 방식을 꼽을 수 있다.

대형 헤드헌팅 에이전시는 큰 회사와 좋은 관계를 맺고 있을 확률이 높다. 그런 경우 대형 에이전시에 공개하는 일자리가 더 많기 마련이므로 구직자에게 자리를 효과적으로 찾아줄 확률 또한 대형 에이전시 쪽이 훨씬 높다. 대형 에이전시는 큰 회사의 고용 과정을 아예 인계받아서 진행하기도 한다. 그래서 대형 에이전시가 적절한 사람이라고 판단한 후보는 그 자리에 낙점될 확률이 꽤 높다고 봐도 무방하다(이건 계약직도 마찬가지다).

때로는 특정한 에이전시를 통해서만 들어갈 수 있는 자리가 나기도 한다. **아마 예상했겠지만 대형 에이전시에 속한 헤드헌터는 수수료를 에이전시에 많이 나눠주어야 한다.** 전체 수익의 50~60퍼센트를 헤드헌터가, 나머지는 에이전시에서 가져가는 게 보통이다. 헤드헌팅 에이전시의 대기업 고객 담당자가 수익을 나누는 경우도 있다.

임베디드 에이전시

내가 임베디드 에이전시 혹은 현장 인력 충원 에이전시라고 부르는 에이전시도 있다. **대형 에이전시가 큰 회사와 계약을 맺어두고 그 회사에 인력이 필요할 때 직접 인력을 충원해주는 방식을 가리킨다. 에이전시가 아예 프로젝트를 통째로 관리하는 경우도 있다.** 이 경우 헤드헌팅 에이전시와 컨설팅 기업 간의 구분이 흐려진다. 특히 에이전시에서 관리자를 파견했다거나 계약직 현장 관리자까지 고용한다면 그런 경향이 더욱 강해진다.

내가 HP에서 일하던 당시 이 회사에도 임베디드 에이전시가 몇 개 있었다. 이 에이전시에 소속되어 일하는 계약직이 수백 명에 달했고 이들은 HP에서 바로 인력을 모집하고 관리했다. 내가 이런 계약직으로 처음 입사할 때도 헤드헌팅 에이전시가 면접을 거의 도맡았다. 실제 HP 관리자의 면접은 현장에 투입되기 직전에 아주 간단하게 거쳤다. 회사 내부에 외부 에이전시를 들여서 일하는 경우에는 채용 및 공동 고용에 관한 법률을 위반하기 쉽다. 적어도 미국에서는 그렇다. 그래서 큰 회사들은 공동 고용과 관련한 소송에 많이 연루된다. 그 경계가 아주 모호하기 때문이다.

〈잠깐만요, 팁〉 **공동 고용이 뭔데요? 내가 이용당하는 건지는 어떻게 알아요? 저도 고소해야 하나요?**

내가 법률 전문가가 아니기도 하고 꽤 복잡한 사안이기도 해서 정확히 알려주기는 어렵지만 요점은 이렇다. 외부 에이전시를 써서 인력을 충원하는 회사가 있다고 가정해보자. 엄밀히 말해 외부 에이전시의 소속인 계약직 직원을 자신의 회사에 데려와서 일하게 할 경우 그 회사는 법적으로 1차 고용주가 된다. 이 경우 이 회사는 에이전시 계약직 직원에게 복지 혜택을 제공할 책임이 있다. '20가지 항목(20-factor)' 테스트 혹은 '관습법' 테스트라고 부르는 방법을 활용하면 계약직 직원이 '관습법상 직원'인지 구분할 수 있다. 2000년 마이크로소프트가 고소를 당해서 무려 9,700만 달러에 상응하는 복지 혜택 비용을 내야 했던 일도 있었다. 법원이 마이크로소프트에서 일한 장기 계약직 직원을 '관습법상 직원'으로 보아야 한다고 판결했기 때문이다.

말했다시피 꽤 복잡한 이야기다. 구인 에이전시를 활용해서 계약직을 공급받던 고용주에게는 아주 나쁜 소식일 것이다. 개인적으로는 공동 계약으로 이용당할까 걱정할 필요가 없다고 본다. 나라면 고소도 하지 않을 것이다. 마이크로소프트에서 일한 계약직이 법적으로 '복지 혜택' 지급 판정을 받았다고는 하지만 마이크로소프트를 고소하는 건 그다지 현명하지 않은 선택이다. 고용주를 (아니, 공동 고용주) 고소한 이력이 이력서에 남아서 좋을 게 없다.

그리고 본인이 계약 조건을 수락하고 일하기로 했다면 그건 본인 책임이다. 남에게 이용당하지 않고 최대한 좋은 대우를 받을 수 있게 협상을 잘해야 한다는 주장에는 대찬성이지만 이미 연봉 협상을 마치고 해당 고객의 회사에서 일하기로 동의했다면 그건 본인의 책임이다. 누군가 자신이 동의하지 않은 일을 시킨다거나 합의 없이 계약 조건을 변경했다면 그때는 상대가 자신을 이용했다고 볼 수 있다. 공동 고용도 여기에 해당할까? 물론 그럴 수 있다. 하지만 나라면 크게 신경 쓰지 않을 것이다.

사내 헤드헌터

기업의 규모가 어느 정도 커지면 적절한 후보를 선별하고 면접을 진행하는 사내 헤드헌터를 두기도 한다. 나는 마이크로소프트나 구글 소속으로 일하는 사내 헤드헌터 `blog` 에게 여러 차례 연락을 받은 경험이 있다.

사내 헤드헌터는 꼭 특정 자리에 맞추어서 구인하지 않는다. 회사에 잘 적응해서 가치를 더해줄 것으로 보이는 인재라면 일단 데려와서 여러 자리에 맞춰보기도 한다. 에이전시 헤드헌터와 달리 **사내 헤드헌터는 고정된 급여를 받는다.** 수수료 조로 추가 보수를 받거나 상여금을 받기도 한다.

이런 차이를 알아두는 게 중요하다. 사내 헤드헌터가 한 명을 구인하고 받는 보상은 에이전시 헤드헌터에 비해 적다. 게다가 자신이 데려온 사람이 회사와 잘 맞지 않는 경우에는 그 여파도 감당해야 한다.

에이전트 헤드헌터

가장 드문 유형이다. 그래서 에이전트 헤드헌터에게 연락을 받아본 사람은 그리 많지 않을 것이다. 하지만 이런 유형의 헤드헌터가 점점 더 다양한 형태로 등장하는 추세다.

이 유형이야말로 구직자를 위해 일한다. 조금 더 정확히 말하자면 이런 헤드헌터는 책 판매원이나 연예인 매니저처럼 구직자를 대변하는 에이전트다. 보통 취업 알선 비용을 받거나 연봉의 일정 비용을 받는다. 에이전트 헤드헌터를 써서 득을 보는 건 유명한 스타 개발자들이다. 그 정도가 되지 못하면 자신을 대변하려는 헤드헌터를 만나는 것조차 쉽지 않을 것이다.

다시 한번 말하지만 이런 헤드헌터는 흔히 볼 수 없다. 하지만 가치가 높은 기술을 보유하고 있고 협상을 도와줄 사람이 정말 필요하다고 느끼는 사람이라면 써볼 만한 방법이다.

활용법

자, 이제 이러한 정보를 자신이 어떻게 활용하면 좋은지 궁금할 것이다. 나는 이 정보가 **각 유형의 헤드헌터가 어떤 동기로 움직이는지 이해해서 더 효과적으로 헤드헌터와 일할 방법을 깨닫는 데** 도움이 되길 바란다. 헤드헌터가(특히 독립 헤드헌터가) 일자리를 알선한 후에 상당한 이득을 취한다는 걸 알게 된 이상 헤드헌터를 대하는 방법도 달라져야 마땅하다.

일단 헤드헌터는 구인율을 높이기 위해 최대한 많은 후보에게 연락하려고 한다는 걸 기억하라. 헤드헌터에게 연락이 오면 특별한 사람이 된 듯한 느낌이 들 수도 있다. 하지만 현실은 그렇지 않다. 견본 메시지를 복사한 후 이름만 바꾸어 만든 것이다. 사내 헤드헌터가 일하는 방식은 이와 다르다. 사내 헤드헌터는 성사 건수에 따라 보상을 받지 않으므로 진짜 기술과 재능이 뛰어나다고 생각하는 사람에게만 입사 제의를 보낼 것이다.

헤드헌팅 에이전시에 구직을 의뢰할 때 이들의 목표가 의뢰인 일자리를 찾아주기가 아니라 일자리 알선 횟수 늘리기에 있다는 걸 기억해야 한다. 그러므로 **자신이 훌륭한 실력자라는 걸 최대한 잘 보여주어야 한다.** 의뢰인을 어떤 자리에 소개할지 이들이 결정하기 때문이다. **자리를 쉽게 차지할 수 있는 사람, 면접을 아주 훌륭하게 통과할 수 있는 사람**이라는 인상을 남겨라.

그리고 헤드헌터는 의뢰인이 최대한 빨리 취업할 수 있게 무슨 일이든 할 가능성이 높다는 것도 잊지 마라. 이 말은 어떤 자리에 꼭 맞는 후보만 추천하는 게 아니라는 뜻이다. 그리고 의뢰인에게 회사의 좋은 점만 이야기할 수도 있다. **개중에는 심지어 의뢰인이나 고용주에게 거짓말을 하는 사람도 있을 수 있다.** 큰돈이 걸려 있기 때문이다. 헤드헌터가 전부 나쁘고 비양심적으로 일한다는 뜻이 아니다. 헤드헌팅 업계의 경쟁이 얼마나 치열한지 깨닫고 자신을 잘 지킬 필요가 있다는 이야기를 하는 것이다.

이력서 제출 순서

구직할 때는 헤드헌터가 자신의 이력서를 어떤 자리에 넣는지, 그게 자신에게 어떤 영향을 끼칠지도 생각해야 한다. 대부분의 경우 첫 번째로 제출한 이력서를 가장 우선으로 생각하고 수수료도 이를 기준으로 책정한다.

한 회사가 구인 중이라고 가정해보자. 회사는 회사 사이트에 구인 공고를 올리고 두 곳의 헤드헌팅 에이전시에 구인을 의뢰한다. A라는 사람이 X 헤드헌팅 에이전시에 이력서를 제출한다. 그리고 X 에이전시는 그의 이력서를 회사에 제출한다. 그 후 A는 우연히 그 회사 사이트에서 구인 공고를 발견한다. 같은 자리에 이미 자신의 이력서가 제출된 줄 모르고 또 이력서를 제출한다. 마지막으로 A는 Y 에이전시 헤드헌터의 전화를 받는다. 그 헤드헌터는 A가 그 자리에 딱 맞는 인재라고 확신한다. 본인이 그 회사의 고용 담당자를 알고 있어서 쉽게 그 자리에 넣어줄 수 있다고 한다. 며칠 후 그 자리를 맡은 고용 담당자와 Y 에이전시는 A에게 연락한다. 양측은 Y 에이전시를 통해 진행하고 싶긴 하지만 이미 X 에이전시를 통해 들어온 이력서이기 때문에 X 에이전시를 거쳐서 계약을 마무리해야 한다고 통보한다.

X 에이전시가 후속조치를 잘하지 못하거나 높은 이윤을 챙기기 위해 본인에게 유리한 조건을 제시한다면 꼼짝 못 하고 당하는 수밖에 없다. 그러므로 **헤드헌터에게 승인 의사를 밝히기 전에 자신의 이력서를 언제 어떤 고객에게 제출하는지 확인하라.**

연봉 협상

계약직이든 정규직이든 연봉을 협상할 때 헤드헌터가 어떤 방식으로 보수를 받는지도 고려해야 한다.

헤드헌터를 쓰는 회사에 지원한다고 가정해보자. 당신은 이제 헤드헌터가 인력 충원의 대가로 회사에서 10,000~20,000달러를 받을 거라는 사실을 안다. 이때 본인이 직접 회사로 지원해서 일자리 제안을 받는다면 10,000~20,000달러의 보너스를 요청해서 긍정적인 답을 얻을 확률이 꽤 높다. 이미 그 정도 예산이 준비되어 있었을 테니 말이다.

그리고 **계약직으로 입사한다면 연봉이 얼마까지 인상되는지도 알아두는 게** blog **좋다.** 인상폭을 알아두는 데 그치지 말고 더 많은 금액을 받도록 협상하라.

〈잠깐만요. 쥔〉 좀 말이 안 되는 것 같은데요. 헤드헌터에게 주려고 했던 10,000~20,000 달러를 어떻게 달라고 하라는 거죠? 그리고 계약직으로 입사한다면 연봉이 얼마까지 인상되는지 진짜 말해주는 사람이 있다고요?

회의적이라는 건 잘 알겠다. 하지만 묻는 것만으로 얼마나 많은 정보와 수확을 얻는지 직접 경험해보면 아마 놀랄지도 모른다. 때로는 달을 따다 달라고 해서 달을 얻는 사람도 있다. 묻는 것만으로 얼마나 많은 정보와 수확을 얻을 수 있는지 내가 직접 경험한 일화를 들려주겠다.

옛날 옛적 나는 주 정부기관에서 계약직으로 일한 적이 있다. 계약직으로 일하고 있던 친구가 나를 추천했다. 그리고 마침 같은 프로젝트를 진행하던 다른 계약직 직원이 과거에 나와 일해본 적이 있고 내 블로그를 구독해왔다는 이야기도 보태주었다. 그래서 프로젝트 담당자가 이야기를 해보고 싶다고 나를 불렀다.

그러나 담당자에게는 나를 바로 고용할 권한이 없었다. 계약직은 정부기관이 해당 프로젝트 인력 충원을 맡기기로 계약한 세 곳의 회사를 통해서만 고용할 수 있었다. 하지만 비공식 면접을 본 후 이들은 내게 정해진 세 군데 인력 충원 회사 중 한 곳을 골라서 그곳을 통해 기관에 이력서를 내면 그 자리는 내 차지가 될 거라고 알려주었다. 내게 꽤 유리한 상황이었다. 나는 정부기관이 인력 회사에 무엇을 주는지 알아야 이용당하지 않고 조금 더 유리하게 협상할 수 있을 거라고 생각했다.

그래서 내가 어떻게 했을까? 뭐, 뻔하지 않은가? 프로젝트 담당자에게 인력을 충원하는 회사가 얼마를 받는지 물어보았다. 그러자 그는 스프레드시트를 꺼내서 각 회사가 자리를 채울 때마다 지불하기로 되어 있는 협상 전 금액을 보여주었다. 내 차지가 될 자리에 배정된 금액은 시간당 95달러였다. 그 정보를 가지고 각 회사를 찾아가 그 자리에 대해 이야기했다. 나라면 바로 채용될 거라고 한 후에 내게 제안할 수 있는 최고의 금액이 얼마인지 물었다.

한 회사는 '시급 30달러'라고 했다. 다른 회사는 '시급 50달러'라고 했다. 마지막 회사는 '시급 55달러'라고 했다. 나는 그 계약을 바로 성사시켜 줄 당사자였기에 최대 20퍼센트 이윤을 허용할 생각이었다. 그래서 각 회사에 수수료를 받고 싶다면 고객에게 청구할 95달러 중에 75달러를 내게 지급해야 할 것이라고 말했다.

그중 두 회사는 코웃음을 치며 내가 말도 안 되는 요구를 한다고 했다. 자기들은 "그런 방식으로 일하지 않으며 이윤 폭을 협상하는 일은 없다."라면서 "이윤 폭을 알려고 하는 자체가 말이 안 된다."라고 했다. 하지만 나는 주장을 굽히지 않고 나에게는 다른 대안이 있으며 나는 해당 정부기관에 아는 사람이 있고 이 계약은 내가 가져다 주는 것이니 나를 통해 20퍼센트 이상의 이윤을 남기는 걸 용납할 수 없다고 말했다.

세 번째 회사는 말이 통했다. 그들은 시간당 65달러를 제안했다. 나는 거절하며 말했다. "어쨌든 고맙군요." 몇 시간 후에 세 번째 회사의 사장에게서 전화가 왔다. 그는 골프를 치던 중이라고 했다. 실제 자신의 이윤 폭을 알아낸 데다 배짱 있게 협상했다는 이야기를 듣고 깊은 인상을 받았다며 내 요구를 들어주겠다고 했다. 그러고는 이렇게 말했다. "그렇게 계약해도 내 입장에서는 손해 볼 게 없습니다."

나도 이런 방법이 늘 통한다고 생각하지는 않는다. 하지만 묻기 어려운 것을 묻고 하기 어려운 부탁을 해서 내가 원하는 목표를 성취했다는 게 핵심이다. 시도해보지 않았다면 시급 75달러가 아니라 50달러를 받으며 일했을 것이다. 그 정도면 꽤 큰 차이다.

알고 보면 이처럼 협상 상대의 이해관계가 직접적으로 얽혀 있지 않은 때도 많다. 그 프로젝트 담당자는 인력 충원 회사에 얼마를 지불하는지 내게 편하게 알려주었다. 말해도 그에게는 별 상관이 없었다. 계약자가 얼마를 받든 그는 어차피 계약직 선출에 그만큼의 예산을 써야 했다(사실 그 담당자는 협상해보라고 몰래 나를 격려해주었다. 협상을 마친 후에 얼마나 좋은 결과가 나왔는지도 알고 싶어 했다). 인력을 충원하는 회사 쪽과 이야기할 때도 마찬가지다. 헤드헌터가 그저 자기 할 일만 묵묵히 할 수도 있고 세세한 일을 별로 신경 쓰지 않을 수도 있다. 아니면 지나친 자만심 때문에 말하면 안 되는 정보를 실수로 흘릴 수도 있다.

어쨌든 물어보지 않으면 절대 알 수 없다는 게 핵심이다. 원하는 것을 얻기 위해 투쟁하라. 그러다 보면 원하는 것을 얻게 될 수도 있다. 최악의 상황이라고 해봐야 안 된다는 말을 듣는 정도일 것이다.

헤드헌터를 쓸 것인가 말 것인가

이제 헤드헌터와 관련된 가장 중요한 주제를 이야기하면서 이 장을 마무리하도록 하겠다. 헤드헌터, 쓸까 말까? **살다보면 일자리에 지원서를 낼 때 혼자 힘으로 할지, 헤드헌터의 도움을 받아서 할지 고민하는 순간이 찾아온다.** 아니면 헤드헌터에게 연락해서 일자리를 찾아달라고 부탁해야 할지 고민될 때도 있다.

어느 쪽이 더 나을까? 답은 몇몇 요인에 따라 달라진다. 몇 가지 뚜렷한 장점과 단점을 살펴보도록 하자.

먼저 **특정 헤드헌터나 에이전시를 통해서만 접근할 수 있는 독점 헤드헌팅 협약이 걸린 자리도 있다.** 이런 자리를 원할 때는 선택의 여지가 없다. **큰 헤드헌팅 에이전시들은 회사와 좋은 관계를 유지하면서 헤드헌팅을 실질적으로 장악**하기도 한다. 헤드헌팅 에이전시에서 가치 있는 인재로 인정받은 사람은 그들이 기업과 구축해둔 신뢰를 바탕으로 매우 빠르게 일자리를 구해준다. 큰 기업은 고용 절차가 차별적인 경우가 많기 때문에 이런 기업에 입사하고 싶을 때는 이들의 존재가 큰 도움이 된다. **협상도 본인이 직접 하는 것보다 헤드헌터가 도와주는 게 나을 수 있다.** 보통 헤드헌터는 지원자가 높은 연봉을 받도록 열심히 도와준다. 사실 에이전시의 협상력은 정말 유용하다 `blog`. 타인이 자신을 대신해서 협상에 나서는 게 훨씬 더 나은 결과를 얻는 경우가 종종 있기 때문이다.

대신 헤드헌터에게 보수를 주느라 회사에서 직접 고용했을 때보다 자신의 몫이 적을 수 있다는 게 단점이다. 특히 계약직의 시급은 정규직에 비해 높기 때문에 직접 협상했을 때 더 많은 돈을 받게 될 확률이 높다. 자신이 협상을 잘한다고 생각한다면(연봉 협상에 관한 장 참고) 헤드헌터의 도움을 받지 않고 직접 지원하는 게 나을 수 있다. 반대로 협상을 할 줄 모른다면 돈을 주고라도 헤드헌터를 통해 일자리를 얻는 게 더 이득일 수 있다.

마지막으로 **좋은 헤드헌터라면 지원자를 최대한 좋게 표현할 수 있도록 도와준다.** 아마 이력서를 더 멋지게 쓰는 데에도 도움을 줄 것이고 본인이 알고 있는 내부 사정을 활용해서 면접에도 도움을 줄 것이다. 즉, 어떤 자리에 지원할지, 헤드헌팅 에이전시에서 얼마나 좋은 평가를 받을지에 따라 결정하라. 고객과 좋은 관계를 유지하는 평판 좋은 헤드헌팅 에이전시라면 일자리를 찾는 데 큰 도움이 된다. 하지만 이력서 뭉치를 사방에 뿌리며 수수료 챙길 생각만 할 뿐 제대로 일하지 않는 헤드헌터는 아무 도움이 되지 않는다.

Part 3

소프트웨어 개발에 대해 알아야 할 것

내가 안다는 걸 안다. 즉, 안다는 사실을 자각한다는 뜻이다. 내가 모른다는 걸 안다. 즉, 자신이 모른다는 사실을 아는 상태다. 하지만 모른다는 걸 모를 수도 있다. 즉, 자신이 모른다는 사실조차 모르는 상태를 말하는 것이다.

– 도널드 럼즈펠드

소프트웨어 개발자가 되기 위해 알아야 하는 것은 충격적일 만큼 많다. 좌절감을 줄 정도라 해도 과언이 아니다. 신입 프로그래머라면 특히 그렇게 느끼기 쉽다. 프로그래밍 언어, 소스 제어, 테스트, 지속적 통합, 웹 개발, HTML, CSS, 디자인 패턴, 데이터베이스, 디버깅, 방법론, 스크럼, 애자일… 끝도 없이 이어진다. 너무 많아서 전부 직접 가르치려면 이 책의 분량을 10권으로 늘려야 할 판이다(그리고 출판되자마자 시대에 뒤쳐진 유물이 될 것이다).

이런 현실에 어떻게 대처하면 좋을까? 소프트웨어 개발에 관한 모든 것을 잘 알려줄 방법이 없을까? 그래서 나는 모르는 줄도 모르는 영역을 최대한 많이 없애는 데 집중하자고 결론 내렸다. 그게 바로 3부의 목표다.

3부에서는 소프트웨어 개발자가 되기 위해 알아야 할 모든 것에 대해 기본을 알려주겠다. 이제 막 시작한 사람이라면 처음 듣는 이야기가 많을 것이다. 프로그래밍 경력이 어느 정도 있는 사람이라면 지식의 빈틈을 메꿀 기회가 될 것이다. 노련한 베테랑이라면 자신의 약점을 발견하는 계기로 삼을 수 있다.

여기서는 소프트웨어 개발자가 되기 위해 알아야 할 모든 것을 간략하게 소개한다. 누군가 지속적 통합이나 스크럼에 대해 이야기하더라도 당황하지 않게 해주겠다. 오히려 후일 그러한 지식의 빈틈을 채워서 모른다는 걸 아는 수준에서 안다는 걸 아는 수준으로 바꿀 수도 있다(럼즈펠드의 표현을 빌렸다). 소프트웨어 개발자 기술 평가서 blog 를 다운로드해서 보면 도움이 될 것이다. 있는 줄도 몰랐던 자신의 약점을 알아낼 수 있게 도와주는 '전방 계기판'이라고 보면 된다.

3부에서는 많은 정보가 쏟아져 나오지만 빠질 위험 없이 무릎 정도만 적실 정도로 들어갈 예정이다. 그러니 넘칠 것 같은 정보에 너무 당황하지 않게 마음을 다잡아라. 한 번에 모든 것을 다 배워야 한다는 부담은 버려라. 다시 한번 말하지만 기본적인 정보를 습득하고 모르는 줄도 모르는 부분을 최대한 제거하는 게 3부의 목표다. 자, 이제 손전등을 챙겨서 모험에 나서보자.

21

프로그래밍 언어 개요

일부 신입 개발자는 프로그래밍 언어란 다양하게 배울수록 좋다고 생각한다. 하지만 사실은 그렇지 않다. 현존하는 모든 프로그래밍 언어를 전문가 수준으로 익힐 필요는 없다 blog. 하지만 **주요 프로그래밍 언어는 무엇이고, 각각 어떤 차이가 있는지 정도는 알아두는 게 좋다.** 그러면 해야 할 작업에 적합한 도구가 무엇인지 알 수 있다.

이 장에서는 **꽤 주관적인 관점에서** 내가 중요하다고 생각하는 프로그래밍 언어를 소개할 것이다. 모두 당신이 앞으로 자주 마주치며 익숙해질 언어다. 내 의견에 동의하지 않을 사람도 많겠지만, 지금까지 다양한 프로그래밍 언어를 사용해본 경험에서 나온 의견이다. 내가 선택한 언어와 각 언어에 대한 설명에 완전히 동의하지는 않더라도 오랜 경력을 쌓은 개발자라면 75퍼센트 정도는 공감할 내용이라고 생각한다. (이미 알고 있는지 모르겠지만) 소프트웨어 개발 세계에서 75퍼센트의 확신이 있다고 말할 때는 상당한 자신감이 있다는 뜻이다.

보면 알겠지만 코볼, 에이다Ada, 포트란Fortran 등의 언어는 여기 포함되지 않는다. 그런 언어가 중요하다고 주장하는 사람도 있지만 실제로는 그리 자주 쓰이지 않아서 꼭 다룰 필요가 없다고 생각했다. 프로그래밍 언어 전체 목록을 보고 싶다고 위키피디아를 참고하라blog.

C

C는 1969~1973년 사이에 데니스 리치Dennis Ritchie가 벨 연구소Bell Labs에서 개발한 언어다. C는 상당히 오래된 프로그래밍 언어지만 아직도 사용되고 있을 뿐 아니라 인기도 여전하다. **아마 세계에서 가장 많이 쓰인 프로그래밍 언어일 것이다.**

요즘 쓰이는 주요 프로그래밍 언어 다수가 C에 뿌리를 두고 있다. 사실 C 프로그래밍을 익히고 나면 C++, C#, 자바, 자바스크립트 등 많은 언어를 더 쉽게 배울 수 있다.

C는 까다로운 언어다. 너무 강력해서 그렇다. C는 개발자가 컴퓨터 메모리에 접근해서 저수준 영역까지 조작할 수 있게 해주는 저수준low level 언어다. C는 수많은 운영 체제, 저수준 하드웨어, 임베디드 시스템뿐 아니라 게임에서도 사용되는 언어다. C를 시스템 프로그래밍 언어로 분류하는 경우가 많다.

C++

C++는 종종 C와 경계가 모호해지는 언어다. 많은 C++ 개발자가 C++의 객체지향 개념을 이해하지 못해서 C++ 기능으로 C에서 쓸 법한 코드를 작성하기 때문이다. C++로 작성한 레거시 시스템에서 작업하다보면 그런

코드를 쉽게 만날 수 있다. **엄밀히 말해 C++는 C의 상위 집합이다.** C 프로그램은 C++ 컴파일러로 컴파일해야 하기 때문이다(물론 일부 예외는 있다).

C++는 벨 연구소의 비야네 스트롭스트룹Bjarne Stroustrup이 C 언어에서 시뮬라Simula*의 객체지향성, 클래스, 가상 함수 등과 같은 유용한 기능을 활용하려고 C를 확장한 데서 비롯되었다.

C++는 오늘날에도 널리 쓰인다. 특히 게임 개발에 많이 쓰인다. 업데이트도 꾸준히 이루어지고 있고 현재는 '모던 C++'라고도 불린다. 하지만 C++는 매우 복잡한 언어다. 그래서 초보자에게는 추천하지 않는다. 매우 강력한 만큼 조심히 다루어야 할 언어이기도 하다.

C#

C#은 훌륭한 표현력에 비해 사용하기 쉬워서 좋아하는 언어다. **나는 C#이 우아하게 설계되었고, 오늘날에도 꽤 빠르게 성장하며 진화한다고 생각한다.**

C#은 원래 마이크로소프트가 .NET 런타임.NET Runtime 환경을 대표하는 언어로 만들었다. C#을 만든 이는 델파이Delphi, 터보 파스칼Turbo Pascal을 만드는 데 크게 이바지했던 아네르스 하일스베르Anders Hejlsberg다.

초기 C#은 자바와 아주 많이 유사했다. 사실 자바의 복제판이라고 일컬어지던 때도 있었다. 이 말에 대해서는 나도 반박하기 어렵다. 내가 처음에 C#을 빨리 배울 수 있었던 것도 자바에 익숙했기 때문이었다. 몇 가지 사소한 차이점을 빼면 이 두 언어는 기본적으로 거의 똑같다고 보일 정도였다. 요즘 C#은 자바와 꽤 멀어졌다. 그럼에도 둘 중 한 언어를 아는 사람이라면 다른 언어를 이미 90퍼센트 정도 아는 거나 다름없다고 할 수 있다.

---

* 시뮬레이션에 특화된 프로그래밍 언어. 최초의 객체지향 언어로 보기도 한다.

C#은 C++와 비슷하다고 할 수 있는 객체지향 언어다. 하지만 훨씬 더 간단하다. 그리고 요즘에는 기능도 훨씬 많아졌다.

자바

자바는 C#과 아주 많이 닮았다. 하지만 자바가 더 오래된 언어이므로 C#이 자바를 아주 많이 닮았다고 해야 맞다.

자바는 1995년 선 마이크로시스템스Sun Microsystems의 제임스 고슬링 James Gosling이 한 번 작성한 코드를 여러 플랫폼에서 실행할 수 있게 만든 언어다. 그는 자바를 모든 컴퓨팅 플랫폼에서 구동되는 가상 머신에서 실행할 수 있게 만들었다. 그러면 자바 프로그램을 여러 플랫폼에서 쉽게 사용할 수 있다.

자바는 C와 C++에 기반하는 객체지향적인 언어지만 C#처럼 매우 단순하다. 그리고 문제를 일으킬 소지가 있는 메모리 조작 등의 저수준 동작은 허용하지 않는다.

현재 자바는 오라클의 소유이며 여전히 성장하고 있다. 다만 최근에는 위원회의 관리를 받고 있는데 여기에 소속된 위원들은 자바의 발전 속도를 늦추고 싶어 한다.

파이썬

파이썬은 나도 언젠가 더 깊이 배워보고 싶다. **가독성을 중요하게 고려해서 만든 우아하고 단순한 언어다.**

파이썬은 1989년 반 로섬Van Rossum이 만들었다. 파이썬 커뮤니티에서는 그를 "자애로운 종신 독재자"라고 부른다. 파이썬은 객체지향적으로도 절차지향적으로도 심지어 함수형으로도 쓸 수 있다. 그리고 인터프리터 언어 interpreted language다. 컴파일하지 않는다는 뜻이다.

C++, 자바, C#과 비교해보면 파이썬의 코드는 훨씬 간결하다. 더 적은 코드로 더 많은 걸 표현할 수 있기 때문이다. 지금도 충분히 인기를 끌고 있지만 점점 더 인기가 올라가고 있다. 적어도 내가 보기에는 그렇다. **구글에서 사용하는 주요 프로그래밍 언어 중 하나이기도 하고** 초보가 배우기에도 좋은 언어다.

루비

자, 이제 아주 흥미로운 언어를 소개하겠다.

루비는 유키히로 '마츠' 마츠모토Yukihiro 'Matz' Matsumoto가 1993년경 일본에서 만들었다(영광스럽게도 그는 내 책『소프트 스킬』일본어 번역본blog의 해설을 맡아주기도 했다). 객체지향적인 스크립트 언어를 만들겠다는 아이디어에서 탄생한 언어다. 하지만 최근에야 인기가 높아지기 시작했고 초창기에는 그다지 관심을 받지 못했다.

데이비드 하이네마이어 한슨David Heinemeier Hansson, DHH이 2003년에 만든 루비 온 레일스Ruby on Rails, RoR는 루비가 성공을 거두는 데 큰 기폭제 역할을 했다. 그 후에도 오르락내리락을 반복하긴 했지만 **쉽고 재미있게 프로그래밍을 할 수 있어서 여전히 큰 인기를 누리는 중이다.** 쉽고 재미있게 쓸 수 있도록 만들겠다는 건 마츠의 핵심 설계 목표이기도 했다.

초심자가 배우기에 아주 좋은 언어이므로 초보용 프로그래밍 언어로 루비를 가르치는 코딩 부트 캠프를 쉽게 만날 수 있을 것이다.

자바스크립트

인기가 좀처럼 사그라들 것 같지 않은 또 다른 흥미로운 프로그래밍 언어를 소개한다.

자바스크립트는 1995년 브렌던 아이크Brendan Eich가 **단 10일 만에 개발한 언어다!** 충분히 예상할 수 있겠지만 아주 짧은 기간에 개발된 탓에 이 언어에는 문제가 많다. 자바스크립트는 C#, 자바, C++와 비슷해 보이지만 매우 다르게 작동한다. 자바스크립트는 애초에 단순한 웹용 스크립트 언어였다. 하지만 이제는 웹을 넘어서 광범위하게 쓰이는 기본 언어가 되었다. 이 정도 사실은 누구나 익히 알고 있으리라 생각한다.

자바스크립트의 최신 버전, 조금 더 정확히 말해 ECMA스크립트ECMAScript는 기존 단점을 많이 수정한 덕에 대규모 개발에 더욱 적합한 형태가 되었다. 워낙 광범위하게 쓰이는 언어라서 **요즘 웹 개발자라면 자바스크립트에 대한 지식을 조금이라도 갖춰야 한다.**

〈잠깐만요, 딘〉 **자바스크립트가 웹 개발 언어로 그렇게 큰 인기를 누리는 이유는 무엇인가요? 딱히 최고의 언어라고 보긴 어려운데도 말이에요.**

정말 좋은 질문이다.

훌륭해서 아니면 웹 개발에 적합해서 인기가 높다고 보이지는 않는다. 인기를 끈 주된 이유는 편의성과 보편성에 있었다. 웹 초창기부터 자바스크립트는 거의 모든 브라우저에 포함되어 있었다. 당시에는 주로 팝업이나 대화 상자를 보여주는 등의 간단한 작업만 했다. 오늘날 사용되는 방식과는 전혀 다르다.

게다가 자바스크립트는 인터프리터 언어이기 때문에 컴파일하지 않아도 된다. 자바스크립트는 브라우저 안에서 실행될 뿐 아니라 컴파일 과정을 거치지 않고 명령 한 번만으로 작동된다. 웹 페이지로 전달할 수 있고 브라우저 안에서 실행되기 때문에 웹에서 쓰기 정말 편했다.

그 뒤에 플래시 같은 다른 기술이나 다른 스크립트 언어도 만들어졌다. 그런 언어가 더 뛰어나다고 평가하는 이들도 있었다. 하지만 결국 자바스크립트가 이겼다. 어디에서나 찾을 수 있는 보편성 때문이다. 그러므로 개발자라면 누구나 자바스크립트에 대해 기본적인 지식은 갖추어야 한다.

펄

펄의 인기가 예전 같지는 않다. 하지만 여전히 널리 사용되는 언어다. 특히 유닉스Unix 스크립트용으로 많이 쓰인다.

펄은 1987년 래리 월Larry Wall이 유닉스용으로 만든 스크립트 언어다. 이 언어는 유연성과 문자열 구문 분석을 할 수 있는 능력 덕분에 웹 초창기에 널리 인기를 끌었다. 특히 CGI 스크립트를 작성하기 좋았다(이 말이 무슨 뜻인지 몰라도 괜찮다. 오히려 모르는 게 운이 좋은 거라고 생각해도 된다).

나는 늘 펄이 별로 마음에 들지 않았다. 가독성이 떨어져서 아름답지 못하다고 생각하기 때문이다. 하지만 이러한 의혹을 품고 있는 나조차도 '스크립트 언어계의 스위스 아미 전기톱'이라고 할 정도인 펄의 정확성을 인정한다. 펄은 엄청 유연하고 강력하다. 내가 혹은 다른 누군가가 이틀 전에 쓴 코드조차 알아보지 못한다는 게 문제일 뿐이다.

PHP

나를 포함해 많은 이들이 싫어해 마지 않는 또 다른 언어를 소개한다. PHP도 그리 우아한 언어는 아니다. 사실 나는 약간 '지저분'하다고 느낀다. 하지만 자바스크립트와 함께 오늘날 웹의 많은 부분을 구성하는 언어다. 페이스북도 처음에는 PHP로 작성되었다. 인기가 식을 줄 모르는 블로그 소프트웨어 워드프레스WordPress도 여전히 PHP로 만든다. **큰 인기를 누리는 웹 사이트 중에는 처음에 PHP로 시작한 곳이 엄청 많다. 꾸준히 쓰는 곳도 꽤 있다.**

PHP는 원래 1994년 라스무스 러도프Rasmus Lerdorf가 만들었고 2014년까지 명문화된 명세 하나 없이 진화했다(믿기 어렵겠지만 사실이다). 애초에 PHP는 프로그래밍 언어가 될 운명은 아니었다. 처음에는 간단한 웹 페이지를 동적으로 만들 수 있는 도구 모음에 불과했다. 그러나 세상의 빛을 본 후에 처음 의도와는 다르게 흘러갔다.

PHP에 온갖 단점이 있는 건 사실이지만 그래도 배우기 쉽고 사용하기 쉽다는 큰 장점이 있다. 길 잃기 딱 좋은 후미진 골목이 많이 도사리고 있긴 하지만 말이다. 내가 좋아하는 언어는 아니지만 기존의 PHP 코드를 수정하면서 경험을 쌓는 초보자가 많다.

오브젝티브-C

개천에서 난 용처럼 불과 몇 년 만에 주도권을 잡은 또 하나의 언어다. 오브젝티브-C는 1980년대 초 브래드 콕스Brad Cox, 톰 러브Tom Love가 만들었다. C에 스몰토크SmallTalk의 객체지향 기능을 더하겠다는 생각이 시발점이었다. 그 후 잊혀져서 거의 없어질 뻔한 오브젝티브-C를 애플이 구했다. 애플은 맥Mac OS X 운영 체제에 오브젝티브-C를 쓰기로 했다. 그 후에도 널리 인기를 끌지는 못했다. 이 언어를 쓰는 건 맥 개발자뿐이었다. 하지만 애플이 아이폰과 iOS를 소개하면서 수백만 명의 새로운 개발자가 이 언어의 낯선 문법과 씨름하게 되었다.

나도 그중 한 명이었다. 내가 만든 첫 번째 안드로이드 애플리케이션을 iOS로 포팅하기 위해 오브젝티브-C를 배워야 했다. 솔직히 그렇게 좋아하는 언어는 아니다. **일단 배우기 어렵다.** 아주 간단한 것을 하는 데도 꽤 장황한 코드를 써야 한다. 다행히 요즘 iOS 개발자는 오브젝티브-C보다 약간 더 친절한 스위프트를 쓸 수 있다.

스위프트

애플이 선택한 새로운 iOS용 대표 언어다. 사실 나는 스위프트를 써보지 못했다. iOS 개발을 다시 시작한다면 써볼 생각이긴 하다. 스위프트는 iOS, OS X 개발에 쓰이는 애플의 코코아_{Cocoa}, 코코아 터치_{Cocoa Touch} 프레임워크용으로 만들어졌다. 그리고 기존의 많은 오브젝티브-C 코드와도 쉽게 통합될 수 있도록 설계되었다.

스위프트는 오브젝티브-C를 동적이고 유연하게 하는 인기 있는 기능 대부분을 지원하는 동시에 훨씬 더 단순하고 간결하다. iOS 개발을 해볼 생각이라면 오브젝티브-C를 거르고 바로 스위프트로 시작해도 좋다.

Go

Go는 구글이 비교적 최근에 만든 프로그래밍 언어다. **나는 Go를 정말 좋아한다. 간결하고 강력해서다**(나는 플루럴사이트에 Go 강의도 올렸다 blog).

Go는 2007년 로버트 그리스머_{Robert Griesemer}, 롭 파이크_{Rob Pike}, 켄 톰프슨_{Ken Thompson}이 만들었다. C와 매우 비슷하지만 몇 가지 훌륭한 추가 기능이 있고 훨씬 단순하다. Go에는 C와 달리 가비지 컬렉션_{garbage collection} 기능이 있어서 메모리를 관리하지 않아도 된다. 동시성 프로그래밍_{concurrent programming} 기능도 있어서 성능이 크게 좋아졌다. 그 덕에 동시성이 Go의 주요 특성이 되었다.

Go 프로그래밍을 해보면 문법이 아주 간결해서 정말 잘 설계된 언어라는 생각이 들 것이다. Go는 C처럼 원래 시스템 프로그래밍 언어로 만들어진 언어이지만 나중에는 웹을 비롯한 다른 영역까지 퍼져나갔다.

얼랭

얼랭Erlang은 동시 및 분산 처리를 위해 설계된 기능적이고 매우 흥미로운 프로그래밍 언어다. **이 언어는 코드 핫 스와핑**hot swapping**을 지원하므로** 애플리케이션을 멈추지 않고 코드를 변경할 수 있다.

얼랭은 에릭슨Ericsson의 조 암스트롱Joe Armstrong, 로버트 버딩Robert Virding, 마이크 윌리엄스Mike Williams가 1986년에 만들었고 1998년에 오픈 소스로 공개했다. 원래는 전화 통신 애플리케이션 개발을 돕기 위해 만들었다. 그래서 핫 스와핑 기능이 있는 것이다. 전화 통신 애플리케이션이 중단되는 걸 반길 사람은 없을 테니 말이다.

얼랭은 오늘날 가장 안정적인 프로그래밍 언어이자 프로그래밍 환경으로 여겨진다.

하스켈

하스켈Haskell은 본래 매우 학구적인 성격이 강한 언어로, 1987년 당시 존재하던 여러 함수형 언어의 공개 표준으로 삼기 위해 설계한 순수 함수형 프로그래밍 언어다. 함수형 언어 설계 연구에 쓸 수 있도록 기존의 함수형 언어를 하나로 통합하기 위해 만든 것이다. 믿기 어렵겠지만 하스켈 1.0은 1990년 위원회에서 만들어졌다.

최근 하스켈은 학구적인 영역을 넘어 점점 더 인기를 얻고 있다. 하스켈은 순수 함수형 언어이자 강력한 정적 체계를 갖추고 있어서 배우기도, 사용하기도 어렵다. 하지만 매우 강력하다. 그리고 부작용 없이 예측 가능한 코드를 만들 수 있다.

빠뜨린 세부 사항에 대하여

앞서 소개한 목록에 대해 몇 가지만 짚고 넘어가겠다. 자신이 좋아하는 언어나 최근 인기를 끌고 있는 언어가 여기에 소개되지 않았다 해도 **주요 언어를 꼽는 데 주관이 개입할 수밖에 없다는 점, 그리고 유행은 빨리 지나간다는 점**을 고려해서 이해해주길 바란다.

각 언어의 세부 사항은 거의 소개하지 않았다. 정적 언어와 동적 언어는 무엇인지, **객체지향 언어와 절차지향 언어는 또 무엇인지 정의하느라 진도가 막히는 걸 원치 않았기 때문이다**(이 내용을 자세히 알고 싶은 사람에게는 『Types and Programming Languages』(Benjamin C. Pierce, The MIT Press) blog 를 추천한다).

요즘 프로그래밍 언어는 다양한 영역에 속하는 기능을 통합적으로 가지고 있는 경우가 많아서 정적이냐 동적이냐, 객체지향이냐 함수형이냐 등의 오래된 분류법 중 하나로 명확하게 분류하기 어렵다. 그래서 주요 프로그래밍 언어의 존재를 알고 전체를 빠르게 훑어보는 데 초점을 맞추었다. 관심이 가는 언어가 있다면 그 언어에 대해서 스스로 더 자세히 알아보길 바란다.

〈잠깐만요, 죈〉 제가 가장 좋아하는 언어가 빠졌어요. 러스트(Rust)는요? 코볼은요? 스칼라(Scala), 리스프(Lisp)는 있어야죠! 아, 그리고 인터프리터 언어가 뭔지, 스크립트 작성이나 컴파일러가 뭔지도 알아야 되잖아요. 아닌가요? 제 말이 맞잖아요!

잠깐만. 잠깐, 숨 좀 깊이 들이마셔라. 10을 세고 자, 이제 숨을 내쉬어라. 잘했다.

무슨 말인지 안다. 그래서 서두에 주관적으로 고른 것이기 때문에 당신이 가장 좋아하는 언어가 포함되지 않을 수 있다고 말한 것이다. 그래도 괜찮다. 이 장의 핵심은 세상에서 만나게 될 주요 프로그래밍 언어를 전부 나열하는 게 아니고 그중 중요한 언어 일부의 개요를 보여주는 것이다. 분명 '일부'라고 했다.

사실 그 모든 언어를 알 필요는 없다. 배스킨라빈스에서 아이스크림을 사기 전에 거기 있는 조그만 핑크색 샘플 숟가락으로 31가지 아이스크림을 모두 맛볼 필요는 없다. 그러니 그렇게 걱정할 것 없다. 이 목록에 없는 언어를 만나더라도 이상할 게 없다. 그 언어에 정말 흥미를 느낀다면 직접 더 알아보길 바란다.

나는 앞으로 당신이 만나게 될 세상을 짧게나마 엿보고 개중 강타자에 대한 일반적인 지식을 갖추게 해주고 싶었다. 인터프리터 언어, 컴파일러, 정적 타입, 동적 타입 등에 대해서라면 아까 말한 게 맞다. 그런 것을 알아두는 건 중요하다. 하지만 그 모든 걸 배우려면 한 개 장으로는 부족하다.

3부의 초점은 무엇을 알아야 하는지 알려주는 데 맞춰져 있다. 여기에서는 기본적인 개요를 이해하는 데 집중하고 더 자세한 내용은 스스로 배워라. 프로그래밍 언어의 작동 방법이 여기에 언급되지 않았다고 해서 중요하지 않아서 그렇게 했다고 오해하지 않길 바란다. 당연히 그 모두가 중요한 내용이다. 다만 세상에는 프로그래밍 언어 이론과 설계에 대해 훨씬 깊이 있게 전부 다루는 책들이 존재한다.

자, 프로그래밍 언어에 대한 짧은 개요는 여기까지다. 다음으로는 다양한 개발 유형과 소프트웨어 개발자 유형에 대해 살펴보자.

22

웹 개발이란 무엇인가?

아주 솔직히 이야기하겠다. 사실 나는 웹 개발을 그렇게 좋아하지 않는다 blog. 그래도 오해는 없길 바란다. 나는 웹 개발 일을 꽤 많이 했다. 하지만 데스크톱 앱이나 모바일 앱 개발에 비해 웹 개발은 뭐랄까… 더 까다롭다.

데스크톱이나 모바일 개발에서는 대체로 런타임 환경이 명확하다. 윈도우 앱을 만들 때는 .NET을, 맥 OS용 앱을 만들 때는 오브젝티브-C를 쓴다. 두 경우 모두 운영 체제의 종류와 버전, 사용할 언어와 기능이 분명하다.

웹 개발은 조금 다르다. 웹 개발을 할 때는 런타임 환경에 대한 통제력이 떨어진다. 웹 브라우저 세계에는 마이크로소프트 인터넷 익스플로러Internet Explorer, 마이크로소프트 에지Edge, 구글 크롬Chrome, 애플 사파리Safari, 파이어폭스Firefox라는 다섯 강자가 존재하기 때문이다. 오페라Opera처럼 그보다 '약한' 주자도 많을 뿐 아니라 그 외에 모바일 기기 브라우저, '웹' TV, 비디오 게임 콘솔 등이 있다. 맞춰야 할 입맛, 실수할 여지가 너무 많아서 아마 머리가 깨질 듯 복잡해질 것이다. 게다가 사람들이 쓰는 브라우저는 모두 버전이 다르다. 브라우저 종류와 버전에 따라 지원하는 기능이 다르기 때문에 웹 개발은 까다로워질 수밖에 없다.

하지만 좋든 싫든 **소프트웨어 개발자라면 웹 개발의 기본이라도 알아야 한다.** 사실 오늘날 소프트웨어 개발자 대부분은 웹 개발자다. 웹 개발은 세상을 점령한 개발 플랫폼계의 킹콩이다. 그게 현실이다. 과거에는 데스크톱 개발이 기준이었지만 점점 더 많은 애플리케이션이 웹으로(아니면 적어도 웹 기반 기술로) 옮겨왔고 앞으로도 그런 추세는 계속 이어질 전망이다. 모바일 개발의 빠른 성장세에도 불구하고 웹 개발은 여전히 핵심적인 위치를 차지하고 있다. 그 이유는 휴대전화와 태블릿이 강력해지면서 브라우저 내에서 작동되는 웹 앱을 만들어서 크로스 플랫폼cross-platform 앱으로 쓰기가 쉬워지고 있기 때문이다. 그 말은 **웹 개발자가 될 생각이 없더라도 웹 개발, 웹의 작동 방식과 주요 기술의 유형 정도는 알아둬야 한다**는 뜻이다.

이 장을 통해 웹 개발 기본에 대해 잠시 살펴보도록 하자.

짧은 개요

웹 개발과 개발 방식은 지난 수년간 크게 변했지만 한 가지 변하지 않은 게 있다. **웹 브라우저에서 작동하는 애플리케이션을 만드는 게 웹 개발이라는 점이다.** 어떤 웹 애플리케이션에서는 웹 서버에 주요 로직을 두고 애플리케이션을 생성하는 HTML, CSS, 자바스크립트를 웹 서버가 렌더링한다. 웹 서버는 초기 상태를 만들 때만 활용하고 애플리케이션 실행에 필요한 로직을 클라이언트에 다운로드한 후 서버를 데이터 검색이나 저장 용도로만 사용하는 애플리케이션도 있다. 어떤 방식을 사용하든 웹 개발에 쓰이는 **기본 기술은 HTML, 자바스크립트, CSS로 똑같다.** 그리고 또 한 가지 꼭 필요한 것이 인내심이다. 모든 웹 브라우저에서 테스트를 해야 하기 때문이다.

오늘날 웹 개발자는 웹 애플리케이션 제작에 온갖 주요 프로그래밍 언어를 활용한다. 웹 애플리케이션의 사용자 인터페이스가 알고 보면 HTML, CSS 형태의 일반 텍스트plain text*여서 가능한 일이다. 텍스트를 생성하고 HTTP 요청에 응답할 수 있는 프로그래밍 언어라면 일반 텍스트는 만들어 낼 수 있다. 사실 이 정도 작업은 거의 대부분의 프로그래밍 언어에서 가능하다.

일반 텍스트 파일 포맷을 쓰는 자바스크립트는 오늘날 DOM(Document Object Model, 문서 객체 모델)을 통해 웹 브라우저에서 HTML을 조작하는 용도로도 사용된다. DOM은 웹 브라우저에서 웹 페이지를 표현하는 방식으로, 이를 사용하면 새로운 HTML이나 CSS 코드를 직접 만들지 않고도 브라우저에서 표현된 사용자 인터페이스에 직접 변화를 줄 수 있다.

웹의 작동 방식

웹의 작동 방식을 대략이라도 파악하지 못한 상태라면 웹 개발이 무엇인지 이해하기 힘들다. 시간이 흐르며 변한 것도 있지만 **웹의 기본 기능과 기반 기술은 거의 그대로 유지되고 있다.** 이 짧은 설명은 웹의 작동 방식을 알려주는 아주 간략한 기본 입문 설명서라고 생각하라.

우선 웹 브라우저가 있다. 웹 브라우저는 HTML과 CSS의 구문을 분석하고 웹 페이지라고 부르는 시각적 형식으로 렌더링한다. 웹 브라우저는 자바스크립트를 실행해서 웹 페이지의 기본 구조 수정 등 다양한 일을 한다. 웹 브라우저가 웹 페이지를 렌더링하려면 반드시 웹 서버에 요청을 보내야

---

* 그림이나 서식이 있는 리치 텍스트(rich text)와 달리 모든 정보가 텍스트로만 이루어진 파일 형식. 영어 발음 그대로 '플레인 텍스트'로도 부른다.

한다. 이 과정은 HTTP_Hypertext Transfer Protocol라고 부르는 프로토콜을 통해 이루어진다. 특정 리소스나 URI_Uniform Resource Identifier 요청을 받은 웹 서버는 해당 내용이 존재하면 브라우저에 응답을 보낸다. 브라우저는 응답의 구문을 분석하고 렌더링한다. 이를 최종 사용자가 웹 브라우저에서 보는 것이다. 보기보다 많은 일이 물밑에서 진행되고 있는 건 분명하지만 **기본적으로 웹 브라우저가 요청을 보내고 웹 서버가 HTML, CSS, 자바스크립트를 반환하는 방식으로 응답한다고 보면 된다.**

웹 개발을 하는 데 왜 이런 내용을 알아두어야 할까? 이미 눈치챘겠지만 **웹 애플리케이션이 일반 데스크톱 애플리케이션과 약간 다르기 때문이다.** 데스크톱 애플리케이션에서는 메모리에 상태를 저장해두었다가 애플리케이션이 다른 페이지나 부분으로 옮겨갈 때 저장한 상태 데이터에 접근할 수 있다. 웹 애플리케이션의 **바탕이 되는 HTTP 프로토콜에는 상태가 없으므로 이를 극복할 방법을 찾아야 한다.** 그래서 웹 애플리케이션에서는 애플리케이션이 동작을 하나 할 때마다 서버가 끊임없이 요청을 보내야 한다(일반화해서 하는 이야기지만 대체로 그렇다). 요청하는 사이 애플리케이션의 상태를 관리하고 동시에 그 웹 애플리케이션을 사용하고 있는 개별 사용자를 추적할 방법을 찾아야 한다는 뜻이다.

이 작업을 쉽게 할 수 있게 해주는 프레임워크와 패턴도 있다. 그래도 HTTP에 상태가 존재하지 않고 클라이언트−서버 인터랙션이 끊임없이 이루어지기 때문에 웹 개발이 다른 개발과 크게 달라진다는 사실을 이해하는 게 중요하다. 프로그래밍 절차가 복잡하고 애플리케이션 런타임 관리도 어렵다고 하니 슬슬 왜 이렇게 되었는지 궁금할 것이다. 현재의 웹은 어디에서 왔으며 요즘 쓰이는 기술이 사용된 이유는 무엇일까?

웹의 간략사

초창기 웹은 현재와 매우 달랐다. **초기 웹 개발자는 정적 HTML 페이지를 만드는 데 집중했고** 모든 탐색은 하이퍼링크를 통해 이루어졌다. 초기 웹 개발자는 '앱'을 만들지 않았다. 그림 몇 장과 정보가 담긴 정적 웹 페이지를 만들었고 각 페이지는 하이퍼링크로 연결되어 있었다.

아주 지루했고 세련된 느낌이라고는 전혀 찾아볼 수 없었다. 하도 지루해서 진정한 웹 개발자의 존재는 필요 없었다. 당시에는 웹마스터만 있었다. 나도 그중 한 명이었다. 16살 무렵의 나는 여름방학용 아르바이트로 미국 공군 웹 사이트의 웹마스터 일을 했다. 아, 그때가 좋았다. 하지만 그런 시절은 금세 지나갔다.

웹 페이지를 인터랙티브하게 만들 방법을 찾아야만 했다. 초기 개발자들의 대화는 보통 이렇게 흘러갔다. "빈칸에 이름을 넣고 버튼을 클릭하면 화면에 '헤이 존, 당신은 어쩜 그렇게 멋진 거죠?'라는 글귀가 뜨게 하면 정말 좋지 않겠니?" (주의: 내가 처음 만든 인터랙티브 웹 페이지는 이렇지 않았다. 다시 한번 말하지만, 절대 아니다. 그저 예를 든 것뿐이다.) 조건에 따라 필요한 내용만 보여주고 나머지는 감추되 사용자의 정보를 기억하게 해두는 것만으로 **충분했다.**

이제 웹 페이지는 "헤이 존, 당신은 어쩜 그렇게 멋진 거죠?"라고 할 수 있을 뿐 아니라 다음 페이지를 로딩해도 내 이름이 존이라는 사실(그리고 내가 정말 멋지다는 사실)을 기억하고 나처럼 멋진 근육질의 웹마스터를 위해 전혀 다른 웹 페이지를 렌더링해서 보여줄 수 있다.

최초의 웹 애플리케이션을 만들 때는 **CGI(Common Gateway Interface, 공용 게이트웨이 인터페이스)라는 기술**이 사용되었다. 이런 앱은 쿼리 문자열query string처럼 브라우저가 서버에 보내는 데이터를 사용해서 조건에 맞는 HTML

을 생성할 수 있었다. 하지만 이렇게 하는 게 쉽지만은 않았다. 웹 개발자는 웹 브라우저에서 받은 요청을 분석하고 응답을 생성하는 동시에 HTTP 프로토콜을 정확하게 구현해야 했고 유효한 HTML도 작성해야 했다.

웹 개발 프레임워크의 등장과 함께 이 과정이 쉬워졌다. 아마 콜드퓨전ColdFusion이나 ASP 같은 기술을 들어본 적 있을 것이다. 이런 초기 웹 프레임워크 덕분에 CGI나 HTML 동적 생성이 쉬워졌다. 그때부터 웹 개발자가 특별한 태그, 마크업, 로직을 써서 조건부 HTML을 생성할 수 있게 되었다. 작업이 수월해졌다. 훨씬 더. 이런 기술이 템플릿 언어 같은 역할을 해서 매우 많은 개발자가 처음으로 진짜 웹 애플리케이션을 만들 수 있게 되었다. (미안하게 되었다. 웹마스터들이여….)

하지만 웹 페이지를 이보다 더욱 인터랙티브하게 만들 방법이 필요했다. 브라우저 기술이 진화하고 컴퓨터가 빨라진 동시에 더 복잡한 애플리케이션에 대한 수요가 증가하면서 웹 개발자들은 **자바스크립트를 사용해서 웹 애플리케이션의 능력을 신장시키기** 시작했다. 그즈음 웹 개발자들이 CSSCascading Style Sheets를 쓰기 시작하면서 웹 애플리케이션의 스타일을 쉽게 만들고 변경할 수 있게 되었다. HTML이 내용을 정의하고 CSS는 내용이 담길 레이아웃과 스타일을 정의했다. 하지만 웹 개발자와 사용자는 동적으로 생성되는 예쁜 웹 페이지만으로 만족하지 못했다. 더 나아가야만 했다.

웹 페이지를 더 인터랙티브하게 더 멋지게 만들 방법이 있어야 했다. 웹 기술계의 핵무장 경쟁이라고 생각하라. 서버에 있는 것을 렌더링하는 건 느려서 즉각 반응한다는 느낌이 들지 않았다. 그래서 **새로 고침을 하지 않아도 웹 페이지가 동적으로 업데이트되게 하는** AJAXAsynchronous JavaScript and XML **같은 기술이 발명되었다.** 결국 페이지 새로 고침 없이도 동적으로 움직이는 웹 애플리케이션이 탄생했다. 이런 웹 애플리케이션은 SPASingle Page Application라고 불린다.

웹이 계속 전진하고 진화함에 따라 어떻게 변화하며 어떤 일이 일어날지는 앞으로 계속 지켜봐야 할 것이다. 현재 웹은 **점점 더 과거의 데스크톱 애플리케이션을, 웹 브라우저는 운영 체제를 닮아가고 있는 것처럼 보인다.** 심지어 최근에는 구글이 크롬 웹 브라우저를 OS로 쓰는 웹 기반 OS, 크롬 OS를 내놓기까지 했다. 내가 최대한 간단하게 정리한 웹의 간략사는 여기까지다(아주 간단한 버전이라고 생각하라.)

주요 웹 개발 기술

웹 작동 방식과 웹의 진화 과정에 관한 기본을 배웠으니 이제 앞으로 접하게 될 가장 일반적인 웹 개발 기술 몇 가지에 대해 이야기해보자.

HTML

HTML은 웹 개발의 주춧돌이다. 이 언어가 웹의 기본 구성 요소이고 모든 웹 개발은 결국 이 언어를 바탕으로 한다. HTML만으로도 웹 애플리케이션을 만들 수 있다. 물론 별 기능은 없을 것이다(그리고 결과물은 웹 페이지라고 부르는 게 적절하다). **HTML**Hypertext Markup Language`blog`**은 웹 페이지의 내용과 구조를 만드는 데 쓰인다.**

예를 들어보겠다. 페이지에 이미지를 넣고 싶을 때는 〈img〉 태그를 쓴다. 제목을 만들고 싶을 때는 〈h1〉 태그를 쓴다. 〈article〉 태그를 사용해서 페이지의 메인 콘텐츠를 작성할 수도 있다. 그 외에도 자주 쓰이는 태그가 수십 가지다. 그리고 자주 쓰진 않지만 내용을 조직화하고 문서의 구조를 만드는 태그는 그보다 훨씬 더 많다.

웹 브라우저는 분석한 HTML을 CSS, 자바스크립트와 함께 페이지 렌더링하는 데 쓴다.

CSS

CSS가 등장하기 전까지 웹 페이지의 내용과 구조를 명시하고 이를 어떤 스타일로 보여줄지 정하는 역할은 HTML의 몫이었다. 그래서 버튼 색상을 변경하고 글꼴 크기를 수정하는 등 웹 애플리케이션의 스타일을 변경하려면 애플리케이션의 HTML을 여러 군데 수정해야만 했다.

CSS는 웹 페이지의 내용과 스타일을 깔끔하게 분리해서 이 문제를 해결했다(물론 내용과 스타일이 겹칠 때도 가끔은 있다). **웹 페이지의 스타일을 정의하기 위해 웹 페이지에 CSS**Cascading Style Sheets blog**를 연결할 수 있다.**

하나의 웹 애플리케이션을 그 애플리케이션 스타일을 설정하는 CSS 파일 묶음에 연결할 수도 있다. 그러면 버튼의 색을 바꾸고 싶을 때 CSS 파일 하나만 변경하면 웹 애플리케이션에 있는 모든 버튼이 한꺼번에 수정된다. 그거 참, 신박한 기술이 아닌가?

CSS를 잘 쓰면 웹 페이지의 외양을 꽤 다양한 방법으로 바꿀 수 있다. 웹 페이지의 특정 요소가 나타나게 했다가 사라지게 한다거나 요소의 위치를 바꾼다거나 글꼴을 변경하거나 글꼴의 크기를 조절하는 등 상상할 수 있는 거의 모든 것을 할 수 있다.

그렇다고 CSS에 한계나 문제가 없다는 건 아니다. CSS 코드를 유지 보수하기 쉽게 잘 정리해서 코드의 의도와 역할을 다른 개발자도 한눈에 알아볼 수 있도록 만드는 건 쉬운 일이 아니다. CSS는 프로그래밍 언어와 달리 변수, 함수, 캡슐화를 지원하지 않는다. 변수를 쓰는 대신 원하는 색상 코드를 일일이 반복해서 작성해야 한다는 뜻이다. 외곽선 두께와 여백 같은 속성 또한 함수를 적용하는 대신 직접 반복해서 써야 한다. 향후 개선될 예정이긴 하지만 완벽히 적용되기까지는 오랜 시간이 걸릴 것이다.

> 〈잠깐만요, 윈〉 **CSS 전처리기는 뭔가요? 친구가 늘 그 얘기를 하는데 뭔지 잘 모르겠어요.**
> 반드시 알아야 하는 내용은 아니다. 하지만 오늘날 웹 개발자 다수가 CSS 전처리기라는 걸 쓴다는 점을 알아두는 건 좋다. CSS 전처리기가 뭐냐 하면 CSS 코드의 반복을 줄여서 더 쉽게 작성할 수 있게 마법처럼 도와주는 도구다.
> 커다란 웹 애플리케이션의 CSS 전체를 관리한다는 건 부담스러운 일이다. 게다가 똑같은 것을 여러 곳에서 정의해야 하기 때문에 CSS 대부분은 같은 코드가 반복된다. CSS는 한도 끝도 없이 복잡해질 수 있다.
> 하지만 CSS 전처리기를 쓰면 CSS 코드를 쓸 때도 일반 코드를 작성하듯이 변수를 할당하고 반복문을 실행하고 이미 정의한 CSS 대부분을 재사용할 수 있다. CSS 코드의 유지 보수가 쉬워지고 반복 작업을 덜 수 있어서 시간이 많이 절약된다.

자바스크립트

자바스크립트가 막 등장한 당시에는 웹 페이지에서 아주 간단한 작업을 몇 가지 해주는 참신한 도구 정도로 여겨졌다. 하지만 현재는 웹 개발의 핵심적인 역할을 담당하는 언어로 진화했다.

자바스크립트는 웹 브라우저에서 바로 실행되는 완전한 함수형 동적 언어다. 자바스크립트는 웹 페이지를 인터랙티브하게 만든다. 자바스크립트를 쓰면 웹 페이지와 콘텐츠를 프로그램으로 관리할 수 있다.

또한 자바스크립트는 웹 페이지의 DOM을 직접 조작하여 콘텐츠를 추가, 삭제, 변경할 수 있고 CSS를 추가, 제거, 변경하여 페이지 콘텐츠의 표현과 양식을 수정할 수 있다. 뿐만 아니라 웹 브라우저 안에서 직접 애플리케이션의 로직을 실행할 수 있어 비즈니스 애플리케이션, 게임, 시각효과

애니메이션 등을 만들 수 있다. (사실 한때 인기를 끌었고 고사양 게임으로 악명이 높았던 둠Doom이 자바스크립트를 사용해 웹 브라우저에서 구현된 바 있다. 정말이다 blog .)

자바스크립트를 쓰면 DOM, CSS를 조작해서 웹 페이지의 전체 구조와 스타일을 프로그램으로 변경할 수 있다. 이 모든 작업이 브라우저 안에서 이루어진다. Node.js blog 를 사용하지 않는다면 말이다. Node.js는 자바스 크립트를 서버에서 실행하여 요청을 분석하고 응답을 반환하는 기술이다.

그렇지만 브라우저에서 전체 애플리케이션을 실행하는 데에는 제약이 따른다. 이런 제약은 대개 꼭 지원해야 하는 브라우저 때문에 발생한다. 자바 스크립트 동작에 필요한 기능을 브라우저가 지원하지 않는다면 HTML 생성과 변경을 웹 서버에서 해야 할 수도 있다(잠깐 눈물 좀 닦자). 이를 각각 서버 측 렌더링server-side rendering과 브라우저에서 하는 클라이언트 측 렌더링client-side rendering이라고 부른다. 서버 측 렌더링과 클라이언트 측 렌더링은 헷갈리기 쉽다.

서버 측 렌더링

가장 단순한 웹 개발 모델은 모든 웹 페이지가 서버에서 생성되고 웹 페이지에 쓰일 HTML, CSS, 자바스크립트가 웹 브라우저로 전송되는 형태다. 웹 브라우저는 서버에서 받은 내용을 해석하여 사용자에게 보여준다.

서버 측 렌더링은 간단히 말해 웹 페이지가 서버에 있는 로직에서 만들어진다는 뜻이다. 따라서 서버 측 렌더링에서 애플리케이션의 로직은 거의 서버에 존재한다. 이 방식이 가장 원시적인 웹 애플리케이션 작동 방식이다.

다양한 자바스크립트 프레임워크 덕분에 서버 측 렌더링 기술을 클라이언트 측 렌더링에 사용할 수 있는데도 오늘날 ASP.NET이나 PHP 같은 기술은 여전히 대체로 이 모델을 따른다.

클라이언트 측 렌더링

웹 브라우저와 브라우저에 내장된 자바스크립트 엔진의 눈부신 발전에 따라 클라이언트 측 렌더링이라는 기술이 널리 쓰이기 시작했다. **클라이언트 측 렌더링은 자바스크립트를 사용해 웹 페이지의 콘텐츠를 서버가 아닌 웹 브라우저에서 만드는 것이다.**

《잠깐만요. 린》 **바보 같은 질문일지 모르지만 계속 자바스크립트 얘기만 하네요. 자바스크립트 말고 웹 개발을 할 수 있는 다른 언어는 없나요?**

세상에 바보 같은 질문은 없다. 꼬치꼬치 캐묻는 바보가 있을 뿐. 하지만 방금 한 질문은 100퍼센트 꼭 필요한 질문이다.

사실 자바스크립트는 이상한 구석이 많아서 애플리케이션에 이해하기 어려운 버그를 일으키곤 한다. 나도 그 때문에 내 애플리케이션에 버그가 생길 때마다 울분을 토하며 그와 똑같은 질문을 수도 없이 던졌다. 솔직히 말하자면 대안은 굉장히 많다. 하지만 안타깝게도 쓸 만한 게 없다.

자바스크립트가 아닌 다른 언어를 사용해서 프로그래밍을 할 수도 있지만 '자바스크립트의 대안' 언어 대부분은 결국 브라우저에서 실행하기 전에 자바스크립트로 컴파일해야 한다. 커피스크립트(CoffeeScript), 타입스크립트(TypeScript), 바벨(Babel), 엘름(Elm), 다트를 비롯해 클로저스크립트(ClojureScript)와 같은 함수형 언어까지 다양한 대안 언어가 있다. 다트와 같은 일부 언어는 웹 브라우저에서 바로 실행되도록 설계되었다. 엄밀히 말해 일부 브라우저에서만 실행된다. 하지만 그 밖의 대부분은 웹 브라우저에서 실행하기 전에 컴파일하여 자바스크립트로 만들어야 한다.

그 자세한 내용을 여기서 이야기하지는 않겠지만 자바스크립트 대안 언어가 많이 존재하는 건 사실이다. 어떤 프로그래밍 언어를 사용하여 웹 애플리케이션의 클라이언트 측 로직을 작성하든 대부분은 결국 자바스크립트로 컴파일해야 한다는 사실을 기억하라.

클라이언트 측 렌더링에서 웹 서버는 '애플리케이션'을 브라우저로 전달한다. 웹 브라우저는 이 앱을 내부적으로 실행하여 웹 페이지를 그려내고 내비게이션을 구성하며 필요한 데이터를 서버에 요청한다. 내부를 들여다보면 자바스크립트는 DOM 엘리먼트를 만들고 조작하거나 웹 페이지 혹은 웹 애플리케이션의 일부가 되는 HTML이나 CSS를 생성하는 데도 쓰인다. 최종 사용자 입장에서 보면 새 페이지를 만들기 위해 서버에서 새로운 데이터를 받을 필요가 없는 클라이언트 측 렌더링이 더 자연스럽다. 요청은 추가 데이터가 필요할 때만 하면 된다. 이렇게 받은 데이터는 웹 페이지에 동적으로 '삽입된다'. 이 때문에 클라이언트 측에서 렌더링되는 애플리케이션을 SPASingle Page Application라고 부른다. 웹 애플리케이션에는 보통 딱 한 페이지만 존재하고 이 페이지의 콘텐츠는 동적으로 업데이트된다.

서버 측 렌더링이나 클라이언트 측 렌더링 기술 모두 하나의 SPA에서 사용될 수 있다 blog. 사용자 인터페이스의 일부는 클라이언트 측에서 렌더링하고 나머지 부분과 페이지를 서버 측에서 렌더링하는 것이다. 웹 브라우저에서 만들어지는 콘텐츠라 하더라도 일부 로직과 프로세스는 HTTP API의 형태로 여전히 서버에서 실행된다.

API

웹 개발자가 되려면 APIApplication Programming Interfaces를 이해해야 한다. API는 어떤 프로그램이 다른 프로그램에 동작이나 데이터를 요청하기 위해 전송하는 명령어 명세다. 실제 웹 개발에서도 그런 의미로 쓰인다.

SPA는 대개 API를 통해 데이터를 주고받는다. 이는 서버에 존재하는 애플리케이션의 핵심 부분과 통신하거나 데이터를 주고받아야 하는 클라이언트 측 렌더링 애플리케이션에서 특히 유용하다. 서버 측 렌더링 시 렌더링은 HTML을 브라우저로 보내기 전 서버에서 이루어진다. 따라서 애플리케이션은 서버에서 실행되는 도중에 필요한 어떤 데이터든 구할 수 있다. 클라이언트 측 렌더링에서는 애플리케이션이 웹 브라우저에서 실행되기 때문에 서버와 통신할 방법이 필요하다. 이때 API가 사용된다.

이 장에서 깊이 다룰 주제는 아니지만 **오늘날 웹 개발의 상당 부분이 API, 특히 웹 API라는 것을 다루고 프로그래밍하는 부분이라는 것을 명심하라.**

기초 중 기초

여기까지다. 지금까지 웹 개발의 기초 중 기초를 살펴봤다. 정말 기초 중에도 기초라서 그렇게 표현한 것이다. 아직 다루지 않은 주제가 많다. HTTP에 상태가 없는 이유, 캐싱, 데이터베이스, 확장성, 분석, 페이지 렌더링을 비롯해 세상에 존재하는 수없이 많은 자바스크립트 프레임워크에 대해서도 다루지 못했다. **웹 개발자가 될 거라면 이 모든 것을 알아야 한다.** 이 장이 그런 것을 배워나가는 출발점이 되길 바란다.

다음 장에서는 내가 가장 좋아하는 영역인 모바일 개발에 대해 이야기할 것이다. 이 장을 수정하는 데 도움을 준 좋은 친구 데릭 베일리에게 감사 인사를 전하고 싶다. 최신 웹 개발 기술에 대해 내가 잘 모르고 있던 부분을 채워주었다. 데릭은 웹 개발 전문가로 WatchMeCode.com에서 자바스크립트의 복잡성에 대해 가르친다 blog. 그래서 이 장의 내용을 약간 보강해달라고 부탁했다. 단, 농담은 전부 내가 넣었다.

23

모바일 개발

모바일 개발은 아주 흥미로운 분야로 늘 손꼽힌다. 왜? **모바일 개발은 개발자 혼자서도 단기간 내에 앱을 개발할 수 있는 아주 특별한 기회를 제공하기 때문이다.** 프로그래머 개인의 역량만으로 사업을 시작해볼 기회도 된다. 웹 애플리케이션이나 데스크톱 애플리케이션도 소프트웨어 개발자 혼자 개발할 수 없는 건 아니다. 하지만 모바일 앱은 보통 한 가지 목적을 위해 소규모로 제작하므로 접근성이 훨씬 더 좋다.

게임 또한 모바일용은 3D 그래픽, 거대한 코드 베이스가 등장하기 전의 단순한 게임과 비슷하다. 다른 플랫폼에서 그다지 반기지 않는 8비트, 16비트 시대의 레트로 게임이 휴대전화나 태블릿에서는 용인되는 수준을 넘어서 꽤 많은 사랑을 받는다.

그러나 모바일 개발의 의의는 1인 개발자에게 기회의 문을 열어주는 데서 그치지 않는다. 모바일 기기가 우리 삶에서 점점 더 큰 부분을 차지함에 따라 **모바일 개발이 개발의 미래가 될 것이라는 의견이 우세하다.** 적어도 현재로서는 1인 개발을 하든 회사에 소속되어 일하든 모바일 앱 개발자가 그러한 미래의 표상이 될 가능성이 농후해 보인다.

이 장에서는 모바일 개발이 자신에게 잘 맞는지 판단할 수 있도록 모바일 개발이 무엇인지 주요 모바일 플랫폼과 모바일 개발에 쓰이는 기술은 무엇인지 살펴보자.

모바일 개발이란 무엇인가?

모바일 개발이란 무엇인지부터 정의해보자. 생각만큼 개념이 명확하지 않다. 휴대전화용 앱 개발이 모바일 개발에서 큰 부분을 차지하는 건 사실이지만 그렇다고 모바일 개발이 단순히 휴대전화용 앱을 만드는 활동에 국한된다고 보아서는 안 된다. **모바일 기기를 위해 개발하는 것이라면 전부 모바일 개발이라고 보아야 한다.** 수사적인 정의에 가깝긴 하지만, 일단 계속 들어보기 바란다.

모바일 개발이 휴대전화, 태블릿, 스마트 워치 등 모바일 OS로 구동되는 온갖 웨어러블 기기용 앱 개발을 아우른다는 사실을 강조하기 위해 내린 정의다. 오늘날에는 웹 개발자도 모바일 기기에서 자신의 애플리케이션에 어떻게 접근할지 생각해야만 하기 때문에 순수 모바일 앱 개발자만 모바일 개발자라 지칭하는 건 합당하지 않다.

이 장의 뒷부분에서 더 이야기하겠지만, 모바일 기기에서의 쓰임새만 염두에 두고 모바일 앱을 개발할 때도 물론 있다. 하지만 웹 애플리케이션의 쓰임새까지 염두에 두고 개발할 때도 있다. 모바일 기기가 점점 더 강력해짐에 따라 이런 경향은 앞으로 더욱 심해질 것이고 브라우저는 미래의 운영체제에서 더욱 주도적인 역할을 하게 될 것이다.

모바일 개발 주요 플랫폼

연산 장치의 역사를 돌이켜보면 다양한 모바일 앱 개발 플랫폼이 존재했다. 하지만 모바일 개발이 주목을 받거나 주도적인 플랫폼이 등장한 일은 최근까지도 없었다. 하지만 2007년 아이폰이 등장하면서 이 모든 게 변했다.

팜 파일럿Palm Pilot이 출시되었을 때 처음 모바일 개발을 해본 기억이 난다. 당시 나는 C를 사용해서 팜 OS용으로 작성한 매직 더 개더링Magic: The Gathering 게임의 생명점을 계산해주는 앱을 만들었다. 내 첫 번째 사업이자 온전히 내 힘으로 만든 첫 번째 앱이었을 것이다.

그 이후 여러 모바일 플랫폼이 나왔다가 사라졌다. 윈도우 CE는 잠시 밝은 미래가 보이는 듯했으나 결국 성공하지 못했다. 블랙베리가 금세 세상을 집어삼킬 듯이 보였고 실제로 잠시나마 세상을 지배하기도 했다.

현재 이 시장은 **두 강자**와 나머지로 나눌 수 있다.

iOS

모바일 개발 플랫폼 이야기를 하면서 iOS를 빼놓을 수는 없다. iOS야말로 모바일 기기와 모바일 소프트웨어라는 개념을 완전히 바꾸고 마침내 현시대에 모바일 개발을 등장시킨 주역이기 때문이다. iOS는 애플이 개발했고 애플 제품에만 사용된다. **현재 iOS는 아이폰, 아이팟, 아이패드, 애플 워치, 애플 TV에 쓰인다.** 하지만 나는 앞으로 iOS에서 구동되는 기기가 더 많아질 거라고 본다.

iOS는 BSD 계열인 다윈Darwin과 M을 기반으로 하고 있어 근본적으로 유닉스와 유사하다. iOS는 맥 OS와 주요 프레임워크 일부를 공유한다. iOS의 사용자 인터페이스는 맥 OS 애플리케이션에 사용되는 애플 코코아 UI에 기반한다. 터치식 기기에 맞게 설계를 수정한 후 코코아 터치라는 이름을 붙인 것이다.

애플은 iOS 애플리케이션을 개발할 때 쓸 수 있는 몇 가지 네이티브 툴과 라이브러리를 제공한다. 애플리케이션을 개발할 때 애플이 제공하는 툴을 쓸 필요는 없지만 맥 OS가 있는 맥은 꼭 써야 한다. **iOS 애플리케이션은 보통 오브젝티브-C나 스위프트를 써서 만드는데 요즘 더 인기를 끄는 쪽은 스위프트다.**

안드로이드

모바일용 앱을 개발하고 있는데 iOS용이 아니라면 아마 안드로이드용 앱이나 공용 앱을 만들고 있을 확률이 높다. 안드로이드는 모바일 개발계의 또 다른 강자다. 안드로이드는 경쟁에 조금 늦게 뛰어들었다. iOS보다 약 1년 늦은 2008년 9월에 등장했음에도 모바일 시장의 지분을 꽤 크게 차지했다. 엄밀히 말해 **모바일 OS 시장 지분을 가장 많이 차지하고 있는 건 안드로이드다.** iOS의 지분이 18퍼센트이고 안드로이드의 지분은 80퍼센트에 달한다. 이 수치에는 오해의 소지가 있다. 안드로이드 시장은 여러 제조사가 만든 다양한 기기로 분화되어 있고 각 기기가 사용하는 안드로이드 OS의 버전도 다르다.

구글이 지원하는 안드로이드는 오픈 소스이고 애플이 지원하는 iOS는 그렇지 않다. 안드로이드 기기는 누구나 만들 수 있다. 그래서 안드로이드 OS는 서로 다른 폼 팩터와 기능을 지닌 다양한 하드웨어 플랫폼과 기기에서 작동할 수 있게 설계되었다. iOS는 오로지 애플 기기에서만 작동하도록 설계되었다.

안드로이드는 리눅스 커널Linux kernel을 기반으로 한다. 안드로이드의 소스 코드는 구글이 오픈 소스로 공개했다. 애플처럼 구글도 안드로이드 개발용 네이티브 툴을 몇 가지 제공하긴 하지만 꼭 그 툴을 사용할 필요는 없다. **안드로이드 OS 애플리케이션 네이티브 개발 플랫폼은 자바다.**

그 외

그 외 모바일 OS들은 2퍼센트도 안 되는 쥐꼬리만 한 시장 지분을 차지한다. 개중 윈도우와 블랙베리가 가장 크겠지만 그래 봐야 하찮은 수준이다. **이들 모바일 플랫폼이 완전히 사라지는 건 시간문제에 불과하다고 해도 과언이 아니다.**

지분이 너무 작으니 어떤 플랫폼이 있는지까지는 언급하지 않겠다. 곧 사라질 가능성이 아주 높은 그런 플랫폼에 시간을 낭비하라고 권할 생각은 전혀 없다. 잠시 후에 소개할 크로스 플랫폼 모바일 앱 개발을 활용하면 추가 비용을 들이지 않고 이러한 군소 플랫폼에서도 쓸 수 있는 앱을 개발할 수 있다.

나라면 군소 플랫폼 전용 앱을 개발할 생각은 절대 하지 않을 것이다. 모바일 앱을 개발할 생각이라면 iOS나 안드로이드 중 하나를 선택하라.

모바일 개발 방법

iOS와 안드로이드가 등장한 초기에 두 플랫폼에 쓸 모바일 앱을 개발하려면 양쪽 판매사가 제공하는 네이티브 툴 사용법을 배워야 했다. iOS용 툴은 엑스코드XCode와 오브젝티브-C였다. 안드로이드용 툴은 이클립스Eclipse나 넷빈스Netbeans, 자바Java에 설치해서 쓰는 안드로이드 SDK 플러그인이었다.

참, 세상이 많이 변했다. 요즘은 훨씬 많은 선택지가 존재한다. **요즘은 모바일 앱 개발에 쓸 수 있는 프레임워크, 툴, 플랫폼, 생태계가 셀 수 없이 많다.** 거의 모든 프로그래밍 언어가 어떤 형태로든 지원되며 심지어 모바일 브라우저에서만 동작하는 모바일 애플리케이션도 만들 수 있다. 수많은 선택지가 있지만 이를 크게 몇 가지로 분류할 수 있다.

네이티브 개발

우선 누구나 알다시피 모바일 OS 판매사가 제공하는 툴을 써서 네이티브로 개발하는 방법이 있다.

앞서 이야기했듯이 초기에 나온 iOS용 네이티브 툴은 엑스코드와 오브젝티브-C였다. 하지만 애플은 최근 iOS 개발 언어인 스위프트를 새로 만들었다 blog.

안드로이드 세계에는 blog 구글에서 안드로이드 개발 스튜디오 IDE를 내놓았다는 사실 외에는 큰 변화가 없었다. 자바를 선호하는 경향은 여전하다. (공식적으로는 C/C++도 지원된다. 진짜 용기 있는 사람이라면 도전해 보라.)

나도 안드로이드 앱과 iOS 앱 개발을 시작한 초기에는 네이티브로 개발했으나 지금이라면 그렇게 하지 않을 것이다. **네이티브로 개발하려면 iOS용 코드와 안드로이드용 코드를 완전히 다르게 써야 한다.** (윈도우 전화기 등의 다른 소형 플랫폼을 지원하려고 할 때도 똑같은 방식을 써야 한다.) 아주 큰 문제는 아니다. 하지만 유지 보수를 생각해야 한다. 완전히 다른 플랫폼에서 여러 버전을 지원하려고 했다가는 유지 보수가 악몽이 될 소지가 있다.

그리고 안드로이드 개발과 iOS 개발은 서로 비슷한 구석이 없다. 도구, 언어, 프레임워크가 다르고 심지어 개발 패러다임도 다르다. 앱의 iOS 버전, 안드로이드 버전을 둘 다 만들려면 아주 다른 방향으로 진화하고 있는 두 개의 플랫폼을 따로 공부하겠다는 마음의 준비가 필요하다.

하지만 네이티브 개발의 장점도 있다. 가장 큰 장점은 속도다. 자마린 Xamarin 같은 크로스 플랫폼 프레임워크가 네이티브 코드까지 컴파일할 수 있어서 거의 비슷한 속도를 내주긴 한다. 이에 대해서는 곧 더 자세히 이야기하겠다. **하지만 네이티브 코드까지 컴파일하는 프레임워크를 사용하지 않는 한 네**

이티브 코드가 대체로 빠르다. 네이티브로 개발할 때는 여러 추상 레이어를 다룰 필요가 없으므로 더 나은 디버깅 툴을 쓸 수 있다. **플랫폼의 네이티브 기능을 잘 활용**할 수 있고 하드웨어도 더 직접적으로 다룰 수 있다(다시 한번 말하지만 크로스 플랫폼에서 제공하는 좋은 기능을 활용하면 꼭 그렇지 않을 수도 있다).

전반적으로 네이티브 모바일 개발 방법을 알아두는 건 유용하다고 볼 수 있다. 하지만 여러 플랫폼에서 쓸 앱을 만들고 싶다면 네이티브 개발이 최고의 방법이라고 보기는 어렵다.

크로스 플랫폼 프레임워크와 툴

크로스 플랫폼 모바일 앱을 만들 수 있게 해주는 프레임워크나 툴을 써서 개발 `blog` 할 수도 있다. 다양한 솔루션이 있으므로 각자 원하는 바에 따라 골라서 쓸 수 있다.

일부 솔루션은 네이티브 언어와 도구에 얹힌 추상화 레이어에 불과할 때도 있다. 실제로는 네이티브 코드를 생성하고 네이티브 라이브러리를 활용하는 것이다. 하지만 이때도 네이티브 라이브러리와 프레임워크를 이해하고 사용할 수 있어야 한다.

하이브리드 앱을 만드는 솔루션도 있다. 이런 앱에는 네이티브 컴포넌트와 웹 기반 컴포넌트, HTML 컴포넌트가 복합적으로 쓰이며 내장된 모바일 브라우저가 애플리케이션의 사용자 인터페이스와 기능을 만드는 역할을 한다.

솔루션이 갈수록 다양해지고 있어서 선택 또한 점점 어려워진다. 크로스 플랫폼 프레임워크 솔루션을 선택할 때 고려해야 할 중요한 사항은 다음과 같다.

- 어떤 프로그래밍 언어를 사용할 것인가?
- 네이티브와 하이브리드 중 어느 쪽을 원하는가?
- 지원하고자 하는 플랫폼의 종류는 몇 가지인가?
- 코드를 재사용할 생각인가?

프로그래밍 언어

어떤 프로그래밍 언어로 애플리케이션을 만들 것인가? 크로스 플랫폼 솔루션 대부분은 하나의 프로그래밍 언어만 지원한다. 프레임워크, 모바일 개발에 프로그래밍 언어까지 동시에 배워야 하는 부담스러운 상황을 피하려면 쓸 줄 아는 언어를 지원하는 크로스 플랫폼 솔루션을 선택하는 게 좋다.

네이티브 vs. 하이브리드

최종 코드를 모바일 OS에 맞는 네이티브 양식으로 컴파일해서 네이티브 라이브러리나 API에 직접 호출하는 크로스 플랫폼 솔루션도 여럿 존재한다. 나는 자마린 blog 을 좋아한다. 자마린은 C#으로 만든 앱을 네이티브 앱처럼 작동하게 해준다.

선택지는 이 외에도 많다. 코르도바 Cordova blog 같은 크로스 플랫폼 솔루션도 있다. 코르도바를 쓰면 네이티브가 아닌데 네이티브처럼 보이는 하이브리드 앱을 만들 수 있다. **보통 네이티브 앱이 속도가 더 빠르고 앱이 구동되는 모바일 플랫폼과도 더욱 유사해 보인다.** 하지만 네이티브와 구별하기 어려울 정도로 네이티브에 가까워 보이게 하는 크로스 플랫폼 하이브리드 솔루션도 있다.

플랫폼 지원

플랫폼 지원도 중요한 고려 항목이다. iOS와 안드로이드는 대부분의 크로스 플랫폼 솔루션을 지원한다. 하지만 맥 OS나 윈도우 같은 데스크톱

OS, 더 작은 전화용 OS나 심지어 라즈베리 파이Raspberry Pi까지 지원하는 솔루션도 있다. 고객 때문에 블랙베리를 지원해야 할 때는 블랙베리를 지원하는 크로스 플랫폼 솔루션 중에 골라야 한다. **하지만 iOS나 안드로이드 외에 플랫폼을 꼭 지원해야 할 이유가 있는 게 아니라면 굳이 크로스 플랫폼 지원까지 신경 쓸 필요는 없다.**

게임이라면 얘기가 달라진다. 게임 개발을 하고 있다면 최대한 많은 플랫폼을 지원하는 툴을 선택하는 게 좋다. 유니티 3DUnity 3D 같은 툴을 쓰면 거의 모든 플랫폼에서 작동되는 게임을 만들 수 있다. 심지어 웹에서도 작동한다.

코드 재사용

마지막으로 생각해보아야 할 사항은 코드 재사용이다. 크로스 플랫폼 프레임워크를 사용했다고 해서 한번 작성한 코드를 지원하는 다른 모든 플랫폼에서 그대로 쓸 수 있는 건 아니다. **네이티브를 지원하는 크로스 플랫폼 솔루션은 네이티브 프레임워크, 라이브러리, 사용자 인터페이스 요소나 패러다임과 더 긴밀하게 연동되기 때문에 재사용할 수 있는 코드도 줄어든다.** 그러므로 네이티브에 더 가깝게, 즉 앱을 작동하는 모바일 플랫폼의 외양, 느낌, 설계와 비슷하게 만들 것이냐 아니면 코드를 최대한 많이 재활용할 수 있게 만들 것이냐 둘 중 하나를 선택해야 한다.

최근에 등장한 자마린 같은 크로스 플랫폼 솔루션은 양쪽의 혜택을 모두 누릴 수 있게 해준다. 자마린은 자마린 폼Xamarin Forms이라는 공통의 UI 라이브러리 blog 를 써서 OS의 네이티브 UI와 프레임워크 위에 추상 레이어를 만든다. 그러면 플랫폼이 바뀌더라도 더 많은 코드를 재사용할 수 있다.

궁극적으로 코드 재사용 문제는 어떤 유형의 앱을 만들지, 해당 플랫폼 네이티브 앱과 어느 정도 어우러지기 원하는지에 따라 각자 판단해야 한다.

모바일 웹 앱

웹을 기반으로 하는 모바일 앱을 만드는 방법도 있다. 수년 동안 모바일 브라우저의 능력과 기능이 증가하고 적응형 웹 기술이 발전한 덕에 모바일 웹 앱을 만들 수 있는 길이 열렸다. 모바일 웹 앱은 다른 웹 애플리케이션을 만드는 것과 똑같은 방법을 따르되 모바일 기기에서 작동할 수 있게 설계하면 된다.

많은 모바일 OS 브라우저가 위치 데이터 얻기, 기기 카메라에 접근하기 등의 작업을 할 수 있도록 웹 브라우저 내부에서 네이티브 기능을 호출할 수 있게 해준다. 특정 모바일 OS에서 마치 네이티브 앱처럼 작동하는 모바일 웹 앱 제작을 도와주는 프레임워크가 꽤 많다. 솔직히 모바일 웹 앱이 미래다. 그런 세상이 도래하기까지 시간이 조금 더 필요한 것뿐이다.

모바일 개발 고려 사항

모바일 개발로 소프트웨어 개발에 입문하는 건 아주 좋은 생각이라고 본다. **진입 장벽이 낮은 데다 성장 가능성도 아주 높기** 때문이다. 모바일 개발자가 되어서 모바일 앱을 출시하는 건 누구나 할 수 있는 일이다. 적게나마 수익도 올릴 수 있을지 모른다. 게다가 모바일 앱은 태생적으로 범위가 제한적이다. **그래서 혼자서도 단기간에 앱을 제작할 수 있다.** 그 정도면 좋은 포트폴리오를 만들어서 취업하는 데도 큰 보탬이 된다.

업계 진입을 어려워하는 신입 개발자라면 모바일 앱을 만들어서 앱 스토어에 배포해보길 권한다. 그러면 코딩 능력, 앱 개발 능력이 입증된다. 그리고 앞서 이야기했듯이 모바일 개발 분야는 계속 성장할 것이므로 모바일 개발자의 미래 전망도 무척 밝다.

24

백엔드 개발

소프트웨어 애플리케이션은 빙산과 같다. 일반적으로 사용자에게 드러난 부분보다 사용자가 보지 못하는 영역이 더 크다. 보일 듯 보이지 않는 이 신비한 영역이 바로 '백엔드back-end'다. 웹 개발을 다룬 장에서는 최종 사용자가 직접 인터랙션하는 부분을 개발하는 이야기에 초점을 맞췄다. 이런 부분을 가리켜 '프런트엔드front-end 개발'이라고 한다.

애플리케이션 코드는 대부분 사용자 인터페이스와 관련이 없다. **복잡한 시스템의 백그라운드에 온갖 로직이 들어 있다. 시스템을 작동시키는 건 그런 로직이다.** 데이터를 저장하고 가져와야 한다. 비즈니스 로직과 규칙을 따르고 결과를 계산해야 한다. 이 모든 일이 막후에서 일어난다. 백엔드 개발자의 역할은 이 모든 작업이 잘 돌아가게 하는 것이다.

'백엔드 개발'이란 정확히 무엇인가?

이 장에서는 **사용자 인터페이스를 만들어내는 코드 작성과 관련 없는 모든 개발을** 가리켜 백엔드 개발이라고 하겠다. 이는 다양한 백엔드 웹 개발을 아우른다. 하지만 여기에는 API 작성 blog, 라이브러리 제작, 사용자 인터페이스가 없는 시스템 컴포넌트 다루기뿐 아니라 심지어 과학적 프로그래밍 작업도 포함된다.

현실에서 대부분의 영광을 가져가는 건 프런트엔드 개발이다. 하지만 **세상에 존재하는 코드 대부분은 (어쩌면 가장 유용한 부분은)** 최종 사용자가 볼 수 없는 **백엔드 코드**일 것이다. 간단히 말해 백엔드 개발은 보이지 않는 영역에 있는 코드를 작성하는 것이다.

백엔드 개발자는 어떤 일을 하는가?

백엔드 개발자가 하는 일은 작업 중인 애플리케이션의 크기와 범위에 따라 크게 달라진다.

나는 애플리케이션의 비즈니스 로직을 다루고 프런트엔드와 데이터를 송수신하게 하는 등 여러 종류의 백엔드 개발 일을 해보았다. **웹 개발을 하는 백엔드 개발자는 대체로 애플리케이션 뒤에서 작동하는 로직을 만드는 일에 관여한다.**

프런트엔드 개발자는 사용자 인터페이스를 만들고 백엔드 개발자는 그러한 인터페이스를 작동시키는 코드를 작성한다. 프런트엔드 개발자가 고객의 데이터를 가져올 목적으로 애플리케이션 화면에 클릭할 수 있는 버튼을 만들었다고 가정해보자. 백엔드 개발자는 그 버튼을 작동시키는 코드를 작성한다. 우선 해당 고객을 위해 데이터베이스에서 어떤 데이터를 가져올지 알아낸다. 그리고 그 데이터를 프런트엔드로 전달한다. 그러면 프런트엔드는 그 데이터를 표시한다.

백엔드 개발자는 시스템 아키텍처에도 깊게 개입해서 시스템이 정상적으로 작동하고 수월하게 유지 보수되도록 로직을 조직하는 일을 한다. 프레임워크를 만드는 일, 시스템 아키텍처를 수월하게 프로그래밍하기 적합하게 만드는

일도 백엔드 개발자의 몫이다. **백엔드 개발자는 프런트엔드 개발자에 비해 알고리**
즘을 적용하고 문제를 해결하는 데 blog 더 많은 시간을 쓴다.

내가 백엔드 개발을 좋아하는 이유도 백엔드 개발이 더 어렵다고 느끼기
때문이다. 프런트엔드 개발자가 어려운 문제를 풀지 않는다는 건 아니다.
하지만 프런트엔드 개발 업무는 앱을 작동하게 하는 비즈니스 로직을 구현
하는 쪽보다 사용자 인터페이스를 만들고 구현하는 쪽이다.

백엔드 개발 기본 기술

프런트엔드 개발자는 사용자 인터페이스를 만드는 도구를 다룬다. 백엔
드 개발자는 이들과 완전히 다른 도구와 기술을 써야 한다. **즉, SQL, 데이터베**
이스와 관련이 있는 기술을 배워야 한다. 백엔드 시스템은 애플리케이션용 데이
터를 저장하는 데이터베이스에 연결된다. 백엔드 개발자는 주로 데이터베
이스 등의 데이터 소스에서 데이터를 읽고 쓰고 처리한다. 그래서 SQL 같
은 기술을 익혀두어야 한다.

웹 개발을 하는 백엔드 개발자는 자신이 쓰는 기술 스택에 맞는 서버 측 언어를 능숙
하게 쓸 줄 알아야 한다. 프런트엔드 웹 개발자가 HTML, CSS, 자바스크립트
에 집중할 때 백엔드 개발자는 PHP 웹 프레임워크, 루비 온 레일스Ruby on
Rails, ASP.NET MVC를 비롯해 애플리케이션 개발에 쓰이는 서버 측 웹 개
발 프레임워크를 배워야 한다.

마지막으로, **백엔드 개발자는 애플리케이션 아키텍처를 제대로 알아야 한다.** 애플
리케이션의 아키텍처와 내부 설계를 대개 백엔드 개발자가 담당하기 때문
이다. 좋은 백엔드 개발자가 되려면 다양한 프레임워크와 라이브러리의 활
용법, 프레임워크와 라이브러리를 애플리케이션에 통합하는 방법, 시스템

을 유지 보수하기 쉬운 방식으로 코드와 비즈니스 로직을 구조화하는 방법을 알아야 한다. 애플리케이션 인프라스트럭처 설계하기, 알고리즘과 로직 구현하기, 데이터 다루기를 좋아하는 사람이라면 아마 백엔드 개발자로 즐겁게 일할 수 있을 것이다.

풀스택 개발자는?

처음에는 풀스택 개발에 대한 장을 따로 쓸 생각이었지만 이미 웹 개발, 백엔드 개발에 대해 이야기했기 때문에 그냥 여기서 함께 이야기해도 충분할 것 같다. 프런트엔드와 백엔드 개발을 둘 다 하는 사람을 풀스택 개발자라고 한다. **풀스택 개발에서는 시스템의 모든 컴포넌트와 계층을 다룬다. 서버 하드웨어와 아키텍처뿐 아니라 '데브옵스' 부분까지 알아야 한다.**

요즘은 풀스택 개발 능력을 갖춘 개발자를 더 많이 찾는다. 관련 기술 스택을 전부 다룰 수 있는 능력이 있는 개발자가 프런트엔드나 백엔드만 아는 것보다 더 큰 가치를 지니기 때문이다. 최근 프런트엔드와 백엔드 개발의 경계가 모호한 애플리케이션이 증가세를 보이고 있다는 것도 한 가지 원인일 것이다.

앵귤러Angular `blog` 같은 인기 자바스크립트 프레임워크는 비즈니스 로직으로 여겨지던 영역의 많은 부분을 시스템의 유저 인터페이스 안에 만들 수 있게 해주었다. 최근에는 애자일 방법론을 적용하는 팀도 많다. 그래서 **개인 수준이 아니라 팀 수준으로 작업을 할당하는 일이 많아졌다. 덕분에 프로그래머 개개인에게도 각자의 전문 영역 이상의 작업이 요구되곤 한다.**

풀스택 개발 능력을 기르는 건 좋다. 소프트웨어의 전 영역이 어떻게 작동하는지 이해할 정도의 지식을 갖출 필요도 있다. 하지만 그렇다고 해서 풀스택 개발 '전문가'가 되겠다는 건 그리 좋은 생각이라고 보지 않는다. 풀스택은 전문 분야로 절대 볼 수 없기 때문이다.

자신이 작업 중인 가장 일반적인 기술 스택에 관한 폭넓은 지식을 갖추기 위해 노력하라. 단, 그중 깊이 있는 지식을 갖출 핵심 분야를 한두 개 골라야 한다. 소프트웨어 개발자라면 누구나 사용자 인터페이스 제작법, 자신이 쓰는 프레임워크에 관한 기초 지식, 애플리케이션용 데이터베이스에 데이터를 저장하고 불러오는 방법, 그 소프트웨어가 지원하는 인프라스트럭처의 작동법을 알아야 한다. 하지만 이 모든 영역의 전문가가 되려고 하는 건 곤란하다. 이러한 영역은 이미 넓은 데다 점점 더 커지고 있기 때문이다.

기술 스택 전반에 대해 일반적인 지식을 갖추되 일부 영역에 대해 전문성을 갖는 게 현명하다. 그 정도면 자신을 '풀스택'이라고 부를 수 있을 뿐 아니라 팀에서도 훨씬 더 높은 가치를 인정받을 것이다.

┊ 요약 ┊

보다시피 백엔드 개발에 대해서는 할 말이 그리 많지 않다. 백엔드 개발이 단순하거나 전문성과 지식이 덜 필요한 분야라서가 아니다. 그저 개념이 단순해서 그렇다.

백엔드 개발자는 백엔드 코드, 즉 보이지 않는 곳에서 작동하는 코드를 만든다. 생각해보면 대부분의 코드는 백엔드 코드다. 사용자 인터페이스를 만드는 코드보다 그 배경에서 작동하며 모든 일이 일어나게 하는 코드가 더 많다고 장담한다. 그러므로 프런트엔드 개발이 모든 공로와 명성을 다 가져가는 것처럼 보일지라도 백엔드 개발자가 소프트웨어 개발 산업의 진정한 일꾼이라는 사실을 잊지 말자.

25

비디오 게임 개발

컴퓨터에 처음 손을 댄 이래 내게는 한 가지 꿈이 있었다. 그 꿈은 생각만 해도 너무 행복했다. 언젠가 비디오 게임 개발자가 될 수 있다는 꿈. 어린 시절 나는 비디오 게임을 하면서 오랜 시간을 보냈다. 사실 어른이 된 후에 도 가끔 그랬다. **좀 웃기게 들릴지 모르지만 비디오 게임은 어린 시절의 아주 행복한 추억으로 남아 있다.** 특히 NES와 슈퍼 NES가 좋았다. 스페이스 퀘스트Space Quest나 킹스 퀘스트King's Quest처럼 시에라Sierra 사에서 나온 모든 게임을 잊 을 수가 없다. 참 행복한 시절이었다.

비디오 게임 개발자가 되겠다는 열망이 프로그래머가 된 주된 원동력이기도 했다. 적 어도 처음에는 그랬다. 이번 장은 비디오 게임을 만들고 싶은 사람이나 현직 프로그래머로서 비디오 게임 개발 분야에 관심이 있는 사람에게 유용하다. 그렇지 않은 사람은 이 장을 건너뛰어도 좋다. 하지만 비디오 게임 개발 세 계에 관심이 있거나 그 세계가 자신에게 맞을지 궁금한 사람이라면 읽어보 길 바란다. 사실 소프트웨어 개발자가 비디오 게임 개발에 대해 꼭 알아야 하는 건 아니다. 이 장을 넣은 이유는 이에 대해 물어보는 사람이 너무 많 았기 blog 때문이다.

경고

게임 개발자가 되기 위해 진지하게 고민해보라는 말을 하기 전에, **비디오 게임 개발자가 되면 안 되는 이유부터 경고**해주는 게 바람직하다고 본다. 그렇지 않으면 책임감이 없는 것이다. 그러므로 비디오 게임 개발자가 되겠다는 말도 안 되는 생각을 품지 못하게 막는 작업부터 해보겠다.

심약한 사람은 비디오 게임 개발을 하면 안 된다. 본업으로 삼기에 너무 어렵고 부담이 크기 때문이다. 보상도 기대에 미치지 못할 것이다. 내가 비디오 게임 개발을 업으로 삼아본 건 아니기 때문에 이 분야에 관한 내 경험이 다소 제한적이라는 점을 인정할 수밖에 없다. 하지만 게임을 만든 경험, 비디오 게임 개발에 대해 강의한 경험이 있다. 그리고 게임 개발을 업으로 삼고 있는 사람들을 많이 안다. 그래서 이 주제에 대해 적어도 어느 정도는 이해하고 있다.

우선 비디오 게임 개발 분야는 경쟁이 엄청 치열하다. 생각해보자. 비디오 게임 개발자가 되기 싫은 사람이 있을까? 어차피 프로그래밍을 할 거라면 비디오 게임을 만들지 않을까? **프로그래머들 중 70퍼센트는 살면서 한 번쯤 비디오 게임 개발자에 대한 환상을 품어본 적이 있으리라** 생각한다. 에잇, 인정한다. 사실 나는 지금도 그런 상상을 한다. 그러므로 그 여정을 시작하기 전에 그 분야의 모든 일자리는 **치열한 경쟁을 거쳐야 쟁취할 수 있다는 점을 알아두라.**

경쟁만 치열한 게 아니다. 최고의 게임 스튜디오는 근무시간도 무척 길다. 비디오 게임 한 편이 출시되기까지 엄청난 양의 작업과 말도 안 되게 많은 자금이 투입된다. 그래서 **비디오 게임 개발자의 근무시간은 지나치게 긴 경우가 태반이다.** 진지하게 이 진로를 고민 중인 사람이라면 **일주일에 최소 60시간은 근무할 각오를 해야 한다.**

연봉도 대부분 사람들이 기대하는 수준보다 확실히 낮다. 혼자 개발한 비디오 게임이 큰 인기를 끈다면 단번에 부자가 될 수도 있다. 스튜디오에 소속된 개발자라고 해도 경력이 많고 여러 편의 게임을 성공적으로 출시했다면 꽤 괜찮은 수입을 올릴 수도 있다. 하지만 그런 성공 사례는 극히 드물다. 그리고 비정상적으로 긴 근무시간까지 고려한다면 평범한 일자리에 비해 보수가 그리 높다고 볼 수 없다. **큰돈을 벌고 싶은 소프트웨어 개발자는 금융권으로 가라.**

비디오 게임을 정말 사랑하고 그 외에 다른 일을 하는 건 상상조차 못 하겠다면, 그리고 비용이나 돈은 상관이 없다면 어쩌면… 어쩌면 비디오 게임 개발을 업으로 삼아도 될지 모른다.

학위

학위 없이 소프트웨어 개발자가 될 수 있다고 이야기하긴 했지만 (그리고 그런 생각이 달라진 건 아니지만) 비디오 게임 개발자가 되려면 **학위를 받거나 직업 교육 프로그램이라도 이수하기를 추천한다.** 왜냐하면 비디오 게임 개발은 어렵기 때문이다. 정말 어렵다. 배워야 할 것이 무척 많고 그중 대부분은 예술에 가깝다. 자신이 무엇을 모르고 무엇이 중요한지 모르면 버겁다고 느끼기 쉽다.

물론 비디오 게임 개발을 독학으로 배울 수 blog 도 있다. 나도 해봐서 안다. 하지만 이 말은 비디오 게임 그래픽 제작법, 줄거리와 레벨 설계 방법, 3D 모델링, 최신 그래픽 엔진 사용법 등을 전부 독학으로 배워야 한다는 뜻이다. 요즘 나오는 복잡한 비디오 게임을 제작하기 위해 알아야 할 전문 영역은 이 외에도 수없이 많다. 독학으로 배울 수 없는 건 아니나 비디오 게임을 개발하려면 이 모든 것을 알아야 하기 때문에 이왕이면 조력을 받으며 미리 정해진 길을 따라가는 게 훨씬 수월할 거라는 이야기다. 개발자 혼자 만들 수 있는 수준의 게임을 만들어서 독립적으로 출시한다면 꼭 이 모든 걸 다 배울 필요는 없다. 하지만 **유명한 게임 개발 스튜디오에 입사하려면 제대로 교육을 받는 게 유리하다.**

나는 요즘도 학교에 가서 비디오 게임 개발을 배워볼까 하는 유혹을 느낀다. 너무 재미있을 것 같다. 다행히 비디오 게임 개발에 특화된 교육을 제공하는 학교가 꽤 많다. 나는 비디오 게임 개발에 대해 제대로 배울 수 있는 양대 학교인 디지펜 대학Digipen University과 풀 세일 대학Full Sail University에 가고 싶다는 생각을 오래전부터 해왔다. 하지만 최근에는 비디오 게임 개발 프로그램을 제공하는 학교, 비디오 게임 개발을 전문으로 하는 학교의 수가 많이 늘었다. 관련 학교 목록은 gamecareerguide.com`blog`에서 직접 확인하길 바란다.

필요한 기술

지금까지는 당신 마음을 비디오 게임 개발에서 돌려놓기 위해 그 길이 얼마나 어렵고 보수는 얼마나 인색한지 알려주었다. 거기에 더해 비싼 등록금과 4년이라는 긴 시간을 들여서 관련 학위도 받아야 한다는 사실까지 이야기했다. 자, 이제 완전히 정을 뗄 수 있게 C++를 통달해야 한다는 이야기를 하도록 하겠다`blog`. 하하, 농담이다. 반쯤은.

사실 다른 프로그래머라면 모를까 비디오 게임 프로그래머가 되려면 반드시 배워야 할 기술이 몇 가지 있다. C/C++ 이야기부터 해보자. 앞서 C++를 통달해야 한다`blog`고 말한 건 반은 농담이고 반은 진짜다. C++를 몰라도 게임은 개발할 수 있다. C++를 쓰지 않은 게임도 많다. 하지만 **프로세싱 자원을 어마어마하게 소모하는 게임을 출시하는 대형 게임 스튜디오가 게임 개발에 쓰는 주요 언어는 여전히 C++다.**

미래에 상황이 바뀔 수도 있다. 당신이 이 책을 읽을 시점에 이미 바뀌어 있을지도 모른다. 하지만 나는 이런 예측을 회의적으로 본다. 왜냐하면 비디오 게임은 항상 최첨단을 달리기 때문이다. 늘 최신 하드웨어를 극단으로 밀어붙인다. 이 말인즉, C++를 더 이상 쓰지 않더라도 게임이 작동될 하드웨어의 성능을 최대로 쓸 수 있도록 저수준 프로그래밍이 가능한 언어가 그 자리를 대체할 거라는 뜻이다(양자 컴퓨터가 등장한다면 이런 문제가 없어질 수도 있다).

비디오 게임 개발자라면 **비디오 게임 엔진도 경험해보아야** 한다. 최근 인기를 끄는 비디오 게임 엔진은 유니티 3D_{Unity 3D}다. 이 게임 엔진을 다루는 법을 배워두는 것도 좋은 생각이다. 그리고 이보다 약간 더 복잡한 언리얼 엔진 Unreal Engine을 비롯해 몇 가지 다른 엔진에 익숙해지는 것도 좋다. 요즘 나오는 복잡한 게임은 대체로 직접 개발한 엔진이 아닌 시중에 나와 있는 게임 엔진을 쓰는 추세이므로 적어도 하나 이상의 게임 엔진을 경험해둬야 한다.

마지막으로 **게임 개발자에게는 수학도 매우 중요한 기술**blog이다. 대부분의 프로그래머는 기초적인 수학만 알아도 괜찮다. 하지만 비디오 게임 개발자라면 행렬을 변환하는 법을 비롯해 온갖 복잡한 계산을 할 줄 알아야 한다. 3D 게임을 만들 생각이라면 더욱 그러하다. 게임 엔진의 도움을 받을 수 있지만 어떻게 진행되는 중인지 이해할 정도의 지식은 갖추어야 한다.

게임 개발자가 되는 데 필요한 기술은 이 외에도 많다. 하지만 다른 프로그래머와 달리 게임 개발자라면 반드시 알아야 할 가장 중요한 기술 세 가지를 꼭 알려주고 싶었다.

대형 게임 스튜디오

비디오 게임 개발자의 진로는 대형 스튜디오 입사와 독립 개발자로 일하기, 크게 둘로 나뉜다.

비디오 게임 개발을 생업으로 삼으려는 대부분의 개발자가 대형 스튜디오 입사를 선택하기 때문에 이 장은 그쪽에 초점을 맞추고 있다. 나중에는 독립하더라도 초반에는 잠시 스튜디오에 소속되어 일하는 경우가 많다. **그렇게 하는 게 이치에 맞는다.** 보수가 보장될 뿐 아니라 그러면 게임 출시와 관련된 다른 모든 일을 신경 쓸 필요가 없어서 비디오 게임 개발의 프로그래밍적인 측면에만 집중할 수 있기 때문이다.

그렇다고 최선의 선택이라는 말은 아니다. 여기에는 큰 단점이 있다. 스튜디오에서는 자신이 하고 싶은 멋진 일만 맡는 게 불가능해서 지루하게 느껴지는 단순 작업을 해야 할 때도 있다. 예를 들면 검이 적과 언제 접촉하는지 결정하는 충돌 감지 알고리즘 코딩을 해야 할 수도 있다. 그러려면 복잡한 벡터 계산만 잔뜩 해야 할 것이다. 장시간 초과 근무를 하다보면 비디오 게임을 만든다는 즐거운 마음이 사라지고 다른 평범한 업무와 큰 차이를 못 느끼게 될 것이다.

그 대신 거대한 작업의 일원이 될 수 있다는 건 장점이다. **혼자라면 절대 개발할 수 없는 거대한 게임 제작에 참여할 수 있다.** 또한 배울 게 많은 멋지고 훌륭한 비디오 게임 프로그래머들과 일할 기회도 생긴다.

독립적으로 일하기

그다음은 독립적으로 일하거나 소형 독립 게임사에서 일하는 방법이 있다. 아주 재미있을 것처럼 들린다. 실제로 재미있는 건 사실이다. 하지만 그와 동시에 엄청난 위험 부담을 떠안아야 한다. 비디오 게임 개발은 매우 어렵고 경쟁이 심하다. 베스트셀러는커녕 수익성이 있는 비디오 게임조차 만들기 어렵다. 게임 개발에는 엄청난 시간과 자금이 투입된다. 그렇게 개발해서 출시조차 못하거나 출시했다가 완전히 실패하는 경우도 많다. **꽤 성공적이라고 생각하는 독립 게임 개발자들의 손익 보고서를 본 적 있는데, 매우 절제해서 표현해도 실망스러운 수준이었다.**

물론 예외도 있다. 당신이 만든 게임이 차세대 마인크래프트가 될 수도 있다. 하지만 너무 큰 기대는 하지 마라. 독립 게임 개발은 자신이 반드시 게임 개발과 전권을 쥐어야 한다고 생각하는 사람, 그리고 그러한 자유를 얻기 위해 어떠한 희생도 치를 각오가 되어 있는 사람에게 추천한다.

솔직히 게임 개발을 업으로 삼을 거라면 나는 이 길을 선택할 것이다. 게임을 온전히 내 마음대로 제작할 수 있다는 점, 게임용 그래픽 제작 방법을 배우고 아티스트와 직접 작업한다는 점, 프로그래밍만 하는 게 아니라 레벨과 게임 플레이를 설계할 수 있다는 점이 마음에 든다. 하지만 나와 똑같이 생각하더라도 앞서 언급한 바와 같이 그만 한 비용을 들일 가치가 있는지 생각해봐야 한다.

〈잠깐만요, 팀〉 **가상현실은요?**

나는 가상현실에 올인이다. 최근에 오큘러스 리프트(Oculus Rift)를 샀는데, 오래전 버추얼 보이(Virtual Boy)를 접한 이래 가상현실이 얼마나 발전했는지 확인하고 깜짝 놀랐다.

나는 가상현실이 1인 게임 개발자나 소규모 팀이 큰 성공을 거둘 기회가 아직 남아 있는 분야라고 생각한다. 3D 게임 쪽은 잠재력을 발휘하기에는 아직 이르다. 게다가 여전히 사람이 몰린다. 그에 비해 VR 게임은 쉬운 편이다. VR 게임 개발자 몇 명과 대화할 기회가 있었는데 이들 역시 3D 게임에 쓰는 유니티 3D 같은 도구를 써서 게임을 만든다고 했다. 렌더링만 VR로 하는 것이다. 훌륭한 VR 게임 플레이 경험을 만들고 VR 게임에 맞는 독특한 제어 옵션을 활용하는 게 핵심이었다.

VR 분야는 살펴볼 가치가 있다. VR 게임을 만드는 데 필요한 기술이 게임이 아닌 다른 상업적 애플리케이션을 만드는 데에도 쓰이기 때문이다. 또한 VR을 활용한 학습 플랫폼과 훈련 시뮬레이션도 활발하게 개발되고 있다.

조언과 참고 자료

게임 개발에 관심이 있는 사람에게 조금 조언을 하고 참고 자료를 알려주며 이 장을 마무리할까 한다. 나는 게임 개발을 업으로 삼아본 적이 없으므로 **내 조언을 적당히 가감하여 듣길 바란다.** 그래도 독학으로 게임 프로그래밍을 배워서 게임을 개발하고 다른 사람을 가르쳐본 경험은 있다.

게임 개발을 하고자 한다면 게임을 최대한 많이 개발해볼 것을 강력히 추천한다. 아주 간단한 게임으로 시작해서 나중에는 점점 더 복잡한 게임을 제작하라. 독창적인 게임보다 기존 게임을 복제하는 연습부터 많이 해보라. 점진적으로 더 어려운 게임으로 옮겨가면 더욱 좋다.

내가 게임 개발을 독학하기 위해 처음 만든 게임은 퐁Pong이었다. 그 뒤에는 스페이스 인베이더Space Invader 유형의 간단한 슈팅 게임을 만들었다. 이 방법은 멋진 아이디어 떠올리기, 게임 설계하기 등의 단계에 대한 부담을 내려놓고, 게임 프로그래밍 기술을 발전시키고 게임 개발에 대해 배우는 데 도움이 된다. 그러면 **게임 개발자로 지원할 때 쓸 포트폴리오 제작에도 도움이 된다.** 내 주변에는 게임 개발을 하고 싶어 하는 개발자가 정말 많다. 하지만 어디서부터 시작해야 할지 잘 모른다. 내 대답은 항상 "게임을 만들어라." 였다.

게임 개발에 관한 다양한 자료를 얻기에는 가마수트라Gamasutra blog 사이트가 가장 좋다. 게임 개발 관련 자료, 게임 개발 뉴스를 접하고 게임 개발자의 생생한 이야기를 들을 수 있는 아주 좋은 사이트다. 가마수트라에서는 조금 더 좁은 주제에 집중하는 자매 사이트뿐 아니라 풍부한 자료도 만날 수 있다. 관심 있는 사람은 내가 플루럴사이트에 올려둔 게임 개발 관련 강의도 확인하길 바란다.

- 퀸투스(Quintus)로 배우는 HTML5 게임 개발 기초 `blog`
- 자바로 시작하는 안드로이드와 PC용 게임 `blog`
- XNA로 배우는 2D 게임 프로그래밍 기초 `blog`
- 모노게임(MonoGame)으로 하는 크로스 플랫폼 게임 개발 `blog`

행운을 빈다. 재미있을 것이다. 나도 언젠가는 도전할지 모른다.

CHAPTER

26

DBA와 데브옵스

코드 작성을 마쳤다고 소프트웨어 제작이 완료되는 게 아니다. 소프트웨어 애플리케이션에는 일종의 데이터 저장소가 필요하다. 빌드하고 테스트하고 배포도 해야 한다. 그리고 그런 일을 할 줄 아는 사람도 필요하다. 바로 이 지점에서 DBA(database administrator, 데이터베이스 관리자)와 데브옵스가 등장한다.

이런 부분까지 알아야 하나, 그냥 코드만 쓰면 되지 않나 싶을 수 있다. 뭐, 코드만 써도 될 때가 있다. 하지만 다양한 분야를 다루는 팀이 점점 더 늘어나는 추세이므로 소프트웨어 개발자에게도 다양한 역할이 요구된다. 아니면 적어도 다양한 업무에 기여하거나 협력할 수 있어야 한다. 소프트웨어 개발은 팀 단위 blog 로 이루어지는 경우가 점점 많아지고 있다. 애자일 환경에서 특히 이런 경향이 강하다 blog . 지난 수년간 소프트웨어를 만드는 점점 더 좋은 방법을 깨우쳐온 덕에 권장 업무 진행 절차나 '이렇게 해야 마땅하다'라고 주장하는 방법이 굉장히 많이 등장했다(어쩌면 그냥 그렇게 착각하는 것일 수도 있다).

어쨌든 요즘은 소프트웨어 개발자에게 여러 역할이 요구된다. DBA나 데이터베이스 작동을 전문으로 하는 팀이 없는 스타트업이나 작은 회사에서는 특히 더욱 그렇다. **애플리케이션용 데이터베이스 설치나 설정을 해야 할 수도 있다.** 애플리케이션의 코드를 가져와서 빌드하고 테스트하고 프로덕션 서버에 배포하는 과정을 도와달라는 부탁을 받을 수도 있다. 아니면 자칭 DBA나 데브옵스라는 낯선 생명체와 함께 일해야 할 수도 있다. 이유가 무엇이든 기술 분야에 종사하는 다른 존재도 알아둬야 한다. 아, QA에 대해서는 따로 한 장을 할애해서 이야기할 것이다.

DBA

우선 DBA부터 이야기해보자. DBA 혹은 데이터베이스 관리자란 정확히 무슨 뜻인가? 맡은 역할은 조직에 따라 달라지기는 하나 **코드가 엉망이라고 하면서 개발자 기분 망치기**, 데이터베이스 연결 과하게 많이 쓰기, 개발자들이 데이터베이스와 관련된 다양한 작업에 관해 요청할 때 "안됩니다."라고 대답하기 등의 일에 공통적으로 관여하는 편이다.

DBA의 진짜 주요 업무는 대개 데이터베이스를 설치하고 유지 보수하고 보호하고 최적화하고 감시하는 일이다. 간혹 데이터베이스 스키마를 설치하거나 저장 프로시저를 작성하는 일을 하기도 한다. 사실상 데이터베이스를 작동하는 업무만 하고 데이터베이스 테이블을 만들거나 데이터베이스 코드를 만드는 일은 하지 않는 DBA도 있고, 데이터베이스 작동 업무를 하는 동시에 데이터베이스 프로그래머에 가깝게 일하는 DBA도 있다.

데이터베이스에는 양육의 손길이 필요하다

모든 개발팀에 DBA가 있는 건 아니다. 사실 **DBA 업무를 개발자에게 맡기는 조직이 많으므로** 데이터베이스를 설치하고 유지 보수하는 기본적인 방법은 알아두는 게 좋다. 데이터베이스는 소프트웨어 애플리케이션에서 중요한 부분이다. 그러므로 이를 유지 보수하고 관리하는 역할을 DBA와 개발자 중 누구에게 맡기느냐보다 누가 되었든 이를 맡는 사람이 있어야 한다는 게 중요하다.

데이터베이스는 시간이 지날수록 커지기 때문에 나중에 리소스를 과도하게 쓰게 되기도 한다. 그래서 데이터베이스를 작동할 하드웨어를 잘 고르는 것, 때가 되면 업그레이드를 해주는 것이 매우 중요하다. 데이터베이스에는 매우 중요한 데이터가 들어 있으므로 백업을 정기적으로 해야 한다. 그리고 혹여 망가졌을 때 복구해서 작동하게 할 재난 대비책도 마련해두어야 한다. 시간이 지나면 설계나 조율이 잘 되지 않은 데이터베이스는 효율이 떨어지고 느려지므로 성능도 신경 써야 한다. 처리 속도를 높일 수 있게 평소 데이터베이스의 성능을 분석하고 데이터 인덱스를 만들고 정리해야 한다.

계속 더 이야기할 수 있지만 이 정도면 무슨 말인지 이해했으리라고 생각한다. **데이터베이스를 관리할 사람이 필요하다**는 말이다.

DBA가 되어야 할까?

그럴 필요는 없다. 하지만 다음 항목을 배워두면 매우 좋다.

- 데이터베이스 설치 및 설정하기
- 백업 만들고 복구하기
- 테이블과 스키마 만들기

- 저장 프로시저 만들기
- 테이블 인덱스 만들기와 인덱스 작동법
- 조회, 삽입, 갱신 등과 같은 기본적인 동작을 수행하는 기초적인 SQL 코드 작성하기
- 테이블 조인(join)

이미 말했듯이 이 모든 내용을 전문가만큼 알아야 하는 건 아니다. 하지만 기본을 알아두면 DBA와 함께 일하든 직접 그 업무를 하든 아주 큰 도움이 될 것이다.

〈잠깐만요, 존!〉 뭐라고요? 전 스키마가 뭔지도 몰라요. 저장 프로시저? 테이블 조인?

몰라도 괜찮으니 진정해라. 모두 데이터베이스와 관련된 개념이다. 앞에서 말했듯이 모든 걸 알 필요는 없다. 그 내용을 여기서 가르치겠다는 게 아니라 알아두면 좋은 개념을 소개한 것뿐이다. 하지만 그래도 궁금해하는 것 같으니 좀 더 자세히 이야기해주겠다.

스키마 – 데이터베이스의 청사진이라고 생각하라. 스키마는 데이터베이스를 어떤 테이블로 나눌지, 데이터를 어떤 양식으로 저장할지 정의한다. 데이터베이스에 대한 거의 모든 것을 정의한다고 보면 된다. 이렇게 생각하면 쉽다. 데이터베이스 스키마가 있으면 완전히 똑같은 구조의 빈 데이터베이스를 만들 수 있다.

저장 프로시저 – 저장 프로시저를 데이터베이스의 함수나 메서드 또는 프로시저라고 볼 수 있다. 실제 하는 일은 같기 때문이다. 저장 프로시저란 데이터베이스상에서 바로 실행되어 특정 명령을 수행하는 SQL 코드다. 당신이 데이터베이스에서 할 법한 일반적인 작업을 정리하는 논리적 방법이다. 애플리케이션에서 코드를 정리하는 것과 마찬가지다.

테이블 조인 – 들리는 그대로라고 생각하면 쉽다. 한 개 이상의 다른 테이블에서 가져온 데이터의 교집합, 합집합 또는 그 밖의 조합 방식을 사용하여 데이터베이스에 있는 여러 테이블을 조합하는 것을 의미한다. 일반적인 데이터베이스 동작이다. 예를 들어보겠다. 데이터베이스에 고객의 모든 데이터가 저장된 '고객' 테이블, 모든 주문 데이터를 저장해둔 '주문' 테이블이 있다고 가정해보자. 데이터베이스에서 특정 고객의 주문을 전부 불러오려고 한다. 고객 테이블과 주문 테이블을 조인한 쿼리를 실행함으로써 고객의 데이터와 그 고객의 모든 주문 데이터를 가져올 수 있다.

데이터베이스에 대해 알아야 할 것은 이것 말고도 훨씬 더 많다. 그리고 그런 내용을 배워둘 가치는 분명 있다. 배우고 나면 내가 하는 이야기 또한 더 쉽게 이해할 수 있을 것이다.

데브옵스: 새로운 직군

IT 분야에서 완전히 새로운 역할이 만들어지는 일은 드물다. 데브옵스의 역할은 독특하고, 아직 뭐랄까… 명확하게 정의되지 않았다.

데브옵스란 정확히 무엇일까? **개발과 운영의 복합체 혹은 매시업이라고 볼 수 있다.** 나는 맥가이버 blog 가 생각난다. 여러 사람에게 물으면 아마 각기 다른 대답을 할 것이다. 하지만 데브옵스가 코드를 빌드하고 테스트하고 배포하고 실제 서비스를 운영하는 데 필요한 일이라면 뭐든지 한다는 말에는 대체로 동의할 것이다. 하지만 데브옵스가 무엇인지 제대로 알려면 blog 반드시 다음에 나오는 내용을 이해해야 한다.

운영: 기존 방식

데브옵스가 등장하기 전에는 개발자와 운영팀(때로는 IT라고 부르기도 했다)이 있었다. 개발자는 코드를 작성해서 QA에게 넘긴다. QA는 코드가 엉망이라며 되돌려 보낸다. 그 둘이 몇 차례 더 코드를 주고받다가 어느 한쪽 혹은 양쪽이 포기하면 코드를 운영팀으로 넘긴다. 운영팀은 코드가 비효율적이어서 서버가 정상적으로 동작하지 않을 것이라고, 역시 개발자는 보안에 대해 하나도 모른다고 불평하며 다시 되돌려 보낸다. 개발자는 자신을 괴롭히는 운영팀 직원을 저주하며 몇 가지 자잘한 사항을 고친 후 다시 돌려보낸다. 결국 운영팀이 코드를 받아들여서 서버에 배포하면 온갖 문제가 일어나고 그때쯤이면 모두 서로를 비난하는 데 혈안이 된다.

물론 조금 과장해서 얘기하긴 했다. 핵심은 **과거에는 소프트웨어 개발 세계가 각기 분명히 구분된 팀으로 구성되어 있었다는** 것이다. 과거에는 개발자가 코드 작성, 운영팀은 코드 배포 업무만 했기 때문에 다른 팀이 무슨 일을 하는지 잘 몰랐다. 이런 구조 때문에 많은 문제가 발생했다.

그래도 애자일 소프트웨어 개발이 등장하기 전까지는 견딜 만했다. 과거에는 6개월에 한 번씩 배포하던 새로운 코드를 요즘은 일주일에도 몇 차례 배포한다. **개발팀은 하루에도 여러 차례 빌드한 코드를 자동으로 테스트하고 품질을 확인한다.** 코드를 작성하고 빌드하고 배포하는 단순한 구조로는 부족한 시대가 되었다. 그래서 최대한 기민하게 움직여, 코드를 개발에서 생산까지 빠르게 보낼 수 있게 해줄 완전히 새로운 운영 방식과 절차가 등장했다.

데브옵스란 무엇인가?

배경 설명은 이 정도면 된 것 같다. 그렇다면 데브옵스란 정확히 무엇인가? **코드를 개발해서 생산하기까지의 각 단계를 관리하는 종합적인 공정을 가리킨다.** 절차를 2~3단계로 쪼개면 각기 다른 단계에서 어떤 일을 하는지 잘 모를 뿐 아니라 때에 따라 서로 적대적으로 대하는 상황이 발생하기도 한다. 하지만 **데브옵스는 그 모든 과정을 혼자 담당한다.**

배포 절차를 자동화하는 빌드 배포 시스템을 만들 때 필요한 코드를 빌드하고 배포할 수 있는 개발자에게 데브옵스 역할을 맡기는 조직도 있다. 개발자, 테스터, 운영 역할은 분리해두되 상호 이해를 바탕으로 협력해서 데브옵스 역할을 해내는 조직도 있다. 소프트웨어가 완성되는 과정에 대한 사고방식이 전면적으로 변화했다는 것을 데브옵스를 통해 확인할 수 있다는 게 중요하다.

당신에게 의미하는 것

소프트웨어 개발자는 엄밀히 말해 데브옵스에 속한다. 환영한다. 축하한다. 자, 여기 공식 데브옵스 배지를 받아라. 요즘은 소프트웨어 개발자도 코드 작성

능력만 갖추는 걸로는 부족하다. 자신이 만든 코드를 다른 사람에게 넘긴 이상 그 사람 문제라고 생각할 수 있는 시절은 지나갔다. 작은 회사나 스타트업에서는 그런 경향이 더욱 강하다.

- **코드를 개발에서 생산까지 보내는 데 쓰이는 절차와 도구를 알아야 한다.** 그런 도구를 설치하고 사용할 방법까지 알면 더욱 좋다. 당연히 IDE 사용법, 로컬에서 코드를 빌드하는 방법도 알아야 한다. 그런 일을 대신해줄 사람은 없다.
- **소스를 제어하는 방법도 알아야 한다.** 작성한 코드를 확인한 후 시스템에 있는 다른 코드와 통합할 수 있어야 한다.
- 지속적 통합의 기초, 빌드 서버 작동법의 기초에 대해서도 알아야 한다(걱정하지 마라. 뒤에서 이런 내용도 다룰 것이다).
- 테스트에 대한 기초 지식과 유형을 익히고 다양한 유형의 자동 테스트가 코드 빌드, 배포의 큰 그림에 어떻게 적용되는지 배워야 한다.
- 애플리케이션을 패키징하고 배포를 준비하는 법에 대해 알아야 한다. **배포 절차, 코드를 빌드 서버에서 스테이징 서버나 프로덕션 서버로 자동으로 옮기는 방법, 다양한 서버에서 환경 설정을 관리하는 법**을 알아야 한다.
- **모니터링하는 방법도 알아야 한다.** 애플리케이션의 성능이나 다른 부분에 문제가 생기지 않는지 체크해야 하기 때문이다.

배워야 할 게 많다. 하지만 이 모든 것을 한꺼번에 배우거나 자세히 배울 필요는 없다. 이러한 도구와 절차가 무엇이고 어떻게 쓰이는지 익혀서 이런 툴 체인 일부를 스스로 만들거나 다른 사람이 만드는 걸 도와주어야 할 때 할 수 있으면 된다. 자신이 야구팀 투수라고 상상해보라. 팀 내 모든 역할에 대해 모든 걸 알 필요는 없다. 하지만 어떤 역할이 존재하고 각 역할이 어떤 일을 하는지 정도는 알아야 팀의 전략을 세울 때 의견을 낼 수 있을 것이다. **소프트웨어 개발팀에서 일하면서 자신의 코드를 완성해 넘긴 후 일이 어떤 절차로 진행되는지 아예 몰라서야 되겠는가?** 회사 측에서 그런 사람을 고용하고 싶어할 리도 없다. 이어지는 장에서 이러한 주제에 대해 대략적으로 알아보자.

27

소프트웨어 개발 방법론

글러브를 착용하고 링 안에 설 준비가 되었는가? 혼란을 감당할 준비가 되었는가? 의미론을 두고 끝도 없이 논쟁을 벌일 준비는? 컨설턴트를 고용하여 뭘 잘못하고 있는지 지적받은 후 팀원들이 자격증을 취득하면 팀의 수준이 높아질 거라는 말을 듣는 대가로 비싼 비용을 지불할 준비는?

소프트웨어 개발 방법론의 세계에 온 것을 환영한다. 케이크는 준비하지 못했지만 매일 서서 진행하는 회의에 온다면 도넛은 줄 수 있다. **소프트웨어 개발 커뮤니티에서 소프트웨어 개발 방법론과 이를 구현할 방법이라는 주제보다 더 많은 논쟁을 불러일으키는 주제는 없을 것이다.**

소프트웨어 개발 방법론은 소프트웨어 제작 절차를 정의한다. 몇 가지 원칙 외에 크게 요구하는 게 없는 가벼운 방법론도 있고, 익스트림 프로그래밍Extreme Programming처럼 지켜야 할 규칙이 무척 많은 방법론도 있다. 이런 방법론은 소프트웨어를 만드는 방법, 팀을 이끄는 방법을 구체적으로 알려준다.

자, 여전히 많은 조직에서 사용하고 있는 오래된 개발 모델, 폭포수 waterfall 프로세스로 시작해보자. 그다음으로는 오늘날 소프트웨어 개발계에서 가장 유행하고 있는, 누구나 하지만 아무도 제대로 하지 않는 애자일 개발 모델을 살펴보자. 끝으로 내가 중요하다고 생각하는 **애자일 개발 방법론 세 가지**를 소개하겠다.

미리 경고하건대 세상에 존재하는 모든 소프트웨어 개발 방법론을 언급할 생각은 없다. 그 대신 또 한번 저자의 특권을 활용해서 내가 생각하기에 개발자라면 알아야 하는 내용을 소개하겠다.

전통적인 폭포수 개발

내가 소프트웨어 개발을 처음 배울 무렵에는 다들 전통적인 폭포수 프로세스를 썼다. 그냥 그렇게 하는 게 당연했다. 폭포수라는 이름도 없었고 이 방법을 비웃는 일도 없었다. 그냥 소프트웨어를 그렇게 개발하는 거라고 생각했기에 그냥 열심히 썼다. (주의: 다른 소프트웨어 개발 방법론이 존재하지 않았다는 뜻이 아니다. 당시에도 다양한 방법론이 있었다. 그저 다른 방법론은 널리 알려지거나 사용되지 않았고 그나마도 폭포수 방법론을 조금 더 격식을 갖춰서 실행하는 정도가 대부분이었다.)

폭포수 개발은 이름 그대로다. 바닥에 닿을 때까지 한 단계가 끝나면 다음에 있는 아래 단계로 내려가며 소프트웨어를 한 번에 한 단계씩 만들어가는 방식이다. **폭포수 개발 방법론에는 소프트웨어 개발 생명주기**Software Development Life Cycle, SDLC**가 포함되어 있다.** 똑같은 SDLC가 거의 모든 방법론에 등장한다. 다만 폭포수 개발의 SDLC는 순차적이다. 사실 **폭포수 개발은 SDLC를 점진적으로 따라갈 뿐**이라고 보아도 무방하다.

SDLC를 반대하는가?

맞다. 그렇게 묻는 걸 보니 나를 잘 아는 것 같다. 나는 SDLC를 반대한다.

SDLC란 소프트웨어를 개발하기 위해 요구사항 분석부터 시작해 소프트웨어 설계, 구현, 테스트, 배포, 유지 보수로 끝나는 일련의 과정을 가리킨다. 한 번에 한 단계씩 앞으로 전진하고 절대 뒤로 가지 않는다. 각 단계 사이에는 겹치는 부분도 조금씩 있다. 당신도 SDLC 반대에 동참할 수 있도록 각 단계를 간단하게 설명해주겠다.

요구사항 분석

개발할 소프트웨어에 필요한 요구사항을 전부 알아내는 단계다. 무엇을 해야 할까? 어떤 기능이 있어야 할까? 어떻게 보이고 어떻게 동작해야 할까? 이러한 정보는 고객이나 이해 당사자와 대화를 하면서 알아내기도 하고 그냥 직접 생각해내기도 한다. 어떤 방법을 쓰든 제작에 들어가기 전에 알아야 한다(소프트웨어 개발 세계에 발을 들여보면 그게 늘 가능하진 않다는 걸 금세 알게 된다).

소프트웨어 디자인

소프트웨어의 요구사항을 알아냈다면 이제 어떻게 만들지 알아낼 단계다. 이 단계에서는 알아낸 요구사항을 바탕으로 시스템 아키텍처를 설계하고, 저수준 알고리즘과 (원한다면) UML 다이어그램을 만들며 그 시스템을 어떻게 만들고 동작하게 할지 결정한다.

소프트웨어를 어느 수준까지 설계해야 할지에 대해서는 의견이 분분하다. 하지만 어느 정도 수준의 설계는 늘 필요하다. 전통적인 폭포수 방식에는 보통 방대한 사전 설계big upfront design라고 알려진 방법을 쓴다. 방대한 사전 설계란 세부 사항 대부분에 대한 계획을 아주 낮은 수준까지 설계 단계에서 정해두는 걸 가리킨다.

일정은 정해져 있고 절대 뒤로 돌아오는 일 없이 앞으로만 나아갈 수 있다면 모든 것을 미리 정해두는 게 이치에 맞을 수도 있다. 하지만 현실에서는 요구사항이 바뀌고 예측하지 못한 일들이 일어나므로 그런 방식을 고수하기 어렵다.

구현

자, 이제 코딩하는 단계다. 이 단계에서는 코드만 쓰면 된다. 앞서 한 설계를 코드로 바꾸는 단계다. 이 단계에 대해서는 크게 할 말이 없으므로 넘어가겠다.

테스트

아, 명쾌한 설계, 완벽한 구현으로 천 개의 태양처럼 빛나는 아름다운 코드가 완성되었다. 그러면 기름진 머리를 한 테스터가 나타나서 요구사항에서 빗나간 데다 실제로 작동하지도 않는다며 개발자가 작성한 코드를 망쳐놓는다.

이게 테스트 단계다. 개발자가 자기 자리에 앉아서 본인이 완성한 업적에 만족하며 신나게 웃는 모습을 처음 본 그 순간부터 테스터는 테스트 계획을 세우고 테스트 케이스를 작성하며 이 순간을 준비해왔다. 세상에 그토록 행복한 사람이 있다는 건 용납할 수 없으니까. 이제 테스터는 테스트를 하고 버그를 찾는다. 몇 번의 논쟁과 속임수를 거친 후에 모두가 다음 단계로 넘어가도 좋다고 동의할 때까지 최대한 많은 버그를 수정한다.

배포

이제 자신이 만든 작품이 실제 작동하는지 확인할 시간이다. 별도로 개발한 컴포넌트가 여러 개라면 이를 하나로 묶어야 한다. 이 단계를 '통합'이라고 부를 수도 있다. 이제 어떤 방법으로든 그 코드를 배포해야 한다. 야생의 세계에 내놓는 것이다.

배포란 서버에 코드를 배포한 후 긴장한 상태로 스위치를 켜고 "적용됐다."라고 말하는 걸 가리킬 수도 있고, 모든 고객에게 배송할 배포용 표준 CD를 만든다는 뜻일 수도 있다. 오늘날에는 앱 스토어에 앱을 업로드한다는 의미일 수도 있다. 어떤 방식으로든지 자신의 꿈과 희망을 담은 소프트웨어를 고객의 손에 전달하면 된다. 행운을 빈다. 버그가 제대로 고쳐졌기를 바란다.

유지 보수

소프트웨어를 생산해서 고객에게 전달하고 나면 할 일이 끝날 거라고 생각했다면 오산이다. 대부분의 경우 다른 단계보다 유지 보수 단계에 더 오랜 시간이 든다. 소프트웨어는 세상에 내보낸 후에도 계속 지원해야 한다. 고객이 찾아내는 버그를 고치고 새로운 기능을 추가하고 다른 모든 일이 순조롭게 흘러가게 해야 한다. 이 단계는 소프트웨어가 쓰이는 한 계속된다.

SDLC의 전 단계는 그 정도다. 요구사항을 알아내고, 소프트웨어를 설계하고 제작하고 테스트한 후 배포해서 회사를 폐업하거나 어떤 건방진 애송이가 전부 새롭게 만들겠다는 생각을 하기 전까지 유지 보수하는 것이다.

애자일

애자일은 소프트웨어 개발 업계의 판도를 뒤바꿔놓았다. 애자일이 등장하기 전, 개발 프로젝트 대부분은 개발에 참여한 이들이 인식을 하든 못 하든 폭포수 개발 방식을 썼다. SDLC의 각 단계를 점진적으로 따라가는 방식으로 소프트웨어를 제작했다는 뜻이다. **애자일 운동이 등장하기 전에도 SDLC를 작은 단위로 쪼개서 반복적 방식으로 개발하는 프로젝트가 있었다. 하지만 애자일 전에는 그런 아이디어가 하나의 양식을 이루지 못했다.**

애자일이란 정확히 무엇일까? 애자일이 도입된 지 여러 해가 지났는데 아직도 정확히 모른다. 애자일은 확실한 형태가 없다. 그 이유는 역사를 알아야만 이해할 수 있다.

애자일 선언문

모든 일은 유타 주에 있는 로지 앳 스노버드 스키 리조트에서 시작되었다. 서로 다른 개발 방법론을 입안한 이들과 업계 선두주자 몇몇이 모여서 소프트웨어 개발이 어떤 방식으로 이루어져야 하는지에 대해 공통 기반을 찾으려 한 시도라고 볼 수 있다. 처음에 모인 인원은 17명이었다. 이들은 소프트웨어 개발에 영향을 미치는 몇 가지 문제에 대해 논의하던 중 **애자일 선언문**을 만들었다. 그 내용은 다음과 같다.

> 우리는 소프트웨어를 개발하고 다른 사람의 개발을 도와주면서 소프트웨어 개발의 더 나은 방법을 찾아나가는 과정에 있다.
> 이 작업을 통해 우리는 과정이나 도구보다 개인이나 상호작용을, 포괄적인 문서보다 작동하는 소프트웨어를, 계약 협상보다 고객과의 협력을, 계획을 따르는 것보다 변화에 대응하는 것을 가치 있게 여긴다는 결론에 이르렀다.

이 말인즉 먼저 언급한 것도 가치가 있지만, 우리는 뒤에 언급한 것에 더 높은 가치를 둔다는 뜻이다.

이는 다음에 정의된 **12가지 원칙**을 기반으로 한다.

1. 우리는 가치 있는 소프트웨어를 빠르게 그리고 지속적으로 제공해서 고객을 만족시키는 것을 가장 중요하게 생각한다.
2. 개발의 후반부일지라도 요구사항 변경을 환영하라. 애자일 프로세스는 변화를 활용해서 고객의 경쟁력을 높이는 데 기여한다.
3. 새로운 소프트웨어는 몇 주나 몇 달의 주기로 자주 제공하라. 간격은 짧을수록 좋다.
4. 프로젝트가 진행되는 동안 사업부서 사람들과 개발자는 매일 만나서 함께 일해야 한다.
5. 의욕 있는 사람들 위주로 팀을 구성하라. 그들이 필요로 하는 환경과 지원을 제공하고 그들이 맡은 일을 완수할 거라고 믿어라.
6. 개발팀으로, 혹은 개발팀 내에서 정보를 전달하는 가장 효율적이고 효과적인 방법은 서로 얼굴을 보고 하는 소통이다.
7. 업무 진척을 측정하는 기본 척도는 작동하는 소프트웨어다.
8. 애자일 프로세스는 지속 가능한 개발을 장려한다. 후원자, 개발자, 사용자는 일정한 속도를 계속 유지할 수 있어야 한다.
9. 기술적 우수성과 좋은 설계에 대한 꾸준한 관심이 기민성을 높인다.
10. 해야 할 일의 양을 최소화하는 단순성이 꼭 필요하다.
11. 최고의 아키텍처, 요구사항, 설계는 자기 조직적인 팀에서 나온다.
12. 팀은 정기적으로 더 효과적으로 일할 방법을 고민하고 이를 통해 이른 결론에 따라서 팀이 어떻게 움직일지 조율하고 조정한다.

애자일이 무엇인지는 선언문보다 원칙이 더 잘 보여준다.

애자일은 방법론이 아니다

보다시피 애자일은 소프트웨어 개발이 어떻게 이루어져야 하는지를 매우 높은 수준에서 정의한다. 그래서 **애자일 자체를 방법론으로 보기는 어렵다.** 그보다 애자일이라고 여겨지는 특성을 지닌 다른 여러 방법론의 부모 격이라고 볼 수 있다.

애자일이 소프트웨어 개발은 점증적으로 이루어져야 한다는 아이디어에 불을 붙였다. 그리고 애자일은 개발이 이루어지는 동안 요구사항 또한 바뀔 수 있고 오히려 바뀌어야 마땅하다는 아이디어도 수용했다. 두꺼운 서류와 엄격한 규칙보다 서로 얼굴을 보고 하는 소통, 자기 조직적인 팀에 가치를 둠으로써 소프트웨어 개발팀의 다양한 구성원 간 관계를 새롭게 정의했다.

앞서 말했듯이 애자일 원칙의 일부가 포함된 방법론을 따르면서 이러한 원칙을 이미 실천하고 있는 개발 조직은 이전에도 있었다. 하지만 전체적으로 볼 때 전통적인 폭포수 방식을 따라 소프트웨어를 개발하는 팀이 대부분이었다.

폭포수 방식의 문제

최근에 인기를 끄는 애자일 방법론 몇 가지를 살펴보기 전에 폭포수 방법이 이론상으로는 좋아 보여도 현실에서는 잘 작동하지 않는 이유부터 살펴보자 blog.

폭포수 개발에서는 요구사항 변화가 문제가 된다. 더 정확히는 프로젝트 후반이 될 때까지 요구사항의 변화를 알 수 없다는 게 문제다. 단계별 진행 방식으로 소프트웨어를 개발하기 위해 모든 요구사항을 미리 조사한다고 했는데 뒤늦게 갑자기 요구사항이 변하거나 새로운 요구사항이 등장한다면 좋은 조짐이라고 보기 어렵다. 시스템 아키텍처 설계를 전부 마치고 이를 구현하는 중에 이런 사항을 반영하려면 이미 완성된 부분을 버리고 되돌아가든지 아니면 단호하게 안 된다고 말하든지 둘 중 하나를 선택해야 한다.

즉, 프로젝트를 망치거나 아니면 잘못된 방식으로 완성해서 고객을 화나게 한다는 뜻이다. 소프트웨어 개발자 입장에서는 아무것도 바뀌지 않는 게 좋다. 모든 요구사항이나 설계, 해결책을 미리 다 알아낸 후에 이를 구현할 수 있다면 좋을 것이다. 하지만 세상은 그렇게 돌아가지 않는다. **이 같은 사실을 인식하고 받아들여서 그러한 제약을 감안한 소프트웨어 개발 방식을 만든 게 바로 애자일이다.**

스크럼

이제 애자일 개발 방법론 중 인기를 끄는 몇 가지를 소개하겠다. 모든 것을 소개할 생각은 없다. 그리고 솔직히 말해서 그중 한 가지 방법론을 따르겠다고 말하는 팀치고 그 방법론을 제대로 따르는 팀은 거의 없다 blog . 이름만 내걸 뿐 실제로 따르지는 않는다. 대부분의 팀은 애자일과 비슷한 개발 방법론이라고 분류할 만한 방식을 쓴다. 자, 잡담은 이쯤 하고 본론으로 들어가겠다.

스크럼은 언제 만들어졌는가? 스크럼은 1990년대 초반 켄 슈와버Ken Schwaber와 제프 서덜랜드Jeff Sutherland가 함께 만들었다. 두 사람은 1995년에 두 가지 방법론을 합쳐서 완성한 스크럼 방법론을 정의하는 공동 논문을 작성했다. **스크럼은 소프트웨어 개발팀의 특정 역할, 소프트웨어를 개발하는 작업 흐름, 개발의 반복 주기마다 여는 스프린트sprint라고도 부르는 회의를 까다로운 규범에 따라 정의한 정형화된 방법론이다.**

스크럼 직책

스크럼에는 세 가지 주요 직책이 있다.

첫 번째, **제품 책임자**product owner `blog`다. 고객의 소리를 전달하고 작업의 우선순위를 결정하는 역할을 한다. 사업과 관련된 나머지 사람들, 다른 이해 당사자, 고객과 소통하는 역할도 한다.

두 번째, 개발팀이다. 코드 작성 외에도 분석, 설계, 테스트 등 소프트웨어 배포와 관련된 모든 일을 맡는다.

세 번째, **스크럼 마스터**Scrum master `blog`다. 팀이 하는 일을 지연시키는 장애물을 제거하고 제품 책임자와 소통하며 스크럼 프로세스가 문제없이 진행될 수 있게 돕는, 팀의 코치 역할을 한다.

스크럼 진행 방식

소프트웨어 개발을 스프린트라고 부르는 작은 반복 주기로 나누는 것이 스크럼의 기본 아이디어`blog`다. 그리고 스프린트로 정해둔 기간 내에 해야 할 일의 양을 정해둔다. 그러면 각 스프린트를 마칠 때마다 나오는 결과를 점진적으로 고객에게 전달한다.

소프트웨어를 위해 개발해야 할 모든 기능을 제품 백로그product backlog `blog`에 넣어둔다. 제품 백로그에는 우선순위를 정해둔다. 각 스프린트마다 스프린트 백로그를 만들어`blog` 제품 백로그 항목 중에서 해당 스프린트에 작업할 항목을 모아둔다. 스프린트는 보통 1~2주 정도로 나뉜다. 각 스프린트가 시작될 무렵 **계획 회의를 연다.** 이 회의를 통해 그 스프린트에 처리한 백로그 항목을 정하고 그 백로그를 달성하기 위해 필요한 노력의 수준은 어떠한지 추산한다. 엄밀히 말해 해당 스프린트가 진행되는 동안 백로그에 있는 모든 항목을 완료하기 위해 헌신해야 한다. 하지만 실제 목표를 달성하는 일은 드물다(원래 헌신이 어려워서 그렇다).

매일 모든 팀원이 한데 모여 자신이 진행하는 업무에 대해 아주 짧게 공유하는 스크럼 회의를 연다. 이 회의는 서서 진행한다. 업무 진행 상황을 전체 팀원과 공유하고 업무를 지연시키는 장애물을 제거하는 것이 스크럼 회의의 목적이다. 스크럼 회의는 매일 같은 장소에서 같은 시간에 연다. 각 팀원은 세 가지 질문에 답해야 한다.

1. 어제는 팀의 스프린트 목표 달성에 도움이 될 만한 어떤 일을 했는가?
2. 오늘은 팀의 스프린트 목표 달성에 도움이 될 만한 어떤 일을 할 것인가?
3. 본인이나 팀의 스프린트 목표 달성을 막는 장애물이 있는가?

나는 2번 질문을 던질 때 개인적 헌신을 요구하는 게 꽤 효과가 좋다고 느낀다. 그래서 나라면 이 질문을 "오늘은 팀의 스프린트 목표 달성에 도움이 될 만한 어떤 일을 하는 데 헌신할 생각인가?"라고 바꾸겠다. 이런 작은 변화가 꽤 큰 차이로 이어진다고 생각한다.

스프린트가 진행되는 동안 팀은 백로그에 있는 모든 항목을 수행하기 위해 함께 노력한다. 그리고 업무 진행 상황과 속도를 추적하기 위해 보통 소멸 차트burndown chart를 쓴다. 소멸 차트는 남은 시간, 스토리 포인트story point, 업무 난이도를 비롯해 남은 업무의 양을 확인할 때 필요한 거라면 무엇이든 추적한다. 스프린트가 끝나면 스프린트가 진행되는 동안 완료한 목표를 이해 관계자에게 보여주는 **리뷰를 수행한다.**

마지막으로 지난 스프린트를 돌아보고 다음 스프린트에 대한 아이디어를 떠올리는 **회고 회의를** 연다.

스크럼 관련 문제

제대로 수행하기만 한다면 스크럼은 소프트웨어를 매우 효과적으로 개발할 수 있게 해주는 좋은 방법이다. 하지만 안타깝게도 현실에서는 제대로 구현하지 않는 경우가 많다. 실패를 벌충하거나 변칙을 쓰기 위해 모른 척 넘어가는 경우도 많다.

스크럼의 일반적인 단점에 대한 긴 글**blog**을 쓴 바 있으므로 여기에서 자세히 이야기하지는 않겠다. 하지만 앞서 언급한 한 가지 주제에 대해 잠시 이야기하겠다. 스크럼 팀이 마땅히 누릴 만한 성공을 거머쥐지 못하는 가장 큰 이유가 거기에 있다고 생각하기 때문이다.

헌신. 스크럼을 적용하고 싶어 하는 많은 조직을 코칭하면서 여러 차례 스크럼 마스터를 해본 결과 **스크럼이 성공적으로 구현되지 못하는 가장 큰 이유가 헌신이 부족해서라는 결론에 이르렀다.** 팀 수준으로 보나 개인 수준으로 보나 마찬가지다.

백로그 항목을 스프린트에 포함시켜 두고 모든 일이 계획에 따라 착착 진행되면 그 임무를 완수하겠다고 말하기는 정말 쉽다. 하지만 실제로 헌신해서 그 임무를 완수하는 건 무척 어려운 일이다. 헌신하지 못한다면 책임의 수준은 낮아지고 스프린트의 의미는 퇴색된다. 스프린트에 넣은 항목이 신뢰성 없는 몽상에 지나지 않기 때문이다.

매일 할 일 목록을 만들고 이를 지키기 위해 최선을 다해도 대부분 실패하는 상황과 무척 비슷하다. 시간이 지날수록 목록은 의미가 없어지고 애초에 왜 그런 목록을 만들었나 싶은 생각이 들기 시작한다. 99퍼센트 이상 달성할 수 있게끔 헌신하는 게 훨씬 효과적이다. 그러면 자기 자신을 믿게 되고 다른 이들의 신뢰도 얻는다**blog**. 더 길게 이야기할 수도 있겠으나 이 정도면 이해했으리라 생각하고 넘어가겠다.

칸반

스크럼은 작업 흐름이나 조직 면에서는 정형화되고 규범이 까다로운 편인 데 반해 칸반Kanban은 그렇지 않다. 칸반에 스크럼과 유사한 면이 있긴 하지만 훨씬 더 느슨하게 정의된 방법론blog이다. 그래서 구체적인 지시보다 원칙에 의존한다.

칸반은 도요타 생산 체계와 린lean 제조 방식에 기원을 둔다. 원래 칸반은 제조 생산 업무를 제한해서 효율을 높이고 재고를 줄이기 위해 만들어졌다. 이를 소프트웨어 개발에 적용할 때는 **칸반 보드**Kanban board**에 주로 초점을 맞춘다.** 칸반 보드는 몇 개의 칼럼이 있는 간단한 보드인데, 개발 프로세스가 진행되는 업무 단계를 표현한다. 병목현상이 발생하는 구간을 알아내서 제거할 수 있도록 **프로젝트에서 해야 하는 일을 시각화하고, 동시에 진행하는 업무의 양을 제한하는 것이 핵심이다.** 동시에 진행하는 업무를 WIPWork in progress라고 부른다.

칸반도 스크럼처럼 다양한 분야의 사람들이 모인 자기 조직적인 팀을 기반으로 한다. 칸반은 기존 시스템이나 프로세스에 쉽게 적용된다. 그렇게 하면 해당 시스템의 업무 흐름이 칸반 보드에 공개적으로 드러나면서 정형화, 시각화된다. **칸반은 피드백 루프를 통해 끊임없이 더 나아지는 데 집중한다.**

소프트웨어 개발팀이 칸반을 사용하는 방식이 딱히 정해진 게 아니므로 팀에 따라 프로세스는 달라질 수 있다. 보통은 백로그나 해야 할 일을 적은 업무 목록을 만들고 우선순위를 정해둔다. 그러면 팀원들은 자신이 할 일을 고르고 이를 칸반 보드에 올린다. 업무가 단계별로 진행됨에 따라 보드에서도 위치를 옮긴다. 분석, 설계에서 시작한 업무가 개발, 테스트를 거쳐 마지막으로 배포로 옮겨갈 것이다. 하지만 그 사이에 다양한 단계나 방법이 존재할 수도 있고 새로운 방식으로 업무를 조직할 수도 있다.

나는 칸반을 좋아한다. 사실 내가 하는 대부분의 업무에 칸반 방식을 변형해서 적용한다 blog. 이 책을 쓸 때도 마찬가지였다. 하지만 늘 이 프로세스가 조금 더 구조를 갖출 필요가 있다고 느낀다. 예전에 내 고유한 칸반 버전을 만들고 칸반앤드Kanbanand라는 이름을 붙인 적이 있다 blog. 업무 흐름과 개발 프로세스 양쪽에 구조와 규칙을 조금 더한 버전이라고 생각하면 된다.

익스트림 프로그래밍

마지막으로 소개할 애자일 방법론은 내가 좋아하는 방법론이다. 규범이 매우 까다로워서 소프트웨어 개발에 있어 매우 높은 수준의 전문성과 정확성을 끌어낸다.

익스트림 프로그래밍 혹은 XP라고 불리는 이 방법론은 1996년경 켄트 백Kent Beck이 만들었다. 그는 1999년 이 프로세스를 자세히 설명하는 첫 번째 책, 『익스트림 프로그래밍』 blog 을 출간했다. **XP는 단위 테스트, 테스트 주도 개발, 객체지향 프로그래밍, 고객 중심 등 당시의 모범 사례를 많이 가져와서 극단의 경지라고 부를 수준까지 끌어올렸다.** 그래서 이름도 익스트림 프로그래밍이다. 극단적이고 엄격하다는 특성 때문에 그렇게 큰 인기를 끌지는 못했지만 오늘날에도 여전히 쓰는 팀이 있다. (스크럼이 단연코 가장 흔하게 사용된다. 적어도 내가 스크럼벗Scrumbut이라고 부르는 버전은 그렇다.)

〈잠깐만요, 쥔〉 **방금 말한 스크럼벗이 뭐예요? 흥미롭게 들리는데요. 맛있는 빵 이름인가요?**
아, 스크럼벗. 자기 팀은 스크럼을 쓴다고 말하다 말고 잠시 쉬었다가 'but'이라는 말과 함께 스크럼 프로세스 중 자신의 팀에서 하지 않는 예외 항목을 길게 늘어놓을 때, 이를 가리켜 나는 스크럼벗이라고 한다. 그리고 쓰인 그대로를 따르지 않고 자기들 방식대로 해야 하는 이유에 대해 온갖 핑계를 늘어놓는다.

스크럼을 가르치거나 스크럼 프로세스를 실행시킬 때 내 머리를 뽑아버리고 싶을 만큼 답답할 때가 많다. 사실 가장 고통스러운 바로 그 부분이 스크럼을 효과적으로 만드는 핵심이다. 누군가 가스 불 위에서 뭔가 요리할 생각이라고 상상해보자. 그 사람은 가스 불을 켜서 프라이팬을 뜨겁게 달군 후에 장갑도 끼지 않고 손잡이를 잡으려다가 손을 데었다. 그리고 이렇게 말한다. "가스 불이 다 좋은데 열이 문제네. 열 때문에 손만 데었지 도무지 쓸모가 없잖아. 가스 불을 쓰긴 하되 열은 쓰지 말자." 하지만 그렇게 말하지 않고 "음… 프라이팬 손잡이가 뜨겁네. 다음에는 장갑을 껴야겠어."라고 말해야 발전할 수 있다.

스크럼을 적용하되, 가스를 꺼두고 왜 음식이 조리가 되지 않는지 이상하다고 생각하는 소프트웨어 개발팀이 대부분이다. 그리고 그게 스크럼벗이다. 스크럼벗에 대해서는 조금도 안타깝다는 생각이 들지 않는다.

XP도 다른 애자일 방법론처럼 변화를 수용하고 개발 주기나 반복 주기를 짧게 적용하는 방식으로 소프트웨어를 점차 진화시킨다. **XP 프로젝트의 개발 프로세스는 아주 빡빡한 원칙을 중심으로 진행된다.** 스크럼 방법론과 유사하게 해야 할 일을 먼저 정한 다음 그 일의 완료 기준을 설정한다. 업무가 실제로 완료되면 테스트를 시작한다. 합격 판정 테스트에서 그 업무가 실제 완료되었는지 확인하기 위해 통과해야 하는 완료 기준을 정의한다. **실제 코드를 작성하기 전에 코드가 다양한 상황에서 해야 할 일을 정확히 정의하는 단위 테스트를 만든다.** 그리고 실제 코드 개발은 이에 맞춰서 진행한다.

XP는 페어 프로그래밍pair programming**에 크게 의존한다.** 페어 프로그래밍이란 개발자 두 명이 함께 앉아서 공동으로 작업해 모든 코드를 함께 만드는 것이다. 미래보다는 **현재의 필요를 염두에 두고 기능을 최대한 단순하게 설계해서 구현하는 것**이 목표다. 시기상조 격으로 미리 최적화를 해둔다거나 당장 필요하지 않은 유연성을 제공하려고 하기보다 실제로 더 복잡한 상황이 발생했을 때 이를 코드가 처리할 수 있게 진화시키는 것이 핵심이다. 군이 미리 해두려고 하면 보통은 복잡성이 증가하기 때문이다. 코드 공동 소유와 코딩 표준이라는 개념이 XP에서는 매우 중요하다.

XP는 프로젝트에 참여하는 개발자가 초과 근무를 하지 못하도록 못 박고 있을 정도로 규범이 까다롭다. 아마 예상했겠지만 XP는 많은 비판을 받았다. 모든 팀원이 이 원칙을 지키겠다고 결심하지 않는 한 따르기도 무척 어렵다. 외부인의 시선으로 보기에 XP는 프로그래밍 종교처럼 보일 수도 있다. 하지만 나는 XP를 좋아한다. 제대로 따르기만 하면 매우 효과적이라고 생각한다. 그러나 관리자나 팀원들에게 이 프로세스를 완전히 적용하자고 설득하는 건 매번 아주 어려웠다.

다른 방법론과 비(非)방법론

솔직히 말해보자. **자신이 몸담았던 대부분의 소프트웨어 개발팀이 어떤 방법론을 따른다고 주장하긴 했지만 제대로 따르지 않았거나 아예 어떤 방법론도 따르지 않는 척하지 않았는가?** 이런 경우 나는 매우 화가 났다. 그래서 스크럼 원칙을 엄밀히 지켜서 얻는 가치, XP를 따르는 척만 하지 말고 제대로 구현했을 때 얻는 혜택에 대해 목소리를 높여서 주장했다. 아니면 "소프트웨어를 개발할 때 어떤 방법론을 쓰시나요?"라는 내 질문에 "아무 방법론도 안 쓰는데요."라는 대답을 들을 때마다 이성을 잃기도 했다.

이제는 상황에 맞게 진화하고 적응할 수 있는 **반복과 측정이 가능한 프로세스를 갖추는 게 특정 방법론을 따르는 것보다 중요하다**는 것을 깨달았다. 스크럼을 선택해서 상황에 맞게 이를 꾸준히 실천해나가는 팀은 훌륭한 팀이다. 하지만 스크럼, 칸반, XP에서 일부를 가져다가 팀의 상황에 맞게 고유한 프로세스를 만들었다면 이 또한 훌륭하다. 무엇보다 프로세스를 갖추는 게 중요하다. 내용이 잘 정리되어 있고 반복이 가능한 프로세스를 갖추는 것이 핵심이다.

마지막으로 방법론을 배울 때 염두에 두어야 할 두 가지 사항을 이야기하며 마치겠다.

첫째, 어떤 방법론을 선택하느냐보다 반복 가능한 프로세스를 갖췄느냐가 중요하다.

둘째, 여기에 언급하지 않았다는 이유로 부적합한 방법론이라고 생각하면 안 된다.

두꺼운 책이긴 해도 한 장에 소개할 수 있는 내용에는 한계가 있다. 그리고 세상에는 소프트웨어 개발 방법론이 많다. 이 책은 현존하는 모든 소프트웨어 개발 방법론을 소개하기보다 오늘날 가장 많이 활용되는 소프트웨어 개발 프로세스라고 생각되는 방법론에 대해 기본적인 지식을 알려주는 쪽을 택했다는 걸 알아주기 바란다.

28

테스트와 QA 기초

나는 소프트웨어 개발 업계에 입문한 초창기에 HP에서 테스터로 일했다. 업무에는 신제품 프린터에서 인쇄되어 나오는 종이와 구형 프린터에서 나온 '마스터' 인쇄본을 비교하는 일도 있었다. 직접 종이를 보며 비교한 건 아니다. 인쇄된 종이를 비교하는 사람이 따로 있었고 나는 그 사람이 표시한 차이점을 살펴보고 인쇄에 실패한 건지 소프트웨어의 결함인지 판단했다. 결함이라면 개발자에게 보고서를 보내서 고칠 수 있는지 확인했다. 나중에는 다기능 프린터 테스트를 주도하는 다양한 역할을 맡았다. 테스트 대상과 방법을 정하고 테스트 계획을 세운 후 의도대로 작동하는지 테스트했다.

이러한 경험을 통해 **대부분의 개발자가 실제로 어떻게 테스트가 이루어지는지 아예 모른다**는 사실과 테스트에 관한 지식이 개발자의 경력 발전에도 도움이 된다는 사실을 깨달았다. **테스터 업무 경험은 소프트웨어 개발자로 일하는 데에도 큰 도움이 되었다.**

덕분에 나는 내가 작성하는 코드를 조금 다른 시각으로 볼 수 있었다. 소프트웨어 개발자의 임무는 기능을 구현하고 버그를 고치는 데서 끝나지 않는다. 자신이 작성하는 소프트웨어가 의도한 대로 바르게 작동하게 하는 것도 개발자의 책임이다. 당연한 말로 들릴지 모르지만 **테스트의 기초를 모르면 '의도한 대로 바르게 작동한다'**는 말이 정확히 어떤 뜻인지 제대로 이해하기 어렵다.

테스트의 핵심 목표

신입 프로그래머는 대체로 테스트에 대해 잘 모른다. 알아야 할 필요조차 느끼지 못한다. 겉만 보면 큰 관계가 없어 보이기 때문이다. 자신의 컴퓨터에서 돌려볼 때 완벽하게 작동하면 코드 테스트를 꼭 하지 않고 그냥 배포해도 된다고 생각할 수도 있다.

테스트의 핵심 목표는 위험 부담을 줄이는 것이다. 버그를 찾고 더 좋은 프로그램을 만들기 위해서 테스트를 하는 게 아니다. 그 소프트웨어를 사용할 고객에게 가장 큰 영향을 미칠 문제를 사전에 찾아 제거함으로써 위험을 감소시키는 것이 테스트의 목표다. **의도대로 작동하지 않는 일이 얼마나 자주 발생하는지, 혹은 그 문제가 얼마나 심각한 수준으로 발생하는지가 고객에게 영향을 미친다.**

자신이 만든 회계 소프트웨어에 1,000달러 이상의 금액을 입력할 때마다 1~2초 정도 멈춰버리는 버그가 발생한다고 상상해보자. 발생할 때마다 고객이 그다지 큰 영향을 받는 버그는 아니다. 그 대신 자주 발생해서 고객을 귀찮게 할 확률은 높다. 이번에는 1,000번째 데이터를 저장할 때마다 데이터 오류가 발생한다고 가정해보자. 이런 오류는 발생할 때마다 아주 큰 영향을 미치는 대신 발생 빈도는 아주 낮을 것이다.

내가 소프트웨어 테스트의 핵심 목표가 위험 부담을 줄이는 것이라고 한 이유는(그런데 아마 다른 테스터도 나와 비슷하게 이야기할 것이다) 극도로 단순한 애플리케이션이 아닌 이상에야 **버그와 결함을 전부 찾아내거나 모든 입**

력을 테스트해보는 건 불가능하기 때문이다. 소프트웨어 테스트의 목표는 문제의 소지를 전부 찾아내고 소프트웨어가 명세에 맞게 만들어졌는지 확인하는 것이라고 말하는 사람도 있다. 하지만 그 두 가지 다 테스트의 목표가 아니다. 둘 다 달성할 수 없는 목표이기 때문이다(아, 혹시라도 완벽한 명세를 갖춘 애플리케이션을 발견한다면 내게 알려주기 바란다).

소프트웨어 테스트가 집중하는 핵심적인 목표는 소프트웨어를 사용하는 고객에게 크고 부정적인 영향을 미칠 만한 위험 요소를 감소시키는 것이다. 테스트는 소프트웨어의 어떤 영역이 가장 큰 영향을 미칠지(즉, 가장 큰 위험 요소인지) 우선순위를 정하고 위험 요소가 있다고 판단한 영역에 원하는 기능이 제대로 구현되었는지, 어떤 테스트를 통해 확인할지 정하는 순서로 진행된다. 소프트웨어가 의도대로 작동하지 않으면 발생한 결함을 기록에 남기고 심각성 수준에 따라 우선순위를 매긴다. 문제가 되는 결함은 고치고 그다지 큰 영향을 미치지 않는 결함은 기록과 함께 그대로 시스템에 남긴다.

일반적인 테스트 유형

테스트와 QA의 세계는 엄청나게 넓다 blog. 개발 세계에 소프트웨어 제작과 관련된 많은 개념과 방법론이 존재하듯 **테스트 세계에도 다양한 방법이 있고 이는 끊임없이 변화한다.**

이름마저 그렇다. 내가 소프트웨어 개발 업계에 입문한 초창기에는 테스트 분야에서 일하는 사람을 테스터라고 부르면 무시나 모욕으로 받아들이는 경향이 있었다. 당시에는 QA_{Quality Assurance} 전문가라고 불리는 것을 선호했다. 하지만 1~2년 전 테스트 관련 콘퍼런스에서 QA 전문가라는 명칭을 썼더니 내 표현을 테스터로 정정해주며 테스터들이 그 용어를 더 선호한다고 했다. 세상에는 내가 어쩔 수 없는 일도 있는 거니까 그러려니 했다.

어쨌든 소프트웨어 개발 세계에서 일하려면 테스터와 자주 대화해야 할 것이다. 여러 테스트 유형을 살펴보면서 테스터가 하는 이야기를 대략적으로 이해해보자.

이제 중요한 항목만 간추려서 살펴보겠다.

블랙박스 테스트

블랙박스 테스트black-box test는 아주 흔히 쓰이는 방식이다. 블랙박스 테스트라는 카테고리 안에 비슷한 유형의 여러 테스트가 있다고 보면 된다.

소프트웨어를 내부가 보이지 않는 검은 상자라고 생각하고 진행하는 테스트가 블랙박스 테스트다. 블랙박스 테스트를 할 때는 입력과 출력만 신경 쓰면 된다. 어떻게 그런 출력이 나왔는지에 대해서는 신경 쓸 필요가 없다. 코드나 코드의 작동 방법에 대해 모르는 상태로 소프트웨어에 정해진 입력을 넣고 정해진 출력이 나오는지 보는 것이다. 편견이 개입할 여지가 적다는 장점 때문에 대부분의 테스트가 차용하는 방식이다. 쓸 수 있을 때도 있고 없을 때도 있다.

화이트박스 테스트

화이트박스 테스트white-box test는 블랙박스 테스트와 반대로 진행한다. 화이트박스 테스트를 할 때는 소프트웨어의 작동 방식을 어느 정도 알아야 한다. 단위 테스트를 화이트박스 테스트라고 부르기도 하지만 나는 동의하지 않는다. 단위 테스트는 테스트가 아니다. 이에 대해서는 다음 장에서 자세히 이야기하겠다.

화이트박스 테스트는 시스템의 내부 구조를 이해하고 소스 코드에 접근할 권한이 있어야만 제대로 해볼 수 있다. 소스 코드를 보아야 테스트에서 어떤 것을 표적으로 삼을지 알 수 있기 때문이다. 복잡한 계산을 수행하는 회계 소프트웨어의 코드를 본다고 가정해보자. 그 안에 있는 계산식이 특정 수 이상의 값을 처리하는 식과 나머지 값을 처리하는 식, 이렇게 둘로 나뉘어 있다면 테스터는 양쪽 시나리오를 겨냥하는 두 종류의 테스트를 만들어야 한다.

블랙박스 테스트를 할 때는 계산식이 두 개라는 걸 알 방법이 없으므로 운 좋게 둘 다 테스트해볼 가능성은 매우 낮다.

인수 테스트

인수 테스트_{acceptance test}는 때에 따라 사용자 인수 테스트, 시스템 테스트 등 다양한 이름으로 불린다. **소프트웨어가 고객의 요구사항이나 기대에 맞게 제작되었는지 확인하는 테스트, 시스템을 전체적으로 점검하는 테스트**를 인수 테스트라고 한다. 소프트웨어의 일부만 따로 떼어서 점검하지 않는다는 뜻이다.

인수 테스트의 대상은 시스템의 기능이 될 수도, 사용성이 될 수도 있고 둘 다가 될 수도 있다. 기대한 만큼의 결과가 나왔느냐를 확인하는 것이 인수 테스트의 핵심이다.

자동 테스트

자동 테스트도 다양한 형태로 구현되고 다양하게 정의할 수 있는 유형이다. 하지만 나는 **테스트 실행이나 결과 검증이 자동으로 이루어지는 모든 테스트를 자동 테스트라고 본다** blog .

- 웹 애플리케이션을 자동으로 테스트하려면 웹 페이지를 열고 데이터를 입력하고 버튼을 누르고 페이지에 출력되는 결과를 확인하는 스크립트를 실행하면 된다.
- API를 자동으로 테스트하려면 다양한 데이터로 API를 호출한 후 반환되는 결과를 확인하는 스크립트를 쓰면 된다.

자동 테스트가 점점 늘어나는 추세다. 수동으로 테스트 케이스를 계속해서 실행하는 건 지루할 뿐 아니라 에러가 나기 쉽고 비용도 많이 든다. 특히 애자일 환경에서는 문제가 발생하는 지점이 없나 확인하는 테스트 주기가 2주 정도로 짧아질 수도 있기 때문에 자동 테스트를 수행하는 게 낫다.

회귀 테스트

다음은 회귀 테스트regression test다. 회귀 테스트란 **시스템이 과거에 작동했던 방식 그대로 작동하고 있는지 확인하는 테스트**다. 소프트웨어가 기능적으로 회귀하고 있지 않다는 걸 확인하는 게 회귀 테스트의 목적이다.

애자일 방법론에서는 새로운 기능을 꾸준히 추가하며 소프트웨어를 점진적으로 발전시키기 때문에 신기능이 기존 기능을 망가뜨릴 위험이 항상 도사리고 있다. 그래서 애자일에서는 회귀 테스트가 더욱 중요하다. 이에 대해서는 뒤에서 다시 자세히 이야기할 것이다.

자동 테스트는 대부분 회귀 테스트다. 사실 테스트를 자동화한다는 건 똑같은 테스트를 여러 번 실행한다는 뜻이다. 그래서 **모든 자동 테스트는 회귀 테스트라고 주장하는 사람도 있다.**

기능 테스트

시스템의 기능을 대상으로 진행하는 테스트를 폭넓게 아우르는 기능 테스트functional test라는 용어도 있다. "나 참, 시스템의 기능이 아니면 뭘 테스트한다는 거야?"라고 생각할 수도 있다. 하지만 알고 보면 기능 외에도 성능, 사용성, 회복성resilience, 보안, 확장성 등 온갖 것을 대상으로 테스트할 수 있다. 그 외에도 얼마든지 더 많은 예를 들 수 있지만 여기까지만 하겠다. 그래서 시스템이 기능적 측면에서 해야 할 일을 잘하고 있는지에 초점을 맞추어 진행하는 테스트를 기능 테스트라고 한다.

테스트할 내용을 입력하고 버튼을 눌렀을 때 기대한 결과가 나오는가? 얼마나 오래 걸리는지, 화면에 빨간불이 밝게 들어오는지, 컴퓨터에서 연기가 나기 시작하는지는 신경 쓰지 않는다. 원하는 결과가 나오는지만 보면 된다.

탐색적 테스트

나는 탐색적 테스트_exploratory test_를 '게으름뱅이 테스트'라고 놀리곤 한다. 내가 그렇게 말하면 테스터들은 화를 낸다. 하지만 탐색적 테스트도 분명 해야 할 이유가 있다. 어쩌면 내가 조금 가혹하게 비판적 잣대를 적용하는 것일지 모른다.

탐색적 테스트를 제대로 수행하려면 애플리케이션의 어떤 영역을 어떤 방식으로 테스트할지에 대한 기본 계획과 가이드라인부터 세워야 한다. 그리고 테스트 케이스 없이 애플리케이션을 탐색하면서 예상치 못한 문제를 찾아본다. 탐색적 테스트는 에러가 발견될 때 테스터가 밟은 단계를 되짚어보며 문제를 재현할 수 있도록 진행 과정을 녹화하기도 한다.

탐색적 테스트를 딱히 좋아하진 않지만, 이 테스트가 합리적인 테스트 케이스로는 알아내기 어려웠을 버그를 찾아낸다는 장점은 인정할 수밖에 없다.

그 외 테스트 유형

지금까지 소개한 내용은 수박 겉핥기 수준이고 그 외에도 다른 많은 유형이 존재한다.

- 부하 테스트(load test): 과부하 상태에서 애플리케이션이 어떤 성능을 보이는지 확인
- 성능 테스트(performance test): 특정 시나리오에서 애플리케이션의 성능을 확인
- 회복 테스트(recovery test): 에러가 나거나 하드웨어에 문제가 생겼을 때 어떻게 회복하는지 확인

- 보안 테스트(security test): 시스템 보안

- 스트레스 테스트(stress test)

- 사용성 테스트(usability test)

이 외에도 테스트가 많다. 여기서는 소프트웨어 개발자가 되었을 때 일상적으로 듣게 될 기본적인 용어 일부만 소개했다.

〈잠깐만요, 쌤〉 블랙박스 테스트와 기능 테스트가 비슷한 거 같아서 헷갈리는데 차이가 뭔가요? 아, 그리고 회귀 테스트와 자동 테스트의 차이도 궁금해요. 회귀 테스트는 본질적으로 모두 자동 테스트라고 볼 수 있지 않나요?

쉿. 이제 비밀을 말할 생각이니 잠시 목소리를 낮추겠다. 이 말을 들으면 QA 전문가, 아니 테스터들이 아마 화를 낼 것이다.

여러 테스팅 용어가 사실 같은 내용을 가리킨다. 테스트 업계 사람들이 계속 새로운 용어를 지어내고 원래 단순한 것을 복잡하게 만드는 건 아닌가 싶을 때도 가끔 있다. 테스트가 중요하지 않다는 건 아니다. 테스트를 잘하려면 기술도 필요하다. 하지만 사실 그렇게 복잡하지는 않다.

몇 가지 사례를 들어보겠다.

기능 테스트는 화이트박스 테스트나 블랙박스 테스트, 둘 다 할 수 있다. 하지만 보통은 블랙박스다. 블랙박스 테스트와 화이트박스 테스트는 기능 테스트 등의 테스트가 수행되는 방식을 가리킨다. 그러므로 사실 둘 다 기능 테스트의 일종이다. 무엇을 테스트할지 힌트를 얻기 위해 코드를 확인하고 싶은가? 아니면 시스템 전체를 신비로운 검은 상자처럼 다루고 싶은가? 블랙박스 테스트는 내부를 들여다보지 않고도 애플리케이션이 어떻게 구현될지 확인하는 테스트를 가리키는 상위 수준의 개념이다. 기능 테스트는 보통 블랙박스 방식으로 한다. 코드를 살펴보지 않으면 놓칠 수 있는 예외적이고 특별한 사례를 찾기 위해 코드를 살펴보는 일은 있을 수도 있지만 말이다.

그리고 자동 테스트와 회귀 테스트도 상위 수준 개념이라고 보아야 한다. 회귀 테스트는 무언가 망가질 것을 대비할 때 아니면 이미 망가져서 수습해야 할 때 시스템 기능이 회귀하지 않도록 확인한다는 개념이다. 자동 테스트는 자동으로 실행되기 때문에 이러한 용도의 테스트에 잘 맞는 방식이다. 그러므로 자동 테스트를 회귀 테스트라고 볼 수도 있다. 하지만 소프트웨어가 기능적으로 회귀하지 않는지 수동으로 확인하는 회귀 테스트도 있다.

테스터 구직 면접을 준비하는 사람이라면 이러한 항목을 모두 알아두고 탐색적 테스트가 유효한 이유, 사용자 테스트와 인수 테스트의 차이점을 설명할 수 있어야 한다. 하지만 소프트웨어 개발자로서는 테스트와 관련된 기본 개념과 용어를 알아두고 테스트의 진정한 목적이 위험 부담을 줄이는 데 있다는 정도를 이해하면 충분하리라고 본다. 그러므로 이 장에서 소개하는 개념을 모두 정확히 알아야 한다고 부담을 느낄 필요는 없다. 큰 그림을 보는 데 집중하라. 그게 중요하다.

테스트 절차

테스트 방식이나 절차는 조직마다 크게 다르다. 테스트와 관련된 각종 조직은 '테스트 절차'를 명시하는 공식 명세를 제각기 내놓는다. 다른 부분이 그랬듯이 절차에 관한 이야기 또한 완벽한 절차를 소개하고 따라야 한다는 의미로 알려주는 게 아니다. 그보다 테스트의 일반적인 진행 절차와 각 절차에 수반되는 활동을 알려주는 게 목적이다. 나는 주제가 무엇이든 실용적으로 접근하는 걸 좋아한다. 테스트도 마찬가지다.

테스트는 보통 **테스트 계획**을 세우는 것으로 시작한다.

- 어떤 방식으로 테스트할 것인가?
- 테스트 전략은 무엇인가?
- 어떤 유형의 테스트를 할 것인가?
- 어떤 기능을 테스트할 것인가?
- 일정은 어떻게 되는가?

이 모든 질문에 대한 답이 테스트 계획서에 있어야 한다. 테스트 계획이 공식 문서로 작성되지 않았다면 프로젝트를 위해 짠 테스트 계획안에라도 포함되어야 한다.

그다음은 시스템의 요구사항 혹은 기능을 기반으로 **테스트를 설계하는 단계**다. 이 단계에서는 실행 가능한 **테스트 케이스 목록**, 테스트 실행 조건의 유형, 그러한 테스트 실행에 필요한 사항을 정리한다. **테스트를 만들고 실행하는 건 다음 단계다.** 이 단계는 한 번에 이루어지기도 한다. 테스트 관리 소프트웨어에서 작성한 후 나중에 별도로 실행하기도 한다.

테스트 실행 결과는 녹화하고 평가하며, 버그나 결함은 보통 버그 추적 시스템에 기록된다. 버그는 우선순위를 매겨서 개발자에게 보내 수정하게 한다. **수정된**

버그는 다시 테스트한다. 소프트웨어가 배포용 코드의 품질 기준에 부합하는 수준에 이를 때까지 이 과정은 반복된다.

절차는 보통 이 정도다. 테스트 방법에 대한 계획을 세우고 설계와 작성 단계를 거쳐 테스트를 실행한 후 버그를 찾아서 고치고 소프트웨어를 출시한다.

애자일 팀의 테스트 방식

애자일 팀에서는 보통 매주 하나 이상의 새로운 기능을 만들고 구현하기 때문에 표준 테스트 절차를 그대로 실행하면 문제가 발생할 수 있다 blog. **표준 테스트 절차를 애자일 소프트웨어 개발 생명주기에 맞게 변형해서 쓸 생각을 못 하고 표준 테스트 절차를 엄격하게 지키려고 애쓰다가 아예 포기하는 팀이 너무 많다.**

두 방법 다 문제가 있다. 코드를 작성하기 전에 **테스트 케이스와 테스트 시나리오부터 개발하고** 애자일 방식으로 소프트웨어를 개발할 때처럼 테스트 절차를 더 작은 단계로 나누어서 줄여야 한다. 테스트 단계를 더 잘게 나누어서 피드백을 더 자주 받아야 한다는 뜻이다. 사전에 프로젝트 테스트 계획을 세우고 테스트 케이스를 복잡하게 설계하는 데 많은 시간을 들이지 말고, 기능 수준에서 테스트를 실행해야 한다. **각 기능을 미니 프로젝트라고 생각하고** 코드 작성 전부터 미니어처 버전의 테스트를 실행하라. 사실 아예 코드를 작성하기 전에 테스트 케이스를 만드는 게 이상적이다. 아니면 테스트 설계라도 먼저 하라. 그 후에 코드와 테스트 케이스를 동시에 개발해도 된다.

애자일 테스트에서 고려해야 할 중요한 부분은 자동화다. 애자일 팀에서는 매우 짧은 주기로 새로운 소프트웨어를 출시하기 때문에 회귀 테스트가 더 중요해진다. 그러므로 자동 테스트가 더욱 중요하다. 사실 새로운 기능을 실제로 쓰기 전에 자동 테스트부터 만들어두는 게 좋다 blog. 그러면 진정한 테스트 주도 개발이 될 것이다. 하지만 실제 그렇게 하는 팀은 별로 없다.

테스트, 당신 그리고 개발자

개발자는 테스트에서 어떤 역할을 할까? 역할을 하긴 하는 걸까? 물론이다. 소프트웨어 개발자라면 자신이 만든 코드의 테스트나 품질에 책임감을 느끼고 이를 위해 적극적으로 노력해야 한다. 하지만 그렇게 하지 않는 우를 범하는 개발자가 많다.

개발자라면 자신이 만든 코드의 품질에 그 누구보다 신경을 써야 한다. QA가 자신이 작성한 코드의 버그를 찾아낼 거라고 생각하지 마라. 자신의 버그는 자신이 직접 찾아서 고치겠다는 책임감을 지녀야 한다. 이유는 간단하다. 버그가 늦게 발견될수록 고치는 데 더 많은 비용이 들기 때문이다.

이렇게 생각해보자. 개발자가 자신이 만든 코드를 QA에게 넘기기 전에 직접 테스트해서 찾아낸 버그는 한 시간 정도만 들이면 수정할 수 있다. 하지만 그 버그를 스스로 찾아서 고치지 않을 경우 다음과 같은 절차를 거친다.

- 테스터는 버그를 찾기 위해 테스트를 실행한 후 발견한 버그가 유효한지 확인하기 위해 테스트를 재실행한다.
- 확인된 버그는 버그 추적 소프트웨어에 저장한다.
- 개발팀 관리자는 해당 버그가 수정해야 할 정도로 심각한 것인지 확인한 후 개발자에게 할당한다.
- 개발자는 버그를 재현해본다. 하지만 자신의 컴퓨터에서는 이상 없이 작동한다.
- 테스터가 버그를 재현해서 버그 보고서에 더 자세한 내용을 기술한다.

- 개발자는 드디어 버그 재현에 성공해서 버그를 수정한다.

- 개발자는 버그 보고서에 수정한 내용을 업데이트한다.

- 테스터는 버그가 제대로 고쳐졌는지 다시 확인하고 그 버그가 해결되었다고 표시한다.

얼마나 많은 사람이 긴 시간을 들여야 하는지 보이는가? 개발자들이 게으르다는 말을 하려는 건 아니고, 코드를 체크인하기 전에 10분 정도 시간을 내서 코드를 테스트해보는 게 좋다는 말이다. 그렇게 한다고 모든 버그를 찾을 수 있는 건 아니다. 하지만 10퍼센트만 찾아낸다고 해도 꽤 많은 시간이 절약된다.

자, 이제 테스트가 무엇이고 테스트의 목적과 유형은 무엇인지, 그 과정에서 개발자는 어떤 역할을 하는지 어느 정도 이해했기를 바란다.

29

테스트 주도 개발과 단위 테스트

나에게 테스트 주도 개발과 단위 테스트는 애증의 대상이다. 이 둘이 제대로 실현되는 것을 열렬히 지지하는 반면 그 효용에 대해서는 회의적인 입장이다. **개발자나 관리자가 '모범 사례'를 적용하겠다는 선의는 품었으나** blog **그게 왜 모범 사례인지, 실제로 어떻게 적용해야 하는지 이해하지 못하면** blog **문제가 생기기도 한다.**

소프트웨어를 수정하는 한 프로젝트에 참여했을 때의 일이다. 이 프로젝트에는 3,000개에 달하는 단위 테스트가 포함되어 있다고 했다. 이 말은 보통 프로젝트에 참여한 개발자가 모범 사례를 구현하려고 했고 코드 베이스에 구조나 아키텍처와 비슷한 것이라도 존재할 거라는 뜻이므로 좋은 신호라고 볼 수 있다. 멘토 겸 코치로 일하기 수월해질 거라는 뜻이기도 해서 내게는 기분 좋은 소식이었다. 이미 준비된 단위 테스트를 잘 관리시키고 새로운 단위 테스트를 쓰게 하면 될 거라 생각했다.

나는 IDE를 열고 프로젝트를 다운로드했다. **대형** 프로젝트였다. '단위 테스트' 폴더가 눈에 띄었다. 훌륭하군. 한번 돌려보고 어떻게 되나 보자고.

놀랍게도 몇 분 걸리지 않아 모든 테스트가 완료되었다. 모든 게 녹색으로 표시되었다. 모두 통과된 것이다. 그제야 의심이 고개를 들었다. **3,000개의 단위 테스트를 전부 통과했다고? 이게 무슨 상황이지?**

보통 코칭을 부탁하는 팀에 처음 가면 실패한 단위 테스트를 잔뜩 볼 수 있다. 이상하다는 생각이 들어서 무작위로 추출해서 확인해보기로 했다. 언뜻 보기에는 괜찮은 듯했다. 아주 훌륭하다고 할 수는 없어도 무엇을 하는지 이해할 정도는 되었다. 하지만 그러던 중 이상한 점이 눈에 띄었다. **단언문**assert statement**이 없었다.** (단언문은 테스트 중 대상을 실제로 테스트할 때 쓰는 구문이다. 단언문은 대상이 참이어야 하는지 거짓이어야 하는지 혹은 주어진 조건을 만족시켜야 하는지 단언한다. 단언문이 하나도 포함되지 않은 테스트라면 애초에 실패하는 게 불가능하다.)

실제로는 아무것도 테스트하지 않은 것이다 blog . 테스트는 여러 단계로 이루어지고 모든 단계를 마치고 나면 마지막에 통과 여부를 확인해야 했는데 확인 절차가 없는 셈이었다. 말만 '테스트'지 실제 아무것도 테스트하지 않았다. 다른 테스트를 열었다. 더 심각했다. 어느 지점이든 무언가 테스트했어야 할 단언문이 주석으로 처리되어 있었다. **와, 테스트를 통과시킬 아주 훌륭한 방법이군. 실패할 것 같은 테스트를 주석 처리해버리다니.** 어느 테스트를 열어 보아도 아무것도 테스트하고 있지 않았다. 3,000개의 테스트가 전부 아무 의미가 없었다.

이처럼 단위 테스트를 작성하는 일과 단위 테스트 blog 및 테스트 주도 개발을 이해하는 일 사이에는 엄청난 간극이 존재한다.

단위 테스트란 무엇인가?

코드를 가능한 한 작은 '단위'로 실행해보는 테스트를 작성하는 것을 단위 테스트라고 한다. 단위 테스트는 일반적으로 애플리케이션 소스 코드를 작성한 프로그래밍 언어로 그 코드를 직접 활용할 수 있게 작성한다.

단위 테스트는 **다른 코드를 테스트하는 코드**라고 보면 된다. 여기에서 '테스트'란 단어는 그렇게 엄격한 의미로 쓴 게 아니다. 단위 테스트는 사실 진짜 테스트가 아니다. 단위 테스트는 아무것도 테스트하지 않는다. 단위 테스트를 실행해서 작동하지 않는 코드를 찾는 일은 거의 없다. 그러한 정보는 단위 테스트를 작성하는 도중에 알게 된다.

> **〈잠깐만요, 됨〉** 단언문이 없거나 단언문을 주석 처리했다는 이유로 3,000개의 단위 테스트가 엉망이었다고 방금 말했잖아요. 내가 코드를 작성하는 시점의 요구사항만 신경 쓴다고 누가 상관이나 하겠어요? 아니면 단위 테스트가 회귀 테스트가 되어야 하나요?
>
> 아, 내가 하는 말을 주의 깊게 들은 사람인가 보다. 기민한 관찰력이다. 맞다. 단위 테스트는 회귀 테스트가 되어야 한다. 코드가 정확히 무슨 일을 하는지 밝히는 것, 코드가 그 일을 하지 않을 때를 찾아내는 것 외에 코드가 맡은 임무를 계속 수행하게 하는 것이 단위 테스트를 작성하는 주요 이유 중 하나다.
>
> 단위 테스트는 코드에 추가된 신기능이 기존 기능을 망가뜨리지 않게 해주는 회귀 테스트 역할도 한다. 단위 테스트를 어린 나무가 곧고 크게 자랄 수 있게 받쳐주는 지지대 같은 것으로 생각하라. 어릴 때 땅에 곧게 심은 나무라고 해서 나중에 구부러지지 않으리라는 보장은 없다. 코드도 마찬가지다. 단위 테스트는 코드를 곧게 심었는지, 주니어 개발자가 그 연약한 코드에 엄청난 비를 쏟아부을지라도 계속 곧게 잘 자랄 수 있을지 확인해주는 장치가 된다. 나중에 이에 대해 더 자세히 이야기하겠다.

그렇다. 코드가 나중에 바뀔 수도 있고 테스트가 실패할 수도 있다. 그래서 그런 관점에서 볼 때 단위 테스트는 회귀 테스트다. 하지만 일반적으로 단위 테스트는 몇 단계에 걸쳐서 실행해보고 소프트웨어가 제대로 작동하는지 아닌지 확인해보는 다른 평범한 테스트와 다르다.

개발자들은 **단위 테스트를 작성하는 동안 코드가 맡은 임무를 잘 수행하는지 아닌지 확인할 수 있다.** 코드가 단위 테스트를 통과할 때까지 계속해서 코드를 수정하기 때문이다. 단위 테스트를 통과하는지 확인하지 않을 거면 단위 테스트를 작성할 이유가 없다. 코드의 특정 단위가 아주 낮은 수준에서 지켜야 하는 절대적 요구사항을 명시하는 게 단위 테스트라고 생각하라.

단위 테스트는 절대적 요구사항이라고 생각하면 된다. 단위 테스트는 특정한 코드의 단위에 특정 상황에서 특정 입력을 넣을 때 어떤 결과가 출력되어야 하는지 명시한다. 진정한 단위 테스트는 대부분의 프로그래밍 언어에서 최소로 작은 코드 단위인(적어도 객체지향 언어에서는 그렇다) 클래스를 테스트한다.

단위 테스트라고 오해하는 것

단위 테스트와 자주 헷갈리는 개념으로 통합 테스트integration test**가 있다.** 일부 '단위 테스트'는 클래스 이상의 것 혹은 조금 더 큰 단위의 코드를 테스트하기도 한다. 그런 테스트도 저수준 코드에서 작성된 화이트박스 테스트이므로 단위 테스트라고 주장하는 개발자가 많다. 그런 사람과 언쟁을 벌이지 마라. 그냥 속으로 이런 테스트는 사실 통합 테스트이고 진정한 단위 테스트는 가능한 한 작은 단위의 코드를 고립된 상태로 테스트한다는 것을 알아두는 데 만족하라.

단언문 없는 단위 테스트도 단위 테스트라는 오해를 받곤 한다. 그건 그냥 아무것도 아니다. 다시 말해 아무것도 테스트하지 않는 단위 테스트인 것이다. **단위 테스트뿐 아니라 모든 테스트의 마지막에는 테스트 통과 여부를 결정하는 확인 장치가 있어야 한다. 단언문이 바로 이러한 확인 장치다.** 항상 통과하는 테스트와 항상 실패하는 테스트, 둘 다 무용지물이다.

단위 테스트의 가치

단위 테스트를 왜 이리 까다로운 관점에서 봐야 할까? 단위 테스트를 '진짜 테스트'라고 부르거나 고립된 상태에서 최소 단위를 테스트하지 않으면 무슨 큰일이라도 날까? 테스트에 단언문이 좀 없으면 어떤가? 그래도 코드를 실행해보긴 하지 않는가? 글쎄, 왜 그런지 설명해보겠다.

단위 테스트를 수행할 때 얻는 혜택 혹은 단위 테스트를 수행하는 이유는 크게 두 가지다 blog.

첫째, 코드 설계가 개선된다. 앞에서 단위 테스트는 진짜 테스트가 아니라고 한 말을 기억하는가? 단위 테스트를 제대로 작성하려면 코드를 가능한 한 작은 단위로 고립시켜야 한다. **그 과정에서 코드 설계의 문제점을 알게 된다.** 의존성이 포함되지 않게 클래스를 고립시키기가 어려우면 코드가 너무 강하게 결합되어 있는 것이고, 기본적인 기능이 여러 단위에 걸쳐 퍼져 있으면 코드의 응집력이 부족한 것이다. 단위 테스트를 작성하려고 보니 **무슨 역할을 하는 코드인지 생각나지 않아서** 단위 테스트를 작성하지 못할 때도 있다. 농담이 아니라 실제 많은 사람이 경험하는 일이다.

그리고 단위 테스트 때문에 에지 케이스를 생각해내거나 굳이 하지 않아도 되는 다양한 입력을 넣어보다가 버그를 찾아내는 일도 물론 있다. **단위 테스트 작성 원칙을 엄격히 지키기 위해 코드를 고립된 상태로 가능한 한 작게 만들다 보면 그 코드와 단위 설계에 존재하는 온갖 문제가 드러난다.** 단위 테스트는 소프트웨어 개발 생명주기에서 볼 때 테스트보다는 평가 활동에 가깝다.

단위 테스트의 두 번째 주요 목적은 **자동화된 회귀 테스트를 만드는 것이다.** 이렇게 작성한 테스트는 소프트웨어의 동작이 저수준에서 반드시 지켜야 할 명세가 되기도 한다. 무슨 뜻일까? 코드를 변경하더라도 기능에 문제가 생겨서는 안 된다. 그렇게 보면 단위 테스트는 테스트다. 회귀 테스트.

하지만 단순히 이러한 회귀 테스트를 만드는 게 단위 테스트의 목적은 아니다. **실제 단위 테스트를 통해 발견되는 회귀 문제의 수는 아주 적다.** 테스트할 코드의 단위를 바꿀 때 단위 테스트 자체가 바뀌는 일도 흔하게 일어나기 때문이다. 회귀 테스트는 고수준에서 블랙박스 테스트로 쓰기에 훨씬 더 효과적이다. 겉으로 드러나는 행위에 변화가 없더라도 고수준의 코드 내부 구조는 바뀔 수 있기 때문이다. **단위 테스트는 내부 구조를 테스트한다. 그래서 그 구조가 변하면 단위 테스트를 그대로 통과한다. 그러면 그 테스트는 더 이상 유효하지 않다. 이럴 때는 테스트를 수정하거나 다시 작성해야 한다.**

자, 이제 당신은 단위 테스트의 진짜 목적에 대해 대부분의 10년 차 소프트웨어 개발자보다도 더 잘 알게 되었다.

테스트 주도 개발(TDD)이란 무엇인가?

소프트웨어 개발 방법론을 소개한 장을 떠올려보자. 완벽한 명세를 사전에 작성할 수 없기 때문에 폭포수 개발 방법론이 동작하지 않는 경우가 종종 있다고 했다. **TDD의 기본 개념은 코드를 작성하기 전에 테스트부터 작성해서 그 코드가 해야 할 일을 명확하게 정의하는 명세로 쓰는 것이다.** 알고 보면 TDD는 굉장히 효과적인 개념인데 종종 잘못 사용된다 blog . 일반적으로 TDD는 프로덕션 코드 생산을 단위 테스트가 주도하는 것을 의미한다. 하지만 사실 어느 단계에도 적용할 수 있다. 하지만 이 장의 취지에 맞게 여기서는 가장 일반적인 단위 테스트에만 집중하겠다.

TDD에서는 코드를 먼저 작성하고 그 코드에 대한 단위 테스트를 나중에 작성하던 방식을 완전히 뒤집어서(어차피 현실에서는 그런 일이 잘 일어나지 않는다) 단위 테스트를 먼저 작성하고 그 테스트를 통과할 코드를 나중에 작성한다. 이런 식으로 단위 테스트가 코드 개발을 '주도_{driving}'하는 것이다. 이 과정은 계속 반복된다. 새로운 기능이 필요할 땐 그 기능을 정의하는 테스트부터 작성한다. 그 뒤 해당 테스트를 통과할 수 있도록 코드를 변경하거나 추가한다. 마지막에 코드를 리팩토링_{refactoring} blog 하거나 정리해서 코드를 더 간단명료하게 만든다. 이 방식에서 단위 테스트가 처음에는 반드시 실패하며(빨간색), 테스트를 통과할 코드를 작성한 후(녹색)에는 그 코드를 리팩토링하기 때문에 이를 가리켜 '빨간색, 녹색, 리팩토링'이라고 부르기도 한다.

TDD의 목적은 무엇인가?

단위 테스트 때 그랬듯이 TDD에서도 모범 사례를 오용할 소지가 있다. 자신이 어떤 일을 하고 있고 그 일이 어떤 가치를 지니는지 이해하지 못하는 상태로 무작정 모범 사례를 따라 하면서 TDD를 하고 있다고 착각하기 쉽다.

TDD의 가장 큰 가치는 테스트를 명세로 쓸 수 있게 해주는 것이다. 간단히 말해 TDD는 코드 작성 전에 자동으로 확인되는 명확한 명세부터 작성하는 것이다. 테스트가 왜 훌륭한 명세일까? **테스트는 거짓말을 하지 않기 때문이다.** 즉, 코드는 이런 방식으로 작동해야 한다고 해서 2주 동안 마운틴 듀를 들이부으며 그렇게 작동하게 해두었더니 사실은 다른 방식으로 작동해야 한다며 "전부 틀렸어. 내가 말한 것과 전혀 다르잖아."라고 하지 않는다. 제대로 작성된 테스트라면 통과하거나 실패하거나 둘 중 하나를 알려줄 뿐이다.

테스트는 특정 환경에서 정확히 어떤 일이 일어나야 하는지 명시한다. 그래서 TDD을 쓰려면 무언가 구현하기 전에 무엇을 구현할 생각인지부터 제대로 이해하는 과정이 선행되어야 한다. **막상 TDD를 하려고 보니 무엇을 테스트해야 할지 감이 오지 않는가? 그러면 아직 대상을 제대로 이해하지 못한 것이다.**

TDD는 코드를 가볍고 간결하게 만들어주기도 한다. 코드 유지 보수에는 많은 비용이 든다. 나는 코드를 가장 간결하게 쓰는 사람, 코드의 부피를 줄일 방법을 아는 사람 blog 이 최고의 프로그래머라는 농담을 자주 한다. 그러면 에러를 줄이고 애플리케이션 유지 보수 비용을 감소시킬 확실한 장치를 만들어둔 것이나 다름없기 때문이다.

TDD를 활용할 때는 테스트를 통과할 코드만 써야 해서 불필요한 코드가 확실히 줄어든다. 소프트웨어 개발에는 "You Ain't Going to Need It(나중에도 필요하지 않을 거야)."이라는 말을 줄여서 만든 'YAGNI'라는 원칙이 있다. TDD는 YAGNI 원칙을 지킬 수 있게 해준다.

TDD의 일반적인 작업 흐름

TDD를 순수 학술적인 관점에서 이해하려고 하면 어려울 테니 TDD 샘플 세션 blog 이 어떻게 이루어지는지 살펴보자. 사용자가 애플리케이션에 로그인하거나 잊어버린 비밀번호를 수정할 수 있게 해주는 기능의 고수준 설계를 빠르게 스케치한다고 가정해보자.

로그인 기능부터 구현하기 위해 로그인 프로세스를 담당할 로직을 처리하는 Login이라는 클래스를 만들기로 한다. 자신이 좋아하는 편집기를 열고 "로그인 정보가 없으면 로그인이 되지 않는다."와 같은 이름으로 단위 테스트를 만든다. Login 클래스의 인스턴스를 만드는 데 쓸 단위 테스트 코드를 작성한다(Login 클래스 인스턴스는 아직 만들지 않았다). Login 클래스 메서드를 호출하면서 사용자명과 패스워드를 빈 문자열로 전달할 테스트 코드를 작성한다. 마지막으로 사용자가 진짜 로그인하지 않았는지 확인하는 단언문을 작성한다.

테스트를 실행해보려고 하지만 Login 클래스가 없으므로 아직은 컴파일 조차 되지 않을 것이다. 이제 Login 클래스를 만들고 그 클래스에 로그인 과정을 구현할 때, 사용자가 로그인했는지 확인할 때 각각 사용할 빈 메서 드를 추가하여 문제를 해결한다. 아직 이 클래스와 메서드의 기능은 완전히 텅 비어 있는 상태다. 테스트를 실행해보면 컴파일까지는 되지만 역시 빠르 게 실패한다. 이제 되돌아가서 이 테스트를 겨우 통과할 정도로만 기능을 구현한다. 다시 말해, 사용자는 항상 로그인하지 않은 상태가 될 것이다. 다시 테스트를 실행한다. 이번에는 통과다.

다음 테스트로 넘어간다. 이번에는 "사용자가 유효한 사용자명과 비밀번 호를 가지고 있으면 로그인한다."라는 테스트를 작성해보기로 한다. Login 클래스의 인스턴스를 생성하는 단위 테스트를 작성하고 사용자명과 비밀번 호를 넣어서 로그인해본다. Login 클래스를 통해 사용자가 로그인했음을 확인하는 단언문을 단위 테스트에 작성한다. 이제 새 테스트를 실행해보지 만, Login 클래스는 사용자가 로그인하지 않았다고 반환할 것이므로 테스 트는 당연히 실패한다. Login 클래스로 되돌아가서 사용자가 로그인했는 지 확인하는 코드를 실행한다.

이때 이 단위 테스트를 어떻게 하면 고립된 상태로 실행할 수 있는지 고 려해야 한다. 가장 간단한 방법으로는 테스트에서 사용할 사용자명과 패스 워드를 직접 코드에 적어두고 입력된 사용자명과 패스워드가 그와 일치하 면 사용자가 로그인했다고 반환하는 방법이 있다. 그렇게 수정하고 테스트 를 실행하면 둘 다 통과한다.

이제 자신이 만든 코드를 보라. 그리고 이를 더 간단하게 만들기 위해 리 팩토링할 수 있는 방법이 있는지 생각하라. 자신이 구현하고자 하는 기능을 위해 생각해낼 수 있는 테스트 케이스가 더 떠오르지 않을 때까지 계속해서 더 많은 테스트를 만들고, 그 테스트를 통과할 정도의 코드를 작성하고, 작성한 코드를 리팩토링하라.

이 정도는 기본이다

여기까지가 TDD와 단위 테스트의 기본이다. 하지만 어디까지나 기본에 불과하다 blog. 코드는 서로 연결되어 있기 때문에 코드 단위를 고립시키려고 하면 할수록 TDD가 더 복잡해진다. 완전히 고립시킨 상태로 존재할 수 있는 클래스는 거의 없다. 클래스는 의존적이고 그러한 의존성이 계속 더 많은 의존성을 낳는다. 이런 문제를 해결하기 위해 TDD 고수들은 모의 객체mock를 사용한다. 모의 객체는 미리 설정한 값을 써서 의존성이 있는 기능을 흉내 내어 테스트하고자 하는 개별 클래스를 고립시킬 수 있게 도와준다.

TDD와 단위 테스트의 개요를 설명하는 장이므로 모의 객체를 비롯한 다른 TDD 기법 blog에 대해 자세히 설명하지는 않을 것이다. 모든 내용을 아주 단순화해서 TDD와 단위 테스트의 기본 개념과 원칙을 소개하는 것이 이 장의 목표였다. 이쯤이면 당신이 그러한 내용을 잘 이해했기를 바란다.

〈잠깐만요, 짚고〉 애초에 단위 테스트가 없는 코드의 단위 테스트를 나중에 만들어도 될까요?
뭐, 그럴 수도 있다. 아주 중요한 질문이다. 그런데 왜 그렇게 하려고 하는지 꼭 자문해보길 바란다.
자신의 모든 코드에 단위 테스트가 있으면 그냥 기분이 훈훈하게 좋아질 것 같아서 하는 것인가? 아니면 그러한 단위 테스트를 만드는 동안 코드에 대한 이해도가 높아지고 그 결과 앞으로 있을 변화에 코드가 더 잘 적응할 수 있게 될 거라는 계산이 서서 하는 것인가? "그게 모범 사례니까." 혹은 "코드라면 마땅히 단위 테스트가 있어야 좋으니까."라는 이유로 단위 테스트를 만들지는 않기를 바란다.

과거에 작성한 코드를 위해 단위 테스트를 만들 생각이라면 조금 더 실용적인 태도를 갖추고 진짜 이유부터 만들어라. 강박증이나 완벽주의적인 성향에 반하는 요구라는 건 나도 안다. 나도 지금 편집자 중 한 명이 이 장에 대해 이런 질문을 남겼다는 이유 하나만으로 이 부분을 쓰고 있다. 편집자가 던지는 모든 질문에 답해야 한다고 느끼기 때문이다. 그리고 언젠가는… 함께 재활 치료를 받으러 가자. 꼭.

〈잠깐만요, 존〉 TDD를 쓰지 않고 단위 테스트를 써도 되나요? 아니면 TDD가 꼭 함께 있어야 하는 건가요?

이젠 그냥 나를 귀찮게 하려는 것 같다. 그래 봐야 소용없다. 미끼를 물지 않을 것이다. 이렇게만 말하겠다.

이 장을 읽었고 내가 말한 단위 테스트의 목적에 대해 동의한다면 이미 작성된 코드의 단위 테스트를 쓴다는 건 단위 테스트의 목적을 심각하게 훼손하는 일이라는 생각을 해보아야 한다. 물론 그래도 경우에 따라 유효하기도 하고 회귀 테스트로 쓸 수 있기도 하다. 하지만 그렇게 하는 게 자신의 시간을 정말 현명하게 쓰는 것인지 생각해보라. 시간을 더 들여서 TDD를 써보는 게 시간을 정말 더 현명하게 쓰는 방법일까? 내가 그런 행동을 유도했다고 느끼지 않길 바란다. 질문에 대한 답은 자신이 직접 찾아라.

TDD와 단위 테스트를 하는 게 이치에 맞는 상황도 있고 그렇지 않은 상황도 있다. TDD를 하는 게 적절치 않은데 되돌아가서 단위 테스트를 만드는 건 적절할 때도 있다. "그렇게 해야 한다."라고 하니까 아무 생각 없이 그대로 따르는 일이 없도록 하라. 항상 실용적인 태도를 견지하라. 무슨 말인지 이해했길 바란다.

30

소스 제어

나와 소스 제어는 다소 애증의 관계로 얽혀 있다. 소프트웨어 개발자가 된 지 얼마 지나지 않았을 무렵, 어떤 일을 통해 좋든 싫든 **소스 제어에 익숙해지는 게 프로그래머로 일하는 데 꽤 중요할 거라는 사실을** 깨달았다.

당시 나는 HP에서 소규모 프로젝트에 참여하고 있는 일개 개발자였다. 우리 팀은 앤트이터AntEater라는 HP 프린터 테스트를 자동화하는 프로그램을 만들었다. 코드 업데이트를 해야겠다고 생각하고 행복한 마음으로 코딩을 하던 기분 좋은 아침이었다. 파일 몇 개로 새 기능 제작 작업을 하는 중이었다. 팀원인 브라이언이 몇 가지 수정 사항을 막 체크인했다. 업데이트된 코드로 작업하려고 내 컴퓨터에 최신 소스 코드를 다운로드했다. 애플리케이션을 빌드하고 전부 제대로 작동하는지 확인하기 위해 실행했다.

애플리케이션이 켜지긴 했지만 내 컴퓨터에 뭔가 이상한 일이 일어났다. **하드 드라이브의 불이 계속 깜빡였다.** 하드 드라이브가 열심히 작동하며 윙윙거렸다. 뭔가 열심히 하고 있는 모양이었다. 도대체 뭘 하고 있는 걸까? 몇 분이 지나자 화면에 에러 대화 상자가 나타났고 뒤이어 공포의 블루 스크린이 등장했다. PC가 자동으로 리부팅되었고 "non-system disk error(비시스템 디스크 오류)." 메시지가 나를 맞이했다. 하드 드라이브가 망가졌다는 뜻이었다. IT 부서에 연락했다. 담당자들은 내 컴퓨터를 살펴본 후 뭔가 정말 문제가 있었다고 확인해주었다. 아마도 하드 드라이브에 오류가 생긴 것 같았다. IT 부서는 내 컴퓨터의 드라이브 이미지를 다시 작성하고 다음 날 윈도우를 새로 설치해주었다. 그날은 종일 개발 환경을 다시 설치하고 설정했다.

마침내 모든 게 다시 정상으로 돌아왔다. 나는 어제 브랜치에서 작업했던 코드를 이어서 작업하려고 애플리케이션의 최신 소스 코드를 다운로드했다. 그리고 앱을 켰다. 하드 드라이브의 불이 다시 깜빡이기 시작했다. **얼른 애플리케이션을 끄려고 했지만 이미 늦었다.** 몇 초 후 컴퓨터가 리부팅되면서 익숙한 메시지를 띄웠다. "non-system disk error." 젠장. 어떻게 된 거야? 점잖게 표현해서 아주 화가 났다.

결국 원인은 한 가지라는 결론에 이르렀다. 브라이언의 책상으로 가서 그가 커밋한 수정 사항을 살펴보았다. 그는 C++ 헤더에 있는 변수 하나를 'C:\temp'로 초기화하도록 변경했다. 애플리케이션을 시작할 때 임시 파일을 탐색한 후 삭제하는 기능을 작성했는데, 이 기능이 잘 동작할 수 있게 헤더를 바꾼 것이다. 나도 같은 C++ 헤더 파일을 수정했지만 아직 수정 사항을 병합하지 않은 상태였다. 그래서 내가 최신 코드를 가져왔을 때 변수를 'C:\temp'로 설정한 새로운 헤더 파일은 반영되지 않았다. 그런데 나는 애플리케이션이 임시 파일 저장 위치를 탐색하고 그 안에 있는 파일이나 디렉터리를 모두 지우도록 작성했다. 초기화되지 않은 내 변수는 'C:\', 즉 내 컴퓨터의 루트 디렉터리를 기본값으로 사용하고 있었다. 결과적으로 내가 애플리케이션을 실행할 때마다 이 애플리케이션은 내 컴퓨터에 있는 파일을 모조리 지웠던 것이다. 소스 제어는 이렇게나 재미있다.

소스 제어란 무엇인가?

소스 제어는 버전 제어라고도 부르며 **파일의 버전과 소프트웨어 프로젝트의 소스 코드를 추적하는 방법**을 가리킨다. 여러 개발자가 똑같은 파일을 가지고 작업할 때 이를 조율하는 역할을 한다.

소스 제어와 소스 제어 시스템에는 여러 버전과 구현체가 존재한다. 하지만 목표는 하나다. **소프트웨어 개발 프로젝트의 소스 코드를 잘 관리할 수 있게 도와주는 것이다.**

소스 제어가 중요한 이유는 무엇인가?

내가 소프트웨어 개발자로 입문한 시절에는 소스 제어를 사용하지 않는 팀도 많았다. 내가 참여한 여러 프로젝트는 **수백만 달러의 가치가 있는 시스템의 소스 코드를 공유 네트워크 폴더나 플로피 디스크에 담아서 보관**하곤 했다. 스니커넷sneakernet*으로도 불린 이러한 유형의 소스 제어에 의존하다가 **누군가 그 디스크나 공유 폴더의 콘텐츠를 실수로 삭제**한 바람에 망한 회사가 얼마나 많았는지는 하늘이 안다.

이러한 문제를 해결해준다는 점이 소스 제어가 중요한 주요 이유 중 하나다. **소스 제어 시스템을 사용하면 코드를 '분실'할 가능성이 크게 낮아진다.** 소스 제어를 쓰면 코드를 확인하고 안전하게 보관할 장소가 마련되어 실수로 코드를 삭제할 일이 없다. 수정 사항 추적 기능도 있기 때문에 코드 일부를 실수로 지우거나 큰 실수를 저질렀더라도 되돌아가서 고치면 된다. 이전 버전을 확인해야 할 때 볼 수 있도록, 한 문서의 제목에 각기 다른 날짜를 넣어

---

* 데이터를 담은 물리적 매체를 스니커즈를 신은 사람이 직접 들고 다녔다는 뜻에서 생긴 말이다.

서 여러 버전으로 저장해본 적 있는가? 소스 제어를 사용하면 애플리케이션의 모든 코드를 그렇게 관리할 수 있다.

하지만 소스 제어는 소스 코드의 분실을 방지하는 역할만 하는 게 아니다. 백업만 정기적으로 해도 그런 문제는 피할 수 있다. 소스 제어를 쓰면 **여러 개발자가 한 코드 베이스에 있는 여러 파일에서 함께 작업할 수 있다.** 소스 제어로 여러 개발자가 각자 수정하는 내용을 관리하지 않으면 다른 개발자가 작업한 수정 사항 위에 덮어쓰는 문제가 발생하기 쉽다. 이런 문제를 피하려면 다른 공동 작업자가 파일 수정을 마칠 때까지 기다렸다가 작업해야 한다. **좋은 소스 제어 시스템을 쓰면 여러 개발자가 같은 파일로 동시에 작업하고 나중에 한꺼번에 병합할 수도 있다.**

소스 제어는 소프트웨어 애플리케이션 코드 베이스의 여러 버전을 가지고 작업하는 문제도 해결해준다. 이미 고객에게 공개한 애플리케이션에서 수정할 버그가 발생했다고 가정해보자. 하지만 당신은 이미 그 애플리케이션의 다음 버전에 들어갈 신기능을 만드는 중이며 아직 미완 상태다. 이럴 때 코드를 여러 버전으로 쓸 수 있으면 좋을 것이다. 한 버전에는 최근에 배포한 버전의 버그를 수정한 코드를 넣고 다른 버전에서는 신기능을 개발하는 것이다. 그리고 버그를 고친 내용을 신기능이 포함된 버전의 코드에 적용할 수 있다면 이 역시 좋을 것이다. 소스 제어를 쓰면 이 모든 게 가능하다.

소스 제어의 기본

소소 제어에 대해 알아야 할 게 꽤 많다. 그리고 **읽어보는 것만으로 전문가처럼 쓸 수 있을 거라 기대해서는 안 된다.** 그래도 기본은 익힐 수 있을 것이다.

지금부터 소스 제어의 기본을 간략하게 알려주고 시중에 나와 있는 가장 일반적인 소스 제어 기술 중 일부를 소개하겠다. 소스 제어의 기본 작동 방식 정도는 이해할 수 있을 것이다.

저장소

거의 모든 소스 제어 시스템과 관련 있는 핵심 개념 중 하나로 저장소를 들 수 있다. 저장소는 **코드를 저장해두는 장소**를 가리킨다. 소스 코드를 쓸 때는 저장소에서 코드를 가져와서 작업한 후 수정 사항을 체크인한다. 다른 개발자도 아마 똑같이 작업할 것이다. **저장소는 모든 코드가 모여 있는 곳, 엄밀히 말해 코드가 '사는' 곳이다.**

소스 제어 시스템마다 저장소의 개념이 달라서 로컬 저장소를 두는 경우도 있다. 하지만 어떤 코드 베이스든지 기록 시스템 역할을 하는 하나의 중앙 장소 혹은 저장소가 있다.

코드 체크아웃

로컬 버전 코드를 가져와서 수정하려면 **저장소에서 코드를 체크아웃해야 한다.** 예전에는 소스 제어 시스템에서 코드를 체크아웃한 후 본인만 그 코드를 수정할 수 있게 파일을 잠가야 했다. 요즘 나오는 소스 제어 시스템에서는 로컬 버전 코드를 자신의 컴퓨터나 로컬 저장소에 가져오는 방식으로 코드를 '체크아웃'할 수 있다.

체크아웃한 코드가 로컬 버전이 되고 자신이 만든 수정 사항은 자신의 컴퓨터나 로컬 저장소에만 저장된다. 본인이 수정한 사항을 다른 개발자에게 보여주려면 코드를 '체크인'하거나 중앙 저장소에 병합해야 한다.

소스 제어 시스템을 써서 작업하는 도중에 새 기능을 구현하거나 코드를 수정하려면 코드 베이스에서 로컬 버전을 체크아웃한다. 하던 작업을 마치면 그 코드를 다시 체크인하고 같은 코드로 작업하는 다른 개발자들이 작업한 내용과 충돌을 일으킨 내용을 처리한다.

리비전

소스 제어 시스템에는 **소스 제어에 저장된 파일의 이전 버전**을 가리키는 리비전revision이라는 개념이 있다. foo.bar라는 파일이 있다고 가정해보자. 처음에 내가 만들고 그 뒤에 다른 사람이 수정하고 다시 내가 수정했다. 그러면 소스 제어 저장소에는 세 가지 버전의 foo.bar 파일이 저장되어 있을 것이다.

- 내가 만든 첫 번째 버전
- 다른 사람이 수정한 버전
- 다시 내가 수정한 마지막 버전

이 부분이 중요한 이유가 몇 가지 있다. 우선 내가 foo.bar를 망친다면 내가 수정하기 전의 버전으로 되돌아가야 한다. 파일이 소스 제어 안에 있으므로 **그냥 이전 리비전으로 되돌아가거나** 그 리비전을 체크아웃한 후 내가 수정한 일은 없던 걸로 여기면 그만이다.

아니면 **리비전 기록을 살펴보고 시간이 지남에 따라 파일이 어떻게 변화하는지 수정 사항을 비교해볼 수도 있다.** 각 리비전에 어떤 변화가 있었는지 누가 한 작업인지 확인하는 것이다(나는 이를 '비난하기'라고 부르기도 한다).

분기

소스 제어를 다루다보면 분기branch 활용법 blog 이 헷갈릴 수 있다. 하지만 개념은 꽤 간단하다. **대부분의 소스 제어 시스템은 기존의 코드 베이스에서 브랜치 branch를 만들어 트렁크trunk로부터 독립적으로 진화한 새로운 코드 베이스를 만들 수 있게 해준다.**

잠깐, 뭐라고요? 존, 간단하다고 했던 거 같은데요.

알았다. 코드를 나무라고 생각하면 쉽다. 시간이 지나면 나무의 몸통인 트렁크에서 가지인 브랜치가 여러 개 나온다. 이게 실제로는 어떻게 보일까?

작업 중인 소프트웨어가 있다고 가정해보자. 이제 고객에게 보낼 준비를 마쳤다. 그 버전을 버전 1이라고 부르기로 한다. 하지만 버전 2에 넣을 새로운 기능을 계속 만들고 싶다. 코딩 실력이 아무리 출중해도 고객에게 보낼 버전 1에 고쳐야 할 버그 몇 개 정도는 남는다는 게 문제다. 하지만 버그를 고친 버전 1을 보낼 때 버전 2에 해당하는 기능까지 보내줄 마음은 없다. 나중에 버전 2로 업그레이드할 때 돈을 받을 생각이기 때문이다. 이럴 때 어떻게 하겠는가?

간단하다. **코드를 분기한다.** 버전 1을 보낼 준비가 되었을 때 트렁크에 있는 걸 그대로 보내지 말고 새로운 브랜치를 만든다. 그리고 그 브랜치에 '버전 1'이라는 이름을 붙인다. 그게 고객에게 보낼 버전이다. 그리고 버전 1 브랜치의 버그를 고친 후에 새 기능을 트렁크에 구현한다.

이 경우 한 가지 문제가 남는다. 버그를 수정한 내용을 트렁크에 넣고 싶다면 어떻게 할까?

병합

얼마나 적절한 질문인지! 내가 생각해도 정말 절묘하게 잘 설명하고 있는 것 같다. 이 문제의 해답은 바로 병합이다. 병합이란 말 그대로 어떤 코드에 있는 변경 사항을 다른 코드에 합치는 것을 가리킨다.

방금 말한 예에서는 소스 제어 시스템의 병합 기능을 써서 버전 1 브랜치의 수정 사항을 트렁크로 병합한다. 그러면 분기한 후에 버전 1 브랜치에서 수정한 모든 사항이 바로 트렁크에 병합된다. 병합은 오직 한 방향으로 이루어지므로 버전 1 분기에 있던 수정 사항만 트렁크로 옮겨가고 트렁크에서 작업 중이던 신기능은 버전 1 분기로 넘어오지 않는다. 딱 의도한 대로다.

참 평화로운 세상이다. 실제 병합을 할 때 어떤 일을 겪는지 알기 전까지는 말이다.

충돌

F$%^!, d%&$! 이게 도대체 웬 s&$*?!

트렁크에 몇 가지 단순한 수정 사항을 아주 간단하게 병합하려고 하던 개발자의 입에서 자주 흘러나오는 말이다. 이런 일은 금요일 저녁 오후 5시쯤 빨리 병합을 마치고 퇴근하려고 할 때쯤 가장 많이 일어난다. 병합을 시작하고 외투를 걸치면서 문자로 친구들과 저녁 약속을 잡다가 컴퓨터 화면을 슬쩍 보니 이런 말도 안 되는 메시지가 떠있다.

CONFLICT (content): simplefile.java의 병합 도중 충돌이 발생했습니다. 자동 병합에 실패했습니다. 충돌을 해결하고 결과를 커밋하시기 바랍니다.

파일 속 수많은 '〈〈〈〈〈'와 '〉〉〉〉〉' 기호를 처다보며 문제를 해결하다보니 밤이 되었다. **병합 충돌은 솔직히… 짜증난다.**

소스 제어 시스템은 한 파일에 생긴 간단한 수정 사항을 다른 파일에 자동으로 병합한다. 보통은 그렇게 매끄럽게 작동한다. 하지만 당신이 한 브랜치에 있는 파일을 수정했는데 어느 멍청하고 모자란 다른 개발자가 같은 파일의 같은 부분을 수정한다면 결국 수작업으로 두 변경 사항을 조정해야 한다. 가끔 일어나는 일이다. **컴퓨터는 어떤 수정 사항이 우선인지 모른다.** 두 가지 수정 사항을 다 포함시켜야 하는지 아니면 충돌을 해결할 다른 방법이 있는지도 모른다. 그래서 당신이 직접 하는 수밖에 없다. 불타는 금요일은 물 건너갔다.

병합의 복잡성과 병합 충돌 해결 방법에 대해 이야기하려면 책 한 권을 써도 모자란다. 그러므로 자세한 이야기는 하지 않겠다. 병합의 기본 작동 원리와 병합 중에 충돌이 발생하면 수동으로 해결해야 한다는 사실을 배웠으면 됐다. 아, 이쯤이면 금요일 저녁 퇴근 직전에 '간단한 병합이니까 금방 하고 가야지.'라는 생각이 현명치 못하다는 것도 깨달았으면 한다. 병합은 월요일 아침에 하자.

기술

소스 제어에는 꽤 길고 흥미로운 역사가 있다. 하지만 여기서 이야기하지는 않겠다. 흥미롭다고 한 건 사실 거짓말이었다. **소스 코드를 USB에 담아 전달하던 시절에서 출발해 소스 폴더 전체를 복사해 V1 등으로 버전을 붙여 부르던 시기를 거쳐 오늘날의 꽤 복잡한 소스 제어 시스템에 이르렀다**는 정도만 알아도 충분하다.

소스 제어의 세계에는 수많은 전쟁 끝에 승리를 거머쥔 두 파벌이 존재한다. 그 주인공은 중앙 집중형 소스 제어와 분산 제어형 소스 제어다.

중앙 집중형이 더 오래되었다. 그다지 화려하진 않지만 이해하기가 조금 더 쉬운 편이고 해야 할 몫의 일은 한다. CVS와 서브버전Subversion이 중앙 집중형 소스 제어 시스템에 속한다.

분산 제어형이 더 최근에 만들어졌다. 대부분 사람들의 눈에 이쪽이 조금 더 반짝반짝하게 보일 것이다. 좀 더 복잡한 대신 좀 더 많은 이들이 사용한다. 깃Git과 머큐리얼Mercurial이 분산 제어형 소스 제어 시스템에 속한다.

중앙 집중형 소스 제어

중앙 집중형 소스 제어 시스템 **중앙 서버에는 한 개의 저장소가 있다.** 그 코드를 가지고 작업하는 모든 개발자가 그 저장소를 통해 필요한 파일의 사본을 구하고 수정 사항을 체크인한다. 각 개발자에게는 중앙 저장소에 코드를 체크인, 체크아웃하는 것을 관리하는 소스 제어 클라이언트가 있다. 파일의 모든 버전 기록과 리비전은 이 중앙 저장소에 저장된다.

중앙 집중형 소스 제어를 사용하는 업무 흐름은 보통 다음과 같다.

1. 작업 중인 코드의 로컬 사본을 저장소로부터 업데이트하기
2. 수정하기
3. 중앙 저장소에 수정 사항 커밋하기 (그리고 충돌 사항 해결하기)

분산 제어형 소스 제어

각 개발자가 자신의 컴퓨터에 전체 저장소의 완전한 사본을 가지고 있다는 게 분산 제어형 소스 제어DVCS 시스템의 가장 큰 특징이다. 허세 섞인 표현을 즐기는 사람이라면 이렇게 말하고 싶을 수도 있다. "중앙 저장소는 없다. 모두

각자 버전의 소프트웨어를 가지고 있을 뿐. 모든 버전은 높고 낮음 없이 동등하다." 하지만 그 말은 틀렸다.

이론적으로는 가능할 수도 있다. 하지만 저장 시스템이 없는데 코드는 어떻게 배포할 것이며 여러 개발자가 참여하는 프로젝트를 어떻게 조율하겠는가? 현실적으로 불가능하다. 정말 그렇다고 생각하는 사람이라면 자신의 유토피아나 종교를 만드는 게 좋을 것 같다.

각 개발자가 저장소의 완벽한 사본을 가지고 있다 해도 그 프로젝트의 **저장 시스템 역할을 하는 저장소 중앙 버전 혹은 마스터 저장소는 있어야 한다.** 분산 제어형 소스 제어 시스템을 쓸 때는 중앙 저장 시스템을 써서 하는 모든 작업을 로컬에서 할 수 있다. 네트워크로 많은 파일을 전송할 필요가 없고, 잠시라면 인터넷이 되지 않는 환경에서 일할 수도 있다는 뜻이다. 하지만 결국 자신이 만든 그 아름답고 소중한 수정 사항은 세상으로 내보내고 다른 사람이 만든 수정 사항을 확인해야 한다.

이 경우에는 풀$_{pull}$과 푸시$_{push}$를 하면 된다. DVCS를 쓸 때는 로컬 저장소에 수정 사항을 내려받고 자신이 수정한 사항을 마스터 저장소를 비롯한 다른 아무 저장소에나 푸시하면 된다. 원한다면 "모든 저장소는 평등하다."라고 주장한, 허세와 권력 분산을 좋아하는 친구의 저장소에 해도 된다.

가장 인기 있는 소스 제어 시스템에 대한 간단한 소개

'잘나가는' 소스 제어 시스템은 계속 바뀌기 마련이므로 시간이 지나면 이 목록의 내용도 바뀌어야 할 것이다. 하지만 이 책을 쓰는 현재 시점을 기준으로 시중에서 가장 인기를 끌고 있는 소스 제어 시스템을 간략히 소개하겠다(주의: 정말 간략하다).

CVS

드러그스토어* 얘기를 하는 게 아니다. 소스 제어 시스템의 이름이다. CVS 혹은 'Concurrent Versions System' blog 이라고 알려져 있다(하지만 나도 정식 명칭은 처음 불러본다. 사실 찾아서 적었다).

이게 무엇인지 설명하자면, 물론 이렇게 설명하면 화를 내는 사람들이 좀 있겠지만, **나는 CVS가 서브버전의 전신이라고 본다.** CVS는 꽤 튼튼하고 강력한 중앙 집중형 소스 제어 시스템이다. 그 대신 조금 느리다. CVS를 쓰는 대부분의 조직은 결국 서브버전으로 전향한다. 하지만 CVS의 작동 방식은 서브버전과 조금 다르고 그러한 차이점을 좋아하는 사람도 있다.

일례로 태그tag와 분기, 커밋의 롤백roll back 처리 방식이 조금 다르다. (태그가 무슨 뜻인지 모른다면 저장소나 코드 베이스 버전에 붙이는 이름이나 꼬리표라고 생각하라). CVS 광신자라면 CVS가 옳고 서브버전이 잘못하고 있다고 이야기할 것이다. 사실 큰 관심은 없지만, 누군가 내게 그렇게 이야기하면 나는 그저 고개를 끄덕인다. 굳이 포크에 찔리고 싶지는 않아서다.

서브버전

편견 경보부터 올리겠다. 서브버전Subversion은 나한테 가장 익숙한 소스 제어 시스템이다. 나는 순수하게 그래픽으로 구성한 서브버전 사용법 강의 blog 를 만들었고, 서브버전에서의 분기·병합 전략에 대한 블로그 포스트 blog 를 썼고, 서브버전을 사용하는 꽤 큰 개발팀에서 SVN 서버, 저장소, 소스 제어 전략을 관리했다. 그렇다고 내가 서브버전의 엄청난 팬이고 다른 건 전부 별로라고 생각한다는 건 아니다.

---

* 처방 없이 구매할 수 있는 의약품이나 잡화를 판매하는 점포를 가리키는 말이다. CVS는 미국의 유명 드러그스토어 체인의 이름이다.

중앙 집중형 소스 제어 시스템 중에는 서브버전이 가장 낮다`blog`고 생각하지만 분명 단점도 있다. 그래도 전체적으로 볼 때 맡은 역할을 잘 해내고 사용하기 쉬운 편이라 마음에 든다.

깃

깃Git은 소스 제어의 동의어가 되었다. 25세 이하 개발자 중 누구든 붙잡고 소스 제어가 뭐냐고 물어봐라. 아마 "무슨 말을 하는 거예요? 깃 얘기하는 거예요?"라고 할 것이다. 이렇게 된 데는 이유가 있다.

깃은… 뭐… 아주 훌륭하다. 정말이다. 소스 제어 소프트웨어에 관해 당신이 원하는 모든 것이 깃에 담겨 있다`blog`. 아주 강력하다. 기본은 꽤 단순하다. 그리고 빠르고 효율적이고 보편적이다. 깃은 오픈 소스를 지원하고 깃 프로젝트 호스팅을 관리한 꽤 큰 회사인 깃허브`blog`도 운영한다. 아직 써보지 않았다면 분명 확인해볼 만한 가치가 있다.

머큐리얼

머큐리얼Mercurial은 깃의 사악한 쌍둥이 형제 같은 느낌이다. **깃이 맥가이버라면 머큐리얼은 제임스 본드라고 말하는 사람들도 있다.** 그들이 무슨 말을 하는 건지 (아니면 뭐 이상한 거라도 먹은 게 아닌지) 정확히는 모르겠지만 대충 감은 온다.

머큐리얼이 깃보다 조금 더 우아하고 세련된 느낌이 든다고 표현할 수 있을 것이다 `blog`. 둘 다 분산 제어형 소스 제어 시스템이므로 기본 아이디어는 같다. 기본 기능과 특징도 같다. 하지만 경험상 머큐리얼이 조금 더 이해하기 쉽고,

사용하기도 쉽다. 반면 깃은 조금 더 난해한 대신 뭔가 다른 일을 해볼 여지가 있다. 그래서 머큐리얼을 깃에 비교하는 방식으로 묘사해보았다.

일단 이 정도면 충분한 것 같다. 둘 다 사용해보면 왜 그런지 이해할 것이다. 무의미한 종교 전쟁 같은 거라고 보면 된다.

그 밖에 다른 건 없나요?

없다. 주요 소스 제어 시스템은 이 네 가지 정도이고 그중에서도 깃이 시장에서 점유율이 가장 높다. 정말 높다. 콧노래를 흥얼거리며 사용할 정도로 다른 시스템에 무척 만족하는 사람도 물론 일부 있겠지만 그 수는 아주 적다.

여기까지다. 이제 여러분은 소스 제어의 기본을 배웠다. **미리 커밋하고 자주 커밋하라.** 아, 그리고 부탁하건대 커밋 메시지 좀 제대로 작성하자.

31

지속적 통합

이 장을 읽기 전에 미리 말하건대 **나는 지속적 통합을 정말 좋아한다.** 만약 내가 새로운 소프트웨어 개발팀에 배정되었고, 팀에 자동 빌드 프로세스와 지속적 통합이 아직 마련되지 않았다면 **들어가자마자 그것부터 설정할 거라고 단언해도 좋다.**

나는 자동화를 좋아한다. 무엇이든 효율을 높이고 자동화하는 일에 보람을 느낀다. 지속적 통합이 내게 상징하는 바가 바로 그것이다. **소프트웨어를 빌드하고 이를 배포하기 위해 테스트하고 패키징하는 과정은 느리고 고통스럽고 따분한 데다 에러도 많이 난다.** 그런데 지속적 통합은 이 과정을 자동화해준다.

이게 다가 아니다. 지속적 통합continuous integration(흔히 CI라고 부른다)은 **개발자들이 각기 작업 중인 코드를 더 자주 병합시키기 때문에** 소스 코드에 관한 장에서 언급한 **병합 지옥**에 빠지지 않게 막아준다. 빨리 통합할수록 통합 관련 문제가 빨리 눈에 띈다. 그래서 통합 지옥에 빠질 확률도 낮아진다.

마지막으로 **빠른 피드백을 제공한다.** 코드가 컴파일되었는지 코드를 체크인한 지 2분 안에 알려주고 뭔가 문제가 생겼다는 걸 5분 안에 알려준다면

(게다가 이 모든 결과를 정해진 한 장소에서 보게 해준다면) 매우 빠르고 유용할 것이다. **피드백 주기가 빠를수록 소프트웨어의 진화는 빨라지고** 전체 품질은 더 많이 개선된다. 이는 애자일 개발에서 매우 중요한 요소다.

이쯤 되면 이런 생각이 들 것이다. "알겠어요, 존. CI라는 게 좋다고 설득하려는 것 같은데요. 근데 그게 도대체 뭔가요?" 근데 정말 다 좋아 보이지 않는가? 나는 자동화와 피드백을 좋아한다. 당연히 통합 지옥은 좋아할 리 없다. "그래서 계속 얘기하는 CI가 정확히 뭐냐고요."

CI가 등장하기 전으로 돌아가서 그때는 업무가 어떤 방식으로 이루어졌는지 그리고 시간이 지남에 따라 CI가 어떻게 진화했는지, 좋은 CI 시스템이 잘 갖춰진 최신 소프트웨어 개발 환경의 업무 흐름은 어떠한지 보여주는 게 가장 좋을 것 같다. 자, 그럼 시작해볼까?

과거의 코드 빌드 방법

내 나이가 아주 많은 건 아니지만 그래도 **멋진 자동화 도구가 존재하기 전에 소프트웨어를 만들어본 경험이 있을 정도는 된다.** 내가 개발자가 된 지 얼마 되지 않았던 2000년대 초반에는 개발자 각자에게 소프트웨어 빌드 방법을 고민해야 할 책임이 있었다.

무슨 뜻인지 좀 더 자세히 설명하겠다. 크기가 큰 애플리케이션을 만들 때는 소프트웨어 빌드에 들어가는 컴포넌트의 수가 상당하다. 물론 컴파일 해야 하는 소스 코드 파일의 양도 많다. 최종 소프트웨어 솔루션을 빌드 하려면 개발자의 컴퓨터에 외부 라이브러리 같은 다른 리소스를 두어야 할 때도 자주 있다. 제품을 완성하기 위해, 코드를 컴파일하기 전이나 후로 추가 단계가 필요할 때도 있다.

옛날에는 개발자로 일하다보면 소스 코드 사본을 얻어야 할 때도 있었다. 해당 소프트웨어를 지난 5년간 관리해온 구루가 보여주는 마법의 주문을 보아야만 주체적으로 일할 수 있었다.

개발자들은 자신의 컴퓨터에서 소프트웨어를 만드는 자신만의 방법을 개발했다. 테스트를 거쳐서 고객에게 배포할 준비를 마치고 소프트웨어를 빌드할 때가 되면, 개발자 중 한 명이 닭을 잡아서 원을 그리며 뒤로 걷고 별 모양 주변에 촛불을 밝힌 다음 Ctrl + Shift + F5 를 누른다. 그러면 소프트웨어 완성본이 튀어나왔다.

이렇게 소프트웨어를 개발하고 빌드하는 방법에는 **몇 가지 큰 문제**가 있었다. 가장 큰 문제는 개발자마다 자신의 컴퓨터에서 각기 약간 다른 방식으로 소프트웨어를 빌드하면 **두 명의 개발자가 똑같은 버전의 코드를 가지고 완전히 다른 소프트웨어를 만들어낼 가능성이 무척 크다**는 점이었다.

어떻게 그럴 수 있는지 의아하겠지만, 일관성을 유지하지 못하고 모두 각자의 방식으로 일을 한다면 당연히 많은 문제가 발생할 수 있다. 각자의 컴퓨터에 **각기 다른 버전의 외부 라이브러리가 설치**되어 있을 수도 있다. 개발자들은 **서로 같은 소스 코드를 가지고 있다고 생각하는데** 실제로는 소스 제어에서 **최신 파일 받는 걸 깜빡하거나 무심결에 로컬 컴퓨터에서 파일을 수정하여** 코드 업데이트를 방해할 수도 있다. **파일이나 폴더 구조가 다를 수도 있다.** 그러면 소프트웨어 작동 방식에 차이가 생길 수도 있다.

문제의 소지는 얼마든지 있다. 개발자들이 각기 로컬에서 작업하기 때문에 그 코드를 내려받아서 소프트웨어를 빌드해보기 전까지는 누군가 컴파일하지도 않은 코드를 체크인했다 해도 아무도 모른다는 것 또한 큰 문제다. 그다지 큰 문제가 아니라고 생각할지 모르지만 **여러 개발자가 수일 혹은 수주에 걸쳐서 엉망인 코드를 체크인하다가 마침내 누군가 빌드하려고 할 때 코드가 망가**

졌다는 걸 알게 되면 일이 아주 재미있어진다. 이럴 때는 어떤 수정 사항이 문제를 일으켰는지도 알 수 없다.

나는 소프트웨어를 한 번 빌드하는 데만 말 그대로 몇 시간이 걸리는 회사에서 일해본 적도 있다. 4~5시간 빌드하느라 씨름했는데 원래 망가진 코드였다는 걸 나중에 알게 되면 정말 화가 난다.

그리고 빌드 서버가 등장한다

초창기에는 이러한 문제를 해결하기 위해 **빌드 서버를 도입**하곤 했다. 개발자가 각자의 컴퓨터에서 소프트웨어를 빌드하는 대신 **환경과 라이브러리를 제대로 갖춘 중앙 빌드 서버를 만드는 것이다.** 개발자가 빌드 서버에서 빌드를 시작할 수도 있었고 빌드 서버가 매일 밤 자동으로 빌드하게 할 수도 있었다.

처음에는 **주간 빌드**로 시작했다. 적어도 1주일에 한 번은 공식 빌드를 진행한 것이다. 한 주 동안 함께 작업한 개발자들이 수정한 모든 사항을 합쳐서 통일된 방식으로 빌드했다. 그런데 **주간 빌드를 하다가 가끔 통합 지옥이 연출된다**는 게 문제였다. 팀의 규모가 커질수록 이런 일은 더 자주 일어났다. 주간 빌드를 맡은 개발자가 빌드에 방해가 되는 모든 문제를 일일이 수정하고, 충돌을 일으킨 수정 사항을 만든 개발자를 찾아내서 그 문제를 해결하게 했다. 빌드 서버가 없을 때보다 발전하긴 했지만 그다지 크게 좋아졌다고 보기는 어려웠다.

그러다 **야간 빌드가 인기를 끌었다.** 야간 빌드란 매일 밤 빌드 서버가 새로운 빌드를 만들어서 코드를 통합하는 것이다. 문제를 훨씬 일찍 발견할 수 있게 되어서 큰 문제가 쌓이는 일이 줄어들었다. 처음에는 말도 안 되는 생각 같았다. 당시 내가 일하던 회사에 야간 빌드를 처음 제의했다가 얼마나 엄청난 반대에 부딪혔는지 모른다. 하지만 결국 야간 빌드가 표준이 되었고 그 덕에 많은 문제가 해결되었다. **중앙 빌드 서버를 사용하는 야간 빌드 덕에 모두가 동기화될 수 있었다. 그 대신 야간 빌드에 문제가 생기면 그 문제부터 해결해야 했다.**

야간 빌드 덕에 사람들은 빌드 프로세스를 자동화해야겠다고 느끼게 되었다. 아주 잘된 일이었다. 사람들은 매일 밤 소프트웨어를 빌드하기 위해 코드를 모으고 컴파일하고 빌드를 만드는 데 필요한 다른 일을 자동으로 할 방법을 찾았다. 소프트웨어 빌드 프로세스 자동화를 위해 빌드 머신에 많은 스크립트가 만들어지던 시기였다. 아직도 고유의 로컬 빌드 프로세스를 가지고 있는 개발자가 꽤 많다📖. 코드를 컴파일하는 데 쓰였던 Makefile 스크립트는 빌드 서버에서 빌드 프로세스 전체를 처리할 수 있을 정도로 정교해지기 시작했고 앤트Ant 같은 XML 기반의 빌드 자동화 도구가 등장해서 인기를 얻었다.

그렇게 세상은 점점 발전했다. 하지만 **심각한 문제도 여전히 존재했다.** 애자일이 인기를 끌면서 단위 테스트라는 개념이 점점 더 지지를 얻자 단순히 코드를 컴파일하고 패키징하는 야간 빌드로는 부족했다. **피드백 주기가 더 짧아져야 했다.** 야간 빌드로는 누군가 문제 있는 코드를 체크인해서 프로젝트가 궤도를 벗어나더라도 다음 날이 될 때까지 아무도 모르는 경우도 있었다. 하루에도 여러 차례 코드를 빌드할 믿을 만한 방법, 단순히 컴파일하는 데 그치지 않고 코드 품질을 확인해줄 방법이 필요했다.

마침내 지속적 통합으로

야간 빌드를 도입하자고 설득할 때도 어려웠다. 하지만 CI를 도입해서 누군가 새 코드를 체크인할 때마다 소프트웨어를 빌드하자고 할 때만큼 어렵지는 않았다.

> 왜 그렇게 하자는 건데요? 우리 야간 빌드하잖아요.
> 이해가 안 가서 그래요. 코드를 끊임없이 빌드하자고요?
> 잠깐만요. 지금 나보고 모든 개발자에게 하루에도 여러 번 코드를 체크인하게 하라는 거예요? 장난해요?

상당한 반대가 있었지만 애자일이 점점 더 인기를 끌면서 반대 세력은 천천히 줄어들었다. 각 반복 주기 내에 작업 항목을 완료하려면 짧은 피드백 주기가 필요했고 피드백 주기를 짧게 만들려면 비현실적으로 여겨지던 CI 도입이 필수적이었다.

문제는 **어떻게 하느냐**였다. **어떻게 해야 새 코드를 소스 제어에 체크인할 때마다 코드를 빌드할 수 있을까?**

답은 **지속적 통합 서버**였다. 빌드 서버에서 작동할 수 있는 소프트웨어가 개발되었다. 이 소프트웨어에는 소스 제어의 변화를 감지하고 최신 코드를 내려받고~pull down~ 빌드를 실행하는 기능이 있었다. 개발자들은 곧 피드백 주기를 더 줄이기 위해 **코드 베이스의 빌드 시간을 줄이는 작업**에 돌입했다. 이러한 능력을 갖춘 이상 코드 빌드 이상의 일을 맡기는 게 당연했다.

지속적 통합은 처음 한 번만 체크인해두면 단위 테스트, 정적 코드 분석기 같은 코드 품질 평가 실행이 동시에 이루어지는 수준까지 진화했다. 피드백 주기가 짧아지도록 개발자들이 코드를 최대한 빨리 자주 체크인하게 하는 부분이 가장 어려웠다. 그리고 여전히 이 부분이 가장 큰 장애물로 남아 있다.

CI가 도입된 후 수정한 코드 때문에 프로젝트 전체의 컴파일에 문제가 발생하면 몇 분 내로 알 수 있게 되었다. 그뿐 아니다. 실패한 단위 테스트를 알아내고 문제가 된 변경 사항을 찾기 위해 회귀 테스트도 자동 실행할 수 있게 되었다. 아, 인생은 아름답다.

지속적 통합 작업 흐름 샘플

자, 지속적 통합이 어떤 문제를 해결했고 어떻게 진화했는지 들었으니 지금쯤이면 지속적 통합이 무엇인지 어느 정도 감이 왔으리라 생각한다.

혹 아직은 완전히 이해하지 못했을 수도 있다. 그래도 괜찮다. 지속적 통합을 활용하는 작업 흐름 샘플을 차례대로 살펴보면 한결 쉽게 이해할 수 있을 것이다.

코드 체크인

코드 체크인과 함께 작업 흐름이 시작된다.

물론 모든 이들의 빌드를 망가뜨리는 사고를 치지 않도록 감히 메인 저장소에 코드를 체크인하기 전에 로컬 컴퓨터에서 빌드를 실행하고 모든 단위 테스트를 실행했어야 한다.

새 빌드 시작

빌드 서버에 있는 CI 소프트웨어가 모니터링하던 소스 제어 브랜치의 변화를 막 감지했다. 방금 넣은 코드다! 신난다!

CI 서버가 새로운 빌드를 시작한다.

코드 체크아웃

새 빌드가 시작되면 최신 수정 사항부터 가져온다. 자신이 넣은 코드를 비롯해 브랜치에 일어난 모든 변화를 내려받고 작업 디렉터리에 넣는다.

코드 컴파일

빌드 스크립트가 실제로 코드를 컴파일하고 빌드하기 시작하는 시점이다. 빌드 스크립트는 소스 코드 빌드 명령을 실행한다. 외부 라이브러리를 비롯해 코드 컴파일에 필요한 모든 것을 링크한다.

코드가 컴파일되지 않으면 빌드는 거기서 멈추고 에러가 보고된다. 이런 상황을 빌드가 깨졌다고 한다. 좋지 않은 상황이다. 체크인하기 전에 컴퓨터에서 먼저 컴파일했다고 말한 걸로 기억하는데? 창피한 줄 알아라!

정적 분석기 실행

코드가 제대로 빌드되었다면 정적 분석기가 실행되어서 코드 품질을 측정한다. 무슨 말인지 몰라도 괜찮다. 코드를 살펴보고 발생할 것 같은 에러나 모범 사례 위반을 찾는 도구라고 생각하면 된다.

분석기에서 나온 결과는 빌드가 완료되었을 때 보고할 수 있게 저장된다. 정적 분석기에서 산출한 코드 품질 점수가 기준에 미치지 못하면 빌드가 실패하도록 설정할 수 있는 경우도 있다.

<잠깐만요, 쥔> **정적 코드 분석기가 무엇이고 분석기가 측정하는 코드 품질 기준은 무엇인 가요?**

지금 그걸 신경 쓸 필요는 없다고 이야기했지만 그래도 궁금한가 보다. 궁금해하는 건 좋은 거다. 아주 좋은 거다. 아주… 음, 좋다.

소스 코드를 대상으로 정적 코드 분석기를 실행하면 코드의 '건강 상태'를 알 수 있는 사항을 잔뜩 알려주고, 고치고 싶어질 만한 것들을 지적할 것이다.

예를 들어보겠다. 과거 자바를 다루던 시절에 나는 PMD blog (이름의 의미는 정확히 밝혀진 바 없다)라는 정적 코드 분석기를 썼다. 이 프로그램은 사용되지 않는 변수, 불필요한 객체 생성 등 결국 에러로 이어질 '나쁜 코드'나 유지하기 어려운 코드처럼 자바 코드에 흔히 등장하는 문제를 찾는다.

사용자가 정한 규칙에 따라 문제를 찾도록 설정할 수도 있다. 순환 복잡도(cyclomatic complexity, 코드에 얼마나 많은 경로가 존재하는가), 유지 보수성 인덱스(maintainability index), 상속의 깊이(depth of inheritance), 코드 라인 수 등 코드에 대한 온갖 정보를 제공하는 정적 분석기도 있다.

이러한 정보를 코드에 숨어 있는 잠재적 문제를 고치고 코드에서 어떤 일이 일어나고 있는지 측정하는 데 활용할 수 있다. 코드를 유지 보수하기 쉽게 관리하고 쉽게 피할 수 있는 버그와 잠재적인 위험을 멀리하는 예방적인 방법이라고 생각하라.

단위 테스트 실행

다른 데 문제가 없다면 단위 테스트를 시작할 단계다. 컴파일된 코드를 대상으로 단위 테스트가 실행되고 나중을 위해 결과는 기록된다.

단위 테스트를 통과하지 못하면 보통 빌드 자체가 실패한다. (나는 이러한 접근법을 강력히 추천한다. 단위 테스트 실패를 무시하는 건 미끄러운 비탈길로 발을 내딛는 것이나 다름없다. 나중에 바닥까지 떨어진 후에는 꼭 대기까지 다시 올라오기가 정말 힘들다. 나중에는 누구나 단위 테스트가 실패할 거라고 생각하게 되고, 그러면 단위 테스트가 무의미해진다.)

결과 보고

마침내 빌드의 결과가 보고될 시점이다. 보고서에는 빌드가 성공했는지 실패했는지, 실행하는 데 시간이 얼마나 걸렸는지를 비롯해 코드 품질 기준, 단위 테스트 등에 관한 정보가 담긴다. 문서도 아마 빌드에 의해 자동으로 생성될 것이다.

결과를 이메일로 팀원들에게 보내도록 설정할 수 있다. 실패했을 때만 보내게 할 수도 있다. 대부분의 CI 소프트웨어 프로그램은 최신 빌드의 결과를 볼 수 있는 웹 인터페이스도 갖추고 있다.

소프트웨어 패키징

이제 빌드 소프트웨어는 배포하거나 설치할 수 있는 형태로 패키징된다. 여기에는 컴파일된 코드와 더불어 외부 리소스나 의존성을 어떤 구조로 묶어서 배포 또는 설치가 가능한 형태로 만드는 과정이 포함된다. 모든 파일을 포함하는 파일 구조를 만든 후 전체를 압축하기도 한다.

이 시점에서 소프트웨어의 버전을 표시하기 위해 소스 제어에 태그를 추가하기도 한다.

코드의 선택적 배포(지속적 배포)

마지막 단계는 선택 사항이다. 사실 패키징 단계도 선택적이라고 볼 수 있다. 하지만 지속적 배포를 시행하는 팀이 점점 늘어나는 추세다`blog`. 지속적 배포란 테스트 목적으로 코드를 특정 환경에 직접 배포해보는 것이다. 정말 용감하다면 바로 생산하기도 한다.

완료

여기까지다. 물론 단계가 약간씩 변하거나 추가되기도 한다. 하지만 **새 코드가 체크인될 때마다 자동으로 코드를 빌드하고 문제를 확인하고 배포 준비를 한다는 게 핵심이다.** 새로운 수정 사항이 에러를 일으키는지 매우 빠르게 확인해주기 때문에 바로 고칠 수 있다.

내가 가볍게 이야기하긴 했지만 그렇다고 너무 간단하다고 생각하지는 않았으면 한다. 빌드 엔지니어들은 순조로운 지속적 통합 프로세스 구축을 위해 꽤 오랜 시간 수고한다. 지속적 통합을 어떻게 이루어야 좋을지에 대한 논쟁이 끊임없이 이어지고 있다.

CI 서버와 소프트웨어

지속적 통합에서 한 가지 핵심적인 컴포넌트는 바로 CI 소프트웨어다. **CI 소프트웨어가 없다면 맞춤 스크립트를 써야 한다.** 그 말은 빌드 서버를 직접 프로그래밍해야 한다는 뜻이다.

다행히, CI 소프트웨어 구축의 가치를 빠르게 깨달은 똑똑한 개발자가 많았다. CI 소프트웨어는 지속적 통합의 일반적인 작업 대부분을 자동화해준다. 대부분의 CI 소프트웨어는 매우 유사한 방식으로 작동하며 앞에서 설명한 작업 흐름을 쉽게(원래보다 조금이라도 더 쉽게) 수행할 수 있도록 해준다. 시중에는 상당수의 CI 서버와 소프트웨어가 나와 있다. 이 책을 쓰는 시점에서 가장 널리 사용된다고 생각하는 몇 가지만 소개하겠다.

젠킨스

젠킨스Jenkins는 내가 즐겨 쓰는 CI 소프트웨어다 blog . 원래는 자바 환경에서 CI를 할 수 있게 만들어진 자바 프로그램이었다. 하지만 사용하기 쉬운데다 유명세까지 얻으면서 다른 대부분의 기술에서도 쓸 수 있게 되었다.

젠킨스는 자체적으로 웹서버를 갖추고 있어서 설치하고 실행하기가 정말 쉽고 플러그인도 많다. 젠킨스를 가지고 떠올릴 수 있는 웬만한 아이디어에 대한 플러그인이 이미 존재할 확률이 매우 크다. 내가 젠킨스를 좋아하는 이유도 거기에 있다. (사실 플루럴사이트에 젠킨스 기초에 대한 강의도 올려두었다 blog .)

허드슨

허드슨Hudson과 젠킨스가 갈라진 사연은 길고 극적이다. 긴 이야기를 듣는 고역을 면하도록 간단히 이야기해주겠다.

젠킨스가 등장하기 전 허드슨이 있었다. **싸움이 났다.** 젠킨스가 허드슨으로부터 갈라져 나왔고 허드슨은 계속 원래 방식대로 개발되었다.

허드슨은 오라클이 관리한다. 개인적으로는 허드슨이 젠킨스만 못하다고 생각한다. 허드슨을 만들었던 코슈케 가와구치Kohsuke Kawaguchi를 필두로 한 허드슨 개발팀 대부분이 젠킨스로 옮겨오기도 했다. 솔직히 허드슨이 여전히 작동하는지도 알 수 없어서 확인해보았다. 집필 시점을 기준으로 허드슨 사이트의 마지막 뉴스는 2016년 2월 15일이었다.

트래비스 CI

트래비스 CITravis CI도 인기 있는 CI 소프트웨어다. 하지만 작동 방식은 약간 다르다. 트래비스 CI는 사실 호스팅 또는 서비스 형태로 제공된다. 다시 말해 트래비스 CI를 쓰려면 설치가 아니라 가입을 해야 한다.

깃허브에 호스팅된 프로젝트에서 CI를 실행할 수 있도록 만든 소프트웨어다. 깃허브에 호스팅된 프로젝트가 많아서 인기를 끌게 되었다. 설계도 훌륭하고 사용하기도 쉽다. 게다가 빌드 서버를 유지 보수할 필요가 없어져서 좋다.

TFS

마이크로소프트 개발 도구를 사용하는 업체에서 일한다면 TFSTeam Foundation Server를 사용해 지속적 통합을 할 수 있다. 하지만 내 경험상 TFS에서 제공하는 서비스는 지나치게 단순화되었고 다른 유명한 소프트웨어들에 비해 경쟁력도 떨어진다. 하지만 단순한 걸 원하고 꼭 마이크로소프트의 솔루션이 필요한 사람에게는 TFS가 맞을 수도 있다.

<잠깐만요, 존> TFS 싫어해요? 저는 좋아하는데. 당신이 말한 것보다는 강력하기도 하고요. 쳇, 당신이 싫어지려고 하네요.

나도 TFS를 싫어하진 않는다. 심지어 마이크로소프트도 싫어하지 않는다. 내가 가장 좋아하는 언어가 C#인데 기억할지 모르겠다. 그저 나는 TFS를 그다지 많이 써보지 않았고 써보니 그다지 훌륭하지 않았다.

TFS를 좋아하는 사람이라면 계속 써라. 마이크로소프트 제품 전문 업체를 운영하는 사람이라면 TFS가 모든 것에 완벽히 통합되고 아주 잘 맞을 것이다. 나는 열혈 팬이 못 될 뿐이다.

팀시티

팀시티TeamCity도 인기 CI 서버다 blog . 젯브레인스JetBrains라는 영리 회사가 만들었다. 무료 버전이 있긴 하지만 이 또한 라이선스 제품이다. 그러므로 조금 더 전문적인 지원을 받을 수 있는 제품을 찾는 사람에게 좋다.

많은 .NET 팀이 팀시티를 CI 서버로 쓴다.

더?

인기 있는 CI 서버 중 극히 일부만 소개했다. 하지만 그 외에도 서버가 많다. 모든 선택지를 알고 싶다면 더 자세한 목록 blog 을 확인해보기 바란다.

디버깅

소프트웨어 개발자로서 장담하건대 **소프트웨어 개발자가 되면 코드 디버깅에 아주 많은 시간을 들이게 될 것이다.** 삶에는 불가피하고 변하지 않는 요소가 몇 가지 있다. 죽음, 세금, 프로그램에는 버그가 있다는 사실. 어차피 디버깅하는 데 많은 시간을 써야 한다면 디버깅을 잘하는 능력을 키워놓는 게 좋지 않을까?

안타깝게도 디버깅을 잘하는 개발자는 많지 않다. 경력이 많아도 예외는 아니다. 새로운 기능을 잽싸게 완성하고 굉장히 빠르게 코드를 쭉쭉 뽑아내는 개발자는 많다. 하지만 **그 후에 남겨진 어지러운 버그 청소는 누구의 몫이란 말인가?**

코드 작성 능력과 코드 디버깅 능력은 서로 별개다. 특히 그 코드가, 지하 작업실에 틀어박혀서 48시간 만에 애플리케이션 첫 버전을 뚝딱 만들어낸 전설적인 (그와 동시에 특이하기로 유명한) 개발자가 쓴 것처럼, 태어나서 본 중 제일 끔찍한 물건이라면 말이다.

다행히 디버깅하는 기술도 다른 기술처럼 **배우면 는다**. 제대로 배우고 열심히 연습하면 훌륭한 디버깅 기술을 익힐 수 있다. 혹시 아는가? 막상 해보면 재미있을 수도 있다.

디버깅에 접근하는 태도가 무엇보다 중요하다 걸 깨달아야 한다 `blog`. 문제에 체계적으로 접근하라. 서두르지 마라. 문제를 바로 찾을 수 있을 거라 기대하고 시작했다가 쉽게 포기하지도 말아라. 차분하고 침착한 태도를 유지하라. 감정적인 태도를 버리고 논리적이고 분석적인 태도로 문제를 공략하라.

이 장에서는 디버깅에 체계적으로 접근하는 방법을 보여주겠다. 이 방법을 익히면 두려운 마음을 극복하고 디버깅 기술을 한 단계 발전시킬 수 있을 것이다. 이 책의 온라인 자료 `toolkit` 에는 디버깅 커닝 페이퍼도 포함되어 있다. 이 접근법을 한눈에 볼 수 있는 1페이지 분량의 요약본이다.

디버깅이란 무엇인가?

깊게 들어가기 전에 일단 얕은 부분부터 살펴보자. 디버깅이란 정확히 무엇인가? 뻔한 질문이므로 바로 대답해보자. 디버거를 켜고 코드에 있는 문제를 '디버깅'한다. 아, 벌써 틀렸다. **디버깅은 디버거와 아무 관련이 없다.**

코드 베이스에서 문제의 근원을 찾아서 그 문제를 일으킬 만한 요인을 가려내고, 여러 가설을 시험해보는 과정을 통해 뿌리가 되는 진정한 원인을 찾고 그 원인을 제거한 후, 다시는 그 문제가 일어나지 않도록 하는 것이 디버깅이다.

그렇다. 버그 수정하는 과정이라고 부를 수도 있겠다. 의미론 논쟁일 뿐이다. 디버깅은 디버거를 만지작거리거나 작동할 때까지 코드를 이리저리 수정해보는 일 그 이상이라는 게 핵심이다.

디버깅 첫 번째 규칙: 디버거를 쓰지 마라

아, 뭐라고 하셨죠? 고쳐야 할 버그가 하나 있다고요? 찾기 어려운 건가요? 걱정 마십시오. 이 위태로운 상황을 저지하기 위해 제가 가진 정신적 무기를 총동원할 겁니다.

정신적인 방비를 마친 프로그래머는 책상에 앉는다. 디버거를 켠다. 코드를 주의 깊게 살펴본다. 시간의 경계가 흐릿해졌다. 몇 분은 몇 시간이 되고 몇 시간은 몇 주가 된다. 프로그래머는 키보드 앞에 앉은 채 나이 든 노인이 된다. 여전히 같은 디버깅 작업 중이다. 그래도 이제 어떻게든 '해답에 가까워졌다.' 아이들은 모두 자랐고 아내는 떠났다. 유일하게 남은 건 그 버그다.

코드에 디버그할 문제가 생기면 프로그래머들은 늘 쓰는 디버거를 켜고 버그를 찾는데 돌입한다. 틀렸다. 그렇게 하지 마라. **디버거는 최후의 수단으로 남겨둬야 한다.**

아마 다들 디버거부터 켜면서 이렇게 말할 것이다. "뭐가 문제인지 전혀 모르겠네. 그래도 일단 찾아봐야지." 차가 고장 났을 때 뭐가 문제인지 아무것도 모르는 채로 보닛을 여는 거나 마찬가지다. 무엇을 찾는지조차 모른다.

오해는 없길 바란다. 디버거는 훌륭하고 강력한 도구다. 제대로 쓴다면 디버거는 온갖 문제를 해결하는 데 도움이 된다. 코드가 실행될 때 무슨 일이 일어나는지도 볼 수 있게 해준다.

하지만 디버거부터 켜면 안 된다. **디버거에 손도 대기 전에 해결할 수 있는 버그가 많기 때문이다.** 페이스북이나 유튜브에 떠도는 웃기는 고양이 동영상이 그런 것처럼 디버거에 손을 대기 시작하면 빠져나오기가 어렵다.

에러를 재현하라

디버깅을 위해 디버거를 켜지 않는 대신 가장 먼저 무엇을 해야 하나요? 물어봐줘서 고맙다.

분별 있는 사람이라면 디버깅을 시작하기 전에 **버그를 재현해서 진짜 버그가 발생한 게 맞는지 확인**blog부터 한다. 100퍼센트 재현할 수 없는 문제는 디버깅할 수 없다. **재현할 수 없는 문제는 디버깅하는 게 의미가 없다.** 재현할 수 없는 문제는 디버깅할 수 없을 뿐 아니라 고친다 해도 고쳤는지 확인할 수도 없다. 그러므로 디버깅하기 전에 버그부터 재현하라.

재현할 수 없다면 다른 이에게 도움을 청하라. 테스터가 보고한 버그라면 테스터가 직접 재현하게 하라. **버그가 간헐적으로 발생해서 확실하게 재현하는 게 불가능할 때는 재현에 필요한 환경이 무엇인지 모른다는 뜻이다.** 세상에 간헐적으로 발생하는 문제는 없다. 문제라면 재현할 수 있어야 한다. 재현할 방법을 반드시 알아내야 한다.

> **〈잠깐만요, 돈!〉 상사가 저에게 고쳐야 한다고 한 문제가 간헐적으로 발생할 때는 어떻게 하나요?**
>
> 상사가 그런 문제를 고치라고 요구한다고? 자, 상사가 실제로 제품에서 문제점을 발견했다. 고객도 보았다. 그럼 확실히 문제이긴 하다. '재현이 안 된다'는 이유로 미루려 해도 막무가내로 요구할 때 어떻게 해야 할까?
>
> 재현할 수 없는 문제를 디버깅할 수 없다는 사실은 변하지 않는다. 그럴 때는 일단 더 많은 증거를 수집하라. 코드에 로그문(logging statement)을 삽입하라. (로그문은 애플리케이션에서 발생하는 다양한 상황을 추적할 수 있게 화면이나 파일에 정보를 출력하는 코드다. 디버깅할 때 아주 유용하다.) 문제가 언제 어떤 조건에서 발생하는지에 관한 정보를 최대한 자세히 수집하라. 가능하다면 인공적으로 그러한 상황과 환경을 재현하라.
>
> 재현할 수 없는 문제를 '수정'했다고 표시하고 싶더라도 그 유혹에 넘어가지 마라. 재현할 정도로 문제를 이해하지 못한다면 운 좋게 추측으로 문제를 고칠 확률은 매우 매우 낮다. 당신이 쓴 방법이 우연히 통했다고 해도 왜 그렇게 된 것인지 이해하기 무척 어려울 것이다. 설령 실제 제품에서만 발견되는 문제라 하더라도 문제를 재현할 방법을 찾아라.

앉아서 생각하라

문제를 재현한 다음 단계는 대부분의 소프트웨어 개발자가 빨리 문제를 해결하고 싶은 마음에 건너뛰는 단계다. 하지만 이 단계가 없으면 안 된다. 아주 간단한 단계다.

앉아서 생각하라.

뭐, 특별할 것 없다. 그 문제에 대해 생각하는 것이다. 그러한 문제를 일으킬 만한 원인이 무엇일지 생각하라. 시스템이 어떻게 작동하는지, 무엇이 지금 보고 있는 이상을 일으켰을지 생각해보라. 당장 코드를 들여다보고 디버거를 켜서 '뭐든 찾아보고' 싶겠지만 그 전에 **어디를 살펴보고 무엇을 찾을지부터 아는 게 중요하다.**

무엇이 문제를 일으켰을지 아마 몇 가지 시나리오가 떠오를 것이다. 생각나는 게 없다면 인내심을 가지고 다시 앉아서 계속 생각해보라. 생각하는 데 도움이 된다면 일어나서 걸어 다니는 건 괜찮다. 하지만 다음 단계로 가기 전에 무엇을 테스트해보고 싶은지 적어도 몇 가지 아이디어를 떠올려야 한다.

정말 아무 생각도 나지 않아서 디버거를 켜고 싶은 충동을 느낀다면 그 대신 **소스 코드를 훑어보라.** 시스템이 원래 어떻게 작동했어야 할지 단서를 조금 더 모아보라. 다음 단계로 가기 전에 적어도 **2~3가지 쓸 만한 가설은 생각해내야 한다.**

가설을 테스트하라

자, 이제 몇 가지 괜찮은 가설을 세웠다.

플럭스 커패시터flux-capacitor*를 아무개라는 장치에 연결했다. 그런데 전력장치에서 출력되는 전압이 기준에 못 미친다면 아무개 장치의 환경 설정이 잘못된 게 틀림없다! 뭐, 그런 식으로 에러가 발생한다.

이제 디버거를 켜고 가설을 테스트해보자! 바로 켜자!

아니다! 이번에도 틀렸다. 참아라. **아직은 디버거를 켤 때가 되지 않았다.**

디버거 없이 가설을 어떻게 테스트하느냐고? 맞다. 답은 단위 테스트다.

자신이 세운 가설을 테스트할 단위 테스트를 작성하라. 시스템 일부가 제대로 작동하지 않는 것 같다면 그 문제를 확인할 단위 테스트를 작성하라. 추측이 맞아서 문제를 찾아냈다면 바로 고친 후에, 작성해둔 단위 테스트로 문제가 제대로 수정되었는지 확인하고 같은 문제가 확실히 재발하지 않게 하라(그래도 고치기 전에 버그 재현부터 하자).

추측이 틀려서 단위 테스트에 단언문을 제대로 작성해 두었는데도 만들어둔 단위 테스트를 문제없이 통과했다면, 프로젝트에 단위 테스트가 추가된 덕에 시스템이 더 튼튼해졌고 가설 중 하나가 틀렸다는 걸 입증했다고 생각하라. 문제를 좁혀가는 과정이라고 생각하라.

단위 테스트를 작성하고 하나씩 통과할 때마다 가능성을 제거하는 것이다. (실패하는 경우도 있게 제대로 작성했다고 가정할 때 그렇다. 무조건 통과하는 단위 테스트를 만들지 않게 주의하라. 저지르기 정말 쉬운 실수다.) 막힌 경로를 찾아낼 때마다 그 길로 향하는 문을 닫고 잠가버리는 것이나 다름없다.

디버깅하느라 몇 시간 혹은 며칠을 고생해본 사람이라면 이게 얼마나 소중한지 알 것이다. 이미 본 부분을 잊거나, 충분히 살펴보았다고 자신하지

---

* 영화 〈백 투 더 퓨처〉에 나온 가상의 축전기로 타임머신의 핵심 부품이다.

못하거나, 가설을 계속 다시 확인한다고 느끼거나 하여 **잘못된 경로를 계속해서 다시 방문하게 하는 게** 디버거의 아주 큰 단점이다.

단위 테스트는 산을 등반할 때 아래로 너무 멀리 떨어지는 일이 없도록 중간중간 앵커를 걸면서 올라가는 것과 비슷하다. 단위 테스트를 작성해서 가설을 하나씩 테스트해나가면 마구잡이로 아무거나 시도해볼 필요가 없다. 단위 테스트를 작성하려면 가설을 명확히 세워야 하기 때문이다.

하지만 나는 현실주의자이자 실용주의자다. **가설을 테스트하기 위해 단위 테스트를 쓰는 게 아주 어렵거나 불가능한 때도 있다.** 그럴 때는 디버거를 써도 좋다. 단, 한 가지 규칙을 지켜야 한다. **디버거를 쓰는 목적을 분명히 하라.** 디버거를 써서 무슨 문제를 찾는지, 무엇을 확인했는지 정확히 알아라. 대충 둘러보려고 하지 마라.

이런 말을 하면 똑똑한 척하면서 쓸데없이 깐깐하게 구는 것처럼 보일 수 있다는 건 나도 안다. 하지만 그렇게 하는 데에는 이유가 있다. 디버깅 기술을 키우려면 디버깅하는 방법을 신중하게 선택해야만 한다.

가정을 확인하라

가설대로 일이 풀려나가지 않을 때가 더 많을 것이다. 원래 인생이 그렇다. 그럴 때는 작동 방식에 대한 가정을 확인해보는 게 좋다.

사람은 코드가 특정한 방식으로 작동한다거나 입력 또는 출력으로 어떤 값이 나와야 한다고 가정하는 경향이 있다. 종종 '어라, 이런 일이 일어나는 건 불가능한데 이상하다. 코드를 지금 내 눈으로 보고 있는데 저런 출력이 나온다는 게 말이 안 되는데?'라고 생각한다. 하지만 자주 틀린다. 누구에게나 일어나는 일이다. **그럴 때는 가정을 확인하라.**

가정을 확인하는 가장 좋은 방법이 무엇일까? 맞다. 이때도 답은 단위 테스트다. 디버깅하고 싶어 하는 문제가 숨어 있는 영역뿐 아니라 '반드시 작동해야 하는' 사항도 단위 테스트로 확인해보라. 그런 단위 테스트는 대부분 통과할 것이다. 사실 당연한 결과다. 하지만 가끔은 당연한 가정을 테스트하다가 충격적인 결과가 나오기도 한다.

답이 명확한 문제는 문제가 아니다. 실용주의자적인 성향 때문에 다시 한번 말해두는데, 가정을 디버거로 확인할 수도 있지만 반드시 단위 테스트를 써서 가정을 확인해본 뒤에 하라. 말했듯이 산을 등반하며 중간중간 앵커를 거는 것과 비슷하다.

디버거 사용은 최소로 줄여라. 꼭 써야 한다면 이미 세운 특정한 가정이 유효한지 확인하는 용도로만 활용하라.

분할 정복하라

포스트스크립트PostScript 프린터 언어로 쓰인 프린트 파일을 프린터가 부정확하게 해석하는, 아주 찾기 어려운 버그를 디버깅한 경험이 있다. 생각나는 모든 방법을 동원했다. 모든 가설을 테스트했지만 아무것도 맞지 않았다. 프린트 파일에서 여러 명령어가 얽혀서 나타난 버그 같았지만 전혀 분석이 되지 않았다.

그래서 나는 프린터 파일을 반으로 잘랐다. 여전히 버그가 있었다. 그래서 또 반으로 잘랐다. 이번에는 버그가 사라졌다. 잘라냈던 나머지 반을 다시 시도해보았더니 버그가 다시 나타났다. 수천 줄짜리 코드가 딱 다섯 줄 남을 때까지 프린트 파일을 계속 잘라냈다. **그 다섯 줄짜리 코드가 버그의 근원이었다.** 식은 죽 먹기였다.

디버깅이 잘 안 풀릴 때, 때로는 문제를 반으로 자를 방법을 찾아보는 것도 좋다. 아니면 최대한 큰 덩어리를 떼어내는 것도 좋다. 상황에 따라 매우 다른 양상을 띨 수도 있다. 하지만 **코드**, 시스템, 변수를 최대한 제거한 후 그래도 버그가 재현되는지 확인하라. 시스템에서 에러를 일으키는 부분을 완전히 제거하는 테스트를 만들 수 있을지 생각해보라.

그리고, 하고 또 하는 것이다. 그렇게 하다보면 에러를 발생시키는 핵심적인 컴포넌트를 찾아낼 확률이 높다. 그러면 문제 해결이 상대적으로 쉬워진다.

고칠 때는 이유를 이해하라

디버깅에 대해서라면 책 한 권도 쓸 수 있지만 마지막 조언 한 가지를 남기면 다음과 같다.

> 문제를 고칠 때는 자신이 한 행위가 어떻게 그 문제를 고쳤는지 이해해야 한다.

그 문제가 왜 고쳐졌는지 이해하지 못하면 아직 문제를 다 고친 게 아니다. 의도치 않게 다른 문제를 일으켰을 수 있을 뿐더러 원래 문제를 고치지 못했을 확률도 매우 높다. **문제가 저절로 사라지는 일은 없다.** 고치지 못한 문제가 사라지는 일은 없다. 그냥 잠시 숨은 것뿐이다.

반대로 문제를 고쳤다면 거기서 멈추지 말고 조금 더 나아가라. 애초에 문제를 일으킨 원인이 정확히 무엇이었는지, 어떻게 고친 것인지 제대로 이해하라. 코드를 이리저리 맞추다가 갑자기 제대로 작동하는 것 같아 보이면 이유도 모른 채 문제를 고쳤다고 생각하는 소프트웨어 프로그래머가 너무 많다. 여러 면에서 볼 때 매우 위험한 습관이다.

앞에서 이야기했듯이 **마구잡이로 시스템을 수정하고 코드 여기저기를 대충 손보다가는 부지불식간에 온갖 문제를 일으킬 수 있다.** 게다가 자신의 디버깅 기술을 엉망으로 망치는 지름길이다. 그저 정상적으로 작동할 때까지 코드를 엉망으로 흐트러뜨리는 습관을 기르는 것이나 마찬가지다. 기술 없이는 정확성도 없다. 가끔 운이 좋을 때도 있겠지만 그렇게 해서는 반복할 수 있는 프로세스나 신뢰할 수 있는 디버깅 기술을 기를 수 없다.

무엇이 망가졌고 왜 어떻게 고쳤는지 이해해야 할 뿐 아니라 고쳤다는 걸 확인하는 절차도 반드시 거쳐야 한다. 프로그래머가 제 딴에는 '고쳤다고' 생각하는 코드를 QA에게 보낸다. QA는 버그를 재현해본 후 개발자에게 되돌려 보낸다. 그러면 원점부터 다시 시작해야 한다. 상식적인 이야기인데 굳이 하나 싶겠지만 이런 일을 겪으며 시간 낭비하는 사람이 정말 많아서 하는 말이다. 딱 5분만 더 들여서 버그가 제대로 고쳐졌는지 확인하기만 해도 막을 수 있는 일이다.

사실 고쳐졌는지만 확인하지 말고 **회귀 테스트를 작성해서 그런 일이 다시 발생하지 않게 하는 게 좋다.** 자신이 고친 문제를 진짜 이해했다면 자신이 수정한 코드로 그 문제를 탐색하기 위해 작성했던 단위 테스트를 통과할 수 있어야 한다.

마지막으로 **버그가 발생한 클래스의 다른 인스턴스를 살펴보라.** 버그는 서로 붙어 다니는 경향이 있다. 시스템이나 부정확한 코드가 들어 있는 컴포넌트에 대한 가정에서 문제를 발견했다면 그 문제가 일으킨 다른 문제도 숨어 있을 확률이 매우 높다. 진짜 문제가 무엇인지 자신이 만든 해결책으로 그 문제가 해결된 이유가 무엇인지 이해하는 것이 그토록 중요한 이유가 여기에 있다. 무슨 일이 왜 일어났는지 안다면 동일한 기저의 문제 때문에 일어난 다른 문제도 쉽게 해결할 수 있을 것이다.

예술과 과학

소프트웨어 개발이 그렇듯이 디버깅도 예술과 과학의 영역에 속하는 활동이다.

디버깅을 잘하려면 연습해야 한다. 연습만으로는 부족하다. 디버거를 가지고 노는 데 그치지 마라. 구체적이고 체계적인 방법으로 디버깅해야 한다.

이 장을 통해 그렇게 할 수 있는 방법을 잘 배웠기를 바란다. 이제 나머지는 당신 몫이다.

33

코드 유지 보수

소프트웨어 개발자가 되겠다고 처음 결심했을 때는 신기술을 가지고 놀면서 흥미진진한 기능을 만들며 아주 멋지고 기발한 코드를 작성하는 자신의 모습을 상상할 것이다. 알지도 못하는 사람이 10년 전에 만들어두고 떠난 구질구질한 애플리케이션의 버그나 고치고 있을 거라고는 꿈에도 생각 못 한다.

막상 개발자가 되면 **새 코드를 쓰는 시간보다 코드를 유지 보수하는 시간이 훨씬 더 길다.** 인생이 원래 그렇다. 그냥 흔하게 일어나는 일이다. 그렇다고 수십 년 전에 비주얼 베이직 6로 만든 애플리케이션의 유지 보수만 하게 될 거라는 말은 아니다. 아마 본인이 작성한 코드를 유지 보수하는 일이 가장 많을 것이다.

그러므로 다음 두 가지를 익혀두면 좋다.

첫째, 코드를 적절히 유지 보수하는 방법을 알아야 한다. 프로그램은 잘 유지 보수해주지 않으면 시간이 갈수록 점점 망가지다가 결국 완전히 무너져버릴 것이다.

둘째, 유지 보수하기 쉽게 코드를 작성하는 방법도 알아야 한다. 이 방법을 모르고 마구잡이로 프로그램을 만들면 나중에 당신이 작성한 코드를 유지 보수하던 사람이 밤중에 집으로 찾아와 잠든 당신을 죽이려 들 수도 있다.

이 장에서는 코드를 유지 보수하는 방법, 유지 보수하기 쉬운 코드를 작성하는 법을 배워두는 게 왜 그렇게 중요한지 이야기할 것이다. 그리고 그 두 가지 목표를 성취하는 데 도움이 될 만한 현실적인 조언도 해주겠다.

당신은 코드를 유지 보수하는 데 대부분의 시간을 보내게 될 것이다

이미 이야기했지만 다시 한번 언급하는 데는 이유가 있다. 왜냐하면, 정말 맞는 말이기 때문이다. **어떤 형태로든 코드 유지 보수 업무를 하게 될 것이다.** 새로운 소프트웨어는 계속 나온다. 하지만 어떤 애플리케이션이든 수명은 있다. 개발하는 데 든 시간보다는 길게 살아남기를 바랄 뿐이다.

이 말인즉, 세상에는 새로운 소프트웨어의 수보다 오래된 소프트웨어의 수가 항상 더 많을 것이라는 뜻이다. (새로운 소프트웨어가 말도 안 되게 많이 쏟아져 나오고 구형 소프트웨어가 한꺼번에 다 사라지지 않는 한 그럴 것이다. 하지만 이런 일은 일어날 가능성이 극히 낮다.) 오래된 소프트웨어는 끊임없이 개선하고 유지 보수해야 한다. 고객은 고쳐야 할 버그를 계속 찾아낸다. 신기능은 추가하고 기존 기능은 수정해야 한다. **소프트웨어 제품은 살아 숨 쉬는 유기체와 같다. 끊임없이 성장하고 바뀌며 천천히 죽어간다.**

내가 이런 이야기를 하는 이유는 당신의 꿈과 희망을 박살 내고 싶어서가 아니다. 소프트웨어 개발자로서 맞이할 미래에 관해 **현실적 기대**를 품길 바라기 때문이다. 최신 기술을 써서 새로운 시스템을 바닥부터 설계하고 코딩하는 일을 할 거라며, 장밋빛 미래를 그려주는 열정과 선의를 지닌 채용 담당자도 간혹 있고, 실제 그런 자리도 있다. 하지만 그런 자리에 가더라도 기존 시스템의 유지 보수 업무는 해야 한다. 아무리 아름답게 묘사된 자리라 해도 마찬가지다.

이야기했듯이 원래 인생이 그렇다. 그럼 완전히 새로운 시스템을 바닥부터 만드는 자리를 찾을 수 없는 것일까? 아니다. 그런 자리도 분명 있다. 하지만 그런 자리만 있을 거라고 예상하지는 마라. 그리고 그런 자리를 차지했다고 해도 어느 정도 시간이 지나면 그렇게 만든 코드를 누군가는 유지 보수해야 한다. 이 이야기를 해주고 싶었다.

훌륭한 개발자는 유지 보수하기 좋은 코드를 만든다

기대 수준을 적정선에 맞추었으니 이제는 '최고로 유지 보수하기 좋은 코드'를 작성하고 싶은 마음이 들도록 영감을 불어넣을 차례다. 개발자가 품어야 마땅한 아주 훌륭한 태도이기 때문이다.

소프트웨어 개발자로 오랜 시간을 지내는 동안 반박할 수 없는 사실을 알게 되었다. **훌륭한 개발자는 유지 보수하기 아주 좋은 코드를 만든다.** 내가 프로그래머를 판단하는 단 하나의 기준은 얼마나 유지 보수하기 쉬운 코드를 작성하느냐다. 바보 같은 기준이라거나 이 장에서 펼칠 주장을 뒷받침하기 위해 그냥 하는 말이라고 생각할 수도 있다.

하지만 정말이다. 그 이유는 다음과 같다. 훌륭한 개발자는,

- 자신이 작성한 코드가 유지 보수 단계에 가장 오랜 시간 머무를 것을 안다.
- 버려지거나 재작성되지 않고 오래 살아남는 코드가 가치 있는 코드라는 걸 안다.
- 이해가 잘 되고 수정하거나 유지 보수하기 쉬운 명확하고 좋은 코드를 작성한다.

- 느슨하게 결합된 **유연한 설계**를 선호한다. 그래야 수정 사항이 생겨도 시스템의 다른 컴포넌트에 영향을 주지 않기 때문이다.
- 따로 설명이 없어도 이해하기 쉬운 코드를 만든다. **문서화 작업도 특별히 신경 쓴다.**
- 오랜 세월 다른 사람의 코드, 자신의 코드를 관찰하고 유지 보수해왔다. 그래서 유지 보수하기 좋은 코드가 가장 좋은 코드라는 걸 알고 있다.

보이 스카우트 규칙

알고 보면 보이 스카우트 규칙이 코드 유지 보수에 도움이 된다. 단순한 캠핑 규칙을 강조하는 미국의 보이 스카우트는 다음과 같은 규칙을 지킨다.

캠핑한 장소를 자신이 처음 왔을 때보다 더 깨끗하게 만들어 두고 떠나라.

삶의 많은 영역에 적용할 수 있는 훌륭한 규칙이다. 소프트웨어 개발에서도 활용할 수 있다. 받은 코드보다 더 나은 코드로 만들어두고 떠나라. 그렇게 간단하다.

- **버그 수정, 새 기능 추가 등의 작업을 할 때 자신이 받은 것보다 약간 더 나은 코드가 되게 만들어라.**
- 단위 테스트를 추가하여 내 뒤에 코드를 받아서 뭔가를 바꾸어야 할 개발자에게 좀 더 튼튼한 코드를 만들어줘라.
- 변수 이름을 바꿔 코드의 의미를 조금 더 명확하게 보여줘라.
- 몇몇 기능을 메서드나 프로시저로 그룹화하여 불필요한 부분을 빼고 이해도를 높여라.
- 많은 코드를 리팩토링하여 더 깔끔하고 단순하게 설계하라.

이 규칙을 따르는 한 코드는 시간이 지남에 따라 점점 더 나아질 것이다. 아니면 적어도 엔트로피의 비율이 크게 줄어들 것이다. 이 기본 규칙이 기존 코드 베이스를 유지 보수하는 아주 간단한 비밀이다.

가독성이 가장 중요하다

코드를 유지 보수하기 쉽게 만드는 데 가장 큰 영향을 미치는 요소는 가독성이다
blog. 가독성이 좋을수록 유지 보수가 쉬워진다. 수수께끼처럼 이해하기 어려울수록 유지 보수도 어려워진다. 이렇게 단순하고 간단하다.

간결하고 기발한 코드를 작성하기 위해 노력하는 개발자가 많다. 간결한 것도 좋지만 너무 짧고 기발한 코드는 재앙으로 이어지기 십상이다. 왜냐하면 **코드를 작성한 시간보다 읽는 시간이 훨씬 더 길기 때문이다blog**.

다른 사람이 작성한 코드의 기존 기능을 수정하거나 새 기능을 추가하려면 혹은 버그를 수정해야 한다면 코드의 작동 방법부터 이해해야 한다. **코드를 다른 프로그래머가 이해하기 쉽게 작성해두면 시스템 수정이 쉬워질 뿐 아니라 시간도 적게 들 것이다.** 코드가 난해하면 코드를 작성한 당사자조차 코드의 내용을 이해하기 위해 많은 시간을 들여야 한다. 뿐만 아니라 코드를 잘못 이해할 확률도 매우 높아진다. 그러면 그 코드나 그 코드를 사용한 시스템의 다른 부분을 수정하다가 에러를 발생시킬 가능성도 커지므로 시스템 전체의 수준이 떨어진다.

알아보기 쉬운 코드가 유지 보수하기 쉽다는 게 정설이다. 그러므로 코드를 작성할 때는 유지 보수를 생각해서 무엇보다 가독성을 신경 써야 한다.

코드 리팩토링

보이 스카우트 규칙은 이미 소개했으므로 '코드를 더 낫게 만든다'는 말의 의미를 조금 더 깊이 파헤쳐보자.

어떻게 해야 코드가 더 나아지는가? 리팩토링은 책 한 권을 쓸 수 있는 주제다. 책도 이미 많다 blog . 이 장에서는 나중에 자세한 내용을 스스로 익히는 데 도움이 될 기본적인 내용을 소개하겠다.

리팩토링은 기존 코드 설계를 개선하는 과정이다. 나는 리팩토링이 **기존 코드의 기능은 그대로 두고 조금 더 가독성을 높이는 것**이라고 생각한다. '기능을 그대로 두는' 부분이 꽤 중요하다. 기능까지 바꾸다가는 새로운 버그가 발생하거나 코드의 품질이 떨어지기 쉬워서, 받은 코드보다 더 나아지지 않을 것이다.

코드를 개선하는 과정에서 기능을 아예 바꿀 수 없다는 말은 아니다. 단지 리팩토링의 핵심이 아니라는 뜻이다. **리팩토링의 핵심은 기존 코드를 더 낫게 만드는 것이다.** '더 낫게'라는 말은 가독성이 더 높고 유지 보수가 더 쉬워진다는 뜻이다. 진짜다. 사실 그래야 마땅하다.

하지만 중복하여 나오는 코드를 제거하거나 다른 방식으로 조직해서 코드 줄 수를 줄인다는 뜻이 될 수도 있다. 나중에 이루어질 수정에 대비해서 유연성과 안정성을 높여서 전체 아키텍처를 개선한다는 뜻일 수도 있다. 리팩토링할 방법은 많다. 하지만 리팩토링의 큰 규칙은 기존 기능은 그대로 유지하면서 코드를 더 낫게 만드는 것이다.

테스트를 못 하면 코드의 기능에 변화를 주었는지 확인하기 어렵기 때문에 리팩토링과 단위 테스트는 함께 간다고 보아야 한다. 리팩토링하기 전에 단위 테스트를 해보는 게 좋다. 적지 않은 변화가 있었다면 꼭 해보길 권한다.

〈잠깐만요, 팁〉 **단위 테스트는요? 단위 테스트도 유지 보수를 신경 써야 하나요?**

내가 이 질문에 꼭 답을 해야 한다면, 마음을 담아서 외치겠다. 그렇다!

단위 테스트라면 더욱 신경 써야 한다. 단위 테스트도 코드이므로 다른 코드와 마찬가지로 유지 보수를 해야 한다. 사실 단위 테스트는 유지 보수를 각별히 신경 써야 한다. 그 이유는 다음과 같다.

- 단위 테스트가 실패했을 때, 그 테스트가 무엇을 확인하려고 한 것인지 알아내려고 30분 이상 씨름하고 싶은 사람은 없다.
- 코드가 바뀌면 단위 테스트 코드도 반드시 바꾸어야 한다.
- 단위 테스트는 특성상 반복되는 코드가 많아서 유지 보수가 특별히 까다롭다.

솔직히 이야기해서, 소프트웨어 개발 프로젝트가 단위 테스트나 자동 테스트를 포기하는 이유는 하나다. 유지 보수가 안 되기 때문이다. 당신은 똑같은 실수를 저지르지 마라.

단위 테스트도 제품에 사용되는 코드와 똑같다. 둘 다 유지 보수하기 쉽게 작성해두고 계속 유지 보수하라.

시중에는 코드 기능을 변형시키지 않는 선에서 도움을 줄 현대적인 리팩토링 도구가 많다. 최신 IDE는 대부분 이러한 기능을 갖추고 있다. 의미를 바꾸지 않는 선에서 수학 방정식을 재조정하는 것이다. '$4x=8$'은 '$2x=4$'나 '$x=2$'와 같다. 같은 수식인지 증명할 필요조차 없다.

자동화는 필수다

망가진 게 없는지 수동으로 테스트를 빌드하고 실행해서 확인해야 하는 소프트웨어는 유지 보수가 정말 어렵다. **수정한 내용을 빠르게 테스트할 수 있다는 건 더 튼튼한 안전망을 보유하는 것이나 다름없다. 그러면 기존 코드 베이스에 새로운 버그나 에러가 발생하는 것을 막는 데에도 도움이 된다.**

따라서 자동화는 소프트웨어 프로젝트의 원활한 유지 보수에 필수 요소다. 자동 빌드, 지속적 통합 시스템, 자동 테스트를 갖추면 코드를 간편하게 수정하고 고장 난 부분을 빠르게 찾을 수 있다. 피드백을 빨리 받을 수 있으면 코드 수정, 리팩토링도 두려운 마음 없이 편하게 할 수 있게 된다. 그러면 코드도 더 나아질 것이다.

주석을 쓸 거라면 잘 써라

나는 코드에 주석을 쓰는 걸 그리 좋아하지 않는다 `blog`. 반항적인 태도라는 건 나도 안다. 하지만 주석이 없어도 이해할 수 있는 **명확하고 표현력이 좋은 코드를 쓰는 게** 주석을 읽어야만 이해할 수 있는 **모호한 코드를 쓰는 것보다** 좋다고 생각한다. (그와 별개로 주석도 코드를 유지 보수할 때 같이 유지 보수하면 좋겠다.) 나는 금세 구식이 되어버리고 마는 주석이 잔뜩 달린 코드보다 알아보기 쉬운 깔끔한 코드를 선호한다.

하지만 **주석을 쓸 거라면 꼭 제대로 쓰기를** 바란다. 주석은 설명이 필요한 부분을 명확히 설명해야 한다. **수수께끼 같은 주석은 수수께끼 같은 코드만큼 나쁘다. 아니다. 어떨 때는 그보다 더 나쁘다.** 코드는 아리송하더라도 무슨 역할을 하는지 알아낼 수 있다. 하지만 주석이 알쏭달쏭하면 알아낼 수가 없다.

커밋 메시지도 최대한 알아보기 쉽고 도움이 되게 써라. 커밋 메시지가 명확하면 코드 베이스 유지 보수가 쉬워진다. 커밋 메시지는 시간의 흐름에 따라 코드에 어떤 변화가 있었는지만 알려주는 게 아니라 왜 그런 변화가 있었는지도 알려주기 때문이다. 코드가 그렇게 변해야 했던 이유를 알면 아리송한 코드나 수정 사항을 이해하는 데 큰 도움이 된다. 까다로운 버그를 수정할 때는 특히 그렇다.

유지 보수하기 쉬운 코드 쓰는 법을 배울 수 있는 자료

코드 유지 보수는 여러 기술을 동원해야 할 수 있는 까다로운 작업이다. 코드를 작성하고 리팩토링하고 설계하는 기술뿐 아니라 데브옵스나 자동화

같은 인프라스트럭처 관련 사항까지 알아야 한다. 그래서 유지 보수하기 쉬운 코드를 작성하고 자신이 작성하지 않은 기존 코드를 유지 보수하는 데 도움을 주는 **좋은 자료를 몇 가지** 소개하겠다.

- 로버트 마틴의 『Clean Code』 blog : 이 책은 몇 번 언급했다. 이해하기 쉬운 코드 작성 방법을 알려주는 정말 훌륭한 책이기 때문이다. 유지 보수를 고려한 설계나 리팩토링에 대해서도 좋은 정보를 알려준다.
- 스티브 맥코넬의 『Code Complete』 blog : 이 책도 이미 몇 번 언급했다. 역시 유지 보수하기 좋은, 훌륭한 코드를 작성하는 방법을 알려주는 멋진 책이다. 특히 가독성 높은 코드를 작성하는 저수준의 구조적 세부 사항을 알려준다. 꼭 읽어보길 바란다.

이 두 권을 읽고 나면 가독성 좋은 훌륭한 코드의 구성 요소, 코드를 작성하고 구조화하는 기본적인 방법을 익힐 수 있다. 두 권 모두 강력히 추천한다.

- 마이클 페더스(Michael Feathers)의 『레거시 코드 활용 전략(Working Effectively With Legacy Code)』 blog : 기존 코드의 유지 보수에 관한 고전이다. 레거시 시스템을 다루는 방법에 대한 핵심을 깊이 있게 다룬다. 소프트웨어 개발자라면 누구나 레거시 코드 작업을 하는 데 많은 시간을 보내야 할 운명이므로 모두 이 책을 읽어보아야 한다.
- 마틴 파울러(Martin Fowler)의 『리팩토링(Refactoring)』 blog : 소프트웨어 개발자라면 누구나 읽어보아야 할 또 다른 고전이다. 기능에 손대지 않고 코드를 재구성하는 주요 리팩토링 방법을 전부 소개한다.

이 정도다. 보이 스카우트 규칙을 잊지 않는다면 별 문제는 없을 것이다. 그리고 걱정 마라. 소프트웨어 개발자가 되면 코드 유지 보수 연습은 충분히 할 수 있을 것이다. 행운을 빈다.

〈잠깐만요, 존!〉 우리 팀에는 코드를 어떻게 써야 하고 내가 쓴 코드가 어떻게 보여야 하는지 정해둔 '스타일 가이드'가 있어요. 그걸 따라야 할까요?

따라야 한다. 선택 사항이라고 할지라도 따라라. 완벽을 기하는 것보다 통일성을 이루는 게 우선이다.

스타일 가이드에 변수 이름 정하는 방법, 코드 들여쓰기 방식 등을 정해둔 팀이 많다. 스타일 가이드를 따라서 코드를 구조화하면 읽기 쉽고 유지 보수하기 쉬운 코드가 완성되지 않을 것 같다는 예감이 들 때도 있을 수 있다. 하지만 나라면 그래도 스타일 가이드를 따를 것이다. 진짜 동의할 수 없는 내용이 있을 때는 자신의 주장을 합리적인 방식으로 입증해서 가이드를 수정할 방법을 찾아라.

스타일 가이드가 제안하는 양식이 가독성을 최고로 올리는 방법은 아니라 해도 스타일 가이드 덕에 코드가 통일성을 띠면 전체 코드 베이스의 가독성이 크게 개선된다. 자존심을 조금만 덜고 규칙을 따라라.

그래도 청개구리 습성을 꼭 드러내야 속이 시원하다면 차라리 다른 방법을 써라. 샌들에 양말을 신거나 '반항아'라고 크게 적힌 해골 반지를 끼는 건 어떤가?

CHAPTER

34

직업과 직함

소프트웨어 개발자가 된 지 15년이 넘었는데도 나는 나를 뭐라고 불러야할지 아직도 모르겠다. 이 책을 잘 보면 검색 엔진 최적화를 위해 프로그래머라는 용어를 빼고 소프트웨어 엔지니어라는 용어를 중간중간 끼워 넣은걸 알 수 있을 것이다. **소프트웨어 개발자를 묘사할 때 쓸 수 있는, 모두가 동의할만한 단 하나의 명칭은 아직도 모르겠다.** (물론 이쯤이면 내 마음이 소프트웨어 개발자 쪽으로 기울었다는 걸 눈치챘을 것이다. 이 책에 꽤 자주 등장하니까.)

개발자, 소프트웨어 개발자, 프로그래머, 소프트웨어 엔지니어, 코더, 컴퓨터 프로그래머를 아우르는 용어에 대한 합의를 이끌어내는 건 일단 미루어둔다고 치자. 하지만 직함까지 더 미룰 수는 없다. 시니어 소프트웨어 엔지니어와 주니어 소프트웨어 엔지니어 사이에는 도대체 어떤 차이가 있을까? 소프트웨어 개발자 II~Software Developer II~와 소프트웨어 개발 품질 관리 전문가~Software Development Engineer in Test~는 어떻게 비교할 것인가?

꽤 복잡한 문제다. 이런 문제로 혼란을 겪고 있는 사람에게 혼자가 아니라는 걸 말해주고 싶다. 나도 여전히 모든 게 헷갈린다. 이 장을 통해 이러한 명칭을 살펴보고, 이러한 명칭이 경력에 미치는 영향에 관한 일반적인 지침을 주기 위해 미약하나마 노력해보겠다.

직함은 그리 중요하지 않다

무엇보다 **직함이 그리 중요하지 않다**는 걸 알아야 한다. 중요하지 않은 이유는 회사에 따라서 각기 다른 수백 가지의 직함이 있기 때문이다. 심지어 같은 직함이라도 회사가 다르면 의미가 크게 다를 수도 있다.

시니어 소프트웨어 엔지니어라는 직함을 모든 개발직 직원에게 붙이는 회사도 있고 프로그래밍 팀을 이끄는 사람에게 붙이는 회사도 있고 그냥 늙었다는 뜻으로 쓰는 회사도 있다. 그러므로 기술 분야에서 쓰이는 직함에 너무 큰 의미를 부여하지 마라 blog. 그보다 **직무 소개와 보수에 주의를 기울여라**. 정말 중요한 건 그 두 가지다.

하지만 최대한 좋은 직함을 구하라

하지만 바깥세상에서는 방금 내가 한 이야기를 모른다. 다른 사람들도 당신만큼 직함을 헷갈려 한다. 소프트웨어 개발자 III~Software Developer III~가 시니어 개발 엔지니어보다 좋은지 알 길이 없다. 이럴 때 사람들은 그냥 듣기 좋으면 더 좋다고 판단한다.

맞다. 좀 웃기는 일이다. 그래도 소프트웨어 개발 선임 담당자라는 직함을 가진 사람이 주니어 개발자라는 직함을 가진 사람보다 다음에 더 좋은 직장을 구할 확률이 높다. 그 둘이 한 팀에서 똑같은 일을 했다고 해도 마찬가지다. **그러므로 최대한 좋은 직함을 얻는 게 좋다.**

정말인가요? 진짜 말도 안 되는 직함 게임을 꼭 해야 하나요?

그게 말이 안 되고, 실질적으로는 별 의미가 없다는 것도 안다. 하지만 **경영진은 이 말도 안 되는 게임을 늘 한다.**

저 사람은 어떻게 CEO 직함을 얻었을까? 간단하다. 작고 하찮은 회사에서 CEO 직함에 다다를 때까지 '직함 교환 게임'을 벌여서 이력서에 CEO 직함을 넣은 후 더 좋은 회사로 옮겨간 것이다.

다시 한번 말하지만 이러한 부분이 크게 중요하다고 말하고 싶은 마음은 없다. 그래도 입사 조건을 협상할 때 **이왕이면 조금 더 위신 있는 직함을 얻어라.** 다른 사항보다 더 중요한 요소는 아니다. 하지만 그래도 물어보라.

승진할 때도 마찬가지다. 아니면 연봉 인상을 거절당한 경우에 승진 대신에 요구해볼 수 있을 것이다(당장 예산이 없어서 보수를 올려주지 못하는 건 알겠어요. 하지만 직함을 비밀 코드 최고 사령관 정도로 바꿔줄 수는 있잖아요?).

흔히 쓰는 명칭

소프트웨어 개발자로 일하는 동안 듣게 될 가장 흔히 쓰는 명칭을 몇 가지 이야기해보자.

우선 가장 뻔한 명칭은 **소프트웨어 개발자**다. 딱히 특별한 의미는 없다. 아마 자주 듣게 될 것이다. 내가 만드는 콘텐츠에도 매우 자주 등장한다. 대부분의 프로그래머는 소프트웨어를 개발한다. 이 단어는 이를 잘 나타내므로 적절한 용어라고 생각한다.

다음은 **프로그래머**다. 이 용어는 흥미롭다. 나는 이 용어를 좋아한다. 아주 단순하게 우리가 하는 일의 핵심을 잘 설명하기 때문이다. 우리는 프로그래밍을 한다. 맞다. 우리는 소프트웨어를 개발한다. 하지만 엄밀히 말해 소프트웨어를 개발하는 방법이 프로그래밍만 있는 건 아니다. 그리고 코더라는 말은 조금 모호하다. 그런데도 프로그래머라고 부르는 걸 모욕적으로 느끼는 프로그래머가 많다. 그런 사람들은 아마 소프트웨어 개발은 단순한 프로그래밍 이상 `blog` 이라고 주장할 것이다.

> 전 엔지니어예요. 요구 사항을 수집하고 고객과 소통하고 설계하고 제작하고 테스트하는 과정을 거쳐서 고무 찰흙 같은 것을 조각으로 만드는 사람이라고요.

나도 안다. 하지만 **사람들은 당신의 프로그래밍 능력, 즉 코드 작성 능력을 보고 고용한다.** 그래서 나는 내 회사가 심플 프로그래머라고 불리는 것이 충분히 행복하지만, 소프트웨어 개발자라는 조금 더 복잡한 문구를 쓴다.

그다음으로는 **소프트웨어 엔지니어**를 필두로 한 여러 변형 버전이다. 그런데 소프트웨어 엔지니어 90퍼센트가 시니어 소프트웨어 엔지니어라는 걸 눈치챘는가? 그 직함도 괜찮다고 생각한다. 하지만 전자공학, 기계공학, 구조공학 엔지니어가 알면 화를 낼 수도 있다. 재미있는 상황이지만, 끊임없이 이러한 논쟁을 하느라 내 시간을 낭비하고 싶지는 않다. 그래서 요즘은 이 단어를 잘 사용하지 않는다.

나는 폐쇄적인 태도를 그다지 좋아하지 않는다 `blog`. '엔지니어가 되려면 정해둔 기준을 충족시키고 인정을 받아야 한다'라는 사고방식도 별로 좋아하지 않는다. 박사 학위가 있다고 해서 사교적인 자리에서까지 굳이 유치하게 박사로 불러달라고 고집하는 사람처럼 보인다. 내가 존중하는 유일한 학문적 권위는 결과다. **엔지니어라는 단어를 존중하지 않아서 '소프트웨어 엔지니**

어'라는 용어를 쓰지 않는 게 아니다. 그보다 엔지니어링이라는 말을 들으면 소프트웨어를 폭포수 방식으로 개발하던 때가 떠오른다. 나는 '소프트웨어 개발'이라는 용어가 애자일의 등장과 함께 조금 더 진화한 소프트웨어의 세계를 형상화하여 나타낸다고 느낀다.

피해야 할 직함

가능하면 피할 게 하나 있다. 앞에 주니어를 붙이는 것이다. 주니어 개발자, 주니어 소프트웨어 개발자, 주니어 소프트웨어 엔지니어. **막 프로그래머가 된 많은 이들은 자신이 주니어 개발자라는 직함을 달아야 한다고 생각한다** blog . 하지만 사실 그렇지 않다.

주니어 개발자 자리는 일반 개발자 자리와 비슷한 수준의 기술을 요구하면서 적은 보수를 주는 경우가 많다. 게다가 소프트웨어 개발자 취업 시장에서 가장 경쟁이 심한 영역이 어디라고 생각하는가? 바로 주니어 개발자 자리다. 막 입문해서 업무 경력이 전혀 없을 때 시니어 소프트웨어 엔지니어 자리를 얻기는 어려울 것이다. 하지만 그냥 개발자 자리를 얻지 못할 이유는 없다.

일단 주니어로 입사하면 '주니어'라는 말을 뺀 일반 개발자가 되기까지 1~2년은 걸린다는 게 큰 문제다. 그래 봐야 어차피 하는 일은 똑같다. 하지만 주니어 자리는 대개 **보수가 크게 낮다.** 그러므로 적은 경력으로 지원할 수 있는 일반 개발자 자리를 알아보라. 아니면 자신이 전문으로 하는 특정 기술을 요구하는 자리를 찾아보는 것도 좋다. 갓 대학을 졸업한 모든 이가 뛰어들어 경쟁을 벌이는 주니어 자리보다는 입사도 쉬울 것이다.

기본적인 직함 혹은 직급

다양한 소프트웨어 개발자 직함이 있지만 실제 소프트웨어 개발 기술 트랙에는 딱 다섯 가지 역할이 존재한다. 대부분의 자리는 이 역할 혹은 직급 중 하나에 속한다.

소프트웨어 개발 테스트 엔지니어

작은 회사에는 없을 수도 있다. 하지만 마이크로소프트처럼 큰 회사는 개발자를 처음 고용할 때 소프트웨어 개발 테스트 엔지니어SOFTWARE DEVELOPMENT ENGINEER IN TEST, SDET로 고용한다.

SDET는 소프트웨어 제품의 코드를 작성하지 않고 테스트 코드를 작성하거나 개발팀 직원이 더 쉽게 일할 수 있게 도와주는 도구를 만드는 소프트웨어 개발직을 가리킨다. 도구 개발자tools developer 같은 이름으로 부르기도 한다. 소프트웨어 개발 지원직으로 생각하라.

입문하기 좋은 자리다. 자동 테스트나 테스트에 도움이 되는 도구를 만드는 건 테스트 과정에 대해 자세히 배울 수 있으므로 더 좋은 개발자가 되는데에도 도움이 된다.

개발자(주니어/표준/시니어)

표준이 되는 소프트웨어 개발직이다. 대부분의 개발자가 이 카테고리에 속한다. 제품을 만들고 코드를 작성한다.

팀 리드 또는 기술 리드

소프트웨어 개발자보다 한 단계 더 올라간 자리다. 개발자로 이루어진 팀을 이끄는 동시에 개발 업무와 관리 업무도 한다(team lead, tech lead).

개발 업무는 주로 코드 베이스의 아키텍처에 이바지하는 역할일 가능성이 높다. 그리고 코드를 리뷰하고 다른 개발자의 멘토 역할도 할 것이다.

리드lead는 프로젝트에 관한 중요한 기술적 결정을 내리는 역할뿐 아니라 개발자 면접을 보고 업무를 분담하는 등의 역할도 할 것이다. 주요 업무는 그래도 코딩이다. 그렇지 않다면 관리자라고 불러야 한다.

아키텍트

이 자리를 맡은 개발자는 코딩을 전처럼 많이 하지는 않더라도 소프트웨어와 기술적으로 밀접한 관계가 있는 일을 한다.

아키텍트Architect는 전체 시스템을 설계하고 기술과 아키텍처, 실험적인 프로토타입 기능이나 전체 시스템을 결정하는 회의에 참석한다. 아키텍트 자리는 흔히 설계와 기획의 역할이 중요한 대형 소프트웨어 시스템을 만드는 큰 회사에서 찾는다. 전체 프로젝트의 기술적 방향과 최종 구현을 책임진다.

디렉터

디렉터director 직군을 소프트웨어 개발직이라고 보지 않는 사람도 있다. 하지만 큰 조직에 있는 소프트웨어 개발자 다수가 결국 이 역할을 맡게 된다는 점을 고려해서 포함시켰다. 연구원fellow이나 기술 연구원technical fellow이라고 부르는 회사도 있다.

특정 분야에서 성공을 거둔 소프트웨어 개발자에게 맡기는 역할이다. 연구를 이끌거나 싱크탱크의 일원이 되거나 세간의 이목을 끄는 매우 복잡한 프로젝트를 진두지휘한다. 개발자로 이루어진 조직을 지휘하거나 소프트웨어 개발 디렉터가 되어서 기술적·비기술적 결정을 내리기도 한다.

기술 관련 대형 회사의 직함

기업의 규모가 커지면 직함이 조금 더 공식화되는 경향이 있다. HP, 마이크로소프트, 애플 등의 큰 기업은 공식 직함 체계와 그에 준하는 급여 체계를 갖추고 있다. 이러한 체계의 작동 방식을 미리 알아두면 협상을 하거나 승진, 연봉 인상을 요구할 때 큰 도움이 된다.

기본적으로 이렇게 작동한다. 자신이 이러한 기업에 소프트웨어 개발 엔지니어라는 직함으로 입사할 기회를 찾는 중이라고 가정해보자. 직함에는 직급이 정해져 있고 보수나 책무, 조건이나 자격은 그러한 직급에 따라 결정된다. 그리고 직급에는 숫자를 매겨서 표시한다. 한 직함에 다양한 직급이 포함될 수 있다. 여기서는 소프트웨어 개발 엔지니어가 직급 59~60이고 61이 되면 소프트웨어 개발 엔지니어 II라는 직함, 63이 되면 시니어 소프트웨어 개발 엔지니어라는 직함을 받는다고 해보자.

각 직급 내에서도 급여가 높은 그룹과 낮은 그룹이 있기 때문에 실제 직급이 직함보다 훨씬 더 중요하다. 이런 회사에 취직한다면 최대한 높은 직급으로 들어가는 게 좋다. 그래야 급여 수준을 최고로 높일 수 있기 때문이다. 선택의 여지가 있다면 **높은 급여보다 높은 직급을 선택하라.** 인사부는 같은 직급의 사람들에게 비슷한 급여를 주려는 경향이 있으므로 같은 직급에 있는 사람 중 급여가 낮은 그룹에 있던 사람은 시간이 지나면 연봉이 인상될 확률이 높다. 큰 회사에서는 연봉을 인상할 때 직급은 그대로 두려고 한다. 직급은 승진을 해야만 높아진다.

직함과 직급 정보는 인사부에서 제공하는 데 반해 급여 그룹은 비밀에 부치는 경향이 있다. 물론 아주 열심히 찾으면 구할 수는 있다. 특정 직급에 가려면 어떤 자격을 갖추어야 하는지에 대한 정보도 보통은 알 수 있다. 연봉과 승진에 관한 장에서 이에 대해 조금 더 자세히 이야기하겠지만 **자신의**

직급보다 한 단계 높은 직급과 두 단계 높은 직급의 자격 요건이 무엇인지 알아두길 바란다. 자신이 현재 속한 직급보다 두 단계 높은 직급의 자격 요건을 모두 갖추겠다는 목표가 있으면 승진이 쉬워진다.

일부 고위 직급에는 회사 전반에 영향력을 미칠 만한 업계 선두주자여야 한다는 요건을 내걸기도 한다. 내가 블로그를 만들고 blog 개인 브랜드를 구축하라 blog 고 그렇게 강조하는 이유도 이 때문이다. 기술 연구원 같은 자리를 차지하거나 사다리 꼭대기까지 올라가보고 싶다면 소프트웨어 개발 업계 내의 특정 틈새시장에서 유명한 사람이 되어야 한다.

직함에 대한 이야기는 이 정도다

중요하지 않다고 말한 것치고는 꽤 길게 얘기했다. 자신의 직함이 업계에서 어떤 의미를 지닐까 고민할 필요는 없다. 그 대신 **회사 내에서는 직함이 중요하다는** 걸 기억하라.

내 직함에 어떤 의미가 있을까 깊게 고민할 필요는 없다. 회사 내에서 그 직함이 어떤 의미를 띠는지 알아내는 게 중요하다. 그리고 자신이 할 일을 잘 이해하는 것이 무엇보다 중요하다.

회사에서 제안하는 어떤 직함도 마음에 차지 않는다면 창업해서 자신이 원하는 직함을 쓰는 방법도 있다. 나도 그렇게 했다.

35

업무 유형

정말이다. 이 책의 개요를 만들 때 이 장은 빼려고 했다. 목차를 보던 내 입에서 이런 말이 튀어나왔다. "업무 유형이라니, 내가 무슨 생각으로 이 장을 넣었던 거지?"

처음에는 소프트웨어 개발자가 선택할 수 있는 직업의 종류에 대해 이야 기할 생각이었는데 앞부분에서 거의 다 이야기했다는 걸 깨달았다. 그러다 가 갑자기 **소프트웨어 개발자들은 코드 작성 업무 외에도 일이 많다**_{blog}는 생각이 들었다.

소프트웨어 개발자는 다양한 '유형의 업무'를 한다. 당신은 그러한 업무에 대해 알아야 한다. **소프트웨어 개발자가 직장에 가서 실제로 종일 어떤 일을 하는지** 알려줄 생각이 아니었다면 3부에 '소프트웨어 개발에 대해 알아야 할 것'이 라는 제목을 붙이지 않았을 것이다.

설마 종일 코딩만 한다는 말도 안 되는 생각을 한 건 아니었기를 바란다. 8시간 내내 미친 사람처럼 코딩만 할 생각으로 출근했는데 **코딩할 시간이 실 제 얼마 되지 않는다**는 걸 알게 된다면 얼마나 실망스럽겠는가?

이 장에서는 업계의 실상을 보여주겠다. 소프트웨어 개발자가 종일 코딩을 하지 않는다면 도대체 무슨 일을 한단 말인가? 함께 확인해보자.

코드 작성하기

잠깐, 방금 소프트웨어 개발자가 종일 코드만 쓰는 건 아니라고 한 건가요?

맞다. 그렇게 얘기했다. **코드를 작성하긴 한다.** 프로그래밍을 하지도 않으면서 프로그래머라고 자처할 수는 없다. 생각보다 적게 한다는 뜻이다. 적어도 평상시에는 말이다. 마운틴 듀와 냉동 피자로 연명하며 며칠을 밤낮없이 미친 사람처럼 코딩만 하는 날도 있다(미안하다. 나는 내가 쓰는 모든 책에 진부한 설정을 중간중간 넣어야 속이 시원하다).

하지만 요즘은 보통 그렇게 코딩만 하지 않는다. 코드를 한 줄도 쓰지 않는 날이 꽤 많을 것이다. 안타깝지만 어쩔 수 없다. **일반적으로 회사가 작을수록** `blog` **코딩하는 시간이 더 길어진다.** 회사가 커지면 부수적으로 해야 할 일이 늘어나서 코딩할 수 있는 시간이 줄어든다. 사는 게 원래 그렇다.

그래도 분명 코딩을 하기는 한다. 코드 작성에 수반되는 일이 무엇인지까지는 설명하지 않겠다. 그것도 모르는 사람은 어떻게 도와주어야 할지 모르겠다.

버그 고치기

속았다! 최신 자바스크립트 프레임워크를 사용해서 아주 멋진 새 코드를 잔뜩 작성할 줄 알았는데 사실은 버그를 고쳐야 한다. 가끔 새 코드를 작성할 때도 있지만, **오래된 코드의 버그부터 고쳐야 한다.** 다시 말하지만 그게 인생이다.

소프트웨어 개발자는 코드를 작성한다. 그리고 그 코드는 완벽하지 않다. 거기에는 버그가 있다. 누군가는 그 버그를 고쳐야 하는데 그 누군가가 바로 당신이다. 디버깅에 관한 장에서 디버깅을 효과적으로 하는 방법을 자세히 설명했다. 코딩 업무를 하는 시간 중 버그를 고치는 시간이 꽤 큰 비중을 차지한다는 점만 기억하길 바란다.

설계와 아키텍처

이 업무는 코딩이 아닌데도 꽤 재미있게 할 수 있다. 머리를 쓰고 화이트보드에 그림을 그리고 사람들과 논쟁을 벌여야 하기 때문이다. **무슨 이유인지 모르지만 프로그래머들은 다른 사람들과 논쟁하고 소리 지르는 걸 정말 좋아한다.**

나는 한때 QA 담당자에게 의자를 던졌다고 오해를 산 적 있다. 실제 의자를 던진 건 아니고 열띤 논쟁 중에 실수로 의자를 넘어뜨린 것뿐이지만, 소문이란 게 원래 어떻게 도는지 알지 않는가?

소프트웨어 개발자가 되면 작업 중인 시스템의 아키텍처나 설계 만드는 일을 팀원들과 함께 (혹은 혼자서) 하게 될 것이다. 소프트웨어 개발자치고 바로 코딩부터 하는 사람은 많지 않다.

아, 방금 한 말을 바르게 고쳐보겠다. **훌륭한 소프트웨어 개발자치고 바로 코딩부터 하는 사람은 많지 않다.** 그들은 코딩에 돌입하기 전에 어떻게 코딩할지 설계하고, 왜 이 방식이 다른 방식보다 0.01퍼센트 더 나은지 주변에 있는 다른 개발자와 논쟁하는 일부터 한다. 소프트웨어 전문가가 되면 설계나 아키텍처 관련 업무에 꽤 많은 시간을 쓰게 된다.

회의

나도 회의를 싫어한다. 하지만 때로는 필요하다. **나는 개발자 시절 별로 중요하다고 생각하지 않는 회의에 잘 빠지는 걸로 악명이 높았다.** 사실 지금도 그렇다. **시간 낭비가 싫다.**

하지만 회의가 너무 싫어서 아무리 피하려 한다 해도 소프트웨어 개발자로 일하는 동안 적어도 한두 번은 회의에 참여해야 할 것이다. 어쩌면 매일 아니면 매주 참석해야 할 수도 있다. 그게 업무의 일부라는 걸 깨닫고 참석하는 데 익숙해져야 한다.

소프트웨어 개발자가 왜 회의에 가야 하는지 의문이 들 수도 있다. 난 아직도 가끔 그렇다. 하지만 합당한 이유가 있긴 하다. 스크럼 같은 프로세스를 따를 때는 계획 회의에 참석해서 해당 스프린트 동안 할 일을 계획하는 과정이 꼭 필요하다. 회고 회의나 리뷰 회의도 일한 내용을 보여주고 피드백을 받고 업무를 개선해나가는 데 도움이 된다. **프로젝트 수준의 중요한 결정을 내려야 할 때는 기술적인 내용을 이해하고 있는 개발자가 참석해야만 올바른 결정을 내릴 수 있다.**

개발자로 일하는 동안 회의에 참석하는 시간이 어느 정도는 있을 수밖에 없다는 것을 알아 두길 바란다.

학습

학습을 업무 시간에 해야 하는지 blog 아니면 자유 시간에 해야 하는지 묻는 사람이 종종 있다. 답은 '어느 때고 해야 한다.' **직장에서도 해야 하고 자유 시간에도 해야 한다** blog. 새로운 것을 배우지 않고 소프트웨어 개발자로 일할 수 있을 거라는 생각은 착각이다.

소프트웨어 개발자로 일하던 시절 나는 **매일 아침 30분씩 소프트웨어 개발 블로그를 찾아보고 최신 지식을 살펴봤다.** 그 덕에 업무 능력이 신장되고 업계에 대한 이해가 깊어졌다.

면접에서 가장 중요하게 생각하는 질문도 지원자가 최신 기술을 익히기 위해 어떤 노력을 하느냐다. 내가 듣고 싶은 답은 최신 기술에 관한 정보를 익히고 업계 전반이 어떻게 돌아가는지 파악하기 위해 매일 정해진 분량의 시간을 투자한다는 말이다.

어려운 문제를 만날 때마다 그때그때 필요한 내용을 배울 줄 알아야 한다. 그런 일이 꽤 자주 있을 것이다. 업무 시간에도 모르는 문제를 풀기 위해 구글을 검색하고 튜토리얼을 보고, 문제를 해결하는 데 도움이 될 책을 읽고 해결책을 고안해야 한다. 또 업무에서 새로운 기술을 사용할 방법도 배워야 한다.

학습을 적극적으로 장려하는 소프트웨어 개발 환경도 있지만 "공부는 자유 시간에만 하라."고 하면서 개발자의 생산성을 최대한 쥐어짜는 환경도 있다. 하지만 꾸준히 학습하지 않으면서 좋은 소프트웨어 개발자가 된다는 건 어불성설이다. 그러므로 공부하자.

실험과 탐색

이것도 일종의 학습이라고 볼 수 있지만 그보다 조금 더 나아간다.

맡은 업무를 효과적으로 하려면 코드 베이스에 있는 기존의 코드를 읽는 데 많은 시간을 들여야 한다. 그래야 코드가 어떻게 작동하는지, 어떤 부분을 어떻게 수정해야 할지 알 수 있다. 그리고 그냥 '이것저것 해보아야' 할 때가 있다. 새로운 기능을 구현하거나 버그를 고치는 데 쓸 새로운 API나 기술을 써보기 위해 샘플 프로그램을 작성해야 할 때가 있다. 어떤 기술이나 도구가 당면한 문제를 이해하고 해결하는 데 가장 잘 맞는지 알아내기 위해 이것저것 실험해보아야 할 때도 있다. 제품 코드로 구현하기 전에 특정 기능의 프로토타입을 만들어보아야 할 때도 있다.

이러한 일을 하는 데 꽤 많은 시간이 들 것이다. 복잡한 코드 베이스를 지닌 대형 시스템 작업을 하거나 아직 익숙하지 않은 새로운 기술을 가지고 새 기능을 구현하려고 할 때는 시간이 더욱 길어진다.

테스트

코드를 테스트하는 시간도 꽤 된다. 테스트 업무를 도와주거나 자동 테스트를 만드는 작업을 해야 할 수도 있다. **테스트는 소프트웨어 개발의 필수 요소** `blog` **다. 훌륭한 소프트웨어 개발자라면 자신의 코드를 체크인하고 배포하기 전에 반드시 테스트한다.**

테스트에 관해 더 자세한 내용을 보고 싶다면 테스트에 관한 장을 확인하기 바란다. 어떤 소프트웨어 개발자는 테스트 업무가 수준이 떨어지는 일이라고 생각해서 테스트를 정말 싫어한다. 그런 사람들은 코드 작성이 자신의 업무이고 테스트는 테스터의 업무라고 생각한다.

그렇지 않다. **소프트웨어 개발자라면 자신이 작성한 코드의 품질을 책임져야 한다.** 따로 시간을 들여서 자신이 만든 코드가 제대로 작동하는지 최선을 다해서 테스트해야 마땅하다. 자신이 만든 코드는 스스로 테스트를 하고 버그를 찾아내서 수정한 후에 QA에게 보내야 한다.

생각하기

소프트웨어 개발에서 가장 중요한 게 생각이라고 느낄 때도 있다. 책상 앞에 앉아서 다른 아무것도 하지 않고 문제를 어떻게 해결할지, 코드의 구조를 어떻게 잡을지에 관해 생각하고 생각하고 또 생각한다.

코딩에 돌입하기 전에 코드를 어떻게 작성할지 적어도 세 번 이상 생각해볼 시간을 갖는 게 좋다. "두 번 재고 한 번 잘라라."라는 속담도 있다. 나중에 얼마든 수정할 수 있다 해도 맨 처음에 제대로 만드는 게 가장 좋다. **해결 방법에 대한 고민을 미리 잘 해두면 코드를 다시 쓰고 디버깅하는 시간이 줄어든다.** 구현하기 전에 미리 전체 과정을 생각해보았기 때문이다.

눈에 보이는 결과가 없으니 생각하는 시간이 생산성을 떨어뜨린다고 여길 수 있다. 나도 그런 덫에 자주 걸린다. 그럴 때는 공책을 꺼내서 자신이 생각한 해결책을 직접 적어보는 것도 좋다. 그러면 자신이 무언가 생각했다는 걸 보여줄 물리적 증거가 생긴다. 특정 작업을 어떤 방식으로 하기로 결정했는데 그 이유가 뭐였는지 기억 나지 않을 때 확인할 자료도 된다.

효율적으로 일하는 소프트웨어 개발자라면 다른 무엇보다 생각하는 데 가장 많은 시간을 들일 것이라고 공식적으로 표명할 마음도 있다. 뭐, 방금 그렇게 한 것 같다.

고객/이해 당사자와 소통하기

이 업무는 정말 하기 싫다. 나도 안다. 일반적으로 개발자들이 잘하는 일도 아니다. 하지만 해야 할 일이다. 계속해도 더 나아지지 않을 수도 있다.

『인간관계론』 blog 을 읽는 것으로 시작하라. 그리고 내가 쓴『소프트 스킬』 blog 을 아직 읽어보지 않았다면 이 책도 읽어보길 바란다.

존. 도대체 왜 내가 고객이나 이해 당사자랑 얘기를 해야 되는 거죠? 그냥 나는 내 자리에 앉아서 코드나 쓰고 사람 대하는 건 사업부 사람들이 하게 하면 안 되나요?

그렇게 할 수도 있다. 분명 그렇게 해도 된다. 하지만 **그러면 자신의 경력과 잠재력이 엄청나게 제한된다.**

소프트웨어 개발자의 가치를 코드 작성 능력으로만 매기던 시절은 끝났다. 코드 작성 기술은 돈을 주고 살 수 있다. 전 세계 어디에 가도 코드를 작성할 줄 아는 사람은 저렴한 가격으로 구할 수 있다. 요즘은 소프트웨어 개발자의 가치를 코드 작성 능력으로만 평가하지 않는다. 회사나 고객의 요구 사항을 기술적인 해결책으로 풀어내는 역량이 있어야 능력을 인정받을 수 있다.

자신이 만드는 시스템의 요구 사항을 잘 이해해야만 좋은 개발자가 될 수 있다. 이 말은 고객이나 이해 당사자와 대화하고 해결할 도메인 지식을 갖추고 문제를 이해할 수 있어야 한다는 뜻이다. 주기를 계속 반복하며 소프트웨어를 개발해야 하는 애자일 환경에서는 이 점이 특히 중요하다. 매일 혹은 매주 고객이나 이해 당사자와 대화하는 시간을 보낼 것이라 예상해야 한다.

교육/멘토링

경험이 많은 소프트웨어 개발자의 가장 큰 가치는 코딩 능력에 있지 않다. 물론 정말 훌륭한 프로그래머라면 평범한 프로그래머 10명 몫의 일을 해낼 수도 있다. 하지만 경험 많은 훌륭한 개발자는 개발팀 전체의 능력을 끌어올릴 수 있다. 개인 업무 역량이 내는 효과는 팀 역량이 향상해서 얻는 효과에 비하면 미미한 수준이다.

경험이 쌓이고 업무 능력이 발전할수록 다른 개발자를 교육하고 멘토링하는 시간이 점점 더 늘어난다. 생산성이 떨어진다거나 코딩을 더 하고 싶다고 느낄 수도 있겠지만 그래도 이런 업무를 하는 게 좋다. 코드 작성 능력뿐 아니라 다른 여러 면에서 팀이나 조직에 영향을 미친다는 걸 깨달으면 매우 뿌듯할 것이다.

여기까지다…

이 정도가 주된 부분이다. 어느 회사에서 일하느냐에 따라 서버 설정, 영업 등 다른 업무를 해야 할 수도 있다. 하지만 기본적인 업무는 이 정도다.

이로써 3부도 끝이 났다. 이제 본격적으로 업무에 돌입해야 할 시점이다. 4부에서는 소프트웨어 개발자들이 접하는 전형적인 업무 환경에서 어떻게 살아남아 성장할 수 있는지를 알려주는 데 초점을 맞출 것이다.

계속 함께 가보자.

Part 4

개발자로 일하기

직업일 뿐이다. 풀은 자라고 새는 날고 파도는 모래를 두드린다. 그리고 나는 사람을 두들겨 팬다.

– 무하마드 알리

소프트웨어 개발자가 되면 코드 작성 외에도 많은 일을 해야 한다. 장기적으로 보면 코드 작성 능력보다 동료, 상사와 얼마나 잘 지내느냐, 자신의 의견을 얼마나 잘 전달하느냐, 연봉을 인상을 위한 협상과 인사고과를 잘 받기 위한 핸들링을 얼마나 잘하느냐, 옷을 어떻게 입느냐 하는 소프트 스킬이 성공에 더 큰 영향을 미친다. 코드 작성 실력이 엉망이라도 아첨에 소질 있는 예스맨(혹은 예스우먼)이 되면 성공할 수 있다는 말이 아니다. 기술 분야에서도 업무와 관련된 사회적 역학 관계를 세심히 신경 써야 한다는 뜻이다.

4부에서는 때로 혼란스럽다고 느껴질 정도로 복잡한 업무 환경에서 살아남는 법을 이야기해주겠다. 그러려면 외톨이 기질이 다분한 동료, 고압적인 태도를 고수하는 상사, 끊임없이 부담스러운 요구를 늘어놓는 고객 등 곳곳에서 온갖 이상한 사람을 대면하는 방법을 깨우쳐야 한다.

그리고 '일과 삶의 균형'은 요즘 많은 관심을 받는 키워드다. 이를 실현할 방법에 대해서도 함께 고민해보자.

짜증스럽게 구는 동료를 상대하는 건 어려운 일이지만 어떻게 대할지 배워두는 게 좋다. 가족보다 더 자주 볼 가능성이 높기 때문이다. 상사도 마찬가지다. 나도 바보 같은 상사, 사사건건 간섭하는 상사와 지내본 적 있다. 그런 사람과 일하는 게 얼마나 괴로운지 안다. 이런 사람을 어떻게 대해야 하는지 꼭 알아두어야 한다. 상대가 권력을 쥐고 있다면 특히 그렇다.

연말 평가나 분기 평가에서 좋은 점수를 받아, 꿈꾸던 연봉 인상이나 승진을 쟁취할 가장 좋은 방법은 무엇일까? 이 책에 곧 나올 것이다. 옷 입는 법, 리더가 되는 법도 이야기해보자.

세상이 늘 공평하고 친절한 건 아니다. 기술 세계도 마찬가지다. 때로 어떤 면에서 보면 더 가혹한 면도 있다. 편견의 희생양이 되었다고 느낄 때는 어떻게 해야 할까? 여성이든 남성이든 기술 세계에서 민감한 여성의 지위라는 주제에는 어떻게 접근해야 할까?

이런 질문에 답하기 위해 진흙탕 논쟁에 무릎까지 빠지도록 뛰어들었다. 내가 두려워하는 유일한 주제는 QA 대하기인데 이 문제도 빠뜨리지 않고 다루었다.

4부에서 다룰 내용은 부담스러울 수 있다는 걸 미리 경고하겠다. 그러니 더러워져도 괜찮은 작업복으로 챙겨 입고 출발하라.

모두에게 행복하고 즐거운 기분이 들도록 완전히 중립적인 언어만 선택해서 쓸 수도 있지만 그런 글은 실제 당신이 마주하게 될 업무 환경에서 별 도움이 되지 않는다. 그래서 날것 그대로를 전달할 생각이다. 자, 당신이 준비가 되었든 안 되었든 일단 출발해보자.

동료 대하기

최악이었던 동료 한 명이 떠오른다. 이름은 샘, 어딘가 구린 친구였다. 문자 그대로 들으면 된다. 데오도런트를 쓰지 않았던 것이다. 샤워를 하긴 하는지 궁금했다. 입 냄새가 났다. 대화를 나누려 하면 얼굴을 가까이 마주하고 아주 거슬리는 태도로 말을 걸어왔다.

그는 인간 사이에 이루어지는 정상적인 상호작용이 어떤 건지 전혀 모르는 눈치였다. 쉴 새 없이 자랑을 해대면서 상대가 의견을 제시할라 치면 그 즉시 내 의견보다 못하다고 못 박았다. '정말'이라는 단어를 말끝마다 붙이고 자신이 상대보다 우월하다고 믿으며 많이 배운 것처럼 보일 요량으로 현학적 표현을 남발했다.

처음에는 끊임없이 내 면전에 얼쩡거리는 샘 때문에 회사를 그만둬야 하나 고민이 될 정도였다. 하지만 그 후 샘에 대해 몇 가지 깨달은 게 있다. **그런 모든 단점을 걷어내고 보면 사실 꽤 괜찮은 사람이었다.** 그뿐 아니라 실제로 똑똑했다. 매우 비판적이긴 했지만 적어도 정직했다. 다른 사람들이 좋은 말만 해줄 때 샘은 진실을 이야기했다. 듣는 사람이 좋아하든 싫어하든 말이다. 그를 무던하게 대할 방법을 알아낸다면 그에게 눈치가 부족하다는 게 장점이 될 수도 있다. 그래서 내 태도를 바꿔보기로 했다.

샘을 바꾸려 하지 않고 그를 받아들였다. 과거에 몇몇 사람이 했던 것처럼 나도 그의 장점을 인정하고 칭찬해주었다. 그랬더니 그는 상상을 뛰어넘는 충성심을 보였다. 친구라고 할 정도는 아니더라도 그저 함께 지낼 만하다는 수준을 넘어서 나를 지지해주는 지원군이 되었다.

당신도 소프트웨어 개발자로 일하는 동안 샘 같은 인물을 수도 없이 많이 만날 것이다 blog. 물론 처음부터 편하게 잘 지낼 수 있는 좋은 사람도 그만큼 많이 만난다. 심지어 내가 어떻게 하든 결국 문제를 일으키기 때문에 차라리 최대한 피하는 게 좋은 말썽꾼도 만날 것이다. 하지만 이들과 매일 같이 일해야 한다면 공존하는 법을 배워두는 게 좋다. **세상에서 가장 뛰어난 프로그래머라 한들 동료와 어울리는 법을 모르면 일하는 게 지옥 같을 뿐 아니라 생산성도 크게 떨어질 것이다.**

이 장에서는 대하기 쉬운 동료와 어려운 동료 양쪽 다 현명하게 대하는 방법에 대해 이야기해보자.

첫인상이 중요하다

첫인상은 정말 바꾸기 어렵다. 그러므로 앞으로 자신의 인생에 꽤 큰 비중을 차지할 사람을 만날 때는 **좋은 첫인상을 남기는 게 좋다.**

이미 늦었다고 느끼는 사람도 있을 것이다. 그렇다면 다음 직장에서라도 좋은 첫인상을 남겨야 한다. 기존 직장에서도 태도를 180도 바꾸면 인상을 바꿀 수 있긴 하다. 하지만 아주 어렵다. **새 직장에 들어갔을 때 능력이 부족한 사람이라거나 그 자리에 적합하지 않은 사람이라는 인상을 남기지 않게 주의하라.**

자신의 기술에 자신감을 갖는 건 무척 중요하다. 관리자가 승진 관련 결정을 내릴 때 동료들의 평가도 중요하게 생각하는 일이 많기 때문이다. 겸손이 미덕이기는 하나 **신입이라고 해서 소심하게 묵묵히 따르기만 할 필요는 없다.** 언제까지나 신입 꼬리표를 달고 다녀봐야 좋을 게 없다. 당신 주변에도 수년 동안 한 직장을 다녔지만 첫인상 때문에 계속 신입이라고 여겨지는 동료가 있을 것이다.

그렇다고 자만심에 차서 오만하게 굴지는 마라. **자신감과 호기심 blog 을 지닌 사람으로 보이는 걸 목표로 삼아라.**

입사한 지 얼마 되지 않았다면 자신의 능력에 확신이 있더라도 본인보다 오래 근무한 동료들의 경험을 존중하라. **똑똑한 질문을 많이 던지는 건** 이런 마음가짐을 보여줄 좋은 방법이다. 특히 연수를 받을 때 쓰면 좋다.

처음 며칠 동안은 의상이나 행동도 조심하라. **복장 규정이 자유로운 편이라고 해서 꼭 편하게만 입어야 하는 건 아니다.** 첫 주에는 평소 직장에서 입는 옷보다 약간 더 차려 입어서 조금 더 전문가다운 느낌을 주는 게 좋다. 그리고 **평소보다 좀더 사교적이고 친절한 태도를 유지하라.** 만나는 누구에게나 인사를 건네며 성이 아니라 **이름을 부를 수 있도록 해보라.**

모두 좋은 첫인상을 남기는 방법이다. 첫인상이 좋으면 동료들과 관계를 순조롭게 시작하는 데 큰 도움이 된다.

최대한 보탬이 되어라

나는 어디에서 일하든 **기꺼이 동료를 돕는다.** 이런 태도로 일하면 많은 지원군을 얻을 수 있다.

때로는 적정 수준의 건강한 경쟁이 활력을 불어넣어준다. 하지만 직장 내에서 평소 지나치게 전투적이거나 경쟁적인 태도를 보이는 건 좋지 않다. 그보다 다른 이를 기꺼이 도와주고 지원하는 태도를 견지하라. 자신을 늘 깎아내리고 나쁜 사람으로 몰아가는 동료를 좋아하는 사람은 없다. 당신이 어떻게 해도 그런 식으로 행동하는 사람도 있을 것이다. 이런 사람에 대해서는 뒤에서 자세히 이야기할 것이다. 하지만 **보통 사람은 기꺼이 다른 이를 돕는 사람에게 친절하게 반응한다.**

곤경에 처한 상황에서 자신을 도와주는 사람은 원래보다 훨씬 똑똑해 보인다는 장점도 있다. 그러면 **팀에서 '해결사' 평판을 얻을 것이다.** 이런 평판은 팀장 승진을 기대하는 이에게 큰 도움이 된다. 동료를 잘 돕는 건 자신에게 전반적으로 득이 된다. 전투적인 동료를 무장해제시키고 경험은 늘며 긍정적인 이미지까지 구축된다. 즉, 문제는 줄고 업무 환경은 좋아진다.

드라마를 피하라

훌륭한 첫인상을 남기고 팀에 가장 큰 보탬이 되도록 노력하더라도 직장에서 드라마 같은 상황을 마주할 일은 생길 것이다. **인간이 있는 곳에는 반드시 드라마가 있다.** 사회적 관계가 형성된 곳에는 꼭 드라마가 펼쳐진다. 하지만 드라마가 벌어졌다고 해서 꼭 거기에 휘말려야 되는 건 아니다. 자신의 삶에 말도 안 되는 일이 벌어지게 내버려두지 마라.

드라마에 휘말린다는 건 그런 말도 안 되는 일이 벌어지도록 내버려두었다는 뜻이다. 아주 간단한 이치다. 자신의 삶에 어떤 일이 벌어지게 둘지, 자신의 감정적·물리적 에너지를 어디에 쏟을지는 자신이 정해야 한다.

누군가 자신의 삶을 드라마 같은 상황으로 몰아가려 할 때 그런 행위를 인정하거나 격려하지 마라 blog. 험담에도 휘말리지 마라. 누군가 다른 이를 험담하면 그 사람에 대해 좋은 말을 하라. 루머가 떠돌아도 최대한 듣지 말고 혹시 들었더라도 절대 퍼뜨리지 마라. 대화의 주제를 업무로 전환하라. **사무실에서 들리는 웅성대는 대화에서 드라마가 일어날 전조가 느껴지면 헤드폰을 착용하고 업무에 집중하라.**

자신을 둘러싼 드라마가 펼쳐지려 할 때 이렇게 대응하는 게 좋다. 이를 이유로 본인에 대해 고약한 말을 하는 사람이 있다고? 무슨 대수라고. 무시하고 할 일을 하라.

드라마는 인생에 하등 도움이 되지 않는다. 드라마에 휘말려서 프로그래머로서의 경력이 끊겨버린 사람을 여럿 보았다. 그런 일에 휘말리기 전까지는 똑똑한 소프트웨어 개발자였다. 그런 상황을 피해 자기 할 일에 집중했어야 했는데 그러질 못했다.

갈등을 피하지 마라

드라마는 필요 없지만 갈등은 필요하다. **하나의 목표를 달성하기 위해 함께 일하는 사람들이 있는 곳에는 갈등이 있기 마련이다.** 서로 생각이 다를 때, 서로 상대가 멍청하다고 생각할 때 갈등이 생긴다. 어느 정도 갈등이 존재하는 건 건강하다. 어떤 관계든 마찬가지다. 사람들의 관점과 세계관은 모두 다르므로 의견이 항상 일치할 수는 없기 때문이다.

해결만 잘 된다면 갈등은 도움이 된다. 갈등을 거쳐서 도출한 결과는 한 사람의 제한된 생각을 바탕으로 나온 결과보다 더 나을 가능성이 높기 때문이다. 그러므로 갈등은 피하지 마라 blog. 다른 사람의 제안에 동의하지 않는다면 요령껏 자신의 의견을 피력하라.

갈등이 드라마로 이어질 때도 있긴 하지만 제대로 풀어나가면 꼭 그렇게 되지 않는다. 분노에 사로잡히지 말고 냉정을 유지하라. **갈등을 사적으로 받아들이지 마라.** 갈등이 사적으로 느껴질 때는 동료를 평화롭고 건설적인 태도로 대할 수 있을 정도로 감정이 가라앉을 때까지 잠시 혼자만의 시간을 갖는 게 좋다.

이때 문제를 해결할 최고의 방법을 찾는 것에 목표를 두어라. 자신이 옳다거나 자신이 동료보다 똑똑하다는 걸 증명하겠다는 데에 목표를 두면 안 된다. 동료가 사적인 영역을 침범해서 갈등에 휘말리는 일도 있을 수 있다. 그럴 때는 헨리 클라우드의 『Boundaries』(1992, Zondervan) blog 를 읽어보라. 사적 영역은 어떤 요소로 구성되며 이를 침범하는 사람을 어떻게 대해야 할지 알려주는 책이다. 그럴 때도 상대가 하는 행동이나 말 중에 어떤 부분이 문제가 되는지 알려주면 갈등을 건강하게 풀 수 있다. 공격적이라는 느낌이 들지 않도록 상냥하지만 단호하게 어디까지가 자신의 사적 영역인지 명확하게 이야기해주면 된다.

갈등을 겪는 과정은 그리 즐겁지 않다. 하지만 그렇다고 마냥 피하다가는 오히려 드라마 같은 사건에 휘말리고 분한 감정에 사로잡히는 계기가 될 수 있다. 부정적인 감정은 직장에서든 가정에서든 인간관계에 악영향을 미친다.

그러나 논쟁은 최대한 피하는 게 좋다. 갈등은 논쟁하지 않고도 풀 수 있다. 특히 업무와 관련 없는 주제라면 말이다. 갈등과 논쟁에 관해서는 곧 더 이야기하겠다.

건강한 갈등 해결 과정과 논쟁의 주된 차이는 의도에 있다. 자신이 옳고 상대가 틀렸다고 증명하려는 의도라면 논쟁이다. **상대를 이해하고 관점의 차이를 최대한 해결하고자 순수하게 노력하려는 의도라면 건강한 갈등 해결 과정이다.**

이런 차이를 잘 표현하는 데일 카네기_{Dale Carnegie}의 말이 있다.

하늘 아래 논쟁에서 이길 유일한 방법은 하나밖에 없다는 결론에 이르렀다. 그 방법은 바로 논쟁을 피하는 것이다. 방울뱀이나 지진을 피하듯이 논쟁을 피하라.

정치와 종교

논쟁 이야기가 나온 김에 정치와 종교에 대해서 이야기해보자 blog. 아, 성 문제도 건전하게 다룰 수 있다. 뭐, 아닐 수도 있지만. 어쨌든 직장에서는 아니다. **그냥 하지 마라.**

논쟁을 일으켜서 이전에 경험해본 적 없는 수준의 강력한 적대감을 경험해보고 싶다면 방금 앞에서 언급한 주제를 꺼내라. 사람들은 이러한 주제가 나오면 아주 강한 신념을 가지고 매우 편협한 견해를 펼치며 크게 감정에 치우친다. 그리고 무엇보다 이런 주제는 업무 성과를 높이거나 좋은 업무 환경을 만드는 데 전혀 도움이 되지 않는다. 자신의 의견에 동의해줄 거라 생각되는 동료 앞이라 해도 이런 이야기는 아예 꺼내지 않는 게 낫다.

- 상대가 동의하지 않을 수 있다.
- 다른 의견을 지닌 동료가 그 대화를 우연히 듣고 끼어들 수도 있다. 아니면 자기 자리에서 조용히 속 끓이면서 당신을 무너뜨릴 기회를 엿보기 시작할 수도 있다.

해서 좋을 게 하나도 없으니 내 말을 믿어라. 사무실 내에 정치적 불안감을 조성한 주인공이라는 소문이 돌기 시작하면 사고뭉치나 선동가로 낙인 찍힐 수도 있다. **나는 존경받던 똑똑한 프로그래머가 논쟁을 일으킬 만한 발언을 굳이 내뱉은 탓에 자신의 짐이 담긴 상자를 들고 건물 밖으로 쫓겨나는 장면을 많이 목격했다.**

이런 대화는 저녁을 먹으며 가족들과 나누는 게 현명하다.

일하지 않는 동료

어느 회사에나 자기 할 일을 하지 않는 것처럼 보이는 동료가 한 명쯤은 있다. 그가 팀의 짐이라는 사실을 모두가 안다. 다른 직원들이 자리에 앉아 열심히 할 일을 해나가는 그 시간, **그는 웹 브라우징에 몰두하고** 페이스북에 정치적인 메시지를 포스팅한다.

정말 화나는 일이다. 한 대 때려 붙인 뒤 상사의 사무실로 끌고 가서 이 게으름뱅이는 해고되어야 마땅하다고 말하고 싶은 충동을 느낄 것이다.

절대 그러지 마라. 그냥 아무것도 하지 마라. 이런 사람은 내버려두면 자기가 알아서 자기 밥줄 끊어먹을 일을 할 것이다 blog.

본인이 할 일만 신경 써라. 자신이 해야 할 일을 하고 자신의 생산성을 최대한으로 높이는 데 집중하라. 다른 사람이 무엇을 해야 하고 하지 말아야 할지에 대해 고민하지 마라.

이런 사람을 대처하는 가장 좋은 방법은 당신의 생산성이 너무 뛰어나서 차이가 더욱 도드라지게 하는 것이다. 그러면 상사가 결국 누가 게으름을 피우고 있는지 알아챌 수밖에 없다.

고자질이 최악이다. 고자질하는 사람은 쩨쩨해 보인다. 게다가 상대에게 방어할 기회를 준다. 그리고 본인의 오해였을 가능성도 있다. 그가 지난 1년간 무슨 일을 했는지 하루도 빠짐없이 기록한 문서라도 꺼내 든다면 오히려 공격한 자신이 더 게으른 사람으로 낙인 찍힐 수도 있다. 혹 알고 보면 회사의 높은 사람과 연고가 있어서 입사한 사람일 수도 있다. 당신이 멋모르고 상사에게 CEO의 조카를 비난했다면 결국 누가 이기고 누가 해고되겠는가?

그냥 조용히 자기 할 일을 최선을 다해서 하라. 이런 문제는 시간이 충분히 흐르면 저절로 해결된다.

그래도 뭔가 하고 싶다면 그 사람을 도와주어라. 잘못 읽은 게 아닌가 싶겠지만 제대로 본 것이다. 먼저 나서서 **도와줄 게 없는지 물어라.** 당신의 성실한 **노동관에 영감을 받아 그도 열의를 느끼게 될지 확인해보라. 동기를 부여했을 때 그** 가 열심히 일할 의지를 갖는지 보라. 작은 격려가 어떤 결과로 이어지는지 보면 놀랄 수도 있다.

〈잠깐만요, 존〉 단순히 짐 수준이 아니라 더 나쁘면 어떡해요? 그냥 게으른 게 아니라 팀에 악영향을 준다거나 아예 무능력한 사람이라면요?

내가 '소프트웨어 개발에 대해 당신의 상사가 모르는 7가지'라는 제목으로 글 blog 을 썼는데, 그 글에서 방금 한 질문과 관련 있는 내용을 여기에 인용하겠다.

솔직히 말해 누구나 팀에 도움이 되기는커녕 해가 되는 프로그래머와 일해본 경험이 있을 것이다. 소프트웨어 개발 분야에서는 기술 수준과 능력에서 큰 차이가 날 수 있다. 코드를 작성하는 족족 도리어 회사의 돈과 시간을 축내는 개발자도 존재한다. 이런 개발자는 회사에서 돈을 받을 게 아니라 회사에 돈을 내야 한다.

회사에 전혀 도움이 되지 않아서 당장 해고되어 마땅한 사람이라는 게 자신의 눈에는 명백해 보이는데 상사는 왜 모르는지 이상할 것이다. 마치 미다스 왕처럼 손대는 족족 엉망으로 망치는데 말이다. 팀원 중에 팀에 해로운 인물이 존재한다는 걸 상사가 모를 때는 어떻게 해야 할까?

소프트웨어 개발자 대부분은 동료가 게으르고 무능한 바보라고 일러바치는 고자질쟁이처럼 비치는 걸 두려워한다. 그 마음을 나도 이해한다. 하지만 해야 한다. 누군가 팀에 해가 되고 있다면 관리자에게 알리는 건 당신 몫이다. 불편한 일이지만 무능력한 게 뻔한 사람을 보고 하지 않는 사람도 무능력한 것이다. 무능력 공범자 또한 주홍글씨를 붙여야 한다.

다만 표현을 잘 해야 한다. 상사가 스스로 조금 더 알아봐야겠다는 생각이 들도록 넌지시 암시하라. 아마 이 정도면 될 것이다.

"저도 이런 말을 하는 게 불편하지만 만약 제가 관리자라면 팀에 직접적으로 누를 끼치는 인물이 누군지 알고 싶을 거라고 생각했습니다. 그래서 지켜본 내용을 알려드리는 게 제 의무라고 느꼈습니다. 그냥 제가 관찰한 내용에 불과합니다. 그러니까 직접 확인하시고 다른 팀원들에게도 확인해보셔야 하셔야 할 겁니다. 하지만…."

아니면 조금 더 명확한 방법을 쓸 수도 있다.

"그 사람은 너무 멍청해요. 코딩 실력도 엉망이고 느리죠. 사실 느려서 다행이에요. 그나마 망치는 일이 적어지니까요. 그냥 내보내는 게 나을 거 같은데요."

본문에서 한 말과 모순되는 것처럼 보이겠지만 게으르고 일을 열심히 하지 않는 것과 팀에 해악을 끼치는 것은 차이가 크다.

게으른 사람은 자신의 운명을 스스로 결정하게 내버려두라. 하지만 무능력해서 팀에 큰 누를 끼치는 사람이라면 누군가 나서서 처리해야 한다. 그 여파를 자신이 일부 감당해야 하는 한이 있더라도 말이다.

수다쟁이 동료

자주 마주할 법한 또 다른 상황을 소개한다.

당신은 하던 작업을 마무리하고 싶다. 그리고 예의 바르고 사교적으로 지내고 싶다. 그런데 여기 한 녀석이 있다. 진짜 친하게 군다. 하지만 입을 다물 줄 모른다. 일을 하려고 자리에 앉았는데 계속 머리를 들이밀며 선거에서 누가 이길 거 같냐고 묻는다. 다른 곳에서 일을 보고 자리로 돌아오니 자신과 오랜 시간 불화를 빚고 있는 이웃과 겪은 일을 들려주겠다고 아예 자리를 잡고 기다리고 있다.

바쁘니까 이제 그만 본인 자리로 돌아가라고 온갖 신호를 보낸다. 시계를 보고 헤드폰을 만지작거리면서 의자를 모니터 쪽으로 돌리고 키보드 위에 손을 올렸지만 **그래도 그는 계속 떠든다.** 이럴 때 어떻게 해야 할까?

이런 상황을 정리할 수 있는 방법이 몇 가지 있긴 하지만 쉬운 방법으로는 **집중 시간을 정하고 그에 대한 명확한 규칙 만들기**를 들 수 있다. 나는 집중해서 일하기 위해 뽀모도로 기법을 쓴다 blog. 이 글을 쓰는 지금도 25분 타이머가 돌아가고 있다. 25분 동안 이 책을 쓰는데 100퍼센트 집중하면서 주의를 분산시키는 다른 어떤 것도 용납하지 않는다.

뽀모도로 기법을 써야 한다는 게 아니라 **방해받고 싶지 않을 때 집중할 시간을 정해둘 방법을 마련하라**는 말이다. 예전에는 한쪽 옆에 작은 팻말을 걸어두는 간단한 방법을 쓰기도 했다. 팻말 앞면에는 "편하게 말을 붙여도 됩니다.", 뒷면에는 "집중 중. 방해하지 말아 주세요."라고 쓰여 있었다.

나는 집중하다가 방해를 받아서 일의 맥락이 끊겨 다른 일로 주의를 전환할 때 생산성에 엄청난 손실이 발생한다는 연구 결과를 접했다고 말하고, 생산성을 끌어올리기 위해 실험해보는 중이라고 설명했다. 그리고 팻말을 보여주면서 좀 유치해 보이긴 하지만 생산성을 올리기 위한 시도이니 웃어넘겨달라고 부탁했다. 이의를 제기한다거나 불편해하는 사람은 없었다. 그리고 효과도 아주 좋았다. 수다쟁이 동료도 이 말이 무슨 뜻인지는 알아들었다. 그래서 그와 직접적으로 부딪힐 일도 없었다. 방해가 사라지자 내 생산성이 급격히 좋아졌다. 강력히 권하고 싶은 방법이다. 단순히 문제를 해결하는 수준을 넘어서 생산성까지 끌어올려주기 때문이다.

멀티태스킹과 방해는 생산성을 크게 저해한다. 이 방법을 썼는데도 통하지 않는다거나 이 방법을 쓰고 싶지 않은 경우에 추천할 수 있는 꽤 뻔한 방법이 있다. 다만 이 뻔한 방법을 쓰려면 용기가 필요하다.

내가 갈등을 피하지 말라고 했던 걸 기억하는가? 지금이 바로 그 순간에 해당한다. **말 많은 동료에게 가서 나는 일하러 출근한 것이므로 업무와 관련 없는 이야기는 직장에서 삼가주면 감사하겠다고 말하는 것이다.** 이상한 부탁을 하는 희한한 사람이다 여길지도 모르지만 자신은 누군가 와서 방해할 때 집중력이 쉽게 떨어지는 사람이라서 어쩔 수 없다고 이야기하라. 마치 자신에게 문제가 있는 것처럼 말하는 것이다. 상대가 할 일은 하지 않고 다른 사람에게 무식할 정도로 말을 너무 많이 붙이는 데다 눈치도 없는 사람이라서 그러는 것이라고는 느끼지 못하게 하라.

말썽꾼

도저히 어떻게 대해야 할지 모르는 최악의 유형을 빼놓고는 이 장을 마칠 수 없다. 나는 이런 사람들을 말썽꾼이라고 부른다. **그냥 피하는 게 상책인 이들이 있기 마련이다.**

항상 불운한 일을 겪는 사람들이 있다. 온갖 드라마로 가득 찬 커다란 가방을 다섯 개쯤 짊어지고 다니며 도무지 벗어날 수 없는 희생양처럼 보이는 이들 말이다. 이들이 걸어온 길에 줄지어 누워 있는 사체가 이들의 표식이다. 늘 부정적이며, 논리적으로 설득한다는 건 꿈도 꿀 수 없다. 이런 사람은 자신뿐 아니라 주변에 있는 사람들의 삶까지 끔찍하게 만든다. 이들은 동료나 가족과도 잘 어울리지 못한다. **심지어 키우는 개라도 그에게 문제가 있다는 걸 알 것이다.**

이런 사람들을 보고 안타깝게 여겨 도와주고 싶은 느낌이 들면 위험하다. 이들은 매우 운이 없어서 끔찍한 일만 경험하며 살아온 것처럼 보인다. 하지만 이들이 불운할 운명이었다 한들 그 운명을 결정할 권한이 어차피 당신에게는 없다.

이런 사람은 피하는 게 상책이다. 대화는 최대한 짧게 끝내라. 관계를 완전히 끝낼 수 있다면 끝내라. 같은 팀원이라서 계속 소통해야 한다면 다른 팀이나 다른 직장으로 옮길 방법을 찾아보라.

좀 과하다 싶겠지만 내 말을 믿고, 매트릭스 요원을 발견한 모피어스가 네오에게 한 말을 따라라. "도망쳐!"

XX는요?

동료를 대하는 방법을 전부 다루기에는 이 장이 너무 짧다. 가장 일반적인 상황에 대해 간략히 다루고 현실적인 조언을 해주려 노력하긴 했지만 이 주제로 책 한 권을 써도 모자랄 것이다.

그렇다고 내가 새 책을 쓰겠다는 건 아니고 대인 관계를 다룬 고전 중의 고전을 추천할까 한다. 이 책은 뒤에도 자주 등장할 것이다. 바로 데일 카네기의 『인간관계론』 blog 이다.

그런데 사람을 대하는 방법에 대해 이야기하면서 상사에 대한 이야기가 빠졌다. 걱정 마라. 이 까다로운 주제는 다음 장에서 이야기할 생각이니까.

CHAPTER

37

상사 대하기

깃허브나 밸브Valve처럼 수평적인 조직을 갖춘 회사에서 일하거나 혼자 일하는 게 아닌 한 '상사'라고 불리는 야수 같은 존재와 씨름해야 한다. 중립적인 어휘를 쓰기 위해 노력하는 사람, 자신의 운명은 자신만 결정할 수 있으며 그 누구도 자신에게 이래라저래라 할 수 없다고 느끼는 사람이라면 이 존재를 관리자라고 부를 수도 있다. 명칭이야 어떻든 평범한 직장에 다니는 사람이라면 **누구나 이 존재의 지시를 받는다.** 적어도 대부분은 그렇다.

동료와 잘 지내는 방법을 배워두면 삶의 질과 직업 만족도를 높이는 데 분명 도움이 된다. **하지만 상사와 잘 지내는 법을 배워두는 건 해고당해서 제정신을 잃는 처지에 놓일 것이냐 남들보다 먼저 승진이나 연봉 인상의 기회를 낚아챌 것이냐를 판가름하는 열쇠가 될 수도 있다.**

나는 보고하는 입장과 보고받는 입장, 양쪽 모두를 경험하며 상사를 이해하고 상사와 소통하는 방법을 배웠다. 이 장에서는 그와 관련된 노하우와 대하기 어려운 상사를 만났을 때 대처할 방법을 몇 가지 알아보겠다.

상사 이해하기

야생 동물과 소통할 일이 있다면 가까이 다가가기 전에 우선 멀리서 관찰하는 게 현명하다. 날카로운 발톱과 이빨을 지닌 공격적인 생명체라면 특히 더 조심해야 한다. 그와 같은 맥락에서 이 치명적 종을 대하려면 그에게 동기를 부여하는 건 무엇이고 어디에 신경이 쏠려 있는지부터 알아야 한다.

상사와 소통할 방법을 모르는 사람이 너무 많다. 노력이 부족해서라기보다 상대를 너무 몰라서 그렇다 blog. 상사의 입장이 되어 생각해본 적도 없고, 상사가 자신에게 무엇을 기대하는지 상사의 관점에서 무엇이 좋고 나쁜지를 모른다.

직원을 평가하는 기준과 관리자를 평가하는 기준은 서로 다르므로 **상사를 이해하려면 이들이 어떤 기준으로 평가받는지 알아야 한다. 상사는 부하 직원이 얼마나 좋은 성과를 내느냐, 직원들의 활동을 얼마나 잘 관리하고 보고하느냐를 기준으로 평가받는다.**

본인이 회사를 세우고 소프트웨어 개발자를 많이 고용했다고 상상해보라. 이제 말을 잘 듣지 않는 성가신 개발자들을 관리할 사람을 고용할 생각이다. **당신이라면 관리자의 성과를 어떻게 평가하겠는가? 이 사람이 어떤 일을 해주길 기대하겠는가?** 어떻게 해야 상사 역할을 맡는 대가로 보수를 지급할 가치가 있는 사람이라고 생각하겠는가?

직원들이 효율적으로 일해서 일을 제대로 마치도록 관리하고 **직원들이 어떻게 일하는지 진행은 제대로 되고 있는지 보고해야 한다. 모든 일을 순조롭게 진행하되 팀의 효율을 저해할 문제가 발생했을 때는 잘 처리해야 한다.**

상사 평가 기준은 이 정도다. **직원이 상사에게 가치 있다는 평가를 받으려면 상사가 자신의 업무를 수월하게 할 수 있게 돕는 데 집중하면 된다.**

자, 다음으로는 상사가 무엇을 진짜 신경 쓰는지 알아내기 위해 잠시 그 사람의 입장에서 생각해보자. 자신이 상사가 되어서 방금 이야기한 기준으로 평가를 받는다면 직원들이 어떻게 행동하길 바랄 것이며 어떤 점을 신경 쓸 것인가?

무엇보다 업무 진행 상태에 대한 정보가 필요하다. 프로젝트가 어떻게 진행되고 있는지, 업무가 어느 지점까지 마무리되었는지, 일정에 차질은 없는지, 부각된 문제는 없는지가 궁금하다.

팀의 효율도 신경 쓰인다. 각 직원이 일을 잘해서 팀의 전체적 성과를 위해 이바지하고 있는지 알고 싶다.

이 모든 정보를 자신이 직접 구하러 다니지 않도록 보고가 제대로 이루어지는 게 중요하다. **팀이 자율적으로 작동해서** 자신이 개입하지 않아도 알아서 문제를 해결해야 한다. 사소한 문제를 크게 키우는 건 당연히 원치 않는다. 정치적 드라마 없이 **따로 지시가 없어도 모든 직원이 무슨 일을 해야 할지 알고** 진척 상황까지 잘 보고한다면 더할 나위 없이 완벽하다. 그래야 업무가 수월해져서 유튜브 동영상 시청 시간, 골프 라운딩 시간을 늘릴 수 있다.

상사와 원만하게 지내기

상사 대하기라는 주제를 두고 이 이야기부터 하는 이유가 있다. **당신은 반드시 상사와 원만해야 지내야 하기 때문이다.**

권력의 역학 관계와 공정성에 대해 이해해야 한다. 현실 세계에는 다른 사람보다 더 많은 권력을 쥔 사람이 존재한다. 인생이란 흔히 공정하다고 말하는 상황과는 약간 거리가 있다.

상사가 정말 멍청할 수도 있다. 엉망진창인 사람 말이다 blog . 하지만 그런 사실은 중요하지 않다. **상사에게는 권력이 있고 당신에게는 없기 때문이다.** 이 말인즉 당신은 상사와 원만하게 지내야 한다는 뜻이다. 그 점을 깜빡하면 안 된다.

지휘권을 존중해야 한다는 걸 기억하라. 그렇게 못하겠다면 회사를 떠나면 된다. 현실이 그러하므로 현실과 싸우려 드는 건 별 의미가 없다. 이상한 상사라 할지언정 당신은 그와 잘 지낼 방법을 스스로 깨우쳐야 한다. **상사와 잘 지내는 건 당신 몫이다.**

상사가 수월하게 일하도록 돕기

앞서 언급한 내용을 바탕으로 상사의 업무를 도울 방법 몇 가지를 떠올려보라.

초반에는 **상사가 무엇을 필요로 할지 예측해보면 좋다.** 상사 역할을 해보면 자기 할 일을 알아서 찾는 직원, 상사가 중요하게 생각하는 부분을 스스로 알아내서 묻기 전에 알아서 처리하는 직원은 아주 큰 가치가 있다. 이들은 상사의 걱정을 덜고 시간을 절약해준다. 신뢰할 만한 인재라는 사실을 입증한 것이다. 이런 직원은 관리하거나 걱정할 필요가 없다. **자기 관리가 되기 때문이다.** 혼자 내버려두어도 해야 할 일을 알아서 하고 결과를 낸다. 상사가 무엇을 필요로 할지 예측한다. 심지어 상사가 깨닫기 전에 알아낼 때도 있다. 그런 사람들은 더 많이 고용해서 더 많은 책임을 맡겨야 한다.

상사가 수월하게 일하도록 도와줄 일이 또 무엇이 있을까? 보고는 어떨까?

업무의 진행 상황을 파악해서 자신의 상사에게 보고하는 것은 상사의 주요 업무 중하나다. 그래야 향후 팀에 해를 끼칠 가능성이 있는 문제를 조기에 발견해서 해결할 수 있다. 당신이 이 업무를 도와줄 수 있다. 매일 무엇을 했는지 알아서 보고하면 된다 blog. 상사가 알아두면 좋을 만한 정보도 함께 곁들이면 금상첨화다. 아주 간단하지 않은가?

그런데 업무 진척 상황, 잠재적 문제, **한 주 동안 진행한 업무를 주간 보고서에**

적는 것조차 어려워하는 소프트웨어 개발자가 깜짝 놀랄 정도로 많다. 나는 사회생활 초반부터 주간 보고서를 제출하는 습관을 들였다. 살면서 가장 잘한 일 중 하나라고 생각한다. 상사는 행복해지고 나는 돋보인다. 게다가 누군가 나에게 일을 제대로 하지 않는다는 혐의를 제기할 때 굳건한 방어막이 된다.

팀을 책임지는 태도도 상사에게 도움이 된다. 남을 비난하고 책임을 전가하는 건 누구든지 하기 쉽다. 사실 누구의 잘못인지는 그렇게 중요하지 않다. **본인은 자기 몫을 멋지게 해냈어도 다른 사람이 할 일을 제대로 못하면 결국 프로젝트가 전체적으로 위기에 처한다.** 프로젝트에 문제가 생겼을 때 상사는 누구의 책임인지보다 프로젝트를 정상적으로 마무리할 방법을 찾는 데 관심이 있다.

이 말은 자신에 대한 책임뿐 아니라 **팀 전체를 대표해 책임을 지는 직원이 있다면** 상사의 업무가 수월해진다는 뜻이다. 모든 일이 순조롭게 진행되어서 해야 할 일이 잘 마무리되게 하는 데 도움을 주어라. 마무리가 잘되지 않을 때는 소매를 걷어붙이고 나서서 도와주어라. 책임을 더 맡아라. 간단히 줄여서 **해결할 문제가 있을 때, 프로젝트를 진척시켜야 할 때 상사가 기댈 수 있는 사람이 돼라.** 그러면 아주 훌륭한 인재라고 인정받을 수 있다.

이는 팀장으로 승진할 좋은 방법이기도 하다. 이에 대해서는 뒤에서 더 이야기하도록 하겠다.

나쁜 상사

나쁜 상사에 대한 영화를 본 적 있을 것이다. 정말 좋은 상사도 있지만 아주 끔찍한 상사도 있다. 그리고 내가 말했듯이 당신은 상사와 원만히 지내야 할 입장이므로 상사가 좋든 나쁘든 잘 지낼 방도를 마련하든가 아니면 이직할 방법을 알아내야 한다.

지금부터 나쁜 상사의 대표적인 유형 몇 가지와 나쁜 상사 대처법을 알려주겠다. 안전띠를 단단히 매라. 길이 꽤 험할 거다.

마이크로매니저형*

이런 유형의 상사가 가장 흔하고 가장 성가시다.

이 유형은 무슨 업무를 할지 알려주고 난 후 가만히 있지 못한다. 직원을 다시 불러들여서 어떤 방법으로 진행할지 지시한다. 그렇게 일하는 것을 조금 지켜보다가 무엇을 잘못했는지 지적하고 지금껏 무엇을 했는지 세세하게 보고하게 한다. 그리고 무엇을 잘못했는지 또 지적한다.

이런 유형의 상사는 부하 직원을 못 믿는다. 업무를 맡기자마자 어떻게 진행하고 있는지 확인한다. 마치 다섯 살짜리 아이가 진짜 양치하고 나왔는지 보기 위해 칫솔이 젖었는지 확인하는 엄마 아빠나 다름없다.

대하기 아주 까다로운 유형이다. 사사건건 감시하고 어떤 결과를 내도 결코 흡족해하지 않는다. 직원은 로봇처럼 시키는 일만 해야 한다. 즉, 직원이 본인의 두뇌를 써서 일하게 두지 않는다. 나도 컴퓨터에 무슨 툴을 설치했는지 확인하고 그중 일부를 지우라고 할 정도로 간섭하는 상사와 일해본 경험이 있다.

이런 상사는 도대체 어떻게 대해야 할까? 몇 가지 방법이 있다.

우선 신뢰를 얻어야 한다. 앞서 이야기한 대로 상사의 일을 수월하게 해주면 된다. 알아서 보고서를 제출하고 정보를 제공하면 심문의 횟수가 크게 준다. **할 일은 지시받기 전에 하라. 단, 어떻게 진행할 계획인지 미리 보고하라.** 마이크로매니저는 일이 어떻게 진행되고 있는지 모르는 상황을 견디지 못한다.

---

* 부하 직원의 일거수일투족을 과할 정도로 세세하게 관찰하고 통제하는 관리자를 가리켜 '마이크로매니저 (micromanager)'라고 한다. 부정적 함의가 있으며 우리나라에서도 원어 그대로 통용되는 말이라 그대로 옮겼다.

이런 방법이 상황을 누그러뜨리는 데 도움은 되겠지만 문제를 완전히 치료하지는 못한다. 그래서 또 다른 아이디어도 소개한다.

이 아이디어는 도널드 트럼프Donald Trump가 쓴 꽤 흥미로운 책인 『거래의 기술』blog에서 차용해왔다. 트럼프와 그의 아내는 자기들이 투자한 호텔에서 사사건건 간섭하는 상사였다고 한다. 일부 투자자는 트럼프가 일일이 간섭하고 질문하는 데 질려서 기존 관리자를 해고하고 모든 문제를 트럼프 부부에게 기꺼이 보고하는 사람을 관리직에 앉혔다.

새 관리자는 여기서 한걸음 더 나아가 **호텔에서 무언가 결정해야 할 때마다 트럼프에게 전화해서 의견을 물었다.** 카펫을 어떻게 세탁할지부터 어떤 베개를 쓸지까지 말이다. 예상할 수 있듯이 트럼프도 결국 끊임없는 질문에 질려버렸다. 그래서 새 관리자에게 말도 안 되는 질문으로 더 이상 자기를 괴롭히지 말고 자신이 적절하다고 생각하는 대로 알아서 호텔을 운영하라고 했다.

당신이 마이크로매니저 유형의 상사와 정보전을 벌여야 할 때도 이와 비슷한 방법을 쓸 수 있다. **과하다 싶을 정도로 자주 보고하고 무언가 결정해야 할 때마다 그의 의견을 물어라.** 마이크로매니저가 그냥 알아서 하고 결과만 보고하라고 말할 때까지 **그가 감당하기 어려울 정도로 자세히 보고해서** 그를 귀찮게 하라. 때로는 똑똑한 유도 선수처럼 상대와 겨루는 데 힘 빼지 않고 상대가 제풀에 나가떨어질 때까지 기다리는 게 최고의 전략일 수 있다.

█ 불한당형

미국에서 이런 유형의 상사는 그 비율이 줄어들고 있긴 하지만 안타깝게도 아직 완전히 사라지지는 않았다. 인도 소프트웨어 개발자에게 받은 이메일을 보면 슬프게도 이런 유형의 상사가 인도에서는 아직 일반적이라고 한다.

직원에게 폭언과 위협을 일삼는 상사가 불한당형 상사다. 이런 유형은 공포와 학대를 도구처럼 써서 직원이 자신에게 복종하게 만들며 약자를 괴롭힌다.

불한당형 상사를 만났다면 솔직히 정말 안 좋은 상황이라고 볼 수 있다. 평소 나는 필요하다면 악착같이 버티며 하기 싫은 일도 해야 한다고 주장하는 쪽이지만 이런 경우라면 그곳에서 빠져나와 새 직장을 구해보길 권한다.

버텨볼 생각이라면 마음을 단단히 먹은 다음, 명확하고 절대적인 한계를 최대한 확고하게 정해두어야 한다. 36장에서 추천한 『Boundaries』를 읽어보는 것도 도움이 될 것이다.

불한당형 상사와 어쩔 수 없이 일해야 하는 상황에 처했을 때 이들을 대하는 가장 좋은 방법은 폭언이나 폭력적 행위를 용납하지 않고 강경하게 맞서는 것이다. 모욕적인 언사나 욕설을 퍼붓고 심지어 물리적 폭력을 가하는 사람이 있다면 절대 그대로 두어서는 안 된다(다시 한번 말하지만 물리적 폭력을 가하는 이들이 미국이나 유럽에서는 많이 사라졌으나 인도 등의 지역에서는 아직도 존재한다). 누군가 이 경계를 넘으면 바로 **직설적으로 정확하게 "다시는 그렇게 이야기하지 마시오."라고 이야기하라.**

그러나 위협하듯 말하지는 마라. 인사부에 이야기를 하겠다거나 변호사를 구하기라도 할 것처럼 이야기하지 말고, 그저 용납할 수 없는 일이 일어났다는 걸 최대한 차분한 태도로 명확하게 지적하라.

그렇게 하기 싫다고 하거나, 그래서 어쩔 거냐고 비아냥거리거나 또 폭력적인 행동을 하려고 한다면 그 자리를 떠나라. 상대와 얽힐 것인지 아닌지 정할 권한은 언제나 자신에게 있다. **물론 그랬다가 해고될 수도 있다.** 하지만 그게 이런 상황에서 취할 수 있는 최선의 행동 방침이다. 그대로 참아봐야 참지 못할 순간에 이르면 결국 새로운 직장을 찾아 나서게 될 것이다. 그때는 기소가 논의될 정도로 상황이 악화할 수도 있다.

하지만 솔직히 말해 **불한당 대부분은 상대가 맞서면 후퇴한다.** 학교에서 경험해본 사람이 많을 것이다. 불한당들은 상대가 저항하길 두려워한다고 믿는다. 불한당형 상사도 마찬가지다. 게다가 당신이 퇴사하면 불한당형 상사는 자신의 상사에게 그 이유를 설명해야 한다. 당신이 욕설로 되받는 등의 부적절한 행동을 취하지 않고 차분하고 냉정하게 대처한다면 그는 상황을 설명하기 위해 대놓고 거짓말을 할 수밖에 없다. 만약 증인이라도 있었다면 당신의 무죄는 쉽게 입증될 것이다.

불한당형 상사를 대할 때 모든 걸 기록하는 것도 잊지 마라. 폭언을 누가 언제 어떤 표현으로 했는지 정확히 기록하라. 모든 걸 기록한 자료가 있다면 인사부나 법정에서 당신에게 유리한 결과가 나올 확률이 엄청나게 높아진다.

솔직히 직장에서 상사나 동료에게 학대받는 것을 용인해야 한다는 건 말이 안 된다. 하지만 현실적으로 볼 때 내가 '몰린다'라고 표현하는 곤란한 상황에 처할 수 있다는 것도 잘 안다. 선택지가 거의 없어서 용인하기 어려운 상황을 어쩔 수 없이 견뎌야 하는 상황 말이다.

당신이 이런 상황에 처했다거나 아니면 하기 싫은 일도 해야 하는 좋은 기회라고 생각한다면 퇴사할 각오까지 하기는 어려울 것이다. 그럴 때는 또 다른 대안이 있다.

그런 일에 완전히 무뎌져서 폭언을 아무 생각 없이 넘기는 것이다. 그냥 웃어버려라. 그런 발언을 사적으로 받아들이지 말고 할 일이나 하면서 때를 기다려라. 하지만 정말 이 정도로 마음을 비울 수 있는 사람은 세상에 거의 없다. 그래서 절대로 권하는 방법은 아니다.

괜찮은 척하지 마라. 사실은 스트레스를 받는데 그런 일쯤 그냥 웃어넘길 수 있다고 스스로를 속이면 우울증 등의 다른 질병으로 이어질 수도 있다. 그러니 진짜로 평정심을 유지할 자신이 있는 사람만 그렇게 하라. 할 수 있는 척은 절대 하지 마라.

무식쟁이형

누구나 이런 상사와 일해본 경험이 있을 것이다. 도대체 어떻게 그 자리까지 승진했는지 이해하기 어려운 상사 blog, 아침에 일어나 신발끈을 제대로 매고 나올 정도의 지능은 있는지 의심스러운 상사 말이다.

그런데도 당신을 감독하는 역할을 맡고 당신에게 할 일을 지시한다. 아마도 피터의 법칙*이나 연고주의, 아니면 순전히 운 때문에 벌어진 상황일 수있다. 어쨌든 이런 상사와 일해야 한다면 어떻게 할 것인가?

내가 보기에 솔직히 **머리 나쁜 상사가 마이크로매니저형이나 불한당형 상사보다 낫다.** 하지만 바보 같은 상사를 대하는 방법에 대해 이야기하기 전에 상사가 진짜 멍청한지 잠시 점검해보자.

자신의 의견에 동의하지 않거나 자신과 다른 관점으로 세상을 보는 사람을 멍청하다고 생각하기가 정말 쉽다. 그래서 사실은 생각보다 그들이 더 똑똑할 수도 있다. 원래 뒷말은 하기 쉬운 법이다 blog.

상사가 멍청하다고 지레짐작하지 마라. 그런 추측이 꼭 맞다는 보장이 없을 뿐 아니라 그런 태도는 그다지 좋다고 볼 수 없다. 상사가 아주 똑똑한 인물은 못 되더라도 그가 상사라는 사실, 당신이 그에게 보고해야 한다는 사실은 변하지 않기 때문이다.

이런 상사를 대하는 방법에 대해 이야기할 텐데, 자신이 보기에 똑똑해 보이지 않더라도 **세상에는 다양한 종류의 지능이 존재하므로 자신의 평가 방법에 문제가 있을 수도 있다는 여지는 남겨두라.**

---

* 1969년 컬럼비아대학교 로렌스 피터 교수가 발표한 경영학 이론이다. 이 이론은 수직적 조직에 속한 직원은 이전 단계에서 업무 능력을 입증하는 한 결국 본인의 능력을 넘어서는 범위까지 승진하므로 업무 능력이 떨어지는 직원이 고위직을 차지하게 되는 일이 비일비재하게 일어난다는 병폐를 지적한다.

이런 상사는 이치에 맞지 않는 일을 시키거나 누가 봐도 말이 되지 않는 결정을 내려서 부하 직원을 곤란하게 한다. 소프트웨어 개발자 대부분은 이럴 때 당장 상사에게 찾아가서 그 제안이 틀린 이유, 자신이 이런 이야기를 하는 이유를 맹렬히 늘어놓는다. 이 방법은 마치 고양이에게 목줄을 매어서 원하는 방향으로 끌고 가려고 하는 거나 다름없다. 고양이는 이럴 때 발톱을 세우고 바닥에 붙어서 절대 따라가지 않겠다는 강한 의지를 보인다. 뛰어난 지성을 발휘해서 이렇게 직접적이고 전투적인 방법보다 **본인에게 더 유리한 방법을 찾아라.**

공격적인 태도를 버리고 **상사를 올바른 방향으로 이끌 똑똑한 질문을 던져라.** 상사가 "빨리 완성해야 되니까 이 수정 사항을 바로 서비스에 반영하는 게 좋겠어."라고 말했다고 가정해보자. 그럴 때 버럭 화를 내기보다 다음과 같이 대화를 이끌어가라.

"코드 배포는 확실히 빨라지겠네요. 그런데 혹시 그렇게 했을 때 예상되는 문제는 없을까요?"

"문제는 무슨 문제? 코드 배포가 빨라지는데."

"뭐, 예를 들어 고객 데이터 일부를 날려버리는 버그가 있는데 수정 사항을 바로 서비스에 반영하는 바람에 우리가 깨닫지 못한다면요?"

"그런 일이 생길 수도 있어? 그럼 테스트부터 하면?"

"아주 좋은 생각이에요! 저도 동의해요. 스테이징 서버를 만들어서 수정 사항을 서비스에 배포하기 전에 테스트해보면 되겠네요."

"좋아. 그럼 그렇게 하자고. 아, 난 참 머리가 좋아."

"아, 예, 그렇습니다."

이 방법을 쓰려면 겸양의 미덕을 한껏 발휘해야 할 것이다. 논리를 이해하지 못하는 사람에게는 논리적으로 싸우기보다 이쪽이 훨씬 더 효율적이다. 그리고 **무엇이든 최대한 단순하게 설명**하는 게 좋다. 자꾸 복잡하게 얘기하면 당신과 대화하는 게 답답하다고 느낄 것이다. 그러다가는 당신이 무슨 말을 하든 아예 무시할 수도 있다.

상사가 기술적인 내용을 잘 모른다면 그와 대화할 때 **복잡한 기술 용어를 쓰지 마라.** 더 단순하게 이야기하라. 상사가 이해할 법한 비유를 다양하게 활용하라. 상사가 축구를 좋아하면 축구 용어를 써서 설명하라. **상사가 이해할 만한 주제를 비유로 활용하라.** 그러면 상사가 얘기를 더 쉽게 이해할 것이다. 그렇게 관계가 좋아지면 의사 전달도 확실히 쉬워진다.

다시 한번 말하지만 알고 보면 똑똑한 상사일 수도 있다. 그가 멍청하다고 생각한 이유가 단지 자신과 다른 방식으로 똑똑하기 때문일 수도 있다. 소프트웨어 엔지니어나 기술력이 뛰어난 사람은 기술보다 사업이나 사람에 대한 이해력이 뛰어난 사람을 멍청하다고 평가하는 경향이 있다. 알고 보면 그들도 꽤 영민한 사람들인데 말이다. 단지 컴퓨터 프로그래밍이나 컴퓨터 프로그래머를 잘 이해하지 못하는 것뿐이다 blog. 그러므로 상사가 사용하는 언어로 대화할 방법을 찾아서 그 언어로 이야기하라.

그리고 **뛰어난 능력으로 무능력과 싸워라.** 자신이 맡은 업무를 훌륭하게 해내라. 우둔한 술탄을 보좌하는 현명한 대신처럼, 능력이 조금 부족한 군주를 보필하는 기민한 수상처럼 상사를 도와라. 황제에게 직접 도전하지 마라. 때로는 좀 멍청한 척해도 된다. 그 대신 없어서는 안 될 존재로 자리매김하라.

때로는 그에게 공을 돌려라. 결국 당신을 전적으로 의지할 수밖에 없기 때문에 진정한 권력은 당신이 누리게 된다. 장애물이던 상사가 사슴 같은 눈망울을 하고 당신의 날개가 되어줄 것이다.

노예 감독형

마지막 유형은 튜닉을 입은 근육질의 살기등등한 노예 감독형 상사이다. **노예 감독형 상사는 부하 직원을 혹사하고 또 혹사한다.** 부하 직원이 영웅처럼 엄청난 기세로 일해도 절대 만족하지 않고 항상 더 오랜 시간 동안 더 많은 일을 더 빨리 해내길 기대한다. 노예 감독형 상사는 직원들이 결국 과로로 쓰러지거나 스스로 패배를 인정할 때까지 **모든 직원의 생산성을 최대한 짜낸다.**

"음… 그래. 토요일에도 출근해야 할 거 같아….."

이런 상사는 어떻게 대해야 할까?

이 무자비한 감독관에게 **자신이 몇 시간 일할 생각인지 명확히 이야기할 필요가 있다.** 미치광이 상사 밑에서 모두가 그렇게 일하고 있다고 해서 당신까지 매일 오랜 시간 근무하고 주말마다 출근해야 한다고 생각하지 마라. 마음을 단단히 먹고 자신에게는 책임져야 할 다른 일이 있으며 근무시간에 열심히 일해서 맡은 일은 제대로 마치겠다고 이야기하라. 무급으로 초과 근무하느라 집안일 등의 다른 책무를 희생할 수는 없다고 말이다.

그리고 열심히 일해라. 매우 열심히! **하루 8시간 동안 정말 집중해서 생산적으로 일하여 12~14시간씩 일하고 주말에도 출근하는 가련한 운명에 놓인 다른 직원들보다 더 많은 업무를 완수하라.** 노예 감독형 상사에게 자신이 그의 방식이 아니라 자신의 방식으로 아주 훌륭한 성과를 낸다는 걸 보여주어야 한다.

말이 쉽지 실천하기 어렵다는 건 나도 안다. 내 말이 미덥게 들리지 않아도 이해한다. 말뿐이라고 생각할 수도 있을 것이다. 하지만 소프트웨어 개발자로 일하는 동안 나는 심각한 비상사태가 발생하지 않은 이상 주당 40시간 근무를 늘 지키면서 단 한 번도 문제를 일으킨 적이 없고 승진에서 밀린 적도 없다. 매일 오후 5시가 되면 퇴근했고 주말에는 출근하지 않았다. 대신 정해진 근무시간에 열심히 일했다.

물론 터무니없이 많은 시간을 초과근무하지 않는다는 이유로 해고하는 직장도 있다. 주말에 나와서 일해야 하는 때도 있다. 하지만 예외적인 상황이라서 그런 것이지 늘 당연히 그렇게 해야 하는 것이 되어서는 안 된다. 자신을 학대로부터 지킬 수 있도록 앞에서 말한 방침을 세워두고 지키기로 결심하면 훨씬 더 행복한 삶을 살 수 있다.

노예 감독형 상사에게 한 주간 당신이 어떤 일을 했는지 상세하게 보여주는 **주간 보고서를 반드시 제출하라.** 이 보고서를 통해 자신의 생산성 또한 증명하라. 자율적으로 일하는 매우 생산적인 직원이라는 걸 보여주면 일거수일투족을 감시하려는 경향이 줄어들 수 있다.

그리고 **불가능한 일정에 갇히는 일도 없도록 하라.** 지나치게 생산성을 짜내는 상사는 엄청난 초과근무를 하며 무리하지 않는 이상 절대 달성할 수 없는 말도 안 되는 일정을 지키라고 요구할 것이다. 그의 억지 요구를 그대로 따르지 말고 최대한 현실적이고 정직한 일정으로 조정하라.

나는 주로 이렇게 이야기한다. "제가 가지고 있는 데이터를 볼 때 적어도 X시간은 있어야 할 것 같습니다. 하지만 그것도 절대적으로 확실하지는 않습니다. 제가 해드릴 수 있는 건 최대한 성실하게 일하면서 진척 상황을 수시로 보고하고 추산한 일정을 그에 맞춰서 변경하는 겁니다." 시한에 얽매이지 않는 대신 최대한 빨리 업무를 진행하면서 꾸준히 조금 더 정확한 기한을 알려주는 방법이다.

대체로 이런 유형의 상사를 대할 때는 경계를 명확히 하고 이용당하지 않도록 주의해야 한다. 처음에는 경계를 명확히 하는 게 어렵겠지만 일단 정해지고 나면 그 경계가 생각보다 잘 지켜질 뿐 아니라 삶의 질도 훨씬 나아질 것이다.

늘 마음에 드는 상사를 고를 수 있는 건 아니다

이 장을 통해 당신이 상사 대하는 방법을 조금 더 알게 되었다면 좋겠다. 늘 마음에 드는 상사를 고를 수 있는 건 아니므로 이렇게 온갖 유형의 상사를 어떻게 대하면 좋을지 배워두는 게 좋다.

상사가 정말 끔찍한 사람이고 그와 함께 지내는 게 불가능하다는 판단이 섰다면 새로운 직장을 찾아보길 강력히 권한다. 세상에는 기껏 싸워봐야 아무 가치가 없는 전투도 있다.

38

QA 대하기

좀 의외일 수도 있고 우습게 들릴 수도 있겠지만 **QA를 대하는 게 어렵다고 이야기하는 소프트웨어 개발자가 많다.** 품질 보증quality assurance. 그 무서운 테스터들 말이다.

앞에서 테스트가 무엇이고 어떻게 이루어지는지에 대한 기본 정보를 알려주었다. **하지만 테스트를 안다고 해서 테스터까지 안다고 볼 수는 없다.** 그래서 이 짧은 장을 통해 테스터에 대해 이야기해보려 한다. 개발자가 테스터나 QA를 어떻게 대해야 하는지 이야기할 것이다.

QA는 적이 아니다

시작하면서 당신에게 작은 비밀을 알려주겠다. QA는 적이 아니다. 상황이 그렇기 때문에 꼭 적처럼 보일 수 있다. 당신이 열심히 이것저것 만들어두면 QA가 스티키마인즈StickyMinds*의 최신 글을 섭렵하다 말고 코를 후비

---

* 소프트웨어 테스팅 온라인 커뮤니티

며 나타나서는 비아냥대며 당신이 작성한 코드를 망가뜨리는 것 같아 보일 것이다.

그런데 정말 내가 작성한 코드를 망가뜨리고 있는 걸까? 코드에 버그가 있었던 게, 버그를 찾아내려 노력한 게 정말 QA의 잘못일까?

그렇지 않다. 차라리 당신 잘못이라고 보아야 맞다. 만약 당신이 평소 "그 누구도 비난하지 맙시다."라고 주장하는 평화주의자라면 그 누구의 잘못도 아니라고 할 수도 있긴 하다. 하지만 사실은 당신 잘못이다.

어쨌든 개발자와 테스터가 **한 팀**이라는 게 `blog` 핵심이다. 개발자나 테스터나 훌륭한 품질의 소프트웨어를 생산하겠다는 **목표는 같다.** 때로 서로의 목표가 충돌하는 것처럼 보여서 적처럼 느껴질 때도 있다. 코드를 절대 배포하지 못하도록 망가뜨리기로 작정한 테스터도 있을 수 있다. 자신의 목표가 소프트웨어의 배포를 막는 게 아니라 훌륭한 소프트웨어를 완성하는 데 있다는 걸 망각한 QA 담당자도 있을 수 있다. 그에 대해서는 뒤에서 조금 더 자세히 이야기할 것이다.

하지만 **개발자와 테스터가 대결 구도**를 이루고 있는 게 아니라는 사실부터 이해해야 한다. 이 관계를 대결 구도로 인식하고 전쟁을 시작하려 들면 개발자로 일하기가 정말 어려워진다. QA가 적이라는 개념은 머리에서 지워버려라. 자신에게 아무 도움이 되지 않고 소프트웨어 개발 경력에 해만 입힐 것이다.

아, 이와 관련된 내 경험도 한 가지 들려주겠다. 나도 지난 수년간 테스터들과 장대한 전쟁 서사시를 여러 편 썼다. 터무니없는 오해였지만, 심지어 의자를 던졌다는 혐의를 받기도 했다.

무엇을 테스트할지 알아두라

QA와 개발자 간의 갈등은 대부분 이렇게 시작된다.

"에이, 이건 버그 아냐."

"버그 맞아. 코드가 알파벳이 아닌 문자를 제대로 정렬 못 하잖아."

"그럴 리가 없는데. 테스트가 이상해서 그래. 기능은 제대로 작동한다고."

"제대로 작동해야 하는데. 버그야."

"버그가 아니야. 아! 이 xxx 같은 의자를 던져버릴까 보다. 이런 xxx!"

방금 우리는 소통이 실패한 현장을 보았다. 진짜다. 소통이 실패한 것뿐이다.

이건 **코드를 작성하기 전에 QA와 대화하면서** 무엇을 테스트할지 미리 합의만 하면 쉽게 해결되는 문제다. 5분 정도의 대화만으로 아무 이상 없는 의자를 부수는 사태를 막을 수 있다.

만약 내가… 아니 내 말은… 이런 '사건'에 휘말린 소프트웨어 개발자가 이 바보… 아니 테스터와 대화를 통해 무엇을 테스트할지 미리 정해두었다면 알파벳이 아닌 문자가 정렬되게 만들어야 한다는 걸 알았을 것이다.

코드를 작성하기 전, 자존심 문제가 개입되기 전, 미리 토론을 하면 대화가 훨씬 더 교양 있게 진행된다. 학교에서 시험을 볼 때도 어떤 과목인지 모르고 시험을 보는 일은 없지 않은가? 무슨 시험인지도 모르고 사법시험을 보러 가는 사람이 있을까? 시험장에 들어간 사람이 "어떤 시험인지는 모르지만 내가 아는 내용이 나오길 바란다."라고 말해서야 되겠는가? 그러므로 **테스트 방식이나 기준을 모르는 상태로 테스트받을 코드를 작성하지 마라.**

<잠깐만요, 죈> 요구 사항을 정의하는 일은 테스터 말고 프로젝트 담당자가 해야 할 일 아닌 가요? 주어진 명세에 맞춰서 작업했으면 된 거 아니냐고요?

동의한다. 세상이 그렇게만 돌아간다면 얼마나 아름답겠는가? 그러나 현실은 그렇지 않다. 교수님이 늘 교과서만 가지고 시험문제를 내는 건 아니다. 시험을 통과하려면 시험에 맞게 공부해야 한다. SAT에서 만점에 가까운 성적을 받고 싶다면 아무 단어, 아무 수학 문제, 무엇이든 시험에 나올 법한 내용을 닥치는 대로 공부하지 마라. SAT 준비 과정을 따라가며 SAT에 맞게 준비하라.

물론 소프트웨어는 SAT와 다르다. 테스터가 요구 사항을 설정해서는 안 된다. 하지만 테스터는 요구 사항을 정의하는 데 도움을 주고 시험문제를 작성하는 역할을 맡는다. 그러므로 혹시라도 시험에 문제가 있을 가능성이 있다면 사전에 알아내는 게 좋다. "명세를 지켰다."는 말은 그다지 좋은 핑계가 아니다.

스스로 사전 테스트를 하라

'테스트와 QA 기초'를 다룬 28장에서 간략하게 이야기했지만 중요한 부분이므로 다시 다뤄보려 한다.

스스로 사전 테스트를 해보라. QA는 개발자가 직접 테스트할 필요가 없게 대신 테스트해주는 보모가 아니다. QA는 고객의 대혼란을 막는, 코드 배포 전 **최종 방어선**으로 보아야 한다. 테스터가 자신의 버그를 찾아줄 것으로 보지 말고 코드의 정상 작동 여부를 입증해줄 것으로 보라.

테스터들 중에는 자신이 하는 일을 테스트라 하지 않고 검증이라고 하는 사람도 있다(QA 콘퍼런스에 갔다가 검증과 매뉴얼 테스트_{manual test}의 차이에 대해 몇 시간에 걸쳐 설교를 들었던 악몽 같은 기억이 떠오르므로 이야기는 그만하겠다). 어쨌든 **개발자에게는 자신이 작성한 코드를 QA에게 넘겨주기 전에 테스트할 책임이 있다.**

내가 이렇게 말하면 소프트웨어 개발자가 짜증을 내며 이렇게 물을 수 있다. "테스터에게 내 코드를 테스트할 책임이 없다면 그들이 왜 있는 거예요? 테스터는 도대체 무슨 일을 하는 건가요?"

아주 적절한 질문이다. 테스터가 매뉴얼 테스트만 수행하는 조직도 있긴 하다. 하지만 일반적으로 무엇을 테스트할지 결정하고, 문제가 발생할 여지가 있는 모든 상황과 흔히 떠올리지 못하는 유스 케이스use case는 무엇인지 생각해내는 것이 테스터의 가장 중요한 역할이다.

이렇게 생각하라. 뻔한 기능의 작동 방식에 대한 기본 시나리오는 누구나 생각해낼 수 있다. 이런 기본 시나리오는 QA에게 코드를 넘기기 전에 개발자가 테스트해보아야 한다. 훌륭한 테스터라면 뻔하지 않은 시나리오, 개발자가 떠올리지 못한 코너 케이스corner case를 테스트해볼 것이다(물론 그런 테스트도 개발자가 직접 하는 게 좋다. 뻔하지 않은 시나리오를 떠올릴 수 있게 코드 작성 전에 QA와 대화를 나눠라).

기본 유스 케이스, 자신이 알고 있는 시나리오는 미리 테스트를 해보아서 작동하는지 확인하라는 말이다. **테스터가 개발자 스스로 발견할 수 있을 만한 버그를 찾느라 시간 낭비하게 하지 마라** blog.

그런데 왜 이렇게 해야 하는 걸까?

버그/수정 사이클을 피하라

누가 어떤 업무를 맡아야 하느냐를 따지기 위해서가 아니다. 팀 전체의 업무 효율을 올리기 위해서다. **버그를 찾고 고치고 제대로 수정했는지 확인하는 사이클의 반복을 최소로 줄여라.**

버그 리포트를 올리고 특정 개발자의 업무로 할당하고 재현하고 수정하고 QA에게 다시 보내서 버그가 수정되었다는 걸 확인받고 수정된 것으로 기록하기까지 시간과 자원이 많이 든다. 시간과 비용이 많이 드는 일은 최소로 줄이는 게 좋다. 자신이 만든 코드를 개발자가 직접 테스트해야 하는 중요한 이유다. QA에게 코드를 보내서 테스트받기 전에 스스로 버그를 찾으면 이 대부분의 과정이 생략된다.

이 과정을 줄일 수 있는 다른 방법도 있다. 버그 리포트를 올리는 등의 온갖 공식 절차를 거치지 않고 **QA가 찾아내는 버그를 바로 고치는 방식으로 일해보라**. 코드를 저장소에 체크인하기 전에 테스터를 본인의 자리로 불러라. 그리고 완성된 코드로 몇 가지 시나리오를 실행해보게 하라. 아니면 코드를 개발 서버에 넣는 등의 방법으로 테스터가 코드에 접근할 수도 있다.

이미 QA에 공식 요청이 들어간 상황이라면 그들 자리로 가서 테스트하는 모습을 지켜보는 방법, 뭔가 찾으면 알려달라고 부탁해놓는 방법도 있다. 그러면 버그 리포트를 제출하기 전에 빠르게 수정할 방법을 찾아낼 수 있을 것이다.

공식 버그 리포트를 기록해야 할 상황이라면 버그를 추적해서 우선순위를 매기고 그 전체 절차를 거치는 게 타당하다. 하지만 개발 프로젝트에 드는 시간을 절약하려면 버그/수정 사이클을 최소로 줄여야 한다.

자동화를 도와라

테스터는 대체로 소프트웨어 개발자가 아니다. 아무리 코딩을 할 줄 아는 테스터라 해도 코딩 능력이나 시스템 설계 능력이 개발자만큼 뛰어나진 않을 것이다 blog. 그런데도 테스터에게 테스트 자동화를 기대하는 개발 조직이 많다.

자동 테스트의 코드 이상이나 설계상의 문제 때문에 잘 작동하는 코드에 버그가 있다고 하면 매우 답답할 것이다. 이런 일이 생기기 전에 나서서 테스트를 자동화할 수 있게 도와라. 특히 테스트 자동화 프레임워크 제작을 도와주면 좋다. QA에게 아주 큰 도움이 되기 때문에 테스터와 가까워질 기회도 된다. 그러면 QA 대 개발자라는 대결 구도도 한층 누그러질 것이다.

특별히 거슬리는 사람은 어떻게 할까?

QA와 잘 지내기 위해 노력했다. 작성한 코드를 자신이 먼저 테스트했고 코드를 작성하기 전에 무엇을 테스트할지도 미리 확인했다. QA 팀 전체에게 점심을 사면서 자신이 그렇게 나쁜 사람이 아니라는 걸 보여주기까지 했다.

그런데 QA에 딱 한 명 거슬리는 사람이 있다. 그는 당신을 잡아먹지 못해 안달이 난 것 같다. 아무리 친절히 대해도 자신이 무엇을 하든 자신이 만든 코드를 깎아내리고 프로젝트 진행을 방해하고 별 의미도 없는 버그까지 최대한 많이 찾아내려고 작정한 사람 같다.

이럴 때는 어떻게 해야 할까?

(경고: 이제부터 하는 말은 정치적 중립성이 부족하다. 이 말에 열 받을 사람도 있겠지만 나는 이게 진실이라고 생각한다.)

자, 솔직히 말하겠다. QA 중에는 개발자에게 열등감을 느끼는 사람도 간혹 있다(아니면 테스트에 재능이 없어서 고용을 보장받고자 버그라도 최대한 많이 찾아내고 있는 것일 수도 있다). 그런 사람들의 머리 어딘가에는 자신이 개발자가 되지 못해서 테스터 자리에 안주했다는 생각이 숨어 있다. QA가 모두 그렇다는 말이 아니니 오해는 말길 바란다. 일부 그런 사람이 있으며, 당신을 힘들게 하는 사람이 바로 그 사람일 수 있다는 이야기다.

자신감이 부족한 사람은 다른 사람을 끌어내리려고 한다. 특히 자신이 부러워하는 개발자를 희생양으로 삼을 것이다. 그래야 자신이 더 똑똑하고 낫다고 느낄 테니 말이다. 이런 일이 흔하게 일어난다고 느낄 정도로 꽤 자주 경험한 패턴이다.

경험상 **자존심과 불만을 살짝 내려놓고 그 동료의 지적 능력을 인정해주면 이런 문제가 해결되는 경우가 많았다.** 일부러 모욕적인 언사를 일삼는 사람에게 칭찬을 한다는 게 쉬운 일은 아니지만 그렇게 하는 사람이 인격적으로 더 성숙한 것이다.

나는 다른 사람들에게 인정받고 싶어서 이러는 사람을 많아 보았다. 이런 사람은 상대가 자신을 인정해주면 그 사람을 강아지처럼 따라다니며 꼬리를 흔든다. 기억하라. 진심이 담긴 칭찬 한마디가 아주 큰 도움이 된다. 실패하더라도 최소한 최선을 다했으니 후회는 없을 것이다.

일과 삶의 균형

비행기에 앉아 일과 삶의 균형에 대한 장을 쓰려고 준비하는 이 순간에도 **여기에서 비판하려 하는 나쁜 습관에 또 한번 휘둘릴 뻔했다.**

이 장을 어떻게 시작할까 고민하며 뭐라도 타이핑해보려고 애를 쓰는 이 상황이 옆구리에 박힌 가시처럼 나를 내 '삶'에서 벗어나게 방해하는 '일'이라고 느꼈다. 나는 내 생각이 '이걸 해야지.'에서 '이걸 해야만 오늘 나머지 시간을 좀 편하게 보낼 수 있어.'로 변하게 내버려두었다. **나는 일이 '일'이 되는 걸 방관하는 커다란 죄를 지었고 죄를 지은 사람에게는 고난의 길이 시작된다.**

보다시피 일과 삶의 균형은 마음가짐에 달려 있다. 업무, 휴식, 가족이나 취미 활동에 각각 얼마의 시간을 할당해야 균형 잡힌 삶을 사는 건지 공식처럼 정해져 있는 게 아니다.

나는 진정한 일과 삶의 균형을 성취의 대상으로 보고 쫓아다니기보다 일과 삶의 경계를 흐려서 그 모든 게 '삶'이 되도록 하는 게 중요하다고 본다. 엄격하게 구분된 두 개념이 하나가 되도록 섬세한 노력을 기울여라. 둘 사이의 균형을 맞추는 데 초점을 맞추기보다 전반적으로 균형 잡힌 삶을 추구하라.

이 장에서는 일과 삶의 균형이라는 신화를 탐구하고 균형 잡힌 삶을 사는데 필요한 주요 개념을 알아보자. 여기서 말하는 균형 잡힌 삶이란 **그렇게 살아야 해서 사는 삶**이 아니라 **그렇게 살고 싶어서 사는 삶**을 의미한다.

일과 삶의 균형은 신화다

소프트웨어 개발자와 일반인을 막론하고 이 둘을 분리한 채 살아가는 사람이 너무 많다.

한 축은 직장 생활이다. 직장 생활이란 가끔은 즐겁고 대부분 견뎌낼 만하며 종종 두려운 마음도 들게 하는 대상이다.

다른 축은 '삶다운' 삶이다. 아이와 놀아주고 친구를 만나며 비디오 게임이나 달리기, 자전거 하이킹 등 자신이 좋아하는 활동을 즐기는 시간을 가리킨다. 이런 시간은 늘 부족하게 느껴진다.

'사는 것' 같지 않게 오로지 일하고 일하고 또 일하면서 언젠가는 자신도 진짜 자기 삶을 살게 될 거라고 이야기하는 소프트웨어 개발자도 많다. **이런 이들은 자신이 설정한 목표를 이룰 때까지, 심한 경우에는 은퇴할 때까지 자신의 삶을 보류한다.** 보류가 풀려야 자신이 원하는 것을 하는 진짜 자신의 삶을 살 수 있다.

슬픈 일이지만 사실 나도 꽤 오랜 기간 그렇게 살았다. 나에게도 은퇴 후에야 진정한 삶이 시작될 거라 생각하며 **조기 은퇴를 꿈꾸던 시절이 있었다** blog. 하지만 조기 은퇴의 꿈을 이룬 후에도 여전히 일하며 이 책을 쓰고 있다는 사실을 보면 알겠지만 그런 생각은 잘못되었다.

사실 **일과 삶의 균형은 신화에 불과하다.** 이 개념이 성립하려면 직장 생활과 삶다운 삶을 나누고 이 둘이 서로 섞이지 않는다고 보아야 한다.

현실적인 관점에서 생각해보자. 모든 사람에게는 매일 똑같은 시간이 주어진다. 일주일에 7일, 하루 24시간이다. 출근하는 평범한 날에는 수면 시간 8시간을 빼면 16시간이 남는다. 자 이제 거기서 근무시간 8시간, 출퇴근 시간 1시간을 빼자. 잠깐! 8시간 이상 일하는 사람도 있다고? 아, 좋다. 그러면 현실적으로 근무시간과 출퇴근 시간을 합쳐서 총 10시간을 빼자. 이 정도면 되겠는가?

만족해서는 안 된다. 그러면 **남는 시간이 고작 6시간밖에 되지 않기 때문이다.** 매일 그 6시간을 출근 준비, 식사, 뉴스 시청을 비롯해 아이들과 놀아주고 쉬는 등 '삶'을 위해 하고 싶은 것을 하는 데 쓸 수 있다. 매일 '삶다운' 삶을 위해 쓸 수 있는 6시간. 그다지 넉넉하지 않다. 전혀 넉넉하지 않다.

아, 중요한 부분을 깜빡했다. 우리에겐 주말이 있다! 주말의 아름다운 48시간은 온전히 우리 것이다. 간혹 운 좋게 휴일이 붙은 3일짜리 주말에는 72시간 동안 순수한 천국의 축복을 누린다. 이렇게 호사스러운 주말에도 잠은 자야 하겠지만 아직 당신의 환상을 깨고 싶지 않다.

이렇게 보내는 기간이 평생 몇 년 정도 될까? 아마 40년이 조금 넘지 않을까? 앞으로 **약 40년 정도 매일 '삶다운' 삶을 위해 보내는 시간은 매일 6시간 더하기 주말이라는 뜻이다.**

다시 보아도 짧다. 여러분은 어떻게 생각할지 모르지만 나는 인생의 일분일초도 빼놓지 않고 충실하게 살고 싶다. 그래서 **삶을 이렇게 둘로 나누는 게 독이라고 말하는 것이다.** 삶은 즐기고 일은 두려워하며 산다면 의미 있는 삶을 온전히 즐기는 게 불가능하다.

일도 다른 부분과 똑같이 삶의 중요한 일부다. 일과 삶의 균형을 논하기보다 **삶의 질을 고민하는 게** 현명하다.

어떤 삶을 살고 싶은가? 자신에게 중요한 것은 무엇인가? 중요한 질문이다. 스스로에게 물어보라. 그래야 직장 생활을 하고 남은 시간에 억지로 삶을 끼워 넣지 않고, 일을 삶의 일부로 받아들이고 살아갈 미래를 설계할 수 있다.

초과근무가 유익한 경우는 거의 없다

방금 일과 삶의 균형이 신화라고 하긴 했지만 그렇다고 '너무 많이 일하는' 상황이 없다는 뜻으로 한 말은 아니다.

터무니없이 긴 시간을 사무실에서 보내는 [blog] 열정 넘치는 소프트웨어 개발자를 너무 많이 봤다. 이들은 그렇게 오랜 시간 일하는 게 경력 발전에 도움이 될 거라 믿는다. 초과근무를 권장하는 근무 환경이라면 근무 시간을 늘리는 게 승진에 도움이 될 때도 있다. 하지만 그 외 대부분의 경우 **초과근무가 생각만큼 경력 발전에 별 도움이 되지 않는다**. 그보다 **초과근무가 삶의 질을 크게 떨어뜨린다는 걸 알아야 한다**.

열심히 일하는 게 좋다는 데에는 전적으로 찬성한다. 하지만 다른 사람의 부를 창출하기 위해 그렇게 열심히 일하기보다 나 자신을 위해 열심히 일하는 게 좋다고 본다. 지나친 초과근무는 치르는 비용에 비해 보상이 너무 적다는 걸 잊지 마라.

조언: 주 40시간 근무면 충분하다. 유일한 예외 상황은 **진짜 비상사태가 발생**했을 때뿐이고 이런 일은 자주 일어나지 않는다. 이럴 때라면 초과근무가 큰 도움이 될 수 있다. 일과 삶의 균형에 관한 문제는 대부분 이 조언으로 해결된다.

하지만 열심히 일하지 않은 걸 정당화할 수는 없다

앞서 한 이야기는 게으름을 피우라는 말이 아니다. 오히려 태만에서 멀어지라는 뜻으로 보아야 옳다.

나는 언제나 초과근무를 했다 blog. 다만 고용주를 위해서는 주 40시간을 할애하고 나머지 시간은 나를 위해 일했다. 다른 사람을 위해 일할 때는 열심히 일했다. 그리고 나를 위해 일할 때는 최선을 다해서 일했다. 고용주가 내게 40시간 노동의 대가로 준 금액이 절대 아깝지 않도록 성실하게 일했다 blog.

나는 직장에 내 삶을 통째로 바치지 않았다. 직장에서 돌아오면 계속 늘어져 있지 않았다. 더 열심히 일했다. 그때는 나를 위해서였다. 너무 열심히 일해서 누가 보았다면 일상이 너무 없는 거 아니냐고 했을지 모른다.

아니다. **균형 말고 시즌 blog 을 추구하라.** 그래야 일과 삶을 구분 짓지 않고 일을 삶의 일부로 받아들일 수 있다.

나는 대부분의 시간을 일로 채우는 시즌을 따로 둔다. 다른 사람을 위해 주당 40시간 일하고 나머지 시간은 나를 위해 일한다. **일하는 시즌에는 주당 70시간이나 80시간을 일하기도 한다.** 정해둔 목표를 성취하기 위해 그 정도 시간을 기꺼이 희생할 마음이 있기 때문에 가능한 일이다.

균형은 신경 쓰지 않는다. 나는 일을 하든 게임을 하든 모든 시간을 그냥 내 삶으로 본다. 꽤 열심히 일하긴 했지만 그래도 내가 원해서 선택한 것이기 때문에 매일 24시간 내 삶을 즐기고 있다고 느낀다.

자신이 어떤 대가를 치르는지, 그 대가를 치를 용의가 있는지 blog 인식하는 게 중요하다. **대가를 치를 용의만 있다면 자신의 삶을 어떻게 살아도 된다.**

다시 한번 말하지만 일이 아니다. 그게 삶이다. 삶에는 일이 포함되어 있다. 살다 보면 때로 아주 열심히 일할 때도 있다.

균형의 문제가 아니라 시즌의 문제로 생각하라. 열심히 일하는 시즌이 끝나면 한두 달 정도 마우이 해변에서 일은 거의 생각하지 않는 시즌을 즐긴다. 서핑을 하든 코딩을 하든 내 삶을 통합된 하나의 개념으로 생각하는 것이 내가 선택한 삶의 방식이다. 그렇게 살라고 누군가 내가 강요하거나 구걸하지 않았다. 자발적으로 선택한 것이다.

우선 자신을 위해 써라

내 삶의 주인으로 살려면 나를 위해 쓰는 시간을 최우선으로 생각하라. 회사에 바치고 남은 시간을 자신을 위해 쓰는 사람이 많다. 그렇게 살면 일과 삶의 균형이 필요하다고 느낄 수밖에 없다. 삶의 방향을 스스로 설정할 수 없을 뿐 아니라 시간을 효과적으로 배분하는 것도 불가능하기 때문이다.

한 시간 일찍 일어나서 자신을 위한 시간을 가져라. 가장 신선한 하루의 첫 시간을 자기 자신과 자신의 꿈을 위해 써라. 사이드 프로젝트를 시작하거나 운동을 해도 좋고 아니면 악기 연주를 배워도 좋다. 비디오 게임을 할 수도 있을 것이다. 그게 본인이 원하는 거라면 말이다.

아버지는 나에게 네 월급은 우선 너를 위해 쓰라고 하셨다. 이렇게 살아야 도둑 맞고 남은 공간에서 살아가는 느낌이 들지 않는다.

시간이 더 필요하면 더 쓰면 된다. 2시간 일찍 일어나라. 하루의 가장 생산적인 시간을 자신을 위해 쓰고 싶다면 새벽 4시에 일어나라.

본인 몫부터 챙겨라

앞의 이야기에 이어지는 주장이다. **다른 무엇에 신경 쓰기 전에, 다른 데 나눠주기 전에 본인 몫부터 챙겨라.** 이기적인 욕심쟁이처럼 들릴 수도 있고, 주일 학교에서 가르칠 만한 내용은 아닌 것 같지만 가진 게 있어야 나눠줄 것도 있는 게 현실이다.

자신을 돌볼 줄 모르는 사람, 자신에게 필요한 걸 챙기지 못하는 사람, 그래서 한 인간으로서 자신을 성장시키고 발전시키는 데 실패한 사람은 blog 다른 사람에게도 그다지 쓸모 있는 존재가 되지 못한다.

내 달력에는 매일 오후 3~5시에 '운동'이라고 적혀 있다. 절대 빼먹지 않는다. 절대라고 말한 이유는 정말 절대 빼먹지 않아서다. 가끔 시간을 조정할 때도 있지만 그런 일도 거의 없다. 거의 매일 3~5시에 근력 운동이나 달리기를 하며 신체를 단련한다. 그리고 운동 중에는 오디오북을 들으며 정신도 함께 단련한다.

나는 자기 계발에 많은 시간을 들인다. **내 잠재력을 최대한 발휘하며 살고 싶어서다.** 그렇게 해야 삶의 질을 보장하는 동시에 매일 발전할 수 있으며, 내 주변 사람들과 사회에 이바지할 능력도 갖게 된다.

나는 내 '욕심' 덕에 더욱 넉넉하게 베풀 수 있는 사람으로 성장한다. 나는 시간도 이기적으로 쓴다. 그래야 소중한 시간을 들여서 내 주변을 돌아볼 여유도 생기고 내가 하는 모든 일 또한 더욱 효과적으로 할 수 있다. **자신도 부족한데 다른 사람에게 베풀려고 하면 억울하고 화만 나기 십상이다.** 다른 사람을 돕기 전에 자신의 산소마스크부터 착용하라.

<잠깐만요, 쥔!> 정말 대단하네요. 두 달이나 마우이에서 지내면서 매일 2시간씩 운동을 할 수 있다니 아주 행복하겠어요. 좋아 보여요. 정말요. 하지만 그렇게 할 수 없는 사람들도 있다는 건 알죠? 그런 사람들은 어떻게 해야 하나요?

아, 무슨 생각을 하는지 잘 안다. 오해하지 않았으면 좋겠는데 질문자는 어느 정도 '자기기만'에 빠진 것 같다.

나라고 늘 내가 하고 싶은 일만 하고 살았을까? 나에게는 책상에 묶여 있는 시간이 없었을까? 당연히 나도 똑같은 경험을 했다. 하지만 '시스템의 일부'가 되어 다른 사람을 위해 일할 때도 내게는 자유가 있었다. 내가 깨닫지 못한 것뿐이었다. 그리고 당신에게도 똑같은 자유가 있다.

결국 자신의 삶은 자기 책임이고 어떤 삶을 살 것인지 선택하는 일도 자신의 몫이다. 지금 당신 머리에 총구를 겨누고 어떻게 살아야 한다고 강요하는 사람은 없다(혹시라도 진짜 그런 상황에 처한다면 시키는 대로 하라). 매일 직장에 출근해야 한다거나 취직을 해야 한다는 사람이 있어서가 아니라 월급을 받고 싶어서 스스로 일하기로 선택한 것이다. 집도 절도 없이 고생하라는 말이 아니라 이 모든 것이 선택의 문제라는 걸 깨달아야 한다는 이야기다.

"운동과 자기 계발을 위해 매일 2시간을 내는 건 불가능하다."라고 말하는 사람도 있을 것이다. 좋다. 꼭 무엇을 해야 한다는 말이 아니다. 다만 무엇이든 자신이 선택했다는 걸 깨달으면 된다. 그렇게 말하는 사람은 우선순위가 운동이나 자기 계발에 있지 않은 것뿐이다.

무엇을 선택해도 좋다. 다만 그게 자신의 선택이었다는 걸 인식하라.

매주 40~50시간을 근무하는 평범한 직장에 다니며 아마추어 철인 3종 경기를 뛰는 선수도 많다. 직장에 다니면서 매일 2시간씩 훈련하는데 그들에게는 그 무엇보다 중요하기 때문이다. 이 또한 이들이 한 선택이다.

운동에 그렇게 많은 시간을 들인다는 걸 이해할 수 없어도 상관없다. 하지만 TV 시청이나 다른 활동에 쓰는 시간을 한 시간 줄이면 매일 한 시간씩 운동을 할 수 있다. 운동이 전혀 중요하지 않다고 생각해도 무방하다. 다시 말하지만 자신이 선택한다는 게 핵심이다. 다시 시즌 이야기로 돌아가보자. 자신이 세운 인생의 목표에 맞게 각 시즌에 각기 다른 선택을 하면 된다.

자기기만에 빠져서 선택의 여지가 없었다고는 말하지 말라. 마치 자신이 어떻게 할 수 없었던 것처럼 말이다. 선택의 여지는 항상 있다. 목표를 이루려면 어느 정도 희생하는 부분도 생기기 마련이다. 스스로 치를 용의가 있는 대가는 어느 정도 수준인가? 이 질문이 관건이다.

나는 주당 70~80시간씩 일하던 '시즌'에 매일 아침 일찍 일어나서 한 시간씩 달리기나 근력 운동을 했다. 하루도 빠짐없이! 시간을 낼 수 없다는 말은 하지 마라. 솔직히 본인은 그럴 만한 가치를 못 느껴서 하지 못하는 것이라고 이야기하라.

나는 특별한 사람이 아니다. 내가 할 수 있는 건 누구나 할 수 있다. 똑같은 대가를 치를 마음만 있다면 말이다. 어떻게 생각하는가?

대인 관계를 신중하게 맺어라

많은 사람이 일과 삶의 균형 문제로 골머리를 앓는 이유는 대인 관계와 관련이 깊다. **유지하려는 대인 관계의 수가 늘어날수록 자신을 위해 쓸 수 있는 시간은 줄어든다.** 관계를 유지하려면 시간과 노력이 들기 때문이다.

친구가 많으면 좋다. 하지만 소수의 좋은 친구가 있는 게 더 좋다. 특히 자신의 업무적 목표와 개인적 목표도 친구들만큼 소중히 여긴다면 말이다.

소중하고 중요한 관계를 제외한 나머지 관계는 천천히 도태시켜라. 많은 시간을 확보할 수 있을 것이다. 그러면 정말 소중한 사람들과 보낼 시간이 늘어난다. **더 적은 관계를 더 강하게 유지할수록 사교 활동에 헌신해야 하는 시간이 줄어들면서 전체적인 삶의 질이 높아진다.**

경력을 발전시키기 위해 노력하고 있다거나 사업을 시작해서 열심히 일하는 시즌이라면 이런 부분을 특별히 신경 쓰는 게 좋다. 대인 관계에서 더 많은 가치가 산출되면 일과 삶의 균형이 개선된다. 게다가 유지할 관계를 신중하게 선택하는 과정에서 삶의 방향 또한 더 현명하게 설정된다.

짐 론Jim Rohn은 이런 명언을 남겼다. "당신은 당신이 자주 만나는 5명의 평균이다 blog ." 나는 그 말에 전적으로 동의한다. 자신을 끊임없이 끌어내리는 사람과 관계를 유지하는 사람이 너무 많다. 여기에는 가족도 포함된다 blog . **그런 사람에게 낭비하기에 인생은 너무 짧다.** 그런 사람과 완전히 절교하라는 건 아니고 친구에서 지인으로 강등시키는 정도면 괜찮다.

근무 외 시간의 질이 높아질수록 일과 삶의 균형에 대한 불만이 줄어든다. 대인 관계를 업무적 목표 혹은 개인적 목표에 맞게 정리할수록 삶의 질이 나아질 것이다.

현재를 살아라

일과 삶의 균형에 관해서 하고 싶은 (균형에 대한 필요를 떨쳐버리는 데 도움이 될) 마지막 조언은 **현재를 살**라는 것이다.

우리는 과거나 미래에 대해 생각하느라 너무 많은 시간을 보낸다. **삶은 현재**라는 걸 깨닫지 못하는 사이 삶이 우리를 지나쳐 간다. 삶을 보류해두고 앞으로 언젠가 '진짜 삶을 살게 될 날'을 기다리지 마라.

많은 사람이 이런 말을 자주 한다. "이 목표를 이루면 나도 진짜 제대로 살 거야. 애들이 좀 더 크고 더 나은 직장에 입사해서 내가 세워둔 재정적 목표를 이루면 말이야." 나도 많이 했던 말이다.

그런데 삶은 현재다. 삶은 언제나 지금이다. 과거에 살 수 없듯이 미래에도 살 수 없다. 현재를 살지 못하는 사람은 자신이 꿈꾸던 그날이 와도 또 다른 미래를 꿈꾸기 시작할 것이다. 자신의 삶이 시작되길 평생 기다리며 사는 사람들이 있다 blog.

삶에는 연습이 없다. 삶은 지금, 바로 이 순간에 있다. **그러니 '삶'을 미루는 습관을 버리고 현재를 사는 습관을 길러라.**

욜로YOLO, you only live once족이 되어서 미래를 도외시하고 완전히 현재를 위해서만 살라는 뜻은 아니다. 현재를, 언젠가 행복해질 날을 기다리는 **그저 거쳐야 할 시절로 여기지 말라**는 뜻이다.

우리 모두에게는 삶의 모든 순간을 충실하게 즐길 능력이 있다. 그렇기 때문에 일과 삶의 균형 신화가 해롭다. 이 신화는 우리의 삶이 견뎌야 할 삶과 즐길 수 있는 삶으로 구분된다고 가르친다. 마음에 쏙 들지 않는 무언가를 하는 시간, 집에서 좋아하는 취미를 즐기는 시간, 친구나 가족과 보내는 시간 **전부 자신의 삶을 구성하는 요소라고 생각하라.**

이 주제에 대해 가치 있는 이야기를 들려주는 에크하르트 톨레Eckhart Tolle의 『지금 이 순간을 살아라』blog를 추천한다. 미리 알려주자면, 조금 특이한 책이다. 나중에 내가 미리 경고하지 않았다고 하지 마라. 인생과 영적 믿음에 대한 저자의 철학에 모두 동의할 필요는 없다. 이 책은 현재를 사는 데 필요한 훌륭한 지혜 몇 가지와 현실적 조언을 들려줄 것이다.

일과 삶의 진정한 균형

일과 삶의 균형을 좇지 않고 **최대한 현재에 충실하게 살려고 할 때** 진정한 균형을 이룰 수 있다는 것을 기억하라. 적극적으로 시간과 노력을 들여서 어떤 삶을 살지 결정하고 이를 실현하기 위해 필요한 행동을 취해야 이런 삶을 살 수 있다.

자신을 잘 챙기고 대인 관계를 신중하게 선택하며 최대한 현재를 살아라. 그러면 삶에 '균형'이 필요하다는 느낌이 더는 들지 않을 것이다. 무엇을 하든지 삶이 기쁘고 충실하다고 느낄 것이기 때문이다.

이 책을 보고 딱 한 가지만 기억할 생각이라면 방금 한 말을 기억하라.

CHAPTER

40

팀에서 일하기

"스스로 좋은 팀원이라고 생각하느냐."라는 질문은 소프트웨어 개발자 면접에서 자주 들을 수 있다. 이 뻔한 질문은 좀 포괄적이기도 하고 남용된 다 싶을 정도로 자주 등장한다. 하지만 그런 질문을 던지는 데에는 이유가 있다. 팀워크가 중요하기 때문이다.

프로그래머가 되면 주로 다른 사람과 함께 팀을 이루어 일한다. 동료와 잘 지낼 방법에 대해서는 이미 이야기했지만 동료가 팀원이 되면 역학 관계가 달 라진다.

팀이 훌륭하게 조화를 이룰 때 내는 능력은 팀원 개개인 능력치의 합을 뛰어넘는다. 이를 시너지라고 한다. 반대로 조화를 이루지 못한 팀은 가장 능력이 떨어 지는 팀원 한 명보다도 더 비효율적으로 일한다 blog. 이러다가는 자칫 '팀 원은 전부 해고되고 프로젝트는 없어져 빨리 다른 직장을 찾아보아야 하는' 상황에 처한다.

미꾸라지 한 마리가 온 웅덩이를 흐려놓는 법이다. 이 장에서는 미꾸라지 가 되지 않을 방법을 알아보자.

팀은 성공도 실패도 함께한다

무엇보다 **팀은 성공도 실패도 함께한다**`blog`는 걸 알아야 한다.

팀에서는 '내'가 없다는 말을 하는데, 알고 보면 현실은 그보다 더하다. 팀원들끼리 경쟁의식을 느끼는 팀, 한 팀원이 실패할 때 다른 팀원이 성공하는 구조로 일하는 팀은 곧 문제가 생긴다. **자신의 이익을 우선으로 생각하는 게 인간의 본성이기 때문이다.**

팀의 운명이 하나로 묶여 있어서 성공이든 실패든 개인 수준에서 판가름 나지 않고 팀 수준에서 성패가 갈리는 팀은 각 팀원에게 가장 큰 이익이 되는 것이 팀 전체에도 가장 큰 이익을 준다. 하지만 현실에서는 이런 일이 잘 일어나지 않는다. 사실 팀의 성패 여부를 결정할 권한조차 가지지 못하는 경우도 많다. 상사나 조직이 각 팀원을 개별적으로 평가하는 상황에서 '운명 공동체'라고 생각하기는 어려울 것이다.

그렇다고 이런 상황을 무기력하게 받아들일 수밖에 없다는 건 아니다. 당신이 나서서 팀은 운명 공동체이므로 성공 여부를 팀 수준으로 가른다면 팀이 조금 더 효과적으로 일할 것이라고 제안해볼 수 있다. 아니면 이런 의견을 공식적으로 내세우는 대신 팀 운영 시 은연중에 드러내는 방법도 있다. **팀 전체의 성공이 팀원 개인의 성공보다 중요하다는 걸 말과 행동에 담아서 보여주는 것이다.** 혼자 금메달을 따는 데 집중하기보다 뒤처지는 팀원을 도와주는 방식으로 팀워크를 진작할 수도 있다. 본보기의 영향력은 생각보다 강력하다.

팀에는 공통 목표가 있다

좋은 팀이라면 팀이 성패를 공유하는 운명 공동체라고 보는 데 그치지 않고 **공통 목표를 가져야 한다.**

업무가 너무 넓게 분산되어 있는 것도 문제다. 다 함께 뛰어들어서 정복하는 방식보다 분할 정복 방식을 선호하면 이런 문제가 생긴다.

나도 사공이 많으면 배가 산으로 간다고 생각하지만 팀원끼리는 함께 일할 기회가 많으면 많을수록 좋다. **함께 일하면 운명 공동체라는 느낌이 커질 뿐 아니라 시너지 효과도 더욱 커지는 경우가 많다.** 모든 팀원이 고립된 채로 자기 일만 하는 상황에서는 팀워크를 기대하기 어렵다.

물론 어느 팀이든 프로젝트를 마무리하거나 매주 할당된 업무를 마치겠다는 더 커다란 공통 목표를 따라가긴 한다. 하지만 그런 방식으로는 팀을 이루어 일할 때 얻는 혜택을 충분히 누리지 못한다.

현실의 벽에 부딪혀 이런 이상을 실현하기 어려울 때도 있을 것이다. 팀의 목표를 설정할 권한이 본인에게 없을 수도 있다. 하지만 그런 상황에서도 영향력은 발휘할 수는 있다. **혼자 할 수 있는 새로운 일을 맡기 전에 자신이 도와줄 만한 다른 동료의 일은 없는지부터 확인하라.**

〈잠깐만요, 쫌〉 **좋은 생각인 것 같네요. 하지만 팀원이 협력하지 않으면 어떻게 하죠?**

싫다는 사람에게 억지로 협력을 강요할 수는 없다. 하지만 도움의 손길을 내밀 수는 있다. 단, 상대에게 도움이 필요해 보였다는 듯이 말하지는 마라.

할 일을 찾던 중 다른 팀원이 새로운 기능을 개발하고 있다는 걸 알게 되었다고 가정해보자. 당신은 그 팀원에게 가서 이렇게 말한다. "다른 일 하기 전에 지금 하고 있는 것 좀 도와줄까요?"

그는 괜찮은 친구다. 자신이 하는 일에 자신도 있다. 그래서 다른 사람의 도움은 필요 없다고 생각한다. 아마 "괜찮아요. 제가 하면 돼요."라고 답할 것이다.

만약 당신이 이렇게 말했다면 어땠을까?

"지금 개발 중인 기능 말이에요. 누가 도와주지 않아도 혼자 충분히 할 수 있다는 건 알지만 저도 함께 작업해도 괜찮을까요? 제 역량 개발이나 기능 이해에 도움이 될 것 같아서요. 괜찮다고 하면 그 기능을 같이 완성하고 새 업무에 돌입할까 하고요. 뭐 도와줄 거 없을까요?"

그는 자신이 도움이 필요한 대상이 된 것 같은 불편한 느낌을 받지 않을 것이다. 따라서 마음을 열고 당신의 제안에 협력할 가능성이 훨씬 더 높아진다. 둘이 함께 일하면 작업이 훨씬 빨리 끝날 것 같다거나 함께 일하는 게 좋다거나 그가 XX에 있어 정말 뛰어나기 때문에 어떻게 일하는지 배우고 싶다고 말해도 좋다.

이렇게 말해도 거절당할 수 있다. 협력을 강제할 방법은 없지만 적어도 시도해볼 가치는 있다.

애자일 개발 환경이라면 다음 할 일을 찾을 때 혼자 할 수 있는 새로운 백로그_backlog*를 선택하기보다 다른 팀원이 작업 중인 백로그를 찾아서 그 업무를 완수할 수 있게 도와주라는 뜻이다.

칸반_Kanban 방식 개발 환경 blog 에서는 이를 WIP_work in progress(진행 중인 작업) 제한이라고 표현한다. 더 많은 백로그가 더 빠르게 진행될 수 있게 하는 효과적인 기법이다.

팀을 책임져라

팀워크가 무엇이고 어떻게 해야 좋은 팀이 되는지 모든 팀원이 알 수는 없다. 그렇다고 해서 당신이 팀을 성공으로 이끄는 데 이바지하지 못한다는 건 아니다.

개인적 목표에 집중하느라 팀의 목표를 부차적으로 생각하고 싶은 마음이 들 수도 있다. **팀에서 선두를 차지하는 게 자신의 경력에 도움이 될 거라 착각하는 소프트웨어 개발자가 많다.** 하지만 그런 일은 대체로 잘 일어나지 않는다.

개인의 실적도 중요하긴 하다. 하지만 소프트웨어 개발팀의 관리자 대부

---

* 개발할 제품에 대한 요구 사항

분은 팀 전체의 성과를 더 중요하게 생각한다. 리그 하위권 미식축구팀의 올스타 MVP 선수가 되어봐야 그다지 좋을 게 없다. 그 선수가 훌륭하다는 건 누구나 안다. 하지만 팀이 지면 그 선수도 계속 지는 거다.

개인이 할 수 있는 건 그 정도다. 최고의 소프트웨어 개발자라 하더라도 혼자 코딩해서 거둘 수 있는 성과에는 한계가 있다. **주변 사람을 더욱 훌륭하게 만들어서 팀 전체의 능력을 신장시키는 개발자야말로 진정 훌륭한 개발자다.**

누구나 데려가고 싶어 하는 좋은 개발자가 되고 싶다면 팀 전체의 기량과 실적까지 신경 쓸 능력을 갖춰라. 자신이 직접적으로 통제하지 않는 영역까지도 **책임지는 자세**가 필요하다. 이렇게 하는 게 쉽지는 않다.

도무지 일을 안 하는 팀원이 있다고 생각해보자. 종일 자리에 앉아서 고양이 동영상이나 찾아본다 blog. 그가 망하든 말든 신경 쓰지 않고 자기가 맡은 일이나 해도 된다. 그는 아마 손대는 것마다 망칠 것이다. 그러면 팀에 어떤 영향을 줄까?

다시 말하지만 게으른 팀원을 무시해도 개인적 성과를 내는 데에는 지장이 없다. 나는 내 몫을 다했다. 하지만 프로젝트 진행 상황을 확인하니 게으른 팀원이 자기 몫의 일을 하지 않은 까닭에 팀의 목표를 이루는 데 실패했다. 그러면 자신이 이룬 성과도 별 의미가 없어지지 않겠는가?

그에게 게으른 인간이라고 면박을 주라는 게 아니다. 그보다 무슨 문제가 있는지 도와줄 건 없는지 물어야 한다. 다른 팀원이 그를 신뢰하고 있다는 걸 알려주어서 힘을 낼 수 있게 해주어야 할 수도 있고, 멘토가 되어서 실력을 키울 수 있도록 도와주어야 할 수도 있다. 쉬운 일은 아니지만 이렇게 하면 팀뿐 아니라 자신의 경력에도 큰 도움이 된다. 자신이 맡은 업무를 훌륭하게 완수할 뿐 아니라 전체 팀의 기량을 신장시키는 사람이라고 소문이 나면 구직이나 승진에 어려움을 겪을 일은 없을 것이다.

소통하고 협력하라

소프트웨어 개발자 중에는 원하는 걸 말하고 자신을 그냥 내버려두면 알아서 하겠다 blog 는 태도로 다른 사람을 대하는 사람이 많다. 그리고 동굴에 숨어서 혼자 작성한 코드를 기계적으로 쏟아내다가 모든 작업을 마치고 테스트를 해야 할 때 나타난다.

하지만 팀에서 일하려면 소통하고 협력해야 한다. **팀원으로서 제 역할을 하려면 소통해야 한다.** 다른 팀원들과 함께 지식과 능력을 공유하고 도움을 주고받아야 한다. 자신이 어떤 일을 하는지 무슨 문제가 생겼는지 다른 팀원에게 알려주어야 한다.

정말이다. 그게 팀이 존재하는 이유다. 아주 어려운 건 아니지만 습관을 기를 필요는 있다. 다른 팀원과 일하는 시간을 최대한 늘려라. 혼자면 빠르게 마무리할 수 있는 일인데 경험이 부족한 팀원과 함께하면 업무 처리 속도가 크게 둔화될 것이다. 나도 안다. 하지만 그 대신 그 팀원의 기술 수준이 높아질 것이다. 똑같은 문제라 해도 사람마다 보는 관점이 달라진다. 아무리 경험이 부족한 팀원이라도 당신은 너무 뻔해서 간과한 부분에 주목해 시간을 절약해주는 때도 가끔은 있을 것이다.

솔직하게 대하되 재치를 발휘하라

서로 지나치게 예의를 차리느라 다른 사람의 의견에 직접적으로 반대 의견을 제시하지 않는 분위기가 팀에 형성되면 큰 해가 된다.

최대한 분쟁을 피하는 게 인간의 본성이다. 하지만 건강한 인간관계가 그러하듯이 건강한 팀에도 좋은 분쟁이 어느 정도 존재해야 한다. 가치 있는 팀원이 되고 싶다면 다른 팀원의 의견에 무조건 동조하지 마라. 문제를 발견했거나 의견이 다를 때는 자신의 생각을 말로 표현해야 한다. 제 몫을 하지 못하는 팀원이 팀의 능률을 떨어뜨릴 때, 혼란을 조장하는 팀원이 팀의 목표 달성을 막을 때 그냥 뒷짐 지고 서서 '내 문제가 아니니까.'라고 생각하지 마라. 그건 본인의 문제이기도 하다.

팀의 문제는 모두의 문제다. **팀은 성패에 있어 공동 운명체**라는 걸 기억하라. 그러니 솔직해져라. 자신의 생각을 이야기하라. 다른 팀원의 일도 신경 써야 한다.

하지만 재치 있게 접근하라. 똑같은 내용도 다양한 방법으로 전달할 수 있다. **차이가 있는 의견을 전달하거나 문제를 해결할 때 상대가 개인적으로 공격받는다는 느낌이 들지 않게 해야 건강한 분쟁이 될 수 있다.** 말하기 전에 자신이 할 말이 어떻게 들리는지 생각해보고, 자신이 할 말을 팀원이 자신에게 똑같이 할 때 어떤 기분이 들지 상상해보라. 신중을 기하자. 말은 상대에게 막대한 해를 입힐 수도, 반대로 도움을 줄 수도 있다. 그러므로 도움이 되도록 표현을 신중하게 골라라.

코드 작성, 버그 수정, 소프트웨어 개발을 혼자서 해낼 수 있는 개발자는 많다. 하지만 **업무 효율을 최대로 높이고 싶다면**, 자신의 경력을 성공적으로 관리하고 싶다면 팀에서 일하는 방법을 반드시 배워야 한다.

41

설득하기

소프트웨어 개발 업계에서는 **실력만으로 인정받기 어렵**다고 불평하는 사람이 꽤 많다. 사람 좋은 소프트웨어 개발자는 **결국 목소리가 큰 사람이 이긴다**며 이런 상황은 정말 불공평하다고 불만을 토로한다. 이해는 하지만 동의하는 건 아니다. 몇 가지 이유가 있다.

우선 **목소리 큰 사람 말고 설득 잘하는 사람이 이긴다.** 세상에는 자신의 의견으로 다른 사람을 효과적으로 설득하는 개발자와 그렇지 못한 개발자가 있다. 다른 사람을 설득하지 못하면 아무 의미가 없다. 가혹하지만 그게 현실이다. 세상에서 가장 훌륭한 아이디어와 계획을 세운 천재적인 소프트웨어 개발자라 한들 다른 사람을 설득하지 않고 가만히 있으면 무슨 소용이 있겠는가? 그렇기 때문에 조용하고 내성적인 동료들의 목소리를 '큰소리로' 덮어버리는 프로그래머가 훨씬 더 가치 있다.

왜? 그런 사람들은 **생각을 실행에 옮기기 때문이다.** 자신의 생각으로 다른 사람들을 잘 설득할 수 있어야 영향력도 생긴다. 목소리 큰 사람이 내는 아이디어보다 아무 말 하지 않고 가만히 앉아 있는 개발자가 낸 아이디어가 더 훌륭하다 한들 조용한 사람에게는 영향력이 없다. 자신의 훌륭한 발상을 실현시키지 못하기 때문이다.

나는 베이퍼웨어* 스테이크보다 땅콩버터를 바른 젤리 샌드위치가 더 좋다.

이 장에서는 설득이 왜 그토록 중요한지, 어떻게 하면 다른 사람을 잘 설득할 수 있는지 알아보자.

설득이 중요한 이유

자, 설득할 수 있는 소프트웨어 개발자가 더 큰 가치를 지닌다는 건 이해했으리라고 생각한다. 하지만 **자신이 껍질을 깨고 나와서 적극적으로 행동하는 게 현명한 선택인지는 아직 확신이 서지 않았을 것이다.** 뒤에 물러서 있다가 누군가 직접적으로 물었을 때만 의견을 이야기해도 괜찮다고 생각할지 모른다.

그것도 좋은 생각이긴 한데, 현실성이 부족하다는 게 문제다. 어느 직장이든 큰소리로 다양한 아이디어를 쏟아내는 사람이 한 명은 있기 마련이다. 쏟아내는 아이디어가 좋든 나쁘든 상관 없다. 그런 사람에게 맞서서 자신의 의견을 개진하지 않는 한 생각만으로는 아무런 영향력을 미치지 못한다. 좋은 아이디어를 내는 사람이라고 명성이 자자하지 않은 이상에야 **누군가 당신에게 의견을 말해달라고 간청하는 일은 거의 일어나지 않는다.**

이런 문제가 왜 중요할까? **좋은 아이디어가 있고 이를 실행에 옮기는 사람이라고 인정을 받아야 경력을 발전시킬 수 있기 때문이다.** 단순히 좋은 아이디어를 떠올리는 데서 그치지 않고 주변 사람들의 사기를 북돋아서 그 아이디어를 실현시키는 사람이 승진한다. 경력을 발전시키는 데 큰 관심이 없는 사람이라

---

* 출시 계획은 발표되었지만 그 계획이 계속 지연만 되고 있어서 허상과 다름없어진 제품을 일컫는 말로 '수증기' 혹은 '공상', '망상'을 의미하는 'vapor'에 '제품'이라는 뜻의 'ware'를 붙여서 만든 단어다.

도 (그런 사람이 이 책을 읽고 있다는 건 좀 이상하지만) 자신의 운명 정도는 본인이 결정하고 싶을 것이다.

내가 정말 하고 싶은 말은 다음과 같다. 간단히 말해 **설득할 줄 모르면 무슨 말을 하는지도 모르면서 큰소리로 떠들어대는 멍청한 프로그래머의 말을 따라야 한다.** 당신은 어떻게 생각할지 모르지만 나는 그런 상황이 딱 질색이다. 그래서 좋든 싫든 다른 사람을 설득할 줄 알아야 하는데 다행히 **생각만큼 어렵지는 않다.** 상대를 효과적으로 설득하는 몇 가지 간단한 규칙과 기술이 존재한다.

논쟁하지 마라

설득의 첫 번째 규칙은 논쟁하지 않는 것이다. **논쟁에 빠지면 누구도 아무것도 설득할 수 없다**blog. 상대가 본인의 주장을 나에게 밀어붙일수록 나는 발을 땅에 단단히 딛고 있는 힘껏 상대를 밀어낼 것이다. 그게 인간의 기본 본성이다.

상대를 설득하고 싶다면 자신의 생각을 상대의 입에 꾸역꾸역 밀어넣지 마라. **대놓고 상대의 의견을 반대하거나 반박하지 마라.** 논쟁을 일으키는 아주 확실한 방법이다.

그 대신 상대를…

납득시켜라

세상에는 상대를 납득시킬 좋은 방법, 설득력을 키울 방법을 알려주는 책이 많다blog. 그래서 이 주제를 본격적으로 논할 생각은 없고 몇 가지 제안을 할까 한다. (설득력을 갖추는 것과 타인을 교묘하게 조종하는 것이 비슷해 보이더라도 똑같다고는 보지 마라. 상대를 설득하는 능력은 어떤 상황에서든 도움이 되므로 이러한 능력을 익히는 데 투자하길 강력히 권한다.)

공통점을 찾으면 상대를 쉽게 납득시킬 수 있다. **논쟁이 차이점을 찾는 과정이라면 설득은 공통점을 찾는 과정이다.** 반대 의견을 내던 상대에게 사실 둘 다 같은 이야기를 하고 있다는 걸 일깨우면 종종 쉽게 설득된다.

나는 둘 사이에 공통점이 있다는 사실, 특히 같은 의도를 갖고 있다는 사실을 밝힌 후에 **그러한 공통점에 집중한다.** 내 의견이 상대가 원래 제안한 내용 혹은 **상대가 지향하는 핵심 목표와 어떻게 조화를 이룰 수 있는지 설명한다.** 이 간극을 잘 메울수록 상대를 설득하기 위해 넘어야 할 산의 높이가 낮아진다.

청중의 입맛에 맞게 **자신의 아이디어를 재구성하는 것도** 괜찮은 방법이다. 잘 쓰면 아주 강력한 무기가 된다. 같은 아이디어도 잘 구성하면 완전히 다르게 보일 수 있다. 총기 규제와 총기 소지 반대에는 큰 차이가 있다. 어떻게 구성하느냐에 따라 이야기가 완전히 달라지기 때문이다. 자신이 어떤 청중을 상대하는지 그들은 어떤 기준을 쓸지 생각해보고 그 틀에 자신의 아이디어를 맞춰라.

당신이 지금 만들고 있는 애플리케이션에 딱 맞는 프레임워크가 갓 출시되었다고 가정해보자. 상사는 프로젝트 일정을 걱정한다. 하지만 새 프레임워크를 써야 유지 보수가 더 쉬워질 것이다. 그렇다고 상사 앞에서 유지 보수나 코드 품질 이야기를 꺼내는 건 좋은 생각이 아니다. 상사는 그런 문제를 신경 쓰지 않는다. 유지 보수 이야기를 하면 심지어 개발이 더 길어질까 걱정하기 시작할 것이다. 이럴 때는 새 프레임워크를 쓰면 개발 시간이 짧아져서 프로젝트를 얼마나 더 빨리 마칠 수 있는지 이야기해야 한다. **반드시 청중에 맞춰서 이야기를 구성하라.**

인도하라

자신의 아이디어를 단도직입적으로 이야기하기보다 아이디어가 있는 방향으로 인도하라. 당신의 아이디어를 상대가 직접 발견하게 하라. 당신은 원하는 방향으로 청중을 은근히 몰고 가는 안내인 역할만 하는 것이다. 유명한 철학자 소크라테스도 종종 이 방법을 썼다고 해서 이를 소크라테스식 대화법이라고 부르기도 한다.

단어를 신중하게 골라서 질문하라. 결국 자신의 아이디어에 이르게 될 방향으로 청중을 인도하라. 사람들은 자신이 발견한 아이디어, 스스로 떠올린 아이디어에 더 쉽게 설득된다. 이 방법을 쓰면 아이디어에 대한 자부심이나 권한을 약간 포기해야 할 수도 있다. 대신 더 많은 사람을 설득할 수 있을 것이다.

명확하게 소통하라

자신의 아이디어를 효과적으로 전달하려면 소통에 능해야 한다. **소통 능력은 시간과 노력을 들여서 키울 가치가 있다.** 말과 글, 둘 다 마찬가지다.

아이디어를 더 명확하게, 더 간결하게 전달할수록 더 많은 사람이 설득된다. 청중이 공감할 수 있는 비유를 써서 최대한 짧고 간단명료하게 이야기하라. **이해 못하는 아이디어에 설득되는 사람은 없다** blog. 상대가 이해하지 못했다면 표면적으로는 설득한 것처럼 보이더라도 큰 의미가 없다. 그 사람에게 별 영향력을 미치지 못할 뿐 아니라 나중에 다시 반대할 가능성이 있다.

나는 효과적으로 설득했다고 생각한 상대가 나중에 "지금 뭐 하는 거야? 누가 이렇게 해도 된다고 했어?"라고 말하는 경우를 종종 겪었다. **자신의 생각을 명확히 전달하라.** 자신의 생각을 효과적으로 표현할 수 있게 소통 능력을 갈고 닦아라.

블로그를 만들어서 정기적으로 업데이트하는 것 blog 은 글로 이루어지는 소통 능력을 기를 훌륭한 방법이다. 발표를 연습하는 토스트매스터스 Toastmasters 같은 모임에 참여하거나 기회가 될 때마다 발표를 자원해서 구두 소통 능력과 발표 능력을 길러라.

권위를 빌려라

업계에 입문한 지 얼마 되지 않아서 경험이나 신뢰를 많이 쌓지 못했던 시절에는 **내 아이디어를 납득시키기 위해 다른 사람의 권위를 빌려오기도 했다.**

기존의 업무 방식과 반대되는 의견을 제시하면 뭐든 다 아는 척하는 오만한 사람 혹은 물정 모르는 순진해빠진 사람으로 오해받기 쉽다. 새로운 제안을 했다는 이유만으로 커다란 저항에 부딪히기도 한다. 네가 뭔데 어떤 방식이 '옳다'고 이야기하느냐고 한다.

자신에게 권위나 경험이 없을 때는 다른 사람의 권위나 경험을 빌려라. 자신이 읽은 책을 인용해서 이렇게 말하라. "제 생각이 아니라 이건 〈*여기에 유명 작가의 이름을 넣어라*〉의 아이디어예요." 그 의견에 반대하려면 큰 신뢰를 얻고 있는 저자의 의견에 반박해야 한다. 또 반대한다 해도 그 의견이 멍청하거나 무식하다고 나무라기 어려워진다.

권위를 만들어라

다른 사람의 권위를 빌리는 것도 효과적이지만 장기적으로 볼 때 자신의 권위를 만드는 게 더 득이 되고 이치에도 맞는다.

권위를 만드는 방법이 꼭 어렵고 복잡하기만 한 건 아니다. 아주 쉬운 방법은 **자신이 쓴 글을 출판하거나 인터넷 어딘가에 올리는 방법**이다.

내가 심플 프로그래머 blog 를 시작한 목적도 딱 그랬다. 당시 나는 내 아이디어로 사람들과 논쟁하고 설득하는 데 지쳐 있었다. 사람들은 권위가 없다는 이유로 내 말을 듣지 않았다. 그래서 http://simpleprogrammer. com blog 에 블로그를 만들고 내 아이디어를 올리기 시작했다. 나중에는 동료와 상사가 내 블로그 포스트를 읽게 되었고 블로그에 올라온 글이라는 이유만으로 조금 더 권위를 갖게 되었다.

내가 올린 글에 동의하는 댓글이 달리거나 포스트가 공유되어 수천 명의 개발자가 읽는다면 그 효과는 더욱 커진다. 나는 의견을 제시할 때 혹은 상대를 설득하려 할 때 과거에 쓴 블로그 포스트를 올리곤 한다. 블로그 포스트를 올리면 **즉흥적으로 하는 말이 아니라 상당한 시간을 들여서 완성된 생각이라는 게 증명된다.**

<잠깐만요, 된> **동료나 상사가 내 블로그를 방문할까요?**
걱정 마라. 당신의 블로그에 올 것이다. 내 말을 믿어도 좋다. 블로그를 시작하면 소문이 난다. 그러면 상사나 동료는 호기심을 이기지 못해 결국엔 와서 본다.
앞에서 말한 것처럼 이메일 등을 통해 팀과 소통할 때 관련 주제에 관해 썼던 블로그 포스트를 참고로 넣는 방법도 나쁘지 않다. 토론을 하다 말고 그 주제로 쓴 포스트가 있느냐고 농담처럼 묻는 상사도 있었다. 실제 그런 일이 자주 있었기 때문이다.
블로그를 언급할 때 쓰는 어조나 말투만 조금 주의하면 된다.

블로그 포스팅보다 더 어려운 대신 더 효과적인 방법은 책을 내는 것이다. **책을 낸 작가가 되면** blog **다른 방법으로는 얻기 어려운 권위와 명망을 얻는다.** 특정 주제에 대해 책을 썼다고 하면 말에 분에 넘치는 설득력이 담긴다.

사실 책은 누구나 쓸 수 있다. 책을 썼다고 해서 본인이 다 알고 말한다는 게 증명되는 건 아니다. 그런데도 사람들은 그렇게 생각한다.

마지막으로, 권위 있게 말하는 방법도 있다. 자신의 의견을 불분명하고 미적지근하게 표현하는 사람이 너무 많다. 보통은 오만하게 보일까봐 혹은 나중에 자신의 생각이 틀린 것으로 판명 날 것을 대비해 빠져나갈 길을 만들어두려고 그렇게 한다. 그러지 말고 항상 확신을 품고 이야기하라. 강한 확신을 갖되 그 확신에 적당히 거리를 두는 게 중요하다 blog .

당신에게는 나중에 생각을 바꿀 권리가 있다. 하지만 현재 자신의 능력과 지식이 미치는 범위 내에서 자신이 내린 결론에 대해서는 확신을 품고 분명히 밝히도록 하라. **자신이 진지하게 믿고 있는 내용을 확신과 열정을 품고 말하면 다른 사람은 더 쉽게 설득된다.**

가르쳐라

교육도 의견을 전달하는 아주 효과적인 방법이다. 사람들은 자신을 가르치는 사람에게 권위와 신뢰를 느낀다. 그래서 가르치는 사람의 말을 더 잘 받아들이는 경향이 있다.

느닷없이 테스트 주도 개발을 해야 한다고 주장하며 사람들을 설득하려고 하지 마라. 그보다는 테스트 주도 개발을 주제로 발표를 하는 게 현명하다. 테스트 주도 개발이 무엇인지 그 작동 방법과 적용 방법을 가르쳐라. 테스트 주도 개발에 쓰이는 도구와 이에 대해 배울 수 있는 책을 소개하라. 가치와 정보 제공이 우선이고 설득은 나중이다.

테스트 주도 개발은 좋은 것이기 때문에 상대가 진행 중인 프로젝트에서도 이 방식을 써야 마땅하다고 다짜고짜 설득하기보다 테스트 주도 개발에 대해 가르칠 때 상대가 마음의 문을 열고 당신 이야기에 귀 기울일 확률이 훨씬 높아진다.

연습이 필요하다

설득력을 키우겠다고 너무 큰 스트레스를 받지는 말자. 세상만사가 그렇듯이 연습하다보면 잘하게 된다. 그러니 꾸준히 노력하라.

이 장에 등장한 기술을 연습하고 다른 사람에게 자신의 생각을 표현하는 걸 두려워하지 마라. 결국은 잘하게 될 것이다.

뛰어난 설득력을 갖추었다고 해서 항상 다른 사람의 동의를 얻는 건 아니다. 그래도 언제나 시도해볼 가치는 있다.

42

적절한 복장 갖추기

소프트웨어 개발자의 복장 규정은 다른 어떤 직업보다도 느슨하다. 미국 서부에 있는 회사에 다닌다면 특히 그러할 것이다. 소규모 스타트업에 다니던 시절에는 **신발을 안 신은 사람**을 소개받은 적도 있다. 처음에는 그냥 신발을 어디에 잠시 벗어둔 것이려니, 그게 아니라면 오늘만 그러는 것이려니 생각했다. 하지만 몇 주 지나며 지켜보니 그는 늘 **맨발로 출근했다.** 이상하긴 했지만 충격적이진 않았다. 소프트웨어 개발자였으니까.

여러 개발 환경을 접해보았지만 어디든 어떤 옷을 입어도 상관없었다. 셔츠를 안 입거나 신발을 안 신어도 되냐고? 코드만 똑바로 작성한다면 별 상관없다.

하지만 **아무 옷이나 입어도 된다고 해서 꼭 그렇게 해야 할까?** 이 질문에 답하기 위해 이 장을 썼다. 나도 그렇게 전문가답게 입는 건 아니기 때문에 마음에 걸리는 부분이 있지만 그래도 내 대답은 확실하게 '아니요'다.

수년간의 경험과 세심한 관찰, 내가 저질렀던 실수를 통해 **어떤 복장을 하는지, 어떤 이미지로 세상에 자신을 드러내는지는 중요하다**는 것을 깨달았다. 코드 작성을 업으로 삼은 사람이라도 말이다.

외모는 중요하다

문제는 이거다. 우리는 모두 **바비 세상에 살아가는 바비 인형에 불과하다.** 정말 그렇다. 그런 인생은 정말 환상적이고… 어휴….*

무슨 말인지 이해했으리라 생각한다. **사람들은 남을 외모로 판단**한다는 말이다.

그걸 내가 어떻게 알았는지 들려주겠다. 나는 한때 헝클어진 머리에 촌스러운 옷을 입은 게으름뱅이 뚱보 blog 이기도 했고 하얀 치아에 식스팩 복근을 가진 모델 blog 이기도 했다(유명해질 정도는 아니었지만 진짜로 모델 에이전시에 소속되어 일하는 모델이었다. 백화점에서 만든 웨딩 잡지 가을호에서 나를 본 사람도 있을지 모른다).

외모가 달라지면 사람들의 대우가 달라질까? 물론이다!

그러면 외면 뒤에 있는 내면도 똑같을까? 이 질문은 논쟁의 여지가 있다. **어떤 옷을 입느냐가 행동에 영향을 미칠 수도 있기 때문이다.** 이 주제는 뒤에서 다시 이야기하겠다.

근본적으로 같은 사람이기는 하다. **누구에게나 편견 blog 과 고정관념이 있다.** 진보 매체나 거리에서 시위하는 사람들은 편견과 고정관념이 아주 나쁜 것이므로 그런 생각을 지닌 사람은 부끄러운 줄 알아야 한다고 하지만 그 주장은 사실이 아니다.

사실 고정관념은 생존에 도움이 된다. 인간의 눈은 생존을 위해 표면적인 수준의 세부 사항만 보고 빠르게 상황을 평가한 다음 성급하게 판단을 내린다. 방금 시야에 잡힌 사자가 배고파 보이는지 아니면 만면에 평화로운 미소를 짓고 있는지, 그래서 어떤 행동을 취해야 할지 깊게 고민할 필요가 없다.

---

* 덴마크 댄스 그룹 아쿠아(Aqua)가 1997년 발표한 'Barbie Girl'에는 "I'm a barbie girl in the barbie world, Life in plastic, it's fantastic(나는 바비 세상을 살아가는 바비 인형. 플라스틱 인생은 정말 환상적이다)."이라는 가사가 등장한다.

사자가 꽤 위험하고 공격적인 존재라 옆에서 어슬렁거려서 좋을 게 없다는 사실을 사자를 보자마자 단번에 알아챘다. 길을 물어보고 싶을 때 험악한 인상을 하고 온몸에 문신을 두른 사람은 피하는 게 좋겠다고 판단하는 데에도 똑같은 메커니즘이 작동한다. 그쯤 되면 오지 말아야 할 동네에 발을 들인 것인가 싶기도 할 것이다.

<잠깐만요, 된> **방금 한 말에는 동의할 수 없어요. 그 말은, 기분 상하게 할 마음은 없지만, 굉장히 편협하게 들려요. 인종차별주의자처럼요.**

상대가 나쁜 사람일 거라고 말하고 싶은 게 아니다. 온몸에 문신을 둘러서 마치 폭력배처럼 보이지만 알고 보면 좋은 사람인 경우는 내 주변에도 많다. 아주 친한 친구 중에도 꽤 있다.

하지만 그런 사람은 그런 스타일을 자신이 '선택'한 것이다. 온몸에 문신을 둘러서 폭력배처럼 보이는 스타일을 '선택'했다. 우연히 그런 스타일이 된 게 아니라 바지를 엉덩이까지 내려 입고 제 발로 문신 시술소에 가서 눈가에 눈물 문신을 새긴 것이다. 자신이 어떤 이미지로 보일지 잘 알고 '선택'한 것이다. 그 점을 잊지 말자.

이런 판단이 틀릴 수도 있을까? 물론 틀릴 수 있다. 고정관념은 틀릴 때가 많고 그 때문에 손해를 볼 때도 많다.

하지만 감각을 통해 들어오는 입력이 너무 많기 때문에 인간은 이를 빠르게 분류할 나름의 메커니즘을 갖춰두고 그 판단이 틀렸다고 밝혀지기 전까지는 이러한 판단에 의존할 수밖에 없다. 인간은 평소 인식조차 못하는 이런 메커니즘 덕에 자신이 보고 듣는 모든 것에 대해 따로 골똘히 생각하지 않고도 세상을 잘 살아나갈 수 있는 것이다.

그런데 **한번 내린 판단은 쉽게 떨쳐낼 수 없다**는 게 문제다. 분석적 사고를 우회하는 그러한 뇌의 배선은 겉만 보고 한 판단이라는 것, 고정관념의 영향을 받는 중이라는 것을 알면서도 여전히 우리에게 신호를 보낸다.

당신이나 나나 모두 고정관념과 편견에 사로잡혀서 인종을 차별할 것이기 때문에 상관없다는 얘기를 하고 싶은 건 당연히 아니다. 그저 **사람은 누구**

나 외모로 다른 사람을 판단하며 그런 성향을 일부 제어하며 살 뿐이라는 현실을 직시해야 한다고 말하고 싶었다.

뛰어난 지능과 훌륭한 코딩 기술만으로 인정받을 자신이 있어서 능력 외에 다른 부분은 중요하지 않다고 생각하고 싶겠지만 사실 외모와 복장도 중요한 게 현실이다. 그러므로 그런 현실에 의미 없이 저항할 것인지 아니면 현실을 직시하고 극복할 방법을 배울 것인지 둘 중 하나를 선택해야 한다.

나도 반바지에 샌들을 즐겨 입는 사람으로서 당신이 지금 느끼는 마음을 충분히 이해한다. 지금부터 현실을 헤쳐나갈 방법을 함께 살펴보자.

두 단계 상위에 해당하는 의상을 선택하라

적절한 출근 복장에 관해 내가 해줄 수 있는 가장 단순하고 직설적인 조언은 **현재 지위보다 두 단계 정도 상위 지위에 걸맞은 의상을 입으라**`blog`는 것이다. 자신의 직속상관 말고 상사의 상사처럼 입어라.

티셔츠에 반바지를 입어도 된다고 해서 티셔츠에 반바지만 입고 다닌다면 해를 입진 않겠지만 득을 볼 것도 없다. 다들 편하게 입는 직장에서 혼자 차려 입고 다니면 뭐라고 하는 사람도 있을 수 있다. 하지만 그런 사람조차 자각하지 못하는 새에 고정관념이 생긴다. 그러므로 누가 뭐라고 하든 말든 적당히 차려 입어라. 차려 입었다고 뭐라고 하는 사람의 머릿속에도 잘 갖춰 입은 사람에 대해 높은 지위의 전문가라는 인상이 생기는 건 마찬가지다.

아직도 확신이 안 선다면 함께 심리 실험을 해보자. 제복을 입은 경찰관을 상상해보라. 그 경찰관을 다양한 맥락과 환경에 배치해보라. 단, 경찰 제복을 제대로 갖춰 입은 상태로 말이다. 어떤 상황에서 어떤 말이나 행동을 하더라도 **그들의 이미지는 제복의 영향을 받는다.** 아무리 아니라고 말하고 싶어도 바뀌지 않을 것이다.

그래서 현재 지위보다 두 단계 높은 지위에 걸맞은 의상을 선택하라는 것이다. 당신이 경찰관을 보듯 사람들은 당신을 본다. 그렇게 보지 않으려 해도 소용없다. '제복'은 현재 당신의 지위보다 높은 전문성과 지위를 부여한다. 소프트웨어 개발자가 어떤 '제복'을 입어야 할지에 대해 더 자세히 알고 싶으면 무료로 제공되는 '소프트웨어 개발자 복장 가이드' toolkit 를 참고하라.

리더를 따라라

현재 지위보다 두 단계 높은 지위에 걸맞은 의상을 입는다는 게 무슨 뜻일까? 어떤 의상을 고를지는 어떻게 알까? 현재 지위보다 두 단계 위가 없다면 또 어떻게 할까?

잘 모르겠을 때에는 리더를 따라라. 자신이 다니는 회사를 운영하는 경영진이나 CEO가 입는 의상을 살펴보라. 성공한 고위직 인사들이 어떤 의상을 입는가? 그런 지위에 속한 사람처럼 보이도록 최대한 비슷한 스타일로 입어라.

사람들의 인식과 고정관념이 중요하다는 걸 기억하라. **현재 자신의 지위보다 더 높은 지위의 사람으로 인식될 수 있도록 긍정적인 고정관념을 만드는 게 핵심이다.** 승진 평가가 진행될 때 그 자리에 어울리는 사람처럼 보여야 한다. 사람들이 어떤 사람을 두고 '대통령이 될 만한 사람'이라고 말하는지 떠올려보라. 특정한 자리에 어울리게 하는 몇 가지 특징이 있다. **자신이 차지하고 싶은 자리에 어울리는 의상을 입어라.**

자신이 장차 맡고 싶은 역할을 현재 하고 있는 사람의 스타일뿐 아니라 그 사람의 행동까지도 일정 수준 따라 하는 게 가장 좋다.

카리스마와 모순

상사들의 스타일을 흉내 내기로 했다고 해서 거기에 개성을 더하지 말라는 법은 없다. 배우 일을 하던 시절 연기를 어려워할 때 당시 연기 코치가 내게 해준 말을 잊을 수가 없다. 그는 이렇게 말했다.

"지금 네가 하는 연기가 진실되어 보이지 않는 이유는 사람들은 원래 모순덩어리라는 걸 몰라서 그래. 사람들은 화를 낼 때 그냥 화만 내는 게 아니라 동시에 약간 행복해해. 슬플 때는 살짝 흥분이 동반되지. 현실에서 호감을 느끼는 사람들은 원래 모순덩어리야."

듣자마자 그의 말이 맞다고 생각했다. 당시 내가 맡은 역할이 품을 법한 모순된 감정을 동시에 표현해내자 그제야 어색해 보이지 않았다.

이때 **모순이 카리스마를 만든다** blog 는 걸 깨달았다.

나 자신을 예로 들어보겠다. **나는 전형적인 프로그래머와 거리가 멀다.** 나는 190센티미터에 100킬로그램이고 체지방률은 8퍼센트 정도다 blog . 역도 선수나 프로레슬링 선수처럼 보이지만 철학자나 자기 계발 구루처럼 말하고 프로그래머처럼 생각한다. 내게는 많은 모순이 존재한다. 그런 점이 나를 '보이는 그대로' 사는 사람보다 더 흥미로운 인물로 만들어준다. 일리가 있지 않나?

스타일을 활용해 카리스마를 표출하고 싶을 때도 이와 똑같은 원리를 적용할 수 있다. 잘만 하면 호감도를 높여서 경력을 성공적으로 발전시키고 사람들과 활발히 교류할 수 있게 될 것이다.

이런 목표를 이루기 위해 어떻게 해야 할까? **타고난 외모와 어느 정도 상충되는 의상을 입어라.** 얼굴 인상이 회계사나 보험 설계사를 연상시키는 사람이 있다고 가정해보자. 거기다 팔은 가늘고 성격은 내성적인데 안경까지 썼다. 목소리마저 부드럽고 수줍다. 그런 사람이 주머니가 하나 달린 단색 셔츠에 정장 바지를 입는다면? 그러한 이미지가 더욱 강화될 것이다. 하지만 이 사람이 문신을 한다면 어떨까? 수염을 기르고 가죽 조끼를 입고 모터사이클 부츠를 신는다면? 그러면 갑자기 모순이 생긴다. 이제 보는 것만으로는 그가 어떤 사람인지 종잡을 수 없다. 소심한 회계사 같은 인상을 지녔지만 갑자기 체인으로 내 얼굴을 때릴 것처럼 보이기도 한다. 이런 사람은 어떤 인물인지 알아내기 위해 고민해야만 한다. 흥미로운 인물이 된 것이다.

조금 극단적인 예를 들었는데 이렇게 하라는 건 아니다. 하지만 무슨 말을 하고 싶었는지 이해했으면 좋겠다. 모순은 좋다. 모순은 흥미롭다.

모순 = 카리스마

(사전 고지: 모순을 만들면 싫어하는 사람이 생긴다. 사실 카리스마가 있으면 원래 그런 일을 겪는다. 자신을 좋아하는 사람이 늘어날수록 싫어하는 사람도 늘어난다. 하지만 존재감이 없는 것보다 그게 훨씬 낫다.)

자신이 어떤 이미지와 특징을 지녔는지 신중하게 고민해보고 그와 반대되는 이미지를 부여해서 모순을 만들 방법을 생각해보라. 본인의 외모가 '폭력배'처럼 부정적인 이미지를 풍긴다면 그런 이미지에서 벗어나려고 노력하기보다는 모순을 만들어보라.

격식을 갖춰 차려 입어라. 유려한 말솜씨를 기르고 세련된 정장 차림으로 출근하라. 그러면 상대는 고정관념 회로가 제대로 작동하지 않는 걸 느끼면서 당신을 다시 볼 수밖에 없다.

입는 옷에 따라 성격이 변한다?

복장에 따라 성격이 변할 수도 있을까? 답은 물론 '그렇다'이다. 민소매 티셔츠에 모자를 거꾸로 쓰고 다닐 때와 턱시도에 실크 모자 차림으로 다닐 때 자신의 행동이 어떻게 달라지는지 살펴보라.

사람들은 **입는 옷이 달라지면 스스로를 다르게 생각하기 시작한다.** 그리고 행동 방식뿐 아니라 성격에도 변화가 생긴다. 기분이 울적할 때 잠옷이나 운동복만 입고 있어서 좋을 게 없는 이유가 여기에 있다. 기분만 더욱 가라앉는다.

직장에서 더욱 전문가답게 행동하고 싶은가? 조금 더 전문가답게 입어라. 샌들에 찢어진 반바지가 허용되는 직장에 다니더라도, 승진에 아무 관심이 없더라도 자신이 입는 옷이 자신의 행동과 느낌에 어떤 영향을 주는지 정도는 생각해보길 바란다.

지위의 상징

비싼 시계, 디자이너 브랜드, 고급 차처럼 그 사람의 지위를 상징하는 물건에 대해서는 어떻게 생각하는가? 그런 물건이 정말 경력 발전에 도움이 될까?

나는 그 말에 그다지 믿음이 가지 않았다. 솔직히 지금도 그렇다. 소프트웨어 개발자가 지위를 상징하는 물건에 투자하는 게 큰 의미가 있을 거라 생각하지 않는다. 하지만 이 가설을 검증한, 나보다 훨씬 '부자'인 사람이 있다. 그 주인공은 닐 파텔Neil Patel이다. 그가 쓴 '162,301.42달러 옷을 구매해서 692,500달러를 번 이야기'blog를 읽어보라. 이 기사에 따르면 일상적인 상황에서는 비싼 옷이 그다지 도움이 될 게 없지만 **업무 회의나 인맥을 만드는 자리에서는 큰 영향을 미친다.**

상황에 따라 결과가 달라질 수 있으므로 이 이야기를 너무 맹신하지는 마라. 지위의 상징을 마련하는 건 좋은 투자라고 생각하면서 **신용카드 한도를 최대를 늘리고 집을 저당 잡히는 일은 없도록 하라.** 하지만 부나 성공을 의미하는 몇 가지 핵심적인 물건은 도움이 될 수도 있다.

나는 아직 이 문제에 확실한 결론을 내리지 못했다blog. 지위를 나타내는 상징이 어느 정도 영향을 미치는 건 사실인 듯 보이나 소프트웨어 개발자나 기술 관련 직업을 가진 이가 투자 대비 얼마의 수익을 내는지는 아직 확신이 없다. 고액을 받는 컨설턴트가 고객을 만나러 갈 때 좋은 옷을 입고 좋은 차를 몰고 가면 사업 규모를 키우는 데 도움이 된다는 말을 들은 적이 있긴 하다. 특히 고위급 경영진을 만날 때 그렇다고 했다.

결론적으로 나는 이렇게 조언하고 싶다. 세일즈포스Salesforce나 IBM의 CEO를 만날 일이 있다면 그날 하루는 고급 정장과 자동차를 빌려라. 그러면 할부금을 내지 않고도 혜택을 누릴 수 있을 것이다.

헤어, 메이크업 그리고 기본 위생

다음 장으로 넘어가기 전에 조금 뻔하긴 하지만 그래도 언급할 가치가 있는 몇 가지 사항을 간단히 짚어보겠다.

백만 달러의 가치가 있는 사람처럼 보여도 좋지 않은 냄새가 난다면 결국 냄새 때문에 이미지를 망칠 것이다. 최근 시간당 300달러라는 고액을 받는 이미지 컨설턴트를 만난 적 있다. 그녀는 어떤 사람의 이미지를 형성하는 가장 강력한 최우선 요소가 냄새라고 말했다.

옷도 잘 입어야 하지만 샤워를 하고 귀 뒤까지 깨끗하게 씻고 양치를 하고 코털을 정리하는 등 기본 위생을 등한시하지 마라. 피부를 관리하는 것도 좋다. 남자도 마찬가지다. 피부 상태는 외모에 큰 영향을 준다.

마지막으로 헤어와 메이크업 이야기를 해보자.

남자는 헤어스타일을 깔끔하게 다듬는 게 좋다. 적어도 2주에 한 번은 머리를 깎아라. 남녀를 막론하고 머리 손질하는 법을 배워라. 짧은 시간을 들여서 큰 효과를 볼 수 있다.

그리고 여성에게는 한 여성이 내게 한 말을 그대로 전해주고 싶다.

> "나는 메이크업을 했을 때 훨씬 더 공손한 대접을 받는다고 느낀다. 특히 다른 여성에게 받는 대우가 더욱 좋아진다. 시간을 들여서라도 머리 손질과 메이크업을 하는 게 좋다고 생각한다. 방법을 배워서라도 말이다. 직장 안에서든 밖에서든 자신이 받는 대우에 영향을 미칠 것이기 때문이다."

나는 이보다 더 잘 말할 자신이 없다.

관심이 없다면?

현재 직위보다 두 단계 더 상위 직급이 입을 법한 의상을 입어야 한다고 이야기하면 "관심 없다."라고 말하는 사람이 꼭 등장한다. 어차피 경영진이 될 생각이 없으니 좋은 인상을 남기거나 승진하기 위해 차려 입을 생각이 없다고 한다. 그냥 지금처럼 일하고 프로그래밍 기술을 배워서 코딩 능력을 키우면 그만이라고 말이다.

뭐, 관심이 없으면 그만이다. 굳이 관심을 가지라고 설득할 생각은 없다. 사람들의 고정관념과 인식을 자신에게 유리하게 이용하는 방법을 배운 것으로 생각하라. 내 조언을 반드시 따를 필요는 없다. 이 조언을 따르지 않아도 충분히 성공할 수 있다. **반바지에 티셔츠만 입어도 시니어 개발직으로 얼마든지 승진할 수 있다.**

그러므로 관심이 없다면 따르지 마라. 진심으로 하는 말이다. 나는 관심이 있는 사람들에게 쉽게 실천할 수 있는 간단한 방법을 알려주고 싶을 뿐이다. 선택은 당신 몫이다.

〈잠깐만요, 된!〉 전 무슨 말인지 알겠어요. 관심도 있고요. 하지만 그렇다고 나 자신을 바꾸고 싶은 생각까지는 없어요. 나 자신의 스타일을 지키고 내가 원하는 대로 살면서 이런 방법을 활용할 방법은 없나요?

자신을 바꾸지 않고도 더 보기 좋게 입을 수 있다. 자신의 스타일을 유지하면서 이미지를 한 단계 더 끌어올리는 것도 얼마든지 가능하다.

나도 그렇게 하고 싶어서 얼마 전 비싼 돈을 주고 두 명의 이미지 컨설턴트를 고용했다. 나는 평소 민소매 티셔츠를 입고 다니지만 그런 스타일은 그다지 '성공했다'는 느낌을 주지 못한다. 외모와 이미지를 가꾸는 데 소홀한 덕에 손해를 자초해온 셈이다. 이런 사실을 다른 사람이 말해주는 걸 듣고서야 깨달았다.

그래서 나는 전문가를 고용해서 내 고유한 스타일은 그대로 유지하되 더 나은 이미지를 가질 수 있도록 도움을 받았다.

당신도 나처럼 하면 된다. 전문가를 고용하는 것도 고려해보라. 개중에는 패션 감각이 부족한 사람도 있을 수 있고, 때로는 외부의 객관적인 의견을 들을 필요도 있기 때문이다.

43

좋은 평가 받기

평가. 좋은 기억, 끔찍한 기억, 그리고… 엉터리. 당신도 내 말에 동의할 것이다. **대부분의 평가가 딱 그렇다. 엉터리.**

"일단 6개월 전에 설정했던 목표를 우리가 실제 달성한 것에 맞게 조정합시다."

"만점을 줄 수는 없으니 완벽하게 개선할 여지가 있는 영역을 생각해보세요."

"스스로 점수를 매겨보십시오." (이 부분은 나중에 다시 이야기하겠다.)

평가가 대부분 엉터리라는 걸 모두 알지만, **아직은 그 엉터리를 잘 통과할 방법을 배워둬야 한다.** 그래야 좋은 직원으로 인정받고 연봉 인상도 할 수 있기 때문이다. 이 장에서 그 방법을 알아볼 텐데, 그에 앞서 이야기를 하나 들려주고 싶다.

평가 결과를 뒤집다

옛날 옛적에 나는 HP_{Hewlett Packard}라는 회사에서 일했다 blog. 당시 HP는 직원을 평가할 때 스택 랭킹stack ranking 시스템을 활용했다. 나중에 더 자세히 이야기하겠지만 기본적으로 상대평가를 하는 거라고 보면 된다. 높은 순위와 중간 순위를 받을 수 있는 사람의 수는 정해져 있었기 때문에 일부 불운한 이들은 나쁜 순위를 받을 수밖에 없었다.

그해에 나는 **끝내주게 일을 잘했다.** 진짜다. 기술 관련 서적 15권을 독파하고 마이크로소프트 공인 자격증 다섯 개를 취득했으며 blog 새로운 팀을 만들어 개발 환경에서 쓸 수 있는 새로운 도구를 몇 가지 만들었고 프린터에 새로운 .NET 아키텍처를 적용하는 데 주요한 역할을 맡았다. 그뿐 아니라 전해 인사고과 평가서의 '내년 목표'에 썼던 모든 목표를 뛰어넘었다.

당시 나는 평가에서 훌륭한 점수를 받는 것은 물론 승진을 해도 이상하지 않을 정도였다. 그해에 내가 이룬 성과와 다음 해 목표를 평가 파일에 기입하고 그 외 평가와 관련해서 내가 할 몫의 내용을 다 채웠다. 그리고 관리자와 평가 회의에 들어갔다. 관리자가 나를 어떻게 평가하는지도 정기적으로 확인해왔기에 놀랄 만한 일은 없을 거라고 확신했다.

회의는 잘 끝났다. 그는 내가 이룬 성과에 감명을 받았다. 나는 인내심을 가지고 어떤 점수를 받을지 기다렸다. 뭐, 인내심은 없었을지도 모른다. 모든 평가가 완료된 다음 주에 내 점수를 확인하기 위해 로그인했다.

이럴 수가! **나는 평균 이하의 순위를 기록했다.** 바닥보다 한 단계 높았다. 너무 놀라서 의자에서 넘어질 뻔했다. 실수여야 했다. 이 문제를 상의하기 위해 상사와 만날 약속을 잡았다. 그는 내가 최근에 승진한 데다 이미 내 직급에서 받을 수 있는 최고 수준의 연봉을 받고 있기 때문에 다른 몇몇 개발자의 순위를 높여서 균형을 맞춰야 한다는 압박을 받았다고 털어놓았다. 자기 뜻대로 할 수 있었다면 최대한 높은 순위를 주었을 거라고 강조했다. 하지만 순위를 매긴 후 그 순위에 따라서만 승진시킬 수 있고 승진시켜야 할 다른 개발자가 있기에 어려운 선택을 할 수밖에 없었다고 했다.

기분이 그다지 좋지 않았다. 상사는 나에게 순위 조정 신청을 할 수 있다는 것을 알려주고 자신이 해줄 수 있는 게 있을지 생각해보겠다고 했다. 단, 그렇게 하려면 왜 그 순위가 불공평한지, 내 모든 목표를 어떻게 뛰어넘었는지 보여줄 서류가 필요하다고 했다.

다음 날 나는 아웃룩Outlook 이메일 프로그램에 '칭찬' 폴더를 만든 후 주간 보고서에서 강조해 보여줄 부분을 찾아 정리하는 작업을 했다. 그리고 각 순위에 필요하다고 게시된 요건을 확인했다. 이 모든 내용을 몇 페이지 짜리 서류에 정리했다. **그해에 성취한 50가지 사항을 목록으로 만들고** 관리자, 동료 혹은 관계자가 칭찬을 담아서 보낸 이메일 중 가장 인상적인 10개를 첨부했다. 지난 평가 시 세웠던 모든 목표를 어떻게 성취했는지도 하나씩 상세히 설명했다. 아, 그리고 매주 상사에게 내가 목표를 향해 제대로 가고 있는지, 더 나아지거나 개선해야 할 부분이 있는지 묻기 위해 보냈던 서류와 이메일도 덧붙였다. 빈틈없는 서류였다.

당신은 아마 '그런데도 어쩔 수 없었다'라는 뻔한 결말을 기대하고 있을 것이다.

하지만 그렇지 않았다. 그다음 주에 출근하자 평가 수정본이 내 책상 위에서 나를 기다리고 있었다. **나는 최상위로 올라섰다.** 그리고 승진과 동시에 꽤 높은 폭의 연봉 인상도 받았다. 불가능한 일을 해낸 것이다. 어떻게 했을까? 지금부터 그 얘기를 들려주겠다.

미리 확인하라

상사와 자신이 어떻게 일하고 있는지, 개선할 여지는 없는지에 대해 매해 인사고과가 진행될 때가 되어서야 의논하려고 해서는 안 된다. 사실 **인사고과의 결과나 상사가 하는 말이 충격적이었다면 이미 문제가 심각한 것이다.** 나는 상황을 그냥 운에 맡기는 태도나 놀라는 상황을 그다지 좋아하지 않는다.

한 해 계획을 세우고 목표와 더 노력해야 할 영역을 설정한 후에 **자신이 어떻게 목표를 향해 진전하고 있는지 상사에게 이야기하라.** 적어도 2주에 한 번씩 그렇게 하는 게 좋고 가능하다면 매주 한 번 하는 것도 좋다. 자신이 잘하고 있는지, 자신에게 개선할 점이 아주 조그만 것이라도 있는지 단도직입적으로 물어보라. 뭔가 들은 이야기가 있다면 그 점을 개선하여 그다음 만남에서 나아지고 있다는 걸 보여주어라.

특별한 이야기가 없다면 그 의견이 유효인지 확인하라.

"현재는 제가 올해 목표에 맞게 100퍼센트 제대로 진행하고 있어서 개선할 점이 전혀 없다는 말씀이시죠? 제가 제대로 이해했는지 확인하고 싶어서요."라는 정도로 물으면 될 것이다.

그리고 나는 대화를 기록하라. 만난 날짜와 시간뿐 아니라 자세한 대화의 내용까지 기록하라. 대면 회의를 한 후에 확인하는 질문을 이메일로 보내는 것도 아주 영리한 방법이다. 이를 CYA라 한다. 어떤 의미인지는 독자들의 몫으로 남겨두겠다.[*]

이렇게 기록을 남기면 몇 가지 명확한 이득이 있다.

첫째, 공식 평가가 진행되기 전 **자신에게 부족한 점을 고칠 수 있는 기회가 생긴다.**

둘째, **일관성 원칙이 당신을 도와준다.** 그 덕에 평가에서 놀랄 일이 없어진

---

[*] 'Cover your ass.'의 약자다. 문제가 생기기 전에 방어하라는 뜻이다.

다. 사람들은 과거에 본인이 한 말이나 행동에서 벗어나지 않고 일관성을 유지해야 한다는 매우 강력한 압력을 느낀다. 이 주제에 대해 다룬 로버트 치알디니Robert Cialdini의 유명한 저서 『설득의 심리학』blog을 읽어봐도 좋다. 평소 개선할 점 없이 잘하고 있다고 말해 온 상사라면 평가가 시작되어도 똑같은 말을 해야 한다는 강한 압박을 느낄 것이다.

마지막으로, 자신이 할 수 있는 모든 것을 해왔다는 사실을 증명해야 할 상황에 쓸 수 있는 아주 강력한 증거가 된다.

명확한 목표를 세우고 그 목표를 널리 알려라

평가를 위해 어떤 목표를 세웠는가? 승진하고 싶은가? 완벽한 점수를 얻으려 하는가? 작년 평가에서 지적받은 약점을 올해에는 강점으로 바꾸고 싶은가?

어떤 내용이든 목표를 세우고 이를 널리 알려라. 평가에서 그 목표를 이루고 싶다고 상사에게 말하라. 그리고 그 목표를 이루기 위해 어떤 일을 해야 하는지 묻고 답변을 기록으로 남겨라. 이메일로 받을 수 있다면 더욱 좋다.

"인사부 직무 설명서에 소프트웨어 엔지니어 IV는 X를 비롯해 무엇 무엇을 할 수 있어야 한다고 되어 있는데요….'라는 말과 함께 소프트웨어 엔지니어 IV로 승진한다는 목표를 이루기 위해 X를 하고 있는데 평가 때 승진하려면 그 외에 무엇을 해야 할지 정확히 알려달라고 물어보라. 그리고 상사가 답한 내용을 기록해두라. 그러면 확실한 증거가 될 것이다.

상사가 확인해준 내용을 자신이 지켜서 실행하고 있다는 걸 상사도 알게 하라. 그런 필요 요건을 갖춘다면 평가를 받을 때 원하는 걸 성취할 확률이 아주 높다. 간단하지 않은가?

자신의 발전을 추적하고 기록하라

이게 핵심이다. 앞에서도 많이 이야기했지만 **모든 걸 기록하라**. 특히 자신의 발전 현황을 빠짐없이 기록하라.

당신은 이미 매일 진행한 굵직한 업무를 기술하고 한 주간 있었던 핵심적인 일을 요약해 넣은 주간 보고서를 작성하고 있을 것이다. 하지만 그 정도로 만족하지 마라.

읽은 책 `blog`, **참석한 수업이나 가르친 수업 등 목표를 위해 성장해나간 모든 내용을 기록하라.** 이전에 받은 평가와 그해에 설정한 목표를 살펴보라. 그 목표를 이뤘거나 이루기 위해 전진한다는 걸 보여줄 수 있는 모든 것을 기록하라.

다시 말하지만 그리 어려운 일이 아니다. 상식적인 수준의 이야기다. 그런데도 평가에 기습 공격을 받는 소프트웨어 개발자가 여전히 많다. 기록을 남기지 않는 사람이 태반이다. 하지만 기록을 남기는 사람과 논쟁이나 법적 분쟁에 휘말리기라도 한다면… 당신이 기록한 쪽이길 바란다.

근거를 제시하라

이렇게 모든 걸 기록하는 이유는 필요한 때 적절한 근거를 제시하여 평가에서 좋은 점수를 받거나 원하던 대로 승진하는 데 있다. 자신이 목표에 가까워지고 있다는 걸 보여주는 기록이 있어야 한다. 목표 달성을 위해 상사가 해야 한다고 알려준 일은 무엇이고 이를 성취하기 위해 어떤 일을 하고 있는지 그 모든 내용을 잘 정리해서 상대가 수긍할 수밖에 없는 근거를 만들어라.

변호사가 되었다고 생각하라. 다른 이들의 칭찬이 담긴 이메일을 모아라. 칭찬해준 상대에게 이메일을 보내달라고 부탁하라. 나는 '칭찬' 폴더에 사람들의 칭찬이 담긴 좋은 이메일을 모아두곤 했다. 이런 이메일은 자신이 만든 근거를 지지하는 훌륭한 증거가 된다.

당신이 직접 알려주지 않는 한 당신의 상사나 그 상사의 상사는 당신이 한 훌륭한 일을 절대 전부 알 수 없다. 그러니 직접 하라.

필요하다면 항소하라

난 여기에 추천한 모든 일을 했는데도 실패했다. 실패한 뒤 어떻게 했을까? 그래도 포기하지 않았다.

특히 큰 회사의 인사부에서는 직원이 회사와 맞서 싸울 거라고 생각하지 않는다. 인사부는 엉터리 스택 랭킹을 만들어둔다. 스스로도 엉터리라는 걸 알고 있다. 공정성과 질서를 갖춘 것처럼 보이게 할 요량으로 평가 절차와 직급별 직무 설명서를 엉터리로 만들어두긴 하지만 실제 별 의미는 없다. 하지만 이런 제도는 증거를 가지고 여기에 도전하지 않는 한 바뀌지 않는다.

내가 HP에서 했던 일도 전례가 없었다. 그때까지 평가 점수를 바꾼 사람은 없었다. 하지만 나는 했다. 그리고 그리 어렵지도 않았다.

나는 내 주장을 뒷받침할 증거가 있었고 이를 반박할 증거를 가진 사람은 없었기 때문이다. 내 의견에 반대되는 증거를 모아서 내가 기대에 미치지 못했다거나 목표 중 일부를 이루지 못했다고 보여줄 수도 있겠지만 그러려면 꽤 품이 많이 든다. 그보다는 나처럼 열심히 싸우지 않을 만만한 상대를 골라서 그 사람의 순위를 떨어뜨리고 나에게는 그냥 내가 원하는 걸 주는 게 훨씬 쉽다.

그러므로 **판결에 불복하여 항소하는 걸 두려워 마라.** 단, 반드시 항소를 뒷받침할 증거가 충분해야 한다. 그렇지 않으면 불평 많은 사람 취급만 받기 십상이다. 알겠는가?

자가 평가라는 함정

스스로를 평가할 '기회'를 주는 것 또한 악명이 자자한 함정이다. 당신은 이런 상황에서 어떻게 대처하는가?

멍청한 나르시시스트라는 평가를 받을지도 모를 위험을 감수하고 최고점을 주겠는가? 상사가 더 높은 점수로 고쳐주리라고 희망하며, 받아 마땅한 점수보다 낮은 점수를 매기는 겸양의 미덕을 발휘하겠는가? 편견 없이 정말 공정하게 자신을 평가해볼 생각인가? 그런 게 정말 가능할까? 정말 도대체 어떻게 해야 할까?

우선 **평가를 피할 수 있다면 피하라.** 그냥 공정하고 합리적인 시선으로 자신을 평가하는 게 불가능하다고 말하면 된다. 자신에게 공정하다는 건 거의 불가능에 가까운 일이므로 뭐라고 평가하든 정확하지 않을 수밖에 없다.

하지만 어쩔 수 없이 반드시 해야만 한다면 최선의 전략이 한 가지 있긴 하다. **전 영역에 대해 최대한 높은 점수를 주되 가장 약한 영역에서 1점을 빼라.**

이 전략의 근거는 간단하다. 자가 평가를 하라고 했을 때 일부러 자신에게 해가 될 행동을 할 이유가 뭐란 말인가? 심지어 정치인에게도 묵비권을 행사할 권리가 있다. 자신에게 해가 될 행동을 하는 건 합리적이지 않다. 자신에게 낮은 점수를 줘서 좋을 게 하나도 없다. 끽해야 상사가 "이것보다 높은 점수를 받을 만하다."라고 말하는 정도고, 최악의 경우엔 상사가 그 평가를 그냥 믿어버릴 것이다.

그러지 말고 최고점을 주는 게 좋다. 최악의 경우라고 해봐야 상사에게 "점수가 좀 높다고 생각하지 않나?"라는 말을 듣는 정도에서 끝날 것이다.

그럴 때는 "제게 점수를 매기라고 하셨잖아요."라고 답하면 된다. 운이 좋다면 그가 당신의 평가를 믿을 것이다.

나와 의견이 다른 사람도 있겠지만 나는 나 자신에게 해가 되는 행동을 하고 싶지 않다blog. 누군가 내게 총을 주고 내 신체 중 어디든 쏘아야 한다고 억지로 시킨다면 나는 내 발가락 사이의 빈 공간을 겨냥할 것이다.

그냥 잘 넘어갈 수 있을 것 같다는 확신이 들 때는 전 영역에서 최고점을 주어도 좋다고 생각한다. 나도 이 문제에 대해서는 아직 확신이 없다. 하지만 적어도 한 영역에서는 최고점보다 하나 아래 정도의 점수를 주는 게 가장 안전하다고 생각한다. 그러면 점수에 대한 신뢰도가 조금 더 올라갈 것이다.

공식적으로 말하건대 **나는 자가 평가와 동료 평가, 둘 다 무척 싫어한다.** 둘 다 편향되기 쉽다. 그리고 득이 될 가능성은 없고 해가 될 가능성만 있기 때문이다.

동료 평가

동료 평가에 대해서까지 이야기할 생각은 없었지만 앞서 언급했기 때문에 정말 짧게 다루도록 하겠다.

동료 평가라…. 어떻게 해야 할까? 친구를 밀고해야 하는 이런 공산주의적인 전략을 반드시 써야 한다고 강요할 때는 게슈타포가 되길 거절하고 모든 동료에게 똑같이 최고점을 주어라.

잘못 본 게 아니다. 모두에게 똑같이 최고점을 주고 넘치게 칭찬하라. **동료에게 나쁜 점수를 줘서 좋을 게 하나도 없다.**

나쁜 점수를 주면 일이 잘되어봐야 상대가 강등되거나 해고된다. 그런데 그런 일은 잘 일어나지 않는다. 최악의 경우 당신이 나쁜 점수를 주었다는 걸 상대가 알게 될 수도 있다. 그 후에 그들이 당신의 상사나 팀장이 된다고 상상해보라. 그들이 당신 인생을 끔찍하게 망쳐놓는 건 순식간일 것이다. 상사나 다른 모든 동료도 당신을 좋지 않게 볼 것이고 적대적인 업무 환경을 조성한 덕에 결국 다른 직장을 찾아야 할 것이다.

해고당해 마땅한, 엉망인 상대라 해도 당신에게 그를 해고할 권한이 있는 게 아닌 이상 굳이 그들을 끌어내리는 역할을 본인이 맡을 건 없다.

〈잠깐만요, 돈〉 제가 보기에 지금 하는 말은 약간 비윤리적인 것처럼 보이는데요. 자신이나 동료를 솔직하게 평가하지 않는 건 부정직한 거잖아요.

부정직하게 보여도 자가 평가나 동료 평가에서 이런 행위를 옹호할 수밖에 없는 명확한 이유가 있다. 왜 최대한 솔직하게 평가해서는 안 될까? 그런 의문이 드는 이유를 충분히 이해하고, 그런 사고방식이 좋다고 생각한다. 하지만 문제가 하나 있다.

나는 자가 평가나 동료 평가가 하나부터 열까지 엉터리 그 자체라고 생각한다. 누군가를 자기 자신이나 자기 옆에 있는 사람을 공격해야만 하는 상황에 몰아넣는 건 부당하다. 그리고 **당신이 뭐라고 평가하든 별 의미도 없다.**

사실은 가짜 전기 충격기를 쓰는 거면서 진짜 전기 충격기를 쓰는 거라고 피험자를 속이고, 그들이 얼마나 많은 사람에게 전기 충격을 가하는지 보았던 심리학 테스트* 같은 것이다.

자가 평가나 동료 평가가 공정할 수 있다고 생각했다면, 엄청나게 부정적인 반향을 일으킬 염려 없이 공평하게 진행될 수 있다고 보았다면 나도 솔직하게 평가할 것이다.

나는 거리로 나가 이런 평가에 반대하기 위해 시위하는 쪽을 택하지 않고 차선책을 택한 것이다. 소극적 저항 방식을 선택했다고 보면 된다. 체제를 전복시켜서 그들의 권력을 빼앗는 것이다. 자기 자신이나 친구를 찌르지 마라. 하지만 얼마든지 내 의견에 반대해도 좋다.

---

* 예일대학교 심리학과의 스탠리 밀그램(Stanley Milgram)이 사람들이 권위에 맞서 자신의 윤리적 원칙을 지키는지 확인하기 위해 1961년 진행한 것으로 유명한 '밀그램 실험'을 가리킨다. 밀그램은 체벌이 학습에 어떤 영향을 미치는지 확인하는 실험을 진행할 것이라는 거짓 정보로 피험자를 모집한 후 학생 역할과 선생님 역할로 나누어 실험해 참여하게 했다. 선생님 역할을 맡은 사람은 학생 역할을 맡은 사람이 문제를 틀릴 때마다 전기 충격을 가하라는 지시를 받았다. 하지만 학생 역할을 한 사람은 연기자였고 전기 충격기도 가짜였다. 이런 사실을 모른 채로 실험에 임한 피험자들 중 65퍼센트가 상대를 죽일 수 있다는 걸 알면서도 전압을 높여서 충격을 가했다.

스택 랭킹

나는 스택 랭킹을 동료 평가만큼 싫어한다. 하지만 현실에는 스택 랭킹을 강요하는 회사가 존재하므로 다룰 수밖에 없다. 최근에 스택 랭킹을 없애는 회사가 점점 더 늘어나고 있다는 걸 알게 되었다.

스택 랭킹을 뒷받침하는 아이디어는 꽤 단순하고 일리가 있다. **전 직원 중 가장 높은 성과를 낸 10퍼센트, 중간에 있는 80퍼센트, 최하위에 있는 10퍼센트를 알아 내는 것이다.** 상위 10퍼센트에게는 승진과 보상을 주고 하위 10퍼센트는 해고한다.

여기에는 몇 가지 문제가 있다. **일단 인사부 사람들이나 관리자들이 실적 외에 다른 동기에 따라 순위를 매긴다는 게 문제다.** 상위 10퍼센트를 진짜 성과가 좋은 10퍼센트로 뽑지 않고 사내 정치, 급여 체계 등 다른 요소를 기준으로 선정한다. '상위 자리'가 그리 많지 않기 때문에 관리자나 부서장들은 이런 자리를 협상에 사용한다. 즉, 성과보다 정치에 의해 순위가 결정되는 일이 많다.

오해는 없길 바란다. 이론적으로는 훌륭한 체계라고 생각한다. 어떤 회사든 하위 10퍼센트를 해고하는 게 좋다고 생각한다. 하지만 실제로는 이 체계 때문에 온갖 문제가 발생한다. 지금 여기서 스택 랭킹 체계에 대한 불평을 늘어놓으려는 게 아니다. 스택 랭킹에 어떻게 대처해야 할지 알려주는 게 목표다.

당연히 **하위 10퍼센트에서는 멀리 떨어지고 상위 10퍼센트에 들어가는 게 좋을 것이다.** 또 한번 말하지만 자신이 그 회사에서 기대 이상의 성과를 내고 있다는 **주장을 뒷받침할 충분한 증거를 보여주는 것이** 선결 과제다.

<잠깐만요, 폰!> **"기대 이상의 성과를 낸다."라고 자꾸 얘기하는데 사실 저는 그런 성과를 내고 있지 않거든요. 그래도 이 방법을 써야 하나요?**

윤리와 진실성 문제를 논할 시점이다.

지금까지 독자가 윤리 의식과 진실성을 갖춘 인물이라고 가정해왔다. 하지만 이 질문을 받고 보니, 이 책에 담긴 내용을 어떻게든 자신의 성공을 위해 교묘한 전술로 바꾸어 쓰는 인물이 독자일 수도 있겠다는 생각이 든다.

그런 행위를 옹호할 생각은 없다. 사실 단기적으로는 그런 전략으로 성공을 거둘 수도 있겠지만 장기적으로는 결국 그 전략에 발목을 잡힐 것이다. 업보를 그렇게 호락호락하게 보지 마라.

나는 진실성과 강력한 윤리의식으로 무장하는 게 당신에게 도움이 될 거라고 100퍼센트 믿는다. 자신이 '기대 이상의 성과'는커녕 '보통의 성과'도 내지 못하고 있다면 일단 성과를 내는 사람이 되어야 한다. 전술이나 기술이 노력을 대신할 수는 없다. 보상을 얻으려면 그에 합당한 노력을 해야 한다. 나는 보상을 받을 수 있는 최고의 기회를 얻기 위한 방법을 알려주는 것뿐이다.

그다음으로는 사내 정치가 어떤 분위기로 돌아가는지 알아내야 한다. 자신이 속한 부서에 직원이 몇 명인가? 상위 10퍼센트에 몇 명이 들어가는가? **자신이 겨루는 상대가 누구인지** 물밑에 어떤 정치적인 움직임이 있는지 **알아내야 한다.** 자기 위에 몇 자리가 있는지, 그 자리에 누구를 넣을지를 공유하고 의논할 만한 다른 부서나 팀의 관리자와 친분을 맺는 게 좋다.

순위를 정하는 인사부 지침도 알아두면 금상첨화다. 순위 체계의 작동 방식을 정의한 문서가 있을 것이다. 평가에서 상위 10퍼센트에 진입하는 데 필요한 일을 했다는 걸 명확하게 보여주는 게 좋다.

아는 게 힘이다. **자신이 상위 순위에 들기 위해 노력하고 있다는 걸 상사에게 알리는 것도 좋다.** 그런 사실을 알고 있으면 정치적으로 당신을 곤경에 빠뜨릴 만한 유혹을 받는 상황에 처하더라도 그는 부담을 느끼게 된다.

하지만 무엇을 해봐야 결국 안 좋은 결과를 맞이하는 때도 있는 법이다. 그럴 때는 항소하라. 항소해도 긍정적인 결과가 보장되는 건 아니다.

그저 최선을 다해라. **최대한 훌륭하게 자신의 주장을 펼쳐라.** 대신 자신이 제어할 수 없는 영역도 세상엔 존재한다는 사실을 받아들여라. 행운을 빈다!

44

편견에 대처하기

이런 장을 쓸 필요가 없었으면 했는데, 아직은 필요한 것 같다. 직장 내에서 인종차별을 비롯한 온갖 차별이 사라진 세상에 살고 있다고 믿고 싶지만, 현실은 그렇지 않기 때문이다. **차별은 여전히 존재한다.** 그리고 아마 앞으로도 영원히 사라지지 않을 공산이 크다.

소프트웨어 개발 세계를 음울하게 그려낼 생각은 없다 blog. **편견 없이 일하는 훌륭하고 정직한 소프트웨어 개발자가 더 많다.** 전체적으로 볼 때 우리는 과거어느 때에도 누리지 못한 기회를 누리는 시대에 살고 있다. **전반적으로 그 어느 때보다 다른 문화, 인종, 종교, 성별**을 비롯해 상상할 수 있는 모든 것을 **전에 없이 포용하는 세상이 열렸다.**

하지만 모든 문제가 완벽히 사라진 건 아니다. 세상이 어떻게 바뀌어야할지 이런 현실에 취해야 할 적절한 조처는 무엇인지에 대해 이야기하고 싶은 마음도 크다. 하지만 나는 현실주의자다. 내 안에 있는 현실주의자는 마음에 들지 않는 현실을 바꾸기 위해 우리가 무언가 하는 것도 중요하지만 **우리가 처한 현재 환경에 적응하는 법부터 배워야 한다**고 말한다.

이 장에서 그에 관한 이야기를 할 것이다. 무엇이 문제이고 사회가 그런 문제를 어떻게 고쳐야 하느냐보다 당신이 무엇을 할 수 있느냐에 집중할 것이다.

이 장에서는 편견의 대상이 되었을 때 그런 상황을 헤쳐나갈 방법, 당신을 끌어내리려고 하는 사람에게 지지 않을 적절한 대처법, 자신이 제어할 수 있는 부분은 제어하되 바꾸지 못하는 부분은 받아들이는 법, 누구에게나 품위 있게 대함으로써 무심코 문제의 일부가 되지 않을 방법에 대해 알아보겠다.

인간에게 무의식적인 편견과 고정관념이 있다는 사실을 받아들여라

'적절한 복장 갖추기'를 다룬 장에서 이 주제를 언급한 바 있으므로 이미 한 얘기를 반복하진 않겠다. 하지만 당신을 포함해 모든 사람에게는 뿌리 깊은 편견이 있다는 것, 고정관념에 의존한다는 것을 아는 건 중요하다. 다시 한번 강조하지만 이 글은 무엇이 옳고 그른지 심판하려고 쓴 게 아니다. 그러한 현실에 당신이 잘 대처할 방법을 알려주는 게 이 글의 목적이다.

당신을 반대하는 다른 사람의 편견에 대처하는 가장 좋은 방법은 받아들이는 것이다. 받아들이라는 말을 그들의 행위를 참으라는 말로 오해하지 마라. 때로 자신의 주장을 확고히 펼쳐야 할 때도 있기 때문이다.

나는 당신이 어떤 사람이든 누군가는 당신을 편견 어린 눈으로 본다는 사실을 깨달았으면 좋겠다는 말을 해주고 싶다. 이유야 뭐든 이런 현실은 바꿀 수가 없다. 이러한 사실을 받아들여야 한다. 그런 사람이 으레 있으리라고 예상해야 한다. 그러지 못하면 늘 충격과 분노, 불신에 사로잡혀 살아가야 한다. 하지만 세상 어디에나 일정 수준의 편견이 존재한다는 것, 누구나 고정관념을 갖는다는 것을 잘 이해하고 산다면 이런 상황을 맞닥뜨리더라도 훨씬 수월하게 대처할 수 있다.

다시 한번 말하지만 '받아들이라'는 표현을 쓴다고 해서 이런 상황을 문제가 아닌 것으로 인식하라는 뜻이 아니다. 그저 현실을 직시하고 적절하게 대처할 방법을 알려주는 것이다.

최대한 편견을 피하라

지금부터 내가 하는 말이 인기 없으리라는 걸 안다. 나에게 학대와 차별을 조장하는 사람이라는 꼬리표가 붙을지도 모른다(좀 모순적이라는 생각이 들긴 한다). 하지만 말했듯이 불완전한 사람들로 가득한 불완전한 세상에서 자신의 인생과 경력을 더 훌륭하게 만들어나갈 효과적인 방법을 알려주고 싶다. 본격적인 이야기를 시작하기에 앞서, 이 글은 세상을 자신이 원하는 대로 바꾸는 방법을 알려주는 게 아님을 기억해주길 바란다.

자신에게 편견을 가질 만한 **다른 사람에게 자신을 표현하는 방법을 바꾸는 건 편견을 피할 좋은 방법**이다. 특히 무의식적으로 편견을 갖는 사람들에게 잘 통한다.

쉬운 예로 이름을 들 수 있다. **이름은 때로 무의식적인 편견을 불러일으킨다. 안타까운 사실이지만 의식적으로 그러는 경우도 있다.** 현재 미국에서 '존 스미스'나 '제임스 로버트' 같은 이름으로 사는 사람이라면 직장에 다니며 이름에 관한 편견을 걱정할 필요는 없다. 하지만 '파티마 존스'나 '타미카 모하마드' 같은 이름은 다르다. 오해의 소지가 있는, 정치적 중립성이 떨어지는 발언이지만, 솔직해지자. 반대로 최근 중국을 방문해본 경험을 바탕으로 꽤 자신 있게 말하건대 중국이나 일본에서 '존 스미스'나 '제임스 로버트' 같은 이름으로 살면 그와 똑같은 편견을 경험하게 될 확률이 높다.

상황에 따라 달라진다는 걸 보여주기 위해 두 가지 예를 함께 들었다. **사람마다 다른 상황과 다양한 환경에서 서로 다른 편견을 경험할 것이다.** 어떤 사람이냐가 중요한 게 아니다. 어떤 이름이든 그 이름만으로 그 사람에게 편견을 가질 만한 지역을 찾아낼 수 있을 것이다.

이런 현실에 어떻게 대처해야 할까? **개명하는 방법도 있다.** 농담이 아니다. 아니면 별명도 좋다. 이렇게까지 할 필요가 없다고 생각한다 해도 이해한다. 아예 그렇게 하면 안 된다고 생각하는 사람도 있을 것이다.

하지만 현실적으로 생각해보자. 편견을 불러일으킬 만한 이름이 있을 때 어떤 전략이 더 나을까? 남들이 자신에게 편견을 갖지 않도록 노력하며 사는 것? 아니면 이름을 바꿔서 애초에 문제의 소지를 없애는 것?

작가나 배우에게는 흔한 일이다. 개명한 소프트웨어 개발자도 많이 보았다. 솔직히 나도 고민해본 적이 있다. 내 성은 손메즈다*. 배우로 활동할 때는 '빈스 드 리온_{Vince De'Leon}'이라는 예명을 쓰고 싶었다. 내 이름을 아는 사람이 많아져서 이제 와서 바꾸기에는 늦었지만 지금도 내 이름만 보고 나에 대해 편견을 갖는 사람이 있을 것이다.

이름은 이름일 뿐이라는 게 핵심이다. 이름은 당신이 아니다. 개명해서 편견을 피할 수 있다고 생각하는 사람은 개명하면 된다. 원하지 않는 사람은 안 하면 된다. 다만 그 때문에 편견을 겪을 수 있다는 주장은 받아들여라.

세상이 자신이 원하는 대로 돌아갈 거라고 기대하지 마라. 입는 옷이나 쓰는 억양, 사용하는 어휘도 마찬가지다. **본인이 일하는 환경에서 자신이 어떤 존재로 평가될지 솔직하게 점수를 매겨본 후에 자신의 어떤 점이 부정적인 편견이나 고정관념을 불러일으킬지 알아내라.** 그게 내가 할 수 있는 가장 현실적인 조언이다. 그리고 그중 어떤 부분을 고쳐야 자신의 본질을 희생하지 않으면서 편견을 줄일

---

* 'Sonmez'는 터키식 이름이다.

수 있을지 알아내라. 자신의 이름이나 혈통, 피부색이나 머리색, 종교 등등 무엇이든 부끄럽게 여기라는 말이 아니다. 자신을 어떻게 표현해야 자신을 향한 편견을 줄일 수 있을지 가늠해보라는 말이다.

본질을 희생하거나 바꾸지 않으면서 쓸 수 있는 몇 가지 간단한 방법이 있다.

예를 들어보겠다. 남부 억양을 구사하는 미국인 중에는 자신의 억양을 없애기 위해 발성법 코치를 고용하는 사람이 많다. 남부 억양을 구사한다는 게 똑똑하지 않다는 뜻은 당연히 아니다. 하지만 남부 억양에 대해 좋은 고정관념만 있는 건 아니다.

문신도 마찬가지다. 하지만 문신은 옷으로 덮거나 지울 수 있다. **조금 더 전문직다운 인상을 주는 의상을 입고 구사하는 억양이나 어휘를 바꾸는 게 인종적 차별을 극복하거나 줄이는 데 도움이 되기도 한다.** 보디빌더나 매력적인 여성의 보기 좋은 외모도 고정관념을 일으킬 수 있다. 하지만 이럴 때도 복장을 잘 선택하면 그러한 고정관념을 덜 수 있다.

자신에게 부정적인 영향을 준다는 걸 알더라도 바꾸고 싶지 않은 것들이 있다. 그런 마음도 충분히 이해한다. 나는 그저 해볼 수 있는 것들을 알려주는 것뿐이므로 무엇을 실행할지 선택하는 건 당신 몫이다. 다시 한번 말하지만 내가 이 장에서 하는 말은 불쾌하다고 느낄 소지가 다분하다. 하지만 **내가 하는 이야기가 편견을 극복하는 데 현실적으로 도움이 될지 자문해보길 바란다.** 편견을 옹호하려는 것이 아니라 편견을 피할 현실적인 조언을 주고자 함이다.

자가 격리하지 마라

편견이 존재하는 직장에서는 편견의 대상이 된 사람이 무리에서 스스로 떨어져 나오는, 자가 격리 문제가 흔하게 일어난다.

그러지 마라. '동류의 사람들'을 찾아서 오로지 그들과 어울리려고 하지 마라. 그런 행위는 편견을 더욱 강화할 뿐 아니라 그런 행위를 한 당사자는 조직 내 편견을 부각하는 존재로 비칠 가능성이 높다.

정치적 중립성은 잠시 접어두고 한 가지 일화를 들려줄까 한다. 옛날 옛적에 나는 정부 계약직으로 일한 적이 있다. 함께 일하던 다른 계약직 직원 중 상당수가 인도인이었다. 인도인 계약직 직원들은 자기들끼리 어울리며 스스로를 격리했다. 매일 그들끼리 함께 다니고 식사했다. 그리고 나도 거기에 있었다.

나는 그 중간에 딱 끼어 있었다. 나는 그들만의 점심에 끼어서 함께 식사하고 잡담을 나누었다. 나는 명예 인도인이었다. 인도인 혈통과 전혀 연관이 없는데도 말이다. 다른 계약직 직원들은 인도인 계약직 직원들과 자주 불화를 겪었다. 나와는 그렇지 않았다. 인도인 계약직 직원은 인도인이 아닌 계약직 직원들과 자주 불화를 겪었다. 하지만 나와는 그렇지 않았다. 나는 양측에서 일어나는 일을 다 볼 수 있었고 인도인 직원과 인도인이 아닌 직원 모두와 잘 어울려 지냈다.

나중에는 결국 인도인이 아닌 다른 계약직 직원을 인도인 직원들의 점심에 데리고 가기 시작했다. 솔선수범해서 그들의 자가 격리를 막은 덕에 **나는 내가 겪어야 할 편견과 인도인 직원들이 겪어야 할 편견을 크게 줄이는 역할을 했다.** 나는 계약직을 관리하는 역할을 하는 동안 자가 격리가 프로젝트에 해가 된다는 걸 알게 되었다. 내부에 있으면 알아채기 어려울 수 있다. 나는 가는 곳마다 이런 역할을 했다.

내가 특이한 무리와 어울리는 모습을 쉽게 볼 수 있을 것이다. 나는 그런 무리에 끼어서 어울리는 걸 두려워하지 않는다. 그 결과 나는 편견의 대상에 잘 속하지 않는다.

당신도 **자신과 다른 사람들로 이루어진 무리에 끼어서 어울리고 그들과 대화하고 소통하라.** 공통점이 있는 사람들과 어울리면서 그 그룹에 숨어 자가 격려하려는 사람이 많다. 인종, 종교, 혈통을 비롯해 다양한 것이 그 기준이 될 수 있다. 그런 사람들은 더 많은 편견을 경험한다. 그러지 말고 용감하게 자신이 속한 종족의 범위를 확장하라.

자신감을 가져라

편견 때문에 주눅 들지 않는 것이 편견과 싸우는 최고의 방법이다. 자신과 자신의 능력을 높이 평가하는 사람은 다른 사람도 쉽게 폄하하기 어렵다.

말이 쉽지 실천하기 어렵다는 건 안다. 누군가 자신을 불공평하게 차별하고 편견이나 고정관념에 사로잡혀 편파적으로 위협하는 상황에서 즐겁게 지내기는 어렵다. 하지만 자신감을 키우면 키울수록 더 쉬워진다.

다른 사람을 바꿀 수는 없다. 그들의 사고방식도 못 바꾼다. 그래서 그들이 당신에게 느끼는 감정, 당신에게 하는 행동을 직접적으로 바꾸기는 어렵다. 하지만 **자기 자신은 바꿀 수 있다. 더 강해져라. 더 빠르게 회복하라.**

의지만 있다면 누가 자신에게 인종차별적인 언행을 하든 편견을 가지고 대하든 신경 쓰지 않을 정도로 자신감을 키울 수 있다 blog. 자신의 능력에 자신감이 있으면 누군가 자신에게 불이익을 가해도 극복할 수 있다. **자기 자신과 자신의 능력에 자신감을 갖기만 해도** 다른 사람이 무슨 말을 하든 상관이 없기 때문에 **자신을 억압하려는 사람의 기세를 꺾어버릴 수 있다.**

나는 프레더릭 더글러스Frederick Douglass를 존경한다. 그는 지금 내가 말하고 있는 주제와 관련한 명언을 남겼다.

폭군의 한계는 억압당하는 자들이 어디까지 참느냐에 따라 정해진다.

프레더릭 더글러스는 노예로 태어났으나 주인에게서 탈출해 자유인이 되어 다른 노예들의 탈출을 도왔다. 그가 남긴 업적뿐 아니라 생각하고 말했던 것을 보아도 그가 위인임을 알 수 있다. **그는 자신이 처한 상황이나 자신을 향한 편견, 인종차별이 자신을 정의하게 내버려두지 않았다. 그 모든 것을 완전히 거부했다.**

프레더릭 더글러스 위키피디아 페이지에는 노예로 살던 시절에 관해 설명하는 다음과 같은 구절이 등장한다.

> 토머스 올드Thomas Auld는 동생 휴Hugh에게서 더글러스를 데려왔다. 후일 더글러스는 토머스가 휴에게 벌을 주기 위해 그렇게 했던 것이라고 썼다. 토머스 올드는 가난한 농부 에드워드 코비Edward Covey에게 더글러스를 보냈다. 코비는 말을 듣지 않는 노예들을 학대해서 기를 꺾어 놓는 '노예 파괴자'로 유명했다. 그는 정기적으로 더글러스를 채찍질했고 그의 정서 또한 거의 무너뜨려버렸다. 당시 16세였던 더글러스는 매질에 맞서 강력히 저항했다. 결국 물리적 충돌에서 더글러스가 이기자 코비도 더 이상 그를 때리지 않았다.

내가 프레더릭 더글러스를 이렇게나 좋아하는 이유는 간단하다. 프레더릭은 단 한순간도 자신이 아무 힘없는 희생자라고 생각하지 않았다 blog . 무시를 당하든 싸움을 하든 절대 묵종하지 않았다.

최대한 무시하라

나는 요즘 마크 맨슨Mark Manson이 쓴 『신경 끄기의 기술』 blog 이라는 제목의 책을 읽는다. 마크는 이 책을 통해 **너무 많은 것에 신경을 쓰는 것**이 사회적으로나 개인적으로나 큰 문제가 된다고 말한다. 너무 많은 것이라고 했다.

성이나 인종에 근거한 차별, 혹은 편협한 사고방식이나 선입견 등 우리 사회를 좀먹는 온갖 병폐를 가볍게 보려는 게 아니다. 이런 문제들은 정말 심각하다. 하지만 개인적인 수준에서 **우리가 그런 문제에 정말 그렇게까지 큰 관심을 가져야 할까?**

나는 히스패닉계가 아니지만 많은 사람이 내가 히스패닉인 줄 안다. 그 때문에 많은 차별을 받는 건 아니지만 가끔 받을 때도 있다. 이런 문제에 기본적으로 어떻게 반응해야 할까?

아무것도 하지 않는다. 그냥 무시한다. 마크 맨슨이라면 "신경 꺼라."라고 말할 것이다. 나에 대한 고정관념 때문에 내 지적 능력이 떨어지는 걸로 생각한다고? 나를 싫어해서 나에게 형편없는 대우를 한다고? 그래서? 그러거나 말거나 관심이 없다 blog. 나는 그냥 다른 사람이 무지하게 굴면 무지해서 그러나 보다 하고 내 갈 길을 간다.

사람들은 바보 같은 말, 상처되는 말을 한다. 간혹 악의로 그러기도 하지만 **대부분은 무지해서 그런 말을 한다.** 이 장의 내용 중 반 이상이 당신 기분을 상하게 할 수도 있다. 기분이 상하게 내버려두겠다고 **선택한다면** 말이다.

아니면 그냥 무시하고 당신의 갈 길을 갈 수도 있다. 살다보면 편견에 사로잡힌 사람이나 부당한 대우를 하는 사람을 만나기도 한다. 도처에서 일어나는 일이다. 일어나서는 안 되는 일이지만 그래도 그런 일을 맞닥뜨린다면 어쩔 수 없이 대처해야 한다. **기본 모드를 무시로 설정하라.**

자신이 죽을 언덕은 신중하게 고르는 게 좋다. 이런 말이 오해의 소지가 있는 중립적이지 못한 발언이고 당신 마음에 들지 않을 수도 있다는 건 알고 있다. 하지만 나는 신경 쓰지 않는다. 나에게는 신경 쓸 일, 해야 할 일, 진짜 중요한 일이 많기 때문에 중요하지 않은 문제를 신경 쓰느라 시간과 정서적 에너지를 낭비할 여력이 없다. 불쾌한 기분에 빠져 있기보다 현실적으로 살고 싶다.

무시할 수 없는 내용은 신고하라

그렇다고 모든 것을 무시할 수는 없다. 자신을 지키기 위해 맞서야 할 때도 있는 법이다. 다른 사람의 무지를 계속 용인해주기만 할 수는 없다. 현실적으로 심각한 악영향을 끼치는 일도 있기 때문이다.

누군가 직장에서 인종차별적인 모욕을 퍼붓고 적극적으로 차별하는 상황에 처한 사람에게는 수수방관하면서 무시하라고 권하지 않는다. 이런 상황은 문화적으로 둔감한 발언, 부적절한 농담, 그 외에 불쾌한 감정을 불러일으킬 만한 행동을 하는 것처럼 실질적으로 큰 해를 입히지 않는 상황에 처하는 것과는 조금 다르게 보아야 한다.

높은 권력을 지닌 사람이 당신의 인종이나 성별, 종교, 성적 취향 등을 사유로 부당한 대우를 해서 경력에도 큰 영향을 미치는 상황이라면 그냥 무신경해지는 걸로는 해결되지 않는다. 그런 사람은 신고해야 한다.

이럴 때는 그만하라고 분명하게 이야기해야 한다. 어디까지 용인하고 어디서부터 용인하지 않을 것인지 선을 명확하게 그어라 blog. 당사자가 결정해야 할 문제지만 **현실적으로 생각하면 최대한 둔감해지는 게 낫다.** 계속 싸우려면 신체적으로 정서적으로 심리적으로 크게 지칠 수밖에 없다. 장기적으로 볼 때 그렇게까지 싸울 가치가 없는 경우가 많다. 하지만 정해둔 경계를 넘어왔을 때는 무시할 수 없다. 그럴 때는 이렇게 하라.

일단 모든 일을 기록하라. 누가 어떤 말과 어떤 행동을 언제 어디에서 했는지 기록하라. 이야기를 지어내서 분란을 일으키기 위해 말썽을 부리는 게 아니라는 걸 분명하게 보여주는 동시에 용납할 수 없는 행동의 패턴이 명확하게 드러나도록 아주 자세하게 기록하라. **한 번 실수한 걸로 사람을 호되게 몰아세우지 마라.** 물론 폭력이나 성폭행처럼 심각한 행위라면 예외다. 다만 누군가를 신고하려면 반드시 증거가 있어야 한다.

필요한 증거를 얻은 후에 가능하다면 **우선 직접 해결할 방법이 있는지 찾아보라.** 상대에게 선을 넘었다는 사실과 그런 행위를 용납할 수 없는 이유를 알려주고 이제 그만하라고 말하라. **겁을 주거나 위협하지 마라. 가르치려 들거나 구걸하는 것도 좋지 않다.** 그냥 분명하고 확고하게 그들이 선을 넘었고 **당신이 그런 행위를 용납하지 않을 것**이라고 말하라.

상대가 당신의 말을 듣지 않는다면 증거를 들고 인사부 담당자나 상사를 찾아갈 차례다. 그래도 문제가 해결되지 않는다면 법적 자구책을 강구하거나 그 환경에서 완전히 벗어날 궁리를 해야 할 것이다.

편견은 나쁘다

나도 편견이 나쁘다고 생각한다. 나도 편견의 대상이 되어본 적 있고 다른 사람들이 편견에 휘둘리는 것을 본 적도 있다. 이 장을 통해 **편견을 묵인하고 받아들여야 한다거나** 이는 고민할 가치도 없는 문제라고 일축하려는 의도가 없었다는 걸 이해해주기 바란다.

편견에 대처할 현실적인 조언을 해주고 싶었다. 좋은 목적을 위해 순교자로 나선다고 해서 반향이 일어나는 일은 흔치 않다. 성공해서 존경받는 인물이 되어 영향력을 행사할 수 있게 되었을 때, 이를 세상에 좋은 영향을 미치는 데 쓰는 게 훨씬 더 효과적이다. 팻말을 든다고 변화가 일어나는 일은 드물다. 반대하는 사람에게 틀렸다고 이야기하는 것보다 **그들이 틀렸다는 걸 증명**하는 게 더 현명하다.

45

좋은 리더 되기

몇 주 전 평소처럼 16킬로미터를 달리면서 『Extreme Ownership: How U.S. Navy SEALS Lead and Win』 blog 이라는 책을 오디오 버전으로 들었다. 전쟁에서 부대를 이끄는 중요하고 어려운 직책을 수행하며 배운 원칙과 리더십을 이야기한 책이다.

이 책의 저자인 조코 윌링크Jocko Willink는 "**나쁜 팀은 없다. 나쁜 리더만 있을 뿐이다.**"라고 말하며, 한 개 장을 할애해 이 주제를 다뤘다.

미 해군 특수부대인 네이비 실의 훈련은 정말 힘들다. 보트 조에 배당된 팀은 매우 혹독한 환경에서 경주를 치러야 한다. 6명으로 구성된 한 팀이 무거운 보트를 머리 위로 지고 언덕을 오른 후 물을 건너는 경주다. 경주를 해보니 뒤처져서 매번 최하위를 기록하는 팀이 있고 매번 1위 하는 팀이 있다. 윌링크는 양팀의 리더를 바꿔서 어떤 결과가 나는지 지켜본다. 그러자 최하위를 하던 팀이 드디어 1위를 차지하고 1위를 하던 팀이 2위로 내려간다.

여기에서 우리는 리더의 능력과 책임이 어떤 영향을 미치는지 볼 수 있다. 윌링크는 강력한 주인의식을 지닌 리더라면 팀을 성공으로 이끌 뿐 아니라 자신이 사라진 후에도 팀이 계속 승승장구할 수 있도록 큰 영향력을 남긴다고 말한다.

이 장에서는 그런 리더가 될 방법에 대해 이야기할 것이다. **동기와 영감을 부여해서 팀을 거의 확실하게 성공으로 이끄는** 리더, 단순히 '리더'라는 이름을 붙인 사람이 아니라 공식적인 지명을 받았든 받지 않았든 존경을 받고 협동심을 고취하고 최고의 성과를 이끌어낼 수 있는 리더 말이다.

리더십이란 무엇인가?

우선 리더십이 정확히 무엇인지 이야기해보자.

리더십은 직함이나 지위가 아니다. 리더십은 먼저 나서서 **행동함으로써** 귀감이 되는 것이다. 누구나 자신이 리더라고 말할 수 있다. 공식 직함으로 받을 수도 있고 팀을 책임지는 자리를 맡을 수도 있다. 하지만 **그 누구도 당신을 리더로 만들 수는 없다.** 그건 스스로 해야 하는 일이다. 직접 자기 것으로 만들어야 한다.

리더십이란 다른 이들로 하여금 자신이 품은 미래의 비전을 따르게 하는 것, 자신이 가는 길로 오게 하는 것, 그리고 자신이 펼쳐놓은 경로를 좇게 하는 것이다. 이 말인즉 자신이 그 길을 맨 처음으로 가야 한다는 뜻이다. 리더십은 뒤에서 미는 게 아니라 맨 앞에 이끄는 것이다.

직함, 공식 지명, 위에서 내린 권한으로는 리더가 될 수 없다. 왜냐하면 리더라면 복종을 받아내는 존재가 아니라 전폭적인 지지를 이끌어내는 존재가 되어야 하기 때문이다. 물리력이나 권력을 행사해서 타인의 행동을 일시적으로 통제할 수도 있다. 하지만 공포심으로 상대를 옥죄는 게 아니라 **사람들의 마음을 얻어서 충성심이 우러나게 하는 것이 리더십이다.**

사람들을 제대로 이끄는 법

사람들을 제대로 이끄는 유일한 방법은 **본보기를 보이는 것이다. 최고의 리더는 팀에게 하라고 할 일을 자신이 솔선수범해서 한다.** 팀을 이끌고 나갈 길을 닦기 위해 남들보다 한층 더 노력하고 희생할 준비가 되어 있다. 공식 직함이 없어도 본보기를 보이면 사람들이 따라온다.

팀이 테스트 주도 개발 blog 방식을 따라 애플리케이션 코드에 앞서 단위 테스트부터 만들기 바란다면 말보다 행동으로 본보기를 보여라.

코드를 소스 제어 저장소에 저장할 때 커밋 메시지를 더 잘 쓰기 바란다면 자신이 먼저 그렇게 해야 한다. 그냥 잘하는 정도가 아니라 아주 잘하는 모습으로 본보기를 보여야 한다.

팀원들끼리 논쟁을 피하고 서로 존중하고 협력하길 원하는가? 이쯤이면 그렇게 되기 위해 자신이 무엇을 해야 할지 알 것이다.

본보기를 보이려면 때로는 '자신의 수준에 미치지 못하는' 일도 해야 한다. 상아탑에 틀어박혀서 부대원들에게 말로만 명령하는 '리더'가 너무 많다. 본을 보여서 사람들을 이끄는 진정한 리더가 되려면 기꺼이 앞에 나서서 전투를 이끌 마음의 준비가 되어 있어야 한다.

팀원 중에 누구도 하고 싶어 하지 않는 어렵고 지루한 일을 맡아라. 가장 단조로운 업무마저 얼마나 훌륭한 품질로 완성할 수 있는지 보여주어라.

전 영역에서 모범을 보여라

자신의 전문 영역뿐 아니라 다양한 영역에서 다른 이들이 우러러볼 수 있는 능력을 갖춘 사람이 좋은 리더다. 깔끔하게 코딩하는 능력이 있는 아주 뛰어난 프로그래머가 되기만 해도 무척 훌륭하다. 하지만 그건 반드시 모범을 보여야 하는 한 가지 분야에 불과하다 blog.

좋은 리더가 되려면 팀이 따라오길 바라는 전 영역에서 앞서 나가야 한다.

* 팀이 훌륭한 업무 윤리를 갖추기 바라는가?
* 팀원들이 의욕 있게 일하길 바라는가?
* 팀원들이 의사소통 능력과 소프트 스킬을 키우기 바라는가?

팀의 능력이 신장되길 바라는 전 영역에서 최선의 모범을 보여라. 팀의 행동이나 습관을 알고 싶다면 리더만 살펴보아도 충분하다.

팀은 리더를 닮아간다. 그런 경향은 시간이 지날수록 강해진다. 리더가 늘 지각하고 점심시간을 넘겨서 들어오기 일쑤고 근무시간에 인터넷 서핑에 긴 시간을 보낸다면 팀원들도 비슷해질 것이다. 고약한 농담이나 논쟁을 좋아하고 자신의 상사에 대한 불평을 늘어놓으며 사람들을 프로답게 대우하지 못한다면 팀원들도 이를 배울 것이다.

리더라면 마땅히…

더 높은 책임감을 가져라

팀에 무엇을 원하든 스스로도 그만큼 혹은 그 이상을 해낼 수 있어야 한다.

나는 내가 심플 프로그래머 blog 와 유튜브 채널 blog 에서 맡은 역할도 리더십을 보이는 것이라고 생각한다. 나는 사람들이 최선을 다해 더 많은 성과를 올릴 수 있도록 열의를 북돋아주고 이끌어주고 싶다. 아무리 어려운 상황을 맞닥뜨려도 절대 포기하지 않고 자신의 잠재력을 최대로 끌어올릴 방법을 알려주고 싶다. 그래서 다음과 같은 일을 한다.

- 사람들의 열정이 나로 인해 고무되도록 나에게 기대하는 것보다 훨씬 더 높은 기준과 목표를 세워둔다.

- 특별히 높은 책임감을 갖기 위해 노력한다.

- 업무를 할 때 성실하게 집중해서 일하고 무슨 일이 있어도 절대 포기하지 않는다. 다른 사람들이 대부분 해낼 수 없으리라고 생각하는 분량의 업무를 해내려고 노력한다.

- 나는 한 주 동안 블로그 포스트 여러 개, 유튜브 동영상 18편, 팟캐스트 몇 개를 만들어내는 등의 업무를 완료한다.

- 운동할 때는 누구보다 나를 가혹하게 밀어붙인다. 매주 64킬로미터를 뛰고 6시간 동안 근력 운동을 하며 매일 오후 5시까지 금식해서 체지방률을 10퍼센트 이하로 유지한다.

내가 당신에게 무언가를 해보라고 권할 때는 단순히 해본 일을 권하는 게 아니라 그보다 10배 이상 어려운 버전 blog 으로 해낸 일을 권하는 것이다. 당신에게 1.6킬로미터를 뛰라고 권하기 전에 나는 16킬로미터를 뛸 것이다.

리더가 되고 싶다면 단순히 본을 보이는 것으로는 부족하다. 그보다 한층 더 노력해서 얼마나 더 할 수 있는지 보여주어야 사람들의 마음이 움직인다.

자신이 알고 있는 최고의 리더를 생각해보라. 사람들의 마음을 가장 크게 움직인 사람들을 생각해보라. 그런 이들이 그저 해야 할 최소한의 일만 하고 멈추었는가? 아니면 다른 이들에게 권하는 수준보다 훨씬 더 높은 수준을 성취할 때까지 밀어붙였는가?

좋은 리더라면 보급품이 모자랄 때 자신의 몫을 팀에게 나눠줄 것이다. 헌신적이고 이타적인 성품 때문만이 아니라 음식이 없어도 전투에 나가서 승리를 거머쥘 수 있다는 걸 보여주기 위해서다. 사람들에게 '리더가 저 정도까지 할 수 있다면 나도 이 정도는 할 수 있지.'라는 생각이 들게 해야 좋은 리더다.

리더는 팀을 책임진다

'팀에서 일하기' 장에서 나는 팀을 위해 최대한 많은 책임을 지도록 노력해야 한다고 말했다. 리더라면 선택의 여지없이 이런 마음을 품어야 한다.

리더는 홀로 팀 전체의 성과를 책임진다. 리더는 자신 외에 다른 누구의 탓도 할 수 없다. **팀을 제대로 이끌기 위해 리더는 팀과 팀이 하는 일에 대해 완전한 주인의식을 가져야 한다.**

남을 탓하거나 책임을 전가할 수 없다. 오로지 자신의 책임이다. 팀이 실패한 책임은 리더가 홀로 져야 한다. 결과에 대한 책임이 온전히 리더에게 있으므로 팀원들은 자신이 할 일을 100퍼센트 자유를 가지고 할 수 있다고 확신하게 하라. 그러면 사기가 진작되어서 리더의 말을 잘 따를 것이다.

그렇다고 팀원들이 실수를 안 한다는 뜻은 아니다. 팀원들이 계획을 방해하거나 완전히 망칠 가능성은 여전히 존재한다. 그런 일이 일어나는 것 또한 **리더의 잘못이고 책임이다.** 그게 리더의 잘못인 이유는 **그 팀원을 더 잘 교육할 책임이 리더에게 있기 때문이다.** 그 팀원이 **계획을 더 잘 이해하고 지지하게 하는 것**도 리더의 몫이다.

게다가 리더에게는 자신의 책임을 완수하는 과정에서 그 팀원이 따라오지 못한다는 걸 알아챘을 때 그를 **공식적으로 팀에서 내보낼 권한도 있다.** 리더의 가장 중요한 역할 [blog] 은 자신을 따르는 이들을 성공으로 이끄는 것이라는 사실을 기억하라.

리더는 자신의 실수뿐 아니라 팀원 전원의 실수까지도 책임져야 한다. 문제가 생겼을 때는 자신이 책임을 지고, 성공을 거뒀을 때는 모든 공을 팀 전체와 나누는 리더가 훌륭한 리더다.

팀을 믿고 일을 맡겨라

아주 훌륭한 리더라 해도 혼자서 할 수 있는 일에는 한계가 있다. 결국 팀이 한 모든 일이 자기 책임이라는 것을 깨달은 후에 모든 일을 혼자 하는 리더도 있다. 책임을 져야 하는 일이라면 제대로 해야 하고, 제대로 하기 위해서는 자신이 해야 한다고 생각하는 것이다. **그러면 모든 일을 온전히 리더에게 의존하기 때문에 리더 없이는 팀이 돌아가지 않는다.**

> "이 문제를 어떻게 해결해야 할까요?"
>
> "모르겠습니다. 제임스에게 물어봐야 해요."
>
> "제임스는 점심 먹으러 나갔잖아요."
>
> "그럼 제임스가 올 때까지는 할 수 있는 게 없을 거 같네요."

아니다. 그렇지 않다! 자신이 이끄는 팀이 이렇게 돌아가게 하지 마라. 최종적인 책임은 자신이 지더라도 팀원들이 본인의 업무에 대해서는 책임을 질 수 있을 정도로 그들을 믿고 일을 맡겨야 한다.

그럼 어떻게 하면 팀원들이 제대로 일을 한다고 믿을 수 있을까? 100퍼센트 확신하는 상황은 절대 만들어지지 않겠지만 실수를 줄일 수 있는 방법은 몇 가지 존재한다.

우선 **임무와 의도를 최대한 명확하고 단순하게 전달한다.** 리더가 최종적으로 구현하고자 하는 비전과 중요하게 생각하는 부분이 무엇인지 팀원들이 잘 이해한다면 그러한 목표를 성취하기 위해 팀원들 스스로 현명한 결정을 내릴 수 있다.

팀원에게 업무를 어떻게 진행하라고 알려주기보다 목표를 알려주어라. 의사결정을 내릴 때 일일이 당신에게 보고하게 하는 것도 좋은 방법이 아니다.

특정 업무를 진행할 때 적용되는 **명확한 작업 절차**를 만들어두는 것도 좋다. 이럴 때 플로차트나 체크리스트가 주효하다. 현재 심플 프로그래머의 팀원들도 나만 할 수 있을 거라고 생각했던 일들을 해낸다. 나는 특정 작업을 하던 절차, 진행 중에 내렸던 결정, 그런 결정을 내린 이유를 기록해두었다. 그 내용을 문서로 정리해서 공유했다. 누구든 그 절차를 따르기만 하면 된다. 현재는 절차와 위임에 관련된 모든 것을 아주 쉽게 이해할 수 있게 안내하는 위키로 발전했다.

훈련도 빠뜨리지 마라. 처음 그 일을 하는 사람이라면 절차를 설명한 문서를 본 후에도 문제를 일으킬 수 있다. 그래도 괜찮다. 초반에는 작업한 내역을 확인하고 어떤 실수가 있었는지 보통 왜 그런 실수가 발생하는지 설명한 후 직접 그 실수를 고치게 하라. 아주 좋은 훈련 방법이다. 본인밖에 못할 거라고 생각한 어려운 업무였다고 해도 팀원들에게 각자의 임무와 절차를 잘 이해할 수 있게 알려주고 훈련까지 마쳤다면 한결 쉽게 팀원을 신뢰할 수 있다.

리더 역할을 제대로 하려면 다른 이들에게 업무를 위임할 줄 알아야 한다. 더 높은 직위로 올라갈수록 더 큰 팀을 이끌수록 이러한 능력이 더욱 중요해진다. 높은 직위에 올라가면 자신의 팀을 이끄는 리더들을 가르치고 훈련시켜야 한다. 그리고 그들을 믿어야 한다.

하지만 한 가지 주의할 게 있다. **위임과 포기는 완전히 다른 말이다.** 임무나 책임을 위임한다는 건 다른 사람에게 할 일을 준다는 뜻이다. 하지만 그 최종 책임은 여전히 본인에게 있다. 포기는 자신이 그 일에서 완전히 손을 떼고 상대가 온전히 감당하게 하는 것이다. 업무를 위임하더라도 그 업무의 주인은 여전히 본인이므로 그 결과를 확인할 의무가 자신에게 있다는 걸 알아두라. 업무가 제대로 마무리되었을 거라 지레짐작하고 '다른 사람한테 맡겼으니까 내 책임이 아니야.'라고 생각하면 안 된다. 그건 리더십이 아니다.

리더가 돼라

보다시피 리더십을 발휘하기는 쉽지 않다. 리더가 되면 꽤 많은 희생을 감내해야 한다. 리더에 대한 기대치는 늘 높기 때문이다.

하지만 사람들의 잠재력을 최고로 끌어올린 자에게는 보상과 만족이 기다리고 있다. 리더가 되면 부담과 영예를 동시에 떠안아야 한다. 누구나 리더가 될 수 있는 건 아니지만 이 장이 그 역할을 맡게 될 이들에게 조금이라도 도움이 되길 바란다.

46

연봉 인상과 승진

존! 이 얘기는 이미 했어요. 어떻게 좋은 평가를 받는지 알려줬는데요. 그러면 승진이나 연봉 인상을 받을 수 있는 거 아닌가요? 평가에서 점수를 훌륭하게 받았다면요. 왜 또 얘기하는 거예요?

흥분을 가라앉히고 좀 진정해라. 차근차근 설명해주겠다.

좋은 평가를 받으면 연봉이 인상되고 승진할 거라고 착각하는 소프트웨어 개발자가 많다. 물론 그럴 때도 있지만 그렇지 않을 때가 더 많다.

평가에서 최고점을 받았는데도 자신의 연봉 인상이나 승진이 "예산에 포함되어 있지 않아서 어쩔 수 없었다."라는 말을 들었다는 프로그래머들을 종종 본다. 더 나쁜 경우 (좋다. 더 나쁜 것까지는 아니지만 더욱 모욕적인 경우라고 해두자) 인플레이션도 따라가지 못하는 쥐꼬리만 한 금액을 인상받는다.

평가에서 좋은 점수를 받는 건 중요하다. 그러나 **그것만으로는 큰돈을 만지거나 바라던 만큼 승진하기 어렵다.** 진짜 큰돈을 만져보고 싶다면 전략과 계획을 잘 세워서 조금 더 신중하게 접근해야 한다.

이 장은 큰돈을 벌 방법을 알려주기 위해 썼다. 뭐, 큰돈은 못 벌더라도 집에 계신 어머님이 자랑스럽게 생각할 정도로 큰 폭의 연봉 인상이나 승진은 받을 수 있는 방법 말이다.

시작하기에 앞서 연봉 협상과 인상 사이에는 아주 비슷한 면이 많으므로 소프트웨어 개발자 협상 체크리스트 toolkit 를 옆에 두고 참고해도 좋겠다.

돈보다 책임이 우선이다

연봉을 인상하고 승진할 방법에 대해 논하기 전에 둘 중 무엇을 목표로 삼는 게 좋을지 이야기해보자.

무엇이 더 좋을까? 더 많은 돈? 아니면 더 높은 직함? 더 많은 돈? 아니면 더 많은 책임? 답은 뻔하다. 나라면 현찰을 택하겠어. 돈을 내놓으라고!

하지만 아니다. 사실 그 대답은 틀렸다. 이렇게 생각하면 된다.

드라마 '하우스 오브 카드' blog 를 두 편밖에 보지 않았지만 케빈 스페이시가 맡았던 주인공이 정말 맞는 말을 했던 걸 기억한다.

> "재능 낭비군. 권력을 두고 돈을 선택하다니. 이 동네 사람들 누구나 저지르는 실수지. 돈은 10년 후면 허물어버릴 싸구려 저택 같은 것이고, 권력이란 수 세기가 지나도 굳건히 버티는 석조 건물이건만."

책임도 마찬가지다. 사실상 **책임이 권력이다.** 책임을 쫓으면 돈은 따라온다. **책임(이라 쓰고 권력이라 읽는 것)은 언제나 돈으로 교환할 수 있다.**

이렇게 생각하라. 포천 지 500대 기업에 취직하되 CEO가 받을 만한 월급을 받는 평범한 자리에 취직하는 것과 경비원이 받을 만한 월급을 받는 대신 CEO 직함을 다는 것, 당신은 둘 중 무엇을 선택하겠는가?

단기적으로 보면 수입을 따라가는 게 일리가 있다. 하지만 그 자리를 나온 후에 어떻게 될까 blog? 다음 회사에 지원할 때 그전에 다니던 회사에서 30만 달러를 받았다고 말한다면 아마 비웃음만 살 것이다. 하지만 포천 지 500대 기업의 CEO를 맡은 적이 있다면 후일 이 경력이 두둑한 보수를 보장해줄 것이다.

무언가를 쫓을 생각이라면 권력을 목표로 하라. 이때 권력은 책임으로 치환할 수 있다. **무언가를 책임질 수 있는 자리에 갈 수 있는 모든 기회를 놓치지 마라.** 아주 하기 싫은 일을 해야 한다고 해도 말이다. 그게 중요한 게 아니다.

자신의 영토를 넓히려면 책임의 범위부터 넓혀야 한다. 손을 더럽히는 한이 있더라도 누구도 건드리려 하지 않는 미개척 늪지를 찾아서 테마파크를 세워 올려라. 월트 디즈니가 그렇게 했다. 누구도 원하지 않는 영역, 건드리고 싶어 하지 않는 프로젝트를 찾아서 맡아라. 그리고 거기서 빛나는 성과를 내라. **약속하건대 어떤 조직에서든 꾸준히 책임을 넓히며 승진하다보면 결국 보수는 그에 맞게 늘어난다.**

솔선수범하라

매일 똑같이 출근하고 퇴근해서 할 일을 마치면 '자기 책임을 다하는' 것으로 생각하는 사람들이 있다. 어느 정도 시간이 지나고 나면 마법처럼 '책임 요정'이 나타나서 '책임 지팡이'로 머리를 톡 치는 순간 노력에 대한 보상을 받을 것이라고 말이다. 미안하지만 틀렸다. 형제여, 세상은 그렇게 돌아가지 않는다.

연봉 인상을 받고 싶다면 승진을 하고 싶다면 자신에게 주어진 일보다 훨씬 더 많은 일을 해야 한다. 무슨 일이 일어나길 기다릴 게 아니라 직접 나서서 직접 일을 만들어야 한다. 이를 솔선수범이라고 한다. 다른 사람이 저절로 케첩이 병에서 나오길 끈기 있게 기다린다면 내버려두라. 나는 병에 빨대를 꽂고 케첩을 빨아낼 것이다.

받을 만한 자격이 있다고 해서 승진이나 연봉 인상이 제 발로 찾아오지 않는다. 직접 나서서 공격적으로 행동하라. 연봉 인상이나 승진을 원한다고 상사에게 알려라. 자신이 원하는 것을 얻으려면 적극적으로 행동해야 한다. 자신의 기회는 스스로 만들어야 한다.

이 장의 나머지 내용은 이를 실행할 방법을 소개하는 데 집중할 것이다. 그냥 자리를 지키고 앉아서 주어진 일을 잘하는 데 만족하지 않고 그보다 더 많은 일을 할 방법 말이다.

교육에 투자하라

교육에 투자하는 건 솔선수범하는 삶을 사는 좋은 방법 중 하나다.

마지막으로 책을 읽은 게 언제인가blog? 당신이 이 책을 이 부분까지 읽은 이유는 당신이 기대 이상의 성과를 내는 사람이어서일 수도 있고, 이 책을 잡은 이상 끝을 볼 때까지 놓을 수 없을 정도로 내가 글을 너무 재미있게 쓰는 엄청난 작가라서 그럴 수도 있다. 힌트: 두 번째가 답이다.

농담이다. 하지만 **책을 더 사서 보길 진심으로 권한다**blog. 매일 기술과 관련된 책을 읽어라. 나는 여기에 매일 30분을 투자한다. 그 시간을 '트레드밀 시간'이라고 부른다. 왜냐하면 트레드밀 위에서 걸으면서 읽기 때문이다blog.

그냥 책만 읽지 말고 온라인 강의도 들어라. 시작만 하지 말고 끝까지 들어라. 세미나, 콘퍼런스, 라이브 훈련 수업에 참석하라. 학교로 돌아가서 못 마친 학위 과정을 마무리하라. 아니면 새 학위를 취득하라. 개인 경력 코치blog를 고용해서 멘토로 삼아라.

더 많은 돈을 벌기 위해 약간의 돈을 투자하는 걸 두려워 마라. 수입의 10퍼센트를 자신의 성장을 위해 재투자해야 한다는 말을 들은 적이 있다. 딱 10퍼센트를 투자해야 하는 건지는 모르겠지만 **나는 성장하기 위해 수년간 수만 달러를 투자해왔다.** 이렇게 하면 본인의 가치가 더욱 높아진다. 그뿐 아니라 학력이 눈에 띄게 향상되면 '연봉 인상 내놔' 총에 넣을 수 있는 아주 효과적인 총알이 된다(잠깐 뭔가 잘못된 표현 같다. '연봉 인상 내놔' 총이라는 표현을 써도 될지 확신이 서지 않는다. 하지만 그래도 그냥 써보겠다).

어쨌든 내가 무슨 말을 하는지 이해했으리라고 생각한다. 상사가 왜 연봉 인상이나 승진을 요구하느냐고 물으면 이렇게 말하라. "저를 처음 고용하실 때는 중학교 학력밖에 없었지만 지금은 박사 학위를 소지하고 있으니까요." 그 정도면 연봉을 인상해주거나 승진을 시켜줄 가치가 없다고 주장하기 어려울 것이다.

자신의 목표를 널리 알려라

과거에는 나도 '은밀한 소통'이라고 부르는 방식으로 내 의사를 전달하곤 했다. 그게 내 기본 전략이었다. 내가 상대에게 뭔가 부탁할 게 있었다고 가정해보자. 과거의 나라면 그럴 때 "그 초콜릿 나도 먹고 싶은데. 나도 좀 나눠줘."라고 말하지 않았다. 그 대신 이렇게 했다. "흠." 아주 익숙한 호흡으로 한숨을 쉬며 눈을 약간 크게 뜨고 상대를 바라본다. 상대가 내 의중을 파악하지 못했다면 다시 한번 "흠." 했다.

이 은밀한 소통 방식의 효과는 어느 정도였을까? 거의 '0'에 가까웠다. 보통 상대를 짜증 나게 할 뿐이었다. 내가 그 맛있는 초콜릿을 먹고 싶어 한다는 걸 알면서도 상대는 그냥 나를 괴롭히고 싶어서라도 무시하곤 했다.

원하는 게 있으면 표현하라. 나는 이 책을 사라고 에둘러서 넌지시 암시하는 방식으로 이 책을 홍보하지 않았다. 나는 "이 책은 대단히 훌륭합니다! 당장 사세요!"라고 말했다.

연봉 인상이나 승진을 원한다면 상사에게 표현하라. 그냥 이렇게 말하면 된다. "이봐요. 나 여기 꽤 오래 다녔어요. 연봉 인상 좀 받으면 좋겠어요. 이제 인상 좀 해줘요." 뭐, 이런 말투는 바람직하지 않으니 이렇게 말하지는 말아라. 하지만 불확실한 용어를 쓰지 말고 직접적으로 연봉 인상이나 승진을 원한다고, 그중 하나를 성취하는 게 자신의 목표라고 상사에게 이야기하라.

참, 평가 '전'에 이야기하라. 반드시 전이어야 한다. 평가 중간도 안 되고 평가 후도 안 된다. **연봉 인상이나 승진은 보통 정식 평가가 이루어지기 전에 결정된다.** 사실 연봉 인상이나 승진이 이미 결정된 사람에게 연봉 인상이나 승진을 시켜주기 위해 진행하는 엉터리 평가도 많다. 연봉 인상이나 승진을 바로 요구할 필요는 없다. 사실 그렇게 하지 않는 게 좋다.

그 대신 씨앗을 심어라. 상사에게 자신의 목표를 알려라. 그 목표를 이루기 위해 어떤 계획을 세워두었는지 이야기하라. 다음 평가에서 그 목표를 이루기 위해 자신이 계획한 일 외에 무엇을 해야 할지 의견을 달라고 부탁하라.

상사가 "불가능하다."라고 답하면 "혹시 가능하다면, 아주 작은 문이라도 열려 있다면, 엄청난 노력을 기울일 준비가 되어 있다면 무엇을 해야 하느냐?"라고 물어라. 그 질문에 대해 답을 얻은 후 그가 언급한 그 어려운 과제를 수행해낸다면 연봉 인상을 받을 수 있을 것이고 그러면 아마 내게 스테이크를 사주고 싶어질 것이다.

<잠깐만요, 팁> 연봉 인상을 받을 자격이 있어서 해주고 싶긴 한데 예산이 모자란다거나 회사가 재정적인 문제를 겪고 있어서 재정 축소를 할 수밖에 없다고 하면 어떻게 하죠? 아니면 회사가 이제 막 정리해고를 했다면요? 그래도 연봉을 인상해달라고 말해도 되나요?

우선 마지막 질문이 가장 쉬우니 그것부터 답해주겠다. 그렇다. 연봉 인상을 요구하라! 회사가 막 정리해고를 했다는 건 그전보다 쓸 수 있는 예산이 훨씬 늘어났다는 뜻이다.

반직관적으로 들릴 수도 있겠지만 지금 내가 해주는 이야기를 잘 들어보라. 인간은 소중하다고 생각하는 것을 더 얻어내거나 지키기 위해 무엇이든 하려고 한다.

상사가 어떤 직원에게 자네라면 연봉 인상을 받을 자격이 충분하지만 현재 회사가 재정적인 문제를 겪고 있고 예산이 부족하므로 서로 자주 보지 않는 게 좋겠다는 등의 이야기를 늘어놓는다면, 그 말은 그 직원이 만족해서 회사에 계속 남아 있을 수 있도록 무엇이든 하고 싶을 정도로 그 직원을 소중하게 생각하진 않는다는 뜻이다.

솔직히 그런 말은 다 마음에 없는 헛소리다. 회사는 늘 재정적으로 쪼들린다. 예산이 넉넉한 경우는 없다. 그런 말도 안 되는 얘기는 믿지 마라. 그 말은 상사나 회사가 어떠한 재정적, 정치적 난관을 극복해서라도 잡고 싶은 인재라고 생각하지 않는다는 명확한 메시지로 받아들이면 된다.

말하자면 이런 것이다. 당신은 아마 자식을 사랑할 것이다(혹시 아니라 해도 그렇다고 가정해보자). 만약 당신이 베네수엘라에 갔는데 납치범이 아이를 납치해서 10,000달러를 내야 아이를 돌려주겠다고 한다면 "아 미안합니다. 지금은 예산이 좀 모자라서 못 주겠군요."라거나 "주고 싶긴 한데 재정적으로 쪼들리는 상황이라서요."라고 하겠는가?

아니다. 집을 담보로 잡고 차를 팔고 가족과 친구에게 도움을 청해서라도 어떻게든 그 금액을 구할 것이다.

회사 외부에서 가치를 높여라

회사 밖에서 자신의 가치를 높이는 건 회사 내에서 자신의 가치를 높이는 좋은 방법이다. 현재 다니는 회사에서 자신의 브랜드와 평판을 높이기 위해 할 수 있는 건 그 정도다. 사실 입사 후에 첫인상을 바꾸고 성장한다는 게 어려울 수도 있다. 나이가 얼마나 들든지 가족들이 늘 당신을 11살짜리 얼빠진 소년으로 보는 것과 비슷하다.

거기서 빠져나와서 자신을 광고하고 blog **자신의 브랜드를 만드는 게** 답이다. 회사 외부에서 높은 가치를 지닌 인물로 자리매김해서 일종의 외부 압력을 만드는 것이다. 그러면 고용주도 당신이 얼마나 소중한 인재인지 깨달을 수 있을 것이다.

당신이 운영하는 팟캐스트, 집필한 책이나 기사를 상사가 접한다면 당신의 가치가 올라간다. 그러면 드디어 11살짜리 소년 이미지를 벗을 수 있다. 5부에서 회사 외부에서 자신의 가치를 높이고 자신을 마케팅할 방법에 대해 구체적으로 이야기할 것이다.

자신을 마케팅하는 방법을 배우는 게 정말 중요하다고 생각해서 이와 관련해 '소프트웨어 개발자 마케팅하기'[blog]라는 제목의 강좌도 개설했다. 하지만 일반적으로 소프트웨어 개발 업계에서, 특히 자신이 전문으로 하는 분야에서 자신의 평판과 명성을 높일 일을 해야 한다.

회사 외부 사람들이 가치가 높다고 평가하는 사람이라면 회사 내부 사람들도 가치 있다고 생각할 것이다. 그러면 연봉 인상이나 승진이 더 쉬워진다.

회사의 수익을 높여라

회사가 주는 급여보다 회사에 더 많은 수익을 올려줄 존재라는 것을 증명한다면 당신은 그 자리에서 고용될 것이다. 대부분의 똑똑한 직원들이 그렇다. 상식적인 이야기다.

그런데도 자신이 봉급을 받는 주된 이유가 자신이 똑똑하다거나 기술을 가지고 있어서가 아니라 고용주가 돈을 벌 수 있게 하는 존재이기 때문이라는 사실을 모르는 소프트웨어 개발자가 많다. 회사가 수익을 올릴 수 있게 하는 존재가 되어야 한다.

더 많은 돈을 받는 공식은 꽤 단순하다. 회사에 더 많은 돈을 벌어다 주면 된다. 직원들은 회사의 사업이나 재정 문제에 둔감해져서 자신이 회사의 최종 수익에 이바지하는 존재라는 것을 깜빡하기 쉽다.

자신이 한 일이 회사의 수익에 직접적으로 어떤 영향을 끼치는지 알아내라. 그리고 그 수치를 높일 수 있는 방법을 알아내라. 그 뒤에는 어떻게 해야 할까?

내가 아는 소프트웨어 개발자 중에는 수익성 좋은 신제품 아이디어를 낸 후 연봉 인상뿐 아니라 그 신제품이 거두는 수익에서 로열티까지 받아가는 사람도 있다. 고정관념에서 벗어나라. 사업하는 사람처럼 사고하라. 당신도 자신이 근무하는 회사의 사내 기업가가 될 수 있다. **연봉 인상 협상에서 회사가 더 큰 수익을 올리는 데 도움이 되었다는 건 최고의 논거가 된다.**

〈잠깐만요, 쌤!〉 **회사의 비용 절감을 도왔다는 논거는 어떤가요? 그것도 똑같은 가치가 있을까요?**
아니다. 이유를 말해주겠다. 이유는 두 가지다.

1. 증명하기 어렵다.
2. 그렇게 눈에 띄지 않는다.

회사 비용을 절감했다는 걸 어떻게 증명할 생각인가? 보통 증명하기 어렵다. 더 큰 수익을 올리는 데 도움이 되었다는 걸 증명하는 게 더 쉽다. 그쪽이 덜 주관적이기 때문이다.

이렇게 생각해보라. 전쟁 영웅을 몇 명이나 아는가? 전쟁이나 거대한 참사를 막아서 유명해진 사람을 몇 명이나 아는가?

외과 의사들은 생명을 구한다. 하지만 예방의학을 전파하는 의사라면 어떨까? 예방의학을 전문으로 하는 의사도 외과 의사 못지않게 많은 생명을 살릴 것이다. 하지만 그런 사실은 증명하기 어렵기 때문에 크게 드러나지 않는다.

그러므로 자동화를 통해 이전에 백만 달러 비용이 들던 절차를 단 한 푼도 들지 않고 수행할 수 있게 했다는 등 자신이 절감한 비용을 증명할 진짜 강한 설득력을 지닌 증거가 없는 이상, 회사가 수익을 올리는 데 도움이 되었다는 걸 보여주는 편이 훨씬 낫다.

그리고 이왕이면 비용 절감을 수익으로 재구성해서 보여줄 수 있는지 고민해보라. 담보대출 갈아타기를 고민하는 사람에게 이자가 더 낮은 대출 상품을 판매하려면 대출이자로 매달 "200달러를 아낄 수 있다."라고 말하기보다 매달 당신 통장에 200달러가 추가로 입금될 것이다."라고 말하는 게 낫다.

자신이 회사의 수익을 얼마나 끌어올렸는지 보여주면 연봉 인상의 굳건한 논거가 된다.

내가 당신의 상사라고 상상해보라. 당신이 내 사무실로 와서, 회사가 1년간 백만 달러의 수익을 올리게 한 일등공신이 자신이라는 강력한 증거를 보여주며 연봉을 만 달러 인상해달라고 요구한다면 과연 내가 거절할까? 거절할 가능성이 전혀 없는 건 아니지만 아주 낮다고 볼 수 있다.

정확한 수치로 요구하라

연봉 인상을 요구할 거라면 정확한 수치를 대라. **정확히 얼마를 원하는지 이야기하라.** 막연하게 '더' 받고 싶다고 말해서는 원하는 연봉을 받기 매우 어렵다. '더'는 욕심을 부리는 것처럼 들린다. '더'는 명확하지가 않다. 사람마다 '더'라는 단어를 서로 다르게 정의한다. 아내가 나에게 초콜릿 칩 파이를 더 달라고 할 때는 한 조각을 더 달라는 뜻이다. 하지만 내가 더 달라고 할 때는 남은 파이에 아이스크림과 크림을 추가로 얹어서 전부 달라는 뜻이다.

상사에게 연봉을 인상해달라고 하기 전에 정확히 얼마를 올려달라고 할 것인지부터 정하라. 정확히 얼마를 원하는지 계산하는 게 당신의 첫 번째 숙제다. 그러고 나서 당신이 요구할 수치가 어떠한 논리와 계산에 의해 나왔는지 정리하는 것이 그다음 숙제다. 이 두 가지 숙제를 완수한 상태로 협상에 들어가면 원하는 것을 손에 거머쥘 확률이 크게 높아진다.

협박하지 마라

원하는 것을 들어주지 않으면 회사를 떠나겠다고 협박하는 건 최악의 수다. 혹시 어떤 프로젝트의 주전 선수가 그런 협박을 한다면 당장은 놓아줄 수가 없어서 원하는 요구를 들어주긴 할 것이다. 하지만 그런 승리는 일시적일 확률이 높다.

왜 그럴까? 다음 시나리오를 잠시 생각해보자. 한 직원이 내 사무실로 들어와서 만약 연봉을 인상해주지 않는다면 더 많은 돈을 주는 다른 회사로 이직할 거라고 말한다고 가정해보자. 그러면 나는 오도 가도 못하는 상황에 빠진다. 프로젝트를 제때 마치는 데 꼭 필요한 직원을 놓치면 당장 대체할 인력이 없기 때문이다.

하지만 약간 짜증이 난다. 사실 약간 이상이다. 내 입장을 난처하게 했기 때문이다. 이 직원은 나에게 전보다 자신의 가치가 높아졌다는 사실을 뒷받침할 근거를 대고 연봉 인상을 요구하는 게 아니라 게임이 다 끝나가는 마당에 주전 선수를 교체해야 하는 곤란한 상황에 나를 밀어 넣은 것이다. 나는 선택의 여지가 없다는 현실을 깨닫고 마지못해 그 요구를 들어준다.

하지만 그 뒤에 나는 **당장 그 직원을 대체할 인력을 찾아보기 시작할 것이다. 회사에 신뢰할 수 없는 직원을 둘 수는 없다.** 전방에 나설 때는 뒤를 봐줄 만한 사람이 필요하다. 뒤에서 나를 배신하고 내게 총구를 겨눌 사람을 원할 리 없다. 그런 요구를 한 직원은 내 머릿속 자산 목록에서 부채 목록으로 옮겨간다. 그 직원은 부채 중에도 꽤 무거운 부채가 된다.

연봉 인상이나 승진을 원한다면 그냥 요구하라. 요구를 들어주지 않으면 회사를 떠나겠다고 **협박하지 마라** blog . 앞서 이야기한 것처럼 회사 밖에서도 높은 가치를 지니는 인재라면 상사는 요구를 거절했을 때 그 사람이 다른 회사를 알아보기 시작할 거라는 사실도 잘 알 것이다. 하지만 사업상 현명한 결정을 내리고 신중하게 결론에 이르게 하는 것과 최후통첩을 하는 것 사이에는 큰 간극이 존재한다. 최후통첩을 좋아하는 사람은 없다.

돈이 필요한 이유를 이야기하지 마라

믿기 어려울지 모르지만 **다른 사람이 얼마나 힘겨운 삶을 살고 있는지 호소하는 눈물겨운 이야기를 듣고 싶어 하는 사람은 없다.** 정말이다. 아무도 관심이 없다. 관심 있는 척 공감하는 척하는 사람도 있겠지만 누구나 그보다 자기 자신의 문제를 신경 쓰느라 바쁘다.

동정심 때문에 연봉을 올려주는 일은 거의 없다. 혹시 올려줄 이유가 된다 한들 온갖 이유 중에 동정심이 가장 후순위일 것이다. 나는 일을 훌륭하게 하는 직원, 그래서 회사가 큰 수익을 보게 해주는 직원에게 연봉 인상을 해주고 싶다. 직원이 이웃의 새 차를 보고는 자기 차가 얼마나 오래되었는지 깨닫고 슬퍼하거나, 계속 늘어나는 대출을 거의 상환하지 못해 돈이 더 필요하다고 해서 연봉을 인상해주는 상사는 없다.

그런데도 연봉 인상을 요구하러 와서 이유를 물으면 아기가 태어났거나 새 집을 샀다는 이유를 드는 소프트웨어 개발자가 너무 많다. 그런 이유에는 누구도 관심이 없다. 그러니 그렇게 하지 마라.

사업과 관련된 이유를 말하라. 그 돈이 왜 당신에게 **필요한지** 말하지 말고 그 정도 인상을 받아 마땅한 근거를 이야기하라(아, 당연한 이야기지만 그 돈을 받을 만한 근거를 실제로 만들어둔 상태에서 이야기해야 한다).

모든 전략이 실패하면 다른 회사로 이직하라

이 장에 나온 모든 내용을 정확하게 이행했다. 자신의 가치를 높이고 교육에 투자했고 자신이 왜 연봉 인상을 받거나 승진을 해야 마땅한지 뒷받침할 사업적 근거도 마련했다. 엄청난 양의 책임을 자발적으로 맡으며 솔선수범도 했다. 그런데도 상사가 연봉 인상이나 승진 요구를 묵살한다. 그래도 괜찮다. 시도조차 안 해본 것보다 훨씬 훌륭하니까.

솔직히 연봉 인상이나 승진의 꿈을 이룰 최고의 방법은 이직이다. 정말이다. 나만 해도 한 회사에 머물기보다 전략적으로 회사를 옮겨 다니면서 경력을 더 많이 발전시켰다. 떠돌이처럼 돌아다니라는 뜻으로 하는 말이 아니다. 하지만 더 많은 연봉, 더 좋은 직함, 더 큰 성장의 기회를 주는 다른 회사로 2~3년에 한 번은 이직하기를 강력히 권하고 싶다.

회사 내부에 머무를 때보다 외부에서 진입할 때 위로 올라가기 더 쉽다. 사실 나는 특정 회사를 떠나서 다른 곳에서 일하다가 훨씬 더 높은 직급으로 그 회사에 되돌아갔던 경험이 있다. 소프트웨어 개발자들에게 받는 이메일을 볼 때 그런 경험을 나만 한 게 아니다.

매일 함께 일하는 사람이 동료의 기술과 능력이 성장하고 있다는 걸 알아채기는 어렵다. 자신의 가치에 걸맞은 보수를 받기 위해 당신에 대한 선입견이 존재하지 않는 곳에 가야 할 때도 있는 법이다. 그러므로 모든 것을 시도해도 실패한다면 그 회사를 떠나야 할 때가 이른 것인지도 모른다.

CHAPTER

47

기술 분야에 종사하는 여성

맙소사. 이 장의 제목을 보고 아마 그렇게 생각했을 것이다. 나도 같은 생각이다.

처음 이 책의 개요를 잡을 때 '기술 분야에 종사하는 여성'이라는 장이 없었다. 이 장을 넣은 건 닷넷 록스.NET Rocks 팟캐스트 인터뷰 blog 를 한 뒤에 "아주 마음에 들었어요. @jsonmez 새 책에 기술 분야에 종사하는 여성이라는 장도 넣는 게 좋겠어요."라는 트윗을 받았기 때문이다. 이 트윗을 보낸 사람은 여성이었다.

"뭐 크게 손해 볼 게 있겠어?"라고 생각했다. 그리고 이어서 성난 군중이 쇠스랑을 들고 나를 쫓아오는 그림이 머리를 스쳤다. 하지만 위험하더라도 진실을 전하고, 다른 사람을 돕고 보탬이 되는 일이라면 해야 한다고 생각했다. 내가 좀 어리석어서 그럴 수도 있다. 어쨌거나 이 장을 써보기로 결심했다.

이 장의 목표는 꽤 단순하다. 기술 분야에 종사하는 여성에 대해 솔직히 이야기하고 싶다. 사람들이 여성을 어떻게 인식하는지, 그들에게 어떠한 고정관념과 오명이

556

따라다니는지 그리고 많은 남자가 살인 협박을 보내고 강간을 언급하는 정말 어리석은 짓을 하는 이유가 솔직히 뭐라고 생각하는지 말이다.

솔직한 시선으로 들여다보며 이해하기 위해 노력해야 그런 일을 뒤로하고 앞으로 나아갈 수 있을 것이다. 솔직한 시선으로 보면 때로 고통도 견뎌야 하고 때로 정치적 중립성을 잃기도 할 것이다. 하지만 그렇다고 그런 노력을 하지 않는다면 현실을 바꿀 수 없을 것이다. **기술 분야에 종사하는 여성이라는 주제와 관련해 남녀 모두에게 도움이 될 현실적이고 실용적인 조언**을 해주고 싶다.

내가 이 주제에 대해 말할 '자격'이 있는지 궁금해하는 사람도 있을 수 있다. 아니면 내가 남자라는 이유로 기술 분야에 종사하는 여성이라는 주제에 대해 말할 권리가 없다고 오해하는 사람도 있을 것이다. 내 대답은 이렇다. **남녀 소프트웨어 개발자를 지금껏 개인적으로 관찰한 내용과 코칭한 경험을 바탕으로 볼 때 이 주제에 대해 말할 '자격'을 갖출 필요가 없다.**

이 책의 다른 내용도 모두 내 의견일 뿐이다. 이 주제가 연봉 협상하기, QA 대하기, 프로그래밍 언어 배우기 등의 주제와 별 차이 없다고 본다. 사실에 근거한 책을 보고 싶다면 역사서나 자서전을 보라.

자, 서론은 이쯤 해두고 기술 분야에 종사하는 여성이라는 매혹적인 주제에 대해 본격적으로 이야기해보겠다.

고정관념과 오명

이 책에서 고정관념에 대한 이야기를 여러 차례 다뤘다. 고정관념을 극복하기 위해 아니면 적어도 이를 피하기 위해서는 **현존하는 고정관념**과 우리 모두에게 고정관념이 있다는 사실을 **있는 그대로 솔직하게 다뤄야 한다.**

기술 분야에 종사하는 여성에 대해서도 고정관념이 있다. 많은 남성뿐 아니라 일부 여성조차도 여성 개발자의 기술 수준이 남성의 수준에 미치지 못한다고 생각한다. 기술 분야에 종사하는 여성은 남성에 비해 열정과 헌신이 부족하다거나 여성스럽지 못하게 남자들과 어울리며 젤다의 전설 게임이나 하는 괴짜 비정상이라고 보는 시각이 있다. 여성이라면 테스터 정도는 잘하지만 소프트웨어 개발자 역할은 잘해내지 못할 거라고 생각하는 경우도 종종 있다.

이러한 고정관념은 당연히 보편적인 진실과 거리가 멀다. 하지만 자신의 미래를 알아둘 필요가 있는 여성이든 혹 이러한 관점을 가지게 될지 모를, 그리고 그런 관점에 문제가 있다는 것을 깨달을 필요가 있는 남성이든 기술 분야에서 일하는 사람이라면 성별을 불문하고 고정관념이 존재한다는 사실을 알아둬야 한다. (다양성을 강요하면 부정적인 고정관념이 더욱 증가하고 강화된다는 걸 주제로 에세이도 한 편 쓸 수 있다. 하지만 이 장의 목표는 정치적 조언을 해주는 게 아니라 현실에 적용할 수 있는 실용적인 조치를 알려주는 것이다.)

기술 분야에서 일하는 여성 중에 고정관념에 부합하는 사람도 일부 있을 수 있다. 하지만 모든 사람이 그렇기는커녕 다수도 그렇지 않다. 기술적으로 뛰어난 여성 소프트웨어 개발자도 얼마든지 많다. 프로그래밍과 기술에 대해 다른 모든 남성과 똑같이 열정적이고 조금도 '남성스럽지' 않다.

남성이 여성을 괴롭히는 이유

지금까지는 기술 분야에서 여성이 마주하게 되는 가장 흔한 고정관념에 대해 살펴보았다. 이번에는 특정 여성에게 부여되는 사회적 낙인 혹은 남성이 여성을 괴롭히는 이유를 주제로 잠시 이야기해보도록 하겠다.

놀랍게도 이런 일들이 실제 발생하기 때문이다.

주목받으려는 욕심이 전혀 없는 평범한 여성 개발자임에도 남성 동료에게서 본인의 신체를 찍은 사진을 받은 일, 성폭행 협박을 받은 일, 아니면 콘퍼런스에서 실제 성폭행을 당한 일, 심지어 살해 위협까지 받은 일 등 너무 많은 이야기를 들었다.

일부 남성이 이렇게 경악스러운 행위를 하는 이유에 대해 이야기하기 전에 모든 남성이 이렇지 않다는 점, 극히 소수가 저지른 악행 때문에 전체 환경이 실제보다 더 끔찍하게 보일 수 있다는 점을 짚고 넘어가고 싶다. 내 경험상 기술 업계에 종사하는 대부분의 남성은 기술 분야에서 일하는 여성을 환영하고 지지하며 심지어 보호하려는 경우도 있다. 물론 보호하겠다는 건 오히려 문제를 일으킬 수 있는 조금 지나친 반응이긴 하다.

이러한 점을 분명히 해두고 남성 심리에 대해 파고들어보자. 내가 심리학자는 아니지만 내 유튜브 채널을 통해 보내오는 남성들의 이메일blog을 읽고 그들을 코칭하며 꽤 많은 시간을 보낸다. 그리고 나 역시 남성으로서 남성 심리에 대해서는 꽤 잘 이해하고 있다. 특히 여성을 향한 남성의 심리에 대해서라면 말이다.

고정관념에 대해 이야기하는 김에 남성 소프트웨어 개발자에 대해 이야기하자면, 대부분 어린 시절 컴퓨터에만 빠져 있던 사회성은 좀 부족한 아이였다. 학교에서 괴롭힘을 당하고 사교성이 떨어져서 여자아이들과 잘 어울리려 해도 종종 거절당하곤 했다. 많은 남성 소프트웨어 개발자는 이런 상황에 대한 탈출구이자 자신의 가치를 증명하기 위한 방책으로 점점 더 기술에 빠져드는 걸 택했다. 이런 남성의 심중에는 **멋진 남성이나 운동을 좋아하는 남성, 사귀고 싶었으나 거절당해서 그럴 수 없었던 여자들을 향한 깊은 분노가 도사리고 있다.**

그러다가 갑자기 대부분 남자로 구성되어 '안전하다'고 느끼는 프로그래밍과 기술의 세계에 오면 어떤 일이 벌어질까? 자신의 지적 기량을 바탕으로 이런 세계의 '우두머리 수컷'이 된다. 이때 여성이 이 세계에 진입한다면? 특히 그녀가 미인이라면? 이들은 불시에 고등학생이 된다. 그리고 규칙의 변화 때문에 이미 차지한 '우두머리 수컷' 지위가 도전을 받는다. 지적 우위만으로 '우두머리 수컷'인 '척'할 수가 없다. 여성이 등장한 순간 역학 관계가 바뀐다. 그때까지 자신들이 당했던 모든 거절이 눈앞을 스쳐간다.

이럴 때 어떻게 반응하겠는가? **남몰래 그 여성을 미워하기 시작한다.** 마음 속에 분노와 질투가 끓어오른다. 그 여성은 지금껏 자신이 원했지만 갖지 못한 전부, 당해야만 했던 모든 괴롭힘과 거절, 감내해야 했던 온갖 수모를 상징한다. 그다음은 어떻게 할까? 그녀의 관심과 인정을 얻기 위해 사람들 앞에서는 웃으며 그녀에게 잘해주려 안간힘을 쓴다. 왜냐하면, 그래야 지난날 당한 모든 거절을 되돌릴 수 있기 때문이다. 하지만 그렇게 될 리가 없다. **애정 결핍처럼 그렇게 절박하게 구는 건 매력이 없기 때문에** blog 누구에게도 인정받을 수 없다. 이렇게 느낀 좌절감 때문에 은밀하게 익명으로 부적절한 사진과 협박을 담은 추잡한 이메일을 보낸다. 자신의 분노를 잘못된 표적에게 집중포화하는 것이다.

이 주제에 대한 이야기만으로도 책 한 권은 나올 테지만 이 정도면 무슨 말인지 이해했으리라 생각한다. 이런 행위를 정당화한다거나 변명해주려는 게 아니다. 그저 이러한 행위를 이해해보려고 하는 것이다. 실체를 제대로 조명하는 경우가 별로 없기 때문이다.

여성을 위한 조언

이 장에서는 남성과 여성에게 따로 조언할 생각이다.

우선 여성을 위한 조언부터 하려고 한다. 모든 내용은 내 경험을 바탕으로 했다. **나는 남자다. 기술 분야에 종사하는 여성이 아니라서 내 관점은 제한적일 수밖에 없다.** 하지만 최선을 다하겠다.

그리고 한 가지 더 경고할 내용이 있다. 내가 최대한 실용적인 관점을 견지하고 있다는 점을 기억해주길 바란다. 나는 지금 사회에 어떤 문제가 있는지, 그런 문제를 어떻게 고쳐야 할지에 대해 이야기하는 게 아니다. 내가 하는 조언은 나 혹은 누군가가 바라는 이상향 그리기가 아니라 실제 기술 분야에 최대한 잘 적응할 방법을 알려주는 데 초점을 맞추었다. 두 개념은 많이 다르다.

예민해지지 마라

아니다. 피해자에게 책임을 전가하려는 게 아니다. 나는 그런 표현도 싫어한다. 그런 표현은 상대의 생각을 듣지 않고 자기가 하고 싶은 말만 하고 싶을 때 상대에게 붙이기 딱 좋은 꼬리표다.

하지만 **여성뿐 아니라 소프트웨어 개발 분야에서 일하는 누구라도 조금 더 둔감해지는 게 편하다고 생각한다.** 불쾌할 만한 이유를 찾아다니는 사람은 그럴 이유를 반드시 찾아낸다. 정말이다. 마치 밤늦은 시각 위험한 동네를 돌아다니며 화를 자초하는 거나 마찬가지다. 찾는 사람은 반드시 찾는다.

많은 남성이 부적절한 말을 한다. 공격적인 말이나 농담을 던지고 어린애처럼 유치한 행동을 한다. 이런 건 그냥 무시하는 게 상책이다. **싸울 가치가 없고** 솔직히 별일도 아닌데 주변 사람이 늘 눈치 봐야 하는 사람이라는 오명을 얻어서 좋을 게 없다. 앞서 말했듯이 불쾌감을 느낄 이유는 많기 때문에 찾으려 하면 쉽게 찾을 수 있다. 나는 그 목록을 최대한 줄이는 게 좋다고 생각한다.

자신에게 영향을 주는 일이 줄어들수록 영향을 받는 일이 줄어들 것이고 그러면 스트레스를 훨씬 덜 받으며 살 수 있다. 기술 분야에서 일하는 여성 중에는 차별 철폐에는 실질적인 도움을 주지도 못하면서 자신이 부적절하다거나 불쾌하다고 느끼는 행동을 전부 찾아내서 창피를 주고 분란만 일으키는 걸 임무로 여기는 사람들이 있다. 사회운동가나 사회 개혁이 필요 없다는 이야기가 아니다. 아주 약간 부적절한 농담에도 달려들어 화를 내기보다는 **진짜 문제에 올바르게 대처할 방도를 찾아야 한다**는 뜻이다.

하지만 진짜 문제는 짚고 넘어가라

둔감해지다 못해 지극히 부적절한 행위를 보고도 못 본 척하는 건 바람직하지 않다.

나도 상사에게 성희롱 당한 한 여성을 위해 증언하는 🔳blog 내부 고발자가 되어본 적이 있다. 쉬운 일도 아니었고 내 경력에 도움이 되지도 않았다. 하지만 성희롱이 계속되지 못하도록 인사부에 가해자를 신고했다.

옳지 않은 행위, 용납할 수 없는 행위를 보거나 경험한다면 당신도 나처럼 하길 바란다. 내가 용인하라는 행위는 쉽게 무시할 수 있는 경미한 실수나 악의 없는 행위에 국한된다. **성희롱이나 신체 접촉, 혹은 차별 등 크게 부적절하고 불쾌한 행동을 고의로 뻔뻔하게 자행할 때는 그냥 넘어가지 마라.**

부적절한 행위를 보고할 수 있는 사람을 찾거나 그 상대와 정면으로 맞서라. 부적절한 행위에 대응하려 할 때 경력에 부정적인 영향을 미치거나 문제가 오히려 더 악화될 가능성이 있다는 게 신경 쓰인다는 건 나도 안다. 실용적인 관점에서 가벼운 언사는 적당히 지나가라고 한 이유도 그 때문이다. 그렇게까지 싸울 가치가 없기 때문이다.

경계는 스스로 정해야 한다. 누가 그 경계를 넘었을 때 희생양이 될지 아니면 희생양이 되도록 그냥 두지 않는 사람이 될지는 자신의 선택에 달렸다. 선택이 어려울 때도 있고 희생양이 되지 않기 위해 큰 대가를 치러야 할 때도 있다. 그래도 어쨌든 해야 할 때가 있다. 그 경계선을 어디에 그을지는 당신에게 맡기겠다.

남자처럼 행동하지 마라

여성이 소프트웨어 개발 분야나 그 외 기술과 관련된 어떤 분야에서 활약해도 하등 문제될 게 없다. 100퍼센트 당당하게 쇼핑과 구두를 좋아하는 여성이라도 상관없다. 오해는 없길 바란다. 여성이라고 해서 꼭 쇼핑과 구두를 좋아해야 한다는 뜻으로 한 말이 아니다. **기술 분야에서 일하는 여성이라고 해서 남성과 비슷하게 행동할 필요는 없다**는 의미다. 100퍼센트 여성스러운 여성이라도 괜찮을 뿐 아니라 오히려 그래야 좋다. 오해를 사기 쉬운 표현이라는 건 알지만 나쁜 의도는 조금도 담지 않고 좋은 마음으로 한 말이다.

내가 하고 싶은 말은 '남자들과 어울리기 위해' 남성스럽게 구는 건 좋지 않은 전략이라는 점이다. 팀이나 업무 환경에도 오히려 해가 된다. **다른 사람과 어울리기 위해 자신을 바꾸려 하다가 자신의 본질을 잃을 수 있다.**

기술 분야에서 일하는 여성은 소중하다. 여성 고유의 관점, 남성적인 환경을 부드럽게 만드는 능력, 다른 방식으로 세상을 바라보고 소통하는 방식까지 모두 소중하다. 억지로 남자들과 어울리려 하다가 그러한 가치가 사라져버릴 수 있다. 그리고 호감이 가지 않을 만한 행동을 강화하는 역효과가 날 수도 있다.

내가 좀 구식인지 모르지만 나는 남자들이 여자를 남자 다루듯 다뤄서는 안 된다고 생각한다. 여성을 남자처럼 다루다보면 그들을 존중하는 마음도 사라지기 시작한다. 그리고 존중하는 마음이 사라지면 나쁜 행동으로 이어질 수 있다고 생각한다.

아, 실용적인 관점을 견지하기로 약속했는데 이야기가 약간 이론적인 쪽으로 기울었다. 다시 되돌아오겠다.

남자처럼 행동해서 남자 동료들이 자신을 남자처럼 대하기 시작하면 아마 그런 대우가 마음에 들지 않을 것이다. 그러려면 자신의 본질도 희생해야 할 텐데 그런 상황도 아마 마음에 들지 않긴 마찬가지일 것이다. 그리고 그래봐야 남자가 아니기 때문에 절대 남자로 받아들여지지도 않을 것이다. 그렇게 거절을 당하면 솔직히 상처가 될 것이다. 그러므로 그렇게 하지 마라.

여성답게, 그리고 본인답게 살아라. 그렇다. 남자인 척해서 조금 완화할 수 있는 문제도 있을 것이다. 하지만 장기적으로 볼 때 기술 분야에서 일하는 여성이라도 자신의 본질을 100퍼센트 그대로 지킬 방법을 찾아내는 것이 조금 편하게 지내기 위해 자신의 본질을 희생하는 것보다 훨씬 낫다.

강점을 활용하라

당신도 지금쯤이면 내가 넥타이를 바르게 졸라매고 문제가 되지 않을 만한 중립적인 이야기만 할 거라는 기대는 버렸으리라고 생각한다. 그래서 **이제부터 직설적으로 아주 솔직하게 이야기하더라도** 놀라지 않기를 바란다.

여성이 남성에 비해 유리한 점이 있다. 특히 기술 분야처럼 남성이 많은 환경에서 도드라지는 강점 말이다. 그런 강점을 잘 활용하라. 하지만 오해는 마라. 더 좋은 표현이 떠오르지 않아 미안하지만 "잠자리를 함께 해서라도 높은 자리에 올라가야 한다."라는 뜻이 아니다. 그런 의미는 전혀 암시하지 않으며 그와 조금이라도 비슷한 행위조차 시사하지 않는다.

내가 하고 싶은 말은 **다른 모든 조건이 똑같다면 3일은 씻지도 않은 것 같은 땀투성이에 털북숭이 남성보다는 매력적인 여성을 고용하고 싶을 거라는** 말이다.

헉! 어떻게 이런 말을 할 수 있나요? 모두가 알고 있지만 말하면 안 되는 걸 종이에 적다니!

중립적인 표현을 쓰지 못하는 대신 최대한 실용적인 관점을 견지하겠다고 말한 것을 기억하는가? 요약하면 "가지고 있는 자원을 최대한 활용하라."라는 말로 정리된다. 지금 하는 말도 그뿐이다.

외모만 말하는 게 아니다. 여성 특유의 매력과 설득력도 포함이다. 상대를 매료하는 능력을 지닌 여성은 거의 대부분의 남성을 정복할 강력한 힘을 지녔다. 클레오파트라와 안토니우스, 나폴레옹을 사로잡은 조세핀 blog 의 이야기를 보라. 역사에는 여성이 지닌 신비로운 힘에 대한 이야기가 넘쳐난다. 상대를 기만하고 교묘하게 조종한다는 뜻이 아니다. **자신의 강점을 유리하게 활용하는 행위는 아무 문제가 없다.** 기술 분야의 업무 환경에서 불리하게 작용하는 약점도 있을 테니 강점을 활용해서 공평한 경쟁의 장을 마련해도 괜찮다.

<잠깐만요, 팁> 여성의 강점을 적절하게 활용하는 예와 부적절한 예를 들어줄 수는 없나요? 해고당하고 싶은 마음은 없거든요. 그리고 여성들이 직장에서 그렇게 부당한 혜택을 취하려 한다는 이유로 여성을 싫어하는 동료들도 있지 않을까요? 아, 그리고 그냥 그렇게 하고 싶은 마음이 없다면요? 왜 제가 꼭 강점을 활용해야 하나요?

좋다. 그런 질문을 할 것 같았다.

우선 본인이 불편하다고 느끼는 일은 하지 마라. 그리고 뭔가 해야 한다고 느끼지도 마라. 상대를 매료하는 능력이 있다면 능력을 쓰지 않을 이유가 없고, 그런 능력이 없지만 갖기 위해 노력한다면 그 또한 반대할 이유가 없다는 이야기다.

다만 이런 부분에 지나치게 집중하지 마라. '그런 여자'가 되지 마라. 관심을 끌거나 인정을 받으려 하는 것처럼 행동하지 마라. 그런 사람으로 인식되길 원하는 게 아니라면 말이다.

여성이 지닌 강점을 활용하는 적절한 예와 부적절한 예를 들어보려고 했지만 그건 너무 주관적인 문제다. 또 어떤 사람에게 맞는 방법이 다른 사람에게는 안 맞을 수도 있다. 자신의 직감을 믿는 수밖에 없다.

그리고 "직장에서 그렇게 부당한 혜택을 취하려 한다."는 이유로 여성을 싫어하는 남자들이 문제라면 크게 걱정할 필요는 없다. 그런 사람이라면 당신이 어떤 행동을 하든 싫어할 것이기 때문이다. 원래 그런 사람들이다. 그런 사람들 입맛에 맞게 행동하려고 하지 마라. 동시에 처음에 이야기한 것처럼 '잠자리를 함께 해서라도 높은 자리에 올라가려고 하는 사람'처럼 보일 행동은 절대 하지 마라. 자신의 강점을 잘 활용할 수 있다면 금상첨화라는 이야기일 뿐 직장에서는 본인의 능력이 우선이 되어야 한다.

다시 한번 강조하지만 내가 이야기한 내용이 불편하거나 동의하기 어렵다면 하지 마라. 100퍼센트 본인의 선택이다.

협상하라

경쟁의 장을 공평하게 만들라는 말의 연장선에서 또 하나 이야기하자면 **역사적으로 볼 때 남성들이 더 두각을 나타냈던 분야로 협상을 들 수 있다.** 성차별적인 의미를 담아서 한 발언은 아니다. 사실을 이야기하고 그 사실을 통해 뭔가 배울 수 있기 때문이다.

남성과 여성의 급여 차이가 실제 만연한 문제인지, 남성이 여성보다 더 강하게 협상한다는 사실이 이런 문제의 주요 원인인지 나도 확신이 없다.

방금 한 말이 사실임을 보여주는 많은 연구가 있음에도 그 말을 소화하기 불편하다면 실용주의에 입각한 말임을 상기시켜 주고 싶다.

여성이 급여에 관해 불공평하게 차별 대우를 받는 문제를 변화시킬 수 있을까? 아마 당장은 불가능할 것이다. 백만 명의 여성이 시위를 하고 대규모 플랫폼을 구축하고 큰돈을 들인다면 가능할 수도 있겠지만 현실적으로 생각하면 불가능에 가깝다.

하지만 자신의 급여에 변화를 일으킬 수는 있을까? 그렇다. 그건 가능하다. 그러므로 그 이야기를 해보자. (그리고 만약 모든 여성이 순수하게 실용적인 태도로 이 문제에 접근해서 자신의 급여를 인상하는 데 성공한다면 전체적인 관점에서 볼 때 어떤 일이 일어날까? 맞다. 성별에 따른 급여 차별이라는 문제가 해결된다.)

지금 하는 이야기의 제목을 '협상하라'로 달았다. 제목에 모든 내용이 담겨 있다. 협상을 더 잘할 방법을 배워서 협상하라는 것이다.

나는 협상에 관한 최고의 책으로 『우리는 어떻게 마음을 움직이는가』[blog]를 꼽는다. 그 책과 내가 연봉 협상에 관해 쓴 장[blog]을 읽어라. 그리고 다음에 일자리를 제안받으면 연봉 인상 협상을 시도해보라. 남자처럼 행동해도 좋을 순간을 굳이 하나 꼽으라면 바로 이때다. 여성이라는 강점을 유리하게 활용해도 좋을 순간이기도 하다. '강경한' 태도를 취하는 건 여성스럽지 못하다는 인식도 있다. 나는 말도 안 된다고 생각한다. 나도 '강경한' 태도를 취하는 여성을 많이 상대했지만 단 한 번도 여성이 아니라고 생각해본 적이 없었다.

두려워 말고 문제를 일으켜라. 협상하라.

〈잠깐만요, 뭔〉 좀 현실적으로 이야기하죠. 여성스럽지 않다는 인식이 아니라 못된 여자라고 인식하는 겁니다. 남자들은 '강경한' 태도를 취하는 여자를 못됐다고 생각해요.

일단 이런 말은 내가 아니라 당신이 했다는 점부터 분명히 하자. 뭐, 사실 당신이 그랬다고 할 필요는 없다. 하지만 그렇게 생각하는 독자도 아마 있을 것이고 이 책을 검토하던 한 여성이 실제 그렇게 말하기도 했다. 그 지적이 맞을 수도 있다. 그런데 그게 중요한가?

내가 여성과 동성애를 혐오하고 인종을 차별하는 나쁜 인간이라고 생각하는 사람도 많다. 내가 그런 말에 영향을 받아서 좌절하는 사람이었다면 이 책을, 특히 이 장은 쓰지 않았을 것이다.

나는 개인적으로 협상에서 '강경한' 태도를 취하는 여성을 존경한다. 남성을 보는 관점과 하등 다를 게 없다. 사실 그런 여성은 오히려 더욱 존경한다. 그런 여성은 더욱 만나보기 어렵기 때문이다.

하지만 그렇다고 늘 '강경한' 태도만 취하라는 말은 아니다. 누구든 걸리기만 해보라는 듯 예민한 태도로 자신이 남자의 기를 꺾을 수 있다는 사실을 자랑스러워하면서 최대한 많은 남자의 기를 꺾으려고 작정한 듯 다닌다면, 늘 자신의 능력을 증명하려고 하는 것처럼, 아니면 이 책을 검토해준 분이 아주 적절하게 표현했듯이 어쩌면 못된 것처럼 보일 수도 있을 것이다.

강인하고 자신감 있는 여성이라면 끊임없이 본인의 능력을 증명할 필요가 없다. 언제 강경한 태도를 취해야 하고 언제 물러서야 할지 그리고 언제 여성적인 에너지를 써야 할지 안다. 그것은 음과 양이다. 남성도 마찬가지다. 늘 강경한 태도만 취하는 남자 또한 그다지 좋은 인상을 남기지 못한다.

결국 처음에 말했던 내용으로 되돌아간다. 무엇을 하든 나쁘게 생각할 사람은 그렇게 할 것이다. 그건 당신이 통제 불가능한 영역에서 일어나는 일이다. 다른 사람을 만족시키려 하지 마라. 그들이 자신을 어떻게 보는지 걱정하지 마라. 자신이 옳다고 생각하는 대로 하라. 싫어하는 사람은 무시하라.

남성을 위한 조언

남자들이여, 이제 여러분 차례다.

나는 기술 관련 회사에서 여성들과 함께 일해본 경험이 많기 때문에 이 주제에 대해서는 좀 더 편하게 이야기할 수 있다. 여성들과 일하는 게 어려울 수도 있다는 걸 안다. 약간 어색하고 겁이 날 수 있다. 어떻게 행동해야 할지 잘 모를 수도 있다. 인터넷상에서만 피상적인 정치적·사회적 정의를 부르짖는 사람들 때문에 자신이 무언가 행동하거나 말했다가는 자칫 '강간을 옹호하는 문화'의

지지자로 여겨질까 두려운 마음이 들 수도 있다. 그냥 그런 문제는 무시하고 트위터 프로필에 사람들이 자신을 그냥 내버려두었으면 하는 마음을 담아 '페미니스트'라고 적어두고 싶을 수도 있다.

하지만 세상은 그렇게 돌아가지 않는다. 쉽게 빠져나갈 길은 없다. 그러니 조금 더 자세히 살펴보도록 하자.

윗사람 행세하지 마라

기술 분야에 종사하는 남성 대부분이 함께 일하는 여성을 대할 때 처음에 취하는 태도는 과하게 친절하게 구는 것이다.

합리적인 전략이다. 아마 50퍼센트는 함께 일하는 여성을 지지하고 도와주고 싶다는 선의에서 비롯되었을 것이다. 소중하다고 생각할 뿐 아니라 솔직히 여성 동료가 더 많이 생기길 바라는 마음도 있을 것이다. 그리고 나머지 50퍼센트는 두려움 때문일 것이다.

그런데 이 전략에는 문제가 있다. 윗사람 행세하는 것처럼 보일 수 있다. (윗사람 행세한다는 표현이 쓰인다는 게 놀랍다!) 윗사람 행세한다는 말이 무슨 뜻인지 모르는 사람을 위해 사전적 정의를 알려주겠다.

윗사람 행세하다

동사

1. 자신이 우월하다는 생각을 무심코 드러내면서 친절하게 구는 행위

"마음씨가 곱네." 그는 윗사람 행세하는 말투로 말했다.

유의어: 거들먹거리는 태도로 대하다, 겸양을 떨다, 얕보다, 깔보는 투로 말하다, 깎아내리다, 어린애 취급하다, 업신여기다

"나한테 윗사람 행세하지 마!"

아… 그럴 생각은 없었는데. 하지만 나나 당신이나 모두 그렇게 했다. 그랬다 해도 이해한다. **하지만 이제 그렇게 하지 않을 방법을 배워야 한다. 그래 봐야 좋을 게 없기 때문이다.**

친절하게 도와주지 말라는 뜻이 아니다. 남성이 주를 이루는 기술 분야에서 일하는 여성의 입장을 약간 배려해준다면 그 정도 호의는 여성도 고맙게 생각할 것이다. 핵심은 '나만큼 똑똑하거나 나만큼 훌륭한 프로그래머가 아니니까 내 도움이 필요할 거야'라는 태도로 대하지 않는 것이다.

이 책을 검토해준 한 여성은 이렇게 말했다. "나를 빌어먹을 아기 고양이 대하듯 대하지 말았으면 좋겠어요. 내가 한 말을 그대로 써도 좋아요."

지나친 친절을 베풀기 위해 애쓰지 마라. 기술 분야에서 일하는 모든 여성을 방어할 것처럼 굴지 마라. 남성 우월주의자 같은 성향을 드러내는 사람을 적극적으로 공격할 필요도 없다. 그런 행동은 여성에게 윗사람 행세를 하는 것처럼 보인다. 오히려 여성이 지내기 더욱 힘든 분위기를 조성할 뿐이다.

『엔더의 게임』 blog 이라는 고전소설에서 한 가지 예를 들어보겠다. 앞부분에서 주인공인 엔더Ender는 다른 소년들과 함께 전투를 가르치는 훈련소로 향하기 위해 가족을 떠난다. 소년들의 교육을 담당하는 대령 그라프Graff는 엔더를 대놓고 편애한다. 다른 소년들이 어떻게 반응했을까? 아이들은 엔더를 지나칠 때마다 뒤통수를 때린다.

온라인에서 기술 분야에서 일하는 여성과 관련된 논란이 일어날 때도 이와 유사한 현상이 발생한다. 선의를 지닌 남자들이 여성의 입장을 방어하려고 달려가지만 그래 봐야 적대감과 분노만 더욱 커진다. 작은 문제를 크게 키운 것이다. 말로든 행동으로든 여성을 괴롭히는 장면을 목격했을 때도 돕지 말라는 이야기가 아니다. 그럴 때는 나라도 도울 것이다. 하지만 **굳이 당신이 나서서 돕지 않아도 되는 싸움에 끼어들어 방어하겠다고 나서지 마라.** 그런 행위는 윗사람 행세를 하는 것일 뿐 아니라 상황을 악화시킨다.

<잠깐만요, 쥔> 여성에게 윗사람 행세하는 남성을 여성 입장에서 어떻게 대해야 하나요? 마치 내가 느리다는 듯이 굳이 나를 도와주려고 하는 사람 말이에요. 나도 그들과 똑같은 실력을 갖췄다는 걸 어떻게 증명하죠? 그리고 아예 그 사람보다 더 높은 직위를 차지할 방법은요? 그리고 그와 정반대인 사람은 또 어떻게 대하나요? 자기 걸 지키겠다고 정보를 숨기고 안 알려주는 사람도 있거든요.

'낭중지추'라는 표현을 들어본 적 있는가? 무능력만큼이나 뛰어난 능력도 감추기 어렵다.

위협을 느끼면 대부분의 사람은 방어적으로 반응한다. 본능적으로 자신의 능력을 증명해야 한다고 느낄 것이다. "당신이 도와줄 필요 없어! 어린애 대하듯 대하지 말라고. 나 혼자도 프로그래밍할 수 있어." 그러면 역효과가 난다.

예전에 여성을 상대로 데이트 코칭을 하는 매튜 허시(Matthew Hussey)가 하는 이야기를 들은 적이 있다. 왜 들었냐고는 묻지 마라. 어쨌든 그가 한 말에는 공감되는 면이 있었다. 그는 세상에는 능력이 부족해서 남성의 도움을 필요로 하는 여성도 있다고 말한다. 그리고 능력이 있어서 "네 도움은 필요 없어. 내가 할 수 있으니까."라고 말하는 여성도 있다고 한다. 이런 여성이 도움을 바라는 여성보다는 낫다.

하지만 때로 다른 사람의 도움을 받는 것도 즐겁다는 것, 다른 사람이 자신을 위해 무언가를 해주는 건 기분 좋은 일이라는 것을 아는 여성도 있다. 그런 여성은 다른 사람이 자신을 도와주려고 할 때 위협을 느끼지 않는다. 자신에게는 뭐든 스스로 할 능력이 충분히 있다는 걸 안다. 다른 사람이 자신을 도와줄 때 즐거운 마음으로 받는 것뿐이다.

자신이 할 코딩이나 다른 일을 남자들이 대신하게 내버려두라는 게 아니다. 별일도 아닌데 화를 내고 방어적으로 대하지 않는 게 훨씬 더 강하다는 이야기다.

남자들이 윗사람 행세를 하려고 하면 마음대로 하게 두어라. 그게 무슨 대수라고. 무지한 건 그 남자 쪽이다. 게다가 그 남자도 아마 자기 딴에는 그게 친절한 거고 옳은 거라고 생각해서 그러는 걸 게다. 그가 멍청하게 굴거나 말거나 당신은 자애를 베풀어라. 사실 그의 도움이 진짜 필요하지 않다는 걸 알 정도의 자신감은 있으니 말이다.

결국 그도 깨닫게 될 것이다. 내가 말했듯이 주머니 속에 든 송곳은 삐져나오기 마련이다. 결국 자신이 번데기 앞에서 주름을 잡은 것 같은 멍청한 짓을 했다는 사실을 깨달을 것이다. 하지만 그가 멍청하다고 느끼게 하는 건 당신이 아니다. 그게 차이다.

그리고 자기 걸 지키겠다고 정보를 숨기고 안 알려주는 사람에 대해서는 할 수 있는 게 별로 없다. 이 문제는 남자든 여자든 겪을 수 있다. 고의로 그런 행동을 당신 앞에서 하는 남자가 있다면 아마 당신에게 위협을 느껴서 그러는 것일 터다.

그냥 내버려둬라. 내버려두면 결국 스스로 지쳐 나가떨어질 것이다. 그저 자신이 하는 업무에 필요한 정보를 얻기 위해 노력하고 그런 행동은 최대한 무시하라. 업무 진행이 안 될 정도로 문제가 커지면 그의 상사에게 가서 이야기하라. 당신이 할 수 있는 일은 그 정도다.

영국인들의 조언을 벗 삼아 "침착하게 하던 일을 해나가라."[*]

---

[*] 원문의 문구는 "Keep calm and carry on."이다. 1939년 제2차 세계대전을 준비하던 영국 정부가 국민들에게 배포한 포스터에 적혀 있던 문구로 지금까지도 다양한 패러디가 양산될 정도로 유명하다.

여성은 남성이 아니다

여성이 직장에서 남성과 동등한 대우를 받고 싶다는 말이 동일한 대우를 받고 싶다는 뜻은 아니다. **동등과 동일은 같은 의미가 아니다.** 동등은 같은 가치를 지닌다는 뜻이고 동일은 개인 간의 차이를 고려하지 않는다는 뜻이다.

당신에게 자녀가 여러 명 있다면 아이들을 전부 동등하게 사랑한다고 해서 '동일하게' 대하지 않을 것이다. 5살짜리와 10살짜리 아이를 동일하게 대할 필요는 없다. 남자아이와 여자아이도 동일하게 대할 필요가 없다. 기술 분야에서도 여성과 남성을 동일하게 대해서는 안 된다.

말했듯이 이 문제에 관해서 나는 좀 구식이다. 나는 **진짜 남자라면 환경이 어떻든지 여성은 여성답게 대해야 한다**고 믿는다. 여성 동료가 동성 친구라도 되는 양 어울려 다니며 상스러운 농담을 던지고 등을 철썩 치지 않는다. 친절하게 대하지 않는다는 뜻은 아니다. 사회적인 활동에서 배제하거나 다른 팀원들과 동등하게 대하지 않는다는 뜻도 아니다.

존중한다는 사실이 드러나게 행동을 바꾼다는 뜻이다. 더 좋은 표현이 생각나지 않아서 그냥 떠오른 대로 말하겠다. **신사처럼 행동하라.** 남성 우월주의자도 백마 탄 기사도 말고, 남성과 여성은 서로 다르다는 사실을 이해하고 그 차이에 주의하여 존중하는 신사 말이다.

사적인 분노를 직장에서 풀지 마라

여성은 적이 아니다. 여성에게 상처를 받거나 거절당해 본 사람이 있을 것이다. 나도 그게 어떤 건지 잘 안다. 정말이다. 충분히 이해한다. 여성이란 착한 남자 blog 를 형편없이 대해서 분노를 일으키는 존재라고 생각하는 사람도 있을 수 있다. 본인은 더 나은 대우를 받을 자격이 충분한데 그런 경험이 별로 없어서일 수 있다. 그런 마음도 이해한다. 그 의견에 동의하지 않지만 blog (이유는 여기서 설명하지 않겠다) 이해는 한다.

그렇다 해도 그런 감정을 직장에서 풀면 안 된다. 사실 다른 어디에서도 풀면 안 된다. 스스로 소화할 방법을 찾아야 한다. 여기에서 그 방법까지 다루지는 않겠다.

여성도 프로그래머나 소프트웨어 개발자가 될 자격을 남성과 똑같이 가지고 있다는 걸 깨달아야 한다. 여성은 우리 생활의 일부다. 그 사실에 익숙해져라. 익명성에 숨을 생각도 하지 마라. 온라인에서 익명으로 괴롭히는 건 비겁 그 자체다. 하고 싶은 말이나 행동이 있다면 적어도 본명으로 하라. 이 책, 특히 이 장을 읽고 화가 나는 사람도 있을 것이다. 그래도 나는 내 이름을 밝히고 썼다.

평소처럼 하라

솔직히 **종합적으로 볼 때 내가 해줄 수 있는 최고의 조언은 그냥 평소처럼 하라**는 것이다. 진짜다. 과한 친절을 베풀기 위해 살얼음판 위를 걷듯 조심하기 위해 무리할 필요 없다. 바보같이 여성을 괴롭히지 마라. 그냥 침착하게 평범하게 모든 사람을 존중하는 마음으로 동등하게 대하라. 다시 한번 말하지만 동일이 아니고 동등이다.

여성은 특별 대우를 원하지 않는다. 자신을 방어해주는 것도 괴롭히는 것도 원하지 않는다. '평소처럼 하기'가 어려울 때도 있을 것이다. 하지만 유난을 떨지 않는 게 가장 좋다. 실제 별일이 아니기 때문이다. 여성 프로그래머도 있다는 게 뭐 대수인가? 그렇게 생각하면 별 문제가 없을 것이다. 당연히 실수도 할 것이다. 하지만 괜찮다. 실수도 평범한 삶의 일부니까.

이 장이 도움이 되길 진심으로 바란다

이 장을 시작할 때 말했듯이 나는 여성이 아니다. 나는 남성이고 내 경험을 바탕으로 내가 할 수 있는 한 최대한 실용적인 조언을 주기 위해 노력했다.

나는 불완전한 인간이다. 내 이야기에 동의하지 않을 수도 있다. 심지어 내가 싫을 수도 있다. 그래도 이 장에 당신에게 도움이 될 만한 내용이 있었기를 바란다.

Part 5

경력 발전시키기

자신에게 요구된 것 이상을 습관적으로 더 많이 해야만 발전할 수 있다.

– 게리 라이언 블레어

해야 할 일만 해도 괜찮은 경력은 만들 수 있다. 하지만 뛰어난 결과는 기대하기 어렵다. 그저 그렇게 사는 것도 괜찮다고 생각하는 사람이라면 5부를 읽지 않아도 좋다. 진심이다. 그냥 그렇게 살다보면 부와 명성을 거머쥐는 날이 올 거라는 착각에 빠져 사는 사람들이 많다. 언젠가 그런 일이 마법처럼 일어나기를 꿈꾼다. 자신의 꿈과 희망을 현실로 만들어줄 요정이라도 있는 것처럼 말이다.

안 좋은 소식을 전하게 되어 미안하지만 인생에서 확실하게 보장된 것은 죽음과 세금뿐이다. 그 외 모든 것은 노력해야만 얻을 수 있다. 그러므로 자신의 경력을 발전시키려면 노력해야 한다. 대신 좋은 소식은 죽도록 열심히 할 필요는 없다는 것이다. 단순히 열심히 하는 것보다 헌신하는 자세와 일관성을 갖추는 것, 그리고 무엇을 해야 할지 아는 것이 훨씬 더 중요하다.

5부에서는 소프트웨어 개발자가 경력을 발전시킬 방법에 대해 내가 아는 모든 것을 알려주겠다. 평판과 개인 브랜드를 구축하는 게 얼마나 중요한지, 인맥·모임·블로그·강연·콘퍼런스 등을 어떻게 활용할지 이야기하겠다. 최신 기술을 익혀서 뒤처지지 않을 방법, 어떤 기술을 배울지 결정하는 방법도 다루겠다. 제너럴리스트(generalist)와 스페셜리스트(specialist) 중 무엇이 되어야 할까? 선택할 수 있는 다양한 진로를 소개하고 각 진로에 따라 경력을 발전시킬 방법에 관해서도 소개할 생각이다. 경력 발전과 관련된 내용을 넘어서 창업, 프리랜서, 사이드 프로젝트, 추천 도서 등 소프트웨어 개발자에게 여러 모로 도움이 되는 부수적인 주제까지 다루겠다.

그저 그런 생활을 청산하고 꿈을 실현하는 데 무엇이 필요한지 알아볼 마음의 준비가 되었는가? 그렇다면 요정에게는 작별을 고하라. 자, 이제 작업복을 챙겨 입고 출발해보자.

48

좋은 평판 쌓기

소프트웨어 개발자가 해야 할 아주 중요한 일이 하나 있다. 새로운 프로그래밍 언어나 자바스크립트 프레임워크를 배우는 것보다 더 중요한 일이다. 바로 좋은 평판을 구축하는 것이다.

좋은 프로그래머가 되고 높은 기술력을 갖추는 것도 물론 중요하다. 하지만 그것만으로는 경력을 발전시키는 데 한계가 있다. **정말 뛰어난 개발자가 되고 싶다면,** 자신의 경력을 한 단계 끌어올리고 싶다면 자신을 마케팅하고 개인 브랜드를 만드는 방법을 배워서 **좋은 평판을 구축해야 한다.** 그러면 모두에게 닫혀 있던 기회의 문이 열릴 것이다.

이걸 깨닫게 된 과정은 이렇다.

나는 소프트웨어 개발자가 된 후 무명 상태로 오랜 시간을 지냈다. 그렇다. 아무도 몰랐다. 내 기술을 발전시키기 위해 열심히 노력했다. 기술을 연마하고 소프트웨어 개발에 대한 책을 읽고 블로그를 읽고 신기술을 배우고 배운 내용을 실습하는 데 많은 시간을 들였다. 팀 내의 다른 소프트웨어 개발자들을 가르치고 멘토도 되어주었다. 소프트웨어 개발자로서 나를 발전시키기 위해 내가 알고 있는 한에서는 최선을 다했다. 아무 성과가 없지는 않았다. 좋다고 할 만한 경력이 생겼다. 가끔은 일자리를 구하느라 고생하긴 했지만 전체적으로는 꽤 괜찮은 자리로 옮겨 다녔다. 하지만 아주 훌륭한 자리는 없었다.

그러다 곧 **'유리 천장'에 부딪혔다.** 더 많은 연봉을 주는 소프트웨어 개발자 자리를 찾을 수 없었고 그런 상황을 빠져나갈 돌파구가 보이지 않았다. 적어도 나는 그렇게 생각했다. 그래서 '심플 프로그래머'라는 블로그`blog`를 시작했다. 처음에는 일부 소프트웨어 개발자가 스스로를 더 똑똑하고 가치 있게 보이려고 실제보다 더 복잡하게 설명하는 주제를 쉽게 써보겠다는 생각이었다. 그래서 블로그에 '복잡한 것을 단순하게 만들기'라는 이름을 붙였다.

하지만 **점점 더 많은 사람들이 블로그에 찾아오면서** 흥미로운 일이 일어났다. 코드 캠프나 행사에서 나를 알거나 내 블로그를 아는 사람들이 나타났다. 인기 있는 팟캐스트에서 인터뷰 요청이 들어오기 시작했고 더 많은 사람이 나를 알게 되었다. 곧 헤드헌터들이 스팸이나 다름없는 이메일 말고 제대로 된 일자리를 제안하는 이메일을 보내오기 시작했다.

한 번은 여느 날처럼 책상에 앉아 있는데 한 회사로부터 **나를 당장 고용하고 싶다**는 전화를 받기도 했다. 면접도 필요 없다고 했다. 회사의 모든 개발자가 내 블로그나 팟캐스트 아니면 플루럴사이트에 올린 강의`blog`를 접한 적이 있다고 했다. 면접도 보지 않고 일자리를 제안하는 일은 들어본 적도 없었고 그런 건 불가능하다고 생각했는데, 이건 시작에 불과했다.

나는 적극적으로 내 브랜드를 만들고 나를 마케팅하는 데 집중했다. 다른 프로그래머들에게 이와 관련된 강의도 하기 시작했다. 그렇게 갑자기 유리 천장을 뚫고 날아올랐다. 상상조차 하지 못한 기회가 눈앞에 펼쳐졌다. 오늘 날짜로 빨리 감기를 해보면 **나는 블로그를 시작한 덕에 말 그대로 수백만 달러를 벌었다.** '조기 은퇴'가 가능해졌고 심플 프로그래머라는 사업도 시작하게 되었다.

내가 온 길을 그대로 따라올 필요는 없다. 조기 은퇴와 창업을 모두가 바라는 건 아니니까 말이다. 하지만 자신이 바라던 꿈의 일자리를 얻을 수 있다면 어떻겠는가? 더 많은 돈을 벌고 싶지 않은가? 소프트웨어 개발을 다루는 유명한 잡지에서 자신이 쓴 글을 한 번쯤은 읽어보고 싶지 않은가? 생각만 해도 즐겁지 않은가? 이 장에서 그 꿈을 이룰 방법을 알려주겠다.

'유명'해져서 얻는 혜택

좋은 평판을 쌓는 법에 대해 논하기 전에 유명해져서 얻는 혜택부터 잠시 살펴보자. 일례로 정말 훌륭한 셰프가 되는 것과 유명한 셰프가 되는 것 사이에 어떤 차이가 있을지 생각해보라.

정말 훌륭한 셰프가 되면 괜찮은 수익을 올린다. 하지만 TV에 출연하는 유명 셰프가 되면 **엄청나게 큰돈을 번다.** 왜 그럴까? 더 훌륭한 셰프이기 때문일까? 100만 달러를 버는 셰프가 10만 달러를 버는 셰프보다 정말 10배 훌륭한 걸까? 그게 가능하긴 한 일일까?

나도 식도락을 즐긴다. 하지만 음식은 음식일 뿐이다. 아무리 좋아도 정도가 있다. 차이가 기술에서 오는 게 아니라면 어디에서 올까?

평판이다. 유명하다는 게 핵심이다. 음악가, 배우, 성형외과 의사, 법률가, 부동산 중개인 등 어느 분야에서나 이와 비슷한 현상이 일어난다. 평판에 따라 보상이 달라진다는 게 중요하다. 유명하면 자신의 기술 수준에 비해 높은 연봉을 받을 수 있다. 그렇게 될 수 있다면 아주 좋다.

'유명'하고 평판이 좋으면 연봉만 높아지는 게 아니다. 인맥, 일자리, 기회가 당신을 따라다닌다. 본인이 그런 것을 따라다닐 필요가 없다. 그게 정말 좋은 점이다.

스타일 + 본질

나는 안타깝게도 소프트웨어 개발자에게 평판과 개인 브랜드를 구축할 방법을 알려주는 강좌의 제목을 '소프트웨어 개발자 마케팅하기' blog 라고 지었다. 이 이름을 지을 당시 나는 **자신을 홍보하고 마케팅하는 걸 반대하는 소프트웨어 개발자가 많다는 걸 몰랐다.** 마케팅 자체에 대해서도 회의적이었다.

이 강좌가 가치가 없다거나 인기를 끌지 못했다는 뜻이 아니다. 이 강좌는 수백 명의 소프트웨어 개발자가 들었고 이를 통해 자신의 '명성'을 쌓는 방법을 배웠다. 하지만 제목을 더 잘 지었더라면 '마케팅'이라는 용어 때문에 그토록 부정적인 반응을 얻지 않았을 것이다.

다른 개발자들의 반응에 휘둘리지 않기를 바란다. **자신을 홍보하고 마케팅하고 브랜드를 만드는 걸 나쁘게 보아서는 안 된다.** 무엇보다 어떻게 하는지가 중요하다.

나는 다음 공식을 자주 언급하곤 한다.

기술 × 마케팅 = $$$

이를 다음과 다르게 표현할 수도 있다.

본질 × 스타일 = $$$

아니면 이렇게도 가능하다.

프로그래밍 능력 × 평판 = $$$

내 친구인 제이슨 로버츠Jason Roberts는 이러한 현상을 정의하는 '행운 표면적' blog 이라는 용어를 만들었다. **세계 최고의 프로그래머라 해도 자기 방에만 틀어박혀서 그 누구와도 소통하지 않는다면 아무 의미가 없다는 개념이다.** 별다른 영향력을 갖지 못하기 때문이다.

하지만 자신을 홍보하기 시작하면(방법은 잠시 뒤에 이야기하겠다) 놀라운 성과를 얻는다. 사실 세상에서 가장 훌륭한 프로그래머가 될 필요는 없다. 나도 그렇지 않다. 나는 어느 하나 '최고'로 잘하지 못한다. 하지만 나는 '유명하다'. 적어도 프로그래밍 세계에서는 그렇다.

중간 정도의 실력에 높은 명성을 얻는 게 높은 실력에 아무 명성도 없는 것보다 낫다. '훌륭한' 실력을 갖추는 데에만 집착하지 마라. 수익성이 그리 좋은 전략은 아니다.

나는 벽에 '말하기'와 '일하기'의 관계에 대해 언급한 포스터를 액자에 담아서 걸어두었다 blog . 이 두 요소는 다음 세 가지 방식으로 결합할 수 있다.

- 많이 말하고 적게 일하기 = 사기꾼
- 적게 말하고 많이 일하기 = 순교자
- 많이 말하고 많이 일하기 = 능력자

능력자가 되어라.

〈잠깐만요, 존〉 **저는 어떤 영역에서든 최고가 되고 싶어요. '중간 정도의 실력'은 원치 않아요.**

좋다. 아주 훌륭하다. 자신의 영역에서 최고가 된다면 내가 말한 모든 내용의 효과를 더욱 크게 볼 수 있을 것이다. 혹은 최고가 되지는 못하더라도 정말 정말 높은 능력을 지니는 것만으로도 좋다. 정말 정말 잘생긴 데릭 쥬랜더(Derek Zoolander)*처럼 말이다. 잘생겼다는 부분은 공감하지 못한다고 해도 이해한다.

---

* 배우 벤 스틸러(Ben Stiller)가 분한 코미디 영화 쥬랜더(Zoolander)의 주인공으로 당대 최고의 모델로 등장한다.

내가 말하고자 하는 바는 두 가지 선택지 중에 굳이 골라야 한다면 높은 실력에 중간 정도의 명성을 얻는 것보다 중간 정도의 실력에 높은 명성을 얻는 쪽을 택하는 게 더 현실적이고 유익하다는 것이다. 명성이 더 높은 비중을 차지한다. 심기에 거슬릴지도 모르지만 세상은 그렇게 돌아간다. 내가 지어낸 게 아니다. 관찰한 바를 이야기하는 것뿐이다.

개인 브랜드 만들기

이제 납득이 되었는가? 좋다. 다음 이야기를 해보자.

스타일 + 본질을 원한다면 이제 스타일을 갖춰야 한다. 스타일은 어떻게 갖추는가? 무엇이 스타일인가? 스타일은 요즘에 **개인 브랜드**라고 부르는 것과 꽤 비슷하다. 개인 브랜드는 상품 브랜드와 똑같다고 보면 된다. 대신 상품이 아니라 당신 자신을 대표한다는 게 차이점이다 blog.

개인 브랜드를 만들려면 무엇으로 **유명해지고 싶은지**부터 정해야 한다. 이 부분이 아주 어렵다. 이를 실행할 방법에 대해서는 뒤에서 한 개 장을 할애하여 자세히 이야기할 것이다.

우선 지금은 사람들에게 말할 간단한 엘리베이터 피치를 생각해내야 한다고 상상해보자. 자신이라는 브랜드를 대표할 한 줄짜리 재미있는 문구를 만든다고 말이다. 뭐라고 말하겠는가?

자신이 아는 100가지 기술과 프로그래밍 언어에 대해서 장황하게 떠들 것인가? 아니면 사람들의 뇌리에 당신이라는 브랜드를 각인시킬 간결한 문구를 말하겠는가? 다른 사람이 당신을 "이 사람은 안드로이드에서 애니메이션 만드는 방법을 가르치는 일을 해."라고 또 다른 사람에게 소개할 수 있도록 말이다.

기업가를 대상으로 하는 콘퍼런스나 행사에 갔을 때 사람들이 내게 무슨 일을 하는지 물으면 나는 "**소프트웨어 개발자에게 멋져지는 방법을 가르친다.**"라고 말한다. 그게 현재 내 브랜드의 정체성이다. 소프트웨어 개발자의 개인적 성장을 돕는 사람. 심플 프로그래머가 하는 일이 바로 그거다.

브랜딩은 자신이 어떤 사람이고 어떤 일을 하는지 **명확하고 단순하고 간결한 메시지**를 만드는 데서 시작한다. 그 이후에 로고를 만들고 앞으로 일관되게 쓸 색상 세트를 선택하고 자신을 대표할 프로필 사진을 찍는 등의 일을 하면 된다.

〈**잠깐만요, 톰**〉 **그냥 회사원으로 살고 싶은 사람도 이런 일을 꼭 해야 하는 건가요?**
아니다. 어떤 것도 꼭 해야 하는 일은 없다. 하지만 이렇게 묻고 싶다. 도대체 왜 안 하겠다는 건가?
개인 브랜드를 위해 로고와 일관성 있는 명확한 메시지를 만들고 프로필 사진을 잘 찍어두면 좋은 직장에 들어가고 업계에서 좋은 평판을 얻을 기회가 훨씬 높아질 거라고 생각하지 않는가?
해야 할 일이 많은 것처럼 보일 수 있겠지만 그래도 한 걸음씩 차근차근 하면 된다. 경력, 개인 브랜드, 이미지를 잘 만드는 건 중요하다. 장기적으로 볼 때 이렇게 작은 세부 사항이 모이면 큰 힘을 낸다.

방금 브랜드의 나머지 두 요소를 언급했다는 걸 알아챘는가? 알아채지 못한 사람을 위해 이야기하자면 **메시지가 브랜드의 첫 번째 요소**다. 로고나 색상 등 **시각적인 요소는 두 번째다.** 그리고 **세 번째 요소는 일관성**이다.

메시지와 시각적인 요소에 일관성이 없으면 브랜드는 무너져버린다. 브랜드를 만들어서 한 일주일 쓰다 버릴 게 아니라면 일관성을 유지해야 한다. 그러므로 자신이 처음에 선택한 내용을 고수하라. 메시지가 훨씬 더 중요함에도 사람들은 시각 요소에 집중하는 경향이 있다. 당신은 메시지부터 시작하라.

'유명'해지는 방법

사실 이것만으로는 부족하다(앞의 말은 거짓말이었다). 브랜드를 완성하기 위해 해야 할 일이 하나 더 있다.

당신도 아주 멋진 브랜드를 만들 수 있다. 명확하고 간결하게 잘 정돈된 메시지도 만들 수 있다. 불타는 검을 든 개구리가 그려진 아주 멋진 로고도 만들 수 있다. 어디에서든 브랜드의 메시지와 시각 요소의 일관성을 유지할 수 있다.

하지만 이를 **반복 노출**하지 못한다면 그건 브랜드라 할 수 없다. 모든 게 아무 의미가 없다. 사람들이 당신의 브랜드를 접할 기회가 있어야 한다. 한 번으로는 부족하다. 여러 번 접할 기회를 주어야 한다. 사실 사람들이 당신의 브랜드를 인지하고 "아, 나 저 사람 알아."라고 하기까지 4~5번 정도는 접해야 한다. 이름을 노출할 만한 활동을 해야 한다.

"뭐, 좋아요. 근데 어떻게 하라는 거죠?" 이를 주제로 이미 많은 양의 콘텐츠를 제작했기 때문에 했던 말을 또 하고 싶은 생각은 없다. 여기서는 간단히 설명하겠다. **자세한 내용을 보고 싶은 사람은 『소프트 스킬』 blog 중 자신을 마케팅하는 방법에 대한 부분이나 '소프트웨어 개발자 마케팅하기' blog 강의를 참고하라.**

하나의 채널이나 매체로 시작해 거기서 최대한 큰 수확을 거두는 방법을 익힌 후 그 방법을 다른 곳으로도 확장하는 것이 기본 전략이다. 그 절차를 함께 꼼꼼히 뜯어보자.

우선 자신의 이름을 알리기 위해 블로그를 개설 blog 하기로 했다고 가정해보자. 블로그라는 채널을 제대로 배우기로 한 것이다. 그래서 블로그를 개설하고(블로그 개설 방법을 알려주는 내 무료 강좌도 확인해보라 blog) 글을 쓰기 시작한다. 나중에는 포스트를 효율적으로 쓰는 체계를 만들어낸다. 글은 자신이 쓰지만 포스트를 편집하고 적절한 이미지를 넣고 일정에 맞춰서 올리는 역할은 다른 사람에게 맡길 수도 있다(음… 왜 많이 들어본 이야기 같을까?). 그리고 **그 체계를 활용해서 큰 수확을 올리기 시작한다.** 일주일에 한 개씩 올리던 포스트를 세 개로 늘린다.

이름이 진짜 알려지기 시작한 것이다. 채널을 몇 개 더 늘려본다. 유튜브 채널을 만들고 소프트웨어 개발자 팟캐스트 blog 에 연락해서 인터뷰를 하겠다고 한다. 소프트웨어 개발 관련 잡지에 글을 기고하기도 하고 소프트웨어 개발자 콘퍼런스에 강연자로 등록하기도 한다.

이제 당신의 브랜드는 반복 노출을 통해 유명해지기 시작한다. 당신이 개설한 채널에 방문한 사람은 누구나 당신을 쉽게 찾을 수 있다. **이를 오랜 시간에 걸쳐 일관성 있게 진행하면 시간이 지남에 따라 당신은 '유명'해진다.**

속옷을 벗어서 집어 던지는 팬이 생길 정도로 대단한 유명세는 아니더라도(나도 이만큼 유명하지는 않다) 평판을 높여서 행운 표면적을 크게 넓힐 정도는 될 것이다. 유명해지는 데 쓸 만한 채널을 소개하자면 다음과 같다.

- 블로그 개설하기
- 다른 사람의 블로그에 글 기고하기
- 책 쓰기
- 잡지 기사 쓰기
- 다른 사람이 운영하는 팟캐스트에 등장하기
- 팟캐스트 개설하기
- 유튜브 채널 만들기
- 트위터 등의 SNS에서 활발히 활동하기
- 사용자 모임이나 코드 캠프에서 강연하기
- 개발자 콘퍼런스에서 강연하기
- 유명한 오픈 소스 프로젝트 만들기

가치 제공하기

이 모든 것을 실행에 옮기고 유명해지길 기다린다고 해서 유명해지는 건 아니다. 그럴 것이라고 말하긴 했지만 멋진 로고와 메시지만 있으면 된다고 말했을 때도 거짓말이었듯이 이번에도 거짓말이었다.

이러한 활동에는 **한 가지 중요한 원칙**이 있다. 완벽한 브랜드를 만들고 열심히 자신을 홍보한다고 해도 이 원칙을 무시하면 아무 소용이 없다. 그 원칙은 바로 다른 사람들에게 가치를 제공하는 것이다. 이러한 가치를 무료로 제공하면 더 좋다.

나는 내가 한 일의 90퍼센트를 무료로 제공하고 10퍼센트만 돈을 받는다. 나는 사람들이 내 메시지를 소비하는 데 그치지 않고 이를 주변에 전하고 싶은 마음이 들도록 최대한 많은 가치를 제공하는 데 집중한다. 사람들이 "심플 프로그래머를 운영하는 존 손메즈인가 뭔가 있잖아. 그 사람 괜찮은 거 같아. 너도 그 사람이 쓴 글 한번 읽어봐. 나 그거 읽고 직장이랑 여자 친구 생겼잖아."라고 말한다면 좋겠다.

다른 사람들의 인생에 도움이 되는 게 최고의 마케팅이다. 베푸는 사람으로 이름을 알려라. **주변에 있으면 혜택을 보는 것 같아서 자꾸 함께 어울리고 싶은 느낌이 드는 사람이 되어라.**

고객에게서 최대한 많은 이익을 쥐어짜내려고 하다가 실패하는 회사나 브랜드가 너무 많다. 가치를 **투입**하는 게 아니라 **추출**하려고 한다. 일관성 있게 가치를 투입해서 사람들의 삶에 진짜 변화를 일으킨다면 그에 대한 보상을 얻을 것이다.

평소 내가 좋아하는 말이 있다.

> 다른 사람들이 원하는 걸 얻도록 도와준다면 당신도 자신이 원하는 모든 것을 얻을 수 있을 것이다.
>
> 지그 지글러, 『클로징』 blog

그러므로 무엇을 하든지 다른 사람에게 가치를 제공할 방법부터 고민하라.

시간이 든다

마지막으로 **하룻밤 사이에 성과를 볼 수 없다**는 걸 기억하라.

평판이 만들어지기까지 매우 오랜 시간이 걸린다. 그 때문에라도 지금 당장 시작하라. 소프트웨어 개발 업계에 진입한 지 얼마 되지 않은 사람들이 자신은 블로그를 만들거나 평판을 쌓을 준비가 되지 않았다고 말하는 걸 종종 듣는다. 아직 충분한 지식이 없다고 말한다. 하지만 '충분한 지식'을 갖추는 날은 오지 않는다. 준비되기 전에 시작해야 한다. 결과를 보기까지 꽤 오랜 시간이 들기 때문이다.

프로그래밍을 막 배우기 시작했더라도 무언가 알려줄 수 있는 게 있다. 당신이 프로그래밍을 배우는 과정을 공유하는 게 다른 이들에게 도움이 될 수도 있다. 전문 영역을 정한 후 초보에서 전문가가 될 때까지의 여정을 공유할 수도 있다. 똑같은 여정을 떠나려고 고민하는 사람에게는 엄청나게 큰 가치가 있을 것이다.

그러므로 준비가 되기 전에 시작하라. 그리고 인내하라. 시간이 걸릴 것이다. 하지만 꾸준히 하면 성과를 얻을 것이다. 블로그를 시작하고 한 1년 정도 글을 쓰다가 아무 성과 없이 그만두는 게 문제다. 성공하고 싶다면 그보다 오래 버틸 각오가 되어 있어야 한다. 2~3년이 걸릴 수도, 5년이 걸릴 수도 있다. 하지만 **끈기 있게 노력하면 결국은 목적지에 도달할 것이다.** 빨리 포기하는 바람에 아무 성과도 거두지 못하는 사람이 대부분이다. 당신은 그렇게 되지 않기를 바란다.

49

인맥과 커뮤니티

아주 솔직히 이야기하겠다. 나는 **인맥 만들기라는 말을 정말 싫어한다.** 혐오하는 수준이다.

이유는 간단하다. **인맥을 만들겠다는 사람들 대부분이 아주 잘못된 방법을 쓰기 때문이다.** 인맥을 어떻게 만드느냐고 묻는 사람 대부분은 사실 자신이 원하는 것을 얻기 위해 다른 사람을 이용할 방법을 궁금해한다.

그 생각에 전혀 동의하지 않는다. 개인적인 철학이 그렇다. 나는 최대한 많은 사람에게 그들이 원하는 것, 아니 그들에게 필요한 것을 줄 방법을 찾아야 진정한 성공을 거둘 수 있다고 굳게 믿는다. **제대로만 한다면** 인맥은 경력 발전에 아주 큰 도움이 된다 blog.

이 장에서는 인맥 만들기에 대해 이야기할 것이다. 인맥을 만드는 옳은 방법과 옳지 않은 방법에 대해 알아보자. 소프트웨어 개발자 커뮤니티에 참여하는 건 소프트웨어 개발자가 인맥을 만들 아주 좋은 방법 중 하나다.

인맥을 만드는 잘못된 방법

이미 암시한 대로 인맥을 만드는 잘못된 방법에 대한 이야기로 포문을 열어볼까 한다.

많은 소프트웨어 개발자가 뭔가 필요할 때 인맥에 대해 고민하기 시작한다. 가장 흔한 경우가 일자리를 구할 때다. 이는 타이밍과 방법 면에서 최악이다. 인맥을 만드는 데는 시간이 걸린다. 빠르게 성과를 보고 싶다고 절박한 마음을 여실히 드러내며 서두르다가는 껄렁껄렁한 시정잡배 정도로 보이기 십상이다. 그저 원하는 것을 뽑아내기 위해 친한 척한다고 생각할 것이다.

가치를 취하려면 투자부터 해야 한다. 인맥을 만들기 위해서도 서두르면 안 된다.

다니던 회사에서 해고되어 새 일자리가 필요해졌을 때 '인맥을 만들기 딱 좋은 시기군. 새 직장을 잡을 수 있는 인맥을 만들어야겠어.'라고 생각했다면 착각이다. 이럴 때 인맥을 넓히겠다고 사람을 만나면 상대는 뭔가 꿍꿍이가 있다는 걸 바로 알아챌 것이다. 자신을 도와주거나 자신에게 관심을 보이는 게 아니라 뭔가 얻어가려 한다는 걸 말이다. 그러면 상황은 의도와 정반대로 흘러간다.

문제는 타이밍만이 아니다. 접근 방법도 문제다. **최대한 많은 사람을 만나서 최대한 많이 명함을 나눠주는 건 인맥을 만드는 좋은 방법이 아니다.** 이렇게 마구잡이로 접근하면 별 가치가 없는 아주 얇은 인맥만 늘어난다. 인맥을 만들겠다고 만난 상대에게 자신이 어떻게 살아온 사람이고 얼마나 훌륭한 사람인지를 이야기하는 것도 적절치 않다.

그럼 도대체 어떤 방법이 인맥을 만드는 좋은 방법일까?

인맥을 만드는 좋은 방법

인맥 이야기를 할 때 이 책에서 반복해서 등장하는 주제가 한 가지 있다. **가치를 제공해야 한다**는 것이다. 좋은 인맥을 만들고 싶다면 좋은 인간관계를 맺어라 blog.

연인 관계가 그렇듯이 사업적 관계 또한 서둘러서는 안 된다. 일자리가 필요하다고 해서 급하게 인맥을 만들려 해서는 안 되는 이유도 그 때문이다. 연인이 되었으면 하는 상대와 첫 데이트를 하는 날 청혼한다고 상상해보라. 일이 그다지 잘 풀리지 않을 것이다. 그런데 이와 똑같은 방식으로 인맥을 만들려고 하는 소프트웨어 개발자가 너무 많다.

인맥 만들기는 장기전으로 보아라. 자신이 심은 씨앗이 커다란 나무로 자라서 열매를 맺게 하려면 물을 주고 돌보는 기간이 필요하다. 이런 과정은 서두를 수가 없다. 천천히 신중하게 가야 한다. 씨앗을 심고 양육하는 좋은 방법은 무언가 먼저 베푸는 것이다. 자신의 인맥으로 만들고 싶은 사람들에게 무언가 투자해야 한다.

콘퍼런스나 커뮤니티에서 새로운 사람을 만났을 때 상대가 당신에게 무엇을 해줄지부터 생각하지 마라. 설사 일자리를 최대한 빨리 구해야 하는 상황이라 해도 말이다. 그 대신 **자신이 상대에게 무엇을 해줄 수 있을지에 초점을 맞추고 대화를 진행하라.** 최대한 상대에게 도움이 될 방법을 찾아보라. 상대의 이야기를 **능동적으로** 듣고 상대에게 직접적으로 도움이 될 방법을 찾거나 그들에게 소개할 만한 인물이 있을지 생각해보라. 그들에게 가치를 주고 주고 또 주어라. 그게 인맥을 만들 좋은 방법이다. 많은 가치를 주는 **어울리고 싶은 사람**이 되어라.

가치를 만들 방법은 많다. 늘 매우 긍정적인 태도를 유지한다거나 상대가 인맥을 넓힐 수 있게 다른 사람을 소개해주는 것도 좋은 방법이다. 당신이 가진 기술뿐 아니라 상대의 말을 경청하는 것도 도움이 된다. 진정한 가치를 제공하려면 깊이 들어가야 한다.

마주치는 모든 사람에게 명함을 건네고 3초 정도 떠들다 헤어지는 사람이 되지 마라. 파티, 콘퍼런스 등 어떤 자리에서 만난 사람이든지 **시간을 들여서 제대로 대화를 나눠야 한다.** 분명 만나는 사람의 수는 적을 것이다. 하지만 그래야 관계의 씨앗이 제대로 뿌리를 내리고 튼튼한 인맥으로 성장한다. 온갖 사람을 만나서 몇 초씩 대화를 나누고 헤어져서는 인맥이 만들어지지 않는다.

아, 그리고 사람을 만나서 무슨 말을 해야 할지 어떻게 이야기해야 할지 모르겠다고 생각할 때 쓸 수 있는 간단한 전략이 있다. 상대에 대해서 질문하는 것이다. 세상 사람들 모두가 좋아하는 대화 주제가 바로 자기 자신이다.

아무나 붙잡고 자신이 어떤 사람이고 어떤 일을 하는지 이야기해주면 인맥이 생길 거라고 착각하는 사람이 많다. 하지만 다른 사람들이 관심 있는 대상은 따로 있다. 그 답은…

나를 따라 함께 말해보라.

바로 자기 자신이다.

그러므로 질문을 던지고 그들이 자신에 대해 이야기하게 두면 대화는 순조롭게 흘러갈 것이다. 데일 카네기가 쓴 고전 도서 『인간관계론』blog 에는 이 전략을 써서 훌륭한 화술가로 등극했다는 좋은 예가 등장한다. 아직 읽어보지 않은 사람에게 권하고 싶은 책이다. 한 번 읽는 걸로 부족하니 여러 번 읽어라.

인맥을 만들 장소

인맥을 만들 방법은 익혔다. 피리 부는 사나이나 뱀 부리는 사나이도 저리 가라 할 능력을 갖추었다. 당신은 꽹장히 빠른 시간 내에 공간을 지배할 수 있다.

이제 어떤 공간이냐가 문제다. **인맥은 어디에서 만들어야 하는가?** 간단히 말하자면 어디서나 가능하다. 어디서든 인맥을 만들어라. 사람들을 만나면 대화를 나누고 관계를 맺어라. 엘리베이터, 술집, 출장지, 스타벅스 어디서든 만나는 사람들에게 인사를 건네라. 누구를 만나게 될지 그 사람이 인맥에 어떤 영향을 미치게 될지 알 수 없는 일이다.

하지만 그 폭을 좁혀보자. 특정한 유형의 인맥을 키울 방법에 대해 이야기하고 있었으니 그에 맞는 사람을 만나야 하기 때문이다. 가장 쉽고 좋은 방법은 **자신이 관심을 가지고 있는 주제에 관심이 있는 사람을 찾는 것이다.**

Meetup.com blog 사이트를 활용하길 강력히 권한다. 이 사이트에는 온갖 종류의 모임이 있다. 구직할 때 모임에 딱 한 번 참석한 후에 인맥이 생기리라고 기대하는 실수만 하지 않으면 된다. 관심이 있다면 어떤 모임을 선택해도 좋다. 꾸준히 참석하면 인맥이 만들어진다. 시간을 들일 각오를 해라.

콘퍼런스나 코드 캠프도 인맥을 만들 좋은 장소다. 코드 캠프는 보통 지역별로 무료 행사로 진행되며 연간 행사에는 많은 소프트웨어 개발자, 대학생, 헤드헌터가 참석한다. 소프트웨어 개발 콘퍼런스는 간혹 비싸기도 하다. 하지만 새로운 사람을 만나고 공부도 할 수 있는 훌륭한 기회가 된다. 사실 나는 오로지 인맥을 만들겠다는 목표로 참석한다 blog .

콘퍼런스나 코드 캠프에 가면 다른 사람들에게 말을 붙이고 다른 세션에 들어가보고 강연자에게 말을 붙여보라. **나는 항상 강연이 끝난 후 강연자에게 가**

서 좋은 발표에 대한 감사 인사와 함께 강연에 대해 몇 마디 칭찬의 말을 건넨다. 나도 강연을 자주 하기 때문에 좋은 강연이었다는 말을 들으면 무척 기분이 좋다는 걸 잘 안다. 그래서 늘 그들의 입장에서 들으면 기분이 좋을 만한 이야기를 생각한다. 강연자들은 대부분 훌륭한 인맥이 되어줄 사람들이다. 부끄러워서 말을 붙이지 못하는 사람이 대부분이지만 당신은 나서서 이야기해보길 바란다.

나는 콘퍼런스에 가서 때로는 강연을 듣지 않고 복도에 나와 있는 다른 사람들과 대화를 나누곤 한다. 이를 '복도 세션'이라고 부르는데 행사에서 인맥을 만드는 훌륭한 방법이다. 어떤 콘퍼런스에서는 내내 복도 세션에만 있다가 오기도 한다. 콘퍼런스나 코드 캠프에서 **친목 도모를 위해 진행하는 행사에 최대한 많이 참여하는 것도** 좋은 방법이다. 애프터 파티나 식사 자리에 가라. 참석자가 적은 사교적인 분위기의 모임이라면 인맥이 형성될 확률이 높다. 다른 사람들이 전부 술을 마시는 분위기라도 **마시지 않기를** 권한다. 내 말을 믿어라.

〈잠깐만요, 존〉 **나는 술을 좋아해요. 그리고 술을 마셔야 분위기가 좋아지잖아요?**

맞다. 술을 마시면 즐겁다. 그리고 술을 마시면 더 편하게 대화할 수 있는 것도 사실이다. 그래도 마시지 않는 게 좋다. 술에 자꾸 의지하게 되기 때문이다.

데이트나 이성 교제에 관해 코칭할 때 이런 말을 해준다. 술이 있으면 거기에 자꾸 의존하게 된다. 술을 마시지 않고는 다른 사람과 대화할 수 없다면 부끄러움이나 사회적 불안감을 극복하고 대화를 잘 이끌어나갈 수 있게 도와주는 대인 관계 기술이나 자신감, 매력도 기를 수 없다.

윤리적 관점에서 술을 마시면 안 된다고 생각하는 게 아니다. 오로지 실용적, 현실적 측면을 고려한 말이다.

무엇에든 의존하기 시작하면 진짜 기술을 익힐 수가 없다. 게다가 술 취한 상태에서는 누구나 자신이 똑똑하다고 착각한다. (나도 경험해봐서 안다.) 하지만 다른 사람들 눈에는 아주 바보처럼 보인다. 진짜다. 다른 사람에게 물어보라.

해커톤을 비롯해 관심 있는 영역과 관련된 다른 행사에 참여하는 것도 좋은 생각이다. 해커톤은 여러 사람이 한 팀을 이루어서 마치 마라톤하듯 24시간에서 48시간 정도의 시간에 걸쳐 프로토타입 제품을 만들어내는 코딩 행사를 가리킨다. 여러 사람이 똘똘 뭉쳐서 팀워크를 발휘해야 하기 때문에 다른 개발자나 디자이너, 사업가들을 만날 수 있는 정말 좋은 기회가 된다. 그리고 아주 재미있다!

커뮤니티 만들기

인맥 만드는 능력을 진짜 한 단계 업그레이드하고 싶은가? 인맥 만들기의 달인이 되고 싶은가? **그렇다면 직접 커뮤니티나 행사를 만드는 것도 좋다.**

내가 아는 최고의 인맥 만들기 달인은 친구 댄 마텔Dan Martell blog 이다. 댄은 여러 스타트업을 창업했다. 가장 유명한 회사는 억만장자 마크 큐번Mark Cuban의 투자를 받은 Clarity.fm이다. 댄은 모르는 사람이 없다. 나는 새로운 사람을 만나면 보통 댄 마텔을 아느냐고 묻는다. 대답은 거의 "안다."이다. 신기할 정도다. 어떻게 이렇게 할 수 있었을까?

나는 댄이 '창업자의 저녁'이라는 행사를 여는 걸 종종 보았다. 그는 다른 도시를 방문할 때마다 **저녁 식사 자리를 마련한다.** 그리고 자신이 만나보고 싶은, **그 지역에서 가장 명망 높은 인사들을 전부 초대한다.**

처음 들으면 좀 웃긴다고 생각할 수도 있다. 그 모임에 사람들이 왜 가겠는가? 하지만 그런 사람들은 대체로 인맥을 만드는 데 관심이 있다. 그리고 그 자리에 모이는 다른 명망 높은 인물을 만나보기 위해 그 모임에 참석한다. 생각해보라. 과거에 열렸던 그 행사의 사진을 보고 어떤 인물들이 참석했는지 알면 가보고 싶을 것이다.

'창업자의 저녁'에서 백미는 댄이 행사의 주최자로서 모든 참석자를 만나 볼 기회를 얻을 뿐 아니라 행사를 열어주어 고맙다는 말을 듣는다는 점이다. 댄은 그들에게 가치를 제공했다.

그대로 따라 할 필요는 없다. 하지만 당신도 모임이나 커뮤니티를 직접 만들지 못할 이유가 없다. 성공적으로 운영되고 있는 다른 모임이나 커뮤니티를 따라 하라. 물론 아무도 오지 않을 수도 있고 시간이 많이 들 수도 있다. 하지만 인맥 만드는 기술을 키우고 싶다면 이보다 더 좋은 방법은 없다. 그러니 한번 시도해보라.

자신이 아직 행사나 커뮤니티를 조직하기에는 준비가 덜 되었다고 느낀다면 **다른 사람이 만든 행사에 자원봉사자로 참여하는 것도 생각해보라.** 행사에는 늘 자원봉사자가 필요하다. 코드 캠프 같은 대규모 무료 행사라면 특히 그렇다. 자원봉사자가 되면 행사를 주최한 사람들이나 유명한 참석자들과 소통할 기회가 생긴다. 장래에 스스로 행사를 조직할 때 도움이 될 만한 요령도 익힐 수 있다.

인맥 만들기는 어렵지 않다

인맥을 만들려면 시간과 인내가 필요하고 자신이 아니라 친분을 맺고 싶은 사람에게 주의를 기울여야 하기 때문에 어렵게 느껴지는 것뿐이다.

넓은 인맥을 구축하려면 시간이 든다. 하룻밤 사이에 만들어지지 않는다. 일자리가 필요할 때 인맥을 만들기 시작해서는 안 된다. 가치 있고 넓은 인맥을 만들어두면 경력 발전뿐 아니라 인생 전반에 엄청나게 큰 도움이 된다. 그 사람의 인맥이 그 사람의 순가치라는 말을 들은 적이 있다. 나는 그 말이 대다수 사람들이 생각하는 것보다 더욱더 진실에 가깝다고 생각한다.

CHAPTER

50

최신 기술 따라잡기

기술 분야는 끊임없이 변화하는 야생의 세계다. **새롭게 떠오른 기술이 하루 아침에 너무 복잡한 구닥다리 기술로 전락한다.** 소프트웨어 개발사의 복도에는 공룡들이 활발하게 돌아다닌다. 그런 공룡이 되고 싶은 사람은 없을 것이다 blog. 도도새 신세로 전락하지 않으려면 **최신 기술을 따라잡을 수 있어야 한다.**

신기술과 새로운 프로그래밍 언어를 전부 배워야 한다는 뜻은 아니다. 그건 불가능하다. 다만 최신 기술을 따라잡기 위해 노력해야 한다는 뜻이다. 최신 기술을 따라잡으려면 어떻게 해야 할까?

무계획도 계획이라고?

일단 계획부터 세워야 한다 blog. 최신 기술을 따라잡을 계획이나 경력을 발전시킬 계획을 세워두지 않은 사람에게 **그런 행운이 우연처럼 찾아오는 일은 없다.**

나는 사람들을 코칭하고 훈련시켜 본 경험이 많다. 만나본 많은 사람들이 체중을 감량하고 몸매를 가꾸겠다고 이야기한다. 어떻게 할 거냐고 물으면 이렇게 말한다.

칼로리를 제한하고 운동을 더 할 거예요.

아니다. 틀린 답이다. 그건 계획이 아니다. 만약 계획이라고 본다면 아주 엉망인 계획이다. **지키고 따를 수 있는 진짜 계획이 필요하다.** 실행 여부를 제대로 확인할 수 있어야 계획이다. 좋은 계획은 구체적이다. 내게 어떻게 체중을 감량하고 몸매를 가꿀 거냐고 계획을 묻는다면 이렇게 대답한다.

체중은 감량하지 않을 겁니다. 나는 지방을 제외한 체중은 유지하면서 체지방을 줄일 겁니다. 매일 500칼로리가 부족한 수준으로 칼로리를 제한하고 저탄수화물 고지방식을 먹을 겁니다. 지방 산화를 늘릴 수 있도록 매주 4시간씩 달리고 지방을 제외한 체중은 최대한 그대로 유지할 수 있도록 주 3회 근력 운동을 할 생각입니다.

그 뒤로도 한 시간 정도 내 계획의 세부 사항에 대해 설명을 이어갈 것이다 blog. 계획이란 이래야 한다. 차이가 보이는가?

경력을 발전시키고 최신 기술을 따라잡을 계획을 세워야 한다. 우선 이 책에 포함된 디지털 툴킷 toolkit 중 소프트웨어 개발자 기술 평가서부터 꺼내 들고 자신이 강화해야 할 기술이 무엇인지 자가 진단해보라. 다음 절부터 계획을 세울 때 고려해야 할 내용이 무엇인지 알아보겠지만, 결국 실행은 자신의 몫이다.

블로그 구독하기

나는 소프트웨어 개발자가 된 이후 매일 아침 30분씩 여러 소프트웨어 개발 관련 블로그를 읽는다. 프로그래밍 세계에 등장하는 최신 기술을 따라

잡기 위해 그렇게 하는 것이다. 내가 직접 해야 할 일을 다른 사람이 어느 정도 도와주는 셈이다.

다른 소프트웨어 개발자의 블로그를 통해 **프로그래밍 세계에서 어떤 새로운 일이 일어났는지 그중 어떤 것이 중요한지 통찰을 얻을 수 있다.** 한두 가지 정도 배우는 기회도 된다.

중요한 일이라면 누군가 블로그 포스트를 올리기 마련이다. 많은 블로그가 특정 분야에 최근 어떤 어려운 문제가 발생했는지 그에 대한 해결책은 무엇인지 소개한다. 그러면 직접 고생하지 않고도 배울 좋은 기회가 된다.

책 읽기

기술 관련 서적을 적어도 한 권은 읽어야 한다. 나는 매일 트레드밀에서 걸으며 30분씩 기술 관련 서적을 읽는다 `blog`. 그럼 한 달에 한두 권 정도 읽을 수 있다. 매해 그 정도로 책을 읽으면 기술을 최신 수준으로 유지하고 기술 전문가로서 발전할 수 있다.

단순히 책을 처음부터 끝까지 읽는 게 최고의 학습 방법이라고 생각하지는 않는다. 하지만 독서 습관을 키워서 기술 관련 신간을 늘 가까이한다면 프로그래밍 기술 관련 지식 기반을 튼튼하게 갖추고 기술 관련 최신 소식에도 밝은 사람이 될 수 있다. 이를 위해서는 **자신에게 가장 큰 도움이 되는 책, 영구적 가치를 지닌 책을 고를 줄 알아야 한다.**

현재 하고 있는 일과 직접 관련된 책을 고르면 바로 실무에 적용할 내용을 배울 수 있어서 좋다. **소프트웨어 개발 방법론이나 디자인 패턴, 아키텍처에 대한 책** `blog`도 언제나 좋은 선택이다.

나는 이 책과 『소프트 스킬』이 오랜 세월이 흘러도 읽고 싶은 마음이 드는 영구적 가치가 있는 책이 되길 바라는 마음으로 최대한 유행과 상관없는 내용을 소개하기 위해 노력했다. 새로운 기술에 관한 책을 읽지 말라는 뜻이 아니다. 하지만 새로운 기술에 관한 책을 읽을 때는 단순히 읽는 데서 그치지 말고 경험을 통해 배워야 한다는 사실을 잊지 마라.

<잠깐만요, 존> 맨 처음에 어떤 책부터 읽으면 좋을까요? 업무와 관련이 있는 책? 아니면 수준 높은 코드를 작성하는 방법을 알려주는 고전?

아, 고전적인 '닭이 먼저냐 달걀이 먼저냐' 문제. 반드시 두 종류를 다 읽어야 한다. 하지만 코드 품질과 자기 계발에 대한 고전이 장기적으로는 더 큰 도움이 될 것이다. 그러한 책은 앞으로도 오래 지속될 보편적인 원칙을 기반으로 쓰였기 때문이다.

나라면 당장 업무에 많이 써야 하는 기술이 있다면 일단 그 기술부터 배울 것이다. 그러면 시간을 절약하게 될 뿐 아니라 업무 효율을 크게 높일 수 있다. 이 경우에는 투자한 만큼 즉각 큰 보상을 얻는다. 나중에 업무가 바뀌어서 열심히 배운 기술을 더 이상 쓸 일이 없다 해도 '시간을 낭비'했다고 생각할 필요는 없다. 처음에 얻는 이득만으로도 그 정도 시간은 투자할 가치가 있다.

반대로 주요 업무에 쓰이는 기술을 꽤 능숙하게 쓸 수 있어서 다음으로 배울 기술을 고르는 중이라면 장기적으로 도움이 될 코드 품질이나 자기 계발에 관한 고전을 선택할 것이다.

새로운 기술 선택하기

늘 새로운 것을 배워라. 이미 아주 뛰어난 기술을 갖춘 고학력자라고 해도 새롭게 배울 만한 것은 언제나 있다.

다음에 무엇을 배울 것인지 계획을 세워두라. 그러면 현재 학습하는 주제를 마쳤을 때 다음 주제로 바로 넘어갈 수 있다. 자신의 현재 기술 수준을 평가하고 앞으로 어떤 수준까지 이르고 싶은지 생각해보라. 그리고 다음에 배울 새로운 주제를 고르고 어떤 순서로 배울지 우선순위도 정하라.

나는 읽던 책을 다 읽으면 바로 다음 책을 읽을 수 있도록 읽고 싶은 책 목록을 계속 새롭게 정리해둔다 blog. 목록이 있어야 시간 낭비 없이 **가치 있는 내용이 담긴 책을 꾸준히 읽을 수 있다.**

프로그래밍 기술도 마찬가지다. 자신에게 가장 큰 도움이 될 기술, 프로그래밍 언어, 프레임워크를 정하고 배워야 할 것 목록에 적어두라. 그리고 늘 그 목록을 참고하라.

매주 새로운 것을 배우는 데 쓸 시간을 따로 정해두고 계획을 지켜나가다 보면 일 년 만에 신기술이 얼마나 많이 쏟아져 나오는지를 알고 깜짝 놀랄지도 모른다. 그 일정을 달력에 아예 명시해두는 것도 좋은 방법이다.

단, 한 가지 주의해야 할 게 있다. **절대 사용할 일 없는 기술은 배우지 마라.**

<잠깐만요, 돈> 현재 업무를 하려면 X를 배워야 해요. 하지만 제가 진짜 관심 있는 건 Y거든요. 현재 업무에 도움되는 책을 읽어야 할까요? 아니면 관심 있는 기술을 배울 수 있는 책을 읽어야 할까요?

앞으로 하고 싶다거나 관심이 있는 주제라면 아직 사용할 일은 없더라도 배워두어서 나쁠 건 없다.

하지만 몇 가지 위험 요소도 있다. 절대 쓸 일 없는 무언가를 배우기 위해 많은 시간을 쓴다는 건 시간과 노력을 보상이 없는 곳에 투자하는 위험을 무릅쓰는 것이다. 사용하지 않을 새로운 프로그래밍 언어를 배우는 건 새로운 관점에서 생각해볼 기회가 되어서 현재 사용하는 프로그래밍 언어 실력을 키우는 데 도움이 된다고 주장하는 사람도 있다. 무언가를 재미로 배우는 게… 뭐, 재미있다고 주장하는 사람도 있다.

두 의견에 반대하지는 않는다. 하지만 무언가 배울 때는 적어도 부가적인 혜택이 있어야 한다는 게 내 생각이다. 그래야 실습을 통해 더 제대로 배울 수 있고 시간을 완전히 낭비할 위험도 줄어든다. 이럴 때는 사이드 프로젝트나 개인 프로젝트를 만들어라. 구체적인 실천 방법은 '사이드 프로젝트'를 다룬 장에서 확인하라.

마지막으로 이 문제에 대해 고려해야 할 점을 한 가지 이야기하면서 논의를 마무리할까 한다.

인간에게는 미래를 예측하는 능력이 부족하다. 소프트웨어 개발 세계에서는 너무 이른 최적화가 실패로 이어지는 경우가 많다. 사실 인생도 마찬가지다. 나 스스로도 똑같은 실수를 여러 차례 반복한 경험이 있다. 나중에 쓸 일이 있을 거라 생각하고 꽤 오랜 시간을 투자했다가 단 한 번도 쓸 일이 없어서 시간 낭비만 하고 끝나는 경험을 여러 번 했다.

무엇을 배울지 정할 때는 전략적으로 사고하라. 아무 목적 없이 플루럴사이트 강의 blog 를 몰아서 본다거나 기술 서적을 읽고 새로운 프로그래밍 언어를 배우는 개발자가 많다. 자신의 전문 영역 외에 다른 지식을 쌓아둔다고 해서 나쁠 건 없다. 하지만 목표를 정해두지 않고 정처 없이 떠도는 건 시간 낭비로 끝나는 경우가 많다.

여러 달에 걸쳐, 사용할 일 없는 프로그래밍 언어를 배우는 건 경력을 발전시키거나 목표를 이루는 데 별 도움이 되지 않는다. 물론 내 지식과 시각을 조금 넓혀주긴 하겠지만 그 시간을 실제 내가 사용할 무언가를 배우는 데 쓰는 게 훨씬 나을 것이다.

빠르게 배우기

계속 깨어 있으려면 배움을 멈추지 마라. 앞서 이야기한 것처럼 요즘은 기술이 매우 빠른 속도로 발전하고 있으며 앞으로도 느려질 조짐은 보이지 않는다.

오랜 시간을 들여서 무언가 배울 생각이라면 **더 잘 배울 방법, 더 빠르게 배울 방법**도 배워두면 도움이 되지 않을까?

플루럴사이트에 1년 동안 강의를 30개 blog 올리겠다는 목표를 세우기 전까지는 나도 마구잡이로 학습했다. 단기간 내에 많은 콘텐츠를 생산하고 많은 기술, 프로그래밍 언어, 프레임워크를 배우기 위해서는 **빠르게 학습하는 체계를 개발해야만 했다.**

내가 아는 모든 학습법을 검토한 후 나에게 가장 잘 맞는 방법을 찾아서 새로운 체계를 만들었다. 그리고 '무엇이든 빠르게 배우는 10단계 학습법' blog이라는 이름을 붙였다. 『소프트 스킬』을 읽어본 독자라면 아마 본 기억이 날 것이다.

내가 개발한 체계를 선택하지 않아도 좋다. 어쨌든 빠르게 학습할 체계를 만들어둘 필요가 있다. 내가 개발한 체계의 일부를 활용해서 자신만의 체계를 만들어도 된다. 중요한 건 앞서 나가기 위해서는 빠른 학습 전략이 필요하다는 점이다. 학습 방법을 배우는 데 시간을 투자해보길 권한다. 인생에 큰 도움이 될 것이다.

행사 참여하기

행사 참여 또한 최신 기술을 따라잡고 어떤 신기술이 중요한지 알아내는 데 도움이 되는 좋은 방법이다. 행사라고 하면 콘퍼런스나 코드 캠프도 있지만 마이크로소프트가 자신들의 신기술을 보여주기 위해 진행하는 행사처럼 조금 더 편한 모임도 여기에 포함된다. 이런 행사에 참여하면 강연을 통해 신기술이나 새로운 도구의 작동법, 적용법을 배울 수 있다. 책이나 튜토리얼을 열심히 보느라 고생하지 않아도 된다.

강연에 등장하는 기술 시연이나 코드 예제를 보면 내용이 빠르게 파악된다. .NET 개발을 하던 시절에는 마이크로소프트가 .NET 개발자를 위해 연 행사에 참석하곤 했다. 그런 행사는 보통 새 기술이나 도구에 대한 강연 5~6개 정도로 이루어지는데 해당 신기술에 대한 정보를 잘 정리된 형태로 보여주기 때문에 그 기술이 어떤 점에서 새로운지, 무엇이 기본이 되고 무엇이 중요한지 단 하루 만에 빨리 이해할 수 있었다.

뉴스 읽기

나는 보통 뉴스 읽는 걸 권하지 않는 편이다. 솔직히 **엄청난 시간 낭비**인 경우가 많기 때문이다. 일상생활에 큰 영향을 미치는 뉴스는 사실 극히 일부다. 나는 실천할 거리가 없다거나 내 삶과 관련이 없는 정보는 피하려고 노력한다.

물론 기술 관련 뉴스는 예외다. 프로그래밍과 관련된 뉴스라면 더더욱 그렇다. 'Hacker News'`blog`나 'Proggit'`blog` 같은 사이트를 훑어보거나 기술 혹은 프로그래밍 관련 뉴스 피드를 제공하는 사이트를 구독하는 것은 나쁘지 않은 생각이다. 나는 이런 사이트를 활용해서 프로그래밍 세계에서 어떤 일이 일어나고 있는지 확인하고, 특정 프로그래밍 언어나 기술에 대한 글이 늘어나는 등의 정황에 따라 업계 동향을 읽는다. 이런 내용을 바탕으로 미래에 대한 계획을 세우거나 이미 세운 계획에서 수정해야 할 부분을 찾기도 한다.

하지만 뉴스를 읽다보면 시간을 낭비하기 쉽다. 기술 뉴스도 마찬가지다. 그러므로 **뉴스를 읽는 데 들일 시간을 미리 정해두는 게 좋다.** 관심 분야에 대한 뉴스 피드를 구독해두면 그 분야에 대한 최신 소식을 놓치지 않게 해주는 좋은 장치가 된다.

부지런히 코딩하기

마지막으로 최신 프로그래밍 기술을 놓치지 않을 수 있는 가장 뻔한 방법을 이야기하겠다.

바로 프로그래밍이다. 부지런히 하라. 사이드 프로젝트와 관련된 장에서 이에 대해 더 이야기할 것이다. **사이드 프로젝트를 쉬면 안 된다.** 계속 코딩해야 코딩 기술이 녹슬지 않는다. 당연한 말을 한다고 느끼겠지만 알고 보면 자신이 시대에 뒤쳐진다고 느끼는 소프트웨어 개발자가 생각보다 많다. 그들에게 코딩은 하느냐고 물어보면 "별로 하지 않는다."라고 말한다.

매주 혹은 매일 일정한 시간을 들여서 코딩하는 습관을 들이기 바란다. 존 레식`John Resig`이 이를 주제로 쓴 '매일 코딩하라'`blog`라는 제목의 훌륭한 글이 있다. 사이드 프로젝트를 진행하는 건 이를 실천할 좋은 방법이다.

이 장에 소개한 아이디어 중 몇 가지를 동시에 실천해보는 것도 좋다. 새로운 기술이나 프로그래밍 언어를 배운 후 이를 활용해서 사이드 프로젝트를 진행해보라. **사이드 프로젝트를 진행할 때는 마무리 지을 수 있을 정도로 작은 규모로 계획하는 게 중요하다.** 시작한 프로젝트를 반드시 마무리하는 습관을 들인 것이 내가 태어나서 가장 잘한 일 중 하나다. 뭐든 시작한 일은 마무리하는 사람이 되어라 **blog**. 그런 습관은 경력뿐 아니라 인생 전반에 큰 차이를 나타낼 것이다.

적절한 긴장감 유지하기

현재 업무 환경이나 직장이 아무리 안전하다고 느끼더라도 적절한 긴장감을 유지하는 게 중요하다. 내 주변에는 최신 기술을 따라잡으려는 생각 없이 한 회사에서 20년 이상 머무는 이들도 있다. 큰 문제 없이 고용이 보장될 거라고 믿으며 편하게 지내는 것이다. 새로운 것을 배울 필요도 느끼지 못한다.

그러다 예기치 못하게 정리해고가 시작되어서 기술과 지식이 20년 뒤처진 직원들을 자르기 시작하면 이러한 태도에 문제가 있었다는 걸 급작스럽게 깨닫는다. 이런 문제가 생기지 않게 하자. 최신 기술을 잘 따라갈 수 있도록 적극적인 대책을 세워두라.

51

제너럴리스트 vs. 스페셜리스트

이 장은 개요 없이도 술술 쓸 수 있다. **내가 언급한 모든 이야기 중 가장 많이 다뤄본 주제이기 때문이다.** 이 주제에 대해 끊임없이 질문하고 의심하고 평가해왔다. 오로지 이 주제만 다룬 유튜브 플레이리스트 blog 가 있을 정도로 이 주제에 대해 이미 많은 이야기를 했고 그 목록은 현재도 늘어나고 있다.

내가 하는 이야기는 이렇다. 스페셜리스트, 즉 전문가와 제너럴리스트 중 무엇이 되어야 할지에 대해서는 오랫동안 논쟁이 있었다. 만사에 능통한 '풀스택full-stack 개발자'가 되어야 할까? 한두 분야를 '더 깊이' 파야 할까?

뭐, 알고 보면 잘못된 이분법이다. **둘 다 되어야 한다는 게 정답이다.** 지금부터 그 이유를 살펴보자.

전문성의 힘

이 논쟁을 깊이 들여다보기 전에 **전문성이 얼마나 중요한지**부터 잠시 살펴보겠다.

살인죄로 재판을 받게 되었다고 가정해보자. 그렇다. 살인죄다. 당신이 저지른 게 아니다. 나도 당신이 저지르지 않았다는 걸 안다. 다만 자신이 무죄라는 걸 증명해야 한다. 이럴 때 어떻게 하겠는가?

세법, 이혼법, 부동산법, 형법을 두루 잘 다루는 변호사와 형법, 그중에서도 살인죄를 선고받은 의뢰인 변호에 특화된 변호사. 둘 중 누구를 선택하겠는가? **나라면 내 남은 인생이 전부 걸려 있는 상황이므로 꼭 전문가를 택하겠다.**

제너럴리스트의 가치를 높이 산다고 말하는 많은 사람이 자신은 정말 그렇게 생각한다고 믿는다. 하지만 그런 사람도 필요한 순간에는 결국 전문가를 찾는다.

또 다른 예를 들어보겠다.

예전에 집 전체에 크라운 몰딩을 설치한 적이 있다. 그냥 내 취향이니 이해해주길 바란다. 어쨌든 크라운 몰딩 작업을 해줄 목수를 찾던 중 크라운 몰딩을 전문으로 하는 한 회사를 발견했다. 회사 이름은 '킹 오브 크라운 King of Crown'이었다. 이 회사는 크라운 몰딩 설치만 전문으로 했다.

내가 어떤 회사를 선택했겠는가? 운에 맡기는 셈치고 크라운 몰딩 작업도 할 수 있는 일반 목수를 고용했을까? 아니면 일을 확실하게 잘 해줄 크라운 몰딩 '전문가'를 고용했을까?

지식 저변을 넓히거나 제너럴리스트로서의 실력을 어느 정도 갖추는 게 아무 가치가 없다는 말이 아니다. 다양한 일을 하는 목수가 필요할 때도 있기 마련이다. 하지만 특정 분야의 전문가가 되는 건, 아니면 적어도 자신을 홍보할 때 그렇게 보일 수 있게 하는 건 큰 도움이 된다.

이렇게 생각해보자. 맨 처음에 상상했던 예에서 살인죄 전문 변호사가 살인죄 외에 다른 법에 대한 지식은 없었을까? 당연히 갖추었을 것이다. 다양한 법을 다루고 여러 분야에 대해 충분한 지식을 갖추고 있을 테지만, **자신을 살인죄에 특화된 변호사라고 홍보한 것뿐이다. 전문성의 힘을 잘 알기 때문이다.**

크라운 몰딩을 전문으로 하는 회사도 마찬가지다. 이 회사라고 다른 목공 작업을 해보지 않았겠는가? 당연히 해보았을 것이다. 하지만 전문성을 선택한 것이다. 그 편이 수익성이 훨씬 높기 때문이다. **개인뿐 아니라 회사도 전문성을 드러내는 게 큰 도움이 된다**`blog`.

넓은 지식 기반을 갖춰야만 전문가가 될 수 있다

대다수 전문가 제너럴리스트인 반면 제너럴리스트는 전문가가 아니라는 사실을 간과하기 쉽다. 이 말인즉 전문가가 되려면 상당한 수준의 일반적인 지식 또한 익혀야 한다는 뜻이다. **해당 분야에 대해 일반적인 지식을 넓게 갖추지 못한 상태로 훌륭한 전문가가 된다는 건 어불성설에 가깝다.**

우리 처남은 구강외과 전문의가 되기 위해 공부하고 있다. 그 꿈을 이루려면 치과대학을 졸업하고 치과의사부터 되어야 한다. 구강외과 전문의가 된 후에 충치 치료 등 일반 치과 진료를 할 일이 많지는 않다. 하지만 사실 누워서 떡 먹기나 다름없이 쉬운 일일 것이다. 아마 일반 치과의보다 실력도 더 좋을 것이다. 구강외과 전문의가 되려면 일반 치과의가 배워야 할 모든 내용도 배워야 하기 때문이다.

모든 전문가가 좋은 제너럴리스트라는 건 아니다. 전문가라고 해서 꼭 최신 지식을 섭렵하는 것도 아니다. 하지만 일반적으로 볼 때 대부분의 전문가가 괜찮은 제너럴리스트인 경향이 있다. 전문가가 된다고 해서 제너럴리스트가 되지 못할 이유가 없으며 전문가가 되면 오히려 더 많은 선택지가 생기고 가치 있는 존재가 된다는 사실을 알려주고 싶다.

T자형 인재가 되는 게 중요하다

T자형 인재가 되도록 노력하라. 자신의 분야에 대해 넓은 기본 지식을 갖추되 적어도 한 영역에 대해서는 깊이 있는 전문적 지식이나 기술을 갖춰야 한다.

소프트웨어 개발자라면 코딩, 알고리즘, 데이터 구조, 아키텍처, 프런트엔드, 백엔드, 데이터베이스 등에 정통하기 위해 노력해야 한다. 3부 '소프트웨어 개발에 대해 알아야 할 것'에서 다룬 내용이 전부 포함된다고 보면 된다.

하지만 **적어도 한 영역에 있어서만큼은 깊이 있는 지식을 쌓는 게 좋다.** 독보적으로 두각을 드러내서 자신의 가치를 더욱 높일 영역을 선택해야 한다. 개인 브랜드를 만들고 자신을 마케팅할 때 blog 이런 전문성을 활용하라.

연못이 작을수록 파문을 일으키기 쉽다. 제너럴리스트로는 소프트웨어 개발이라는 거대한 물에서 잔물결조차 일으키기 어렵다. 적어도 처음에는 그렇다.

균형 잡힌 지식을 갖춘 소프트웨어 개발자가 되기 위해 노력해야 한다. 지식의 저변을 꾸준히 넓혀나가라. 하지만 그와 동시에 깊이 파고들어 제대로 숙달할 전문 영역도 골라야 한다. 그러다보면 나중에는 엘론 머스크Elon Musk blog 처럼 다양한 영역에 전문성을 갖춘 '빗살형 인재'가 될 수도 있다.

하지만 시작은 한 영역에서부터 해야 한다.

하지만 어디서나 제너럴리스트를 찾는다

일인 다역을 감당할 수 있는 훌륭한 소프트웨어 개발자, '풀스택'을 갖춘 만물박사를 찾는 구인 공고가 많다는 건 나도 잘 안다. 누구나 온갖 기술을 다 갖춘 인재를 영입하고 싶어 한다. 하지만 그건 모두 아주 뻔뻔한 거짓말이다.

장담컨대 제너럴리스트보다 그 자리에 꼭 필요한 기술을 갖춘 인재, 그 회사에서 쓰는 프레임워크나 기술의 전문가를 고용할 확률이 훨씬 높다. 제너럴리스트를 구한다는 말은 뭐든 빠르게 배울 인재, 적응력이 뛰어난 인재를 원한다는 뜻이다.

딱 한 가지밖에 할 줄 모르는 사람들이 지원할까봐 그 회사에서 쓰는 프레임워크나 기술 스택 관련 경험이 필수는 아니라는 말을 안전장치로 넣어둔 것이다. 하지만 그 말은 사실과 완전히 다르다. 고의적인 거짓말은 아니니 오해는 없길 바란다.

고용 담당자는 자신이 제너럴리스트를 원한다고 굳게 믿고 있을 것이다. 하지만 **원하는 건 다재다능하고 유연한 인재다.**

전문가도 그런 인재가 될 수 있다. 앞서 이야기했듯이 두 가지가 동시에 되는 것이 가장 좋다. 지원할 자리에 꼭 필요한 기술적 역량과 넓은 지식 저변을 갖춘 T자형 인재가 되어라.

우리는 제너럴리스트가 될 수 없는 세상에 살고 있다

사실 제너럴리스트가 되는 건 불가능하다. 소프트웨어 개발 분야와 기술 분야는 너무 넓고 너무 빨리 변화한다. 그 모든 걸 알 수는 없다. 넓은 지식을 갖추거나 기본 원칙을 이해하는 건 가능하다. 하지만 **당당하게 자칭 제너럴리스트라고 할 수 있는 수준으로 세상에 존재하는 온갖 지식을 익히는 건 불가능하다.**

설사 '풀스택' 개발자라 하더라도 스택 한두 개를 선택해야 한다. 아무리 따져봐도 실무에 적용할 정도로 모든 걸 다 안다는 건 불가능하다.

컴퓨터 공학이나 프로그래밍 분야만 이런 게 아니다. 대부분의 분야에서 전문성에 더 큰 가치를 두는 경향이 있다. 의학계를 생각해보라. 일반의는 기저에 있는 질병이나 문제를 진단하는 데 어려움을 겪는다. 너무 많은 가능성이 열려 있기 때문이다. 회계사, 법률가, 재무 분석가뿐 아니라 거의 온갖 분야의 엔지니어도 전문가가 되는 게 더 유리하다. 지식의 영역이 엄청난 기세로 넓어지고 있기 때문이다.

만약 전문 영역을 잘못 선택한다면?

다른 영역으로 바꾸면 된다. 별일 아니다.

내 친구 존 파파 blog 는 마이크로소프트의 실버라이트Silverlight라는 기술의 전문가였다. 마이크로소프트가 실버라이트 사업 지원을 중단한 후 현재는 죽은 거나 다름없는 기술이 되었다. 그렇다고 존이 백기를 내걸고 차에서 생활하는 떠돌이가 되었을까? 아니다. 그는 이미 좋은 평판을 구축한 전문가였기에 **밀접한 연관이 있는 다른 분야의 전문가로 전향했다.** 현재 존은 SPASingle Page Applications 개발 전문가가 되어서 전보다 더 잘나가고 있다.

잘못 고를까 두려운 마음에 blog 아무 영역도 고르지 못하는 소프트웨어 개발자가 많다. 이런 사람들은 두려움에 잠식된 채 수년 동안 침체된 상태를 벗어나지 못하고 '만약'이라는 질문만 반복한다. 그러지 마라.

무엇이든 선택하고 결과를 지켜보라. 아무것도 하지 않는 것보다 그게 훨씬 낫다. 필요하면 언제든 방향을 전환하면 된다. 일단 한 영역의 전문가가 된 후에는 다른 영역의 전문가가 되는 건 훨씬 쉽게 느껴진다. 다른 데서 활용할 수 없을 것 같은 기술이 알고 보면 다른 곳에서 유용하게 쓰이는 경우가 있다. 그래서 '깊이 파고드는' 능력을 키우는 건 그 자체만으로도 가치가 있다.

그래서 어떻게 해야 하나요?

어떤 분야에서 일하든지 **전문가가 될 영역을 골라라.** 잘못된 선택을 할까, 아니면 마지막 선택이 될까 걱정할 것 없다. 일단 한 영역을 선택하고 **이를 바탕으로 개인 브랜드를 구축**한 후 깊이 파고들어라.

> **〈잠깐만요, 짐!〉** 흥미가 가는 분야와 현재 업무에 도움이 되는 분야 중 어떤 것을 선택해야 할까요?
>
> 고민해볼 가치가 있는 어려운 문제다.
>
> 현재 직장에서 하는 업무와 다른 영역을 선택하면 진짜 전문가가 되는 데 필요한 깊이에 도달할 정도로 전문성을 키우기가 매우 어렵다. 불가능한 것은 아니다. 어렵긴 해도 결국 해낼 수 있기는 하다. 나도 과거에 해본 경험이 있고 다른 이들도 성공하는 걸 본 적이 있다. 그러나 그 과정은 꽤 어려울 것이다. 하지만 진짜 관심이 있는 새로운 분야로 전향할 좋은 방법이기도 하다. 현재 직장에서 하는 업무 중에 전문성을 키울 만한 업무를 찾는다면 혜택은 두 배가 된다. 둘 중 어떤 것을 선택해도 상관없다고 느낀다면 현재 업무와 관련 있는 분야를 골라라.
>
> 마지막으로 전문성을 키우고 싶은 분야의 일자리를 구해서 그 일을 종일 할 수 있다면 그게 가장 좋다. 출근 전이나 퇴근 후 원하는 분야를 공부하고 그 분야와 관련된 명성을 쌓아 필요한 동력을 얻게 되면 그 전문성을 활용해서 새 직장으로 옮겨라.

너무 넓은 영역을 선택하기보다 **지나칠 정도로 좁고 구체적인 영역을 고르는 게 낫다.** 그냥 C# 개발자가 되지 마라. 특정 프레임워크나 기술 혹은 기술 스택에 특화된 C# 개발자가 되어라. 최대한 상세하고 좁은 범위를 설정하라. 나중에 얼마든지 확장할 수 있다.

특정 컴퓨터 비전 전용 파이썬 라이브러리의 전문가 blog 로 활동하는 소프트웨어 개발자 겸 사업가인 에이드리언 로즈브록Adrian Rosebrock이라는 친구가 있다. 매우 좁은 영역이긴 하지만 그 특정 영역에서 이 친구는 믿기 어려울 정도로 큰 성공을 거두었다.

그와 동시에 **소프트웨어 개발에 관한 일반적인 지식을 최대한 넓게 쌓는 것도 게을리하지 마라.** 좋은 코드를 작성하는 방법을 배워라. 다양한 방면에서 드러나지만 근저에서 변하지 않고 지속되는 기본 원칙이나 기술에 대해서도 공부하라. 전문 영역과 관련된 깊이 있는 지식, 어디에나 적용할 수 있는 영구한 지식 둘 다 놓치지 마라. 쓰지도 않을 온갖 프로그래밍 언어나 프레임워크를 배우려 하지 마라. 이 조언을 따른다면 군계일학의 존재가 되어 성공을 거머쥘 수 있을 것이다.

CHAPTER

52

강연과 콘퍼런스

소프트웨어 개발 콘퍼런스는 소프트웨어 개발자가 경력을 발전시킬 많은 기회를 제공한다. 콘퍼런스는 인맥을 다룬 장에서 말한 것처럼 인맥을 만드는 기회가 될 뿐 아니라 `blog` **해당 분야에서 가장 앞서 나가는 프로그래머들에게 무언가 배울 수 있는 기회도 된다.**

하지만 소프트웨어 개발 콘퍼런스가 제공하는 최고의 혜택을 누리려면 강연자가 되어야 한다. 강연자가 되면 개인 브랜드를 구축하고 다른 강연자나 콘퍼런스 주최자와 인맥을 쌓을 수 있다. 운이 좋으면 사업가나 컨설팅 전문가들과 친분을 쌓는 것도 가능하다.

부담스럽게 느껴질 수 있다. 하지만 걱정하지 마라. **소프트웨어 개발 콘퍼런스에 강연자로 서는 방법을 알려주는 게 이 장의 목표다.** 처음에는 소규모 행사로 시작해서 나중에는 콘퍼런스까지 진출해보자.

콘퍼런스에 참석하기

앞서 이야기했듯이 직접 강연하지 않고 참석하는 것만으로도 큰 혜택을 볼 수 있다.

나는 경력을 발전시키고 싶은 소프트웨어 개발자라면 **매해 적어도 하나 이상의 소프트웨어 개발 콘퍼런스에 참석해야 한다**고 본다. 며칠의 시간을 학습과 인맥에 온전히 투자하는 건 큰 가치가 있다. 며칠 동안 일상에서 벗어나 억지로라도 집중할 시간을 주는 게 콘퍼런스의 큰 장점이다.

나는 강연을 하든 안 하든 콘퍼런스에 갈 때마다 새로운 인맥, 새로운 아이디어를 엄청나게 얻는 아주 즐거운 경험을 한다.

하지만 콘퍼런스는 비싸다

사실이다. 대다수 콘퍼런스가 비싸지만, 합리적인 비용으로 참석할 수 있는 콘퍼런스도 꽤 있다. 자신이 사는 지역에서 열릴 행사를 검색해보라. Lanyrd.com blog 이나 Eventbrite blog 같은 사이트를 활용해서 관심 있는 콘퍼런스를 찾아보는 방법도 추천한다.

콘퍼런스 참석 비용을 지원해주는 회사도 있다. 특히 교육 목적을 잘 강조한다면 1년에 1회 정도 콘퍼런스에 가는 걸 허락받는 일은 보통 그리 어렵지 않다. 얼마나 잘 배울 것인지, 배운 내용을 직장에서 어떻게 잘 활용할 수 있을지를 강조해서 설득하라.

콘퍼런스에서 배운 내용을 바탕으로 팀원 전체를 교육하겠다고 제안하는 것도 좋은 방법이다. 그러면 상사는 콘퍼런스에 직원 한 명을 보내는 비용을 팀원 전체를 교육하는 비용으로 나누어서 생각할 것이다.

마지막으로 **강연자가 되는 것도 고려해보라.** 이와 관련된 이야기를 이 장의 뒷부분에서 조금 더 자세히 하겠지만 **강연자가 되면 참가비가 무료일 뿐 아니라 왕복 교통비가 지급되기도** `blog` **한다.** 정말 참석하고 싶은 콘퍼런스가 있는데 경제적 여유가 없다면 강연자로 지원해보라.

콘퍼런스에서 할 일

콘퍼런스에 갈 수 있게 되었다고 해보자. 가면 무엇을 해야 할까? 어떻게 해야 기회를 최대로 활용할 수 있을까?

사실 콘퍼런스 현장에 가기 전부터 준비해야 한다. **가장 먼저 해야 할 일은 콘퍼런스 일정을 살펴보고 자신만의 의제를 설정하는 것이다.** 어떤 세션에 참여할까? 어떤 강연자의 이야기를 들을까? 의제를 설정해두면 가서 무엇을 할지 미리 알 수 있다.

하루 정도 미리 가거나 콘퍼런스 사전 행사에 참석하는 것, 아니면 아예 콘퍼런스를 직접 주최하는 것도 고려해보라. 콘퍼런스 전후로 비공식 식사나 행사가 있기 마련이다. 이런 자리는 소규모로 진행하기 때문에 인맥을 만드는 데 큰 도움이 된다. 그리고 콘퍼런스 강연자나 주최자와 대화를 나눌 기회도 얻을 수 있다.

콘퍼런스에 누가 참석할지, 그중에 누구를 만나보고 싶은지 미리 생각해보는 것도 나쁘지 않다. 가기로 한 콘퍼런스에 만나보고 싶은 사람이 참석자나 강연자로 오는 일도 종종 있다. 나는 그럴 때 저녁이나 커피를 사겠다고 제안하거나 현장에서 마주칠 기회를 찾아보자고 메모해두기도 한다.

콘퍼런스가 시작되기 전에 할 수 있는 일은 이 정도다. 그럼 콘퍼런스가 시작된 후에는 어떨까? **있는 동안 최대한 많은 사람을 만나서 이야기를 나누는 게 좋다.**

〈잠깐만요, 팁〉 어떻게 모르는 사람에게 가서 말을 걸죠?

그냥 하면 된다. 처음에는 좀 겁이 날 수도 있다. 무슨 말을 해야 할지도 모르겠고 바보 같은 말이라도 할까 걱정되기도 할 것이다.

하지만 이러한 기술은 오래 연습하면 후천적으로 습득할 수 있다. 두려운 마음이 저절로 극복되는 일은 없으니 연습해야 한다. 두려움을 이기고 대화를 더 잘 나눌 수 있는 사람이 될 수 있게 더 많은 대화를 해보라.

무슨 이야기를 해야 할지 모르겠는가? 사실 무슨 이야기를 하는지는 중요하지 않다. 콘퍼런스에서 만난 사람이라면 공통점이 아주 많을 가능성이 높으므로 할 이야기 또한 많을 것이다. 그런데도 무슨 말을 해야 할지 모르겠다면 다음 몇 가지 팁을 참고하라.

- 상대가 입고 온 옷이나 상대의 특별한 점을 들어서 칭찬하라. 칭찬으로 대화를 시작하는 건 좋은 전략이다. 사람들은 자기 자신에 대해 이야기하는 것과 칭찬받는 것 둘 다 좋아하기 때문이다.

- '네', '아니요'로 대답할 수 있는 단답형 질문 말고 길게 대답할 수 있는 질문을 던져라. 상대에 대한 질문이면 더욱 좋다. "이 콘퍼런스에는 왜 오셨나요? 무슨 일을 하시나요? 마지막 강연에서 무엇을 배우셨나요?" (단 이 모든 질문을 한꺼번에 쏟아내지는 마라.)

- 가서 자신이 어떤 사람인지 소개하라. 너무 뻔해 보이긴 한다. 하지만 아주 쉬운 방법인 데다 사실 콘퍼런스 같은 행사에서 할 수 있는 일은 그 정도라서 어쩔 수 없다.

- 함께 경험한 내용이나 주변에 일어나는 일을 소재로 삼아라. "와, 저기 빨간 실크 모자를 쓴 사람 좀 봐요. 나도 가져오려고 했는데 마침 세탁기에 넣어버렸지 뭐예요."

하지만 앞에서 이야기했듯이 많이 연습하고 주변에 있는 사람에게 말을 거는 습관을 들이는 게 가장 중요하다.

앉아서 랩톱이나 들여다보고 있지 말자. 그런 일은 집으로 돌아가는 차나 비행기 안에서도 할 수 있다. 행사에 갔다면 최대한 많은 사람과 대화를 나누어서 인맥을 만들 수 있는 절호의 기회를 최대로 활용하라. 명함을 챙겨 가고 자신이 어떤 사람인지 무슨 일을 하는지 2~3문장으로 설명할 수 있는 '엘리베이터 피치'도 준비하라. '인맥과 커뮤니티' 장에서 언급한 인맥 만들기 기법도 사용하라.

강연

나는 **소프트웨어 개발자라면 누구나 한 번쯤 강연을 해봐야 한다**고 생각한다. 처음에는 긴장되고 불편하다. 하지만 강연에 대한 공포와 불편을 극복한 이에게는 커다란 혜택이 따른다. 바로 **명성이다.**

콘퍼런스 강연자로 이름을 알리면 온갖 기회가 밀려들어온다. '좋은 평판 쌓기' 장에서 유명해지는 방법에 대해 이야기했던 것을 기억할 것이다. 강연은 유명해질 수 있는 좋은 방법이다. 강연자로 이름을 알린다거나 몇몇 행사에서 강연을 한 이력을 만든다면 책을 쓴 작가와 비슷한 대우를 받을 수 있다. 강연자가 되면 신망이 높아지기 때문에 사람들은 그를 높은 가치를 지닌 인물로 본다. 블로그나 팟캐스트가 인기를 끌면 더 많은 사람에게 노출될 기회가 생기므로 그보다는 효과가 적을 수도 있다. 하지만 **일단 노출된 사람들에게는 더욱 강한 영향력을 미친다.** 매체의 특성상 그렇다.

강연을 주업으로 하는 프리랜서로 독립하거나 컨설팅 사업을 창업할 수도 있다. **내가 아는 소프트웨어 개발자 중에는 매해 다양한 소프트웨어 개발 콘퍼런스에서 강연을 하며 시간당 수백만 달러를 받는 사람**blog**이 여럿 있다.** 콘퍼런스에서 강연을 하는 건 잠재적 고객 앞에서 자신의 전문가적 지식을 입증할 수 있는 좋은 기회다. 강연을 본 고객은 강연자를 고용하고 싶어 할 것이다.

<잠깐만요, 론> **컨설팅 일을 해줄 수 있다고 광고해도 괜찮나요? 아니면 그런 이야기가 나올 때까지 기다리는 게 나은가요?**

콘퍼런스나 행사에서 강연할 때 자신의 서비스를 직접 홍보해서는 안 된다. 하지만 성공적이었던 고객이나 사례 연구를 언급하는 건 서비스를 홍보하는 아주 효과적인 방법이다. 자신에게 강연 주제와 관련한 컨설팅을 한 경험이 있고 기존의 고객들이 자신의 서비스를 만족스럽게 이용했다는 사실을 알려라.

평소라면 직접적으로 강력하게 홍보하는 방식을 권한다. 하지만 강연 중에는 간접적인 방식을 쓰는 게 더 좋은 결과를 낼 확률이 높다. 그리고 강연을 마칠 때 "다른 궁금한 점이 있거나 제 도움이 필요한 분이라면 편하게 연락하셔도 됩니다."라는 말과 함께 자신의 연락처 정보를 알려주어라. 다른 사람들보다 앞서 나갈 수 있는 좋은 방법이다.

매해 몇몇 행사에서 강연을 하는 것만으로 사업 홍보에 얼마나 큰 도움이 되는지 알면 깜짝 놀랄 정도다.

여행을 좋아하는 사람에게 **강연은 경력을 발전시키는 동시에 저렴한 비용으로 여행까지 할 수 있는 좋은 기회가 된다.** 나도 강연을 하며 전 세계의 많은 나라를 방문했다. 올해에도 중국에 가서 3주를 보냈다 blog. 강연자로 초청된 덕에 비용은 거의 들지 않았다.

강연 입문하기

이제 당신은 열의에 찼다. 전 세계를 여행하면서 새로운 사람을 만나고 컨설팅 사업도 시작하고 싶다. 용기를 내 소프트웨어 개발 콘퍼런스에서 강연을 하고 싶다.

좋다! 하지만 안타깝게도 지원한다고 해서 **누구나 소프트웨어 개발 콘퍼런스에서 강연을 할 수 있는 건 아니다.** 강연 경험이 없는 무명의 개발자라면 특히 어려울 것이다. 그렇다면 어떻게 입문할 것인가?

세상만사가 그렇듯이 **작게 시작하면 된다.** 소규모 콘퍼런스 강연 경험이 없는 이를 대규모 소프트웨어 개발 콘퍼런스의 기조 연설자로 세우는 일은 거의 없다. 강연 경험이 전무한 사람이라면 소규모 콘퍼런스의 강연 기회도 얻기 어렵다.

그럴 때는 **경험부터 쌓아라.** 자신이 다니고 있는 직장에서 시작하는 것도 좋은 방법이다. 최근에 본인이 공부한 내용을 팀원들 앞에서 발표하겠다고 해보라. 점심시간에 간단한 식사를 제공하면서 강의나 강연을 해보고 싶다고 제안해보라. 사람들 앞에서 말을 잘 못할까봐 걱정할 거 없다. 시간이 지나면 나아진다. 발표를 준비하고 최선을 다해서 전달하라. **뭐든지 잘하려면 원래 많은 노력이 필요하다**blog. 그러므로 노력하는 실력 또한 좋아질 것이다.

직장에서 몇 차례 발표를 해본 뒤에는 Meetup.com에서 찾은 **코드 캠프나 사용자 그룹에서 발표자로 지원해보라.** 코드 캠프에서는 지원자 대부분에게 발표 기회를 주기 때문에 모르는 사람들 앞에서 발표해볼 수 있는 좋은 기회가 된다.

동시에 토스트매스터스Toastmastersblog에 참여해보는 것도 좋다. 토스트매스터스는 대중 연설을 더 잘할 수 있게 연습할 기회를 주는 국제적인 조직이다. 전 세계 곳곳에 클럽을 운영하고 있기 때문에 아마 본인이 거주 중인 지역에서도 찾아볼 수 있을 것이다. 2016년부터 토스트매스터스에 참여해본 경험을 바탕으로 말하건대 **이 모임에는 서로를 강력하게 격려하고 지지하는 분위기가 형성되어 있다.** 직접 경험해볼 것을 강력히 추천한다.

조금 더 큰물로 진출할 준비를 마쳤다면 이제 소프트웨어 개발 콘퍼런스에 지원해볼 차례다. 콘퍼런스 주최 측에서는 강연자에게 강연 내용을 담은 요약본이나 강연 동영상 혹은 지금껏 강연한 행사 목록을 제출하라고 한다. 대부분의 콘퍼런스가 실력주의로 운영된다고 주장하지만 사실은 그렇지 않다. **여전히 인맥에 의존하는 일이 태반이다.** 그 말인즉 큰 행사나 콘퍼런스의 강연자로 서려면 **인맥을 만들고 좋은 평판을 쌓아야 한다는 뜻이다.**

하지만 강연 경험이 있고 요약본의 내용이 좋다면 기회를 얻는 데 도움이 될 것이다. **소규모 행사에서 강연한 모습을 녹화한 동영상**을 요약본과 함께 제출하는 방법도 추천한다. 행사 주최자 입장에서는 잘 모르는 강연자를 섭외하는 일이 부담스럽다. 그런 사람이 제대로 강연을 할지 아니면 무대에서 얼어붙어버릴지 예측할 수가 없어서다. 이런 부담을 덜어줄 수 있다면 선택될 확률이 훨씬 높아질 것이다.

입문할 무렵에는 최대한 많은 요약본을 제출하는 게 좋다. 콘퍼런스를 조직하는 사람들과 사전에 대화할 기회가 있다면 어떤 강연을 찾고 있는지, 요약본은 어떻게 써야 좋은 평가를 받을지 물어보고 그에 따르라.

무대 공포증 극복하기

무대에 나가서 무언가 얘기하는데 관중이 나를 빤히 쳐다보면 무서운 기분이 든다. 혹시 그런 사람이 있다면 그렇다는 사실을 인정해도 괜찮다. 원래 무서울 수 있다. 적어도 처음에는 말이다.

첫 강연을 할 때가 기억 난다. 나도 침착하게 자신감을 유지하고 싶었다. 하지만 목소리는 내가 제어할 수 없을 정도로 계속 떨렸다. 겨드랑이에서 땀이 나 셔츠에 커다랗게 땀 자국이 번졌다. 끔찍했다. 강연을 마치자 끝났다는 사실이 너무 기뻤다. 그 후에 또 도전했고 크게 나아진 건 없었다. 목소리는 떨리고 비 오듯 땀이 났다. 다시, 또다시 시도했다.

그런데 이걸 알려주고 싶다. 네댓 번째쯤 되자 그전만큼 긴장되지 않았다. 어쩌다 보니 목소리가 차분해지고 땀이 그다지 많이 나지 않았다. 자신감이 좀 생기고 활기도 느껴졌다. 끔찍하다는 느낌이 약간 떨린다는 느낌으로 바뀌었다. 요즘은 무대에 서는 걸 **아주 좋아한다.** 많은 관객 앞에서 강연할 때 살아 있다는 느낌이 가장 강하게 든다. 더 기분 좋은 순간을 찾기 어려울 정도다.

무엇이 바뀌었을까? 그렇게 두렵던 무대에서 자신감을 느끼고 즐겁다고 생각하기 시작한 이유는 무엇이었을까?

가장 큰 차이는 시간과 경험이다. 미지의 대상을 접하면 원래 두려운 마음이 든다. 무대에 처음 올라간 사람은 지금 자신이 무슨 상황을 겪는지 앞으로 어떤 일이 일어날지 모른다. 관객이 좋아할지 야유를 보낼지, 어떤 일이 자신을 기다리고 있는지 확신이 없다. 하지만 강연하는 경험을 꾸준히 하다보면 미지의 영역이 거의 사라진다. 최고의 강연을 하지 못했을 때도 사람들이 야유를 보내거나 썩은 달걀을 던지지 않는다는 걸 알게 된다. 살아남은 것이다.

무대 공포증을 극복하려면 **자꾸 무대에 서봐야 한다.** 용기가 어느 날 자신을 찾아오거나 두려움이 갑자기 사라지길 기다리지 마라. 그런 일은 일어나지 않는다. **용기는 두려워도 행동하는 것이지 두려움이 없는 게 아니다**`blog`. **망쳐도 좋다는 마음으로 용기를 내라.** 바보처럼 보일 것을 두려워하지 마라`blog`. 누구나 가끔은 바보처럼 보일 때가 있는 법이다. 모두 그런 과정을 거치며 발전한다.

몇 가지 실용적인 팁

격려의 말도 좋겠지만 실용적인 이야기를 하는 게 더 유익할 것이다. 그래서 몇 가지 팁을 알려주려고 한다.

우선 **최소 다섯 번은 도전하라.** 무대에 서서 강연하는 게 자신에게 맞지 않는다고 결정하기 전에 적어도 다섯 번의 강연은 해보길 바란다. 아, 이 5회의 강연은 잘해야 한다는 부담을 내려놓고 하라. 그냥 해보는 데 의의를 두라. 결과는 걱정하지 마라. 다섯 번을 해봐도 본인에게 맞지 않는다고 느낀다면 포기해도 좋다. 적어도 시도는 해보았으니 괜찮다. 하지만 그전에 포기하지 마라.

둘째, **강연을 할 때는 적어도 10분 먼저 도착하라.** 마이크에 문제가 있는 줄도 모르고 무대에 올라가거나 무대 위에서 뛰어다녀야 하는 상황이 발생하지 않도록 미리 와서 맨 앞줄에 앉아 관객들과 인사를 나눠라. 그러고 나서 무대에 오르면 이미 인사를 나눈 사람 몇 명이 관중 속에 있다. 그들은 당신을 응원할 것이다. 사람들은 보통 강연자가 말을 걸면 특별한 사람이 된 느낌을 받는다. 그러므로 강연에 오르기 전에 인사를 나눈 사람들은 보답하는 마음으로 당신이 하는 이야기에 특별히 더 주의를 기울이면서 긍정적인 반응을 보여 용기를 준다. **무대에서 갑자기 긴장되거나 심박 수가 올라가는 게 느껴진다면 맨 앞줄에서 당신을 바라보며 미소 짓고 있는 이들을 바라보라.** 이제 이런 방법을 쓸 필요를 느끼지 않지만 그래도 강연을 할 때마다 꼭 그렇게 한다.

마지막으로 **연습하고 연습하라.** 강연 주제에 대해 더 잘 알고 더 많이 연습할수록 긴장감은 줄어든다. 어떤 TV 프로그램이나 비디오 게임을 좋아하느냐는 질문을 받을 때도 긴장할까? 아니다. 오히려 할 이야기가 아주 많아서 마구 쏟아낼지도 모른다. 하지만 핵물리학자가 아니고 특이한 독서 습관도 없는 사람이라면 핵물리학에 대한 질문을 받을 때 약간 긴장될 것이다. 그러므로 자신이 이야기할 주제에 대해 확실히 알아두고 충분히 연습하라. 거울 앞에 서서 연습해보고 시간이 얼마나 걸리는지도 재어보라. 연습하는 모습을 동영상으로도 녹화해서 확인하라.

강연과 슬라이드 준비하기

나는 강연을 할 때 슬라이드를 아예 쓰지 않거나 최소한의 슬라이드만 쓰는 걸 선호한다. 강연의 주제가 기술에 관한 것이어서 코드를 직접 보여주어야 할 때는 어쩔 수 없이 슬라이드를 써야 한다. 하지만 그럴 때도 관객이 쉽게 따라올 수 있게 모든 걸 최대한 간단하게 만든다.

강연에서 한 가지 큰 아이디어를 기반으로 하는 몇 가지 요점만 전달하라. 슬라이드를 만들 거라면 **최대한 단순하게 만들어라.** 글머리 번호를 단 텍스트로 가득 찬 슬라이드를 만들어 가서 강연 중에 그 목록을 읽지 마라. 슬라이드는 강연 내용을 지지하는 추가 정보나 시각 자료를 보여주어야 한다. 강연 콘텐츠를 반복하는 용도로 쓰면 안 된다. 단순성이 핵심이다. 그리고 재미도 있으면 좋다.

강연자가 하는 말이 재미없다고 느끼는 관객에서 무언가 가르치는 건 불가능하다. 강연자는 무엇보다 관객을 재미있게 해주어야 한다. 교육은 그다음이다. 당신이 하는 말에 관심이 없는 상대를 가르치는 건 불가능하다. 그리고 재미있게 해주지 못하는 한 관심을 받을 수 없을 것이다. 그러므로 지루한 강연이 되지 않게 하라. 잘 따라올 수 있을 정도로 간단하게 하되 어느 정도 재미도 느끼게 해주어야 한다. 재미있는 고양이 사진이나 웃기는 농담을 써도 좋다. 관객을 재미있게 하는 방법은 여러 가지다.

강연 준비, 슬라이드 제작에 대해 구구절절 설명하기보다 참고 도서 두 권을 소개할까 한다.

첫 번째는 『프리젠테이션 젠』blog이다. 단순하고 훌륭한 슬라이드를 만들 방법이 궁금한 사람에게 강력히 추천하는 책이다. 강연자가 이 책을 읽었다는 사실을 관객이 감사하게 생각할 것이다.

두 번째로는 『데일 카네기의 표현력 강의』blog를 추천한다. 대중 강연의 고전으로 통하는 이 책에서 다음과 같은 내용을 보았다. "말할 내용을 말하기 전에 말하고 말할 때 말하고 말한 후에 말하라."*

---

* 메시지 반복의 중요성을 역설한 윈스턴 처칠의 명언이다.

보수를 받으며 강연하기

 강연 경험과 명성이 충분히 쌓이고 본인 '강연'에 대한 공격적인 홍보가 성과를 내기 시작한다면 **보수를 받으며 강연하는** 날도 온다. 그렇게 된다면 어떨지 **상상해보라.**

 처음 강연을 시작할 때는 강연 기회를 얻는 것만으로도 영광이라고 생각했다. 하지만 시간이 지나 (특히 첫 번째 책이 출간된 후에 blog) 강연 요청이 꽤 많아지면서, 강연을 준비하고 실제 강연을 하기 위해 들이는 많은 시간과 노력을 생각할 때 보수를 요구해야겠다는 생각이 들었다.

 강연을 한 번 하려면 실제로 꽤 많은 시간과 노력을 들여야 한다. 항공권을 예약하고 약속된 장소로 가서 실제 행사에 참여하고 돌아오는 데 드는 시간은 보통 2~3일이다. 여기에 강연을 준비하고, 리허설을 하고, 강연을 하고, 강연을 마친 후 사람들과 대화를 나누는 시간도 더해야 한다. 꽤 많은 시간을 들여서 꽤 많은 일을 해야 한다.

 강연에 내 자유 시간을 거의 다 썼다는 걸 깨달은 이후 강연비를 요구하기 시작했다. 처음에는 이동에 드는 비용 더하기 2,500달러를 요구했다. 나중에는 5,000달러를 요구했고 **이 책을 쓰고 있는 현재 내 표준 강연비는 10,000달러다.** 그보다 훨씬 많은 돈을 요구하는 강연자도 많이 알고 있다. 유명한 '딜버트*'의 작가는 그가 쓴 훌륭한 책 『열정은 쓰레기다』blog 에서 자신이 받은 강연비의 최고액은 100,000달러라고 말했다. 그렇다. 강연으로 꽤 큰돈을 벌 수 있다.

 소프트웨어 개발 콘퍼런스에서는 보통 기조연설자에게 강연비를 지급한다. 기조연설은 지원자에게 맡기지 않고 초청한 사람에게 맡긴다. 그런 입장이 되려면 명성을 쌓거나 강연자로서 널리 이름을 알려야 한다.

---

* 우리나라를 비롯하여 전 세계 60여 개국에서 번역되어 출간될 정도로 큰 인기를 끈 미국의 풍자만화

비공개 회사 행사에서 강연할 기회도 종종 있다. 유명한 강연자를 모시기 위해 예산을 미리 비축해둔 한 회사 행사에 강연자로 초대된 적도 있다. 주의: **강연비를 받고 싶은 사람이라면 무료 강연을 자주 하거나 콘퍼런스에 너무 자주 지원하는 건 좋지 않다.**

지금까지 했던 말과 모순되는 것처럼 들릴지 모르겠다. 하지만 이유가 있다. 오래전 캘리포니아 샌타모니카에서 연기 수업을 받는 '배우'였을 때 내 연기 코치가 해준 말 중 아직도 뇌리에 남아 있는 말이 있다. 너무 다양한 상황에 적용되는 말이어서 잊을 수가 없다.

절대 단역으로 출연하지 마라.

그는 이렇게 말했다.

단역이 되면 용돈 벌이도 되고 실제 작품 제작 환경에 참여해보고 캐스팅 담당자 앞에도 설 기회가 될 테니 좋을 거라 생각하기 쉬울 거야. 하지만 A급 배우나 주연배우가 되고 싶다면 단역은 맡지 않는 게 좋아. 한번 단역으로 인식되면 계속 단역으로 볼 테니까.

무료 혹은 그와 다름없이 적은 돈을 받고 일하고 있는 사람 혹은 과거에 그랬던 경험이 있는 사람에게 큰돈을 투자해야겠다는 생각은 좀처럼 하기 어렵다. 무료로 강연하는 자리에 선택되길 기대하며 온갖 콘퍼런스에 지원해서 모든 강연자와 경쟁하겠다는 건 좋은 생각이 아니다. 강연을 전문으로 할 생각이라면 **대부분의 무료 강연 요청은 거절하고 튼튼한 명성을 쌓아서 처음부터 강연비를 받는 게 좋다.**

이것이 군계일학의 존재가 되어 다른 사람과 경쟁하지 않을 수 있는 방법이다.

해보라

소프트웨어 개발 콘퍼런스에 한 번도 참여해본 적 없다면 괜찮은 콘퍼런스를 찾아가보길 바란다. 강연에 관심이 있다면 주제를 고르고 슬라이드를 만들어서 실행에 옮겨라.

삶의 변화나 개선을 위해 노력하지 않는 사람에게 그런 일은 일어나지 않는다. 처음에는 두려운 마음이 드는 게 정상이다. 아직 한 번도 가본 적이 없다면 콘퍼런스에 가는 것만으로도 두려울 수 있다. 하지만 그런 일도 계속하다보면 결국 익숙해진다.

내게도 콘퍼런스에 간다거나 강연을 할 거라고 생각조차 못 하던 시절이 있다. 그렇지만 여러 차례 해보니 편안해졌다. 심지어 즐겁다고 느낀다.

두려움을 극복하고 처음에 불편하던 일을 잘할 수 있게 되면 경력뿐 아니라 삶이 극적으로 변한다. 그러니 한번 용기를 내라. 밑져야 본전 아니겠는가?

53

블로그 만들기

자신의 소프트웨어 개발 경력을 위해 할 수 있는 가장 좋은 일로 블로그를 들고 싶다. 블로그를 시작하고 정기적으로 업데이트하는 일.

우선 내 관점이 약간 편향될 수밖에 없다는 사실을 인정한다. 2009년 말의 어느 날 '심플 프로그래머: 복잡한 것을 단순하게 만들기'[blog]라는 이름의 블로그를 시작하지 않았다면 이 책을 쓰지 못했을 것이고 당신도 이 책을 읽을 수 없었을 것이기 때문이다.

사실 내가 무슨 일을 시작한 건지도 몰랐고 아무 야망도 없었다. **그냥 내 생각과 경험을 공유하고 싶었다.** 당시 예상 독자는 팀원들이었다. 팀원들이라면 내 블로그를 읽을 거라고 생각했다.

하지만 블로그 포스팅이 늘어나자 재미있는 일들이 일어났다. 놀랍게도 **사람들이 내가 쓴 글을 읽었다.** 많지는 않았지만 내가 알아챌 정도는 되었고 사람들이 나를 알아보기 시작했다. **새로운 기회와 일자리 제안이 들어왔다.**

그러다 당시 작은 회사였던 플루럴사이트에 온라인 강의를 개설[blog]하기로 했다. 3년이라는 시간 동안 55개의 강의를 개설해서 저작권료로 말 그대로 수백만 달러를 벌었다. 팟캐스트, 콘퍼런스, 행사에서 강연해달라고 초청해왔다. 심플 프로그래머의 독자가 늘어남에 따라 블로그에서 아마존 제품을 추천해서 받는 수입도 계속 증가했다. 심플 프로그래머의 늘어나는 독자를 대상으로 첫 번째 제품 '소프트웨어 개발자 마케팅하기 blog'를 출시했고 이 제품은 대성공을 거두었다.

결국 다니던 회사를 그만두고 심플 프로그래머 일에 전념하기로 했다. 2009년에 시작한 작은 블로그로 정규직 연봉만 한 수입을 올린 것이다. 그 블로그는 지금도 성장 중이다. 현재는 심플 프로그래머를 위해 3명의 정규직 직원과 많은 계약직 직원이 일하고 있다. 심플 프로그래머는 사업으로 발전해서 내가 전 세계 여행 blog 을 다닐 수 있게 해주었고 생각도 못했던 사람들을 만나게 해준 데다 많은 사람의 삶에 긍정적인 영향을 미치고 있다.

모든 일은 복잡한 것을 단순하게 만들겠다는 단순한 메시지로 시작한 블로그에서 시작되었다. 나는 특별하지 않다. 내가 할 수 있는 건 누구나 할 수 있다. 과정이 쉽지 않을 수는 있다. 하지만 이 장을 통해 내가 아는 내용을 알려주겠다.

블로그가 여전히 최고의 선택인 이유

요즘은 유튜브 채널 방문자 수 blog 가 심플 프로그래머 블로그 방문자 수보다 많다. 그래도 **소프트웨어 개발자에게는 블로그가 최고의 선택이라고 생각한다.** (물론 유튜브 채널을 만드는 것도 나쁘지 않다.)

이유는 간단하다. **진입 장벽이 낮고 효과가 대단히 좋다.** 블로그의 종말을 이야기한 사람은 옛날부터 있었다. 블로그를 운영하는 사람들이 너무 많아서 블로그의 수가 엄청나게 늘어난 덕에 블로그가 죽어가고 있다고 했다. 하지만 이는 사실이 아니다. 블로그 수가 꽤 늘어난 건 사실이다. 하지만 꾸준히 관리하지 않고 포스트가 별로 없는 블로그가 대부분이다.

만약 블로그에 꾸준하게 정기적으로 글을 올린다면 누군가 인터넷에서 당신 이름을 찾았을 때 당신의 블로그가 검색될 거라고 거의 확신한다. 블로그를 정기적으로 업데이트한다는 사실만으로도 헤드헌터, 고용주, 잠재적 고객은 당신을 높게 평가할 것이다.

내 블로그 강의 `blog` 를 들은 수많은 학생들이 블로그를 만든 덕에 더 좋은 일자리를 구했다고 이메일을 보내온다. 자신의 블로그를 본 고용주가 자신을 고용했다는 사람도 있었고 자신의 블로그를 본 누군가가 자신에게 일자리를 제안했다는 사람도 있었다.

블로그의 가장 큰 장점은 쉽다는 것이다. **5분 정도면 누구나 만들 수 있다** `blog`. 물론 블로그 포스트를 정기적으로 올리는 건 스스로 해야 한다. 하지만 그 정도는 누구나 꾸준히 연습하면 잘할 수 있는 일이다. 블로그는 **주야장천 자신을 홍보하는 광고판이라고 보면 된다.** 가끔 먹이만 주면 된다.

외부적인 효과를 제외하고 본인이 발전하는 데 도움이 된다는 점만으로도 블로그를 운영할 가치가 있다. 글쓰기는 소통 능력을 키우는 아주 좋은 방법이다. **꾸준히 글을 쓰면 다른 사람이 이해할 수 있는 방식으로 자신의 생각을 명확히 정리하는 방법을 배울 수 있다.** 글쓰기를 많이 하면 할수록 의사소통 능력이 전반적으로 발전한다.

블로그는 자신의 경력과 발전을 기록하는 데 도움이 될 뿐 아니라 자신이 과거에 쓴 문제 해결 방법을 확인해볼 수 있는 참고 자료도 된다. 나는 과거에 해결한 문제, 아니면 언급한 적 있는 문제를 찾아보기 위해 블로그를 검색해보곤 한다. 소프트웨어 개발자라면 블로그를 운영해야 한다. 개발자에게 블로그란 제다이의 광선검 같은 것이니까.

블로그를 만드는 방법

자, 이제 블로그가 필요하다는 데에는 동의할 것이다.

그렇다면 이제 블로그를 어떻게 만들지 고민할 차례. (지금부터 기본적인 이야기를 할 생각이다. 블로그 개설 과정에 대해 단계별로 자세한 설명을 듣고 싶은 사람에게는 내가 만든 무료 블로그 강의 blog 를 강력히 추천한다.)

가장 먼저 해주고 싶은 조언은 블로그를 만들지 말라는 것이다. 직접 만들지 말라는 뜻이다. 기성 솔루션을 쓰지 않고 바닥부터 직접 블로그를 만들고 싶다고 느끼는 소프트웨어 개발자가 많다. 좋지 않은, 아니다, 아주 끔찍하게 나쁜 생각이다.

그 이유는 블로그 소프트웨어 개발 능력을 키우라고 블로그를 만들라고 한 게 아니기 때문이다. 블로그 소프트웨어 제작은 생각보다 어렵기도 하다. 블로그는 좋은 평판을 만들고 이름을 알리고 자신의 생각을 기록하기 위해 운영하는 것이다. 블로그를 직접 만들면 안 된다는 말은 아니다. 하지만 블로그를 직접 만드는 데에는 **많은 시간이 든다. 그 시간에 블로그 포스트를 작성하는 게 낫다.** 게다가 블로그 직접 만들기 프로젝트가 미완으로 끝나면(그럴 확률이 매우 높다) 블로그를 개설할 수 없다.

상업적으로 판매되는 블로그 소프트웨어는 품질이 매우 훌륭하다. 이런 소프트웨어는 널리 사용되고 지원될 뿐 아니라 직접 작성할 수 없을 엄청난 수의 플러그인과 연동 기능을 제공한다. **워드프레스**WordPress**를 블로그 플랫폼으로 강력히 추천한다.** 블로그 세계에서 가장 지배적인 소프트웨어인 만큼 플러그인 수와 확장성 면에서 단연 독보적이다.

내가 운영하는 모든 웹 사이트는 워드프레스로 만들었다. 유연하고 사용하기 쉽기 때문이다. 워드프레스로 블로그를 개설하는 건 **정말 쉽다.**

우선 호스팅할 서버가 필요하다. 초심자에게는 블루호스트Bluehost🔲나 WP 엔진WP Engine🔲을 추천한다. 현재 심플 프로그래머는 특별히 설정한 디지털 오션Digital Ocean🔲의 드롭플릿droplet*에서 동작하지만 나는 이 시스템을 관리할 수 있는 리눅스 관리자 계정의 권한을 가지고 있다. 하지만 이 방법은 트래픽이 크게 치솟아서 이 정도 성능이 꼭 필요한 경우에 사용하면 좋다.

블루호스트는 아직 트래픽이 엄청나게 높지 않아서 초반에 비용을 아끼고 싶은 사람이 선택하기 적합한 서비스다. WP 엔진은 조금 더 강력하고 확장성이 높아서 더 많은 부하를 감당할 수 있는 대신 조금 더 비싸다.

호스팅 서비스를 선택했다면 블로그 소프트웨어를 설치해야 한다. 블루호스트는 아주 간단하다. 클릭 몇 번이면 된다. WP 엔진은 더 쉽다. 계정을 설정하고 나면 자신의 계정에 설치된 워드프레스를 볼 수 있다. 디지털 오션 같은 솔루션을 쓴다면 워드프레스를 직접 설치하거나 미리 워드프레스가 설치된 스냅샷 이미지를 사용하면 된다. 단, 가상 서버 관리는 스스로 해야 한다는 걸 기억하라.

블로그를 새로 만들 때는 고유 도메인을 등록해서 같이 사용하는 게 좋다. 그렇다고 블로그 호스팅 서비스 업체에서 제공하는 기본 설정을 그대로 사용하지 마라. 흔히 페이지랭크pagerank†나 도메인 점수domain authority‡라는 것을 구축할 생각이 있다면 말이다. 페이지랭크나 도메인 점수는 나중에 검색 엔진을 통해 들어오는 트래픽에 영향을 주는 요소이므로 초반에 고유 도메인으로 등록하는 정도의 작은 투자는 충분히 할 가치가 있다.

---

* 디지털 오션에서 서비스 인스턴스 단위를 부르는 용어
† 구글에서 웹 페이지의 순위를 평가할 때 쓰는 알고리즘의 일종
‡ 해당 웹 사이트가 검색 결과에서 얼마나 상위에 위치할 수 있을지 평가한 점수

몇 시간 정도면 블로그를 만들 수 있으므로 미루지 말고 당장 실행에 옮겨라. 아직도 블로그 개설에 뜸을 들이고 있다면 이 장이 끝나자마자 **책을 내려놓고** 오늘 당장 만들어라. 나중에 그때 당장 실행하길 잘했다고 생각하게 될 것이다. 그리 어렵지도 않다.

테마 정하기

블로그를 개설하려면 일단 **블로그 테마부터 정해야 한다**. 블로그 도메인 이름보다도 먼저 정해야 한다. **워드프레스 테마를 이야기하는 게 아니다.** (하던 이야기와는 별개로 워드프레스 테마를 찾는 사람에게는 Thrive Themes `blog` 를 추천한다.)

여기서 말하는 테마는 **블로그의 주제다**. 자신의 블로그를 어떻게 설명할지 어떤 주제에 초점을 맞출지 정해야 한다. 어떤 분야 혹은 어떤 틈새시장을 선택하느냐 `blog` 의 문제다.

초반에는 블로그 테마를 아주 작은 영역에 집중시키는 게 좋다. 나중에 얼마든 확장할 수 있다.

안드로이드 리스트뷰_{ListView} 컨트롤 사용에 대한 블로그를 만든다고 가정해보자. 너무 좁은 주제라고 생각할 수도 있다. 하지만 리스트뷰 컨트롤을 사용하고 이를 커스터마이징하는 방법 그리고 그와 깊은 연관이 있는 다른 주제에 관한 내용만으로도 수백 건의 글을 쓸 수 있다. 이렇게 극히 좁은 영역에 초점을 맞추면 빠른 속도로 성장하여 그 영역에서 앞서 나갈 수 있다. 안드로이드 리스트뷰 컨트롤 전문가로 이름을 알리는 게 C#, 자바, 애자일 개발의 전문가로 유명해지는 것보다 훨씬 쉽다. 그러므로 **최대한 좁은 테마에 집중하라.** 단, 그 테마에 관한 포스트가 50가지 이상 생각날 정도는 되어야 한다.

만약 폭넓은 주제를 선택하고 싶다면 조금 다른 각도에서 독특한 관점으로 접근하는 방법을 쓰는 것도 좋다. C#에 관한 블로그는 너무 광범위하다. 하지만 C#에 대한 블로그를 만들고 C#에 대한 재미있고 유익한 이야기를 다루거나 재미있는 이야기, 만화를 활용해서 C# 관련 개념을 설명하기로 한다면 그건 훌륭한 블로그 테마가 된다.

아니면 여러 가지를 결합하는 것도 좋다. 나는 과거에, 지금은 운영하지 않지만, 팟캐스트 'Get Up and Code' `blog`를 운영했다. 그 팟캐스트는 프로그래밍과 피트니스의 교집합을 다뤘다. 각각은 너무 폭넓은 주제였으나 두 가지가 합쳐져서 훨씬 더 작은 틈새시장이 만들어졌다.

핵심은 이거다. **자신이 전 세계 1위로 알려질 수 있을 만한 특정한 영역을 블로그 테마로 고르라.** 가능한 테마를 브레인스토밍해본 후에 본인이 1위를 차지할 희망이 가장 큰 영역을 선택하라. 소프트웨어 개발자에게 소프트 스킬을 가르쳐주는 세계 제일의 블로그가 뭐냐고 묻는다면 뭐라고 대답하겠는가? 나는 그 답이 심플 프로그래머이기를 바란다.

블로그 운영하기

블로그 운영은 보기보다 쉽고, 또 생각보다 어렵다. 쉬운 이유는 글을 쓰고 그 글을 발행만 하면 되기 때문이다. 어려운 건 **글쓰기가 어려워서다.**

경험이 풍부한 작가라도 글쓰기는 어렵다. 지금 책상 앞에 앉아서 이 글을 쓰고 있는 내 머리 속은 내 글에 대한 의심으로 가득 차 있다. 이 문장이 잘 쓴 문장일까? 이 장이 바른 방향으로 가고 있는 걸까? 손목은 왜 아프지?

어쨌거나 결국 **해야 할 일이다.** 자신이 쓴 글이 모두 좋을 수는 없다. 글을 처음 쓸 때는 자신의 글이 별로라고 생각할 것이다`blog`. 그래도 괜찮다. 시간이 지나면 나아질 것이다. 과정을 믿어야`blog` 한다.

블로그 포스트를 쓰고 그 포스트로 최대의 효과를 내는 데 도움이 될 몇 가지 팁을 알아보자.

첫째, **무슨 내용을 쓸 건지 정한 상태에서 글을 쓰기 시작해야 한다.** 글감을 목록으로 정리해두는 방법을 권장한다. 블로그 포스트를 쓰려고 자리에 앉았을 때 그 목록에서 하나를 골라 글을 쓰면 된다. 이 책을 쓸 때도 본격적인 집필에 들어가기 전에 전체 개요를 짜고 각 장에 어떤 내용을 넣을지 정했다. 그래서 매일 아침 나는 어떤 내용을 쓸 것인지 정확히 아는 상태로 글쓰기에 돌입한다. 주제를 떠올리느라 시간 낭비하는 일은 없다. 블로그 포스트를 쓸 때도 마찬가지다. 뭐, 적어도 대부분은 그렇다. **자신이 무엇을 해야 할지 정확히 알면 꾸물거리며 일을 미루는 시간이 줄어든다.**

둘째, **사전 조사가 필요하다면 미리 조사를 해두는 게 좋다.** 자신이 잘 아는 주제는 글이 술술 써진다. 쓰기 전에 글의 주제부터 파악하라. 자신의 의견을 쓰는 글이라면 굳이 사전 조사가 필요 없을지 모르나 그럴 때도 이왕이면 잠시 시간을 내서 그 주제에 대한 생각을 정리해보라. 아니면 다른 사람과 의논하는 것도 나쁘지 않다. 나도 글을 쓰기 전 다른 사람과 나눈 대화나 논쟁을 통해서 글의 완성도가 높아지는 경험을 종종 한다.

셋째, **글을 쓰기 전에 개요부터 잡아라.** 블로그 포스트나 책을 쓰기 전에 크게 나눈 영역에 맞게 대강의 개요를 짜놓으면 유용하다. 이 장을 쓸 때도 여기서 다룰 몇 가지 핵심 사항에 대한 개요를 써놓고 시작했다. 그러면 포스트의 구조가 잡힌다. 각 요점을 어떻게 이어가야 글이 완성될지 알고 있으면 글쓰기가 한결 수월해진다.

어떠한 종류의 포스트를 올릴지도 정해두면 좋다. 선택하는 데 도움이 되도록 몇 가지 보편적인 유형을 다음과 같이 소개한다.

- 어떤 일을 하는 방법을 알려주는 요령 포스트
- 특정 기술이나 프레임워크, 프로그래밍 언어 등에 대한 자신의 생각을 표현하는 의견 포스트
- 일반적인 개념이나 방법론을 소개하고 그게 좋거나 나쁜 이유에 대해 이야기하는 의견 포스트
- 새롭게 일어난 일이나 진행 중인 사안에 대해 소개하는 뉴스 포스트
- 제품이나 서비스에 대한 후기를 들려주는 리뷰 포스트
- 특정 주제에 대해 다양한 전문가에게서 의견을 들어보는 전문가 소견 포스트
- 한 가지 주제와 관련된 여러 뉴스나 포스트를 요약해서 보여주거나 특정 주제에 대한 소식을 일간 혹은 주간으로 정리해서 보여주는 기술 뉴스 포스트
- 다른 인물을 인터뷰하고 그 내용을 정리한 인터뷰 포스트
- 특정 기술, 프레임워크 혹은 툴에 대한 자료를 정리해서 보여주는 안내 포스트
- 특정 주제를 이해하기 쉽게 설명해주는 설명 포스트

아주 기본적인 항목만 이야기했다. 포스트 유형은 수백 가지가 넘는다.

단, 포스트 주제에 충실한 글을 써라. 블로그 개설 초기에는 블로그 운영자가 오늘 무엇을 했는지 등의 사적인 이야기를 궁금해하는 사람은 없다. 블로그에 올린 글을 읽는 독자가 얼마쯤 늘어나면 개인적인 포스트가 어느 정도는 관심을 끌 수도 있겠지만 그래도 최대한 주제에 충실한 글을 쓰도록 하라.

일단 해보는 게 가장 중요하다. 최선을 다하자. 완벽해야 한다거나 예술의 경지에 이르러야 할 필요는 없다. 뭐든 쓰고 포스팅하는 게 핵심이다. 일단 실행에 옮겨라!

일관성의 힘

블로그를 성공적으로 운영하는 데 **가장 중요한 것은 일관성이다.** 일관성 없는 콘텐츠를 올려서 성공한 블로거는 본 적이 없다. 반대로 일관성이라고는 찾아볼 수도 없이 어쩌다 가끔 업데이트하는 정도로 블로그를 운영하다가 실패한 블로거는 많이 보았다.

일관성이 핵심이다. 일정을 정하고, 정한 일정을 지켜라. 일정을 임의로 변경하지 마라. 자신이 쓰고 싶을 때만 글을 써서도 안 된다. 마감을 지켜야 하는 신문사에서 일하고 있어서 준비가 되든 되지 않았든 마감에 맞춰서 무조건 포스트를 발행해야 한다고 생각하라.

진짜 마감처럼 **각 포스트를 발행할 정확한 시간과 날짜, 그 포스트를 작성할 정확한 시간과 날짜를 캘린더에 넣어두라.** 매주 월요일 아침 10시에 블로그 포스트를 올려야 한다면 매주 그 포스트를 작성할 시간도 미리 정해두라. 그러면 일관성을 유지할 확률이 훨씬 높아진다. **장기적으로 볼 때 다른 어떤 요소보다 일관성이 중요하다** blog.

블로그에 글을 쓰고 싶지 않은 날은 반드시 온다. 아무리 열심히 해도 아무 성과가 없어서 노력이 아무 의미가 없다고 느끼는 날도 온다. 그래도 어쨌든 계속해야 한다. 하고 싶지 않을 때도 해야 할 일을 하는 게 규율이다. 꾸준히 글을 쓰고 일관성 있게 블로그를 운영하려면 규율이 필요하다.

시간이 지나면 성과가 나타날 것이다. 성과를 볼 만큼 인내하지 못하는 사람이 대부분이다. 그리고 그게 바로 대부분의 사람들이 실패하는 이유다. 이 점을 잊지 마라.

트래픽 높이기

아무도 읽지 않는 블로그에 글을 쓰는 건 재미가 없다. 심플 프로그래머를 처음 시작할 무렵에는 내가 어떻게 지내는지 궁금한 가족이나 동료들이 매일 3~4회의 조회수는 채워줄 거라는 생각을 할 정도로 트래픽이 없었다. 하지만 **꾸준히 글을 썼고** 꾸준히 블로그 포스트를 올리자 결국은 트래픽이 증가했다.

트래픽을 올리기 위해 특별히 한 게 있었을까? 물론 몇 가지 하긴 했다. 하지만 전체적으로 볼 때 오랜 시간 일관성 있게 글을 올린 전략이 가장 주효했다. 일관성에 대한 이야기는 이미 했으니 다시 하지 않겠다.

블로그에 오는 트래픽 대부분은 보통 검색엔진에서 온다. 조금 더 정확히 이야기하자면 구글에서 온다. 구글 검색에서 높은 순위를 차지하도록 웹 페이지에 다양한 키워드를 빽빽하게 채워넣거나 내 사이트를 참조하는 가짜 링크를 만들어서 검색엔진을 교란시키는 게 가능하던 시절도 있었다.

하지만 그런 시절은 오래전에 지나갔다. 이제는 어떤 종류의 검색엔진 최적화Search Engine Optimization, SEO도 하지 못하게 되었을 뿐 아니라 나라면 그런 일을 하는 데 그렇게 엄청난 시간과 노력을 낭비하지는 않을 것이다. 적어도 처음에는 말이다.

사람들이 공유하고 링크를 걸고 싶을 정도로 좋은 콘텐츠를 만드는 게 무엇보다 중요하다. 좋은 콘텐츠를 꾸준히 만들면 사람들이 그 콘텐츠를 공유하고 자신의 사이트에 링크를 걸 뿐 아니라 당신의 블로그를 북마크 해두고 다시 찾아올 것이다.

지름길은 없다. 시간을 들여라. 더 많은 시간을 들여서 더 많은 블로그 포스트를 생산하면 그중 적어도 한 포스트는 입소문이 나서 많이 공유되고 멀리 퍼져나갈 가능성이 높아진다. 이렇게 멀리 퍼져나가는 포스트가 생기면 검색엔진은 당신의 블로그를 그 주제에 대해 좋은 콘텐츠를 제공하는 권위 있는 블로그로 판단하기 때문에 전체 트래픽을 상시적으로 높이는 데 도움이 된다.

이렇게 훌륭한 포스트가 적어도 몇 개는 되어야 한다. 내용이 너무 훌륭해서 사람들이 공유하지 않고는 못 배길 포스트 말이다. 자신이 선택한 주제에 대해 최고의 참고 자료로 손꼽힐 정도로 훌륭한 글을 써라.

일례로 내 블로그의 **'최고의 개발자 팟캐스트 목록'** `blog`이라는 포스트는 매우 인기가 높다. 이 목록은 아직도 계속 업데이트한다. 이 포스트를 보러 매일 150~300명의 새로운 방문자가 방문한다. 이 포스트가 소프트웨어 개발이나 프로그래밍과 관련된 팟캐스트를 소개하는 최고의 자료이고, 따라서 이 페이지를 링크로 걸거나 트위터에 올리거나 공유한 사람이 많기 때문이다.

처음 시작할 때만 쓸 수 있는 괜찮은 전략이 한 가지 더 있다. **다른 사람이 운영하는 소프트웨어 개발 관련 블로그에 가서 댓글을 쓰는 것이다.** 이 전략으로 많은 트래픽을 끌어오는 건 무리지만 적으나마 매일 방문자를 데려오는 건 사실이다. 프로필이나 링크를 클릭해서 블로그로 유입되는 사람이 생기기 때문이다. 그리고 유명 블로거가 당신의 글 중에 본인의 포스트에 링크를 걸고 싶을 정도로 마음에 드는 포스트를 발견한다면 당신의 사이트를 참조하는 링크와 트래픽이 늘어날 것이다.

하지만 이 전략은 조심해서 써야 한다. 다른 사람의 블로그에 스팸성 글을 올리면 오히려 역효과가 난다. 심한 경우 당신이 단 댓글을 그냥 지워버릴 것이다. 그 포스트에 도움이 될 만한 가치와 진정성이 있는 댓글만 올려라. 그리고 혹시 자신의 사이트 링크를 걸 거라면 그럴 만한 사유도 명확히 있어야 할 것이다.

물론 자신이 쓴 포스트를 SNS에 공유하고 기본적인 SEO는 해두는 게 좋다. 만약 워드프레스 블로그를 쓴다면 Yoast SEO처럼 SEO 작업 대부분을 대신해줄 SEO 플러그인을 찾을 수 있을 것이다.

〈잠깐만요, 존!〉 **SEO가 뭔지 설명해주세요.**

SEO는 검색엔진 최적화(search engine optimization)를 뜻한다. 당신이 쓴 글을 구글 같은 검색엔진의 검색 결과에 나타날 수 있게 최적화하는 것을 가리킨다.

SEO는 하나의 산업으로 발전했다. 대부분의 웹 사이트가 얻는 트래픽의 가장 큰 원천이 구글 검색이기 때문이다. 자신이 만든 콘텐츠를 인기 검색어 상위에 맞추어서 최적화하면 트래픽이 많이 높아진다.

SEO와 구글이 무기 경쟁을 벌이고 있다는 게 유일한 문제다. 사람들은 SEO를 써서 특정 검색어에 대한 구글 검색 결과 순위를 높이려고 한다. 구글은 검색 결과 조작을 막기 위해 계속해서 알고리즘을 변경한다. 각 검색어와 가장 관련 있고 가치 있는 콘텐츠를 보여주는 게 구글의 목표다. 그래야 구글이 제공하는 데이터가 최종 사용자에게 더욱 큰 가치를 지닌다.

맞다. 대놓고 구글을 속일 수 있는 장치, 콘텐츠에 대한 힌트를 구글에 제공할 수 있는 몇 가지 유효한 방법이 존재한다. 하지만 수준 높은 콘텐츠를 만들어내는 것이 자신의 블로그가 자연스럽게 검색 결과 상위에 노출되게 할 가장 좋은 장기적 전략이다. 그래야 블로그가 진짜 가치를 지니기 때문이다.

결국 높은 수준의 포스트를 오랜 시간에 걸쳐 일관성 있게 자주 쓰는 것이 트래픽을 얻는 최고의 방법이다.

자신의 목소리 찾기

막 블로그를 연 블로거나 신인 작가들은 마치 학술 논문이나 뉴스 기사라도 쓰는 것처럼 자신이 모든 관점을 대변하려 하는 우를 범하기 쉽다. 그런 글은 건조하고 심심하다. 개성도, 당돌한 매력도 없다. 전문가의 목소리를 내려고 하는 건 괜찮다. 하지만 **개성이 느껴지지 않는 글은 끔찍하게 재미가 없다.**

이 책을 예로 들어보자. 여기까지 읽은 독자라면 지금까지 읽은 글로 내 목소리를 충분히 느꼈을 것이다. 나는 사실과 의견을 나열하는 데 그치지 않고 **나만의 독특한 방식으로 표현하려고 했다. 재미있다면 더욱 좋겠고 적어도 확실히 내 목소리로 인식될 수 있는 목소리를 냈다.**

나는 헤밍웨이나 C.S. 루이스 같은 대문호가 아니다. 내 글쓰기 솜씨는 나아질 여지가 많다. 하지만 적어도 나는 내 목소리를 찾았다.

자신이 쓴 글을 다른 사람들이 읽게 하고 싶다면 자신의 목소리를 찾아야 한다. 쉽지는 않을 것이다. 자신에게 가장 잘 맞는 목소리를 찾을 때까지 여러 극단을 오가며 많은 시도를 해보아야 한다. 그리고 상황에 따라, 주제에 따라 목소리는 변해야 한다. 이 책에도 내용에 따라서 더 당돌한 목소리를 낸 장도 있고 더 건조한 장도 있다. 하지만 이 책의 전체를 아우르는 일관된 느낌이 있다.

목소리가 그 사람을 대표한다. 당신의 글을 읽은 사람이 최신 자바 프레임워크를 활용해서 안드로이드 애플리케이션 만드는 방법을 배우는 데 그치지 않고 당신이 어떤 작가이고 어떤 개성을 지닌 사람인지 알아챌 수 있어야 한다.

글쓰기가 재미있는 이유가 여기에 있다. 사람들은 기술보다 다른 사람들에게 훨씬 더 큰 관심을 보인다. 장담컨대 피플 지의 판매 부수가 MSDN 지*의 판매 부수를 늘 앞설 것이다.

글을 통해 자신의 개성을 드러내는 걸 망설이지 마라. 약간 당돌해져라. 자신의 의견을 말해도 괜찮다. 글이 원래 목적한 바를 충실히 이행하고 있는 한 문법이 약간 틀리는 것조차 큰 문제는 되지 않는다. 몇 가지 다른 목소리를 내보고 어떤 게 맞는지 보라. 말하듯 써보라. 다양한 스타일로 쓰고 다양한

---

* 마이크로소프트에서 발간하는 잡지

방법으로 자신을 표현하라. **글 중간에 육두문자를 섞은 후에 어떤 느낌인지 보라. 신선한 시도를 해보라.**

나는 **양극단을 시도하며 양쪽 방향으로 자신의 한계를 넓혀나가는 것이** 자연스러운 목소리를 찾는 좋은 방법이라고 생각한다. 그러다보면 자신이 편하다고 생각하는 지점을 찾아서 정착할 수 있다. 양극단의 중간 어디엔가 존재하는 게 보통이다. 하지만 언제든 극단을 다시 시도해볼 수 있다.

그리고 이는 모두 과정에 불과하다는 것을 기억하라. 나도 꽤 많은 글을 썼지만 여전히 그 과정을 거치고 있다. 나는 계속해서 내 목소리를 찾을 것이다. 당신도 그렇게 하라. 처음에는 어려울 수 있다. 하지만 언젠가 포스트를 쓰다 말고 "젠장, 이거 진짜 괜찮은데."라거나 "이런, 이번 포스트는 끝내주게 잘 써버렸네." 아니면 "세상에, 난 최고야!" 혹은 "내 감정을 아주 정확하게 전달한 거 같은데."라는 생각이 들 것이다. 무슨 말인지 이해했는가?

〈잠깐만요, 팀〉 악플러나 비방꾼은 어떻게 대처하나요? 내가 쓴 글에 대해 부정적인 말을 한다든가 내가 만든 콘텐츠에 부정적인 댓글만 다는 사람들 말이에요.

아, 악플러들. 정작 본인은 아무것도 만들지 못하면서 당신이 하는 일마다 그토록 비판적인 의견을 제시하는 사람들 말인가?

악플러나 비방꾼을 상대할 방법은 많다. 그냥 무시하는 방법, 불러다가 반박할 수 없는 사실과 숫자를 대며 직접 싸우는 방법, 아니면 그냥 덮어놓고 상대를 칭찬하는 방법. 나는 이 모든 방법을 다 써보았다.

하지만 대체로 가장 효과적인 방법은 바로 무시였다. 무엇을 하든 폄하하고 기분 상하게 하고 싶어 하는 악플러나 비방꾼은 존재할 것이다. 당신이 하는 일이 가치가 있거나 중요한 일일수록 더욱 그럴 것이다. 이런 사람들에게 화를 내서 어떤 방법으로든 당신을 폄하하게 두기보다 그들을 불쌍히 여기는 게 좋다.

자신이 엄청난 고통을 겪고 있는 게 아닌 이상에야 다른 사람을 비난하고 그들의 업적을 깎아내리려고 하는 사람은 없다. 당신이나 당신의 업적을 비방하는 사람은 사실 당신을 비방하는 게 아니라 자기 자신을 비방하는 것이다.

당신이 한 말이나 당신이 무언가 이루어냈다는 사실을 어떤 이유에서건 그들은 아마 공격으로 느꼈을 것이다. 아니면 그날 정말 기분 나쁜 일을 겪었거나 평생 그렇게 불행하게 살아온 사람일 것이다. 이들은 그저 자신이 아는 유일한 방법으로 도움을 요청하고 있을 뿐이다. 관심을 필요로 하는 어린아이처럼 세상으로부터 관심을 구하는 것이다.

이유가 무엇이든지 그러한 상황에 대처하기로 결심했다면 그들이 당신을 끌어내리지 못하게 하라. 자신이 하던 일을 계속하면서 비방을 사적으로 받아들이지 말고 침착하게 가던 길을 가라.

꾸준히 쓰기

블로그에 대한 이 짧은 장에 내가 담을 수 있는 내용은 이 정도다. 사실 이 주제에 관한 내용만으로 책 한 권도 충분히 채울 수 있다 blog. 그래서 블로그를 시작하고 꾸준히 운영하는 데 필요한 가장 중요한 **아이디어와 개념** 중 일부를 알려주기 위해 노력했다.

마지막으로 해줄 수 있는 가장 중요한 조언은 바로 이것이다. **꾸준히 써라.** 글쓰기는 쉽지도 blog 늘 재미있지도 않다. 유명 작가이자 시인이고 시나리오 작가였던 도로시 파커Dorothy Parker는 글쓰기를 즐기느냐는 말에 이렇게 답했다. "글이 완성되는 순간에는 즐겁습니다."

글솜씨가 정말 형편없고 글을 쓰는 게 너무 괴롭고 자신에게는 재능이 너무 부족해서 자신이 쓴 글은 아무도 읽지 않을 거라고 생각한다고 해도 **어쨌든 써라. 계속 써라.** 시간이 지나면 나아질 것이다. 오랜 시간 꾸준히 글을 쓰면 결국은 보상을 얻는 날이 온다.

고등학교 시절 나는 대학교 학점으로 인정받을 수 있는 수업이라면 모두 들었다. 딱 한 과목만 빼고. 바로 영문학이었다. 미적분학은 2학년 때 들었다. 미국사, 생물학, 화학, 유럽사도 들었다. 하지만 영문학은 들을 수 없었다. 솔직히 말해 **나는 글을 정말 못 썼다.** 그게 아니라면 사람들의 기대에 부응하게 글을 쓰는 재주가 정말 없었다. 하지만 지금 나는 글을 써서 생계를 유지하고 있다. 이미 책을 출판해서 큰 성공을 거두었고 blog 심지어 그다음 책도 쓰는 중이다.

내 첫 포스트는 엉망진창이었다. 그 뒤로 이어진 포스트들도 마찬가지로 엉망이었다. 하지만 지난주에 쓴 글은 그럭저럭 괜찮았다. 그리고 계속 점점 더 나아지고 있다.

내가 할 수 있는 일은 당신도 할 수 있다. 꾸준히 써보라.

프리랜서와 창업

9시에 출근해서 5시에 퇴근하던 직장인 시절, 나는 내 회사를 차려서 나를 위해 일하는 날을 꿈꿨다. **프리랜서가 되어서 상사 없이 일하면 얼마나 좋을까**를 생각했다. 전 세계를 여행하며 일하고 싶을 때 일하면서 수익성 좋은 계약을 맺어서 큰돈을 버는 상상을 했다. 하지만 꿈을 실현할 아이디어가 하나도 떠오르지 않아서 결국 현실로 돌아오곤 했다.

어떻게 해야 프리랜서가 되어서 자기 자신을 위해 일할 수 있을까? 어떻게 해야 창업할 수 있을까?

정부 계약에 입찰하고 제안서를 잘 써서 제출한 후 계약을 따내면 짠! 프리랜서가 되어 자신의 사업을 운영하게 되는 줄 알았다. 그래서 사업체용 사회보장번호 같은 DUNS 번호까지 신청했다. 하지만 내가 할 수 있는 건 거기까지였다. 제안서를 제출할 만한 정부 계약을 찾아보았지만 너무 어려워서 결국엔 포기했다. 내가 꿈꾸던 일이 마법처럼 현실이 되기 전까지는 이런 생각을 다시 떠올리지 않았다.

심플 프로그래머를 만든 지 1년 정도 지나자 프리랜서 일을 해달라고 부탁하는 사람들이 생기기 시작했다. 내가 해주었으면 하는 일이 있다면서 시간당 얼마를 받는지 묻는 이메일이 왔다. 기쁨에 젖어서 손바닥을 비빈 후 마치 사기라도 치는 기분으로 조심스럽게 '시간당 50달러'라고 적었다. 상대는 이 제안을 빠르게 수락했고 당시로서는 높은 시급이라고 생각한 보수를 받으며 꽤 많은 프리랜서 일을 할 수 있었다.

그 뒤로 시급은 두 배로 올라서 시간당 100달러가 되고 그 뒤에는 시간당 200달러, 300달러 blog가 되었다. 현재 내 컨설팅 비용은 최소 시간당 500달러 blog, 일당 5,000달러다.

이렇게 되기까지 쉽지는 않았다. 그리고 **프리랜서가 되어서 상사 없이 일하게 되면 좋겠다고 상상할 때 품었던 환상 대부분이 현실과 전혀 다르다는 걸 알게 되었다.** 그 과정에서 중요한 교훈을 많이 얻었다. 이 장에서는 그러한 교훈을 공유하고 우리가 살아가는 사업가 프로그래머 시대에 프리랜서가 되거나 창업을 하는 데 필요한 실용적인 이야기를 해보자.

가고 싶은 길이라고 확신하는가?

가장 먼저 진짜 자신이 가고 싶은 길이 맞는지부터 자문해보아야 한다. 오해는 없길 바란다. 나도 당신이 창업하길 바란다. 종래에는 상사를 벗어나 자유로운 삶을 찾길 바란다.

하지만 **그러한 자유를 누구나 누릴 수 있는 건 아니다** blog. 자신이 얻은 자유를 감당하지 못하는 사람이 대부분이다. 세상에는 자유가 요구하는 대가를 치를 의지가 없는 사람이 더 많다. 그 비용은 결코 만만치 않기 때문이다.

앞에서 이야기했듯이 자기 사업을 시작하거나 프리랜서가 되고 싶다는 꿈과 그 현실은 엄연히 다르다.

- 꿈을 실현하려면 많은 일을 해야 한다.
- 하루치 직장 업무를 마친 후에도 긴 시간을 들여서 노력할 각오가 되어 있어야 한다.
- **불편하다고 느끼는 일을 해야 한다** `blog`.
- **거절에 익숙해져야 하고 때로 큰 위험도 감수해야 한다.**
- 직장인으로 일할 때는 안정적인 수입과 확실성이 보장된다. 하지만 프리랜서나 사업가는 그렇지 않다.
- 고객을 위해 몇 주 몇 달이나 일하고 돈을 받지 못할 수도 있다.
- 짧게는 몇 달, 길게는 몇 년에 걸쳐 겨우 완성한 제품이 실패로 판명 날 수도 있다.
- **바로 이 책도 몇 달에 걸쳐서 쓰고 있지만 완전히 실패로 끝날 수도 있다.**

모 아니면 도다. 내 멘토 중 한 명인 토니 로빈스Tony Robbins는 그가 하는 모든 세미나에서 '최선을 다하지' 않으면 성공할 가능성이 없다고 말한다. 부모님의 품이나 직장을 떠나는 데 성공한 후 자신에게 주어질 자유를 감당할 준비가 정말로 되어 있다고 생각하는가?

"당연하다."라고 답하기 전에 진짜 신중하게 생각해보자. 대부분의 사람이 준비되어 있지 않은 상태에서 그런 꿈을 꾼다. 아침에 일어나 출근해서 책상에 앉아 '자리를 지키며' 9시부터 5시까지 일하는 건 쉽다. 안 그러면 해고되기 때문이다. 게임, TV, 산책 등 온갖 것이 유혹하는 자유로운 상황에서 일하기로 결심하기가 훨씬 더 어렵다. 당연히 이러한 자유를 감당하지 못하는 사람들도 나온다.

나도 처음 두 번의 사업을 시작했을 때는 자유를 감당하지 못했다. **너무 많은 자유가 나를 완전히 망가뜨렸다.** 온라인 포커를 치고 반지의 제왕 온라인에서 현자 레벨을 키우고 빈둥거리며 시간을 보냈다.

이제는 집중하고 절제하며 산다. 다른 사람이 만든 규칙을 지키기 싫다면 **스스로 만든 규칙** `blog` 을 지켜야 한다는 걸 배웠기 때문이다. 어렵게 얻은 교훈이었다.

사기를 저하시키려는 게 아니라 칼날을 날카롭게 갈아야 한다는 사실을 알려주기 위해 하는 말이다. 이 장을 읽고 "난 못하겠어. 포기!"라고 외치는 사람도 있을 것이다. 하지만 더 자극을 받아서 **자유를 찾기 위한 의지가 두 배로 커지는 blog** 사람도 있을 것이다. 어떤 길을 선택할지는 당신 몫이다. 나중에 내가 경고하지 않았다는 말만 하지 마라.

프리랜서란?

간단하다. 누군가에게 고용되지 않은 상태로 돈을 받으며 일하는 사람을 가리킨다. 용병과 비슷하다. 다른 부대와 싸우거나 혁명을 진압하는 현장에 투입되지 않는 것뿐이다. 그 대신 코드 속에 숨어 있던 괴물을 몇 마리 잡을 것이다.

여기에서 말하는 프리랜서는 고객이 한 명 이상인 사람을 의미한다. 고객이 한 명인 계약직이라면 엄밀히 말해 그 고객이 상사나 마찬가지다. 그렇게 일하는 사람은 계약직이라고 부르지 프리랜서라고 부르지 않는다. 이렇게 일해도 문제는 없지만 이 책에서 정의하는 프리랜서처럼 기업가적인 활동을 하기보다 직장인처럼 고용되어 일하는 형태에 가까워진다.

진짜 프리랜서는 여러 고객을 위해 일한다. 꼭 동시에 여러 고객을 위해 일할 필요는 없다. 그리고 프리랜서라면 고객을 찾고 계약을 성사시키고 사업을 운영하는 활동도 해야 한다.

프리랜서가 되는 법

직장에 다닐 때는 프리랜서가 될 방법을 도무지 알 수가 없었다. 프리랜서가 되어서 나에게 프로젝트를 맡길 고객을 찾는다는 게 나와는 너무도 거리가 먼 일로 느껴졌다.

다른 사람을 위해 너무 오래 일하면 동물원에 갇힌 사자 같은 느낌이 들 수 있다. 매일 어딘가로 가면 먹이를 준다. 산책할 수 있는 편안하고 좋은 우리가 있다. 경계가 어디인지도 잘 안다. 사냥하는 방법, 잡은 먹이를 죽이는 방법을 잊는다. 우리 안에서 태어나면 그런 일을 어떻게 해야 하는지 아예 모를 수도 있다. 가끔은 아주 희미하게 억눌린 본능이 "사냥해라. 죽여라."라고 속삭일 때가 있을 뿐이다.

어떻게 해야 그러한 동물적 본능을 깨우치고 스스로 먹이 잡는 법을 배울 수 있을까? 어려운 방법도 있고 쉬운 방법도 있다.

어려운 방법은 거절에 둔감해지기 위해, 영업 기술을 갈고 닦기 위해 밖으로 나가서 뛰어다니는 것이다. 제공할 서비스에 관심 보일 사람을 자신이 아는 사람 혹은 아는 사람의 아는 사람 중에 찾아보는 것으로 시작하면 된다.

처음에는 낮은 시급을 받으며 '만족하지 못하면 환불해주겠다'는 조건으로 일하라. 자신이 사업을 시작했고 자신을 고용한 사람에게 어떤 특별한 혜택을 제공할 것인지 모든 지인에게 알려라.

최대한 구체적으로 이야기하라. 어떤 고객을 찾는지 자신이 제공할 수 있는 서비스는 무엇인지 구체적으로 알려라. 어떤 서비스를 제공할 것인지 이야기하는 데 그치지 말고 **어떤 결과를 낼지 이야기하라.** C#과 SQL을 다룰 줄 안다고 하지 말고, 업무 처리를 자동화하고 기존 소프트웨어의 효율을 높이는 동시에 유지 보수 비용을 줄여줌으로써 상대의 시간과 돈을 아낄 수 있다는 걸 알려라. 경쟁자 중에 단연 돋보일 최적화된 고성능 웹 페이지를 만들어두면 더 많은 고객이 모인다는 것도 알려주어라.

자신의 모든 인맥에게 연락을 마쳤다면 미개척지를 직접 찾아 나서야 한다. 익스페리언Experian[blog] 같은 서비스에서 자신이 사는 지역의 소규모 사업체 목록을 구매하는 것도 좋다. 사람을 고용해서 이런 목록을 만들게 하거나 아니면 자신이 직접 조사해보는 것도 좋다.

전화를 하고 이메일을 보내고 홍보 문구를 끊임없이 다듬어라. 이런 방식은 많이 시도해볼수록 고객을 구할 확률이 높아진다. 확신을 품고 꾸준히 하면 결국은 해낼 것이다. 서비스에 만족한 고객의 수를 꾸준히 늘리면 입소문이 나서 고객을 구하기가 점점 더 쉬워진다. 다른 프리랜서에게 연락해서 감당할 수 없는 고객이 생길 때는 소개비를 줄 테니 자신에게 넘겨달라고 부탁해두는 방법도 있다.

추천하는 방법은 아니지만 경험을 쌓고 장기간 거래할 고객을 얻을 수 있도록 업워크Upwork* 같은 서비스를 이용하거나 크레이그리스트Craiglist† 같은 곳에 광고를 내는 것도 고려해보라. 단, 경쟁이 심하고 시급이 낮아질 가능성이 높다는 점은 미리 알아두라.

쉬운 방법도 있다고 하지 않았나요?

지금까지 이야기한 건 어려운 방법이었다. **사실 나는 어려운 방법으로 고객을 유치해본 적이 한 번도 없다.** 나는 수년이 지난 후에야 어려운 방법도 있다는 걸 깨달았다. 지금 생각하면 당연한 일인데 말이다.

아 맞다. 쉬운 방법. 알겠다. 쉬운 방법을 알려주겠다. 5부의 다른 장을 꼼꼼히 읽은 사람이라면 '쉬운' 방법이 무엇인지 쉽게 맞출 수 있다.

---

* 프리랜서 일자리 중계 사이트
† 생활 정보 사이트

고객이 찾아오게 하는 게 쉬운 방법이다. 어떻게 하는지 궁금한가? 바로 이럴 때 **좋은 평판 쌓기, 블로그 운영하기**가 빛을 발한다. 고객을 직접 모으려면 많은 수고를 해야 한다. '인바운드 마케팅'이라고 알려진 방법을 쓰면 잠재적 고객이 훨씬 수월하게 찾아온다.

다른 사람들이 콕 집어 찾는 사람이 되면 된다. 단기적인 관점으로 보면 '쉬운' 방법이 더 어려울 수도 있다. 좋은 평판은 오랜 시간 노력해야만 만들 수 있다. 블로그 만들기, 포스트 쓰기, 팟캐스트 출연하기 등등을 통해 개인 브랜드를 세우는 건 쉽지 않은 일이다. 하지만 직장에 다니는 동안 이런 일을 해두면 프리랜서의 세계에 뛰어들 무렵에는 일이 쉽게 풀려나갈 것이다. **고객이 찾아오기 때문이다.**

고객이 찾아오기만 하는 게 아니라 보수도 더 많이 주려고 할 것이다. 자신의 서비스를 이용해달라고 호객해야 하는 입장에 놓이면 협상에서 불리하다. 하지만 다른 사람이 당신을 찾아와서 일을 맡길 때는 얼마를 받을지 자신이 제시할 수 있다. 나도 이런 과정을 거쳐서 프리랜서가 되었다. 말했듯이 어려운 방법이 존재한다는 사실조차 깨닫지 못했다.

블로그가 인기를 끌자 업계 내 평판이 좋아졌고 그럴수록 나에게 일을 맡기고 싶다는 잠재적 고객의 이메일은 점점 늘어났다. 사실 일이 너무 많아져서 청구액을 계속 올리고 또 올리다보니 현재는 과거에 상상할 수 없던 금액에 이르렀다. 그나저나 말이 나온 김에 보수 이야기를 해보자.

청구할 금액을 정하는 방법

프리랜서의 보수를 정하는 방법에 대해서는 이런저런 말이 많다. 요즘은 **흔히 금액을 계속 두 배로 올리거나** 꼭 두 배가 아니더라도 어쨌든 고객이 "안 된다."라고 할 때까지 계속 올리라고 조언한다. 이미 어느 정도 이름을 알린 사람이라면 이 조언을 따라도 괜찮다. 하지만 이제 막 시작한 사람에게는 전혀 도움이 되지 않는 조언이다. 안 된다는 답만 들을 게 분명하다.

사실 나는 **초반엔 거의 무료에 가까운 적은 금액을 받길 권한다.** 고객이 만족하지 못할 경우에는 환불해주겠다고도 약속하라. 그래야 첫 번째 고객을 조금 더 쉽게 구해서 경험을 얻는 동시에 실제 얼마의 비용과 간접비가 드는지도 알아낼 수 있다.

〈잠깐만요, 존〉 환불을 보장하라는 건 사람들에게 돈을 떼어먹힐 위험을 감수해야 한다는 뜻인가요?

아니다. 환불을 보장하는 이유는 고객에게 약속한 서비스를 제공하지 못하면 어차피 받지 못하고 돌려주어야 할 돈이기 때문이다.

이렇게 생각해보라. 자신이 고용한 사람이 맡은 임무를 하지 않는다거나 해놓은 결과물이 만족스럽지 않다면 당신도 돈을 되돌려달라고 말하고 싶을 것이다. 개중에는 고소를 하는 사람도 있다. 사업을 하려면 어차피 환불을 보장해주어야 한다. 이를 터놓고 이야기했다는 이유만으로도 고객 수가 늘 수 있다.

물론 이 정도 근거로는 내 의견에 동의하지 못하는 사람도 있을 거라 생각한다. 그런 사람이라면 내가 한 말은 내가 책임져야 한다고 말할 것이다.

뭐, 좋다. 책임지겠다. 이 책을 읽고 내용이 만족스럽지 않다면 책을 나에게 보내라. 환불해주겠다. 나는 보통 내가 판매하는 거의 모든 제품에 대해 1년 이내 무조건 환불을 보장한다. 내가 파는 제품은 거의 디지털 제품이므로 다운로드한 다음에 쉽게 환불을 요구할 수 있다.

그래서 사람들이 내 돈을 떼어먹었을까? 당연히 그런 사람도 있다. 하지만 환불이 보장된다는 사실 때문에 구매하지 않을 제품을 구매하는 사람이 훨씬 더 많았다. 환불이 보장된다는 걸 알고 돈을 떼어먹으려는 사람도 일부 존재한다. 하지만 그 덕에 추가로 유치하는 고객의 수를 생각하면 이런 손해는 벌충되고도 남는다.

게다가 당신에게는 고객을 가려서 받을 권한이 있다. 그리고 말했듯이 약속한 서비스를 제대로 제공하지 못했을 때는 어차피 돈을 돌려주어야 한다. 애초에 환불 보장을 했든 안 했든 그렇게 해야 한다고 생각하지 않는가?

'쉬운 방법'을 택한 덕에 첫 번째 고객을 수월하게 찾았다면 높은 금액을 부르라는 조언을 처음부터 써도 된다. 하지만 자발적으로 어려운 방법을 선택했거나 어쩌다 보니 어려운 길로 갈 수밖에 없는 상황에 놓인 초보 프리랜서 대부분에게는 **일단 돈 벌 생각은 접어두는 게 좋다고 조언하고 싶다. 적어도 처음에는 그렇다.**

나는 소프트웨어 개발자에서 기업가로 변신한 프리랜서 마커스 블랭컨십 Marcus Blankenship을 상대로 하여 어떻게 직장 생활로부터 자유를 얻었는지를 주제로 인터뷰를 진행한 적이 있다 blog. 그는 프리랜서 일을 시작한 초반에 최저 임금보다도 낮은, 말도 안 되게 적은 금액을 받으며 생각보다 오랜 기간을 일했다고 말했다.

마커스는 자신이 평생 내린 결정 중 그게 최고의 결정이었다고 했다. **적자가 났을지언정 그 대신 소중한 경험**과 자신감을 얻었고 그 덕에 프리랜서 일의 생리 또한 제대로 이해하게 되었기 때문이다.

이미 한 이야기를 다시 길게 하고 싶은 마음은 없으니 간략히 말하겠다. 처음에는 싼값에 일하라. 돈은 나중에 따라온다. 내 말을 믿어라. 그리고 어느 정도 경험이 있는 사람이라면 자신이 받을 보수를 정하는 답은 늘 똑같다. '더 높게'다. 꼭 두 배를 올릴 필요는 없다. 하지만 시도해서 손해 볼 것은 없다. 어떤 결과가 나는지 지켜보라.

내가 시급 50달러를 100달러로 올렸을 때 그 누구도 불편해하지 않았다. 시급 200달러를 300달러로 올리려고 할 때부터 "안 된다."는 답이 나오기 시작했다. 하지만 그래도 좋다는 답 역시 그만큼 많이 받았다. **현재 내 시급은 500달러.** 그 금액을 제시해도 여전히 응하는 사람들이 많다. (프로그래밍 업무에 그만 한 시급을 부르는 건 아니다. 코칭이나 프로젝트 전반에 대한 컨설팅을 진행할 때 부르는 금액이다.)

그렇게 많은 금액을 받을 수 있게 된 건 90퍼센트 이상 **브랜딩과 평판** 덕이다. 누구나 그렇게 높은 금액을 받을 수 있는 건 아니다. 하지만 사업을 시작했고 경력도 쌓아둔 사람이라면 현재 받는 보수보다 더 높은 보수를 받을 수 있을 거라고 거의 장담한다.

그래서 결국 얼마를 받으면 좋을까? 간단하다. **시장이 감당할 수 있는 금액이라면 얼마를 불러도 좋다.** 무형 서비스의 가격은 철저히 주관적으로 책정된다. 기업 고객을 상대로 아무것도 하지 않고 앉아만 있는 동안에도 시간당 350달러라는 고액을 청구하는 프로그래밍 컨설턴트가 있는가 하면 같은 팀에 소속되어 업무의 90퍼센트를 하면서 시급 50달러도 되지 않는 돈을 받는 계약직 직원도 있다. 기술이 아무리 중요하다지만 몸값을 정할 때는 하나의 요인 정도로 취급되는 게 현실이다. 그리 중요한 요인도 아니다.

고객이 어떻게 생각하느냐가 가장 중요하고, 평판이 두 번째로 중요한 요인이다. **높은 보수를 줄 용의가 있는 고객을 찾다보면 고객이 무엇보다 평판을 중요시한다는 걸 실감할 것이다.** 기술은 평판을 쌓는 데 도움을 주고 직장에서 해고되지 않게 지켜주는 방패도 된다. 프리랜서라면 환불할 가능성도 줄어들 것이다.

보수를 오로지 시간에 따라 계산하는 방법에서 벗어나 가치를 기반으로 계산하는 방법을 선택할 수 있다는 사실도 잊지 마라. 가치에 따라 보수를 매긴다는 건 맡은 일의 결과가 고객에게 얼마만큼의 가치를 지니는지를 기준으로 하여 보수를 결정한다는 뜻이다.

대규모 전자상거래 웹 사이트를 운영하는 고객이 현재 수동으로 진행하는 티셔츠 관련 공정을 자동화하는 모듈을 만들려고 사람을 찾고 있다고 가정해보자. 새 모듈을 쓸 때 비용이 얼마나 절감될지를 계산한 후 이를 기반으로 보수를 정해보라. 새 모듈 덕에 1년에 백만 달러를 아낄 수 있다고 해보자. 그렇다면 50,000~100,000달러까지 달라고 해볼 수 있다. 만약 이 모듈을 완성하기까지 80시간이 든다면 **시간당 625~1,250달러를 번다.** 시급으로 계산한다면 절대 내지 않을 금액이지만 가치를 바탕으로 계산한다면 꽤 좋은 가격이라고 수긍할 수도 있다.

이와 비슷한 방법으로 일당을 매길 수도 있다. 나는 누군가를 위해 일하는 최소 시간 단위를 하루로 설정해두고, 누군가 나에게 일을 맡기려 할 때 이를 기준으로 예약을 잡는다. 그럴 때 일당은 5,000달러, 주급은 20,000달러를 요구한다.

보수 책정과 관련한 이야기에 원래 내가 계획했던 것보다 이미 더 많은 지면을 할애했으므로 이쯤에서 이야기를 멈추도록 하겠다. 하지만 관련 입문서로 앨런 바이스_{Alan Weiss}가 쓴 『Million Dollar Consulting』`blog`을 추천한다. 안트러프로그래머_{Entreprogrammer}의 56번째 에피소드, 웨스 힉비 _{Wes Higbee} 인터뷰`blog`도 참고하라. 가치를 기반으로 보수를 측정할 방법에 대해 깊이 있는 이야기를 들을 수 있는 자료다.

사업 시작하기

이제 주제를 살짝 바꿔서 사업 시작과 관련된 기본적인 내용을 살펴보도록 하자. 사업은 법인 프리랜서라고 보면 된다. 사업을 시작하기는 쉽다. 간판을 걸고 '영업 중'이라고 하면 '사업을 시작한' 것이다. 사실 이 정도로 간단한 건 아니고 몇 가지 법적 관문을 통과해야 한다. 구체적인 내용은 어느 지역에 사느냐에 따라 달라진다. 하지만 대개는 그렇게 어렵지 않다.

수익성 있는 사업을 만들어서 그 사업과 관련된 모든 것을 성공적으로 관리하고 운영하는 부분이 어렵다.

소프트웨어 개발자는 사업을 시작하기 유리한 위치에 있다. 프리랜서가 될 수도 있고 앱이나 서비스를 만들어서 스타트업을 시작할 수도 있다. 아니면 내가 한 대로 콘텐츠를 만들고 자신이 아는 걸 가르치는 일을 할 수도 있다. 온라인으로 사업을 시작하기 아주 쉬운 시대가 된 덕에 유리한 고지를 점령했다. 온라인 창업 관련 기술을 잘 안다면 대부분의 사람보다 훨씬 앞서 있는 셈이다.

게다가 **소프트웨어 관련 사업은 수익성도 무척 좋은 편이다.** 소프트웨어 사업은 제품을 제작할 때 소프트웨어를 만드는 초기 비용 외에 다른 간접비가 거의 들지 않는다. 자신이 제품을 직접 개발한다면 그나마 필요한 초기 비용도 크게 아낄 수 있다. 사업을 시작할 생각이라면 마이클 거버Michael Gerber가 쓴 『사업의 철학』blog부터 읽어보라.

완벽을 추구하지 마라

현실을 직시하라. **대부분의 사업은 실패한다.** 막 사업을 시작한 사람들은 실제 사업 운영과 관련된 업무보다 법인을 제대로 세우고 완벽한 로고를 만들고 회계 소프트웨어를 제작하는 등의 불필요한 업무에 더 많은 시간을 쏟는 경향이 있다. 사업을 시작한 소프트웨어 개발자 중에는 별 의미 없는 일에 시간, 노력, 돈을 쏟아붓는 사람이 많다. 결국 실제 사업에 필요한 에너지까지 그런 부수적인 일에 소진해버리고 만다.

그러지 마라. 처음에는 사업이 망할 거라 가정하고 최소한의 노력과 비용을 들일 방법을 찾아라.

나는 변호사가 아니므로 내가 하는 말을 법률적 조언으로 받아들이지 말고 혹시 나중에 문제가 생기더라도 나를 고소하지 마라. **내가 법률 비전문가로**

서 할 수 있는 조언은 이렇다. 수익이라 할 정도의 돈을 벌어들이기 전까지는 법인, 회계 등등 새로 시작한 사업과 관련한 온갖 문제를 걱정할 필요가 없다. 그런 걱정을 뒤로 미루더라도 1년 후에 여전히 사업을 잘하고 있을 거라고 거의 확신한다.

여기에는 두 가지 단순한 이유가 있다.

사업의 성공 가능성을 최고로 높이려면 창업 초기에 진짜 중요한 일에 자신의 에너지를 최대한 쏟는 게 좋다. 사업이 실패로 끝나면 수익과 상관 없던 부분은 모조리 쓸모가 없어진다. 그러므로 이런 부분에 쏟는 관심은 최소로 줄이는 게 좋다. 온갖 세부 사항에 주의를 빼앗겨서 완벽한 로고를 만들고 웹 사이트를 새롭게 디자인하는 데 몇 주의 시간과 수천 달러를 쏟아붓기 정말 쉽다. 상법과 세무회계의 복잡한 세계에 빠져들어서 온갖 문제에 대한 걱정에 사로잡히기도 너무 쉽다. 그러므로 그런 문제로부터 최대한 멀어져라.

경솔하게 그런 중요한 문제들을 등한시하라는 이야기가 아니다. 법인 설립이나 회계 관련 문제를 제대로 정리해두지 않으면 결국 큰 난관에 부딪힐 것이다. 하지만 이런 문제를 걱정하면서 여기에 온 정신을 쏟기 전에 사업이 살아남을 가망이 있는지부터 알아야 한다.

게다가 사업이 수익을 내기 시작하면 이러한 문제도 한결 수월하게 해결할 수 있다. 모든 걸 직접 하지 않고 전문가를 고용하면 되기 때문이다.

직장을 그만두지 마라

사업 자금을 모아서 직장을 그만두고 싶은가 blog ? 창업을 꿈꾸는 사람이 흔히 하는 실수다. **좋은 계획처럼 보일지 모르지만 사실 엄청난 재앙으로 치닫는 아주 끔찍한 계획이다.**

나는 총구가 내 머리를 겨냥하고 있는 상황이 싫다. 그런 상황에서는 정상적인 판단이 불가능하다. 6개월에서 1년 정도 버틸 수 있는 자금을 발판으로 사업을 시작한다는 건 꽤 큰 총이다.

압박이 엄청날 것이다. 그런 압박을 받는 상황에서 전에 해본 적 없는 일을 하려고 하면 해야 할 일은 하나도 하지 못하고 종일 스타벅스에 앉아서 시간만 때울 공산이 충분하다. 9시 출근 5시 퇴근하는 직장을 다니던 사람이 지켜야 할 것이라고는 자신이 정한 일정밖에 없는 엄청난 자유를 갑자기 손에 쥐면 어찌할 바를 모르게 되기 무척 쉽다. 나는 이와 같은 경험을 두 번이나 해보았다. 그러니 내 말을 믿어라.

직장을 그만두지 마라. 적어도 바로 그만두는 건 안 된다. 사업은 직장을 다니면서 부업으로 시작하라. 이 방법을 추천하는 데에는 몇 가지 이유가 있다. 일단 굳이 총을 머리에 겨눌 필요는 없지 않은가?

하지만 그보다 주된 이유는 창업하면 어떠한지 미리 경험해두는 게 좋아서다. 창업을 하면 어떤 느낌일까? 사실 놀랍게도 직장에 다닐 때와 별 차이가 없다. 차이가 있다면 직장에 다닐 때보다 매일 4~6시간 더 일하고 주말에도 일해야 한다는 것이다. **직장에 다녀온 후 밤이나 주말을 희생할 생각이 없다면 사업가가 될 자질은 없다고 보아야 한다.**

친구와 가족에게 돈을 빌리고 집을 담보로 2차 대출을 받기 전 '편한' 직장에 다니는 동안 이런 문제를 고민해보는 게 좋다. 일부러 심술궂은 말을 하는 게 아니다. 정말이다. 경험을 통해 배운 이야기를 해주는 것이다. **정말 힘든 여정이 될 것이므로** 제대로 준비를 하는 게 좋다. 말했듯이 나도 준비가 되지 않아서 두 번이나 실패한 경험이 있다. 난 두 번 다 직장을 그만둔 상태였고, 전혀 즐겁지 않았다.

그래서 하는 말이다. **사업은 부업으로 시작하라.** 사업이 자리를 잡을 때까지 기다려라. 본업과 부업을 병행하는 시간이 2년 이상 될 수도 있다. 하지만 시간이 지나면 부업에서 벌어들이는 수입이 다니던 직장을 그만두고 부업을 본업으로 삼아도 될 정도가 되는 순간이 올 것이다.

부업이 소득을 대체할 거라고 말하지 않은 점에 주목하라. 부업의 수익이 그 정도까지 올라올 가능성은 적다. 그 대신 부업 수입으로 생계를 감당할 정도가 되었을 때 직장을 그만두어라. 직장에서 받던 연봉보다는 상당히 적을 가능성이 높다. 이런 점도 사업을 하려면 감당해야 하는 숙명이다.

잠재 고객부터 확보하라

지금까지 이 책에서 다양한 방식으로 이 점을 이야기했다. 특히 마케팅하기와 평판 쌓기 이야기를 할 때 말이다. 하지만 여기에서 다시 한번 다루도록 하겠다. 온라인 사업으로 무언가를 판매할 생각이라면 이 문제가 더욱 중요해지기 때문이다.

제품 제작에 돌입하기 전에, 심지어 고객에게 돈을 받거나 구매자 찾는 걸 고려하기 전에 잠재 고객부터 확보하라. 이 조언을 반드시 따를 필요는 없다. 제품부터 만든 다음에 잠재 고객을 확보하고도 큰 성공을 거두는 기업이 수없이 많다. 하지만 나는 잠재 고객부터 확보하는 게 훨씬 더 쉽다고 생각한다.

좋은 아이디어가 떠올라 이를 바탕으로 제품부터 만든 다음 사업을 시작하는 사람이 많다. 다른 사람의 문제를 완벽히 해결해줄 수 있는 멋진 소프트웨어를 완성했지만, 다른 사람에게 그 제품의 존재를 어떻게 알릴 것이며 제품을 사야 한다고 어떻게 설득할 것인가?

돈을 들여 마케팅을 한다. 만나는 모든 사람에게 이야기하고 그 외 고객 유치를 위해 할 수 있는 모든 일을 한다. 하지만 완벽한 제품을 가지고도 대개 자금이 떨어져서 실패로 끝난다. **아무 관계가 없는 사람에게 물건을 판다는 건 어려운 일이다.**

대안을 고려해보라. 심플 프로그래머에는 잠재 고객인 소프트웨어 개발 자가 많다. 현재 이메일 소식을 구독하는 소프트웨어 개발자는 7만 명, 유 튜브 채널을 구독한 사람은 10만 명, 내가 운영하는 각 사이트의 일일 방문 자 수는 3~5만 명 정도 된다. **내가 만든 신제품을 나오자마자 구매할 사람이 수천 은 아니라도 수백은 될 것이다.**

나는 고객을 찾으러 다닐 필요가 없다. 내 잠재 고객들은 나를 잘 알아서 나를 믿는다. 내가 자신들이 구매할 수 있는 제품을 생산하길 원한다. 그러 면 판매가 쉬워진다. 반대로 나는 내 잠재 고객이 무엇을 좋아하고 원하는 지 안다. 이 또한 큰 장점이다.

게다가 **여러 제품을 만들었을 때 각 제품의 구매자를 찾아다니지 않고도 같은 잠재 고객에게 판매할 수 있다. 미래에 새로운 제품을 또 만들더라도 처음부터 다시 시작하 지 않아도 된다.**

이 책만 해도 그렇다. 어떤 연유로 이 책을 샀는가? 내 유튜브 동영상 blog 이나 블로그 포스트, 아니면 내가 출연한 팟캐스트, 아니면 이전에 출판한 책을 통해 나를 접한 덕에 이 책을 사게 되었을 확률이 꽤 높다.

잠재 고객을 확보해두면 크게 유리해진다. 성공을 보장할 장치를 마련해두는 것이나 다름없다.

맞다. 잠재 고객을 확보하려면 시간과 노력을 더 들여야 한다. 그렇다고 그런 활동이 바로 수익으로 이어지지도 않는다. 맞다. 무료 콘텐츠도 많이 만들어야 한다. 하지만 일단 잠재 고객층을 구축해두면 그 기업은 한 가지 제품에 의존하지 않아도 된다. 잠재 고객은 어쩌면 당신과 평생 함께할 수 도 있다.

판매하는 법을 배워라

내가 아는 성공한 기업가는 모두 무언가를 파는 능력이 뛰어난 사람이다. 뭔가 판매하는 능력이 부족하면 사업뿐 아니라 무엇을 하더라도 성공에 제동이 걸리기 쉽다.

모든 사람은 언제나 무언가를 판다. 개중에는 그냥 그런 능력이 부족한 사람도 있다. 다른 사람을 설득할 때, 아이를 재울 때, 상사에게 연봉 인상을 요구할 때, 자신의 의견이 더 낫다는 사실을 동료에게 납득시킬 때 이모든 게 판매다. 자기 자신을 팔고 자신의 아이디어를 판다. 그리고 사업을 시작한 이는 자신의 제품을 판다. (기업가 중에는 자기 자신과 자신의 세계관을 판다고 주장하는 사람도 있을 것이다.)

하지만 **판매는 어렵다**. 판매 기법이 어렵고 불명확하기 때문만이 아니다. **판매는 인생에서 가장 큰 두려움인 거절을 직면해야 하기 때문에 그렇다**. 판매는 거절을 동반한다. 반드시 거절당하는 일이 생긴다. 기업가가 될 사람이라면 특히 그렇다. 어차피 반드시 경험해야 한다면 견디는 수밖에 없다.

다행인 건 **판매는 어렵지 않게 배울 수 있다**. 이를 주제로 하는 책도 정말 많다. 나는 그랜트 카돈Grant Cardone의 책을 좋아하는데 특히 『Sell or Be Sold』blog를 추천한다. 온라인에서 무언가를 판다는 건 카피라이터가 하는 일과 똑같은 일을 해야 한다는 뜻이기 때문에 **카피라이팅에 관한 책을 참고하는 것도 좋은 생각이다**. 카피라이팅 기술을 익히려면 카피 해커스Copy Hackers blog의 책부터 읽어보길 추천한다.

이미 해본 확실한 방법도 하나 있다. 그냥 팔아보는 거다. 전화 판매 아르바이트나 방문 판매 아르바이트를 해보라. 돈은 걱정하지 말고, 사람들에게 물건을 팔고 거절을 당하는 진짜 경험을 해보라.

어떤 방법을 써도 좋으니 어떻게든 판매 기술을 익혀라. 회사를 운영하는 사람이 남에게 판매를 맡길 수는 없다. 판매 직원을 고용할 수 있겠지만 그래도 자기 자신부터 이 기술에 통달해야 한다.

도움을 받아라

조시 얼Josh Earl, 데릭 베일리Derick Bailey, 찰스 맥스 우드Charles Max Wood가 없었다면 오늘날 심플 프로그래머도 존재하지 않았을 것이다. 안트러프로그래머blog로 불리는 이들이다. 이들은 몇 년 전 내가 시작한 마스터마인드 그룹의 일원이다. 우리는 주간 동영상 팟캐스트를 만드는 일을 한다.

마스터마인드 그룹이란 **서로 다른 기술을 가지고 다른 분야에서 일하는 사람들이 비슷한 목표를 가지고 정기적으로 만나서 서로의 성공을 돕는 모임**을 가리킨다.

사업을 운영하는 건 어려운 일이다. '젤다의 전설' 게임에 등장하는 한 노인도 "혼자 다니면 위험하네!"라고 알려주지 않던가? **다른 사람의 도움을 받을 줄 알아야 한다. 이는 필수 사항이다.**

꼭 나처럼 마스터마인드 그룹에 속해 있어야 하는 건 아니지만, 자신을 지지하고 응원하는 사람은 꼭 있어야 한다. 그냥 포기해버리고 싶은 순간이 수시로 찾아오기 때문이다. 아까 말한 친구들이 내 사업을 살려주었다. 그들이 없었다면 나는 아마 포기했을 것이다. 친구들과 아이디어를 교류하지 못했다면 심플 프로그래머가 잘 성장할 수 없었을 것이다.

사업은 롤러코스터와 같다. 어떤 날은 천하를 얻은 듯하다가 어떤 날은 모든 게 끝장났다고 느껴진다. 폭풍우를 견딜 수 있게 자신을 지지해줄 사람들을 만들어두라.

어렵지만 견딜 만한 가치가 있다

이 장에서 나는 사업을 시작하면 겪게 될 상황을 무섭게 보여주었다. 의도한 바다. 사업이 얼마나 어려운지 알고 있는 사람은 에메랄드 시로 향하는 노란 벽돌길이 무서운 숲길로 바뀌어도 놀라지 않을 것이다.

하지만 **사업을 한다는 건 정말 멋진 일이라는 사실도 알아두면 좋겠다.** 자신의 삶이 온전히 자신의 것이 된다. 그리고 그 어려운 일을 혼자 힘으로 해냈다고 느끼는 순간만큼 기분이 좋을 때도 없다.

나는 매일 아침 그날 무슨 일을 할 건지 내가 정할 수 있다. 물론 내게도 지켜야 할 일정이나 해야 할 일, 책임질 일이 있다. 하지만 그 모든 걸 선택하는 건 내 몫이다. 말 그대로 나는 내 운명의 주인이고 그런 생각을 하면 정말 기분이 좋다. 얼마를 벌지, 가족과 유럽으로 3개월 동안 여행을 갈지 내가 결정한다. 그래도 계속 돈을 받으며 일할 수 있다.

무엇보다 중요한 건 **내가 다른 이들의 삶에 긍정적인 영향을 주는 의미 있는 것을 만들었다는 사실이다.** 그래서 가는 길이 어렵더라도 해볼 생각이 있다면 이 멋진 여정에 얼마든 함께하라고 격려하고 싶다.

55

진로

딩동! 이제 당신은 다음 레벨로 진급했습니다. 이제 레벨 12 웹 개발자입니다. 새로운 자바스크립트 프레임워크의 잠금을 해제했습니다 `blog`.

소프트웨어 개발자가 선택할 수 있는 진로는 다양하다. 비디오 게임처럼 길 안에 길이 있다. **어떤 길을 선택하느냐에 따라서 소프트웨어 개발 경력의 종착역이 결정된다.** 잘못된 길을 선택하면 평생 코볼을 쓰는 요정으로 남는다. 올바른 길을 선택하면 상아탑에 살면서 저 높은 곳에서 칙령을 내리는 백색 마법사 혹은 아키텍트가 된다.

맞다. 이건 비디오 게임 이야기다. 하지만 현실에서도 어떤 진로를 선택하느냐에 따라 분명 차이가 있다 `blog`. 정말 중요한 문제다.

자신의 진로에 대해 진지하게 고민하지 않거나 어떤 길로 가서 어떤 길드에 가입할지 신중하게 선택하지 않는 초보 프로그래머가 많다. 그냥 샛길에서 "그룹을 찾습니다!"라고 외치다가 자신을 받아주는 아무 그룹에나 들어간다.

이 장은 소프트웨어 개발자가 신중하게 진로를 선택하는 데 도움이 될 만한 이야기로 채웠다. 우선 어떤 선택지가 있는지부터 살펴보자.

소프트웨어 개발자 유형 세 가지

소프트웨어 개발자를 볼 때 넓게 세 가지 범주로 나눈다. 이렇게 나눠서 생각해본 적이 없을 것이다. 보통 셋 중 가장 큰 범주만 생각하고, 대부분의 소프트웨어 개발자는 가장 큰 범주에 속한다. 하지만 소프트웨어 개발 진로 목록 전체를 살펴보려면 다음과 같은 범주에서 시작해야 한다. 그 범주는 다음과 같다.

- 직업 개발자 (가장 흔하다)
- 프리랜서 (용병)
- 안트러프로그래머 `blog` (프로그래머/사업가 하이브리드)

각각을 간단히 살펴보자.

첫 번째로 직업 개발자다. 이 책은 직업 개발자에 중점을 두었고, 이 장 또한 이들에게 가장 집중할 것이다. 이유는 간단하다. 프로그래머 대부분이 직업 개발자다. 적어도 프로그래머가 된 후 일정 시간은 직업 개발자로 보낸다. 직업 개발자란 다른 사람이 운영하는 직장에 다니며 정기적으로 보수를 받는 소프트웨어 개발자를 말한다. 대부분 좋아하는 회사에서 좋은 연봉을 받으며 다니고, 때가 되면 승진을 하거나 더 좋은 회사로 이직하다가 은퇴하기를 바란다. 이 진로에는 아무 문제가 없다. 앞서 말했듯이 이게 기본 설정이다.

다음은 프리랜서다. 바로 앞 장에서 프리랜서가 무엇인지 이야기한 바 있으므로 여기서 다시 재탕할 생각은 없다. 프리랜서는 특정 회사에 충성하지 않고 혼자 일하는 소프트웨어 개발자를 가리킨다. 용병처럼 자신이 선택한 고객을 위해 일한다. 프리랜서에 대해서는 이미 이야기하기도 했고 이를 주제로 책을 써도 한 권은 나올 분량의 이야기가 더 있기 때문에 더 자세한 이야기는 하지 않겠다.

마지막으로 나도 속하기 때문에 가장 소중하게 여기는 유형이다. 바로 소프트웨어 개발자 겸 기업가인 안트러프로그래머다. 이 유형은 프리랜서와 다르다. 다른 사람을 위해 일하지 않고 자신의 제품이나 서비스를 개발해서 직접 고객에게 판매한다. 애플리케이션 제작 및 판매, 교육용 동영상이나 튜토리얼 만들기, 블로그 운영하기, 책 쓰기, 심지어 자신의 기술에 관한 음악 만들기 등 어떤 방법으로든 매일 저녁 식탁에 마카로니 치즈를 올려놓을 수 있을 정도의 돈을 버는 유형의 개발자를 가리킨다. 안트러프로그래머가 되는 방법은 이미 54장에서 다룬 데다 사실 제대로 이야기하려면 이 또한 책 한 권도 모자란 주제이므로 이 장에서는 이야기하지 않을 것이다.

직업 개발자 선택지

다음으로 소프트웨어 개발자가 고를 수 있는 전문 분야를 소개하겠다.

> 주의: '제너럴리스트 vs. 스페셜리스트'를 다룬 장에서 이야기한 분야와는 다르다. 이 장에서 말하는 전문 분야는 그보다 훨씬 넓다.

이 장에서 말하는 전문 분야는 소프트웨어 개발자가 기술적 의미에서 자신이 선택하여 따라갈 수 있는 **매우 높은 차원의 진로**를 가리킨다. 헷갈리지 않게 전문 분야라는 용어 대신 선택지라는 용어를 쓰겠다.

선택지는 직업 개발자에게만 해당되는 건 아니다. 어떤 유형의 개발자든 이러한 진로 중 하나를 선택해야 한다. 복수의 길을 선택해서 이중 진로를 유지할 수도 있다. 하지만 적어도 하나는 선택해야 한다.

웹 개발

오늘날 가장 많은 소프트웨어 개발자가 속해 있는 유형이다. 대부분의 소프트웨어 개발자는 웹 개발자이거나 적어도 일부 웹 개발 일을 하는 사람일 것이다. 웹 개발자라면… 짠! 웹 애플리케이션을 만든다. 놀랐는가?

웹 개발자 중에는 프런트엔드 작업을 통해 외관을 아름답게 꾸미는 사람도 있고 백엔드 작업을 통해 뭔가 작동시키는 사람도 있다. 혹은 두 가지를 하는 동시에 웹 디자인 능력마저 갖춘 웹 개발계의 유니콘 같은 존재도 있다.

웹 디자인은 예외로 하고 프런트엔드와 백엔드를 둘 다 다룰 줄 아는 웹 개발자를 '풀스택 개발자'라고 부른다. 프런트엔드, 미들웨어, 백엔드(사용자 인터페이스, 비즈니스 로직, 데이터베이스로 구분할 수도 있다)라는 웹 개발 기술의 모든 단계를 개발할 수 있다는 의미다.

모바일

애플리케이션을 말한다. 요즘은 앱이 대세다! 없는 앱이 없다.

전화기, 태블릿, 스마트 TV, 웨어러블 기기용 모바일 애플리케이션을 개발하는 모바일 개발자가 되려는 소프트웨어 개발자가 점점 늘고 있다. 매해 점점 더 많은 앱이 나오기 때문에 앱 개발을 하면 흥미로운 기회를 많이 접할 수 있다. 요즘은 거의 모든 회사가 모바일 앱을 만든다. 심지어 앱을 여러 개 만드는 회사도 꽤 된다.

데스크톱

데스크톱 소프트웨어 개발이 아직도 건재하냐고 묻는 이메일을 가끔 받는다. 정말 이상한 질문이다. 왜냐하면, 그 문의 이메일조차 대부분 데스크톱 프로그램이 작동되는 컴퓨터에서 웹 브라우저를 통해 작성하기 때문이다. 데스크톱 프로그램인 웹 브라우저로 말이다. 당신은 어떻게 코드를 작성하고 컴파일하는가? 클라우드 IDE가 점점 인기를 끌고 있긴 하지만 대부분은 데스크톱을 기반으로 하는 IDE를 쓴다.

그래, 좋다! 인정하겠다. 데스크톱 개발자의 미래가 그리 밝아 보이진 않는다. 내가 인정하는 걸 보니 이제 만족스러운가? 하지만 사실 PC에서 바로 실행되는 애플리케이션을 개발하는 소프트웨어 개발자에 대한 수요는 앞으로도 어느 정도 늘 있을 거라고 생각한다. 물론 틀릴 수도 있지만 아주 큰 인기가 없을 뿐 적어도 아직은 유효한 선택지다.

비디오 게임

누구나 비디오 게임 개발자가 되고 싶어 할 거라고 생각한다. 맞다. 나도 그렇다. 내가 소프트웨어 개발자가 되기로 결심한 이유였기 때문이다.

하지만 비디오 게임 개발자가 되지는 않았다. 프린터 프로그램 개발로 시작해서 꽤 많은 웹 애플리케이션과 몇 가지 모바일 앱을 만들었다. 그 외에도 여러 일을 하다가 요즘은 빈정대는 농담이 넘쳐나는 책, 소프트웨어 개발자가 이성을 만나는 방법을 알려주는 유튜브 동영상을 만들며 산다.

인생은 예상대로 흘러가지 않지만 이것도 개발자의 진로 선택지 중 하나다. 경쟁이 심하다는 것, 비디오 게임을 만드는 데 긴 시간을 들여야 한다는 것. 내가 떠올릴 수 있는 단점은 그 정도다.

젠장, 나도 이 진로를 선택했어야 했다. 꼭 이 진로를 선택하라!

임베디드 시스템

수익성이 높아 보이거나 멋져 보이지 않을 수도 있다. 하지만 아니다. 내 말을 믿어라. 나도 한때 프린터를 만들던 임베디드 시스템 개발자였다. 그렇다. 프린터!

나를 따라 신나게 말해보라! 임베디드 시스템이 최고다! 잘했다!

그다지 화려한 일은 아니다. 하지만 당신이 들고 있는 컵에 담긴 얼음을 만든 냉장고, 그 냉장고는 생각을 한다. 요즘은 온갖 물건이 생각을 한다. 누군가는 물건이 생각을 할 수 있도록 코드를 작성해야 한다. 당신도 할 수 있는 일이다.

임베디드 시스템 개발자들은 보통 전자 기기 안에서 작동하는 실시간 운영 체제`blog` 작업을 한다. 전자 기기 안에서 작동하기 때문에 내장되었다는 뜻의 임베디드embedded라는 단어를 써서 임베디드 시스템이라고 부르는 것이다. 영리한 작명이다.

이 또한 훌륭한 진로다. 수요가 높고 가치가 높은 전문적인 기술을 요구한다. 임베디드 시스템 프로그램의 미묘한 시간 차 문제를 해결했던 것이 내가 소프트웨어 개발자로서 했던 가장 어려운 작업 중 하나였다.

데이터 사이언스

비교적 최근에 등장했으나 아주 수익성이 좋은 진로다.

데이터 사이언티스트는 정확히 어떤 일을 할까? 제대로 아는 사람은 없다. '빅 데이터'와 관련된 일을 하는 것으로 보인다. 하지만 진지하게 이야기하건대 아주 빠르게 성장하고 있는 거대 시장임은 분명하다. 특히 큰돈을 벌고 싶은 사람에게 추천한다.

데이터 사이언티스트는 여러 분야의 기술을 사용해서 거대한 양의 데이터가 어떤 의미를 나타내는지 이해한 다음 결론을 내리고 예측을 한다. 프로그래밍 기술을 써서 데이터를 추출하고 조작하고 재조직해서 이해할 수 있는 방식으로 표현할 수 있게 해주는 맞춤형 프로그램을 만든다. 끊임없이 늘어나는 데이터의 양을 생각해볼 때 데이터 사이언스에서 꽤 흥미로운 가능성을 엿볼 수 있다.

툴과 엔터프라이즈

상업적으로 출시되거나 상업적으로 판매되는 제품에서 사용되지 않는 소프트웨어를 개발하는 소프트웨어 개발자도 많다. 이런 개발자들은 보통 조직이나 사내 애플리케이션에 쓰이는 툴을 만든다. 툴 개발은 아주 흥미롭고 보람 있는 분야다. 동료들이 일을 더 잘할 수 있도록 도와주는 툴을 개발하면 효과가 매우 뚜렷하게 드러나기 때문이다.

엔터프라이즈 개발은 독특한 능력과 지식을 갖춰야 할 수 있는 매우 도전적인 분야다. 엔터프라이즈 개발자라면 조직과 파벌에 대한 깊은 이해를 갖춰야 소프트웨어를 어떤 형태로 개발할지 알 수 있을 것이다.

클라우드

클라우드 개발은 꽤 새로운 분야다. 하지만 점점 더 많은 애플리케이션이 클라우드와 분산 모델distributed model로 옮겨오고 있기 때문에 매우 빠르게 성장하고 있다.

클라우드 애플리케이션 대부분은 웹 애플리케이션이기도 하지만, 꼭 웹 애플리케이션일 필요는 없다.

클라우드 개발자는 클라우드의 작동 방법을 잘 알아야 한다. 특히 클라우드의 확장성scalability과 가용성availability을 정확히 이해해야 한다. 클라우드 IDE가 있으면 클라우드상에서 개발하는 클라우드 개발자가 될 수도 있다.

자동화

자신이 작성한 테스트가 자동으로 애플리케이션의 양식을 채우고 버튼을 클릭하고 앱 내부를 탐색하고 결과를 확인하는 모습을 보고 있노라면 꽤 즐겁다. 테스트 자동화는 재미있어서 참 좋아하는 분야다.

사실 빠른 성장세 덕에 수요 또한 매우 높다. 자동화 프레임워크를 만들 `blog` 방법을 제대로 이해하고 다른 소프트웨어를 테스트할 자동 테스트 프로그램을 만들 수 있는 소프트웨어 개발자가 심각하게 부족하다.

테스트 자동화 개발자는 애플리케이션 테스트 자동화용 툴을 만들고, 기능을 실행하고 확인하는 자동화된 테스트를 작성한다. 테스트 자동화 업무는 다른 애플리케이션을 테스트하는 애플리케이션을 만드는 일이므로 매우 복잡하고 어려울 수 있다. 하지만 말했듯이 꽤 재미있는 분야라고 생각한다.

유리 천장 너머로

이 중 어떤 유형의 소프트웨어 개발자가 되겠다고 선택했다 한들 결국은 '유리 천장'에 부딪힐 것이다. **유리 천장이란 승진이나 연봉 인상에 존재하는 현실적 한계를 가리킨다.** 실력이 매우 뛰어나도 그 사람이 도달할 수 있는 정상에 도달하고 나면 그 이상 더 나아가지 못한다.

이런 유리 천장을 우회하거나 돌파할 방법이 몇 가지 있다.

우선 다른 사람을 위해 일하지 않으면 된다. 프리랜서가 되면 유리 천장이 훨씬 더 높아진다. 물론 프리랜서에게도 보수의 현실적 한계는 존재한다. **일한 시간에 비례해서 보수를 받기 때문이다.**

사업을 시작하면 제한이 완전히 사라진다. 그 대신 돈을 한 푼도 벌지 못하거나 오히려 적자를 내는 일도 있을 수 있다. 그래도 프리랜서나 사업가가 유리 천장의 돌파구가 되는 건 사실이다. 직업 개발자로 남더라도 개인 브랜드를 만들고 자신을 마케팅하는 데 최선을 다하면 평판을 높이 사서 평균적인 보수보다 훨씬 더 많은 금액을 제안하는 회사를 만날 수 있을 것이다. 이런 목표를 세운 이들에게 도움이 될 맞춤형 강의 '소프트웨어 개발자 마케팅하기' blog 를 만들어두었다.

지금까지 말한 방법 외에 다른 길도 있다. 큰 회사에 입사해서 관리직과 기술직 중 하나를 선택하는 것이다.

관리직? 기술직?

중소기업에서 할 수 있는 승진은 현실적으로 한계가 있다. 회사에서 정해둔 직급보다 더 높이 올라가는 건 불가능하므로 그다지 높이 올라가지 못할 수 있다.

하지만 **마이크로소프트, 애플, IBM, 구글 페이스북, HP 등의 거대 기업은 유리 천장도 훨씬 더 높다.** 이런 기업은 종종 뛰어난 기술직 직원을 찾는다. 그 직원을 회사에 입사시키기 위해 특별한 기술직 직급을 마련해준다. 또한 기술직 트랙과 관리직 트랙을 보통 별도로 마련해둔다. 코딩을 포기하고 관리직 트랙으로 갈 것인지, 회사에서 그만하라고 할 때까지 계속 코딩을 할 수 있는 기술직 트랙으로 갈 것인지 선택해야 한다. 관리직 트랙을 선택한다면 개발자 관리자로 시작해서 부서장이나 프로젝트 매니저를 거쳐 개발 총괄 이사나 CTO 같은 경영진 직급까지 승진할 수 있다.

<잠깐만요, 존!> **관리직을 아무나 할 수 있을까요? 아니면 사람들과 어울리기 좋아하는 사람만 할 수 있을까요?**

어떤 길을 선택하든 사람들과 어울리기 좋아하는 사람이 되어야 한다. 정말이다. 경력을 발전시키고 싶은 사람이라면 대인 관계 기술을 반드시 키워야 한다.

이 책에도 대인 관계 기술에 대한 이야기가 나오지만 자신이 이 기술을 좀 더 연마해야 한다고 느낀다면 내가 쓴 다른 책 『소프트 스킬』이나 데일 카네기의 고전 『인간관계론』을 읽어보길 바란다.

사실 관리직 트랙을 선택하는 사람이 마주할 가장 큰 문제는 아마도 사람을 좋아하고 관리직 업무를 감당할 수 있겠느냐보다 기술 업무를 하지 않고도 견딜 수 있겠느냐일 것이라고 본다. 내가 관리직이 될 때마다 느끼는 가장 큰 문제 또한 늘 코딩을 하고 싶고 기술 업무를 하고 싶다는 것이었다.

소프트웨어 개발자 대부분은 기술 문제 해결이 좋아서 그 일을 직업으로 선택한다. 단순히 돈을 벌기 위해 선택한 게 아니다. 그러므로 평생 코딩을 하지 않고도 견딜 수 있을지를 자문해보아야 한다.

기술직 트랙을 선택한다면 시니어 개발자에서 아키텍트로, 그 후에는 연구원과 선임 연구원으로 나아갈 것이다. **회사마다 기술직이나 비기술직에 대해 각기 나름의 트랙을 설정해두므로 회사에 따라 직함이나 직급은 다르다.** 하지만 유리 천장에 도달한 후에도 계속 승진하기 원한다면 기술직과 관리직 중 어느 쪽으로 갈지 선택해야 한다.

사실 자신이 고급 기술직 트랙이 존재하는 큰 회사에 몸담고 있는 게 아니라면 선택의 여지조차 없다. 승진하려면 관리직으로 갈 수밖에 없을 것이다. 물론 그게 싫다면 회사를 차리면 된다.

자신이 어디로 향하는지 항상 생각하라

앞으로 자신이 나아갈 길을 신중히 조종할 수 있도록, 현재 본인이 어디로 향하는지 진지하게 생각해보게 하는 것이 이 장의 핵심이다.

경력을 발전시키고 싶다면 자신이 어떤 방향으로 향하고 있는지 알아야한다. 어떤 소프트웨어 개발자가 되고 싶은지부터 곰곰이 생각하라.

평생 직업 개발자로 남고 싶은가? 어떤 유형의 개발자가 되겠는가? 웹개발자? 모바일? 클라우드? 이루고 싶은 목표는 무엇인가? 아키텍트가 되는 게 꿈인가? 그냥 코딩하며 즐겁게 지내면서 특정 지점 이상으로 나아갈 걱정 따위는 하지 않으며 살고 싶은가? 아니면 최대한 높이 올라가고 싶은가? 최대한 높이 올라가고 싶은 사람이라면 고위급 기술직 트랙을 갖춘 회사를 찾아보기 시작하는 게 좋다.

결국 관리직으로 가서 CTO 혹은 CEO직까지 가고 싶은 사람도 있을 것이고 초반에는 직업 개발자로 일하다가 나중에는 프리랜서나 기업가가 되고 싶은 사람도 있을 것이다.

무엇을 선택하든 본인이 결정하고 계획을 세우는 게 중요하다. 언제든 나중에 계획을 바꾸어도 무방하다. 한번 정한 길이라고 해서 평생 그 길에 헌신해야한다는 말이 아니다. 하지만 계획은 항상 세워야 한다. 그렇지 않으면 목적없이 떠돌게 된다.

56

고용의 안정성과 보장

내 말을 따라 해보자. **세상에 고용 보장은 존재하지 않는다.**

한 회사에 입사하면 그 회사에서 평생 일하는 것이라고 생각해온 일본에서조차 고용 보장의 시대는 끝났다. 부모님은 아마 학교에서 좋은 점수를 받고 대학을 졸업하고 좋은 회사에 입사만 하면 모든 일이 잘될 거라고 말씀하셨을 것이다.

하지만 그렇지 않다! **모든 일이 잘되지 않는다.** 과거에는 그랬을지 모르지만 지금은 확실히 그렇지 않다. 요즘은 '모든 일을 제대로 해도' 취업조차 못할 수 있다.

연공서열은 사라졌다. 시간이 지나면 무언가를 당연히 받을 만한 권리나 자격이 생기는 일도 없다. 적어도 자신이 한 일 때문에 고용주가 자신에게 신세를 졌다는 생각은 하면 안 된다. 그러므로 고용 보장, 고용 안정성이라는 단어는 머리에서 깨끗하게 지워버려라.

불편한 상태로 지내야 한다는 사실에 익숙해져라. 미지의 세계를 맞서는 일에 익숙해져라. 기대를 버리고 적응하는 데 익숙해져라. 역설적이게도 그래야만 당신이 추구하는 고용 보장과 안정성이 따라올 것이다. 단, 그 양상은 예상을 빗나갈 것이다.

불안정하지만 괜찮다

서론에서 약간 충격을 받은 사람도 있을 것이다. 지금부터는 그래도 모든 것이 괜찮을 거라는 이야기를 하려고 한다.

나도 불안정하고 세상도 불안정하다. 하지만 그래도 괜찮다. **세상은 과거로 절대 되돌아가지 않을 것이다.** 정치인들이 뭐라고 하든지 '그런 일자리'는 돌아오지 않는다. 그런 시절은 지나갔고 일하는 방식은 바뀌었으며 앞으로도 계속 바뀔 것이다.

한 회사에 입사하여 은퇴해서 연금을 받기 전까지 20~30년 동안 그 회사에 머물 수 있을 거라 기대해서는 안 된다. 혼란스러운 시대가 시작되었다. 변화의 속도가 너무 빠르다.

블랙베리를 생각해보자. 한때 블랙베리는 모바일 시장의 왕이었다. 영원히 우리 곁에 머물 것 같았지만 어느 날 하룻밤 사이에 급격하게 시장에서 사라졌다. 블랙베리에 소프트웨어 개발자로 취직해서 몇 년간 멀쩡히 잘 일하던 사람이 갑자기 더는 안정감을 느낄 수 없는 상황으로 내몰렸다.

사실 원래 안정성이라는 건 존재하지 않는다. 지금 머무는 곳 혹은 가고 싶은 곳도 불안정한 건 마찬가지다. 요즘 업무 환경의 특성이 그렇다. 그리고 안정적이지 않은 건 고용주에게나 직원에게나 마찬가지다. 오늘날은 고용주도 직원이 영원히 자신의 회사에 머물 거라고 기대하지 않는다. 과거에는 짧은 기간 내에 여러 회사로 이직한 것이 감점 요인이었지만 요즘은 일반적인 일이다. 이런 사실을 빨리 깨달을수록 유리하다. 그러한 깨달음이 선택에 큰 영향을 미치기 때문이다. 생각해보자. 향후 20년간 근속할 회사를 고르는 기준과 기껏해야 몇 년 정도 근무할 거라 생각하는 회사를 고르는 기준은 크게 다를 수밖에 없다.

하지만 여전히 1970년대에 사는 것처럼 행동하는 소프트웨어 개발자가 너무 많다. '위험 부담'이 있다는 이유로 더 좋은 기회를 차버리고 '안정적인' 회사를 선택한다. 거대 기업은 스타트업처럼 빠르게 무너지지 않을 거라고 생각한다. 하지만 그 생각은 틀렸다.

오늘날의 세상은 특히 기술이 관련된 분야라면 더더욱 본질적으로 불안정할 수밖에 없다. 당장 내일 상사에게 해고 통지서를 받는다면 바로 실행할 수 있는 시나리오나 계획을 준비해두었는가? 비상시에 유리를 깨고 탈출할 때 쓸 수 있는 구직 툴킷 toolkit 을 제공하고 있으니 다운로드하기 바란다. 비상 상황에 대처할 방법을 정확히 알고 있는 것만으로도 두려움을 이기고 어떤 상황이 닥치든 헤쳐나갈 수 있다는 자신감을 얻을 수 있다.

안정적인 자리를 찾아다니지 마라. 그 대신 더욱 강하고 적응력이 뛰어난 사람이 돼라. 언제든 일자리를 구할 수 있는 인재로 거듭나라.

지식을 꽁꽁 감춘다고 해서 고용이 보장되지 않는다

고용 안정에 대해서는 잠시 후 다시 이야기하겠다. 그전에 고용 보장에 대해 잠시 생각해보자. 세상에는 고용을 보장받기 위해 말도 안 되는 엉터리 수작을 부리는 사람이 있기 때문이다.

그중 최악이 자신의 지식을 꽁꽁 감추는 행위다. 어느 날 갑자기 버스에 치여서 자신이 사라지더라도 세상이 잘 돌아갈 수 있도록 배운 내용을 공유하고 다른 이들이 일을 더 잘할 수 있도록 가르쳐주기보다 그 반대로 행동하는 사람들 말이다. 이런 사람은 **고의로 일을 더 복잡하게 만든다.** 자신만 알고 있는 빌드 시스템 작동법이나 전체 아키텍처에서 자신이 맡은 아주 작은 부분의 작동법을 절대 남에게 알려주지 않는다. 자신이 버스 사고로 세상을 떠나면 세상이 멈춰버리길 바란다.

이런 사람들에게 들려줄 말이 하나 있다. **자신을 얼마나 중요하게 생각하든 자신이 얼마나 대단한 '비밀'을 알고 있든 세상은 잘 돌아간다.** 시신이 수습되는 동안 회사에서는 그가 하던 일을 할 새로운 인물을 고용할 것이고 사람들이 머리를 맞대면 그 일을 어떻게 하면 되는지는 결국 모두 알아낼 것이다. 그때쯤이면 그가 하던 일이 그다지 중요하지 않았다는 사실, 진작에 없어도 그만인 인물이었다는 사실, 해고를 했어야 마땅했다는 사실 또한 깨달을 것이다. 쯧쯧.

그러지 마라. 이런 방법으로는 고용을 보장할 수 없다. 사람들의 화만 돋우고 자신의 가치만 떨어진다. 어느 회사에서든 마찬가지다. 감추려고 해봐야 감출 수 없는 것을 감추려고 애쓰며 인생을 낭비하지 말아라. 그럴 시간에 새로운 것을 배우고 blog 배운 내용을 다른 사람에게 알려주며 자신의 기술을 발전시키는 게 현명하다.

혹시 이런 엉터리 방법을 써서 잠시나마 회사를 인질로 잡는 데 성공할지 모르지만 **결국 회사는 붙여둔 테이프를 뜯고 막아둔 나무판을 발로 걷어차고 탈출에 성공할 것이다.** 당신이 진보를 멈출 수는 없다.

| 반대로 하라 |

역설적으로 들리겠지만 **자신을 불필요한 존재로 만들기 위해 노력하면 높은 수준의 고용 보장을 약속받을 수 있다.** 반직관적인 이야기다. 자신의 비밀을 전부 알려주면 필요 없는 존재가 될 거라는 선의의 조언을 해준 어른이 주변에 많았을 것이다.

하지만 최대한 많은 작업을 자동화해두고 자신이 하는 일을 다른 직원에게도 많이 알려주어서 **자신의 자리를 불필요하게 만든 사람**이야말로 어느 회사에서든 환영받고 가장 가치 있는 인재로 인정받는다.

맞다. 있던 자리는 불필요해지므로 그 자리는 지킬 수 없을 것이다. 하지만 해고당할 일도 없다. 승진할 것이기 때문이다. 이게 바로 진정한 고용보장이다. 손을 대는 일마다 금으로 바꾸어놓기 때문에 점점 더 많은 일을 맡길 수밖에 없는 소중한 인재가 되는 것이다.

소프트웨어 개발자 한 명으로 할 수 있는 일은 그리 많지 않다. 훌륭한 코딩 실력을 갖추었다고 해도 한 사람이 하루에 할 수 있는 일에는 반드시 한계가 있다. 하지만 동료 개발자와 함께라면 더 많은 성과를 낼 수 있다. 자신의 업무 일부를 자동화해서 직접 해야 하는 일의 양을 줄인다면 마찬가지 효과가 난다. **지렛대 효과를 이용해서 한 명의 몫보다 큰 몫을 해내는 것이다.**

자신의 지식을 더 많이 공유할수록 더욱 가치 있는 사람이 된다. 이것이야말로 현존하는 고용 보장의 유일한 형태다.

안정성을 능력으로 대체하라

고용 안정성과 고용 보장을 얻고 싶다면 안정적인 회사의 완벽한 일자리를 확보한 후 자신의 업무와 관련된 중요한 비밀을 가지고 회사를 인질로 잡아두는 방법 말고 **지식을 쌓아 쌓은 지식을 무료로 다른 이들에 공유함으로써 더욱 가치 있는 인재로 인정받는 방법**을 써라.

자리를 지키기 위해 정치적 게임을 하면서 어느 말에 걸어야 안정성이 보장될까 전전긍긍하기보다 **고용 보장이나 안정성의 필요를 느끼지 못할 정도로 자신의 실력을 키우는 건 어떨까?**

특정 회사나 특정 자리에 자신의 희망을 거는 대신 **어느 자리든 원하기만 하면 쉽게 얻을 수 있을 정도로 자신의 능력을 향상시키는** 전략은 왜 생각해보지 않는가? 여러 회사에서 자신을 데려가려고 아우성을 칠 정도로 자신의 가치를 높이면 고용 보장이나 안정성이라는 게 의미 없는 개념이라고 느끼게 될 것이다.

이 전략이 낫다. 자신의 통제를 벗어난 외부 요소가 아니라 자신이 통제할 수 있는 내적 요소에 의존하는 전략이기 때문이다. 그리고 앞서 말했듯이 시대가 변했다. **오늘날 고용 보장이나 안정성이라는 말은 환상에 불과하다.** 그러므로 어떤 자리에서든 고용 보장이나 안정성에 의존하기보다 능력을 키워서 자립적인 존재가 되는 것 blog 이 훨씬 더 많은 수입을 벌어들일 수 있는 똑똑한 전략이다.

자신의 안전망은 스스로 만들어라

유사시를 대비해 3~6개월 정도의 생활비를 안전망으로 준비해두면 고용 보장이나 안정성에 대한 고민이 크게 줄어든다. 나는 그 달 번 돈으로 그 달을 사는 사람들이 너무 많다는 사실에 늘 놀란다. 그렇게 사는 건 이치에 맞지 않을 뿐 아니라 변명의 여지도 없다.

그 달 벌어서 그 달 살고 있다면 자신을 '몰리는 상황'에 내몰고 있는 셈이다 blog. 이런 상황에서는 한 가지 문제만 일어나도 재정적인 재난으로 이어져서 삶이 무너져 내릴 수 있다. 다음 달 월급을 받아야만 월세를 비롯해 각종 청구서의 돈을 낼 수 있는 상황이라면 실직과 동시에 생활이 급격히 망가질 것이기 때문에 고용 보장과 안정성에 대해 과하게 걱정하는 게 당연하다. 하지만 몇 달치 생활비를 저축해두었다면 원치 않게 실직한다 해도 다른 일자리를 구할 때까지 충분한 시간적 여유가 있기 때문에 그 상황을 큰 문제로 느끼지 않는다.

이렇게 말하면 대부분의 사람이 동의한다. 고개를 끄덕이며 "맞는 말이에요."라고 한다. 자신도 몇 달치 생활비를 모아두고 싶지만 **당장은 그럴 형편이 되지 않는다고 한다.** 자신이 버는 돈은 겨우 생활비를 내면 남는 게 없다는 눈물겨운 이야기를 들려준다. 연봉이 인상되거나 자동차 대출을 다 갚으면 돈을 모아서 그런 안전망을 만들겠다고 한다.

말도 안 되는 소리다! 수입이 얼마나 되는지 모르겠지만 **누구라도 오늘부터 적어도 수입의 10퍼센트를 떼어서 예비비 계좌에 저축하는 것을 시작하지 못할 이유가 없다.** 오늘부터 말이다! 이 정도도 하지 못한다면 분수에 넘치는 생활을 하고 있는 것이다.

더 작은 집으로 이사하거나 더 낡은 차를 타야 한다. 매주 다섯 번씩 하던 외식을 줄이고 영화관에 가는 것도 그만두어야 한다. 그렇게 비싼 휴대폰 데이터 이용료를 쓸 필요도 없다. 아니, 당분간 아예 휴대폰을 없애도 무방하다. 케이블 방송을 끊고 점심은 도시락을 싸서 다니고 차와 집에 드는 비용을 줄이고 **쓸 수 있는 모든 방법을 동원해서 적어도 수입의 10퍼센트는 저축하면서 예비비를 모아라.**

지금 시작하면 몇 년 내에 석 달치 생활비는 모을 수 있을 것이다. 그러면 다시는 고용 보장 문제를 걱정할 필요가 없다. 그 목표를 이룬다면 기분이 정말 좋지 않겠는가? 그 정도 작은 희생을 할 가치는 있지 않겠는가?

나는 지난 10년간 늘 적어도 1년치 생활비는 예비비로 준비해두었다. **1년치 생활비가 은행 계좌에 있으면 어떤 힘이 생길까?**

상사에게 마음 편히 꺼지라고 말할 수 있는 삶을 살 수 있다. 1년 동안 다른 직장을 구하면서 쓸 생활비가 마련되어 있기 때문이다(그렇다고 그런 행동을 권장하는 건 아니다). 기분도 정말 좋아진다. 수표책을 결산할 필요도 없다. 언제 내 수표책을 결산했었는지도 기억나지 않는다. 엄청나게 돈이 많은 부자라 그런 게 아니다. **항상 내 수입보다 훨씬 적은 돈을 쓰기 때문이다.** 절대나 스스로를 구석에 모는 상황을 만들지 않는다.

지금보다 수입이 훨씬 적을 때도 지금과 똑같이 예비비를 충분히 저축했다. 그 덕에 일자리를 잃을 걱정이나 수표책을 결산할 걱정도 하지 않았다. 이 주제에 관한 책으로는 『바빌론 부자들의 돈 버는 지혜』blog를 추천한다. 이 책을 읽고 거기에서 소개하는 원칙을 지키며 살기를 바란다.

〈잠깐만요, 돈!〉 **맞는 말이라는 건 알겠지만 배우자가 동의하지 않아요. 소비 통제가 안 되는데 좀 도와주세요!**

어려운 질문이다. 모든 상황에 적용할 수 있는 답을 해줄 자신은 없다. 다만 일반적으로 할 수 있는 조언이 몇 가지 있다.

우선 다른 사람을 제어할 수 없다는 사실을 이해해야 한다. 그게 배우자라고 해도 마찬가지다. 바꿀 수 있는 건 자기 자신의 행동뿐이다. 배우자가 소비를 제어하려는 노력을 방해하려 한다고 해도 자신은 원칙에 입각한 절제와 절약을 실천할 수 있다. 그러한 본보기 덕에 배우자가 약간 변화하는 날도 올 수 있다.

모범을 보이는 방식은 타인에게 영향을 미칠 최고의 방법이다. 스스로 금전적 결정을 조금 더 현명하게 내리면서 조금 더 검소하게 살아간다면 배우자도 그와 비슷한 습관을 기르기 시작할 수도 있다. 물론 그렇게 될 거라고 장담할 수는 없지만 시도해볼 가치는 있다.

두 번째로 자신이 어떤 재정적 변화를 원하는지 그 이유는 무엇인지 배우자에게 명확하게 의사를 표현하라고 말하고 싶다. 이때 비판적인 태도를 취하지 마라. 그 대신 자신이 무엇을 원하는지 아주 분명하게 이야기하라. 배우자에게 무엇을 요구하는 것인지에 관해 이야기하지 말고 자신의 의도가 무엇인지에 관해 이야기하라. 그리고 배우자가 스스로 납득하고 함께 노력한다고 느낄 수 있도록 "이 목표를 함께 이루려면 어떻게 해야 할까?"라고 물어라.

마지막으로 자신의 삶에 대한 최종 책임이 본인에게 있다는 사실을 인식하라. 배우자가 본인이 세운 재정적 계획에 전혀 협조하지 않는다면 남은 인생을 그 달 벌어서 그 달 사는 인생으로 살 것인지 다시 한번 생각해보아야 한다.

배우자가 구찌 핸드백이나 최신 전자 기기를 사겠다고 고집한다고 해서 이혼을 하라는 말이 아니다. 하지만 앞으로 어디까지 허용하고 어디부터 허용하지 않을 것인지, 그런 원칙이 자신에게 얼마만큼 중요한지 신중하게 생각해보라. 명확한 경계를 정하고 자신은 본인의 재정적 미래를 위태롭게 할 생각이 없으며 배우자가 어떤 행동을 할 때 자신의 재정적 미래가 위험에 빠진다는 느낌이 드는지 아주 분명하게 이야기하라. 그리고 적절한 조치를 취하라.

어느 상황에서든지 다음 세 가지 선택지가 있다는 사실을 잊지 마라.

- 받아들이기
- 바꾸기
- 본인은 그 상황에서 빠져나오기

받아들이거나 바꿀 수 없다면 그 상황에서 빠져나와야 할 수도 있다.

불확실성을 받아들여라

고용의 안정성과 보장이라는 관에 마지막 못을 박으며 이 장을 마칠까 한다. **불확실성을 피하지 말고 받아들여라.**

작년에 나는 토니 로빈스가 진행하는 유명한 세미나 '운명과의 데이트' blog 에 다녀왔다. 자신이 살고자 하는 삶의 가치에 따라서 자신과 자신의 삶을 해체했다가 재구성하게 도와주는 6일짜리 프로그램이었다. 나는 인생이 변했다고 느낄 정도로 좋았다. 강력히 추천한다.

어쨌든 그 세미나에서 나는 내가 내 삶을 바라보는 방식, 안정성과 확실성을 바라보는 내 관점을 완전히 바꿔놓을 만한 아주 강력한 발언을 들었다.

개인의 삶의 질은 그가 받아들일 수 있는 불확실성의 양과 정비례한다 blog ."

이 말을 듣기 전까지 나는 확실성, 안정성을 좇던 사람이었다. 과거의 나는 내 인생, 내 재정 상태, 내 미래를 난공불락의 요새로 보호하려고 했다. **나에게 나쁜 일이 일어나지 않도록 방어하려고 했다.** 내가 탄 배가 가라앉지 않도록 바닥을 꼼꼼히 못질했다. 이 목표를 이루기 위해 내 인생의 많은 부분을 헌신했다.

하지만 그러는 동안 **전체적인 삶의 질을 떨어뜨리고 있었다.** 그뿐 아니라 이룰 수 없는 목표를 이루려고 헛된 노력을 하고 있었다.

돈을 얼마 벌든 얼마나 좋은 직장에 다니든 자신이 가진 것을 지키기 위해 얼마의 노력을 기울이든 항상 위험 요소는 있기 마련이다. 가지고 있는 것이 무엇이든 없어질 가능성이 어느 정도는 늘 있다. 그런 일을 막는 데에만 집중하면 인생의 즐거움을 놓치기 쉽다. 토니의 말대로 불확실성을 받아들이면 삶의 질이 극적으로 높아진다. 그렇게 방향을 전환하니 스트레스가 급격히 줄어드는 느낌이었다.

여전히 나는 열심히 일하고 최대한 현명한 결정을 내리기 위해 노력한다. 하지만 내가 할 수 있는 것까지만 최선을 다하고 나머지 부분은 운명에 맡긴다. 운명은 내가 통제할 수 없으므로 그럴 시도조차 하지 않는다. **자신이 통제할 수 없는 영역을 통제하려 들지 않고 어떤 일이 일어나든 받아들일 마음의 준비를 해두면 삶이 훨씬 더 즐거워진다.** 그렇게 살면 삶이 더욱 흥미진진해진다.

내 마지막 조언은 **불확실성을 받아들이라**는 것이다. 이를 주제로 한 마크 맨슨의 『신경 끄기의 기술』 blog 도 추천한다.

새로운 일자리를 훨씬 쉽게 구할 수 있는 능력을 길러두면 좋다. 자신이 알고 있는 모든 지식을 꽁꽁 감추지 말고 다른 이들에게 공유해서 자신의 가치를 높이는 것도 좋다. 무슨 일이 일어나든 재정적으로 어려운 시기를 잘 극복할 수 있도록 자신의 안전망을 스스로 만들어두는 것도 아주 훌륭한 생각이다.

하지만 그렇게 만반의 준비를 하더라도 내가 좋아하는 작가 니컬러스 탈레브Nicholas Taleb가 검은 백조*라고 명명한 사건이 발생하면 모든 것을 한꺼번에 잃어버릴 수 있다. 그러므로 불확실성을 삶의 자연스러운 한 부분으로 받아들이는 게 좋지 않겠는가?

---

* 니컬러스 탈레브가 2007년 발표한 『블랙 스완』이라는 책에서 불가능할 것 같은 상황이 예외적으로 발생하는 상황을 가리켜 쓴 표현이다. 백조는 모두 당연히 흰색이라고 생각하던 17세기, 오스트레일리아라는 신대륙에서 검은 백조를 발견해 유럽 대륙이 충격을 느꼈던 사건에서 기인한다.

57

교육과 자격증

나는 시간 낭비를 정말 싫어한다. 돈 낭비도 정말 싫다. 그런데 세상에는 시간이나 돈을 낭비할 일이 정말 많다.

월드 오브 워크래프트를 예로 들어보자. 나는 그 게임을 하는 데 많은 시간과 돈을 낭비했다. 생각해보니 사실 돈은 그다지 많이 쓰지 않았고 시간을 더 낭비했다.

하지만 다른 곳에 돈을 낭비한 일도 많다. 부동산 투자를 시작한 초기에 다음 해에 건설될 4세대용 연립주택에 10,000달러 계약금을 건 적이 있다. 부동산 중개인, 대출 기관, 부동산 명의를 확인하고 보험을 제공하는 대행사 모두 내게 그 건축업자의 평판이 좋지 않다고 경고했다. 내가 그 말을 들었을까? 듣지 않았다. 그나마 10,000달러를 회수하지 못해서 입은 손실을 그다음 해 소득 신고에 포함시킬 수 있어서 다행이었다.

혹시 이 장의 주제가 내가 얼마나 멍청한가인 줄로 오해했을지 모르지만 그건 아니고 교육과 자격증에 대해 이야기하려 한다.

즉, 교육과 자격증에 많은 시간과 돈을 쓰고 (어쩌면 낭비하고) 아무것도 얻지 못할 수도 있다. 차라리 현명한 투자처를 찾았다면 꽤 좋은 수익을 올릴 수 있었을 것이다. 하지만 길이 늘 분명해 보이는 건 아니다. 자, 이제라도 함께 길을 조금 더 분명하게 만들어보자.

자격증이 가치가 있을까?

대부분의 개발자가 자격증과 관련해 묻는 첫 번째 질문은 자격증이 '가치가 있느냐`blog`'다. 즉, 돈과 시간을 자격증 취득에 들일 가치가 있냐는 뜻이다.

괜찮은 컨설턴트나 법률가가 흔히 하는 답변이 있다. 나도 그들의 말을 빌려 이렇게 답하겠다. "상황에 따라 다릅니다." 자격증을 통해 얻고자 하는 게 무엇이냐에 따라 답은 달라진다. 실무에 도움이 되는 뭔가 유용한 것을 배운 다음 누가 보아도 멋진 직함으로 승진해서 부르는 게 값일 정도로 자신의 몸값을 올리는 게 목적이라면 답은 "아니요"다. 이런 목표를 가진 사람에게 자격증은 별 가치가 없다.

많은 자격증을 취득해본 경험자로서 하는 말이다. 자격증을 취득하는 동안 뭔가 유용한 것을 배운 기억은 없다. 잘 쓰지 않는 ASP.NET 라이브러리 호출용 문법을 일시적으로나마 정확하게 외웠던 건 사실이다. 내가 취득한 자격증의 다양한 기술과 도구에 대해 꽤 폭넓은 지식도 얻었다. 하지만 굳이 자격증 공부를 하지 않았어도 쉽게 독학으로 익힐 수 있었던 내용이다.

자격증은 구직에도 큰 도움이 되지 않았다. 때로는 그 때문에 면접이 더 어려워지기도 했다. 면접관이 갑자기 태도를 공격적으로 바꾸면서 자격증으로 진짜 뭔가를 안다고 증명할 수 있다고 생각하느냐, 자신은 **자격증이 다 아무 소용없다고 생각한다**고 말한 적도 있다.

하하, 참 즐거운 상황이었다. 그저 웃으며 고개를 끄덕일 수밖에 없었다. 그런 상대를 만났을 때는 엉뚱한 대상에게 실컷 분노하게 내버려두어라. 상대가 부모님에게 충분한 사랑을 받지 못했던 게 우리 잘못은 아니다.

어쨌든 자격증이 득 될 게 하나도 없는 무용지물이라는 뜻은 아니고, 자격증 하나가 경력에 큰 차이를 불러올 만큼 큰 의미를 지니지는 못한다는 이야기다.

그렇다면 왜 자격증을 취득해야 하는 거죠?

좋은 질문이다. 물어봐줘서 고맙다.

자격증만으로 좋은 일자리를 구할 수는 없지만 컨설팅 회사에 지원할 때는 도움이 된다. 공식 마이크로소프트 솔루션 파트너인 많은 컨설팅 회사가 마이크로소프트 자격증을 취득한 소프트웨어 개발자를 뽑는다. 아니면 입사 후에라도 마이크로소프트 자격증을 취득하게 한다. 그런 회사에 지원할 때는 자격증이 도움이 된다.

경험이 많지 않거나 학위가 없을 때도 자격증은 도움이 된다. 자격증으로 자신이 전문가라는 걸 증명할 수는 없더라도 자신이 어떤 일을 하는지 알고 있고 시간을 들여서 자격증을 취득했다는 사실 정도는 증명할 수 있다. 자신이 취득한 자격증이 자신의 전문 분야와 직접적인 연관이 있다면 **해당 분야에 대해 조금 더 전문가다운 면모를 드러내는 데 도움**이 될 수는 있다.

이미 회사에 다니는 사람이라면 자격증으로 자신이 꾸준히 기술을 발전시키고 자기 계발을 위해 노력한다는 사실을 증명할 수 있다. 그러면 승진에도 도움이 될 것이다.

나도 과거에 승진 정체기를 겪어봤다. 업무는 더 이상 도전의식을 불러일으키지 않았고 더 흥미로운 업무는 내 직급이 낮아서 받을 수 없었다. 그래서 마이크로소프트 자격증을 최대한 많이 취득해보기로 했다. 그 결과 **그해 마이크로소프트 자격증 6개**, MSCD `blog`와 MSDBA 자격증을 취득했다. 인사 고과 시기가 되었을 때 자격증은 **연봉 인상과 승진을 요구할 좋은 근거가 되었다.**

자격증 공부를 하면서 엄청나게 많이 배웠다고 볼 수는 없지만 이를 통해 투지를 증명했으니 그 정도면 취득할 가치가 있었다.

자격증을 취득하는 방법

소프트웨어 개발자로 일하며 많은 자격증을 취득한 사람으로서 자격증 취득에 대해 단 한 가지 확실하게 말할 수 있는 게 있다. **자격증을 취득하면 그 자격증 시험을 보는 방법에 대해 배울 수 있다.** 자격증을 취득하려면 시험의 주제라기보다 시험 자체에 대해 공부할 필요가 있다. 적어도 내가 취득한 자격증은 그랬다 `blog`.

바로 이 부분이 자격증의 단점 중 하나이고, 사람들이 자격증을 그다지 높게 평가하지 않는 이유다. 자격증 시험을 통과해보면 그 시험이 자신이 무엇을 아는지 평가한다기보다 **그 시험을 치를 능력이 어느 정도인지 평가한다**는 걸 금세 알 수 있다.

이런 발언을 좋아하지 않을 사람도 있을 것이다. 내가 치러보지 않은 시험 중에는 이러한 단점을 극복한 사례도 있을 거라는 사실도 인정한다. 자격증 시험을 만드는 이들이 의도적으로 그렇게 했을 거라고는 생각하지 않는다. 표준화된 시험으로 특정 영역에 대한 프로그래밍 능력이나 지식을 측정하기란 매우 어렵다. 이유가 무엇이든 간에 자격증을 통과하고 싶다면 그 자격증 시험에 맞추어 공부해야 하는 게 현실이다.

자격증 시험 대비용 책보다 그 시험의 실제 연습 문제를 공부하는 게 더 효과적이다. 나는 'Transcender practice exams' blog 를 자격증 시험을 준비하는 최고의 장소로 본다. 이 사이트에 나오는 질문은 실제 시험 문제와 매우 유사하다.

그렇다고 **오로지 연습 문제를 푸는 것으로 시험 준비가 다 된다는 뜻은 아니다.** 해당 시험의 주제와 콘텐츠도 공부하라. 여기에는 시험 대비용 도서도 포함된다. 하지만 'Transcender' blog 같은 소프트웨어에서 시험 보는 연습을 해야 시험을 통과할 능력을 효과적으로 기를 수 있다고 생각한다.

준비되었다고 생각하면 두려워 말고 바로 시험을 치러보길 바란다. 떨어지면 어떤가? 대부분의 자격증 시험은 재도전할 때 훨씬 저렴한 가격, 혹은 무료로 시험을 볼 수 있게 해준다. 그리고 실제 시험을 치르는 경험을 통해 무엇을 공부해야 할지도 배울 수 있을 것이다.

교육은요?

자격증 취득이 의미 있는 수준의 지식이나 기술을 익히는 유용한 방법이라고 보긴 어려울 때가 많은 반면 교육은 그때그때 다르다. 좋은 교육도 있고 나쁜 교육도 있다.

좋은 교육은 **학습 속도를 크게 높여주어서** 새로운 기술이든 이미 아는 기술이든 빠르고 능숙하게 쓸 수 있게 해준다. **나쁜 교육은 그냥 시간과 돈만 낭비하고 끝난다.** 개념을 잘못 배우면 오히려 독이 된다.

독학에 비해 훨씬 짧은 기간 내에 많은 양의 정보와 경험을 흡수할 수 있게 해주는 교육이 가장 가치 있는 교육이다. 독학으로 쉽게 할 수 있는 것 이상의 무언가를 제공하는 교육을 찾아보는 게 좋다.

새로운 프로그래밍 언어를 배우기 위한 계획을 세웠다고 가정해보자. 그 언어의 전문가가 가장 중요한 개념만 압축해서 알려주는 3일짜리 수업이라면 독학으로 쉽게 배울 수 없는 내용을 가르쳐주므로 가치 있는 교육이라고 볼 수 있다. 3일 내내 방해받지 않고 그 프로그래밍 언어를 익히는 데 몰입할 수 있다는 장점도 있다.

지름길로 인도할 교육을 찾아보라.

나는 교육 프로그램을 만들 때 blog 다음 세 가지를 가르치려고 늘 노력한다.

- 빠르게 실전에 돌입할 방법
- 해당 기술과 관련된 큰 그림과 개요
- 그 기술을 쓸 때 80퍼센트 정도로 쓰일 20퍼센트의 핵심 지식

우선 독학할 때 어려움을 겪을 만한 영역을 빠르게 극복하게 해주는 게 핵심이다. 실제 그 기술을 어떻게 쓰기 시작해야 할지 혼자 알아내기란 어렵다. 이런 부분을 알려줄 사람이 있다면 도움이 될 뿐 아니라 시간도 절약된다.

다음으로, 초심자 혼자서는 그 기술의 전체 그림을 파악하기가 어렵다. 그리고 모른다는 사실조차 모르는 부분의 존재를 알아내기는 더욱 어렵다. 그 기술에 대한 전반적 개요를 소개하고 그 기술의 전체 범위를 보여주면 자신이 어느 부분을 모르는지 알게 되어 학습 시간이 크게 절약된다. 그리고 문제가 생겼을 때 구글 검색도 훨씬 쉽게 할 수 있다.

마지막으로, 그 기술을 쓸 때 80퍼센트 정도로 쓰이는 20퍼센트의 핵심 영역이 어디인지도 초심자는 알기 어렵다. 이런 부분을 알려주면 시간이 크게 절약된다.

인생 전반에 도움이 될 소프트웨어 개발 외적인 부분에 대한 교육과정도 찾아보길 바란다. 나는 토니 로빈스의 세미나와 인터넷 마케팅, 운동, 사업 등 삶의 다른 부분과 연관된 교육에 투자하는 편이다. 이런 교육이 개인 생활과 업무 생활 양쪽에서 엄청난 가치를 지닌다고 본다.

교육의 유형

교육은 크게 두 유형, 즉 온라인 교육과 교사가 직접 수업하는 오프라인 교육으로 나눌 수 있다.

매우 저렴한 가격에 들을 수 있는 온라인 교육 프로그램이 무수히 많다. 오늘날 온라인상에 수준 높은 교육 프로그램이 얼마나 많고 저렴한지 알면 놀랄 정도다.

플루럴사이트에 55개의 강의를 올려놨기 때문에 blog 내 의견은 편향될 수밖에 없다. 그렇다 해도 **소프트웨어 개발자라면 플루럴사이트 blog 를 활용하길 강력히 권장한다. 자신의 소프트웨어 개발 경력을 위해 할 수 있는 최고의 투자라고 생각한다.** 기술과 관련된 온갖 주제, 당신이 떠올릴 수 있는 모든 프로그래밍 언어에 관한 수업을 매우 저렴한 가격에 들을 수 있기 때문이다.

그 외 추천할 만한 온라인 교육 사이트로는 트리하우스TreeHouse, 린다Lynda, 유다시티Udacity, 유데미Udemy 등이 있다. 나도 내가 전문으로 하는 분야를 주제로 다음과 같은 온라인 수업을 개설해두었다.

- 소프트웨어 개발자 마케팅하기 blog
- 무엇이든 빠르게 배우는 10단계 학습법 blog
- 소프트웨어 개발자를 위한 부동산 투자 blog
- 블로그로 수익을 올리는 10가지 방법 blog

물론 **유튜브 같은 사이트에 가면 훌륭한 무료 강의도** 많이 찾아볼 수 있다. 전통적인 오프라인 교육 프로그램도 많지만 이런 수업은 수업료가 더 비싼 편이다. 그리고 교육을 받을 장소까지 가야 하기 때문에 시간도 더 많이 든다.

그래도 **오프라인 교육이 사라질 거라고는 전혀 생각하지 않는다. 아주 큰 가치가 있기 때문이다.** 오프라인 교육에서는 **상호작용이 강화된다.** 강사뿐 아니라 교육에 참가한 다른 이들과 직접 소통할 수 있다. 자신이 한 질문에 바로 답을 받을 수 있으면 학습에도 큰 도움이 되는데 오프라인 교육에서는 보통 이러한 피드백을 받을 수 있다. 오프라인 교육을 받기 위해 교육장까지 직접 갔을 때는 주의를 분산시키는 요소가 거의 사라지기 때문에 거기서 받는 교육에 **완전히 몰입할 수 있다는 게 무척 큰 장점이다.**

나는 토니 로빈스의 '운명과의 데이트' 세미나 blog 에서 완전히 몰입하는 경험을 했다. **세미나가 진행되는 6일 동안 매일 14~16시간 동안 교육이 있었다.** 그나마 잠도 적게 자는데 잠자는 시간만 빠진다고 보면 된다. 하지만 그렇게 몰입하는 동안 아주 놀라운 경험을 했다.

똑같은 정보를 토니 로빈스의 저작 『네 안에 잠든 거인을 깨워라』 blog 에서도 볼 수 있다. 하지만 세미나에 참석하면 6일 내내 자신을 변화시키는 데 전념할 수밖에 없으므로 훨씬 더 가치 있는 경험을 한다. **자신이 배우려고 하는 것에 완전히 몰입하고 집중하게 해준다**는 점만으로도 나는 오프라인 교육은 가치가 있다고 본다.

오프라인 교육도 아주 다양한 주제를 다룬다. 회사에서 강사를 초청해서 교육을 시켜주는 경우도 종종 있다. 콘퍼런스에서는 행사 전후로 워크숍을 열어서 콘퍼런스 강연자들이 각자 전문으로 하는 주제에 대해 교육할 기회를 주기도 한다.

교육 효과 최대화하기

교육에 참석하는 것으로는 부족하다. 특정 분야의 전문가와 한 공간에 앉아 있었다고 해서 혹은 수료증이나 참석 확인증을 받아 온다고 해서 실제 무언가를 배우고 실력을 향상시켰다고 볼 수 없다.

자신이 받은 교육의 효과를 최대화하려면 토니 로빈스의 말대로 '최선을 다해야' 한다. 교육을 받으러 갔을 때 단순히 수업을 듣고 마음에 드는 활동에 참여하는 정도로는 부족하다는 뜻이다. 참여할 수 있는 건 최대한 많이 최선을 다해서 참여하라.

교육 중에는 휴대전화를 꺼두고 이메일도 확인하지 마라. 급한 일이 있다고 해도 꺼낼 생각도 하지 마라. 자신의 발전에 전념할 시간을 낼 수 없다면 애초에 교육을 받을 필요도 없다. 그래 봐야 시간과 돈만 낭비하는 셈이다.

교육의 효과는 자신이 투자한 만큼 난다. 그러므로,

첫째 참여할 교육을 신중히 골라라. 시간을 들여도 아깝지 않을 훌륭하고 가치 있는 교육 프로그램을 골라야 한다. 기회가 생겼다고 해서 아무 교육이나 들으러 가지 마라. 무료라서 할인을 많이 해서 '무엇이든 가치 있는 일'을 하긴 해야 할 것 같아서 아무 데나 가면 안 된다. 참석하기 전에 신중히 고르고 면밀히 검토하라.

둘째 미리 계획을 세워라. 교육을 받는 도중에는 방해받는 일이 없도록 일정을 비워두어라. 그래야 최대의 효과를 볼 수 있다. 물론 갑자기 일이 생길 수도 있다. 그래도 나는 교육을 받는 것처럼 무언가 중요한 일을 할 때는 다른 무엇도 나를 방해하지 못하게 한다. 그리고 생각만큼 본인이 꼭 필요하지 않은 일, 다른 사람이 처리할 수 있는 일일 가능성도 높다.

마지막으로 **최선을 다하라.**

〈잠깐만요, 팁!〉 **토니 로빈스 이야기는 왜 자꾸 끼워 넣는 거죠? 그 사람 얘기에 완전히 빠져 버린 거 같은데요?**

아, 무슨 말을 하고 싶은지 알겠다. 내가 토니 로빈스의 광적인 팬이거나 그 사람 이야기를 끼워 넣는 데 뭔가 숨은 의도라도 있나 싶을 수 있다. 토니 로빈스 추종 집단에 가입했거나 그에 대한 이야기를 하고 수수료를 받는다거나 하는 것처럼 말이다.

우선 토니 로빈스에게서 홍보비를 받는 건 아니다. 적어도 지금은 그렇지 않은데 추천인 프로그램을 운영하는지 알아보긴 해야 할 것 같다. 아무튼 금전적 보상을 받는 건 아니다.

둘째 토니 로빈스가 한 말을 좋아하고 그의 책과 교육 프로그램이 내게 큰 영향을 미친 건 맞지만, 그의 모든 말이 맞는다고 생각하지는 않는다. 일례로 그가 한 건강이나 운동에 대한 조언에 나는 대부분 동의하지 않는다. 하지만 그가 나를 포함한 많은 사람에게 큰 도움이 되는 유용한 이야기를 했다고는 생각한다. 그래서 그 사람을 언급하고 추천한 것이다.

토니 로빈스는 내가 인생의 멘토로 꼽는 몇 안 되는 사람 중 한 명이다. 하지만 다른 누구나 그렇듯이 그 사람도 실수를 할 것이고 100퍼센트 옳은 말만 하지도 않을 것이다. 그러므로 그 사람을 맹목적으로 따르지는 마라.

회사에서 교육비 지원받기

교육 비용이 꽤 비쌀 때도 있다. 일례로 **토니 로빈스의 '운명과의 데이트' 세미나는 참가비가 5,000달러였다.** 교통비와 숙박비는 별도였다. 그래서 회사에서 교육비를 지원받는 것이 좋다(회사에서 지원이 되지 않을 때는 자비로라도 자신의 발전을 위해 투자하는 게 낫다고 생각한다).

어떻게 해야 회사에서 교육비를 지원받을 수 있을까? 간단하다. **투자를 능가하는 이익을 창출하면 된다.** 이를 위해서는 우선 참석할 가치가 있는 교육인지부터 선별해야 한다.

플루럴사이트 blog 같은 온라인 교육의 비용 지원은 고민할 것도 없다. **어떤 회사든 그 회사에 소속된 소프트웨어 개발자가 플루럴사이트 수업을 들을 정도의 비용은 지원해야 한다.** 매우 적은 비용이 들기 때문에 이러한 투자가 수익으로 이어졌다는 사실은 아주 쉽게 증명할 수 있다. 기술 관련 특정 주제에 대해 정보를 찾고 책을 사서 읽으며 독학하는 대신 짧은 시간 수업을 들으며 배우면 시간이 절약된다. 이러한 사실을 상사에게 알려주면 된다.

오프라인 교육과 비교하는 것도 좋은 방법이다. 오프라인 교육에 보내는 대신 플루럴사이트에 등록하면 비용이 절감된다는 걸 보여주어라.

〈잠깐만요, 존!〉 음, 플루럴사이트에도 빠진 건가요? 거기서도 금전적 보상을 주나요?

맞다. 이번에는 둘 다 어느 정도 사실이다. 거기에 완전히 빠졌다는 이야기는 아니고 금전적 보상이 있는 건 사실이다.

플루럴사이트는 추천하면 보상을 받는다. 말문이 막힌다 해도 이해한다. 그리고 플루럴사이트에는 내 강의도 올라와 있다. 내 강의를 보는 사람이 늘어나면 내가 받는 저작권 수익 비율이 높아진다. 하지만 추천인 보상액과 저작권 수익금을 다 합쳐도 내가 벌어들이는 수익에는 별반 차이를 내지 못한다.

플루럴사이트를 계속 언급하는 진짜 이유는 수준 높은 강의를 말도 안 되게 저렴한 비용으로 배울 수 있다고 생각해서다. 소프트웨어 개발자라면 꼭 가입해야 한다고 생각한다. 경력에 도움이 되는 훌륭한 투자처이기 때문이다. 기술과 관련된 거의 모든 주제를 다루는 온라인 교육 프로그램이 얼마나 큰 도움이 되는지 말로 다 설명하기 어려울 정도다.

물론 약간 편향된 면도 있다. 내가 플루럴사이트를 홍보해서 돈을 버는 걸 반대한다거나 내가 플루럴사이트 홍보를 통해 오로지 돈을 버는 게 목적이라고 생각한다면, 내 추천인 링크를 쓰지 말고 플루럴사이트 웹 사이트를 직접 방문해서 내 강의 빼고 다른 강의만 봐도 좋다. 자신의 경력에 큰 도움이 될 일을 나에 대한 불신 때문에 놓치는 일은 없었으면 좋겠다.

더 비싼 오프라인 교육의 참가비와 교통비를 회사에서 지원받고 싶다면 조금 더 전략적으로 접근할 필요가 있다. 교육받는 동안 배운 내용을 열심히 적어 가서 다른 팀원들과 공유할 것을 약속하는 것도 방법이다. 그러면 전체 비용을 팀에 있는 소프트웨어 개발자의 수로 나누어서 계산할 수 있기 때문에 한결 가벼운 숫자가 된다.

교육받은 내용이 회사에 어떤 도움이 될지 예측되는 결과를 이야기해보는 것도 좋다. **회사가 더 큰 수익을 올릴 방법은 다음 세 가지가 있다** blog 는 걸 기억하라.

- 고객 수 늘리기
- 각 고객에게서 발생하는 가치 높이기
- 고객에게 제품이나 서비스를 제공하는 데 드는 비용 줄이기

교육이 이 세 가지 중 한 가지를 이룰 수 있을까? 아니면 세 가지 전부 이룰 방법도 있을까?

교육 예산이 책정되어 있는지 물어볼 수도 있다. 교육 예산이 없다면 매해 교육 예산을 책정할 수 있는지 물어보라. 이미 교육 예산을 세워둔 회사도 있을 것이고 큰 회사의 경우에는 매해 직원당 일정한 교육비를 지원하는 정책을 세워둔 곳도 있을 것이다.

마지막으로 교육장에 가지 않고 교육의 기회가 찾아오게 할 방법도 생각해보라. 강사를 고용해서 팀원 전체가 사내 교육을 받을 방법이 있을지 알아보라. 이 경우 교통비가 따로 들지 않는다. 회사 맞춤형 교육을 부탁하거나 그중 하루를 컨설팅을 받는 데 집중하는 날로 정해볼 수도 것이다.

나도 그런 종류의 강의를 하곤 한다. 혹시 관심이 있다면 당신의 회사가 나를 고용해서 당신 팀을 직접 교육할 수 있을지 물어보아도 좋다.

강사 되기

교육 이야기가 나온 김에 하는 말인데 본인이 강사가 되는 상상을 해본 적은 없는가?

소프트웨어 개발자로서 경력을 쌓아 특정 분야의 전문가로 인정을 받는 사람이라면 강사가 되어서 경력을 발전시키고 꽤 괜찮은 수익도 올릴 수 있다. 사내 교육을 위해 프리랜서 컨설턴트나 강사를 찾는 회사는 항상 있기 마련이다.

말했듯이 나도 그런 강의를 한다. 비용은 하루에 10,000달러 정도를 청구한다. 높은 금액처럼 보이지만 10명의 소프트웨어 개발자가 있는 팀이라

면 1인당 1,000달러의 수강료를 내는 셈이다. 맞춤형 실전 교육을 제공하는 비용치고는 꽤 저렴하다고 본다. 물론 내 관점은 편향되어 있다.

인기 있는 주제에 대해 실전 교육을 할 수 있는 사람이라면 **콘퍼런스에서 워크숍을 여는 것도 좋은 생각이다**. 대신 수익은 콘퍼런스 주최 측과 나눠야 할 것이다.

온라인 교육이 큰 인기를 끌고 있긴 하지만 여전히 오프라인 교육 제공에 집중하는 회사도 많다. 그런 회사에서 종종 새로운 강사를 찾곤 하는데 이때 회사가 강사에게 교육용 자료를 제공하는 경우도 많다. 그러므로 남을 가르치는 재주와 전문적인 지식을 갖추었다면 강사가 되는 것도 생각해볼 만하다.

얼마나 노력하느냐가 중요하다

자격증과 교육에 대해서 해줄 말은 이 정도다. 하지만 마지막으로 한 가지 중요한 점을 짚고 넘어가고 싶다.

얼마나 노력하느냐가 중요하다.

자격증과 교육이 그 자체로 가치를 갖는 게 아니다. 대학 교육과 마찬가지로 꼭 가치가 있다고 볼 수는 없다. 세상의 다른 많은 일이 그렇듯이 본인이 얼마나 노력하느냐가 중요하다. 얻어갈 가치도 투입한 노력에 따라 결정된다. 체육관에 간다고 근육이 생기는 게 아니다. 가서 친구와 앉아서 수다나 떨고 거울 앞에서 다양한 포즈만 취하다 온다면 근육이 생길 리 만무하다. 그런데도 그런 결과를 바라는 사람이 많다.

소프트웨어 개발 경력도 마찬가지다. 가서 덤벨과 역기를 들고 최선을 다해서 운동하라!

사이드 프로젝트

사이드 프로젝트를 해보겠다고 한 번도 생각하지 않은 소프트웨어 개발자는 본 적이 없다.

나만해도 사이드 프로젝트를 많이 해왔다. 아, 좀 더 명확히 말하면 사이드 프로젝트를 많이 시작했다. 솔직히 말해 **시작한 프로젝트 중 끝낸 건 별로 없다.**

꿈과 목표 사이에는 큰 차이가 있다. **꿈은 좇는 것이고 목표는 행동해서 실현하는 것이다** blog. 과거에는 나도 꿈을 꾸는 사람이었다. 그때는 아이디어와 꿈을 좇아 다녔다. 항상 사이드 프로젝트를 진행했지만 **그렇다고 늘 최선을 다한 건 아니었다.**

내 인생과 경력을 돌이켜봤을 때 모든 게 극적으로 변한 한 순간, 변곡점이 하나 존재한다. 그 변곡점은 내가 사이드 프로젝트를 처음으로 마무리한 순간이었다. 안드로이드 앱을 만들면서 안드로이드 개발을 배우고 싶어서 페이스메이커PaceMaker라는 앱을 만든 프로젝트였다. 상표 분쟁 때문에 나중에는 이름을 런 패스터Run Faster로 바꾸었다(이야기하자면 길다).

〈잠깐만요, 존!〉 전 긴 이야기를 좋아해요. 그래서 이렇게 두꺼운 책을 고른 거예요.

알았다. 들려달라니 해주겠다.

처음에 안드로이드 앱으로 만든 페이스메이커는 나중에 iOS 버전으로도 나왔다. 당시 나는 상호를 검색해보지 않았다. 사실 그럴 생각을 아예 하지 못했다. 그리 중요한 문제라고 생각하지 않았다.

달리는 속도가 자신이 설정한 목표보다 너무 빠르거나 느려지면 속도를 높이거나 낮추라고 알려주는 앱이었다. 처음에는 판매도 순조로웠다. 초기에 셰이프(Shape) 잡지에서 언급된 덕에 꽤 많이 팔려나갔지만 나중에는 결국 시들해져서 일주일에 4~5 카피가 팔리는 수준으로 떨어졌다(수년간 업데이트를 하지 않았는데도 여전히 매달 30~50달러 정도의 수입은 들어온다).

그러던 어느 날 페이스메이커 blog 라는 이름의 디제잉(DJing)용 소프트웨어를 만드는 회사에서 이메일을 받았다. 페이스메이커라는 이름의 상표권이 자신들에게 있으니 내 앱의 이름을 바꾸라고 요구했다.

거절한다면 법적으로 어떤 문제가 생길지 확신이 없었다. 내 앱은 달리기용이었고 그들의 앱은 음악산업용인데 그렇게 주장할 근거는 있는 건지도 알지 못했다. 하지만 나는 내 애플리케이션의 이름을 바꾸고 그들에게 이메일 주소와 트위터 계정을 양도하는 대신 보상금을 달라고 요청해보기로 했다. 그게 내가 할 수 있는 가장 똑똑한 대응이라고 생각했다.

'이미 법적 권리가 있는 사람들이 돈을 달랜다고 줄 리가 없지.'라고 생각하는 사람도 있을지 모르겠다. 하지만 그 생각은 틀렸다. 어떻게 협상이 이루어졌는지까지 자세히 설명하지 않겠지만 즉각 내 앱의 이름과 페이스메이커 구글 이메일 계정 비밀번호를 바꿔줄 정도의 금액을 받았다는 정도로 이 이야기를 마무리하겠다.

어쨌든 하다가 중간에 지루해져서 그만둔 다른 미완의 사이드 프로젝트와 마찬가지로 이 사이드 프로젝트도 별생각 없이 진행하고 있었다.

그런데 갑자기 무언가 바뀌었다. 그만두는 대신 **견뎌보기로 했다.** 나는 속으로 이렇게 생각했다. '자, 이 앱은 마무리하는 거야. 그래서 안드로이드 앱 스토어에 올리자. 얼마가 걸리든 상관없어. 하지만 마무리될 때까지 적어도 하루에 한 시간씩 이 앱 작업을 해보자.'

그 순간 모든 게 바뀌었다. 그날부터 무슨 일이든 마무리했다 blog. 사이드 프로젝트 하나를 마무리한 후에 다른 기회와 사이드 프로젝트가 꼬리를 물고 찾아왔다. 그래서 과거의 나로서는 상상하지 못했던 일을 지금은 하고 있다. 책을 쓰고 동영상을 만들고 회사를 세우고 실질적 은퇴를 이뤘다.

그전에 쌓은 15년 정도의 경력보다 끝내 마무리 지은 하나의 작은 사이드 프로젝트가 내 경력과 삶에 더 큰 영향을 미쳤다. 그 사이드 프로젝트의 결과물은 아직도 구글 플레이 스토어에 있다. 지금은 iOS 버전도 있다. 업데이트를 하지 않은 지 몇 년이 지났음에도 여전히 매달 약간의 수입과 함께 작은 사이드 프로젝트 하나가 내 경력에 얼마나 중요한 역할을 했는지 상기시켜 준다.

사이드 프로젝트는 항상 해야 한다

사이드 프로젝트는 소프트웨어 개발자가 경력을 발전시킬 좋은 방법이다.

작은 안드로이드 앱 하나가 내 인생과 경력을 어떻게 바꾸어놓았는지는 이미 이야기했다. 하지만 런 패스터를 만들기 전에 그보다 더 작은 미완의 사이드 프로젝트가 내 소프트웨어 개발 능력을 발전시키고 새로운 기술을 배울 수 있게 하고 약간의 용돈도 벌게 해주던 적이 있다.

초창기 사이드 프로젝트 중에는 MaLiMagic the Gathering Life Counter라고 이름 붙인 팜 파일럿Palm Pilot용 애플리케이션 제작 프로젝트가 있었다. C로 제작했고 ssmoimo.com이라는 내 웹 사이트에서 판매해 5달러 정도 수익을 냈다. 웨이백 머신WayBack Machine의 능력을 빌리면 당시 내 웹 사이트 blog에 가서 MaLi 초기 버전을 다운로드할 수도 있다.

나는 이 사이드 프로젝트를 통해 배운 게 꽤 많다. 포토샵으로 그래픽 디자인을 해서 내 웹 사이트용 로고와 이미지를 만드는 방법을 배웠다. 애니메이션 GIF를 만드는 방법과 몇 가지 웹 디자인 기술을 배웠다. 페이팔 결제를 다루고 등록 코드를 자동 발송할 CGI 스크립트를 작성하기 위해 펄도 조금 배워야 했다. 또한 기초적인 복제 방지와 등록 시스템 구현 방법은 물론 웹에서 기본적인 이커머스를 운용할 방법도 익혔다.

이 프로젝트로 대단한 수익을 올린 건 아니지만 그 덕에 내 경력 발전에 큰 도움이 되는 다양한 기술을 배웠다. 그리고 무엇보다 값진 수확은 내 프로그래밍 능력에 자신감을 갖게 된 것이었다. 앱을 개발하고 온라인에서 팔 방법을 알아 냈다. 그리고 이 모든 것을 혼자서 해냈다.

바로 이게 사이드 프로젝트의 힘이다. 새로운 기술을 배우고 알던 기술을 연습할 기회를 준다. 그리고 새로운 영역에 도전해보면서 자신의 능력에 대한 자신감도 키울 수 있다. **6개월짜리 사이드 프로젝트 하나가 9시부터 5시까지 근무하는 회사에 몇 년간 다녀야 배울 수 있는 경험을 하게 해준다.**

그뿐 아니다. 각 사이드 프로젝트는 복권 한 장이나 다름없다. 각 프로젝트는 큰 경제적 성공을 거둘 가능성을 품고 있다. 본인이 더 성장하고 더 많이 배울수록 그 확률은 더 높아진다. 자신의 경력을 발전시키고 싶은 모든 소프트웨어 개발자는 늘 사이드 프로젝트를 하고 있어야 한다.

사이드 프로젝트 고르기

이쯤이면 사이드 프로젝트를 시작해야 한다는 내 의견에 수긍할지 모르겠다. 그렇다면 이제 프로젝트를 고를 방법이 궁금할 것이다. 완벽한 아이디어를 떠올리겠다는 일념에 사로잡히면 결국 아무것도 못 하고 끝날 수 있다.

꿈과 목표는 다르다고 이야기했던 걸 기억하는가? **목표가 되려면 구체적인 내용이 있어야 한다** `blog`. 무엇을 할 것인지 알아내고 시작해야 한다.

처음에는 아주 작은 것에 도전하라 `blog`. 아주 쉽게 완료할 수 있다고 생각하는 아주 간단한 사이드 프로젝트로 시작하라. 한두 주 혹은 길어도 한 달 정도면 마칠 수 있는 것을 선택하라. 처음에 작은 걸 골라야 하는 이유는 **사람은 누구나 자신에게 쉽게 거짓말하기 때문이다.** 사람들은 자기 자신과의 약속을 지키지 않는 데 익숙해서 스스로를 믿지 못한다. 과한 헌신을 요구하는 너무 큰 프로젝트를 어떻게든 해내려 하다가, 인생의 큰 변화를 억지로 만들어내려고 하다가 결국 자신과의 약속을 저버리곤 한다. 무리해서 뭔가를 하려고 하다가는 결국 실패하거나 포기한다. 그러다가 스스로를 계속 내리막길로 가게 두는 패턴이 만들어진다. 자신을 믿지 못하기 때문이다.

이런 패턴에 갇힐 수 있다. 나도 가끔 경험한다. 이런 고리를 끊을 가장 좋은 방법은 작은 약속을 하고 그 약속을 지키는 것이다. (일을 마무리하는 습관을 길렀을 때 생기는 엄청난 능력에 대해서는 이 장의 뒷부분에서 조금 더 자세히 이야기하겠다.)

야망을 덜어내고 아주 작은 사이드 프로젝트를 시작하라. 확실히 마무리할 자신이 있는 것으로 골라라.

나는 첫 번째 사이드 프로젝트로 기존 제품 복제를 추천한다. 게임 프로그래밍을 막 배우기 시작할 무렵, 3년은 들여야 완성할 수 있는 걸작을 완성하겠다는 생각은 하지 않았다. 아주 간단한 퐁 게임 클론을 만들었다. 베낀다고 걱정하지 마라. 이건 표절과 다르다.

이미 알고 있을지 모르겠지만 앱 스토어에는 서로 베낀 거나 다름없이 비슷한 게임이나 앱이 넘쳐난다. 다만 똑같이 베낀 게 아니다. 당신이 만든 것도 아마 똑같이 되진 않을 것이다. 프로젝트가 쉬울수록 성공 확률도 높아진다. 소프트웨어 설계까지 하려고 들지만 않는다면 말이다.

처음에는 소프트웨어 제작부터 해보라. 몇 가지 사이드 프로젝트를 완성하면서 자신에 대한 믿음을 더 키운 후에 새로운 것을 설계하고 제작하는 데 도전하라.

작고 쉬운 사이드 프로젝트를 완성해서 자신에 대한 신뢰가 굳건해지면 조금 더 욕심을 내도 좋다. 하지만 욕심은 어디까지나 완성할 수 있다는 확신이 있는 수준까지만 키운다. 적어도 3개월 내에 첫 번째 버전을 출시할 수 있어야 한다.

다음 버전을 내고 시간이 흐름에 따라 계속 더 발전시키는 건 얼마든지 가능하다. 내가 그랬던 것처럼 나중에는 사이드 프로젝트가 아예 본업이 될 수도 있다. 하지만 우선 최대한 빨리 출시해서 사이드 프로젝트가 주는 혜택을 누리고 아이디어가 어땠는지 확인해보는 게 좋다. 몇 년이 지나도록 질질 끌면 안 된다.

적어도 두 가지 효과를 내라

나는 다목적을 아주 좋아한다. 멀티태스킹은 정말 싫어한다. 멀티태스킹은 하기 어려울 뿐 아니라 전체적인 생산성만 떨어뜨린다. (여기에도 물론 예외는 있다.) 하지만 다목적은 훌륭하고 중요하다. 다목적이란 말 그대로다. 한 가지 일을 해서(사이드 프로젝트 하나라고 생각해보자) 하나 이상의 목적을 달성하는 걸 가리킨다.

이 책을 예로 들어보자. 이 책은 블로그 포스트 정도 분량의 작은 장 여러 개로 구성되어 있다. 그 이유가 무엇일까?

처음에는 매일 1,000 단어 이상 글을 쓰는 습관을 기르려고 시작한 일이었다. 이왕이면 마구잡이로 아무 주제에 대해 쓰는 것보다 '음… 책을 써야겠다.'라고 생각했다. 책을 쓰려면 오랜 시간이 들기 때문에 수익성이 좋은 활동이라고 보긴 어렵다. 그리고 책이 완성되어서 판매되기 전까지는 아무 혜택도 볼 수 없다. 그래서 이 활동에 여러 목적을 부여하려면 어떻게 해야 할까 생각했다.

책의 각 장을 블로그에 포스트로 올리면 되겠다는 생각이 들었다. 그러면 모든 장이 완성되었을 때 한 권의 책이 완성된다. 이는 블로그 이메일 구독자 수를 늘릴 훌륭한 방법이기도 하다. 그래서 내가 매일 하루 한 시간씩 들여서 하고 있는 이 '책 사이드 프로젝트'는 다음과 같은 여러 가지 목적에 도움이 된다.

- 매일 1,000 단어 이상 글을 쓰는 습관 기르기
- 책 한 권 집필하기
- 책을 판매해서 추가 수익 올리기
- 블로그 콘텐츠 만들기
- 이메일 구독자 수 늘리기

아주 훌륭하다고 생각했다. 여러 목적을 달성할 수 있게 계획했기 때문에 책을 써서 얻는 혜택이 꽤 많았다. 하지만 여기서 끝이 아니다. 다음과 같이 더 많은 목적을 더할 수 있다.

- 이 책의 전자책 버전 판매하기
- 종이책 버전 판매하기
- 오디오북 버전 판매하기
- 동영상을 만들어서 프리미엄 버전 판매하기
- 각 장의 내용으로 유튜브 콘텐츠 만들기

아주 작은 프로젝트를 하더라도 **최대한 많은 목적을 달성할 방법을 생각하라.** 사이드 프로젝트를 통해 다음 목적 중 여러 개를 한꺼번에 달성할 수도 있다.

- 새로운 프로그래밍 언어 배우기
- 새로운 프레임워크 배우기
- 이미 알고 있는 기술을 완벽히 숙달하기
- 자신의 문제를 해결할 앱 만들기
- 다른 사람의 문제를 해결할 앱 만들기
- 추가 수입원 만들기
- 면접용 포트폴리오로 쓰기
- 블로그 콘텐츠로 쓰기
- 앱을 주제로 동영상 콘텐츠 만들기
- 프로젝트를 활용해서 다른 사람의 멘토 역할하기
- 프로젝트를 활용해서 멘토의 조언 받기
- 절제력 키우기
- 새로운 시간 관리 기법 써보기
- 새 친구 만들기
- 관심 있는 분야에 대해 배우기
- 대학교 과제 마치기
- 기타 등등

시작하기

코딩을 시작하기 전에, 아니 사실 무슨 일이든 시작하기 전에 어떤 일을 할 것이고 최종 목표는 무엇인지 계획을 세워두어야 한다. 필수 요소인 다음 세 가지가 없어서 프로젝트가 미완으로 끝나는 일이 종종 있다.

- 목표 혹은 '완료'의 기준
- 마감
- 체계 혹은 프로젝트 작업 시간 정하기

프로젝트를 성공적으로 마무리하려면 이 세 가지가 모두 있어야 한다.

최종 목표부터 설정하라. 프로젝트가 완료되었거나 아니면 적어도 출시할 준비가 되었다고 말할 기준은 무엇인가? 프로젝트의 성공적인 완료를 가늠할 최소 기능 세트나 기준을 정의하라. 나중에는 프로젝트의 크기를 키워도 된다. 기존 프로젝트에 새로운 기능을 넣는 것을 새로운 프로젝트로 정하는 것도 한 방법이다. 하지만 현재 진행 중인 프로젝트가 '완료'되었다는 걸 알 수 있는 범위를 정해두어야 한다.

다음으로 **마감을 정하라.** 공격적으로 하되 과하지 않게 주의하라. 약간의 여유를 두고 지킬 수 있는 마감을 정하되 여유를 너무 많이 잡지 마라. 여유가 너무 많으면 미루게 된다. 마감이 있어야 긴급하다는 생각을 가지고 프로젝트에 조금 더 진지하게 임한다.

이 책을 올해 말까지 마치기로 말했을 때 목표로 두고 전념할 것이 생겼다. 꾸물거리고 미룰 수 없다. 나 스스로에게 정해둔 마감이 있을 뿐 아니라, 다른 이들에게도 공개적으로도 말했기 때문이다.

마지막으로 사이드 프로젝트 진행을 위한 **체계와 일정이 필요하다.** 이전 저작인 『소프트 스킬』 blog 에서 내가 사용하는 다양한 체계에 대해 이야기한 바 있다. 이 책에는 생산성에 관한 장에서 할당 체계에 대해서도 소개했다. 그러므로 여기에서는 자세히 이야기하지 않겠다. 하지만 다음 역할을 할 수 있는 체계를 갖춰야 한다.

- 그 프로젝트를 위해 매일 혹은 매주 얼마의 시간을 쓸 것인지 명확히 정의한다.
- 정의한 시간이 정확히 언제인가를 정의한다(달력에 표시해두라).
- 작업 진도와 해야 할 일을 추적할 수 있는 절차를 정의한다.

좋은 체계가 성공의 열쇠다. 이 책을 쓸 때도 체계가 있었다. **내가 성공적으로 마친 모든 프로젝트는 체계를 갖추고 있었다.**

꾸준히 하라

체계 이야기가 나온 김에 사이드 프로젝트를 완료하고 거기에서 이득을 취하기 위해 실제로 당신이 지켜야 할 아주 중요한 사항을 이야기하겠다. 그건 바로 일관성이다 blog. 즉, 마음이 내킬 때만 해서는 안 된다는 말이다. 마음이 내키지 않을 때가 너무 많기 때문이다.

사이드 프로젝트 작업 일정을 정했으면 어떤 어려움이 있어도 그 일정을 지켜야 한다. 내가 거둔 성공은 모두 일관성 덕분에 가능했다. 체형 관리가 잘되는 건 식이요법과 운동 프로그램을 꾸준히 지킨 덕분이다(혹시 모르는 사람이 있을까봐 말해주면 나는 하루에 한 끼를 먹고 매주 64킬로미터를 달리고 주 3회 근력 운동을 한다). 말 그대로 하루도 빼놓지 않는다.

나는 이 책 쓰기, 블로그 포스트 쓰기, 유튜브 동영상 만들기 등 내가 하는 모든 것을 일관성 있게 한다. 그렇게 작은 일들이 쌓여서 의미 있는 결과를 내는 것이다. 벽돌을 매일 하루 한 개씩 쌓다보면 벽이 만들어진다. 일관성이 열쇠다.

사이드 프로젝트를 잘 마무리하고 싶다면 꾸준해지는 법을 배워라.

〈잠깐만요, 존〉 하루도 빠뜨리지 않았다고 했는데 어떻게 그럴 수 있죠? 완벽한 일정에 방해가 될 일이 단 한 번도 일어나지 않았나요?

하루도 빠뜨리지 않을 수 있는 건 미리 세워둔 계획 덕분이다.

운동하기, 유튜브 동영상 만들기, 책 쓰기 등 내가 미리 계획한 일정을 도저히 지킬 수 없는 일이 생길 경우에 못 한 일을 할 수 있는 시간을 미리 정해서 달력에 넣어둔다. 여행을 자주 다니는 편인데 여행 중에도 운동 계획은 미리 넣어둔다. 어떤 체육관에 어느 날 몇 시에 가고 언제 어디서 달릴지 유튜브 동영상은 어떻게 만들지 미리 정해둔다.

미리 일정을 세워두면 좋다. 일정은 일관성 있게 사는 데 큰 도움이 된다. 하지만 일정이 혹시 방해받을 때도 있을 수 있으므로 그 또한 계획에 넣어두라.

마무리하라

무슨 일이든 마무리하는 습관을 기르는 게 좋다. 나도 마무리하는 습관을 기른 후에 인생이 바뀌었다 blog.

일을 시작했다가 마무리를 못하는 일은 원래 비일비재하다. 내 창고에는 운동복 노란띠, 오래된 축구화, 기타, 서핑 보드 등 다양한 물건이 있다. 나는 그곳을 깨진 꿈의 공간이라고 부른다. 누구에게나 이런 공간이 있을 것이다.

시작해서 끝을 보지 못한 일이 누구에게나 있다. 위대한 희망을 품고 시작한 프로젝트인데 몇 주 혹은 며칠 만에 쉽게 포기하곤 한다. 당장 그런 행태를 멈춰라! 마무리하는 습관을 갖겠다고 오늘 당장 결심하라!

어떤 프로젝트든지 아무리 마음에 들지 않아도 시작했으면 마무리하라. 그 프로젝트 때문에 죽을 것만 같아도 지켜라.

그러한 자세를 갖춘 후 내 삶은 완전히 바뀌었다. 나는 마무리할 생각이 없는 일은 절대 시작하지 않는다. 마무리하고 싶은 마음이 사라졌어도 어쨌든 마무리한다.

어느 날 갑자기 이러한 삶의 자세를 갖추기로 하지 않았더라면 첫 번째 책을 내고 플루럴사이트에 55개의 강의를 올리고 blog 다양한 제품을 만들고 초콜릿 복근을 만드는 등의 일을 해내지 못했을 것이다. 내가 손댄 모든 프로젝트가 금으로 변한 건 아니다. 하지만 적어도 마무리는 다 했다.

> 〈잠깐만요, 존〉 **프로젝트를 하다가 막혔을 때는 어떻게 하나요? 어떻게 해야 할지 해결책을 모를 때 말이에요.**
>
> 최적의 해결책이 떠오르지 않더라도 보통 어떻게든 끝까지 한다. 그렇게 하기가 쉽지만은 않다. 나에게는 완벽주의자적인 성향도 있다. 하지만 완벽은 중용의 적이다.

무엇을 쓸지 어떻게 해야 완벽한 문장이 될지 몰라 진도가 막혀버린 상태에서 그냥 멈춘다면 이 책은 탄생하지 못할 것이다. 이 책에는 내가 원하는 수준에 미치지 못하는 부분도 있다. 하지만 이 책은 마무리되어서 출간될 것이다. 99퍼센트 완성했어도 출시하지 못했다면 가치는 0퍼센트다. 완벽한 해결책을 찾지 못했다는 이유로, 막혔다고 손을 놓아버리는 것보다는 어떻게든 강행해서 진전을 보는 게 거의 언제나 더 낫다.

자신이 할 수 있는 최선에 기대어 그냥 나아가야 할 때도 있는 법이다. 틀릴 때도 있지만 받을 생각 없이 아예 손 놓고 있다면 날아오는 공을 100퍼센트 놓칠 수밖에 없다. 막힌 것 같을 때는 정말 아예 빠져나갈 방도가 없는 건지 아니면 완벽한 해결책을 기다리고 있는 건지부터 생각해 보아야 한다.

그래도 막힌 것 같고 어떻게 해야 할지 모르겠다면 조금이라도 나아갈 여지가 있는 방향을 찾아서 그쪽으로 나아가라. 본인이 원하는 방향이 아니었다고 하더라도 말이다. 문제를 풀 수 없을 때는 도움을 청하거나 그 부분을 그냥 거르고 넘어가라.

모든 문제를 풀어야 하는 건 아니다. 최선의 대안을 선택하고 그에 따른 결과를 수용할 수밖에 없는 때도 있다. 아무것도 안 하는 것보다 그게 낫다는 걸 알면 된다.

사이드 프로젝트로 수익 올리기

사이드 프로젝트로 수익을 올릴 방법에 대한 이야기로 이 장을 마무리하 겠다.

어떤 사이드 프로젝트에 착수하든지 거기에서 수익을 올릴 방법이 있는지 생각해보 라. 큰 금액이 아니어도 괜찮다. 앱을 만들었다면 99센트로라도 좋으니 가격을 붙여서 앱 스토어에 올려라. 무료 앱을 만들었다면 광고를 넣어라. 웹 앱을 만들었다면 무료 체험판과 유료 버전을 나눠라. 아니면 적어도 기부 버튼이 라도 제발 넣어라!

시작할 때부터 수익을 올릴 방법을 고민하라. 블로그를 운영할 거라면 내 가 만든 '블로그로 수익을 올리는 10가지 방법 blog '이라는 짧은 강의를 참고 하라. 사실 블로그가 아닌 다른 곳에서도 활용할 수 있는 아이디어가 담겨 있다.

하지만 현실적으로 생각하라. **사이드 프로젝트로 큰돈을 벌긴 어렵다.** 아무리 멋진 결과물을 완성했다고 해도 큰돈을 벌 거라는 기대는 버려라. 특히 처음에는 말이다. 시간이 지나면 좀 괜찮은 수익을 올릴 수도 있다. 하지만 처음에는 적어도 좋으니 수익을 낼 방법을 시도해보는 것으로 만족하라.

여러 사이드 프로젝트를 완성한 후에는 여기저기에서 조금씩 벌리는 돈이 오랜 시간 꾸준히 모여 큰돈이 될 수도 있다. 미리 이런 부분을 생각해 둔다는 게 중요하다. 당신이 하는 프로젝트는 트위터도 아니고 말도 안 되게 큰 투자를 받은 스타트업도 아니다. 사용자부터 모으고 수익 문제는 나중에 생각하겠다는 건 트위터나 누릴 수 있는 특권이다.

당장 시작하라!

좋다. 이제 사이드 프로젝트와 관련해 해야 할 일과 하지 말아야 할 일이 무엇인지 어느 정도 파악했으리라고 생각한다. 이 장을 읽고 사이드 프로젝트를 시작하고 싶다는 생각이 들었기를 바란다.

말했듯이 나는 소프트웨어 개발자라면 누구나 사이드 프로젝트를 해야 한다고 생각한다. **작게 시작하고 일정을 지켜서 마무리하기만 하면** 아무 문제가 없을 것이다.

자유 시간을 포기하고 열심히 해야 하는 일인 만큼 진짜 혜택을 얻을 방법도 생각해두도록 하라. 이왕이면 한 가지 이상의 혜택을 얻을 수 있기를 기원하겠다. 행운과 성공을 빈다!

추천 도서

나는 **책을 좋아한다.** 매주 64킬로미터를 달리며 공부한다. **매주 책을 읽는 데 8시간을 투자한다.** 정확히 말하자면 달리기를 하거나 운전할 때 오디오북을 듣는다. 1년에 50권 정도는 쉽게 읽을 수 있다.

책은 내가 이룬 대부분의 성공에 직접적인 도움을 주었다. 진짜 멘토가 있었던 적은 없다.

부동산 투자 `blog` 방법을 배우려고 노력하던 시절 주변에는 요령을 알려 줄 사람이 없었다. 그때 책의 도움을 받았다. 처음 프로그래밍을 배우려 할 무렵에도 진짜 멘토는 없었다. 아는 프로그래머 한 명 없는 꼬마였다. 그래서 책을 찾았다. 소프트웨어 개발자 경력을 발전시키고 싶어 하던 무렵에도 물어볼 사람이 없어서 더 많은 책을 찾았다.

사업을 시작할 때, 주식 투자를 할 때도 책이었다. 스스로를 다스려서 더 나은 사람이 되고 싶을 때, 자존감과 의지를 키우고 싶을 때, 체형을 멋지 게 가꾸고 싶을 때 언제나 책, 책, 책, 또 책이었다. 실패도 많이 했지만 그 래도 언제나 책으로 돌아왔다.

독자 중에도 내가 그랬던 것처럼 프로그래밍과 인생에 있어 좋은 길로 인도해줄 실제 멘토를 구하기 어려운 사람이 있을 것이다. 이 책이 그러한 목적에 부합했으면 한다. 하지만 좋은 책을 찾는 여정은 아직 끝나지 않았고 앞으로도 계속될 것이다.

당신의 가상 멘토를 만드는 데 도움이 되도록 **내가 가장 좋아하는 책 일부 목록**을 공유하는 것으로 이 책을 마무리할까 한다. 수백 권을 소개하고 싶은 마음이 굴뚝 같지만 지면을 아끼기 위해 최고 중의 최고라고 생각하는 것으로 간추려서 소개하도록 하겠다.

나에게 가장 큰 영향을 미친 도서를 총망라한 목록을 주제별로 정리해둔 것도 이 책에서 제공하는 툴킷 toolkit 에서 다운로드할 수 있다. 즐겁게 보았으면 한다.

훌륭한 코드 작성하기

소프트웨어 개발자의 가장 기본적인 업무는 코드 작성이다. 그래서 개발자라면 훌륭한 코드를 작성하고 싶다는 열망을 느껴야 마땅하다. 그와 관련해 내가 최고라고 생각하는 책 몇 권을 소개한다. 내 경력에도 큰 영향을 끼쳤고 내가 작성하는 코드의 품질을 발전시키는 데도 큰 도움이 된 책들이다.

『코드 컴플리트 2: 더 나은 소프트웨어 구현을 위한 실무 지침서』 blog

좋은 코드 작성법을 알려주는 기본적이고 핵심적인 책이다. 과하게 주석을 달지 않아도 어떤 역할을 하는 코드인지 명확하게 알 수 있도록, 이해하기 쉬운 코드 쓰는 법을 알려준다.

이 책은 코드 작성, 소프트웨어 제작에 대한 내 생각을 완전히 바꿔놓았다. 코드 디버깅하는 법, 고품질의 소프트웨어 만드는 법 등 소프트웨어 개발자라면 알고 있어야 할 다른 많은 주제를 다룬다. 방법론에 대한 부분은 약간 시대에 뒤처진 면이 있지만 그래도 소프트웨어 개발자라면 누구나 읽어야 하는 필독서임에는 변함이 없다.

『클린 코드: 애자일 소프트웨어 장인 정신』 `blog`

역대 가장 좋아하는 책 중 하나로, 밥 마틴Bob Martin의 저작이다. 밥은 밥 아저씨라는 별명으로 불리는 소프트웨어 개발 업계의 정말 훌륭한 멘토 중 한 명이다.

이 책을 통해 코드를 이해하기 쉽게 깔끔하게 작성하는 방법, 기존 코드를 리팩토링하는 방법을 여러 사례와 함께 배웠다. 이 책에 가득한 여러 원칙과 모범 사례는 세월이 흘러도 변하지 않을 가치를 담고 있으며 프로그래밍 언어와 상관없이 코드 그 자체에 대해 이해하는 데 큰 도움을 준다. 방법론 면에서 좀 구식이었던 『코드 컴플리트』에 반해 클린 코드는 애자일 방식으로 소프트웨어를 제작하고 유지 보수하는 방법을 알려준다.

『클린 소프트웨어』 `blog`

밥 아저씨의 다른 저작이다. 이 책은 객체지향 프로그래밍을 조금 더 집중적으로 다룬다. 애자일 방법론 활용법, 객체지향 설계 원칙, 패턴 디자인 방법 등 애자일 방법론과 관련된 다양한 주제를 훌륭한 사례와 함께 소개한다.

개발 기본 소양 갖추기

소프트웨어 개발자는 많은 것을 알아야 한다. 기본적인 것들은 이 책에서 소개했지만 소개한 내용을 더욱 심도 있게 알려주거나 이 책이 다루지 못한 부분을 상세히 설명하는 다른 책을 몇 권 소개하겠다.

『GoF의 디자인 패턴』 blog

유지 보수할 코드에 흔히 등장하고 본인이 작성하는 코드에서도 가끔 등장할 디자인 패턴을 소개하고 있어서 고전임에도 여전히 도움이 된다. 소프트웨어 개발자라면 이 책에 소개된 기본적인 고전 디자인 패턴 정도는 알아두어야 한다.

『Testing Computer Software』 blog

또 다른 고전이다. 소프트웨어 테스트가 무엇인지 이해하기 위해 읽어야 할 필독서다. 소프트웨어 개발자가 테스트와 테스트 방법론에 대해 알아야 할 기본적인 내용을 다룬다.

『Introduction to Algorithms』 blog

수학에 대한 이해가 있어야 읽을 수 있는 책이라 보기가 쉽지는 않다. 하지만 소프트웨어 개발 업계에서 현재 쓰이는 알고리즘을 소개하는 최고의 책이다. 소프트웨어 개발자라면 이 정도 알고리즘은 알아야 마땅하다.

『엔터프라이즈 애플리케이션 아키텍처 패턴』 blog

대규모 애플리케이션을 작성할 때 알아야 할 거의 모든 것을 다룬다. 기업용 애플리케이션에 초점을 맞추고 있긴 하지만 어떤 유형의 대규모 소프트웨어 애플리케이션에나 적용할 수 있는 원칙과 패턴을 소개한다.

기존 코드 다루기

소프트웨어 개발자가 가장 자주 하는 업무 중 하나가 자신이 작성하지 않은 코드, 즉 레거시 코드를 다루고 유지 보수하는 일이다. 다행히 이 주제에 관해서도 꽤 괜찮은 책이 여럿 존재한다.

『리팩토링』 blog

리팩토링은 레거시 코드를 다루는 기본 기술이다. 리팩토링이란 기능에 손대지 않고 코드의 구조를 바꾸는 것을 가리킨다.

이 책은 당신이 알아야 할 주요 리팩토링 패턴을 망라해서 소개한다. 최신 IDE는 대부분 리팩토링 기능을 지원하기 때문에 리팩토링을 수동으로 할 일이 예전보다는 많이 줄었지만 아예 없지는 않다. 리팩토링이 무엇인지, 리팩토링을 어떻게 해야 하는지 알려주는 이 책이 리팩토링을 직접 해야 할 때 큰 도움이 될 것이다.

『레거시 코드 활용 전략』 blog

레거시 코드를 다루고 유지 보수하는 방법을 배울 수 있는 최고의 책 중 하나다. 안전한 리팩토링, 변경할 코드 위치 확인, 객체지향적이지 않은 시스템 작업 방법 등 레거시 시스템을 다루는 데 관련된 거의 모든 주제를 소개한다. 소프트웨어 개발자라면 누구나 한 번 이상 읽어보기를 강력히 권한다.

『패턴을 활용한 리팩토링』 blog

단순화 작업은 엉망인 레거시 코드를 리팩토링을 통해 정리하는 좋은 방법이다. 이 책은 소프트웨어 개발에서 흔하게 볼 수 있는 디자인 패턴을 써서 기존 코드 리팩토링하는 법을 단계별로 정확하게 보여준다. 모든 코드를 디자인 패턴으로 리팩토링해야 한다거나 더 간단한 방법이 있는데도 과하게 복잡한 디자인 패턴을 어디에나 억지로 적용해야 한다는 뜻은 아니다. 이 책에서 소개하는 내용이 도움이 될 때가 꽤 많을 것이다.

더 훌륭한 개발자 되기

좋은 소프트웨어 개발자가 되려면 코딩 실력을 키우고 기술력을 갖추는 것 이상으로 해야 할 일이 많다. 다양한 소프트 스킬 또한 코더로 성공하는 데 꼭 필요한 요소다.

아래 소개하는 책들은 개발자가 단순히 기술력만 키우는 수준을 벗어나서 더 훌륭한 개발자로 성장하고 발전하는 데 도움이 될 것이다.

『소프트 스킬』 `blog`

당연히 내 책을 빠뜨릴 수 없다. 소프트웨어 개발자가 소프트 스킬을 개발하는 데 도움이 될 만한 내용을 포괄적으로 소개하겠다는 목표를 가지고 쓴 책이다.

경력, 마케팅, 학습, 생산성, 재무관리, 건강과 체력 단련, 심지어 정신 훈련과 사고방식에 대해서까지 다룬다. 소프트웨어 개발자라면 누구나 읽어야 하는 책이라고 생각한다. 물론 팔이 안으로 굽어서 하는 이야기다.

『실용주의 프로그래머』 `blog`

많은 경력을 쌓은 소프트웨어 개발자 몇 명이 소프트웨어 개발자가 경력을 발전시킬 방법에 대한 이야기를 들려주는 아주 인기 있는 프로그래밍 책이다. 저자들이 소프트웨어 개발 업계에서 겪은 어려운 상황을 아주 재미있고 유쾌하게 풀어냈다.

『프로그래머, 열정을 말하다』 blog

소프트웨어 개발자의 경력에 대한 현실적인 조언, 이들이 불가피하게 마주할 수밖에 없는 문제를 꾹꾹 눌러 담은 책이다. 경력과 기술을 발전시키는 방법은 물론이고 태도 고치기, 의욕 잃지 않기, 열정 유지하기 등 다양한 이야기를 들려준다.

인간으로서 성장하기

이 분야의 책은 간추리기가 정말 어렵다. 나 자신이 꾸준히 성장하는 동시에 다른 이들의 개인적 성장을 돕겠다는 게 내 인생의 목표이기 때문에 이와 관련된 좋은 책을 수없이 많이 보았다. 하지만 그중에서도 특히 소프트웨어 개발자에게 도움이 될 거라고 생각하는 최고 중의 최고를 골랐다.

딱 세 권을 소개하겠다. 아, 도저히 안 되겠다. 네 권만 하겠다.

『인간관계론』 blog

이 책으로 시작하라. 대인 관계에 관한, 시대를 뛰어넘는 최고의 책이다. 책의 제목이나 오래된 출판년도에 속지 마라. 성공한 많은 이들이 자주 최고로 꼽는 고전이다.

나는 이 책을 1년에 한 번은 본다. 어떨 때는 두 번도 본다. 이 책이 얼마나 훌륭한지 아무리 말해도 부족하다. 내 인생을 바꾼 책이다.

『생각하는 그대로』 blog

출간된 지 오래된 짧은 책이다. 하지만 독자에게 매우 강력한 영향력을 미친다. 이 책은 성공을 거두는 데 꼭 필요한 사고방식을 소개한다. 자신의 생각과 세계관을 어떻게 선택할지를 이야기한다. 이런 부분이 결국 삶의 방향을 결정할 것이다.

『성취심리』 blog

자기 계발서를 딱 하나만 골라야 한다면 이 책을 고르겠다. 왜냐하면, 이 책은 이 주제와 관련된 많은 개념을 고전에서 빌려와서 간결하고 명확한 방식으로 설명해주기 때문이다. 그리고 책에 소개한 내용을 바탕으로 독자가 자신의 삶을 실제적이고 긍정적으로 변화시킬 수 있도록 적용 연습도 충분히 시켜준다. 개인의 발전에 대해 다양한 주제를 다루고 있기 때문에 이 책 한 권에 투자하는 비용 대비 넉넉한 효과를 거두고도 남는다.

『열정은 쓰레기다』 blog

훌륭한 자기 계발서가 시중에 너무 많이 나와 있어서 마지막 책은 정말 고르기 어려웠다. 이 책은 저자가 다름 아닌 스콧 애덤스Scott Adams라 골랐다. 맞다. '딜버트'의 작가. 그는 유명 만화가, 그 이상의 존재다.

이 책에 나오는 철학은 당신을 인생의 승자로 만들어줄 것이다. 머리를 뿔처럼 세운 상사에 관한 만화를 그리던 작가가 이렇게 뛰어난 지혜를 보여줄 거라고는 생각지 못했다. 이 책을 보면 그가 얼마나 현명한지 알 수 있다.

스콧 애덤스가 얼마나 심오한지 알고 싶은 사람에게는 『God's Debris』 blog 를 추천한다. 뇌가 아주 뜨거워질 것이다. 나중에 내가 경고하지 않았다는 말은 하지 마라.

자기 계발과 성장을 주제로 한 책에 대해서라면 책 한 권도 쓸 수 있을 정도다. 하지만 이쯤에서 멈추도록 하겠다.

깊이 들어가기

소프트웨어 개발자에게 깊이 들어가기란 깨달음을 주는 아주 재미있는 활동이다. 깊이 들어간다는 게 무슨 뜻일까? 추상적인 개념을 모두 날려버리고 진짜 작동법을 이해하기 위해 대상을 해부하는 걸 가리킨다.

평범한 작업을 할 때 CPU나 운영 체제의 작동 원리까지 세세히 알아야 할 필요는 없다. 하지만 가끔 그런 세부 사항까지 파헤치면 재미있지 않은가?

깊이 들어가고 싶은 사람에게 추천하고 싶은 책이 몇 권 있다. 이 책들은 원하는 깊이까지 당신을 데리고 가서 누구나 지니고 있는 아이 같은 호기심을 충족해줄 것이다.

『코드: 하드웨어와 소프트웨어에 숨어 있는 언어』 blog

컴퓨터 하드웨어, 저수준 컴퓨터 과학, 컴퓨터 아키텍처 개념에 관한 내 지식의 빈틈을 많이 채워준 책이다. 소화하기 쉬운 재미있는 방식으로 썼다는 게 이 책의 백미다. 적어도 대부분의 내용은 이해하기 쉬운 편이다.

소프트웨어 개발자라면 이 책을 읽어보길 강력히 추천한다. 꼭 알아야 할 내용이 담겨 있는 데다 재미있기까지 하다. 게다가 이 책을 읽고 나면 이전에는 상상하지 못했던 방식으로 컴퓨터와 코드를 이해하게 될 것이다.

『컴퓨터 프로그램의 구조와 해석』 blog

프로그래밍에 관한 어려운 책이다. 특히 책을 전부 꼼꼼히 읽고 연습 문제까지 풀려면 정말 어려울 것이다. 하지만 그 과정에서 보람을 느낄 수 있다. 그리고 함수형 프로그래밍의 개념을 몰랐던 사람이라면 프로그래밍에 접근하는 방법에 대한 생각이 바뀔 가능성도 높다.

『코딩 인터뷰 완전 분석』 blog

마이크로소프트나 구글 같은 회사에 취직하고 싶은 사람들에게 권하는 필독서다. 알고리즘 문제를 해결하는 화이트보드 코딩 면접을 통과하고 싶은 사람은 꼭 읽어야 한다. 코딩 면접에 가면 컴퓨터 공학을 배경으로 하는 알고리즘 유형의 문제가 자주 출제된다. 이 책은 이렇게 어려운 프로그래밍 문제를 해결하기 위해 알아야 할 내용을 거의 다 소개한다. 알고리즘 기본 유형과 데이터 구조에 대해 설명하고 연습 문제를 풀게 해서 면접에 대비시켜 준다. 알고리즘 유형의 코딩 문제 해법을 깊이 있게 배우고 싶다면 이 책을 읽어라.

『The Art of Computer Programming 1~4』 blog

내가 읽지 않은 책 시리즈를 추천해도 괜찮을까? 당연히 된다고 생각한다.

언제가 읽겠다고 정해둔 4권짜리 시리즈다. 하지만 아직은 읽지 못했다. 왜냐하면 엄청난 노력이 필요하기 때문이다.

이 책은 컴퓨터 공학 알고리즘에 대해 깊이 있게, 상세하게 알려준다. 절대 쉽지 않다. 알고리즘에 대해 깊이 들어가보고 싶은 사람, 수학적 설명을 잘 이해할 준비가 된 사람이라면 읽어보라. 그리고 내게 어떤지 알려주기 바란다. 건투를 빈다.

『Compilers: Principles, Techniques, and Tools』 blog

이 책에는 '용 책'이라는 별명이 있다. 복잡성을 정복하는 컴퓨터 공학자의 모습을 용을 무찌르는 기사로 비유한 표지 덕분이다.

이 책은 컴파일러와 운영 체제의 세계에서 용이 살고 있는 깊은 곳까지 들어간다. 시대에 뒤처지는 정보도 조금 있지만 컴파일러의 작동 원리를 배워서 직접 작성해보고 싶은 사람에게 추천한다.

재미있는 책

알고리즘과 컴파일러를 깊이 있게 파헤치는 걸 재미있다고 생각하는 사람도 있을 것이다. 물론 나도 그렇다. 하지만 모든 소프트웨어 개발자가 그렇지는 않을 것이다.

이번에는 소프트웨어 개발자라면 대부분 재미있게 읽을 거라 생각하는 책을 소개하겠다. 취향에 따라 딱히 재미있다고 못 느끼는 사람도 있겠지만.

『괴델, 에셔, 바흐』 blog

내게 이 책을 처음 알려준 사람은 이 책을 읽기 전으로 다시 돌아가서 처음 보는 책처럼 읽어보고 싶다고 말했다. 그 말만으로도 이 책을 사서 읽어보고 싶은 마음이 들었다. 그리고 실제 읽어본 결과 실망스럽지 않았다. 컴퓨터 공학이나 프로그래밍 책은 아니지만 프로그래밍 관련 개념이 많이 등장한다. 그리고 모순과 역설이 난무하는 논리적 영역을 심층적으로 규명한다.

『Magic 2.0 Series』 blog

소설을 좋아하는 편은 아니지만 컴퓨터 해킹과 시간 여행 이야기에 던전 앤 드래곤Dungeons & Dragons 게임 같은 요소를 결합했다는 점이 흥미를 끌었다. 아, 그리고 무척 재미있다. 나는 소설을 그리 좋아하지 않는데도 프로그래머여서인지 이 책은 매우 재미있게 읽었다. 그래서 추천한다.

『마션』 blog

방금 말했듯이 평소 소설을 많이 읽지는 않지만 이 책은 읽었다. 프로그래머가 쓴 책이고 우주를 좋아하기도 하고 하도 많은 사람이 이야기해서 읽었는데 재미있었다. 아주 재미있고 긴장감 넘치는 데다 지적으로도 많은 자극을 주어서 읽는 내내 즐거웠다.

『스노 크래시』 blog

이 책도 아직 읽어보지 못했다. 하지만 방금 아마존 위시리스트에 올렸고 곧 읽을 것을 약속한다. 프로그래밍과 관련된 소설 중에 가장 많은 사람이 추천한 책이다. 그래서 추천하지 않으면 안 될 것 같다는 압박을 느꼈다. 말했듯이 아직 읽어보지 않았지만 곧 읽을 계획이다.

(업데이트: 읽었다. 하지만 내 취향은 아니었다. 그래도 많은 개발자가 좋아하고 추천하므로 목록에서 빼지는 않겠다.)

인내와 동기부여에 관한 책

역경을 극복하는 건 인생에 큰 도움이 된다. 역경을 통해 우리는 어려움을 극복하는 법을 배우고 강하게 성장한다.

삶은 역경을 선물할 것이다. 때로 삶은 빡빡하고 잔인하다. 의욕이 사라져서 그만두고 포기하고 싶을 것이다. 그럴 때 도움이 되는 책을 다음과 같이 소개한다.

『The Obstacle Is the Way』 blog

내게 스토아철학을 제대로 알려준 첫 번째 책이다. 스토아철학은 현재 내 인생의 기둥 같은 존재다.

이 책은 자신에게 일어나는 나쁜 일이 자신을 무너뜨리는 게 아니라 자신을 강하게 만들고 올바른 길을 찾을 수 있게 도와준다고 말한다. 모든 이야기는 스토아철학에 기반한다. 이 책은 이 원칙을 증명하기 위해 역사적인 이야기를 사례로 든다.

『10배의 법칙』 `blog`

이 책과 바로 다음에 소개할 책은 모두 그랜트 카돈이 썼다. 이 두 권을 읽은 후 그는 내 인생 최고의 멘토가 되었다.

이 책은 당신에게 원래 자신의 생각보다 10배 높은 목표를 설정하고 10배 더 큰 노력을 기울여야 한다고 말한다. 성공하려면 거대한 행동을 취해야 한다고 이야기한다. 이 책을 읽고 나면 무언가 하고 싶어서 가만히 있기 어려울 것이다. 정말이다.

『Be Obsessed or be Average』 `blog`

혹시 주변 사람들에게 "집착한다."라는 말을 듣지 않는가? 너무 열심히 하는 건 건강하지 않다고 말이다. 이 책은 그런 사람들에게 정중하게 '중지를 세워 보이고' 자신의 길을 개척해나가도 좋다고 이야기한다. 그리고 목표 달성을 위해 집착의 힘을 활용하는 방법과 자신을 무너뜨리려는 상대를 대처할 방법을 알려준다.

『최고의 나를 꺼내라』 `blog`

12번도 넘게 읽은 책이다. 그만큼 좋다. 이 책은 원래 일은 어렵다는 걸 깨닫고 할 일을 하라는 이야기를 들려준다. 프로라면 때로 의욕이 사라지더라도 묵묵히 할 일을 한다.

내가 첫 책을 쓸 때 업무 윤리를 갖추는 데 도움이 된 책이다. 지금 이 책을 쓰는 원동력도 그 업무 윤리에서 온다. 이 책은 어떤 면에서든 더 나은 사람이 되려고 노력할 때 자신을 방해하는 요소를 극복할 수 있는 방법을 알려준다. 게다가 시적으로 아름답게 쓰인 책이라 즐거운 마음으로 읽을 수 있다.

꾸준히 읽어라

자, 여기까지다. 소개된 책을 다 읽으려면 한동안 꽤 바쁠 것이다. 이 목록에 있는 모든 책을 읽으면 장담하건대 당신 인생은 크게 나아질 것이다.

하지만 거기서 끝내면 곤란하다. **아직 독서가 습관이 되지 않았다면 꼭 습관으로 만들길 바란다.** 세상에는 정말 좋은 책이 많다. 목록을 이 정도로 간추리기가 꽤 어려웠다.

앞으로 당신이 갈 길에 도움이 될 팁을 마지막으로 몇 가지 주겠다.

꼭 좋은 책을 선별해서 읽어라. 다른 이들이 크게 추천하는 책을 평소에 찾아서 다음에 읽을 책 목록을 늘 채워두어라. 그래야 다음에 읽을 책을 찾는다는 핑계로 독서를 쉬지 못할 것이다.

가능하다면 오디오북을 활용하라. 달리기나 걷기, 근력 운동, 운전 등 오디오북을 들을 수 있는 다른 활동을 할 때 오디오북을 들어라. Audible.com 구독 **blog** 에 투자하라. 그리고 추가 구매도 망설이지 마라.

마지막으로 **배운 것을 실천하라.** 행하지 않는 지식은 아무 가치가 없다. 책을 읽는 데 그치지 말고 읽은 내용을 실행에 옮겨라. 배운 내용을 자신의 삶에서 어떻게 실천할지 고민하라. 그러다 보면 어느 날 저자가 되어 있을지 모른다.

60

마치며

우리가 여기까지 왔다는 게 믿기지 않는다. 내가 쓴 20만 단어나 되는 분량의 책을 읽다니 이제 '우리'라고 부를 만하다고 느껴져서 그렇게 불러보았다. 산 책을 펼쳐보지도 않는 사람이 태반이고 그나마 펼쳐도 첫 번째 장정도 가면 덮어버리는 일이 다반사이므로 이 정도면 칭찬받아 마땅하다.

하지만 기쁨에 젖어 과하게 들뜨기 전에 '읽기'와 '실천'은 크게 다르다는 사실을 상기시켜 주고 싶다. 나는 내 첫 번째 책『소프트 스킬』**blog**에 사인을 해줄 때마다 거의 "실천하라."라고 적었다. "당신은 멋져요! 계속 멋지게 사세요!" 같은 사랑스러운 말을 써달라는 요청을 받을 때마다 나는 실천이 따르지 않는 책은 종이에 적힌 글자에 지나지 않는다고 말해주었다.

당신에게도 그 말을 해주고 싶다. "실천하라."

나는 내가 할 수 있는 최선을 다했다. **당신이 소프트웨어 개발자로서 승승장구할 수 있도록 소프트웨어 개발에 대해 내가 알고 있는 모든 것을 알려주기 위해 노력했다.** 하지만 그게 내가 할 수 있는 전부다. 나머지는 당신 몫이다.

그래서 당신에게 요구한다. 아니 애원한다. **이 책을 당신이 읽은 많은 책 중의 한 권으로 그냥 남게 하지 마라.** 무엇을 해야 할지 모르겠다는 핑계는 이제 더 이상 쓸 수 없다. 이제 무엇을 해야 하는지 안다.

소프트웨어 개발자로 입문할 방법을 안다.

어떤 기술을 배워야 할지, 프로그래밍 언어는 어떻게 고를지, 그 언어를 어떻게 배울지 안다.

대학교, 부트 캠프, 독학 중 무엇을 고를지 선택할 방법을 안다.

첫 번째 직장 혹은 새로운 직장이 필요하다면 그 방법도 안다.

인턴십이 무엇인지, 경력 여부와 상관없이 직장을 구하는 방법은 무엇인지 안다.

소프트웨어 개발자 이력서를 잘 만드는 방법, 면접을 통과하고 연봉 협상하는 방법, 혹은 연봉을 인상하는 방법, 심지어 다른 분야에서 소프트웨어 개발자로 전향하는 방법도 안다.

이 책에서 소프트웨어 개발자로 알아야 할 모든 것을 아주 세세하게 알려주지는 못했다. 그래도 개발 유형, 테스트, QA, 방법론, 소스 제어, 모범 사례, 디버깅 등등 기본적인 내용을 안다.

개발자로 일하는 방법, 주변 환경을 탓하기보다 도발적인 태도로 업무 환경을 개선할 방법을 안다.

동료나 상사를 대하는 방법, 삶의 균형을 맞추는 방법, 팀에서 일하는 방법, 다른 사람을 설득하는 방법, 심지어 옷 입는 법까지 배웠다.

승진하는 법, 굴복시키려는 사람에 대처하는 방법, 나중에는 그들을 이끄는 방법을 안다.

마지막으로 자신의 경력을 한 걸음 앞으로 나아가게 하는 방법도 안다.

좋은 평판을 만드는 방법, 인맥을 만드는 방법, 기술을 발전시키고 전문성을 높이는 방법, 블로그를 만들고 유명해지는 방법을 안다.

회사에 남아 승진을 하든 프리랜서로 독립을 하든 어떤 선택지가 있고 어떤 진로를 선택할 수 있는지 안다.

그러므로 적어도 몰라서 못 했다는 핑계는 이제 댈 수 없다. **무엇을 해야 할지 아는 것과 어떤 결과가 나올지 아는 건 완전히 다른 문제다.** 그 누구도 어떤 결과가 나올지 모른다. 그래서 우리는 자신이 아는 바대로 최선을 다하며 과정을 믿어야 한다 `blog`. 혹시 실패하더라도 포기하지 말고 다시 일어나서 시도하라. 끝내는 성공할 것이다. 그러므로 실천을 통해 자신의 삶을 바꾸고 성공을 거머쥐기까지 이제 선택만 남았다.

이 책을 읽고 "뭐, 내용은 쓸 만하군. 괜찮은 조언이 많았어."라고 말하고는 거기서 멈출 수도 있다. 아니면 이 책을 자기 인생의 전환점으로 삼을 수도 있다. "지긋지긋하다. 이제는 좀 더 나은 삶, 더 좋은 삶을 살고 싶어."라고 말하는 것이다. 당신이 후자를 선택하길 바란다.

> 소원과 열망을 결심으로 바꾸는 짧은 순간 모든 것이 바뀐다.
> 지금이 바로 그 순간이다. 기회를 잡아라.
> 누군가 귀에 "뭔가 일을 벌여봐. 해봐. 지금 해보라고!" 속삭이는 때가 많지 않다.
> 이제 깃발을 세워라.
> 새로운 기준을 설정하라.
> 자신의 경력과 인생이 어떤 방향으로 가길 원하는지 정하라.
> 오늘 결심하라. 바로 지금 실행에 옮겨라.

마지막 부탁

큰 실례가 되지 않는다면 헤어지기 전에 한 가지만 부탁하고 싶다.

우선 무슨 일을 하든지 사랑을 퍼뜨려라. 지식을 공유하라. 이 책이 도움이 되었다면 다른 이도 그러한 도움을 받을 수 있게 해주어라. 물론 이 책을 사서 선물할 생각이라면 무척 기쁠 것이다. 혹은 내가 쓴 다른 책이 더 도움이 될 것 같으면 그 책을 선물해도 좋다. 다른 사람의 삶에도 변화를 만들 수 있을 것이다.

나는 변화를 만들기 위해 이 책을 썼다. 이 책이 당신에게 변화를 일으켰다면 당신도 다른 사람의 삶에 작든 크든 변화를 일으키는 사람이 되어라. 그렇게 작은 변화가 모이면 세상이 훨씬 더 좋아질 것이다. 하지만 실천해야만, 다른 이에게 본을 보여야만 가능한 일이다.

그리고 이 책을 읽어주어서 진심으로 고맙다. 당신의 소프트웨어 개발자 경력이나 당신의 인생에 가장 좋은 일과 최고의 성공이 함께하길 기원한다. 아무도 당신을 믿지 않더라도, 당신도 스스로를 믿지 못하더라도 나는 믿는다. 그러니 이제 일어나서 세상을 정복하라!

추신: 앞으로도 온라인으로 나를 찾아와주길 바란다.

- 블로그: https://simpleprogrammer.com
- 유튜브: https://youtube.com/simpleprogrammer

부록

개발자로 살아가기

'좋은 개발자'의 정의

김요한(React Korea 운영자)

좋은 개발자===끊임없이 공부하는 개발자

나는 비용 문제로 대학에 진학하지 못하고, 알려주는 사람 없이 독학으로 프로그래밍을 배웠다. 심지어 내가 다닌 첫 회사에서 개발자는 나 혼자였다. 이후 이직한 여러 직장에서도 사수는 없었다. 3년 차쯤 되었을 때도 사수는 없었지만 서울대와 카이스트 출신의 3~5년 차 개발자들이 동료로 있었다. 당시에는 개발을 못하진 않아서 이들과 어느 정도 어깨를 견줄 만했고, 지금과 달리 귀여웠는지 개발자뿐만 아니라 다른 직군의 사람들도 나를 무척 예뻐해주었다. 하지만 나는 사내에서 개발 실력이 좋다는 평을 받고 있었음에도 불구하고 학력 때문에 위축되어 있었다. 이러한 생각은 개발에 대한 갈망으로 이어졌고, 곧 '좋은 개발자===개발의 신'이라는 생각이 자리 잡게 되었다.

주니어 개발자들은 대부분 '좋은 개발자===개발의 신'이라고 생각한다. 자신에게는 부족한 부분을 능숙하게 잘 다루는 사람을 보면 동경하거나 롤모델로 삼게 된다. 즉, 상대적으로 실력이 부족하다보니 '개발을 잘하는 사람'을 우러러보며 '좋은 개발자===개발의 신'이라고 생각하는 것이다.

예를 들어 회사에서 선배 개발자와 페어 프로그래밍이나 코드 리뷰 등 협업을 할 때, 커뮤니티에서 신기술에 대해 유창하게 설명하는 개발자를 볼 때, 모임이나 컨퍼런스에서 사람들이 기술에 대해 이야기하는 데 참여는커녕 무슨 말인지조차 못 알아 들을 때, '좋은 개발자===개발의 신'이란 공식은 주니어 개발자의 잠재의식 속에 자리를 잡아간다.

'좋은 개발자'라는 프레임을 조금 구체화하면 두 타입으로 나눌 수 있다.

- 최신 유행하는 기술 혹은 다양한 기술에 대해 잘 알고 있는 개발자
- 특정 기술을 깊이 이해하고 있는 개발자

사실 둘은 상반되는 타입으로 첫 번째는 지식(경험)이 넓은 타입, 두 번째는 지식이 깊은 타입이다. 그런데도 '좋은 개발자' 하면 처음에 딱 떠오르는 게 이 두 타입이다. 그 이유는 둘 사이에 공통점이 하나 있기 때문이다. 바로 '기술에 대해 끊임없이 공부하는 개발자'라는 것이다. 이런 개발자를 좋은 개발자라고 말하는 데 이견은 없을 것이다. 나 또한 그렇게 생각했다.

좋은 개발자===협업을 잘하는 개발자

2007년, 이런 생각이 완전히 바뀌었다. 당시 회사에서 PHP를 버리고 Rails로 갈아타게 되었다. 이때는 Rails 하면 Agile이라는 단어가 항상 따라다녔기 때문에 Rails뿐 아니라 Agile도 공부해야 했다. 회사에서도 Agile하게 프로젝트를 진행하기 위해 여러 가지 실험을 했다. 이 시기에 모든 방면에서 굉장히 많이 성장했다. 협업을 하니 개발 실력도 많이 늘었고, 다른 사람과 얘기를 많이 하면서 가치관이나 생각하는 방식도 많이 바뀌었다.

이렇게 실험하고 경험한 것들을 바탕으로 나는 Agile에 대해 사람들이 보편적으로 생각하는 것과 조금 다른 생각을 가지게 되었다. 많은 사람이

Agile은 "빠른 주기로… 어쩌고저쩌고… 배포하는 것"이라고 얘기한다. 물론 이 말도 맞다.

하지만 내가 생각하는 Agile의 핵심은 '협업'이다. 협업이 핵심이라고 생각한 이유는 제품을 빠르게 개발하기 위해서 이러저러한 장치들이 있지만 결국 그것을 수행하는 것은 사람이고, 동료 간 협업이 원활하게 이루어지지 못할 경우 이러한 장치가 제대로 돌아가기 힘들기 때문이다. 사실 우리 모두 알고 있지 않은가? 아무리 좋은 장비가 있어도 사용하는 사람에 따라 아무 의미가 없어지기도 한다는 것을. 이때부터 '어떤 개발자가 좋은 개발자일까?', '개발만 잘하는 개발자가 좋은 개발자일까?'라는 근본적인 질문을 스스로에게 던지기 시작했다.

사실 이것은 Agile에 국한된 얘기가 아니다. Agile을 비롯한 많은 방법론이 협업을 전제로 한다. 개발자끼리 협업을 하기도 하고 디자이너, 기획자 혹은 전혀 연관이 없는 직군과 함께 일을 하기도 한다. 좀 더 넓게 얘기하면 '동료'와 '함께' 일하는 모든 직군에 해당되는 얘기다. 이러한 관점으로 생각을 이어가다보니, 결국 중요한 건 함께 일하는 동료였다. 동료들과 창발을 내며 일을 하려면 시스템적인 도움이 필요하지만, 결국 동료와의 관계가 가장 중요하다는 게 내 결론이었다.

좋은 개발자===소프트 스킬을 갖춘 개발자

예전에 있었던 일이다. 한 주니어 개발자가 나와 다른 시니어 개발자 사이를 번갈아가며 페어 프로그래밍을 진행했다. 이 주니어 개발자는 "그분과 페어 프로그래밍을 하는 건 너무 무섭다. 매번 혼나다보니 위축되고 내의견을 말할 용기가 안 난다."라고 말했다. 덧붙여 "선배님과 페어 프로그래밍하는 건 좋다. 왜 이렇게 코드를 작성했느냐며 짜증 내시지도 않고, 내 의견을 끝까지 들어주고, 의견이나 생각을 제안해준다."라고 했다.

주니어 개발자가 이런 생각을 하게 된 이유는 무엇일까? 바로 소프트 스킬의 차이다. 나 역시 답답할 때도 있고, 짜증이 날 때도 있다. 하지만 감정을 표출한다고 해서 얻는 건 하나도 없기에(오히려 잃기만 했을 것이다) 하지 않았을 뿐이다. 결과적으로 주니어 개발자의 성장을 독려하게 되었다.

또 이런 일도 있었다(이 사건으로 내 생각은 더욱 확고해졌다). 모두에게 공격적인 눈빛을 보내고 매사 공격적인 어투로 말하는 한 개발자가 있었다. 처음에는 나만의 착각이라고 생각했다. 하지만 회의를 할 때마다 이 개발자는 늘 자기 주장만 펼치고 다른 이의 의견을 인정하려 하지 않았다. 그는 업무를 할 때도 비슷한 양상을 보였다. 심지어 개발과 전혀 상관 없는 부서 사람들과도 마찰이 생기기 일쑤였고, 결국 회사 전체가 이 개발자를 알 정도가 되었다. 이 개발자와 일하고 싶어하는 사람을 찾을 수가 없었고 종국에는 이 개발자 때문에 회사를 떠나는 사람도 생겼다.

개발 실력이 부족하다 하더라도 겸손한 자세로 동료들과 꾸준히 소통하며 부족한 점을 서로 보완해준다면, 오히려 결속력 있는 단단한 팀으로 자리 잡고 성장할 것이다. 반면 개발 실력이 아무리 뛰어나더라도 동료를 비난하거나 인정하지 않는 사람은 결국 갈등을 조장하고 조직을 좀먹는 '썩은 사과'가 되어버린다.

회사 생활을 하다보면 회사로부터 혹은 동료에게 미움을 받는 사람을 간혹 보게 된다. 일을 못해서 미움을 받는 이도 있겠지만, 좀 더 깊게 들여다보면 소통에 문제가 있는 경우가 대다수다. 예전에 겪어본 동료를 예로 들어보겠다. 그는 자기가 엄청 잘난 줄 안다. 정말 잘났는지는 논외다. 문제는 그렇게 생각하기 때문에 다른 사람의 말을 인정하거나 받아들이지 않는다는 것이다. 오히려 자신을 공격했다고 여기고 화를 내거나 무시하면서 소통과 협업을 거부한다. 결과물도 개선되지 않는다. 결국 소통은 단절되고 감정만 쌓이는 것은 물론, 프로덕트도 이상하게 나온다.

불행하게도 이러한 사람과 일하고 있다면 '프로'가 아닌 사람과 함께 일하는 것이다. '더 좋은 프로덕트를 만든다'는 명확한 목표가 있고, 목표를 달성하기 위해 뭉친 사람들이라면, 다른 사람들의 피드백이 때로는 아프더라도 타당할 때는 인정하고 받아들여야 한다. 이런 사람이 바로 '프로'다. 오만하게 자기 아집과 주장만 펼치는 이는 아무리 실력이 뛰어나더라도 협업에서는 그저 썩은 사과일 뿐이다. 이런 개발자를 좋은 개발자라고 말할 수 있을까?

2013년 옥스포드대학교에서 「The future of Employment」라는 논문을 발간했다. 미 노동부 직무 역량 데이터베이스인 O*NET에서 702개의 직종이 미래에 컴퓨터로 대체될 확률을 지각과 조작, 창의적 지능, 사회적 지능을 기반으로 계산한 논문이었다[*].

여기에 몇몇 타입의 개발자가 포함되었는데, 우리가 흔히 말하는 '좋은 개발자'(논문에서는 Computer Programmers)는 대체될 확률이 48퍼센트로 나온 반면 협업하는 개발자(논문에서는 Software Developers)는 대체될 확률이 4.2퍼센트로 매우 낮았다. 이 논문대로라면 언제가 될지 모르지만 미래에 '좋은 개발자'는 컴퓨터로 대체될 것이다.

나 자신의 소프트 스킬이 뛰어나면 다른 사람과 협업할 때 시너지를 낼 확률이 높고, 그 과정에서 많은 성장을 이루게 되어 결국 개발자라는 직업의 수명이 길어진다. 주변에 소프트 스킬이 뛰어난 동료가 있다면 협업하는 과정에서 더 많은 것을 배울 수 있고, 이 과정이 반복되면 함께 일하는 게

---

[*] 출처: Carl Benedikt Frey and Michael A. Osborne 「THE FUTURE OF EMPLOYMENT: HOW SUSCEPTIBLE ARE JOBS TO COMPUTERISATION?」 September 17, 2013 & 김창준, 「함께 자라기: 애자일로 가는 길」

즐거워진다. 소프트 스킬이 뛰어난 조직을 구성하고 있으면, 더 좋은 프로덕트를 기대할 수 있다. 많이들 간과하고 있지만 소프트 스킬이 얼마나 중요한지 새삼 깨달을 수 있는 대목이다.

그렇다면 어떻게 해야 좋은 소프트 스킬을 가질 수 있을까? 거창하거나 어려운 것이 아니다. 우리가 모두가 알고 있는 인간관계의 기본 태도, 바로 '존중'이다. 상대방을 존중해야 한다는 걸 세상 모든 사람이 알고 있다. 그런데 개발자처럼 전문 직종에 있는 사람들은 그런 태도를 견지하지 못하는 경우가 많다. 전문가는 본인이 가지고 있는 기술에 자긍심이 있는데, 이 자긍심이 때로는 우월감으로 변질되기 때문이다.

"유명한 개발자인데 같이 일해보니 영 아니더라."
"SI에서 일하는 개발자는 개발자가 아니다."
"Java 하는 사람들 다 싫어."

이런 식의 발언은 편협된 시각을 지녔다는 걸 스스로 폭로하는 것밖에 안 된다. 다른 개발자 혹은 다른 기술을 비하하는 개발자가 좋은 개발자일까?

자, 그럼 어떻게 하는 것이 상대방을 존중하는 것일까? 존중을 조금 다르게 표현한다면 '다양성을 인정'하는 것이라고 말할 수 있다. 나와 다르다고 무시하거나 경멸하는 것이 아니라 있는 그대로 인정하는 것이다. '유명한데 같이 일해보니 개발을 못하는 개발자'가 아니라 '신기술을 빨리 접하고 블로그나 커뮤니티에 공유하는 게 장점'인 개발자로 그 사람을 인정하는 것이다.

다양성을 인정하는 것에서 한발 더 나아간다면 '자신의 생각이나 주장이 틀릴 수도 있다'는 생각을 가지는 것이다. 이러한 열린 마음가짐은 대화가 자존심 싸움으로 변질되는 것을 방지해주고, 올바른 토론을 이어갈 수 있게 해준다.

좋은 개발자===함께 일하고 싶은 동료

내가 생각하는 '좋은 개발자'는 '함께 일하고 싶은 동료'다. 신기술이 끊임없이 나오고 기존 기술조차 업데이트가 빨라 하나하나 팔로업하기도 벅찬 요즘 '끝없이 기술에 대해 공부하는 개발자'는 아주 훌륭한 개발자다. 이런 개발자를 폄하하려는 것이 아니다. 다만 기술(하드 스킬)만이 '좋은 개발자'의 필요 조건이 아니라는 것이다. 소프트 스킬 또한 '좋은 개발자'의 필요 조건이다. 하드 스킬과 소프트 스킬 모두 적절하게 조화를 이루었을 때 비로소 '함께 일하고 싶은 동료'가 된다.

나 역시 '소프트 스킬을 가졌는가?'라고 항상 자문한다. '다양성을 인정하자. 내 주장이 틀릴 수도 있다.'라고 늘 생각하지만, 막상 그런 상황에 닥치면 내 주장을 강하게 펼칠 때가 다반사다. 소프트 스킬을 기르는 건 어렵고 끝이 없는 길이다. 하지만 너무 겁먹지 말자. 실패는 언제든 할 수 있는 것이고, 우리는 실패를 통해 배우고 성장한다. 중요한 것은 늘 시도하는 것이다.

김요한

취미로 기획과 개발을 하는 오토바이 선수이며 자동차 레이싱 팀의 인스트럭터이기도 하다. 2003년 1월 웹에이전시를 시작으로 스타트업 CTO를 역임하기도 했다. 국내에서는 희귀한 Rails 개발자 중 한 명이다(요즘은 프런트엔드를 해서 거의 다 까먹었다는…). 약 10여 개의 오픈 소스에 이삭줍기로 컨트리뷰팅했고, 한때 웹 표준과 웹 접근성 활동을 왕성하게 했다. UXCampSeoul 오거나이저이기도 하며, React 커뮤니티인 React Korea(https://www.facebook.com/groups/react.ko)를 만들어 훌륭한 개발자들과 함께 운영하고 있다.

내 첫 번째 이직: SI 회사에서 서비스 회사로

이동욱(우아한형제들, 6년 차 백엔드 개발자)

2014년부터 개발자로 일을 시작하여 2019년 현재 6년 차 백엔드 개발자로 일하고 있습니다. 다행히 연차가 높지 않아 취업 혹은 이직을 준비하고 계신 주니어 개발자 분들에게 좀 더 친근한 이야기를 할 수 있지 않을까 생각합니다.

SI 회사에서 1년간 일하고 서비스 기업으로 이직한 뒤, 현재 스타트업에서 2년 넘게 개발자로 일하고 있습니다. 이 책의 내용이 워낙 잘되어 있어, 이직에 관한 팁은 불필요할 것 같다고 생각했습니다. 다만 **한국**에 사는 비전공자로서 **SI 회사에서 서비스 기업으로** 이직한 이야기는 이 책에 없기 때문에 살짝 이야기해볼까 합니다. 호프집에서 친한 친구 혹은 형의 이야기를 듣는다 생각하고 읽어주세요.

SI 회사에서 서비스 회사로 이직 준비하기

비전공자인 저는 국비 학원을 통해 개발자의 길을 걷기 시작하였습니다. 4학년 1학기에 휴학하고 지방에서 서울로 올라와 1년간 국비 학원에서 교육을 받고 개인적으로 공부를 했습니다. 그렇게 1년을 보낸 뒤 제 스펙은

- 비전공자
- 지방대
- 국비 학원 출신
- 영어 점수 x
- 공모전 x

의 상태였습니다. 누가 봐도 취업하기 좋은 조건은 아니었습니다. 그러다 보니 1년 6개월 동안 수백 개의 이력서를 내고서야 취업에 성공했습니다. 입사하게 된 회사에 감사했지만 그것과 별개로 저는 바로 **이직 준비를 시작했**습니다. 절 뽑아준 회사에는 너무 죄송스럽지만, 개발자가 되고 싶다는 소망 속에는 '**좋은 서비스 회사에서 일하기**'가 있었기 때문입니다.

회사 생활은 전부 서비스 기업으로 이직하는 것에 초점을 맞췄습니다. **좋은 경력을 얻기 위해** 기회가 될 때마다 큰 프로젝트에 참여했습니다. 하지만 이 생각은 큰 착각이라는 걸 깨달았습니다. **몇 백억 규모**의 프로젝트에 3개월간 참여했지만 **한 줄의 코드도 작성하지 못했습니다.** 이후 프로젝트 2개를 더 수행했지만 마찬가지로 코드를 거의 작성하지 못하고, 오히려 **동기들과 진행한 아주 작은 프로젝트에서만** 코드를 작성할 수 있었습니다. 몇 백억 혹은 몇 천억 규모의 대형 프로젝트에서는 신입 개발자가 코드를 작성하게 내버려 두지 않았기 때문입니다. 개발은 모두 대리~차장급에서 진행하고 저와 동기들은 문서 출력, 엑셀 작성, 사용자 테스트 등 개발과 전혀 무관한 일만

진행했습니다. 당연한 일이지만, **이제 막 학교를 졸업한 신입 사원에게 대형 프로젝트의 개발을 맡길 일이 없었던 거죠.**

이건 이 회사만 그랬던 게 아닙니다. 친한 동생 중 한 명은 국내에서 가장 큰 대기업의 **1조 원 프로젝트**에 투입되었는데 HTML 팝업 창만 작성하다 나오기도 했습니다. **해당 대기업의 공채로 뽑힌 신입 개발자**였는데도 말이죠.

일정 규모 이상의 SI 회사에서 신입 개발자가 개발하기란 정말 어려운 일임을 알게 되었습니다. 더군다나 대규모 트래픽/대용량 데이터, 무중단 서비스 운영 등은 SI 대형 프로젝트와 전혀 관련이 없었습니다. SI에서 대형 프로젝트란 **돈과 인력이 대규모로 투입된 프로젝트**를 얘기하는 것이었습니다. SI로 만든 서비스를 쓰는 사용자 수는 포털/커머스 사용자에 비해 너무나 적은 수였기 때문에 위에서 언급한 경험을 얻을 확률은 정말 낮았습니다.

물론 그 회사에 계속 있을 계획이라면 그런 프로젝트가 도움이 됩니다. 해당 프로젝트를 수행하면서 얻는 지식들이 그 회사에서는 필요한 지식들이며, 회사에서 더 관심을 주고 우대해줄 확률이 높기 때문이죠. 하지만 개발 실력을 키우고, 서비스 기업으로 옮긴다는 측면에서 그런 프로젝트가 도움이 되냐고 물어보신다면 저는 물음표입니다. 실제로 제가 처음 이직할 때 작성한 이력서에는 몇 백억 프로젝트에 관한 내용은 하나도 작성하지 않았습니다. **코드 한 줄 작성하지 않은 프로젝트를 개발 이력서에 쓸 수는 없으니까요.**

프로젝트를 진행하기 위해 파견을 나간 지 하루 만에 개발은 하나도 못하리란 걸 알게 되고, **매일 아침 8시에 출근해서** Java, 디자인 패턴, 알고리즘을 공부했습니다. 그리고 주말마다 스터디를 진행했습니다. 스터디는 주로 두 군데서 찾았습니다.

- 네이버 카페 – 코드 초보 스터디
- 네이버 카페 – 하드 코딩하는 사람들(하코사)

코드 초보 스터디는 Java & JSP & Spring 등 백엔드 개발자들이 모인 곳이고, 하코사는 프런트엔드 개발자들이 모인 곳이라 필요한 기술이 있을 때마다 스터디를 개설하거나 참석했습니다. (최근에는 더 좋은 스터디 모집 공간이 생겼습니다. https://jojoldu.tistory.com/302의 글 하단에 있는 스터디 팁을 참고하시면 좋습니다.)

파견 나가 있던 시기가 상반기 취업 시즌이라 퇴근 후에는 이력서를 계속 제출했습니다. 여전히 네이버, 다음(현 카카오), 쿠팡, 이스트소프트, 옥션, 지마켓, 티몬, 11번가 등 서비스 기업에만 이력서를 제출했습니다. 이번 프로젝트 경험으로 **SI 대기업에는 이력서를 전혀 제출하지 않았습니다.** 출근 전, 퇴근 후, 주말 등을 이용해서 자소서를 작성하고 개발 공부를 계속하면서 3개월을 보냈습니다.

프로젝트가 종료되고 본사로 복귀했을 때, 상반기에 지원했던 이력서들이 모두 탈락한 것을 알았습니다. 서비스 기업으로 이직하기 위한 4번째 도전이 또 실패했습니다. 즉, **2년 동안** 원하던 회사에서 모두 탈락한 것입니다.

이때 느낀 게 하나 있는데요. **'원하는 회사에 들어갈 때까지 취업 준비를 하면 안 되겠다.'**라는 것입니다. 지금 생각해보면, 그 당시 SI 회사는 무시하고 서비스 기업에 합격할 때까지 계속 취업 준비만 했다면 2년, 3년, 4년 계속 취준생으로만 지냈을지도 모릅니다. 취업 시장은 참 냉정합니다. 간절히 원한다고 해서 합격시켜 주지 않기 때문이죠. 더 많이 준비해온 사람, 더 가능성이 있는 사람들이 취업에 성공하지, 그저 의욕만으로는 되지 않았습니다.

다행히 회사를 다니고 있었기에 **월급을 받으며, 경력을 쌓으며 공부를 할 수 있었습니다.** '신입으로 안 된다면 경력으로라도 지원해보자.'라는 마음으로 다시 시작했습니다. 월급이 많은 편이 아니어서 저녁 식사는 회사에서 해결해보자는 생각으로 자발적으로 야근을 했습니다. 그런데 저녁에 남아서 공부하고 있으면 항상 몇몇 분이 오셔서 이런 말을 해주셨습니다.

"개발은 중요하지 않다."
"개발은 누구나 한다."
"업무와 영업이 중요하다."

이런 이야기들을 듣는 게 싫었습니다. 그분들은 그렇게 생각할 수 있겠지만, 전공을 버리면서 온 제가 그려온 개발자의 모습은 아니었기 때문입니다. 그런 얘기를 들을 때마다 '네이버, 카카오는 제비 뽑기로 개발자 뽑나.' 라는 생각을 했습니다.

왜 개발자가 되고 싶었는지를 계속 상기하면서 공부했습니다. 웬만한 일에는 크게 신경 쓰지 않았지만 그럼에도 멘탈 관리가 안 될 때가 있었습니다. 바로 **회식**입니다. 저는 **무의미한 이야기로 늦게까지 술 먹는 것을 정말 싫어합니다.**

매번 그렇진 않았지만, 당시에는 회식이 정말 잦았습니다. 몇 개월 동안 주당 1회씩 회식을 하는데 정말 고역이었습니다. 거짓말을 해서라도 최대한 빠지려고 했지만, 중요한 회식 때는 참여해야 했고 그때마다 스트레스였습니다. 술 먹는 데 시간을 계속 낭비하는 게 너무 아까워서 미칠 것 같았습니다. 이럴 시간이 없는데, 왜 자꾸 시간을 버리게 만드는 건지 답답한 마음이었습니다. **새벽 4시에 회식이 끝난 후** 집에 들어온 날에는 너무 화가 나 어쩔 줄 몰랐습니다. '2년 안에 서비스 기업으로 이직 못 하면 짐 싸서 고향으로 내려간다.'라는 다짐을 했습니다.

그리고 다른 지원자들보다 더 어필하기 위해, 다음과 같은 이유로 포트폴리오를 계획하였습니다.

- 나 혼자 개발한 게 아니라서 면접관이 내 실력을 믿어주지 않을 것 같다.
- 게시판 하나를 혼자 만들면서 그동안 쌓은 웹 개발 지식을 다시 정리하고 싶다.

포트폴리오를 만들기 위해 더위가 시작되는 6월부터는 **주말에도 회사에 나왔습니다**(집 에어컨을 사용하기에는 전기세가 너무 많이 나와서 에어컨 빵빵한 회사에서 공부할 계획이었습니다). 가끔씩 주말에 출근하는 팀장님이 사주시는 점심식사나 간식 등으로 식비도 아낄 수 있어서 1석 2조였습니다. (물론 이직하기 위해 공부하는 것이라 퇴사할 때는 정말 죄송했습니다.)

정기 여름휴가로 5일의 시간이 생겼습니다. 휴가 기간 내내 어디 가지 않고 기존과 동일한 생활 패턴을 유지했습니다. 다만, 집에서는 잘 집중이 되지 않아 근처에 있는 신림 스터디 카페로 가서 종일권을 끊어 저녁까지 공부했습니다. 아침 8시에 가서 저녁 10시에 나왔으니 카페에서 14시간 정도 공부했던 것 같습니다. 그래도 힘들다는 생각보다는 '**이번에도 떨어지면 어떻게 하지?**'라는 두려움이 더 컸습니다. 두려움은 사람을 절박하게 만드는 것 같습니다.

코딩 테스트부터 최종 합격까지

그렇게 무더운 여름이 지나고 다시 하반기 채용 시즌이 시작되었습니다. 하반기에도 마찬가지로 서비스 기업에만 이력서를 제출했습니다. 벌써 5번째 도전입니다. 이번에도 안 되면 어쩌나 너무 무서웠습니다. 그래서 모든 **이력서와 자기소개서를 다시 작성했습니다.** 다시 한번 마음을 담아 작성했습니다. 모든 회사에서 떨어지고, **마지막 1군데에서 서류 통과 연락을 받았습니다.**

합격 메일

코딩 테스트를 처음 치르는 것은 아니지만, **원하는 회사의 코딩 테스트
는 처음**이기에 설레는 마음으로 준비했습니다. 당시 알고리즘 공부는
『TopCoder 알고리즘 트레이닝』이라는 책을 중심으로 했습니다. 『알고리
즘 문제해결 전략』이라는 책이 유명하지만 저에게는 너무 어려웠기에 필요
한 부분만 챙겨 보곤 했습니다.

코딩 테스트 기간이 수요일부터 일요일까지였기에 주말을 노렸습니다.
평일에는 퇴근이 너무 늦고 다음 날 출근도 있어서 정상적인 컨디션으로 테
스트를 치를 수 없었기에 때문입니다. 하지만 운이 없어 하필 토요일에 전
사 체육대회가, 일요일에는 지방에 사는 친구의 경조사가 있었습니다. 절
대 빠질 수 없는 경조사였기 때문에, **어떻게든 토요일에 코딩 테스트를 치러야**만
했습니다.

토요일 하루 종일 체육대회가 진행되었습니다. 신입이다보니 모든 종목
에 참여하고 뒷정리까지 해야 했습니다. 집에 도착해서는 바로 쓰러졌습니
다. 한숨 자고나니 다행히 개운해져서 샤워를 하고 밤 12시부터 코딩 테스
트에 응시했습니다.

보통 알고리즘 문제 사이트는 Codility와 HackerRank라는 두 사이트가 유
명한데요. 제가 지원했던 회사에서는 Codility에서 문제를 냈습니다. 1~3

문제가 굉장히 쉽다고 생각하면서 술술 풀고, 뒤에 있는 문제가 어렵다는 생각에 계속 고민하면서 풀다가 새벽 5시에 최종 제출을 했습니다.

코딩 테스트까지 치르고 나서도 생활 패턴에는 변화가 없었습니다. 합격 발표가 나면 그때 면접 준비를 하면 되고, 안 되면 다음 채용을 노려야 하기 때문에 **다음 채용을 위한 공부**를 계속 준비했습니다.

코딩 테스트 일주일 후, 1차 면접 안내 메일을 받았습니다.

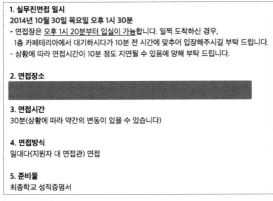

1. 실무진면접 일시
2014년 10월 30일 목요일 오후 1시 30분
- 면접장은 <u>오후 1시 20분부터 입실이 가능</u>합니다. 일찍 도착하신 경우,
  1층 카페테리아에서 대기하시다가 10분 전 시간에 맞추어 입장해주시길 부탁 드립니다.
- 상황에 따라 면접시간이 10분 정도 지연될 수 있음에 양해 부탁 드립니다.

2. 면접장소

3. 면접시간
30분(상황에 따라 약간의 변동이 있을 수 있습니다)

4. 면접방식
일대다(지원자 대 면접관) 면접

5. 준비물
최종학교 성적증명서

코딩 테스트 합격 메일

코딩 테스트를 통과했다는 생각에 너무 기뻤습니다. 문제는 '평일에 어떻게 면접장에 가는가'였습니다. 혹시나 **최종 면접에 갈 때를 대비**해서 1차 면접 때는 휴가를 쓰지 않기로 했습니다. 다행히도 면접 장소와 당시 근무하던 파견지가 멀지 않아 택시를 타면 10분 안에 갈 수 있는 거리였습니다. 어떻게 면접 시간을 낼까 고민하다가 고객사 출입증을 만들려면 사진이 필요하다는 걸 알게 되어 증명사진을 찍으러 다녀오겠다고 얘기하고 면접을 보러 갔습니다(사실 사진은 이미 집에 있었습니다. 계속 이력서 내느라…). 이런 이야기를 하면 "뭘 그렇게까지 치사하게 하느냐."라고 말하는 분들도 계십니다. 저도 제 행동이 정당하진 않았다고 생각합니다. 다만, 제 인생에 대한 책임은 제가 져야 합니다. **휴가를 못 써서 가고 싶은 회사의 면접에 못 간다는** 건 말이 안 된다고 생각했습니다. 현재의 제 위치를 확인하고 싶었습니다. 가서 부딪혀봐야 다음을 준비할 수 있다고 생각했습니다.

1차 기술 면접에는 면접관 세 분이 계셨습니다. 다른 회사와 달리 이 회사에서는 처음 진행하는 면접 내용이 **제가 작성한 코딩 테스트 코드 풀이**였습니다. 코딩 테스트에서 작성한 코드를 스크린에 펼쳐놓고 면접관과 코드를 리뷰하는 시간이었습니다. 테스트를 치를 때 쉽다고 생각했던 1~3번 문제를 **완전히 오해**해서 풀었던 것을 알게 되어 땀을 뻘뻘 흘리면서 설명했습니다. 제가 잘못 이해했던 문제는 다시 설명을 듣고 그 자리에서 **화이트 보드에 풀이 코드를 작성**해야 하는데, 그냥 머릿속이 하얘졌습니다.

이후 다음과 같은 질문이 들어왔습니다.

- Spring에서 DI란?
- Javascript의 호이스팅이란?
- 알고 있는 디자인 패턴 하나만 소개해달라.
- 최근에 읽은 책은?
- 어떤 개발자가 되고 싶은가?
- 기타 등등

특히 아직도 기억나는 질문이 있다.

면접관: 이 문제처럼 최댓값을 구하기 좋은 알고리즘에는 뭐가 있을까요?
나: 힙정렬입니다.
면접관: 그럼 값이 입력될 때마다 힙정렬이 어떻게 진행되는지 화이트 보드에 그려주실래요?
(그림을 그리고 설명한다.)
면접관: 지금 하신 건 이진트리인데요?
나: ….

1차 면접 시간 내내 망했다는 생각이 들었습니다.

계속 횡설수설하다가, **최근에 읽은 책**에 대한 질문에서 정신을 차렸습니다. 책은 꾸준히 읽고 있던 터라 어떤 책을 얘기할까 고민하다가 이상민 저자의 『자바 성능을 결정짓는 코딩 습관과 튜닝 이야기』를 얘기했습니다. 그 책에 나온 Java 튜닝과 관련된 이야기를 소개했습니다.

면접을 마치고 택시를 타고 돌아오는데 입안이 쓰렸습니다. '**이게 현재 내 위치구나.**'라는 생각에 좌절감이 많이 들었습니다. 너덜너덜 파견지로 복귀한 뒤에 '평생 이직 못 할 수도 있겠다.'란 생각이 들었습니다. '진짜 계속 해도 서비스 기업으로 못 가면 어떡하지?' 별별 생각이 다 들었습니다. 그러던 중! 최종 면접 안내 메일을 받게 됩니다.

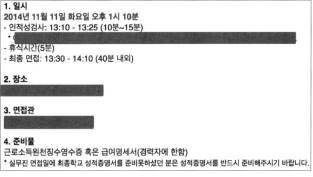

최종 면접 안내 메일

면접을 너무 못 봤다고 낙심하던 차에 정말 다행이라는 생각이 들었습니다. (여러분, 면접 못 봤다고 너무 낙심 안 하셔도 됩니다. 결과는 정말 아무도 모르나봐요!) 이때는 **파견지 분위기가 너무 안 좋아서** 반차도 내가 어려운 상황이었습니다. 그래서 잠깐 병원에 다녀오겠다고 말하고는 외출했습니다.

2차 면접은 1차 면접 때보다 훨씬 수월했습니다. 다만 면접장에 들어오신 임원 모두 **개발자 출신**이셨습니다. 그래서 2차 면접에서도 기술적인 내용이 오가곤 했습니다.

- Array와 List의 차이는?
- 객체지향이란?
- 본인이 만들어본 것 중 가장 자랑하고 싶은 소프트웨어는?

1차 면접을 위해 준비한 내용들이 2차에서 사용되어 이상한 기분이 들었지만, 최선을 다해 대답했습니다. 2차 면접이 끝나니 입사하고 싶은 마음이 더욱 간절했습니다. 물론 전체 프로세스를 경험했으니 다음에는 좀 더 잘 준비할 수 있겠다는 자신감도 생겼습니다. 다만 이 과정을 또 거쳐야 한다는 게 부담스러웠습니다. 제발 이번에 합격하길 바라면서 다시 파견지로 출근했습니다.

다음 채용 시즌을 준비하며 하루하루를 보내다가 한 통의 메일을 받았습니다. 드디어! **생애 처음으로 서비스 기업**에 합격했습니다.

안녕하세요. 이동욱 님

이동욱 님 께서는 ▮▮▮▮▮▮▮개발 전형에서 최종 합격하셨습니다.
긴 전형 훌륭히 마치느라 고생 많으셨습니다. 입사하게 되신 것을 진심으로 축하드립니다.
저희 ▮▮▮▮은 이동욱 님과 같은 인재를 만나게 되어 매우 기쁩니다.
앞으로 좋은 역량을 통해 멋진 모습을 보여주시길 기대하겠습니다.

입사 관련 사항 안내드립니다.
아래 안내된 내용을 꼼꼼히 확인하신 후 최종 입사 의사를 결정하시어
[지원분야/이름/입사여부]를 기재하셔서 2014년 11월 21일 금요일 오전 11시까지 회신 부탁드립니다.

최종 합격 메일

2012년 하반기, 2013년 상반기/하반기, 2014년 상반기/하반기로 총 5번 만에 합격했습니다. 이 과정이 절대 쉽다고 생각하진 않습니다. 그래서

이직 준비를 하고 있다면 많이 힘드실 거라 생각합니다. 저는 현재 3번째 직장에 다니고 있습니다. 주변에서 이런 질문을 많이 합니다.

"서비스 기업이 정말 개발자에게 좋은 회사인가?"

저는 그렇다고 답변하고 싶습니다. 더 성장하고 싶고, 더 열정적이고 싶고, 더 재미난 생활을 하고 싶으신 분들은 로켓처럼 성장 중인 서비스 기업으로 꼭 이직해보시기 바랍니다. 모든 이직 준비생을 응원하며 제 이야기를 마칩니다.

이동욱

Java, Spring, AWS, 테스트 코드 등에 관심이 많은 6년 차 백엔드 개발자입니다. 기억하기보다는 기록하는 것이 낫다는 생각으로 항상 기록하는 개발자입니다. 좀 더 자세한 이야기가 궁금하신 분들은 제 블로그를 참고해주세요.

- 블로그: https://jojoldu.tistory.com/277

5년 차 개발자의 첫 이직 이야기

이승민(뱅크샐러드, 6년 차 안드로이드 개발자)

창업해서 1년 반 동안 운영하다가, 스타트업에 들어가 3년간 근무했습니다. 그리고 처음으로 한 달여간 이직을 준비하였습니다. 짧고도 긴 한 달 동안 집중적으로 이직을 준비하는 과정에서 느낀 점을 나누려고 합니다.

이직을 결심하다

드라마앤컴퍼니라는 회사에 들어가 '리멤버'라는 명함관리 애플리케이션 서비스를 3년째 개발하다보니 내 자신의 성장이 느려졌다는 생각이 들었습니다. 아무리 좋은 회사라도 오랜 기간 같은 일을 하면 생각과 실력이 한 곳에 고입니다. 이럴 경우 두 가지 해결 방법이 있습니다.

1. 조직에서 새로운 도전을 찾는다.
2. 환경에 변화를 준다.

아쉽게도 드라마앤컴퍼니는 개발자 관점에서 새롭게 도전하기보다는 잘하는 일을 날카롭게 반복하여 비즈니스를 발전시키기에 여념이 없는 스타트업이었습니다. 그래서 이직을 하여 환경에 변화를 주기로 결심하였습니다. 익숙함을 경계하고 계속 자신에게 변화를 주어야 성장한다고 저는 믿고 있습니다.

회사를 선정하다

창업–스타트업으로 이어지는 커리어 때문에 취업 준비 경험은 없었습니다. 어디를 지원할지, 몇 군데를 지원할지, 지원서를 넣을 때 시간 간격은 어떻게 둘지, 모두 처음 하는 고민이었습니다.

우선 어디를 지원할지 정하기 위해 내가 원하는 다음 커리어를 그려보았습니다.

1. 작은 회사를 키우는 경험을 해보았으니 어느 정도 규모가 있는 곳
2. 비즈니스를 키우는 것 이상의, 개발 관점에서 깊이 고민해볼 수 있는 곳
3. 진취적으로 깊이 있게 기술을 논의할 동료가 있는 곳

회사를 선정하는 과정에서 몇몇 지인과 이야기를 해보니 정보가 턱없이 부족했습니다. 그래서 연이 있던 헤드헌터에게 연락하여 조언을 구했고, 이직 준비 기간 내내 많은 도움을 얻을 수 있었습니다.

그리하여 대기업 2군데, 대기업 계열사 1군데, 중견 기업 1군데, 스타트업 3군데, 이렇게 총 7군데 회사를 고려하게 되었습니다. 그리고 첫 취업 준비에서 탈락하면 어쩌나 하는 두려움 때문에 모든 회사에 한꺼번에 지원하는 우를 범하였습니다.

스타트업 면접을 보다

스타트업은 면접 절차가 빠르다

지원서를 넣은 다음 날, 3군데 스타트업으로부터 답변이 왔습니다. 바로 온라인 코딩 테스트 또는 면접 날짜가 잡혔습니다. 그중 2군데는 하루 만에 1, 2차 면접을 보고 최종 결과가 나왔습니다. 중견 기업과 대기업에서는 아직 연락이 오지 않아 어떻게 해야 할지 고민스러웠습니다. 회사에 지원할 때 스타트업과 대기업을 모두 고려한다면 스타트업 지원 시기를 1, 2주 늦추어 진행 속도를 맞추길 권합니다.

> **Tip ★ 사정을 말하면 배려받을 수도 있다**
>
> 당시 포항에서 학교를 다니고 있어 서울로 면접을 보러 다니기가 쉽지 않았습니다. 그래서 지원한 모든 회사에 면접 절차를 가능하면 하루 안에 밟을 수 있게 해달라고 부탁했습니다. 대부분의 회사로부터 충분한 배려를 받을 수 있었습니다.

스타일이 확연히 다르다

합격한 두 스타트업은 스타일이 확연히 달랐습니다. A사는 비전과 협업을 중요하게 여겼습니다. B사는 1, 2차 모두 기술 면접을 보며 기술을 중시했습니다. 이후 두 회사에서 대표 또는 개발팀과 식사를 했을 때도 어필 포인트가 각각 비전과 기술 중심으로 매우 달랐습니다. 이 명확한 차이가 모두 매력적이어서 나중에 큰 고민으로 다가왔습니다.

1차 탈락의 아픔과 배움

나머지 스타트업 한 곳은 1차 기술 면접에서 떨어졌습니다. 탈락한 후 면접 과정을 되짚어 보았습니다. 저는 다음과 같은 이유로 떨어졌다고 생각합니다.

시간이 짧은 라이브 코딩에서 욕심을 부려 요구 사항보다 과도한 기술을 적용하였다.

트렌드를 따라가고 최신 기술을 이해하는 것은 개발자에게 중요한 덕목 중 하나입니다. 하지만 더 중요한 것은 상황에 맞는 적절한 기술을 선택하는 것입니다. 면접에서 많은 능력을 보여주고자 했는데 오히려 사용자보다 기술만 추구하는 모습으로 보였을 거라 생각됩니다. 사용한 기술이 다양하므로 질문의 범위 또한 넓어져 완전하지 못한 지식을 보인 것도 이유라고 생각합니다.

새로운 기술을 탐구하는 모습을 보여주는 것은 매우 좋습니다. 하지만 기술을 다루어보았다고 말하기 위해서는 디테일한 지식이 필요합니다. 이는 이후 면접에서도 마찬가지였습니다. 또한 과제나 라이브에서 실제 코드로 지식을 풀어낼 때는 프로덕트를 만드는 방식으로 사고하고 구조를 설계할 것을 권합니다.

중견 기업과 대기업 면접을 보다

큰 회사는 면접 절차가 느리다

규모가 있는 회사는 의사 결정이 빠르게 이루어지지 않습니다. 이해는 되지만, 스타트업에 비해 느린 면접 절차가 답답하게 느껴졌습니다. 이미 합격한 좋은 회사들을 기다리게 하면서 다른 회사의 면접을 진행하는 것은 아무리 배려를 해준다 해도 스스로 부담을 느끼기 마련입니다.

느린 곳을 포기하다

중견 기업과 대기업 한 곳의 면접은 차근차근 진행되어 최종 면접까지 갔습니다. 다른 대기업 한 곳과 계열사는 서류 전형에만 2주가 소요되고, 사전에 알려준 의무 연락 날짜를 넘기는 등 1차 면접도 진행되지 않을 정도로 절차가 지지부진하였습니다. 그래서 충분히 좋은 다른 선택지가 있는 상황에서 에너지를 절약하기 위해 그 두 곳은 포기하기로 하고, 메일을 보냈습니다. 동시에 많은 회사의 면접을 보는 것은 생각보다 정신적, 육체적으로 체력이 필요한 일이었습니다.

최종 면접에서 후련하게 탈락하다

중견기업은 최종 면접에서 떨어졌습니다. 하지만 이전에 탈락한 스타트업 면접과 달리 1차 기술 면접, 2차 비전 임원 면접에서 모두 제 능력을 펼쳤다고 생각하기에 후회 없이 후련하게 떨어질 수 있었습니다. 오히려 2차 면접에서 높은 권한이 있는 임원에게 깊은 인사이트가 느껴지는 회사의 비전을 들을 수 있어 매우 좋았습니다. 이 회사는 앞으로 충분히 더 발전할 수 있겠다는 확신이 들었고, 이런 회사의 훌륭한 비전에 기여할 수 없는 것이 오히려 아쉬웠습니다.

저는 이 중견 기업에서 다음과 같은 이유로 탈락하였다고 생각합니다.

"내가 바라는 성장은 지금까지 해온 비즈니스 부스트업보다 규모가 있는 팀에서 문제를 개발적으로 깊이 고민하는 경험"이라고 대답했다.

이 부분에서 서로가 바라는 성장이 다르다고 판단하지 않았을까 생각합니다. 그리고 이는 어쩔 수 없는 비전의 차이이므로 깔끔하게 승복하였습니다.

포기를 번복 받다

포기했던 대기업 중 한 곳에서 전화가 왔습니다. "절차가 느려 면접을 보지 못한 것이 아쉽다. 1, 2차 면접 및 결과 발표, 처우 협상 등을 수일 내에 진행할 것을 약속하니 면접을 진행하자."라는 이야기였습니다. 원래 고려하던 회사였기에 이미 시작한 고생 한 발 더 내딛어보자는 생각으로 면접에 응했습니다. 그리고 이 선택은 기술적으로 깊이 있는 면접을 통해 새로운 방향으로 성장할 수 있는 계기가 되었습니다.

이렇게 총 7군데 회사를 지원하여 1군데는 포기하고 6군데에서 면접을 보았습니다. 그중 스타트업 두 곳과 대기업 두 곳에 합격하면서 면접 과정을 모두 마무리하였습니다.

고민에 빠지고… 한 번 더 만나다

모든 절차가 마무리되어갈 즈음, 합격한 두 스타트업과 대기업으로부터 각각 식사 또는 티타임을 하며 서로 더 알아가는 시간을 가지자는 연락이 왔습니다. 어느 곳을 선택할지 고민하던 차에 잘됐다 싶어 모두 응하였습니다.

먼저 기술 중심의 스타트업에서는 개발 팀장님들과 식사를 했습니다. 현재 기술적으로 어떤 고민이 있고, 내가 입사한다면 무엇을 배우면서 어떤 역할을 할 수 있을지 명확히 알 수 있었던 좋은 시간이었습니다.

다음으로 비전을 중요시하는 스타트업에서 대표님과 티타임을 가졌습니다. IR로 추정되는 PT를 볼 수 있었고, 사업 비전에 대해 질의응답을 많이 주고받았습니다. 대표가 사업에 대해 얼마나 자신 있으며 실천할 계획과 역량이 있는지 볼 수 있었던 좋은 시간이었습니다.

마지막으로 저를 추천한 대기업 지인과 티타임을 가졌습니다. 당시 지인은 사원이었기 때문에 스타트업 미팅 때보다 더 구체적이고 현실적인 이야기들을 해주었습니다. 입사하면 어떤 장점이 있는지 이야기해주었고, 자료를 준비하여 상세한 비전까지 잘 설명해주었습니다. 대기업의 장점을 상기할 수 있었던 좋은 시간이었습니다.

이처럼 각 회사의 매력이 확실하여 고민은 한층 더 깊어만 갔습니다. 이제 마지막으로 제 결정만 남았습니다.

성장하다

면접으로 성장하다

코딩 테스트를 받고 면접을 보면서 컴퓨터 과학의 기초 지식부터 경력 관련 내용, 경험하지 못한 문제 해결 추론까지 다양하고 깊은 질문들을 받았습니다. 이를 통해 내가 가진 지식을 깊고 넓게 검증받으면서 꼼꼼하지 못한 지식의 구멍들도 발견하였습니다. 트렌드에 민감하며 아키텍처에 관심이 있다는 장점이 있는 반면, 기초 지식과 다루는 기술에 대해 깊은 이해가 부족하다는 단점도 알 수 있었습니다. 특히 기술 중심의 스타트업과 마지막으로 보았던 대기업 면접에서 이러한 깨달음을 많이 얻었습니다.

면접에 자신은 있었지만 취업 준비 경험이 없어 면접 과정이 상당히 낯설었습니다. 그러나 뒤로 갈수록 면접 관련 지식을 더 단단하게 준비하며 '면접 실력'이 느는 것을 느낄 수 있었습니다. 이는 또 새로운 커리어를 준비할 때 소중한 경험이 되리라 생각합니다.

이직을 준비하기 전에는 어떻게 더 성장해야 할지 몰라 멈춰 있었습니다. 이것은 이직을 결심한 큰 사유였습니다. 그리고 나를 검증하는 면접 과정에서, 내가 다루는 기술에 대해 더 고민할 필요가 있음을 실감하고 새로운 공부의 길을 발견하였습니다. 짧은 시간이었지만 면접관과 기술적으로 공명했던 시간은 저에게 정말 즐거운 성장의 경험으로 남을 것입니다.

이직을 마무리하며…

한 달 남짓 짧으면서도 긴 이직 기간 동안 많은 것을 느끼고 배울 수 있었습니다. 기술적으로 새로운 성장의 포인트를 찾았을 뿐 아니라, 여러 회사를 두고 고민하는 과정 또한 제가 원하는 것을 더 깊이 탐구할 수 있었던 좋은 기회였습니다.

합격한 회사들이 모두 훌륭했기에 결정을 내린 지금도 과연 옳은 선택이었는가 끊임없이 고민이 됩니다. 하지만 옳은 선택은 제가 어떻게 만들어가느냐에 따라 달라진다고 생각합니다. 결정을 내린 이상 제 선택을 옳게 만들기 위해 최선을 다할 것입니다.

결정하다

다음은 회사를 선택하기 위해 고민했던 기준입니다.

1. 비전에 공감하는가?
2. 치열하게 성장할 수 있는가?
3. 내 커리어 계획에 맞는가?
4. 하고 싶은 비즈니스 도메인인가?
5. 어떤 기술을 다루는가?

많은 고민 끝에 다음 회사로 결정하였습니다.

뱅크샐러드

뱅크샐러드는 데이터를 통해 금융 정보의 비대칭을 해결하여 더 나은 의사 결정을 돕고자 하는 자산관리 서비스입니다. 뱅크샐러드를 선택한 이유는 다음과 같습니다.

- 이루어 보고 싶은 비전을 향하는 회사입니다. 문제를 해결하는 과정에서 원하는 성장을 할 수 있으리라 생각하였습니다. 대표와 1:1로 이야기를 나눈 것이 큰 영향을 끼쳤습니다.
- 드라마앤컴퍼니에서 일한 경험으로 볼 때, 성장은 회사의 규모와 이름값이 아니라 본인의 치열함에서 나온다고 믿습니다. 뱅크샐러드는 치열한 환경을 줄 것으로 생각하였습니다.
- 핀테크를 해보고 싶었습니다.

이러한 과정을 거쳐 뱅크샐러드에서 새로운 커리어를 시작하게 되었습니다. 앞으로 뱅크샐러드를 개발하며 기술에 대해 어떤 고민을 하게 될지 벌써 기대가 됩니다.

이승민

2011년부터 안드로이드를 개발하고 있으며, 현재 자산관리 서비스 뱅크샐러드를 개발하고 있습니다. 발표, 블로그 등을 통한 지식 공유를 좋아하며 GDE Android Korea로 활동하고 있습니다. 또한 개발자 커뮤니티에 관심이 있어 안드로이드 컨퍼런스 '드로이드나이츠' 오거나이저로 활동하고 있습니다. 창업에 이어 스타트업 EXIT 경험이 있으며 새로운 스타트업에서 도전을 이어가고 있습니다. 개발 외에도 협업, 사업 등 가치를 만들어가는 일에 관심이 많습니다. 개발은 가치를 위한 수단 중 하나라고 생각합니다. 개발만 잘하는 사람보다는 인생을 즐기고 세상을 아는 사람이 되고 싶습니다. 사람 만나는 것을 좋아하며 여행, 페스티벌, 축구, 춤, 게임, 애니메이션 등 다양한 취미에 도전합니다.

이직 과정 타임라인, 코딩 테스트 및 면접에서 받은 질문, 면접관에게 한 질문이 궁금하다면 다음 링크를 참고해주세요. 보안을 위해 회사는 명시하지 않았습니다. 도움이 되길 바랍니다.

- 링크: http://bit.ly/2SDzQmA

체대생이 개발자가 되기까지

한정수(줌인터넷 포털개발팀)

나는 어릴 때부터 운동을 좋아해서 중학교 3학년 때 체육 교사가 되기로 마음먹고 대학에서 체육교육학을 전공했다. 하지만 대학 생활을 하며 내 꿈은 여러 번 바뀌었고, 졸업을 1년 앞둔 시점에서 무역 사업을 경험한 후 해운업계로 진로를 결정했다. 체육 전공자이기에 해운업계 대기업에 입사하기 위해 각종 무역 관련 자격증을 모두 취득하고, 해외 기관들의 업계 보고서를 찾아 읽으며 철저하게 준비했다. 그 결과 원하던 회사에 합격하여 사회 생활을 시작했다.

그리고 6개월 만에 사직서를 제출했다. 이유는 간단했다. 내 실력과 상관없이 회사 상황에 따라 내 가치와 미래가 결정되는 것이 싫었다. 물론 업황에 따라 관련 종사자의 가치가 달라지는 것은 당연하지만, 회사에 의존하지 않고 내 실력에 의존하는 삶을 살고 싶었다. (그래야 열심히 할 맛이 나니까!)

뚜렷한 계획이 있어 퇴사한 것은 아니었다. 결혼식을 4개월 앞두고 첫 직장에서 퇴사한 나는 낮에는 중학교에서 비정규직 스포츠 강사로 일하고 밤에는 온라인 사업을 구상했다. 온라인 사업을 하려면 웹 사이트가 필요했기 때문에 수중에 남은 돈 100만 원으로 프리랜서 개발자에게 웹 사이트 구축을 의뢰했다. 하지만 100만 원으로는 내가 원하는 기능의 절반도 구현할 수 없었다. 이제는 돈도 다 쓰고 아는 개발자도 없었기 때문에, 직접 웹 사이트를 만들거나 사업을 포기해야 했다.

결혼식을 한 달 앞둔 2017년 10월, 착잡한 마음을 뒤로한 채 '웹 사이트 만드는 법'을 검색했다. 그리고 이 검색은 개발 세계와 나를 이어준 첫 단추가 되었다. 네이버 지식인 수준의 결과를 기대하며 검색했는데, 새롭고 유익한 정보들이 끝없이 쏟아져 나왔다. 내가 전공한 체육이나 해운업과 관련된 검색에서는 이 정도로 다양하고 깊이 있는 정보들을 얻을 수 없었기 때문에 판도라의 상자를 연 기분이었다.

웹 사이트를 만드는 방법은 가늠할 수 없을 만큼 다양했고, 이러한 정보들이 활발하게 공유된다는 사실에 놀랐다. 스포츠 강사 일을 마치고 집에 돌아오면, 새벽까지 웹 사이트 만드는 법을 검색하며 정보의 바다에서 헤엄쳤다. 그렇게 일주일 정도 개발과 관련된 온갖 정보를 접하다보니, 웹 사이트를 직접 만들려면 결국 기초적인 개념을 알아야 한다는 깨달음에 도달했다. 기초 개념을 공부하려면 HTML과 CSS부터 시작하라는 조언이 많았다. 유튜브에서 HTML과 CSS를 검색해 닥치는 대로 보기 시작했다. 그런데 하루 종일 영상을 보며 공부해도 귀찮거나 힘들지 않았다. 게임하는 것마냥 재미있었다. 공부하면 할수록 더 알고 싶고 더 잘하고 싶었다. 그리고 사업보다는 개발을 하고 싶다는 생각이 들어 검색의 방향을 바꿨다. '개발자'라는 직업에 대해 검색하기 시작한 것이다.

내가 가장 먼저 검색한 것은 1년 전 콧방귀를 뀌며 봤던 어느 유튜브 영상이었다. 취준생 시절인 2016년에 우연히 본 이 영상은, 자동차 대기업을

1년 만에 퇴사하고 개발을 공부해서 스타트업 개발자가 되신 분과의 인터뷰 영상이었다. 내용 중 "연봉은 대기업 연봉의 반 토막이 되었지만 개발자로 사는 지금이 더 행복하다."라고 말하는 부분에서 나는 콧방귀를 뀌었다. '행복하긴 개뿔, 연봉이 반 토막인데 어떻게 행복해.'라며 영상을 껐던 기억이 난다. 나는 결국 1년 만에 이 영상을 다시 찾아보게 되었고, 내가 영상 속의 개발자와 같은 이유로 퇴사했다는 사실에 뒤통수가 얼얼했다.

이 영상을 통해 비전공자도 개발자가 될 수 있다는 용기를 얻었다. 그리고 본격적으로 비전공자가 개발자가 되는 방법을 찾기 시작했다. 검색하다 보니 '국비지원학원'이 계속해서 연관 검색어로 떴다. 클릭해서 보니 국가에서 학원비를 지원해주는 학원이었다. 이보다 더 큰 유혹은 없었다. 한 달에 30~40만 원의 생활비까지 주는 국비 지원 학원은, 결혼식을 2주 앞둔 백수에게 가장 옳은 선택지로 보였다.

학원들이 너무 많이 검색되어 선택하기가 쉽지 않았지만, 3일 정도 국비 지원 학원과 관련된 정보를 쥐 잡듯이 찾아다녔고, 가장 많은 추천을 받은 학원 두 곳 중 한 곳에 지원하였다. 그리고 결혼식과 신혼여행을 무사히 마친 2017년 12월 18일에 국비 지원 학원에서 첫 수업을 들었다. 23명의 같은 반 수강생 중 절반이 전공자였다. 당시 29세인 내 나이는 많은 편에 속했다. 수강생 중에는 유명 대학 컴퓨터공학 전공자들도 있었다. 체대 출신에 29세인 나는 열심히 안 하면 죽도 밥도 안 된다는 생각에 정신이 번쩍 들었다. (이 긴장감이 독학하는 것보다 학원에 다녔을 때의 좋은 점이라고 생각한다.)

학원 수업은 6개월간 오전 9시부터 오후 6시까지 4시간 수업, 4시간 실습으로 진행되었다. 수업 시간에는 HTML, CSS, Java, Servlet, JSP, Spring framework, SQL, JavaScript, Linux 등을 배웠고, 실습 시간에는 팀 프로젝트를 만들었다. 팀을 구성하는 방식은 해커톤 아이디어 스피치와 비슷했다. 아이디어가 있는 사람이 발표를 하고 그 아이디어가 마음에 든 사람들이 참여해서 팀을 이루는 방식이었다. 나는 평소 생각나는 사업 아이템을 메모해두었기 때문에 그중 하나를 발표했고, 팀원 7명이 모이게 되었다.

그런데 개발을 배우기도 전에 기획을 해야 했던 것이 독이 되었다. 개발에 까막눈이었던 나는, 획기적인 서비스를 만들어서 카카오 같은 플랫폼에 매각시킬 마인드로 프로젝트를 거창하게 기획했다. 결국 팀 프로젝트는 완전히 실패했다. 4개월간 제대로 된 게시판 하나 만들지 못한 채 프로젝트 마감일을 맞이했다. 그런데 우리 팀뿐 아니라 제대로 프로젝트를 끝낸 팀은 4개 팀 중 한 팀도 없었다. 당시 학원 강사님이 우리가 세운 거대한 기획을 보시고도 아무런 언급을 하지 않으신 것은 아직까지도 의문이다. 국비 지원 학원이란 그런 곳이었다. 세금으로 운영되다보니, 강사들도 굳이 최선을 다할 필요가 없는 환경인 것이다. 깐깐하게 알아보고 선택한 유명 학원이었는데도 말이다. 바로 옆 반은 도중에 강사가 바뀌어 수강생들이 대거 이탈하기도 했다.

개발자가 되고 나서 돌이켜보았을 때, 시중에 나와 있는 교재들과 온라인 강의들로 독학하는 것이 훨씬 효율적이었을 것이라는 생각이 들었다. 나 또한 가정을 꾸린 상황에서 학원에 소속되어 있다는 안정감에 취해, 소중한 시간이 허비되고 있다는 사실을 자각하지 못했었다. 학원 수업 시간에 받아 적은 코드를 조합해서 억지로 프로젝트를 만들기보다 기본기 학습에 매진했어야 했다.

그렇게 6개월간 교육을 받고 포트폴리오도 없이 빈손으로 수료했다. 하지만 다행히 포트폴리오 없이도 취업은 할 수 있었다. 만약 이력서만 제출했다면 서류에서 다 떨어졌겠지만, 학원에 다니며 혼자 Git을 공부해서 Github에 코드들을 올려둔 것과 개인적으로 AWS를 공부해서 사용해본 것이 취업하는 데 결정적인 역할을 했다.

나는 학원에서 배운 내용들을 복습하기 위해, 그날 작성한 코드를 집에 가져갈 방법을 고민했었다. 그러다 Git을 알게 되었고, 꽤 많은 시행착오 끝에 매일 학원에서 작성한 코드를 Github에 올릴 수 있었다. 같은 반 수강생들 중에는 Git을 사용하다가 프로젝트가 더 꼬여버리는 일 때문에 회사에 가서 배우겠다고 하는 경우가 많았지만, 나는 USB에 코드를 담는 것이 더 귀찮아서 Git을 열심히 공부했다. 특히 스타트업 위주로 지원했기 때문에 Git 사용 능력이 더욱 중요했던 것 같다. Git을 안 쓰는 회사는 일단 지원조차 하지 않았는데, 이상한 회사를 걸러내는 좋은 방법이었다고 생각한다.

학원 수료가 3주 정도 남은 시점부터 스타트업 위주로 총 26곳에 서류를 제출했다. 6개 회사에서 면접을 봤으며 3개 회사에 합격해서 그중 팀원들 표정이 밝은 회사를 선택했다. 2018년 6월, 그렇게 나는 Wework에 입주한 작은 스타트업에 '주니어 백엔드 개발자'라는 직함으로 개발자가 되었다. 당시 학원에서는 주로 SI 업계의 채용 공고를 소개해주었고, SI 업계가 사람을 더 많이 뽑아서 취업하기 더 쉬워 보였다. 하지만 첫 시작이 중요하다는 생각에 서비스 회사만 지원했다. SI 업계를 직접 경험하지는 못했지만 경험자들이 만류하는 데에는 다 이유가 있다는 판단에 아예 쳐다보지도 않았다. 유부남+백수라서 하루빨리 취업을 해야 했지만, 속도보다 방향을 선택한 것이다.

개발자로 일한 지 반 년이 지난 2018년 12월, 지난 1년을 되돌아보며 '체대 출신 개발자의 2018년 회고'라는 글을 블로그에 올렸다. 그런데 이

글이 생각 외로 큰 인기를 얻어, 다양한 곳에서 많은 관심을 받았다. 하지만 아직 실력이 부족한 만큼 이직은 생각하지 않고 있었는데, 얼마 뒤에 다니던 회사에서 임금 체불이 발생했다. 한 가정을 책임져야 하는 나는 곧바로 이직 준비를 시작했다. 우선, 블로그 글을 보고 만나자는 연락을 준 개발자 전문 컨설턴트에게 이직 의향을 알렸다. 곧바로 이름 있는 스타트업 세 곳에 면접 볼 기회를 얻었다. 이와 더불어 세미나에서 우연히 친해진 개발자의 추천을 받아 평소에 우러러보던 회사에 지원서를 제출하였다. '체대 출신 개발자의 2018년 회고' 글이 없었다면 직접 로켓펀치와 원티드 등에 발품을 팔며 지원했어야 했는데, 블로그 글과 세미나에 참석했던 것 덕분에 비교적 편하게 이직을 진행할 수 있었다.

지원한 4개 회사 중 가장 가고 싶었던 회사는 이동욱 님, 권용근 님, 김영재 님 등 유명한 개발자가 일하셨던 서비스 회사였다. 다행히 서류 평가를 통과했는데, 이때도 블로그 글이 한몫을 했다. 나중에 팀장님이 말씀하시기를 현재 실력은 다른 지원자에 비해 부족하지만, 블로그 글과 Github 저장소를 보니 잠재력이 보여 뽑았다고 하셨다. 이 회사에서는 온라인 코딩 테스트를 봐야 했는데, 나는 코딩 테스트를 제대로 공부한 적이 없었다. 국비 지원 학원 출신 비전공자에게 자료구조와 알고리즘을 공부할 여유는 없었기 때문이다. 하지만 유부남+백수에게 무서울 것은 없었다. 못 먹어도 Go였다.

원래는 서류 합격일로부터 1주일 안에 온라인 코딩 테스트에 응시해야 했지만, 알고리즘 공부할 시간을 최대한 벌어야 했기 때문에 기한을 조금 연장할 수 있는지 인사팀에 문의해보았고, 5일을 더 받았다. 그래도 12일 만에 코딩 테스트를 통과하는 것은 무리라는 생각이 들었지만, 백수가 될 유부남에게 뒤는 없었다. 코딩 테스트 제출 기한일까지 약 2주간, 다니던 회사는 계속 다니면서 지원한 회사들의 기술 면접을 준비하고, 새벽까지 알고리즘 문제들을 풀었다. 물론 쉬운 문제 하나 푸는 데도 기본 1시간 이상 걸렸기 때문에 많은 문제를 풀 수는 없었다. 약 2주간 하루에 4시간 이상 잘 수 없었기 때문에 늘 새벽 3시쯤 되면 체력에 한계가 왔다. 그럴 때마다 하루가 30시간 정도 되면 좋겠다고 생각하며 아쉬운 마음으로 잠자리에 들곤 했다.

처음에는 알고리즘 문제를 어떻게 풀어야 할지 전혀 감을 잡지 못했지만 20문제 정도 풀어보니 쉬운 문제들은 어느 정도 풀 수 있게 되었다. 코딩 테스트 응시 마감일 오전, 믹스 커피 3개를 녹여 마시고(풀 도핑) 긴장되는 마음으로 문제를 풀기 시작했다.

3문제를 2시간 40분 동안 풀어야 했다. 수리 영역 난이도가 극악이었던 2009년 수능 시험장에서 마지막 4점짜리 문제 3개를 붙잡고 풀 때와 비슷한 기분이었다. 어떻게든 풀어내려고 기를 쓰며 문제를 푼 결과, 3문제 중 2문제는 제대로 푼 것 같았고 한 문제는 반 정도 풀었는데 시간이 얼마 남지 않아서 그 상태로 제출했다. 결과를 기다리는 일주일간 기술 면접을 준비했고, 다행히 코딩 테스트 통과 소식을 들었다. 기술 면접 때 면접관님들께 코딩 테스트 코드를 설명하며 들은 결과, 두 번째 문제에서 100점을 받지도 않았고 마지막 문제는 아예 0점이었다. 정말 간신히 통과한 것이다. 기술 면접에서는 면접관님들께 죄송할 정도로 내가 모르는 것들이 많았다. 이 시점에 원래 다니던 회사에서 퇴사를 했기 때문에 면접에서 떨어지면 돌아갈 곳이 없었다.

하지만 다행히 기술 면접을 통과했고, 이후 최종 면접에서 개발자 출신인 사장님께서 기술적인 질문들을 하셔서 또다시 진땀을 뺐다. 이렇게 서류 지원부터 최종 면접까지 약 4주간의 채용 일정을 마무리하고 마음 불편한 백

수 생활을 하던 2019년 2월, 인사팀으로부터 합격 소식을 전해 듣고 와이프와 함께 뛸 듯이 기뻐했다. 지원한 다른 회사들은 아직 전형이 진행 중이었지만 포기를 알렸다. 내 실력에 과분한 회사에 합격한 만큼 더 잘해야 살아남는다는 걱정도 들었지만, 실력 있는 개발자들과 함께 일할 수 있다는 사실에 너무나 행복했다. 2019년 3월 현재 나는 아직 1인분도 못하는 나이 서른의 신입 개발자이지만, 즐겁고 치열하게 개발하고 공부하며 쑥쑥 성장하고 있다.

이 글을 쓰며 내가 개발자가 된 과정을 되돌아보니, 결코 쉽지 않은 여정이었다. 하지만 의지만 있다면 누구나 할 수 있고, 나보다 더 잘할 수 있다고 확신한다. 아직 개발자로서 남에게 조언할 처지는 아니지만, 내가 유튜브 영상을 보고 용기를 얻었듯이 이 글을 읽은 분들도 도전할 용기를 얻으셨으면 좋겠다. 단 한 분이라도 용기를 얻으셨다면, 이 조잡한 칼럼은 소기의 목적을 다한 것이라 생각한다.

한정수

서핑과 공놀이, 개발을 좋아합니다. 절세미녀 와이프, 하얀 강아지 하루와 함께 살고 있습니다. Notion과 Github, MacBook을 찬양하며, 페이스북에서 출퇴근길 개발 읽기(https://www.facebook.com/devCommuter) 페이지를 운영하고 있습니다.

- 블로그: https://ryan-han.com
- 깃허브: https://github.com/Integerous